JN416679

기초를 탄탄히 세우는 Java 프로그래밍

자바만 잡아도

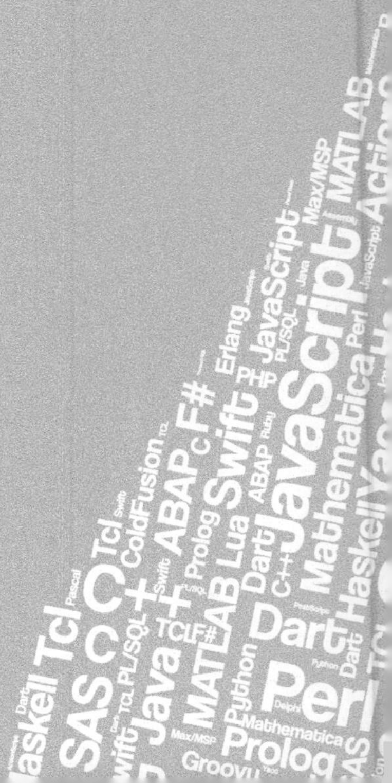

기초를 탄탄히 세우는 Java 프로그래밍

자바만 잡아도

JAVA

김병만 김시관 신윤식 지음

카오스북
CHAOS BOOK

김병만
현) 금오공과대학교 컴퓨터소프트웨어공학과 교수
서울대 컴퓨터공학과 졸업
KAIST 잔산학과 박사(PhD)
UC Irvine 박사 후 연수
2005년 콜로라도주립대학 연구교수

주요 강의 내역: C++ 프로그래밍, 컴퓨터보안, 인공지능, C#, JSP 기반의 웹프로그래밍, 자바 기반 웹프로그래밍
주요 저서: C# 2008 비주얼 프로그래밍(카오스북), 임베디드 모바일 프로그래밍(한티미디어)

김시관
현) 금오공과대학교 컴퓨터소프트웨어공학과 교수
경북대 전자공학과 졸업
KAIST 잔산학과 박사(PhD)

주요 강의 내역: 모바일프로그래밍, 컴퓨터구조, 논리회로
주요 저서: 안드로이드프로그래밍(한티미디어), 전산 영어(정익사)

신윤식
현) 금오공과대학교 컴퓨터소프트웨어공학과 교수
경북대 전자공학과 졸업
KAIST 전산학과 석사

주요 강의 내역: Java 프로그래밍, 디자인패턴, 컴포넌트 프로그래밍

기초를 탄탄히 세우는 Java 프로그래밍

자바만 잡아도

펴낸날 2017년 8월 30일

지은이 김병만, 김시관, 신윤식 **만들어 펴낸이** 오성준 **펴낸곳** 카오스북
본문 디자인 Moon & Park **인쇄** 이산문화사 **출판등록** 제406-251002012000111호
주소 경기도 파주시 광인사길 121 **전화** 031-947-1961, 1962 **팩스** 031-947-1966
웹사이트 www.chaosbook.co.kr
ISBN 979-11-87486-07-7 93000

정가 27,000원

_ 이 책은 저자와 카오스북의 독점 계약에 의해 발행된 책으로 저작권법에 의해 보호를 받는 저작물입니다.
_ 어떠한 형태의 무단 전재와 복제를 금하며 위반 시 법에 의한 처벌을 받을 수 있습니다.

서문

보통 대학에서는 자바를 한 학기 동안 가르치며, 이때 자바의 기본에 중점을 두어 강의한다. 많은 경우 자바에 앞서 C++에 대해서 한 학기 정도 배운다. 그런데 많은 교재들이 이 두 언어의 차이점에 대해서는 언급을 하고 있지 않다. 그 차이점을 설명해준다면 자바를 보다 쉽게 그리고 빠르게 배울 수 있을 터인데 말이다. 많은 교재들을 살펴 본 결과, 대부분 사용법에 치중한 나머지 독자들이 원리를 이해할 수 있도록 하는 배려가 부족하다는 생각이 들었다. 한편으로 다년간의 교육 과정을 통해 프로그래밍을 보다 쉽고 빨리 익히려면 적당한 예제가 무엇보다 중요하다는 것을 깨달았다. 이러한 점들을 고려하여 이 교재를 개발하게 되었다.

교재는 크게 두 부분으로 구성된다. 전반부는 콘솔 기반의 자바 프로그래밍에 대한 내용이고, 후반부는 GUI 프로그래밍에 대한 내용이다. 전반부는 자바 기본과 클래스, 생성자, 상속, 예외처리, 제네릭, 파일, 스레드 등에 대해 다루며, 후반부에서는 스윙을 이용한 GUI 프로그래밍 방법과 그 원리에 대해 다룬다. 처음부터 비주얼 툴을 사용하여 GUI 프로그래밍을 진행할 수 있으나, 그리하면 그 원리를 제대로 이해하지 못할 우려 때문에 먼저 툴을 사용하는 대신 직접 코딩하는 방법으로 설명하였다. 이러한 방식으로 GUI 프로그래밍의 기본 핵심 사항(이벤트 핸들링, 레이아웃, 컴포넌트, 메뉴, 마우스와 키보드)을 설명한 후, 스윙 비주얼 툴 중의 하나인 윈도우빌더를 사용한 GUI 방법을 소개하고 이후에는 대화 상자, 그래픽스, 이미지 처리, 스윙과 스레드 등 GUI 프로그래밍과 관련된 고급 내용에 대해 다뤘다.

이 책을 교재로 사용할 경우 학생들의 상황에 맞추어 선별하여 사용할 것을 권한다. 처음 프로그래밍을 배우는 학생들을 대상으로 할 경우 전반부 위주로 교육할 것을 권하며, C++을 배운 학생들에게는 C++과의 주요 차이점만을 간추려 2~3주 정도 교육하고 나머지는 후반부 GUI 프로그래밍에 중점을 두어 교육할 것을 권한다. 그리고 자바 기본을 익힌 학생들에게는 후반부만 강의할 것을 권한다.

이 교재에 설명되는 많은 클래스에 대한 설명은 온라인 도움말을 기초로 하고 있으며 필요한 부분을 저자 나름대로 해석하여 이해하기 쉽게 재구성하였다. 잘 이해되지 않거나 부족한 부분은 온라인 도움말을 참고하기 바란다. 아무쪼록 이 책이 자바 기본을 습득하고자 하는 학생과 자바 GUI 기반의 응용프로그램을 개발하는 개발자나 학생들에게 도움이 되었으면 한다. 나름대로 준비한다고 했으나 부족한 점이 많다. 이 점 널리 양해하고 저자의 이메일 bmkim@kumoh.ac.kr로 연락주면 기회 닿는 대로 개정판에 반영하도록 최선을 다하겠다.

감사의 글

책을 집필할 수 있게 기회를 주신 지역선도대학 육성사업 관계자 여러분, 그리고 전공으로 넘어온 집필 기회를 부족한 본인에게 넘겨주신 전공 교수님들께 먼저 심심한 감사의 말씀을 전합니다. 가정에서 많은 시간을 함께하지 못한 우리 보배, 준형, 준호, 그리고 사랑하는 아내에게도 이 자리를 빌려 미안한 맘을 전합니다. 지천명의 나이를 훨씬 넘긴 제게 아직까지도 걱정해 주시고 한결같이 응원해 주시는 고향에 계신 부모님께도 이 지면을 통해 감사의 말을 전합니다. 그리고 무엇보다도 처음부터 끝까지 걸음을 인도해 주신 주님께 감사드립니다.

학습 계획표

객체지향 프로그래밍의 세계로 입문하는 초보자를 위해...

이 책은 객체지향 프로그래밍을 처음 접하는 학생들을 위해 집필하였다. C++ 프로그래밍 경험이 없는 초보 프로그래머를 대상으로 하는 강의의 경우, 차근차근 단계를 밟아 기초부터 다질 수 있도록 다음과 같이 두 학기 과정의 강좌를 추천한다.

첫번째 학기 과정

주	주제	내용
1	1장: 자바 소개	• 자바 소개 및 개발 환경 구축 • 간단한 예제 프로그램 실행하기
2	2장: 자바 기초(변수와 자료형)	• 자바 프로그램 기본 구성 • 콘솔 입출력, 변수 및 자료형 • 자료형 변환
3	3장: 자바 기초(수식)	• 수식의 정의 • 다양한 연산자 소개 및 응용 • 연산자 우선 순위와 결합 법칙
4	4장: 자바 기초(조건문)	• 조건문의 용도 • if, if–else, if–elseif–else문, switch문
5	5장: 자바 기초(반복문)	• 반복문의 용도 • while문, do–while문, for문 • 이중 for문, foreach문, break문, continue문
6	6장: 배열	• 배열의 용도, 배열 선언 및 배열 생성 방법 • 배열 사용 방법, 배열 정렬 및 탐색 방법 • 배열 인수, 다차원 배열
7	중간 점검	
8	7장: 문자열	• String 클래스, StringBuilder 클래스 • StringBuffer 클래스, 정규식 관련 클래스
9	8장: 클래스 I	• 클래스 정의 방법, this 키워드 • 정적 필드, 정적 메서드, 필드 접근자 • 변수의 유효 범위, 메서드 중복 정의, 메서드 인수 전달
10	9장: 클래스 II	• 내부 클래스, 클래스 간 데이터 공유 • 패키지, import 문 • C++ 대 자바

11	10장: 생성자와 소멸자	• 생성자의 의미와 정의 방법, 생성자 중복 정의 • 생성자와 this 키워드, 상수 필드 및 정적 필드 초기화 • 소멸자, 생성자 이용 클래스 간 데이터 공유
12	11장: 상속	• 상속 및 접근 제어, 메서드 재정의 • 추상 클래스와 추상 메서드, 인터페이스 • 인터페이스를 이용한 다중 상속, 상속과 바인딩 • 익명 내부 클래스, 포장 클래스
13	12장: 예외 처리	• 기본 예외 처리 방법, 예외 처리 순서 • checked 예외와 unchecked 예외 • 사용자 정의 예외
14	14장: 파일	• 스트림, 바이트 스트림 클래스와 문자 스트림 클래스 • 버퍼 스트림 클래스, 파일 관리 • 객체 직렬화, Scanner 클래스, 토큰 분리, PrinterWriter 클래스
15	최종 점검	

두번째 학기 과정

주	주제	내용
1	13장: 제네릭과 컬렉션	• 제네릭 클래스, 컬렉션 • Set 인터페이스 및 관련 클래스
2	13장: 제네릭과 컬렉션	• List 인터페이스 및 관련 클래스 • Queue 관련 클래스 • Map 인터페이스 관련 클래스
3	15장: 프로세스와 스레드	• 프로세스 조작, 스레드 개요 • 스레드 생성 및 실행, 스레드 조작
4	15장: 프로세스와 스레드	• 스레드 동기화, wait와 notify • 명시적 lock 객체, 세마포
5	16장: 스윙 및 이벤트 핸들링	• 스윙 소개, JFrame 컴포넌트, GUI 컴포넌트 • 이벤트 처리 방법, 이벤트 정보 활용 방법 • 이벤트 리스너 인터페이스, 어댑터 클래스
6	17장: 레이아웃	• 배치 관리자 역할 • 다양한 배치 관리자 소개 • 복잡한 레이아웃 구성 방법
7	중간 점검	
8	18장: GUI 컴포넌트	• JLabel, JTextField, JPassword, JTextArea, JButton z 컴포넌트 소개 및 활용법

9	18장: GUI 컴포넌트	• JCheckBox, JRadioButton, JComboBox, JList, JTabbedPane 컴포넌트 소개 및 활용법
10	19장: 마우스, 키보드, 메뉴	• 마우스 이벤트와 키 이벤트와 조작법 • 메뉴 구성 방법, 메뉴 이벤트 핸들링 방법 • 므네모닉 키와 가속키 지정 방법, 팝업 메뉴 조작법
11	19장: 대화상자	• 사용자 정의 대화상자 정의하기 • 사용자 입력 값 처리하기 • 시스템 팝업 다이알로그, JFileChooser, JColorChooser 사용법
12	20장: 그래픽과 이미지	• 컬러 및 폰트 지정 방법, 도형 및 문자열 그리기 • 사용자 원하는 시점에서 그리기 • 이미지 로딩 및 화면 출력, 이미지 생성 및 저장 • 픽셀 조작, 픽셀 배열 얻기
13	21장: 윈도우빌더	• 윈도우빌더 소개 및 설치 • 기존 스윙 프로그램 윈도우빌더에서 활용하기 • 윈도우빌더를 이용한 프로그램 작성법
14	22장: 스윙과 스레드	• EDT 스레드 소개, EDT에게 작업 의뢰하기 • 작업자 스레드, 바운드 속성
15	최종 점검	

C++ 프로그래머를 위한 자바 정복 과정

C++ 프로그램을 통해 객체지향 언어의 개념을 알고 있는 독자라면, 복습 차원에서 전반부를 한 번 읽어본 후 본격적인 자바 프로그래밍의 세계로 들어가기 위해 다음의 순서로 학습할 수 있다.

주	주제	내용
1	C++과 차이점	• 클래스 정의 시 차이점 • 객체 생성 시 차이점
2	C++과 차이점	• 내부 클래스, 패키지 • 인터페이스
3	C++과 차이점	• 배열 사용 시 차이점 • 인터페이스를 통한 다중 상속, 바인딩 차이점
4	13장: 제네릭과 컬렉션	• 제네릭 클래스, Set 인터페이스 및 관련 클래스 • List 인터페이스 및 관련 클래스, Queue 관련 클래스 • Map 인터페이스 관련 클래스

5	14장: 파일	• 스트림, 바이트 스트림 클래스와 문자 스트림 클래스 • 버퍼 스트림 클래스, 파일 관리 • 객체 직렬화, Scanner 클래스, 토큰 분리, PrinterWriter 클래스
6	15장: 프로세스와 스레드	• 프로세스 조작, 스레드 개요 • 스레드 생성 및 실행, 스레드 조작 • 스레드 동기화, wait와 notify • 명시적 lock 객체, 세마포
7	중간 점검	
8	16장: 스윙 및 이벤트 핸들링 21장: 윈도우빌더	• 스윙 소개, JFrame 컴포넌트, GUI 컴포넌트 • 이벤트 처리 방법, 이벤트 정보 활용 방법 • 이벤트 리스너 인터페이스, 어댑터 클래스
9	17장: 레이아웃18장	• 배치 관리자 역할 • 다양한 배치 관리자 소개 • 복잡한 레이아웃 구성 방법
10	18장: GUI 컴포넌트	• JLabel, JTextField, JPassword, JTextArea, JButton z 컴포넌트 소개 및 활용법
11	18장: GUI 컴포넌트	• JCheckBox, JRadioButton, JComboBox, JList, JTabbedPane 컴포넌트 소개 및 활용법
12	19장: 마우스, 키보드, 메뉴, 대화상자	• 마우스 이벤트와 키 이벤트와 조작법 • 메뉴 구성 방법, 메뉴 이벤트 핸들링 방법 • 사용자 정의 대화상자 정의하기 • 시스템 대화상자 사용하기
13	20장: 그래픽과 이미지	• 컬러 및 폰트 지정 방법, 도형 및 문자열 그리기 • 사용자 원하는 시점에서 그리기 • 이미지 로딩 및 화면 출력, 이미지 생성 및 저장 • 픽셀 조작, 픽셀 배열 얻기
14	22장: 스윙과 스레드	• EDT 스레드 소개, EDT에게 작업 의뢰하기 • 작업자 스레드, 바운드 속성
15	최종 점검	

차례

01 자바 소개

02 자바 기초 – 변수와 자료형

03 자바 기초 – 수식

04 자바 기초 – 조건문

05 자바 기초 – 반복문

06 배열

07 문자열

08 클래스 I

11 상속

12 예외 처리

13 제네릭과 컬렉션

14 파일

18 GUI 컴포넌트

19 마우스, 키보드, 메뉴 및 대화 상자

20 그래픽과 이미지

01 자바 소개

자바는 세계적으로 많이 사용되는 언어 중의 하나로, 최근 스마트폰 앱 개발과 관련하여 더욱 주목받고 있는 언어이다. 먼저, 자바의 간략한 역사와 안드로이드 프로그래밍과의 관계, 개발 환경 및 객체지향 프로그래밍 언어의 주요 개념에 대해 간략히 살펴보자.

1.1 자바의 역사와 특징

자바의 간략한 역사

자바는 C++언어에서 파생된 언어로 그 문법이나 구조가 C++언어와 많이 유사하며 현재 여러 유형의 응용 프로그램 제작에 널리 쓰이고 있다. 이 언어는 1991년 선마이크로시스템사에 근무하던 제임스 고슬링(James Gosling)에 의해 처음 개발되었다. 개발 당시 자바는 한 번 작성된 프로그램을 손보지 않고도 여러 운영체제에서 실행될 수 있게 하는 목적으로 개발되었다. 첫 버전인 자바 1.0이 1995년도에 릴리즈된 이후 업그레이드를 거쳐 2010년 선마이크로시스템사가 오라클에 합병되면서 그 소유권이 오라클로 넘어갔다. 현재 자바 버전 8(Java 1.8)까지 릴리즈되어 있다.

안드로이드와 자바

자바는 전 세계적으로 널리 쓰이는 객체지향 언어 중의 하나이다. 자바는 주로 소프트웨어 및 웹 개발 시 주로 사용하였는데, 최근 들어, 모바일 기반 응용프로그램의 작성에도 많이 사용되고 있다. 안드로이드는 구글에 의해 개발된 모바일 폰 플랫폼으로, 많은 자바 라이브러리가 안드로이드 플랫폼에서도 제공되기 때문에 안드로이드상의 프로그램 개발은 대부분 자바 기반으로 이루어진다. 당연히 디바이스 자체가 달라지기 때문에 안드로이드에 특화된 라이브러리 (예, 사용자 인터페이스용)들도 제공된다.

안드로이드 프로그래밍의 많은 부분이 자바 프로그래밍과 유사하지만 몇몇 면에서 차이가 있다. 우선, 프로그램 구조가 다르고 컴파일 코드가 다르다. 자바 프로그램은 자바 바이트코드로 변환된 후 JVM(자바 가상머신)에 의해 실행되는 반면, 안드로이드 코드는 Dalvik opcode로 변환되어 Dalvik 가상머신상에서 실행된다. GUI(그래픽 사용자 인터페이싱) 프로그래밍 면에서 볼 때 자바는 AWT, 스윙을 사용하지만 안드로이드는 View 기반의 여러 클래스들을 사용한다. 또한, 자바의 기본 입출력 스트림인 System.out과 같은 문장은 안드로이드에서는 사용하지 않으며 대신 Log 클래스를 사용해야 한다.

이와 같이 자바와 안드로이드 프로그래밍은 유사한 점도 많고 차이점도 많지만 자바 프로그래밍을 잘하면 안드로이드 프로그래밍 시에도 유리하다. 즉, 안드로이드 프로그래밍에 특화된 요소들만 익히면 쉽게 안드로이드용 어플리케이션을 프로그래밍할 수 있다.

자바의 특성

• 플랫폼 독립적(Platform independent)이다.

자바 프로그램은 자바 가상머신(JVM: Java Virtual Machine)상에서 수행되기 때문에 운영체제에 직접 접근할 필요가 없다. 즉, JVM만 설치되어 있으면 플랫폼(하드웨어나 운영체제)에 무관하게 실행될 수 있다. 이러한 이유로 자바를 이식성이 높다고 한다. 참고로, C언어 같은 기계어로 컴파일되는 언어의 경우 다른 플랫폼에서 실행하기 위해서는 소스코드를 일부 수정하거나 아니면 기계어 코드가 다르므로 다시 컴파일해야 한다.

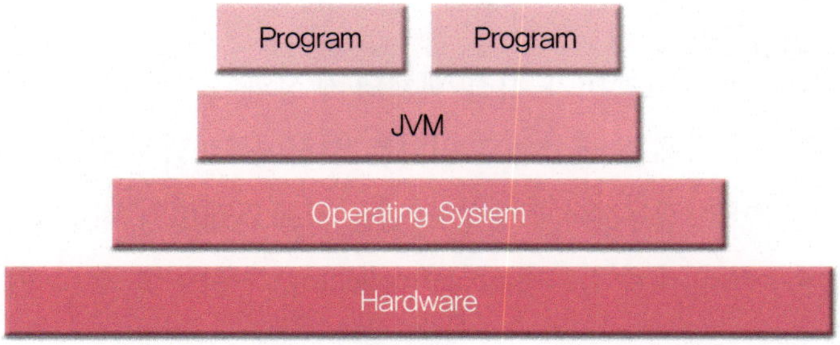

• **객체지향 언어이다.**

기본 자료형을 제외한 모든 것들이 객체이다. 객체에 대한 설명은 이 장 뒷부분 객체지향 언어에 대한 설명에서 좀 더 자세히 다루도록 한다.

• **컴파일링 방식이면서 인터프리팅 방식으로 동작한다.**

인터프리팅(interpretation) 방식은 소스 코드를 기계어로 번역하지 않고 바로 실행하는 방식을 말한다. 반면에 컴파일링(compilation) 방식은 기계어로 번역한 후 기계어 코드를 실행하는 방식이다. 컴파일링 방식에서는 소스코드로부터 실행 파일을 만든 후 실행 파일을 실행시키지만, 인터프리팅 방식에서는 소스코드를 곧바로 실행시킨다. 그런데 자바는 이 두 가지를 모두 사용하는 언어이다. 일단, 자바 소스코드를 컴파일하여 바이트 코드(JVM의 기계어에 대응) 형태의 실행 파일을 생성하고, 이를 JVM이 인터프리팅하는 방식으로 실행한다. 인터프리팅 방식은 컴파일 방식에 비해 일반적으로 속도가 느리다. 최종적으로 인터프리팅되는 특성상 느린 속도를 보완하기 위해 자바는 JIT 컴파일링(just-in-time compilation) 방식을 사용한다. 이 방식은 동적 번역(dynamic translation) 방식이라고도 하는데, 실제 실행되는 시점에 기계어로 번역하는 컴파일 기법이다. 자바 컴파일러가 자바 프로그램 코드를 바이트코드로 변환하면, 실제 이 바이트코드가 실행되는 시점에 가상머신이 바이트코드를 기계어로 변환한 후 실행한다. 그리고 번역된 기계어 코드를 보관하여, 같은 함수가 여러 번 호출될 때 매번 기계어 코드를 생성하는 것을 방지한다.

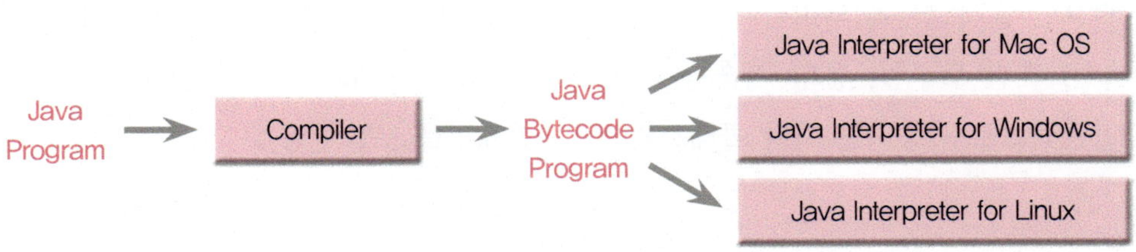

• **자동 메모리 관리를 한다.**

C나 C++ 같은 언어는 프로그래머가 직접 객체의 생성과 소멸을 제어할 수 있다. 즉, 프로그래머가 원하는 시점에 객체를 생성하고 원하는 시점에 그 객체를 소멸할 수 있다는 의미이다. 하지만, 자바 언어의 경우, 객체 생성 시점을 프로그래머가 지정할 수 있지만 소멸 시점은 지정할 수 없다. 쓰레기 수집자(garbage collector)가 자동으로 더 이상 사용되지 않는 객체들을 소멸시킨다.

• **보안성이 높다.**

자바 프로그램은 가상머신상에서 실행되는데, 가상머신이 코드를 보다 안전하게 관리하고 실행되게 한다. 이런 측면에서 기계어로 컴파일되어 하드웨어상에서 직접 실행되는 C나 C++ 보다 좀 더 보안성이 높다고 얘기할 수 있다.

1.2 자바 개발 환경

자바 플랫폼

자바 플랫폼(Java platform)은 자바 프로그램을 실행할 수 있는 환경, 즉, 자바 소스코드를 바이트 코드로 바꿔주는 컴파일러, 자바 가상머신 등 자바 프로그램의 실행에 필요한 여러 요소들에 대한 사양(specification)을 의미한다. 플랫폼 구성 요소에는 자바 언어 자체와 컴파일러, JVM, 쓰레기 수집자, 응용프로그램 개발 시 필요한 API(기본 자료형, 라이브러리 등) 등이 있다. 플랫폼은 제공하는 API에 따라 Standard Edition(Java SE), Enterprise Edition(Java EE), Micro Edition(Java ME), JavaFX 등이 있다.

• **Java SE**

일반적으로 자바 언어라고 하면 Java SE API를 의미한다. Java SE API는 자바 언어의 핵심 기능으로 기본 자료형에서부터 네트워킹, 보안, 데이터베이스 접근, GUI 개발 및 XML 파싱에 필요한 클래스들을 의미한다. 이러한 기본 핵심 API(Core API) 외에 Java SE 플랫폼은 가상머신, 개발 도구들, 운영 기술들(deployment technologies)과 자바 응용프로그램의 개발에 일반적으로 사용하는 기타 클래스와 툴킷(toolkit)을 포함한다.

• Java EE

Java EE 플랫폼은 Java SE 플랫폼 위에 구축된 것으로, 대규모 응용프로그램, 다층 구조 응용프로그램, 신뢰성 있으면서 보안상 안전한 응용프로그램의 작성에 필요한 추가의 API와 실행 환경을 제공한다.

• Java ME

Java ME 플랫폼은 모바일 폰과 같은 작은 장치 위에서 실행되는 프로그램을 작성할 수 있는 API와 메모리를 적게 사용하는 가상머신을 제공한다. 제공하는 API는 Java SE API의 일부분과 작은 장치용 응용프로그램의 개발에 필요한 추가의 클래스 라이브러리들로 구성된다.

• JavaFX

JavaFX는 RIA(Rich Internet Application) 응용프로그램을 개발할 수 있도록 해주는 플랫폼이다. JavaFX 응용프로그램들은 최신의 룩앤필과 고성능 클라이언트의 장점을 살리기 위해 하드웨어 가속 그래픽과 미디어 엔진을 사용할 뿐만 아니라, 데이터 소스들을 연결하기 위한 API들을 사용한다. JavaFX 플랫폼은 이러한 응용프로그램을 위한 추가의 API를 제공한다.

JDK

JDK(Java Development Kit)는 자바 플랫폼을 구현한 것으로, 웹사이트(http://www.oracle.com/technetwork/java/javase/downloads/index-jsp-138363.html)에서 JDK를 다운로드하면 자바 컴파일러와 여러 도구들, JRE(Java Runtime Environment), 응용 프로그램 개발 시 필요한 다양한 클래스 라이브러리 및 응용프로그램 소스들을 얻을 수 있다. 구체적인 클래스 라이브러리는 JDK API 문서를 참조하기 바란다. JDK를 다운로드하여 설치하면 그림과 같이 폴더가 생성되는데, 각 폴더의 내용은 표와 같다. 옵션에 따라 "sample" 폴더와 "demo" 폴더를 추가 생성할 수 있다.

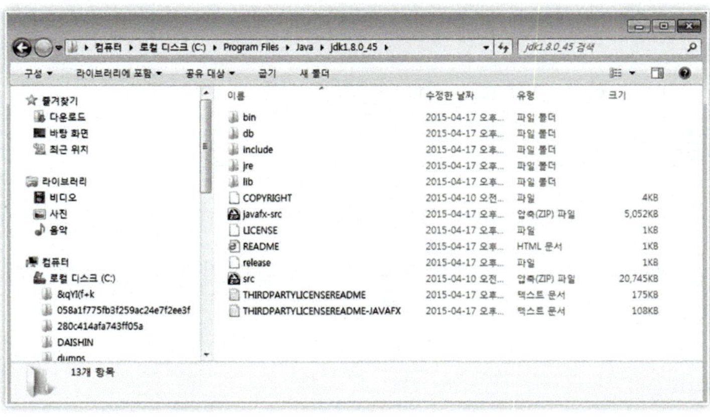

bin	자바 응용프로그램의 개발 및 실행에 필요한 도구와 유틸리티. 다음과 같은 대표적인 도구들이 있다.	
	javac	자바 소스코드를 바이트 코드로 변환하는 컴파일러
	java	자바 응용프로그램 실행기. 이 도구를 통해 JVM이 작동되어 프로그램이 실행된다.
	javadoc	자바 소스 프로그램으로부터 HTML 형식의 API 문서를 생성해 주는 도구
	jar	자바 실행 파일을 압축한 자바 아카이브 파일(JAR)을 생성하고 관리하는 데 사용되는 도구
	jdb	자바 응용프로그램의 오류를 찾는 데 사용되는 디버거
	javap	자바 실행 파일을 역컴파일하여 자바 소스코드 형태로 보여주는 도구
db	DB 응용프로그램 개발 시 필요한 도구	
include	네이티브 코드 프로그래밍 시 필요한 헤더 파일	
jre	자바 런타임 환경	
lib	jre에 포함되지 않는 추가 클래스 라이브러리와 개발 도구에 필요한 여러 파일	
sample	자바 예제 프로그램 소스	
demo	자바 프로그래밍 데모 예제와 그 소스	
src	자바 API 클래스들에 대한 소스	
javafx-src	JavaFX를 위해 추가된 클래스들에 대한 소스	

JRE

JRE(Java Runtime Environment, 자바 런타임이라고도 함)는 JDK의 일부분으로 JVM과 자바 코드의 실행에 필요한 클래스 라이브러리를 포함한다. 자바 프로그램을 단순히 실행시킬 경우는 JDK 전체를 다운로드할 필요 없이 JRE만 다운로드하여 설치하면 된다. JRE는 대부분의 컴퓨터에 설치되어 있기 때문에 특별히 다운로드받지 않더라도 자바 실행 파일을 실행시킬 수 있다. 하지만, 자바 응용프로그램을 개발하려면 반드시 JDK를 다운로드받아야 하며, 이 과정에 JRE가 같이 설치된다.

1.3 자바를 이용한 개발 과정

자바 소스코드는 일반 텍스트 문서 형태로 저장되기 때문에, 간단한 문서 편집기(예, notepad)를 이용하여 프로그램을 작성해도 된다. 일반적으로 프로그래머들은 통합개발환경(IDE: Integrated Development Environment)을 이용하여 자바 프로그램을 작성한다. 많이 사용하는 자바 IDE는 이클립스(Eclipse)이다. IDE를 사용하면 자동 포매팅 기능과 주요 키워드 하일라이팅 기능 등을 제공받을 수 있으며, 소스 코드 작성 후의 컴파일 기능, 디버깅 기능 및 실행 기능도 제공받을 수 있다. 이름이 의미하는 바와 같이 한 곳에서 자바 응용 프로그램에 필요한 모든 일을 통합적으로 처리할 수 있게 해준다.

프로그램이 작성되면 어느 시점에선가 프로그래머는 컴파일러(javac)를 명시적으로 실행하거나 아니면 IDE를 통해 간접적으로 컴파일러를 실행하여 바이트 코드로 변환하게 된다. 이 과정에 컴파일 오류가 있으면 수정하고, 컴파일 오류가 없으면 자바 소스코드는 바이트 코드로 변환된 후 확장자가 class인 파일에 저장된다. 이 class 파일을 JVM이 실행한다. 실행 중 오류가 발생하면 디버깅 도구를 사용해 논리적 오류를 수정하고 다시 컴파일하여 새로운 class 파일을 생성하면 된다.

자바 개발 환경 설정

자바 개발 환경의 설정은 먼저 JDK를 설치한 후, 이클립스를 설치한다.

• JDK 설치

1. 웹사이트(https://www.java.com/en/download/)에 접속하여 Java Platform(JDK) 박스를 클릭하면 최신 버전의 다운로드 화면으로 이동한다.
2. 해당 버전의 "Accept License Agreement" 옵션을 선택한다.
3. 운영체제와 CPU 사양에 맞는 설치 프로그램을 선택하여 하드 디스크에 저장한다.
4. 다운로드 완료 후 설치 프로그램을 실행하여 설치한다. 기본 설치 위치는 c:\Program Files\Jave\jdk버전 위치이다.

• JRE 설치 확인

도스 창에서 다음의 명령을 실행하면 그림과 같이 설치된 JRE를 확인할 수 있다.

```
java -version
```

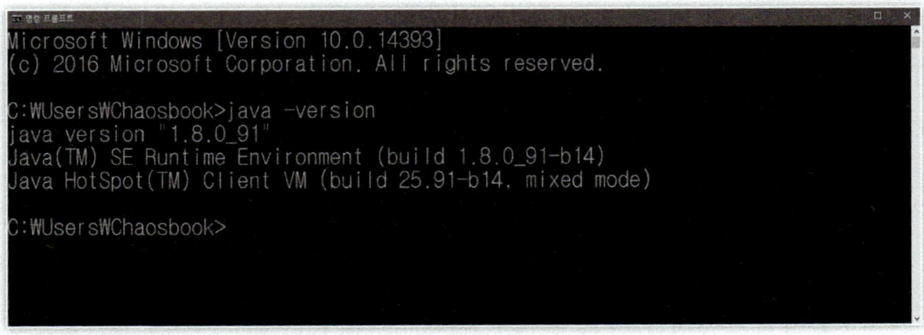

소스 코드 작성

JDK가 제대로 설치되었는지 확인하기 위해 간단한 자바 프로그램을 작성하고, 이를 컴파일하여 실행시켜 보자. Notepad와 같은 간단한 문서편집기를 사용하여 프로그램을 작성한다. 작성할 예제는 프로그램 처음 제작 시 많이 사용하는 "Hello World" 프로그램이다. 본격적으로 자바를 배우지 않았으므로 아래의 내용을 그대로 문서편집기에 작성하여 HelloWorld.java라는 파일명으로 저장한다. 주의할 것은 클래스 이름과 파일명이 일치해야 하며, 확장자는 java여야 한다는 것이다.

```
public class HelloWorld
        public static void main(String[] args)
                System.out.println("Hello World");
```

자바 소스 코드 컴파일

방금 전에 작성한 소스코드를 도스 창에서 아래와 같은 명령으로 컴파일한다. 별 이상이 없으면 소스코드가 위치한 그 폴더 내에 HelloWorld.class 파일이 생성될 것이다. 이 파일이 작성한 자바 코드에 대한 바이트 코드가 저장된 파일이다. 만약, 컴파일러가 동작하는데 이 파일이 생성되어 있지 않으면 컴파일 오류로 타이핑 과정의 오류일 가능성이 높다.

```
javac HelloWorld.java
```

컴파일러가 정상적으로 동작한다면 JDK가 제대로 설치되었다는 것을 의미한다. 만약, 컴파일러 자체가 동작하지 않는다면 패스 설정이 제대로 되어 있지 않을 가능성이 높다. 이런 경우, 먼저 윈도우 탐색기에서 '내 컴퓨터'를 오른쪽 마우스 클릭하고 메뉴에서 '속성'을 선택하여 아래 그림과 같이 창을 띄운다.

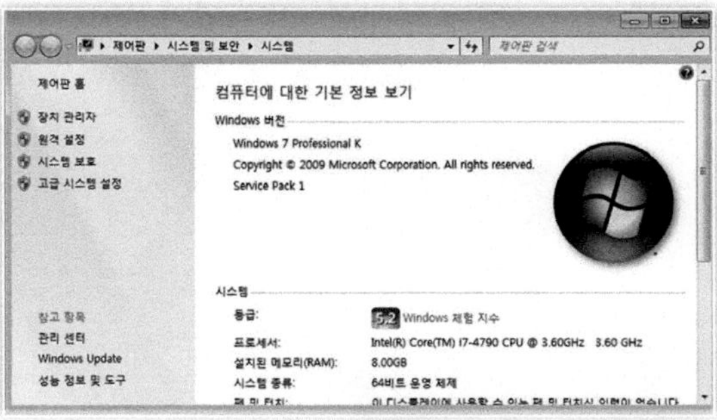

창 왼쪽 메뉴의 '고급 시스템 설정'을 클릭하여 시스템 속성 창을 화면에 띄우고, 창 하단의 환경변수 버튼을 눌러 환경 변수 창을 띄운다.

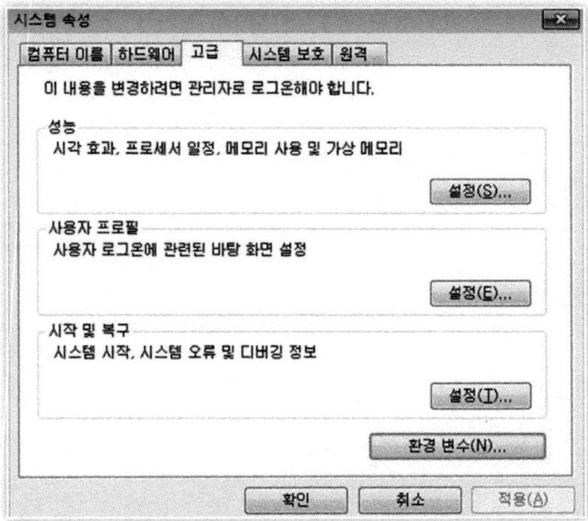

환경 변수창의 시스템 변수에서 새로 만들기를 눌러 JAVA_HOME 변수를 만들고 이 값을 JDK 설치 경로명으로 지정한다.

JAVA_HOME 변수가 설정되었으면 이어 Path 변수를 선택하여 편집 버튼을 눌러 시스템 변수 편집 창을 띄운다. 시스템 변수 편집 창에서 Path 변수의 값에 "%JAVA_HOME%;"을 덧붙여 준다.

그리고 도스 창에서 'echo %JAVA_HOME%'와 'echo %PATH%'를 입력해 설정을 확인한다.

자바 바이트 코드 실행

컴파일 결과로 생성된 바이트 코드(HelloWorld.class)는 JDK의 일부분인 JRE의 JVM에 의해 실행되는데, JVM을 구동시키는 명령이 java이다. 도스 창에 아래와 같이 입력하여 실행해보자.

```
java HelloWorld
```

1.4 이클립스 설치

다음 절차에 따라 이클립스를 설치한다.

1. 이클립스 다운로드 페이지(https://eclipse.org/downloads/)에 접속한다.
2. “download packages” 링크를 클릭한다.
3. “Eclipse IDE for Java Developers”를 클릭한다.
4. 오른쪽 다운로드 링크에서 플랫폼을 선택한다.
5. DOWNLOAD를 클릭하여 파일을 하드에 저장한다. 필요할 경우 미러 사이트를 지정한다.

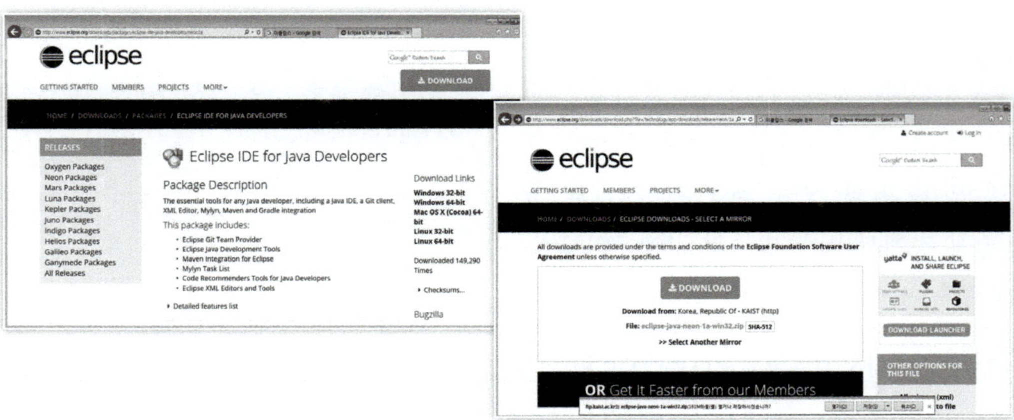

6. zip 파일을 원하는 폴더에 푼다. 실행 파일 eclipse.exe가 압축 해제 파일에 포함되어 있다.

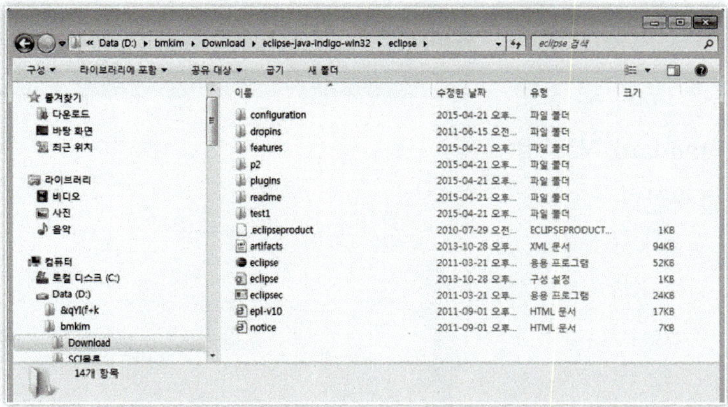

이클립스 설정하기

이클립스를 사용하기 위해서는 JDK의 설치 위치를 지정해줄 필요가 있는데, 아래의 절차에 따른다.

1. eclipse.exe 파일을 더블 클릭하여 실행한다.
2. 워크스페이스 론처(Workspace Launcher)가 이클립스 프로젝트를 저장할 폴더를 물어보는데, C:처럼 기억하기 쉬운 폴더를 지정한다.
3. 이클립스 웰컴(Welcome to Eclipse) 창이 뜨면 이를 닫는다.
4. Window 〉 Preferences 〉 Java 〉 Installed JREs를 선택하면 그림과 같은 화면이 뜬다.

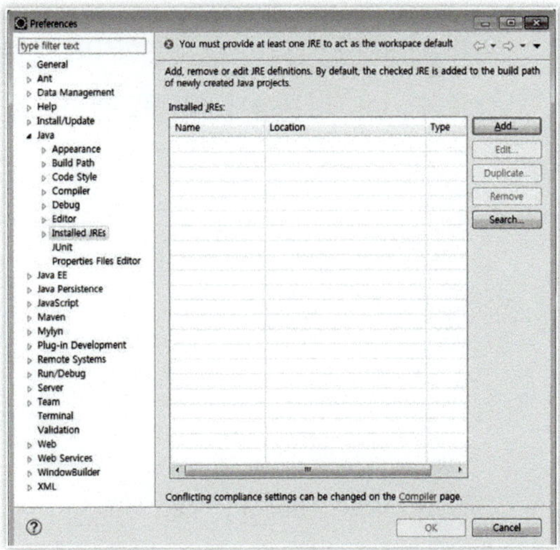

5. JDK와 같이 다운로드한 JRE의 위치를 반드시 지정해주어야 하는데, 만약 이클립스가 그 위치를 자동으로 찾지 못했다면 옆에 있는 Add 버튼을 누른 후 출력되는 대화 상자에서 "Standard VM"을 선택하여 Next 버튼을 클릭한다.

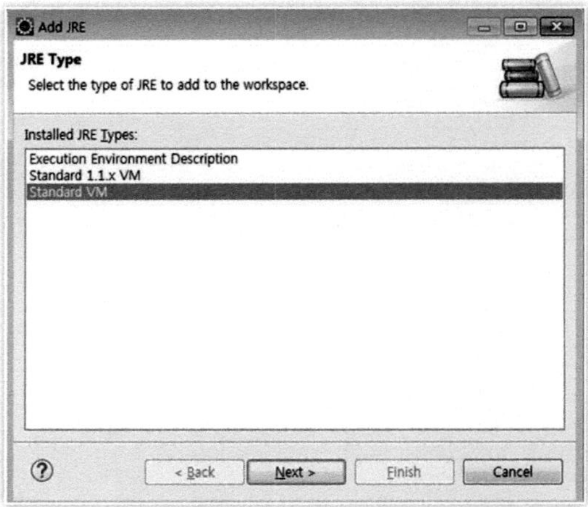

6. JDK의 홈 디렉토리를 지정하여 Finish 버튼을 클릭한다.

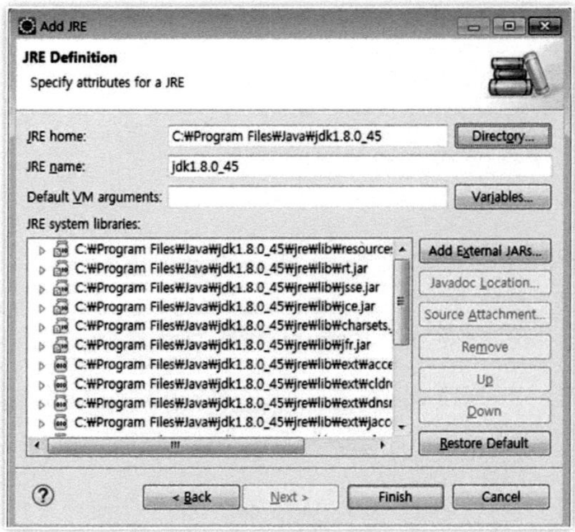

7. 추가된 JRE를 클릭하여 사용할 JRE로 지정한 후, OK 버튼을 눌러 종료한다.

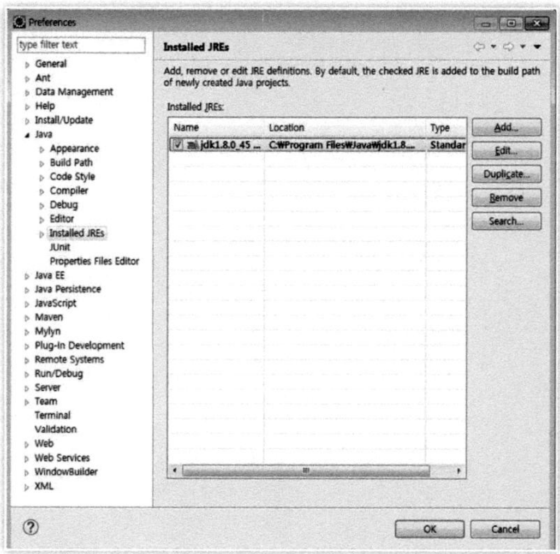

이클립스 이용하여 작업하기

이클립스 개발 환경은 워크스페이스, 프로젝트, 퍼스펙티브(Perspectives), 뷰로 구성된다. 워크스페이스는 기본 요소로 모든 프로젝트들이 저장되는 곳이며, 퍼스펙티브는 프로젝트 개발 화면 구성 방법으로 퍼스펙티브에 따라 보이는 뷰들이 달라진다.

• Java perspective

이클립스의 기본 퍼스펙티브로 이클립스 실행 시 보이는 화면 구성이다. 이 퍼스펙티브는 자바 응용프로그램의 개발에 필요한 여러 뷰들을 포함하고 있는데, 프로젝트 관리에 유용한 Project Explorer 뷰와 클래스의 구성 요소를 보여주고 탐색할 수 있는 Outline 뷰, 소스를 보여주고 편집할 수 있는 소스 뷰, 실행 결과를 보여주는 Console 뷰, 그리고 도움말을 제공하는 Help 뷰 등으로 구성된다.

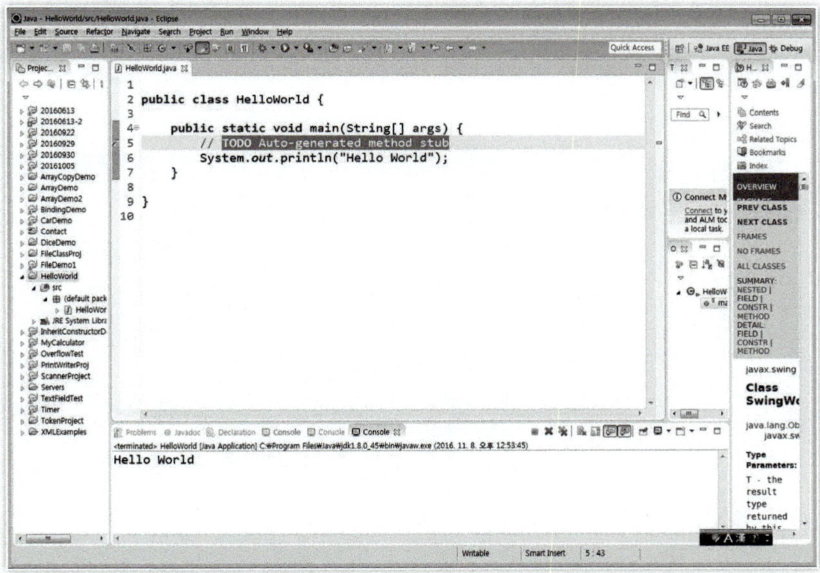

• Debug View

디버깅에 필요한 뷰들을 제공하는 퍼스펙티브이다. Java perspective의 Project Explorer 뷰가 사라지고 대신에 디버깅 시 필요한 Debug 뷰와 변수들의 값을 조사할 수 있는 뷰가 제공된다. Java perspective에서 프로그램을 개발하고, 만약 오류가 발생하면 Debug View로 전환하여 실행 과정을 단계별로 추적한다. Debug View에서는 이 경우에 필요한 다양한 기능들을 제공한다. 디버깅이 끝나면 다시 Java perspective로 전환한 후 작업한다.

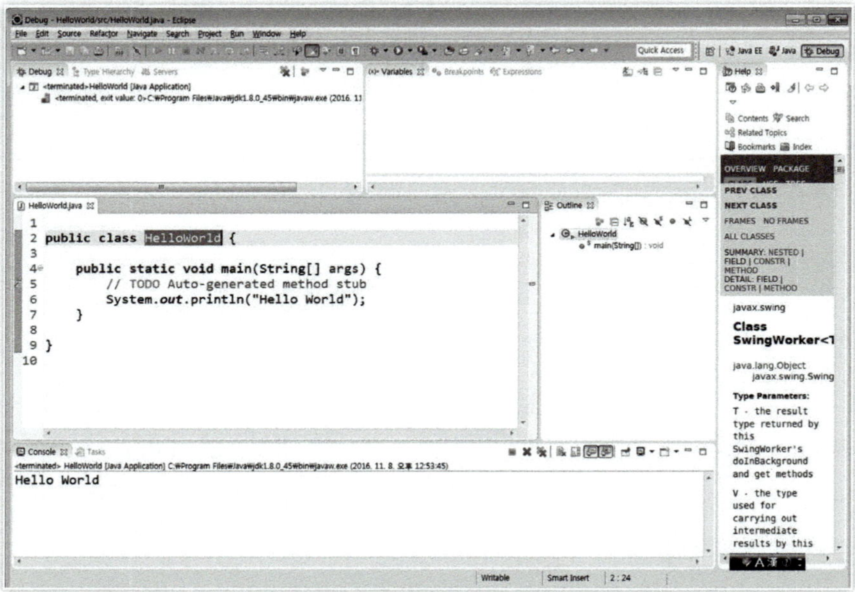

프로젝트 생성하기

1. File 〉 New 〉 Java Project...를 선택하여 그림과 같은 New Java Project 마법사를 구동한다.

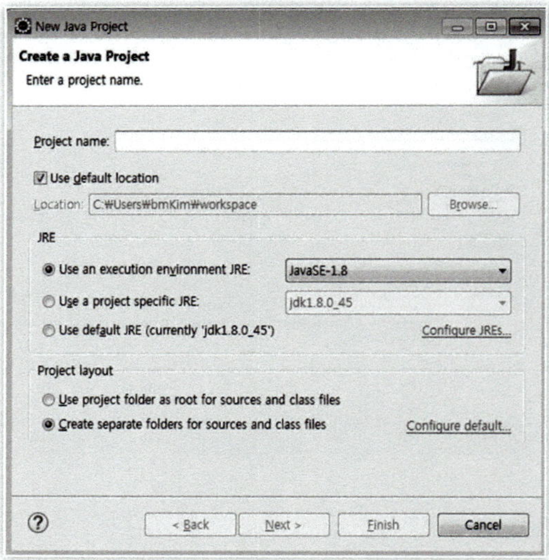

2. 프로젝트 이름(예, xxx)을 입력한 후 Finish 버튼을 클릭한다. 기본 프로젝트 설정을 바꿀 경우 Next 버튼을 눌러 프로젝트 설정 작업을 진행한다. Eclipse IDE에 익숙해지기 전까지는 기본 세팅을 활용해도 된다.

3. Project Explorer 뷰에 프로젝트가 생성되어 보이는데, 이 프로젝트를 마우스 우클릭 후 New 〉〉 Class를 선택하여 'New Java Class' 대화 상자를 띄운다.

4. 'Name' 부분에 클래스 이름(예, HelloWorld)을 입력하고 'public static void main(String[] args)' 체크 박스를 선택하여 Finish 버튼을 클릭한다. 그러면 프로그램 골격이 자동 생성되어 소스 뷰에 보인다. 이 소스에 필요한 코드들을 추가하여 프로그램을 작성한다.

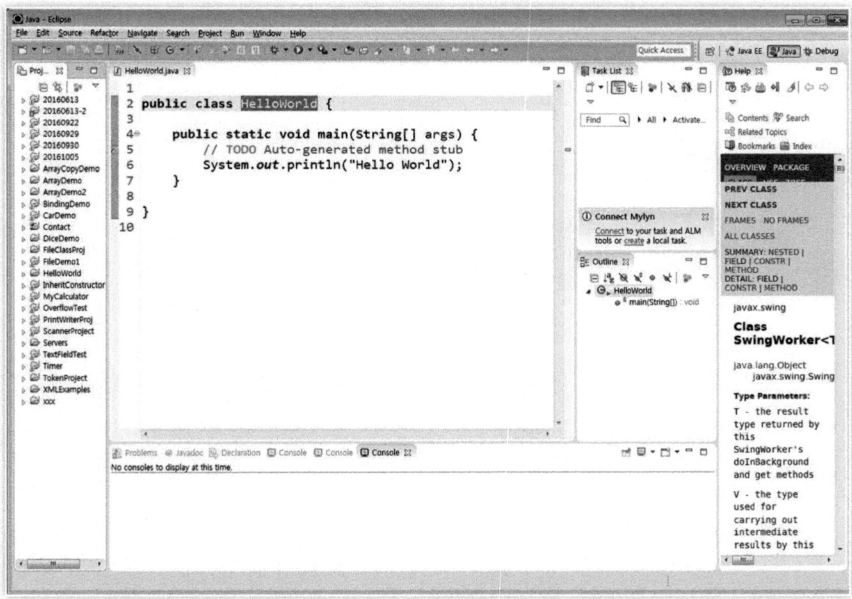

5. 프로그램 작성이 완료되면 초록색 실행 아이콘을 눌러 실행한다. 컴파일 후 오류가 없으면 자동으로 실행된다. 오류가 있을 경우는 콘솔 뷰에 오류 메시지가 출력된다.

1.5 객체지향 프로그래밍이란?

객체지향 프로그래밍이란 말 그대로 객체를 중심으로 프로그래밍하는 것이다. 객체마다 자신이 제공하는 기능들이 있고, 이러한 기능들이 필요할 경우 해당 객체에게 기능을 수행하도록 요청하는 방식으로 프로그래밍한다. 객체를 일종의 소프트웨어 부품으로 가정하면, 복잡한 기능을 수행하는 하드웨어를 제작할 때 애초에 전체를 한꺼번에 제작하지 않고 필요한 기능을 갖춘 기존의 부품들을 엮어서 만드는 것처럼, 소프트웨어 역시 작은 기능들을 수행하는 소프트웨어 부품, 즉 객체를 조합해서 프로그램에 필요한 복잡한 기능을 구현할 수 있다.

객체는 자신의 고유 기능을 제공하는데, 내부적으로 지속성이 유지되는 데이터, 즉 객체가 생존해 있는 동안 유지되는 데이터가 있다. 객체가 제공하는 기능을 '**메서드**'라고 하고, 내부 유지 데이터를 '**필드**'라고 한다. 보통 객체의 필드는 객체 외부에서 접근하지 못하며 객체의 기능을 수행할 때 메서드 내부에서 접근한다. 메서드는 메서드 이름과 실행에 필요한 데이터 선언으로 구성된다. 그러므로 객체의 특정 기능을 실행하고자 할 때는 필요한 데이터와 함께 그 기능에 해당하는 이름을 호출해 주어야 한다. 그런데 메서드 호출 시에 넘겨주는 데이터와 객체 내부 유지 데이터를 혼동하면 안 된다. 메서드 호출 시에 넘겨주는 데이터는 메서드 실행에 필요한 일시적 데이터로 계속 유지되지 않는 반면, 필드는 그 값이 계속 유지되며 객체 내의 모든 메서드에서 공유한다.

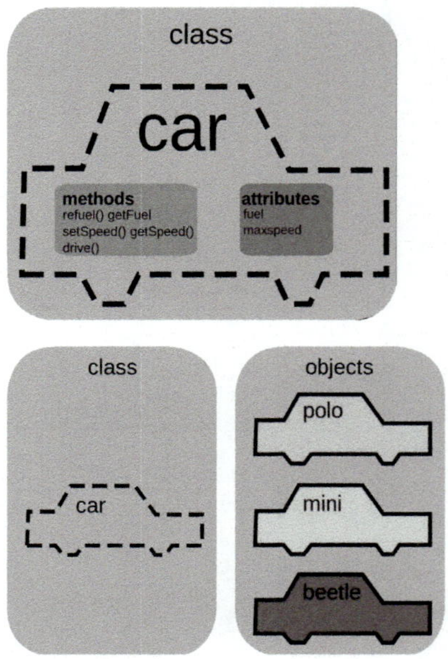

객체지향 프로그래밍을 하다보면, 유지하는 데이터는 다르지만 같은 기능을 수행하는 객체들이 여러 개 필요할 때가 있다. 그래서 보통 데이터의 유형과 메서드들로 구성된 원판을 정의하고 필요한 경우, 이 원판에서 객체를 생성하여 사용하는 방식을 사용한다. 같은 원판에서 생성된 객체들은 메서드가 동일하고 데이터 종류도 동일하다. 다만 데이터만 각자 따로 갖는다. 객체를 생성하는 데 사용하는 이 원판을 '**클래스**(class)'라고 한다. 클래스로부터 객체를 생성하면 객체를 위한 공간이 할당되고 그 객체의 식별자가 넘어오는데, 이 식별자가 객체를 다른 객체와의 구분을 가능하게 한다. 이러한 식별자를 자바 언어에서는 객체의 '참조' 또는 '**레퍼런스**'라고 하는데, 이 참조를 통해 객체를 조작한다.

객체지향 프로그래밍의 주요 특징

객체지향 프로그래밍은 프로그램을 유연하게 하고 변경을 쉽게 만들어주기 때문에 대규모 소프트웨어 개발에 많이 사용된다. 또한 프로그래밍을 더 배우기 쉽게 하고 소프트웨어 개발과 보수를 간편하게 하며, 보다 직관적인 코드 분석을 가능하게 하는 장점을 갖고 있다. 객체 지향 프로그래밍의 주요 특징으로 캡슐화, 상속, 다형성을 들 수 있는데, 이러한 특징으로 인해 소프트웨어 유지 보수 및 재사용성이 높아질 수 있다.

• 캡슐화

캡슐화(encapsulation)란 관련된 데이터와 기능들을 하나로 묶고, 데이터를 외부에서 직접 접근하지 못하도록 하고 메서드를 통해서만 접근하도록 하는 기법으로, 이를 통해 소프트웨어 유지 보수가 쉬워진다. 데이터를 외부에서 직접 접근하게 하면 여러 부작용들이 생길 수 있는데, 메서드를 통해서만 접근하게 하면 데이터에 이상한 값이 저장되는 것을 막을 수 있고, 데이터 표현 방식이 바뀌더라도 쉽게 대처할 수 있는 장점이 있다.

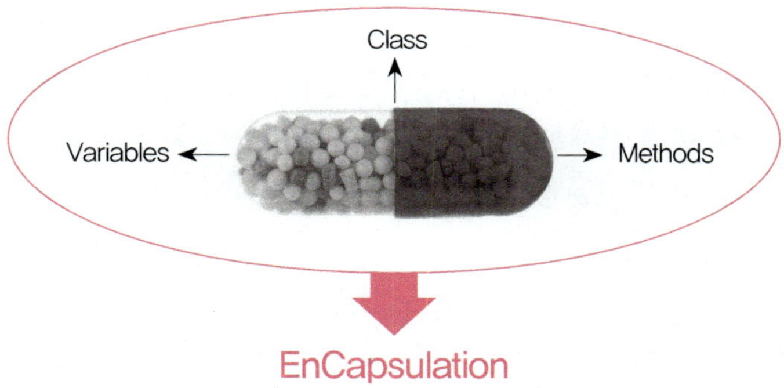

• 상속

상속(inheritance)은 이미 작성된 클래스를 받아 새로운 클래스를 생성하는 기법으로 기존 코드를 재활용할 수 있는 방법을 제공해준다. 기존 클래스에 추가 기능을 추가하고 싶을 때, 단지 상속받는다고 선언하고 추가 기능만 제공해줌으로써 기존 기능과 더불어 새로운 기능을 갖는 클래스를 정의할 수 있다. 또한, 기존 클래스의 기능 중 일부가 마음에 들지 않아 그 기능을 바꾸고자 할 경우도 상속의 개념을 이용해서 쉽게 처리할 수 있다. 상속은 객체지향 방법의 큰 장점 중 하나이다.

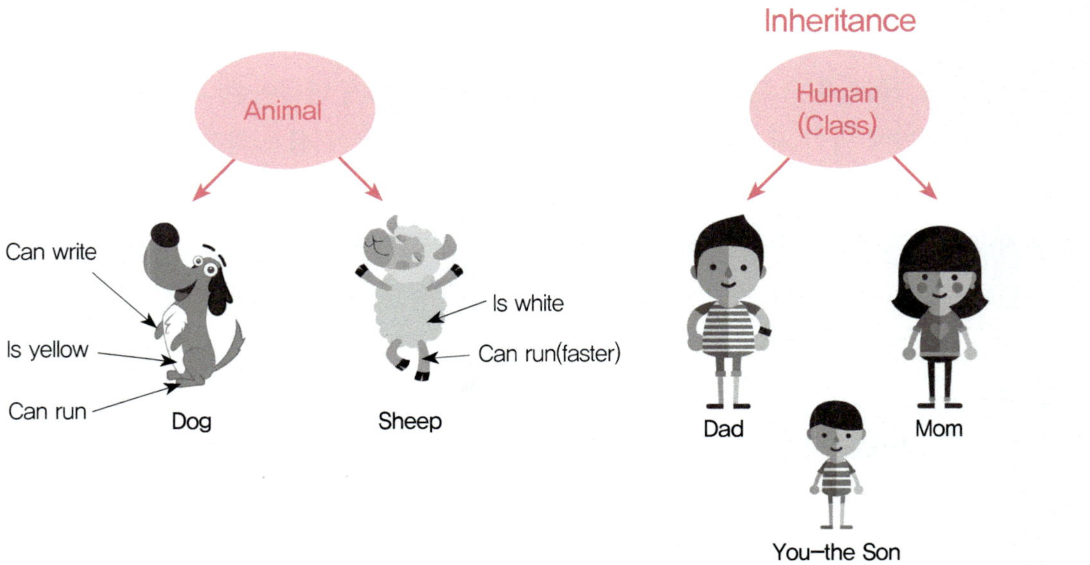

You the Son, Inherited Qualities from Mom and Dad

• **다형성**

다형성(polymorphism)은 캡슐화와 상속에 비해 설명이 까다롭고 이해가 어려운 개념이다. 다형성은 상속 관계에 의해 발생하는 것으로, 하나의 이름으로 많은 유형의 데이터를 처리하거나 하나의 코드로 여러 유형의 데이터를 처리하는 기법이다. 개념적으로 동일한 작업을 하는 함수들에 똑같은 이름을 부여할 수 있고, 동일한 코드로 여러 자료 유형들을 처리할 수 있으므로 코드가 더 간단해지는 효과가 있다.

02 자바 기초 – 변수와 자료형

이 장에서는 자바 프로그램의 기본 구성과 프로그램 작성 시 기본이 되는 변수와 자료형, 그리고 대입문에 대해서 살펴본다.

2.1 프로그램 및 클래스 구성

자바 프로그램은 관련 클래스들의 집합이며 클래스는 1장에서 설명한 바와 같이 객체가 유지하고 있는 필드들에 대한 정의와 메서드 정의 부분으로 구성된다. 이 필드들과 메서드에 대해서는 뒷부분에 자세히 설명하기로 하고, 여기서는 프로그램 시작 시 운영체제에 의해 자동으로 호출되는 main 메서드를 살펴보고, 이 안에서 기본적인 연산, 조건문, 반복문 등을 사용한 프로그램 작성법을 살펴보기로 한다.

아래의 코드는 이클립스를 사용하여 ProgramBasic이라는 클래스를 정의하는 경우, 자동으로 생성해주는 프로그램 코드이다. 클래스에 대한 선언이 나오고 그 안에 main 메서드를 정의하는 부분이 나온다. 메인 메서드의 블록, 즉 중괄호 '{' 와 '}' 안에 실행하고자 하는 문장들을 기술한다. 작성한 프로그램을 실행하면 자동으로 main 메서드가 호출되어 블록 안의 문장들이 실행된다.

```
package bmkim.java;

public class ProgramBasic {

	public static void main(String[] args) {
```

```
        // TODO Auto-generated method stub

    }

}
```

주석

위 코드에서 보는 바와 같이 코드에 대한 설명을 기술하는 주석이 클래스에 올 수 있는데, 주석은 실행문은 아니고 단지 프로그램에 대한 이해를 돕기 위해 부가적으로 달아두는 설명문이다. 여러분이 프로그램을 작성하는 시점에서는 각 코드의 의미를 파악할 수 있지만, 한참 후에 다시 보거나, 또는 다른 사람이 코드를 보는 경우 각 코드의 의미를 파악하기 힘들 수 있다. 따라서 작성 시점에 각 코드에 대한 설명을 달아두면 차후에 코드를 이해하는데 도움을 줄 수 있다. 앞으로 프로그램을 작성하는 경우 처음부터 주석을 상세히 작성하는 습관을 들이는 것이 좋다.

주석은 주석의 시작을 나타내는 특수 기호로 시작해 끝을 나타내는 특수 문자로 끝난다. 주석 시작은 아래의 예처럼 "/*"로 시작하고 끝은 "*/"로 끝난다.

```
/* ============================================
   이 프로그램은 김병만 프로그래머에 의해 작성되었음
   ============================================= */
```

한 줄 주석 또는 부분 주석의 경우는 "//"로 시작한다. "//"로 시작하는 문장은 그 줄의 끝까지 주석을 의미한다.

```
// 이 부분이 주석임

int I = 0; // 반복횟수를 나타내는 변수임
```

메인 메서드

프로그램 구성 클래스 중 적어도 한 클래스에서 main 메서드를 제공해야 한다. 이 메서드가 프로그램의 진입점으로 프로그램을 실행하면 운영체제에서 이 메서드를 호출하여 실행한다. 메인 메서드의 형식은 아래와 같다.

```
public static int main(String [] args)
```

메인 메서드는 외부에서 호출 가능해야 하므로 public으로 선언되어 있고, 또한 객체의 생성 없이 호출할 수 있도록 static으로 선언되어 있다. 그리고 실행 파일명과 함께 주어지는 인라인 인수들을 받아들여 사용할 수 있도록 String 타입의 배열 args가 형식 인수로 선언되어 있다. 메인 메서드를 포함한 메서드에는 실행문들이 따라오는데, 먼저 콘솔 창에 원하는 문자열을 출력하는 문장들부터 살펴보자.

콘솔 출력

자바는 콘솔에서의 출력 기능을 갖는 System 클래스를 제공한다. 패키지는 java.lang이다. 이 클래스의 out이라는 필드는 외부에서 접근 가능하도록 되어 있다. 원래 필드나 메서드를 사용하려면 클래스로부터 객체를 생성하고, 그 객체를 통해 필드나 메서드를 사용해야 한다. 하지만 특정 필드나 메서드는 객체 생성 없이 접근 가능한데, 이러한 필드나 메서드를 '정적(static) 필드' 또는 '정적 메서드'라 한다. 메인 메서드 앞의 static이라는 키워드는 이런 의미를 갖고 있다. 정적 필드나 메서드는 **"클래스명.필드명"** 또는 **"클래스명.메서드명"** 형태로 사용한다. 그리고 클래스명을 기술할 때는 패키지명까지 같이 기술해야 한다. 당분간은 패키지를 관련 있는 클래스들을 묶어 놓은 그룹의 이름이라고 생각하자. 따라서 다른 패키지에 속한 클래스들이 동일한 이름을 가져도 패키지명에 의해 분별 가능하다.

java.lang.System 클래스의 out 필드는 기본적인 수치나 문자 데이터가 아니라 java.io.PrintStream 클래스에서 생성된 객체이다. 그래서 **"out.필드명"** 또는 **"out.메서드명"** 형태로 그 객체가 제공하는 필드나 기능을 사용할 수 있다. PrintStream 클래스에는 콘솔로 숫자나 문자열을 출력하는 기능을 제공하는 print와 println 메서드를 제공한다. 이 두 메서드의 차이점은 문자열을 출력한 후 줄을 바꾸느냐 그렇지 않느냐에 있다. println 메서드가 줄을 바꾸는 메서드이다. 두 메서드 모두 출력시킬 내용을 인수로 받아들인다. 만약 화면에 "사랑합니다."라는 문자열을 출력하고 싶으면 아래와 같이 표현한다. 참고로 자바에서는 모든 실행문 끝에 ;을 붙인다.

```
java.lang.System.out.println("사랑합니다.");
```

콘솔 입력

프로그램을 하다보면 사용자에게 값을 입력받아야 하는 경우가 많다. 콘솔을 통해 사용자의 값을 읽어 들이려면 java.lang.System 클래스의 in 객체를 이용하면 되는데, 이 객체가 제공해 주는 기능은 우리가 필요한 자료형 형태로 값을 반환해주지는 않는다. 따라서 좀 더 편리하게 사용하려면 java.util.Scanner 클래스나 다른 클래스를 이용해야 한다. 다른 클래스에 대해서는 이후 파일 관련 부분에서 배우도록 하고, 여기서는 Scanner 클래스를 이용하는 방법을 살펴보기로 한다. Scanner 클래스도 그 기능이 많기 때문에 자세한 것은 파일 관련 부분에서 배우고, 당분간은 아래의 코드처럼 그냥 사용하자.

```
Scanner sc = new Scanner (System.in);
int i = sc.nextInt();
```

int형 값이 아닌 다른 자료형의 값을 읽을 경우는 nextInt 메서드 대신 아래의 메서드를 이용한다.

```
next()           // String 읽기
nextBoolean()    // 불리안 값 읽기
nextByte()       // 바이트 읽기
nextDouble()     // 더블 읽기
nextFloat()      // 플로트 읽기
nextLine()       // 한 줄 읽기
```

Scanner 객체는 시스템의 리소스(또는 자원)를 잡고 있기 때문에 제때에 닫아 주지 않으면 리소스 누수가 발생하여 최악의 경우 리소스 부족으로 프로그램이 비정상적으로 종료될 수 있다. 따라서 프로그램을 처음 배울 때부터 Scanner 객체를 다 사용하였으면, 즉 필요한 값들을 다 읽어 들였으면 아래와 같이 close() 메서드를 호출하여 자원을 환원하는 습관을 들이는 게 좋다.

```
Scanner sc = new Scanner (System.in);
int i = sc.nextInt();
...
sc.close();
```

import문의 필요성

만약 프로그램의 여러 곳에서 화면 출력을 해야 한다면 그때마다 클래스의 풀네임을 기술해주어야 한다. 별일 아닌 것 같지만 짜증나는 작업일 수 있다. 자바에서는 클래스명을 기술할 때 패키지명을 생략할 수 있는 방법을 제공하는데, import문으로 사용할 클래스의 풀네임을 한 번 알려주고, 이후에는 패키지명이 생략된 형태로 사용한다.

```
import java.lang.System;

...
System.out.println("사랑합니다.");
...
System.out.println("나도 사랑합니다.");
...
```

그런데, java.lang 패키지 밑에 있는 모든 클래스들은 자동으로 import되기 때문에 별도의 import문을 사용할 필요가 없다. 즉, 앞의 예에서 import java.lang.System; 문장을 생략해도 별 문제가 없다. 그리고 여러분이 작성하는 프로그램에서 같은 패키지 내의 여러 클래스들을 사용할 경우, 예를 들어, java.util 패키지에는 여러 유용한 유틸리티 클래스들이 존재하는데 이 중 Random 클래스와 Date 클래스를 사용할 경우, 아래처럼 각각 import문을 사용하여 알려주어야 한다.

```
import java.util.Random;
import java.util.Date;
```

같은 패키지 내의 클래스들을 한두 개가 아니라 많이 사용할 경우, 이처럼 일일이 import

시키는 것은 그리 좋은 방법인 것 같지는 않다. 이러한 경우는 아래처럼 패키지 전체를 import하는 것이 좋다.

```
import java.util.*;
```

2.2 변수와 자료형

프로그램을 작성하기 위해서는 기본적으로 사용자가 입력한 값이나 중간 계산 결과를 변수에 저장해야 한다. 변수를 사용하기 위해서는 먼저 변수의 선언이 이루어져야 하는데, 이와 관련된 내용을 먼저 살펴보자.

변수의 선언

변수는 값이나 객체의 참조(객체 식별자)를 저장할 수 있는 메모리 공간으로, 주소에 의해 접근되어야 하지만 주소를 기억하기 힘들기 때문에 기억이 쉬운 기호명을 부여하여 사용한다. 변수는 사용 전에 선언해야 하는데, 선언 형식은 아래와 같다.

```
자료형 변수명1, 변수명2, ... 변수명n;
```

자료형은 변수가 저장할 수 있는 값의 유형을 나타내는 값으로, 여기에는 기본 자료형과 참조 자료형이 있다. 기본 자료형은 말 그대로 자바에서 기본으로 제공하는 자료 유형으로 char, byte, short, int, long, float, double, boolean 등이 있다. 자료형에 따라 저장하는 값의 종류와 크기가 달라지는데, 이를 표로 정리하면 다음과 같다.

자료형	값의 유형	값의 범위 또는 크기
boolean	true 또는 false	1 byte
byte	정수	1 byte (–128 ~ 127)
char	문자	2 byte
short	정수	2 byte (–32768 ~ 32767)
int	정수	4 bytte (–2147483648 ~ 2147483647)

long	정수	8 byte (-9223372036854775808 ~ 9223372036854775807)
float	실수	4 byte (-3.40292347E38 ~ +3. 40292347E38)
double	실수	8 byte (-1.79769313486231570E308 ~ +1. 79769313486231570E308)

아래의 코드는 각 기본 자료형의 변수를 선언한 후 자료형에 맞는 값을 저장하는 예이다. 숫자는 정수형이냐 실수형이냐에 따라 구분한 후, 그 크기에 맞는 자료형을 사용해야 한다. 숫자의 범위에 맞는 자료형을 선택해야 메모리 낭비 없이 사용할 수 있다. boolean형인 경우는 참과 거짓에 해당하는 true와 false 값만 저장할 수 있다. 그리고 char형은 한 문자만 저장할 수 있는데, 문자를 작은 따옴표(‘’)로 싸주어야 한다.

```
public class VariablesTest {
        public static void main(String[] args) {
                boolean bln = true; // true 또는 false만 가능
                byte val1 = 127;
                char ch = ‘a’; // ch = ‘한’;
                short val2 = 32767;
                int val3 = 214748364;
                long val4 = 9223372036854775807;
                float val5 = 3. 40292347E38;
                double val6 = 1. 79769313486231570E308;
        }
}
```

참조 자료형은 객체의 참조를 저장할 수 있는 자료형으로, 클래스나 인터페이스가 이에 해당한다. 자바에서 기본적으로 제공하는 클래스들과 인터페이스들, 그리고 프로그래머의 필요에 의해 작성하는 클래스나 인터페이스들이 여기에 해당한다. 참조 자료형 변수에 있는 참조를 이용하여 객체들을 조작하게 된다. 참조형 변수는 기본 자료형 변수와는 달리 선언만 하면 객체가 자동으로 생성되지 않고, 객체의 참조를 저장할 공간만 확보된다. 따라서 참조형 변수를 선언할 경우는 아래와 같이 선언 시 객체를 생성하여 초기화하든지, 아니면 선언 후에 나중에 객체를 생성하고 그 객체의 참조를 변수에 저장해야 한다.

```
String s = new String(“bmkim”); // 선언 시에 객체 생성하여 초기화
```

또는

```
String s;                    // 선언 후에 객체 생성하여 초기화
s = new String("bmkim");
```

String은 기본 자료형이 아니고 참조형이지만 편의상 기본 자료형처럼 사용할 수 있다. 즉, 객체 생성 없이 아래와 같이 마치 기본 자료형 변수처럼 문자열 값을 변수에 저장할 수 있다.

```
String s = "bmkim";
```

위 문장은 마치 기본 자료형처럼 표현되어 있지만 컴파일 과정 중에 객체를 생성하는 형태로 컴파일되어 s 변수에는 그 객체의 참조가 저장된다.

변수명

변수명은 아래와 같은 식별자 규칙에 따라 작명한다.

- 첫 글자는 문자나 '_', '$'의 특수 문자로 시작되어야 한다. 숫자로 시작할 수 없다.
- 첫 글자가 아니라면, 문자나 '_', '$'의 특수 문자 그리고 숫자로 구성될 수 있다.
- 자바의 예약어는 식별자로 사용할 수 없다.
- 자바의 식별자는 대소문자를 구분한다.
- 식별자 길이는 제한이 없고 공백은 포함할 수 없다.

위의 규칙을 위반한 변수명인 경우 컴파일러가 인식하지 못하므로 컴파일 오류를 야기하여 실행 파일을 만들 수 없다. 예를 들어, 7speed는 위의 규칙 중 첫 번째 규칙을 위반하여 변수명으로 사용할 수 없다. 참고로 메서드명, 클래스명, 상수명들도 위의 식별자 규칙을 만족해야 한다.

식별자(변수명, 메서드명, 클래스명, 상수명 등)는 위의 필수 규칙 외에 관례에 따라 이름을 부여하는 것이 좋은데, 많이 쓰이는 관례는 다음과 같다.

- 클래스 이름은 워드 단위로 첫 글자를 대문자로 정의한다. 예) MyCar
- 메서드 이름이나 변수명은 일반적으로 첫 글자를 소문자로 정의한다. 예) getSpeed, count

- 변수 이름은 명사를, 메서드 이름은 동사를 사용한다. 예) name, getName

자바의 식별자는 자바 예약어(키워드라고도 함)를 사용할 수 없는데, 예약어는 아래 표와 같다.

abstract	assert	boolean	break	byte	case	catch
char	class	const	continue	default	do	double
else	extends	false	final	finally	float	for
goto	if	implements	import	instanceof	int	interface
long	native	new	null	package	private	protected
public	return	short	static	super	switch	synchronized
this	throw	throws	transient	true	try	void
volatile	while					

리터럴

리터럴(literal)은 프로그램 내에 명시적으로 기술되는 값으로 변수를 초기화하는 값이 그 예이다. 리터럴은 타입에 따라 표기 방법이 달라진다. 정수형은 10진수, 8진수, 16진수 형태로 표기할 수 있다.

```
int m = 15;   // 십진수 표기
int m = 015;  // 8진수 표기, 10진수로 13을 의미
int m = 0x15; // 16진수 표기, 10진수로 21을 의미
```

실수 값은 여러 형태로 표기할 수 있다, 예를 들어, 13.0은 13.으로, 0.1234는 .1234 또는 1234E-4 형태로도 표기할 수 있다. 실수 값은 값 뒤에 붙는 기호에 따라 float형이나 double형으로 구별되는데, float는 실수 뒤에 f 또는 F를, double은 d 또는 D를 붙인다. 기호가 없으면 double형으로 취급된다.

```
float f = 12.3;   // 컴파일 오류
float f = 12.3f;  // 정상
double d = 12.3;  // 정상
```

문자 값은 나타내고자 하는 문자를 작은 따옴표(' ')로 싸준다. 큰 따옴표 ("")는 문자열을 나타내므로 주의해야 한다. 예를 들어, 'a', 'W', '*', '4', '+', '한' 등과 같이 표현한다. 경우에 따라서는 문자를 문자의 코드 값으로 표현할 수 있는데, 자바에서는 2바이트 유니코드를 사용하므로 한 문자당 2바이트 코드가 부여된다. 유니코드를 표시할 때는 \u 다음에 16진수 네 자리로 유니코드를 표현한다. \u는 뒤에 나오는 네 개의 문자가 16진수 값임을 나타내는 특수 문자이다.

```
char c = \u0042; // char c = 'B'와 동일. 0042는 'B'의 유니코드 값임
char c = \uae00; // char c = '글'과 동일. ae00은 '글'의 유니코드 값임
```

자바에서는 \u와 같은 여러 용도의 특수 문자를 제공하는데, 이러한 특수 문자는 백슬래시(\)로 시작한다. 이를 이스케이프 시퀀스(escape sequence)라 한다. 대표적인 특수 문자로 다음과 같은 것들이 있다.

'\b'	백스페이스 키를 의미	'\t'	탭 문자를 의미
'\n'	줄 바꿈 문자를 의미	'\r'	캐리지 리턴 문자를 의미

특수한 용도로 쓰이는 문자, 예를 들어 큰 따옴표(")나 백슬래시(\) 자체를 표기할 때 """나 '₩'처럼 표시하면 컴파일러는 이 글자들을 특수하게 해석하므로 그 자체를 나타내지 못한다. 이러한 경우에도 이스케이프 시퀀스를 사용한다. 즉 '\"'로 표기하면 큰 따옴표 자체를 의미하며, '\\'은 백 슬래시 문자 자체를 나타낸다.

논리형 값에는 true와 false 두 가지 밖에 없다. true는 논리 참 값을, false는 논리 거짓 값을 나타낸다.

```
boolean b = true;
```

참조형 리터럴, 즉 참조형 변수에 저장할 수 있는 리터럴에는 null이 있다. 이 값은 어떤 참조도 나타내지 않는 특수 값이다. 참조형 변수를 선언한 후 그 변수를 초기화할 때 주로 사용하며, 아직 이 변수는 어떤 객체도 지칭하고 있지 않음을 의미한다.

```
String str = null;
```

참조형 중 String형인 경우는 문자열 리터럴을 사용할 수 있는데, 문자열 리터럴은 문자열을 큰 따옴표로 묶어 표현한다.

```
String str = "I love you";
```

기호 상수

상수 값에 기호를 부여하여 상수 값 대신에 그 기호를 사용할 수 있다. 기호 상수는 변수 선언과 비슷한데, 단지 final 키워드를 반환형 앞에 기술해 주면 된다.

```
final double PI = 3.14159;
```

기호 상수의 값을 바꾸려 하면 컴파일 오류가 발생한다. 예를 들어, PI 값을 나중에 아래와 같이 바꾸면 오류가 발생한다.

```
PI = 3.14;
```

상수 값을 직접 쓰기보다 기호 상수를 사용하면 나중에 값을 변경하는 경우, 기호 상수의 정의만 바꾸어 쉽게 수정할 수 있다. 예를 들어, 10이라는 값이 프로그램 내에 여러 군데 사용된다고 할 때, 10이라는 값을 기호 상수로 정의하고 그 값이 사용되는 위치에 기호 상수를 사용하면 나중에 10이라는 값을 100으로 고쳐야 할 상황에서 상수 정의만 바꿔주면 된다.

```
final int SIZE = 10;                final int SIZE = 100;
...                                 ...
int num1= SIZE * price;             int num1= SIZE * price;
int num2 = SIZE - price;            int num2 = SIZE - price;
...                                 ...
```

2.3 대입문

메서드 안에는 필요한 변수를 선언하고 이 변수를 이용한 실행문들이 오게 된다. 가장 기본적인 실행문은 대입연산자(=)를 사용한 치환문(또는 대입문이라고도 함)으로 변수에 값을 저장하는 문장이다.

대입 연산자

대입 연산자 (=)는 연산자의 오른쪽에 있는 수식의 값을 연산자 왼쪽에 있는 변수에 저장하는 연산자이다. 대입 연산자는 치환 연산자라고도 하는데 사용 형태는 아래와 같다.

```
변수 = 값;          // 또는
변수1 = 변수2;
```

첫 번째 형태는 변수에 상수 값을 저장하는 문장이고, 두 번째는 변수2의 값을 변수1에 저장하는 문장이다.

```
int x, y;

x = 10;
y = x;
```

위의 예에서처럼 변수를 선언한 후 곧바로 상수 값을 저장할 경우는 아래와 같이 선언과 동시에 초기화할 수 있다.

```
int x = 10;
```

대입 연산자의 왼쪽에는 변수만 올 수 있음을 주의해야 한다. 처음 프로그램을 배울 때 아래와 같이 코딩하는 경우가 있는데 “a+1”은 변수가 아니므로 허용되지 않는다.

```
int a=10, b=5;

a + 1 = b;
```

대입 연산자의 오른쪽에도 변수가 올 수 있는데, 이때의 의미는 왼쪽에 있을 때와 다르다. 대입 연산자 왼쪽의 변수는 변수의 위치를, 오른쪽의 변수는 그 변수의 위치에 저장되어 있는 값을 의미한다. 따라서 아래의 문장은 a 위치의 값에 1을 더한 값을 a 위치에 저장하라는 의미이다. 만약 a에 5가 저장되어 있다면 6으로 a의 값을 갱신한다. 프로그래밍을 하다 보면 현재 변수의 값을 하나 증가시켜야 할 경우가 많은데, 이때 아래의 문장을 잘 기억해 두었다가 활용하기 바란다.

```
a = a + 1;
```

대입 연산자도 연산 결과 값이 있는데, 바로 변수에 저장된 값이 연산의 결과 값이다. 따라서 아래와 같은 문장을 실행시키면 a와 b 모두 4가 저장된다. 두 연산자의 우선순위가 동일하므로 결합 순서에 따라 "b = 4"가 먼저 실행되고, 그 결과 값으로 4가 되어 그 결과 값이 a에 저장된다.

```
a = b = 4;
```

위의 특성을 이용하면 아래와 같은 형태의 문장도 가능하다. 이 문장은 "b = 4"를 먼저 실행하고 그 결과에 1을 더한 값을 a에 저장하라는 의미이다.

```
a = (b = 4) + 1;
```

실습 2.1 사용자 이름을 입력받아 인사말 출력하기

사용자에게 이름을 물어 그 이름을 변수에 저장하고, 이 이름에 인사말을 붙여서 출력하는 프로그램을 작성해 보자. 먼저, 이클립스의 File 〉〉 New 〉〉 Java Project를 선택하고 프로젝트명 SayHelloTest를 입력하여 프로젝트를 생성한다.

프로젝트가 생성되었으면 프로젝트 탐색기(Project Exploler)에서 프로젝트를 마우스 우클릭하여 New >> Class를 선택하고, 클래스명(SayHello)과 main 메서드 자동 생성 옵션을 선택한다.

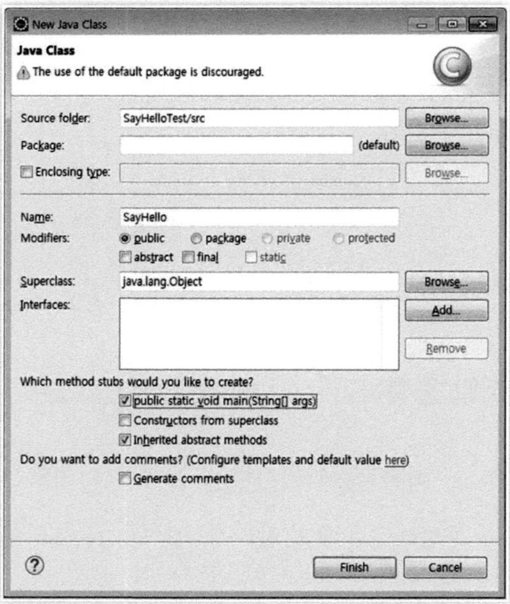

소스 뷰에 프로그램 골격 코드가 뜨면, main 메서드 안에 아래와 같이 입력한다. 이름이 들어간 인사 메시지를 만드는 방법을 자세히 살펴보자. + 기호를 사용하여 문자열들을 합해 긴 문자열을 만들고 있다. 앞으로 이러한 형태를 많이 활용하게 될 것이다.

```
public class SayHello {
        public static void main(String[] args) {
                // TODO Auto-generated method stub
                System.out.println("이름 입력 >> ");
                Scanner sc = new Scanner (System.in);
                String name = sc.next();
                sc.close();

                String helloMessage = "안녕하세요. " + name +
                                        "님, 자바 세계에 오신 것을 축하드립니다.";
                System.out.println(helloMessage);
        }
}
```

위와 같이 입력하면 Scanner 글자 밑에 빨간 줄이 표시되는데, 이는 이 부분을 컴파일러가 제대로 인식할 수 없다는 것을 의미한다. Scanner의 패키지를 기술해주어야 하는데 그렇지 않아서 이런 오류가 발생하는 것이다. 만약, 이 오류를 무시하고 실행 버튼을 누르면 아래 그림처럼 콘솔 창에 오류 메시지가 출력된다.

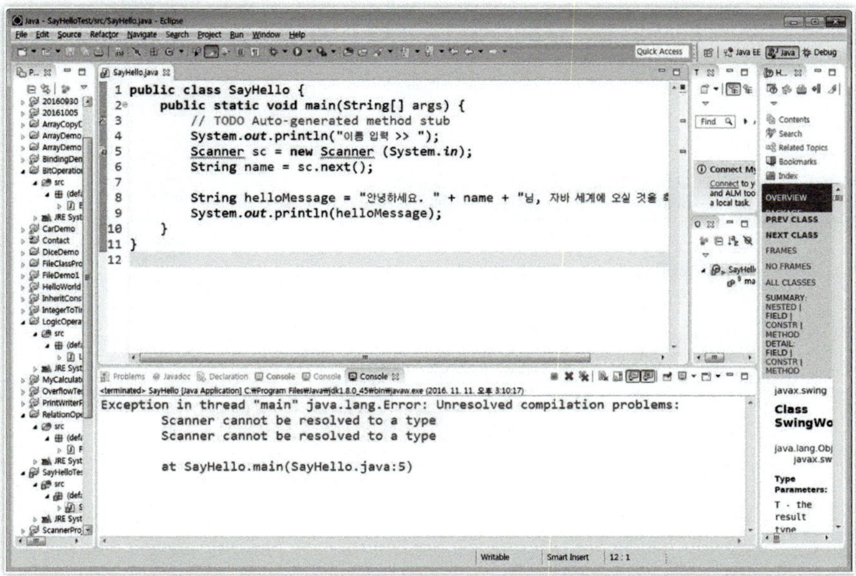

이 오류를 해결하려면 맨 윗줄에 아래와 같은 import문을 직접 추가하거나,

```
import java.util.Scanner;
```

아니면 빨간 줄 밑에 마우스를 가만히 갖다 두면 아래 그림과 같은 해결 창이 뜬다. 여러 해결책 중에 가장 위에 있는 해결책을 선택하면 자동으로 추가된다.

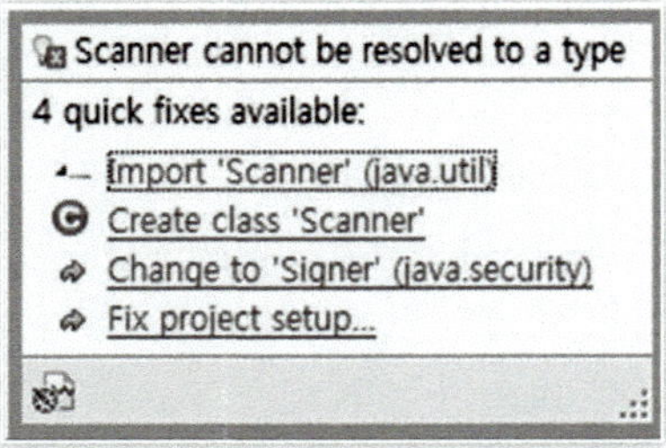

빨간 줄이 안보이면 File >> Save All을 선택하여 소스코드를 저장한다. 그런 후 실행 아이콘을 눌러 실행해보기 바란다. 오류가 없으면 콘솔 창에 입력 안내 메시지가 뜨고, 이름을 입력하면 인사말이 출력된다. 한번 여러분의 이름을 입력해보자.

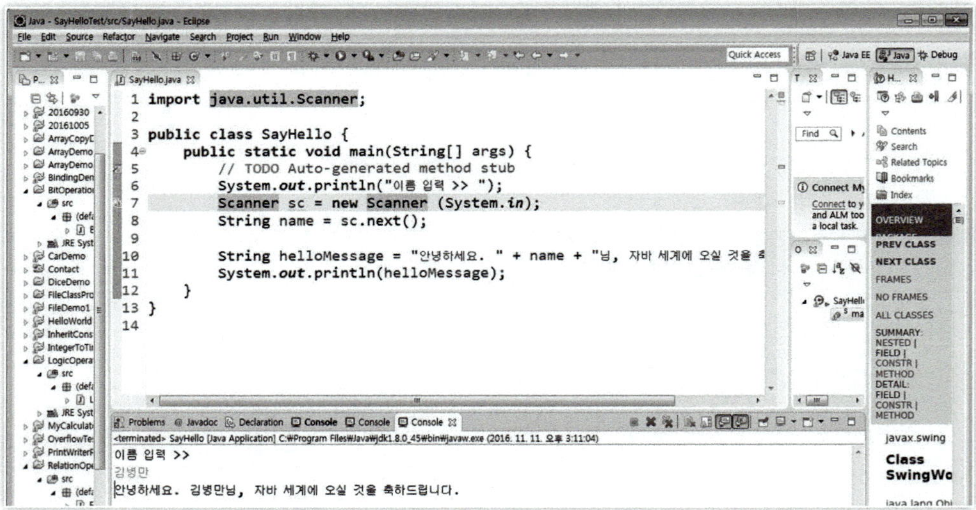

2.4 자료형 변환

치환문을 사용할 때 주의할 점은 대입연산자 왼쪽의 변수의 자료형과 오른쪽의 값 또는 변수의 자료형이 일치해야 한다는 것이다.

```
int x;
x = 3; // OK
x = 6.7; // 자료형 불일치 오류
```

원칙은 대입연산자 좌우의 자료형이 일치해야 하지만 오른쪽의 자료형이 왼쪽 자료형보다 작은 경우도 치환이 허용된다. 이는 컴파일러가 작은 크기의 자료형의 데이터를 큰 자료형의 데이터로 자동 변환(이를 **자동 형변환**(type casting)이라고 한다)시켜주기 때문이다. 자동 형변환이 일어나는 타입 사이의 관계는 다음과 같다.

```
byte -> short 또는 char -> int -> long -> float -> double
```

아래의 코드를 main 메서드 안에 입력해보자.

```
double d;
int x = 10;

d = x; // OK
x = d; // 자료형 불일치 오류
```

위의 예처럼 대입 연산자의 왼쪽 자료형이 오른쪽 자료형보다 작은 크기일 경우는 치환이 허용되지 않는데, 이는 허용할 경우 정보의 손실이 발생할 수 있기 때문이다. 예를 들어, 아래의 예를 허용할 경우 변수 x에는 3.14가 아니라 3이 저장된다.

```
int x;
x = 3.14; // 자료형 불일치 오류
```

위의 예처럼, 컴파일러는 정보의 손실 우려가 있는 치환은 허용하지 않는다. 대신에 사용자가 이러한 정보의 손실에도 불구하고 저장하고 싶을 경우는 허용한다. 이 경우에는 아래의 예처럼 값을 강제로 원하는 형태로 변환하도록 지시해주어야 한다. 이러한 형태의 자료형 변환을 **강제 형변환**이라고 한다.

```
int x;
x = (int) 3.14;
```

문자 데이터를 정수형으로, 정수형을 문자형으로 바꾸는 예를 통하여 자동 형변환과 강제 형변환을 살펴보자. 아래의 예를 보면 '한'이라는 글자를 문자형 변수에 저장하여 이를 다시 정수형 변수에 저장하는데, 별 문제 없이 진행될 것이다. 그런데 그 밑 코드를 보면 16진수로 d55d 값을 정수형 변수에 저장하고 이를 다시 문자형 변수에 저장하고 있다. 아마도 컴파일러는 오류를 표시할 것이다. 이러한 경우 주석에 표시한 것처럼 강제 형변환해 주어야 한다.

```
public class Assignment {
        public static void main(String[] args) {
                char c = '한';

                System.out.println("문자 : " + c);

                int code = c; // 자동 형변환
                System.out.println("유니코드 : " + Integer.
                toHexString(code));

                int i = 0xd55d;
                char c2 =  i; // 강제 형변환 필요. char c2 = (char) i;로 변경
                System.out.println("문자 : " + c2);
        }
}
```

위 코드를 수행시키면 아래와 같은 결과를 얻을 수 있다. '한'이라는 글자의 유니코드 값이 d55c라는 것을 알 수 있고, 또한 유니코드로 다음 문자가 '핝'이라는 것을 알 수 있다. 이처럼 문자의 유니코드 값을 알고 싶거나 반대로 유니코드에 해당하는 문자를 알고 싶을 경우, 정수형과 문자형 간의 형변환을 이용한다.

```
문자 : 한
유니코드 : d55c
문자 : 핝
```

2.5 사용자 정의 자료형

자바에서는 필요한 경우 추가의 자료형을 정의해 사용할 수 있다. 앞에서 잠시 설명한 클래스가 바로 그것이다. 클래스에는 단지 자료를 저장하기 위한 공간만 선언되어 있는 것이 아니라 관련된 기능도 같이 정의되어 있다. 자료를 저장하기 위한 공간, 즉 변수들을 필드라 하고, 필드들을 이용하여 제공하는 기능들을 메서드라고 한다. 메서드는 메서드 이름, 그리고 메서드의 기능을 수행하는 데 필요한 필드 외의 추가의 값, 즉 인수들과 반환형으로 이루어진다. 자세한 내용은 8장의 클래스 정의 관련 장을 참고하라.

클래스의 기능이나 필드에 접근하기 위해서는 먼저 클래스로부터 객체를 생성하여 그 객체의 필드나 메서드들에 접근하게 된다. C++에서는 객체의 클래스를 사용자 정의 자료형으로 해석하여 기본 자료형 대신에 클래스명을 사용하면 객체를 생성할 수 있다. 하지만, 자바에서는 객체를 위한 공간이 확보되지 않고, 즉 객체가 생성되지 않고, 단지 객체를 조작할 수 있는 값(이를 **레퍼런스**라고 한다)을 저장할 수 있는 공간만 확보된다. 이런 변수를 **레퍼런스(참조)형 변수**라고 한다. 따라서 자바에서 객체를 조작할 경우는 반드시 레퍼런스 변수 선언 후 또는 변수 선언과 함께 객체를 생성해주어야 한다. 변수 선언과 함께 객체를 생성하여 그 객체의 레퍼런스를 변수에 저장하는 형식은 다음과 같다. 객체를 생성하는 방법은 new 키워드 다음에 클래스명과 필요한 초기 데이터를 기술하면 된다. 필요한 초기 값이 없을 경우는 생략하면 된다. 자세한 내용은 10장 생성자 관련 장을 참고하라.

```
클래스명 변수명 = new 클래스명(필요한 값들);
```

레퍼런스 변수 선언 후에 객체를 생성할 경우는 아래와 같이 기술하면 되는데, 주의할 것은 객체 생성 없이 변수만 선언해 놓고 그 변수를 통해 객체의 필드나 메서드들에 접근하게 되면 오류가 발생한다는 점이다. 반드시 객체를 조작하기 전에 변수에 조작하고자 하는 객체를 생성하여 그 레퍼런스를 저장해야 한다.

```
클래수명 변수명;
변수명 = new 클래스명(필요한 값들);
```

객체가 생성되고 그 레퍼런스가 변수에 저장된 후에는 아래와 같은 형식으로 그 객체의 필드나 메서드들을 사용하면 된다. 단, 객체에 정의된 모든 필드와 메서드를 접근할 수 있는 것은 아니다. 클래스 정의 시 접근하도록 허용된 필드나 메서드만 접근 가능하다. 자세한 내용은 8장을 참고하라.

```
변수명.필드명  // 필드 접근 시
변수명.메서드명(필요한 값들)  // 메서드 접근 시
```

03 자바 기초 - 수식

이번 장에서는 수식 처리의 기본이 되는 수식과 이를 작성하는 데 사용되는 다양한 연산자들에 대해서 살펴보자.

3.1 수식

대입 연산자의 오른쪽에는 변수나 상수 값 외에 수식이 올 수 있는데, 수식(expression)은 피연산자와 연산자의 결합으로 이루어진다. 연산자의 종류에 따라 하나에서 세 개까지의 피연산자가 올 수 있다.

```
연산자 피연산자 또는 피연산자 연산자     // 단항 연산자인 경우
피연산자1 연산자 피연산자2              // 이항 연산자인 경우
피연산자1 연산자 피연산자2 피연산자3    // 삼항 연산자인 경우
```

피연산자는 연산(계산)의 대상으로서 값이나 변수 또는 수식이 될 수 있다. 연산자는 계산의 종류로 분류하면 다음과 같다.

연산자	우선순위
후위(postfix) 단항(unary) 연산자	expr++ expr--
전위(prefix) 단항 연산자	++expr --expr +expr -expr ~ !
곱셈 및 나눗셈 연산자	* / %
덧셈 및 뺄셈 연산자	+ -

시프트(shift) 연산자	<< >>>>>
관계(relational) 연산자	< ><= >= instanceof
동일(equality) 연산자	== !=
비트(bitwise) AND 연산자	&
비트 exclusive OR 연산자	^
비트 OR 연산자	|
논리(Logical) AND 연산자	&&
논리 OR 연산자	||
삼항(ternary) 연산자	? :
대입 연산자	= += -= *= /= %= &= ^= |= <<= >>= >>>=

연산자의 우선순위

복잡한 수식인 경우 한 수식 내에 여러 연산자들이 사용되기도 하는데, 이러한 경우 연산자들의 계산 순서가 문제될 수 있다. 이런 문제를 해결하기 위해 연산자 우선순위가 정의되어 있으며, 기본 원칙은 우선순위가 높은 연산자부터 계산된다. 표에서 위쪽에 있을수록 우선순위가 높다. 예를 들어, 아래와 같은 수식이 있을 때, ++가 우선순위가 높기 때문에 제일 먼저 계산되고, 그 다음에 *, + 연산자가 순차적으로 계산된 후 끝으로 = 연산자가 실행된다.

```
x = y + 3 * z++;
```

우선순위가 같은 연산자가 여러 개 있을 경우는 어떻게 될까? 이런 경우는 결합법칙에 따라 처리되는데, 대입 연산자를 제외한 모든 이항 연산자들은 왼쪽에서 오른쪽 순으로 계산되며, 대입 연산자는 그 반대로 계산된다. 단항 연산자 그룹에 속한 연산자들은 오른쪽에서 왼쪽 순으로 계산되며, 삼항 연산자도 오른쪽에서 왼쪽 순으로 계산된다. 따라서 아래의 수식은 먼저 y−3이 계산되고 그 결과 값에 z을 더하는 + 연산이 이루어진다.

```
x = y - 3 + z;
```

위의 원칙에 따라 계산 순서가 자동으로 정해지지만 경우에 따라서는 그 순서와 다른 순서로 계산하고 싶은 경우가 있다. 그런 경우는 괄호를 묶어 표시한다. 즉, 위의 수식에서 +를 먼저 연산하려면 아래와 같이 기술한다.

```
x = y - (3 + z);
```

3.2 산술 연산자

자바에서는 덧셈 (+), 뺄셈(−), 곱셈(*), 나눗셈(/), 나머지(%) 연산자를 제공한다. 나머지 연산자를 제외한 연산자는 익숙한 연산자이므로 자세한 설명을 생략한다. 나머지 연산자는 첫 번째 피연산자를 두 번째 피연산자로 나누었을 때의 나머지를 의미한다.

```
5 % 2 = 1,  7 % 5 = 2, 3 % 5 = 3
```

이 나머지 연산자를 이용하여 주어진 숫자를 축소된 범위 내의 숫자로 변경할 수 있는데, 아래와 같은 식을 사용한다. y는 변환된 값을, x는 변환할 양의 정수 값을 나타내며 상한 값은 y의 최댓값을, 하한 값은 y의 최솟값을 나타낸다.

```
y = (x % (상한 값 - 하한 값 + 1)) + 하한 값
```

예를 들어, 임의의 숫자를 0과 100사이의 숫자로 바꾸고 싶으면 상한 값이 100이고 하한 값이 0이므로 101로 나누어 그 나머지를 취한다. 그리고 만약 1과 100 사이의 숫자로 바꾸고 싶으면 상한 값이 100이고 하한 값이 1이므로 100으로 나눈 나머지에 1을 더하면 된다. 이를 코드로 작성하면 다음과 같다.

```
import java.util.Random;
public class Modulus {
        public static void main(String[] args) {
                int x, y;

                Random r = new Random();
```

```
            x = r.nextInt(1000);
            y = x % 101; // 0과 100 사이의 값으로
            System.out.println(x + " =>" + y);

            x = r.nextInt(1000);
            y = (x % 100) + 1; // 1과 100사이의 값으로
            System.out.println(x + " =>" + y);
    }
}
```

여기서, 추가로 관심 있게 살펴볼 것은 임의의 숫자를 생성하는 방법이다. 프로그램을 작성하다보면 임의의 숫자를 만들어 사용해야 할 경우가 의외로 많다. 이때 Random 클래스를 이용한다. 이 클래스로부터 객체를 생성하고 이 객체를 통해 임의의 수를 생성하는 메서드를 원하는 개수만큼 호출하면 된다. 정수 값을 생성할 경우는 nextInt 메서드를 호출하면 되는데, 두 가지 형태가 있다. 하나는 인수 없이 이 메서드를 호출하는 것이고, 다른 하나는 정수 값을 주고 호출하는 것이다. 전자의 경우는 음수를 포함한 임의의 정수를 생성하고, 후자의 경우는 인수로 주어진 숫자보다 작은 0을 포함한 양의 정수를 생성한다. 임의의 실수 값도 생성할 수 있는데, 이때는 nextFloat나 nextDouble 메서드를 호출하면 된다.

산술 연산 시 주의 사항 몇 가지만 살펴보자. 먼저, 실수형 수식을 정수형 변수에 저장하는 경우이다. 아래의 예처럼 두 실수 값을 나눈 결과를 정수형 변수에 저장하는 경우이다. 컴파일 오류가 발생하겠지만 강제 형변환을 하면 허용된다. 이 경우에 정수형 변수에는 소수점 이하가 빠진 형태의 정수 값만 저장된다.

```
float x = 2.0, y = 3.0;
int z = (int) (y / x);
```

z에 1.5가 저장되기를 바랐다면 코딩 실수이지만, 몫을 저장할 의도였다면 올바르게 코딩한 것이다. 만약 실수였다면, z의 타입을 float로 변환해 주어야 소수점까지 저장할 수 있다. 자주 저지르는 실수 중의 하나가 정수형 값의 나눗셈 결과를 실수형 변수에 저장하는 경우이다. 아래의 예를 보자.

```
int x = 2, y = 3;
double z = y/x;
```

위 코드를 수행한 후 z의 값을 출력하면 1.5가 아니라 1.0이 출력된다. 분명 z가 실수형 변수이고 y/x의 결과도 실수형이므로 z에 1.5가 저장될 것으로 생각하겠지만, 문제는 y/x의 결과가 실수형이 아니라 정수형이라는 것이다. / 연산자는 피연산자가 모두 정수형이면 결과도 정수형이 된다. 즉, 연산 중에 소수점 이하가 없어지는 것이다. 따라서 위의 코드가 제대로 실행되려면 다음과 같이 피연산자 중 하나를 실수형으로 바꿔주어야 한다.

```
double z = (double)y/x; // 또는
double z = y/(double)x;
```

한편, 아래와 같이 수정하면 안 된다. 이 코드는 정수 값 1을 1.0으로 바꾸어 주는 형태에 불과하다. y/x 결과 값 자체가 정수형이므로 이미 소수점 정보가 상실되어 있는 것이다.

```
double z = (double) (y/x);
```

실습 3.1 임의의 양의 정수 값을 시분초로 변환하기

사용자에게 정수 값을 받은 후 그 값을 시분초로 변환하여 출력하는 프로그램을 작성해보자. 예를 들어, 3665를 입력하면 1시간 1분 5초를 출력하고, 65를 입력하면 0시간 1분 5초가 출력되게 하자. 먼저, 앞의 예를 참고하여 IntegerToTimeTest 프로젝트를 생성한 후, IntegerToTime 클래스를 생성한다. 그리고 main 메서드를 아래와 같이 작성하자.

```
public class IntegerToTime {
        public static void main(String[] args) {
                // TODO Auto-generated method stub
                System.out.println("숫자 입력 >> ");
                Scanner sc = new Scanner (System.in);
                int i = sc.nextInt();
                sc.close();

                int hour = i / 3600;
                int remain = i % 3600;
                int minute = remain / 60;
                int second = remain % 60;
```

```
            System.out.println(hour + "시 " + minute + "분 " + second +
            "초");
        }
}
```

자, 이제 소스코드를 검토해보자. 초를 3600으로 나누었을 때, 몫이 시간이다. 따라서 입력값 (i)를 3600으로 나누면 정수형끼리 나눗셈이므로 소수점은 사라지고 몫만 남게 된다. 그리고 i에 대해 3600으로 나머지 연산(%)을 적용하면 나머지(remain)가 구해지고, 이를 다시 60으로 나누면 분을 구할 수 있다. 또한 나머지에 대해 60으로 나머지 연산을 적용하면 초를 얻을 수 있다. 이렇게 얻어진 시분초 값을 긴 문자열로 만들어 출력하고 있는데, 이때 + 연산자를 사용하고 있다. 이 연산자는 숫자의 덧셈이 아니라 문자열 덧셈이다. + 연산자의 피연산자 중 하나라도 문자열이면 숫자 피연산자도 문자열로 바뀌어 문자열 덧셈이 되어 긴 문자열을 만든다.

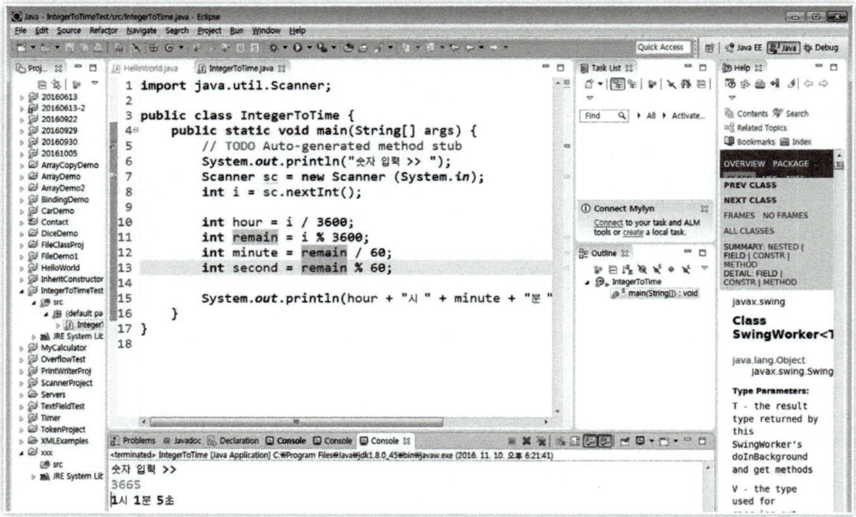

실습 3.2 3명의 학생의 성적을 입력받아 총점 및 평균 구하기

이번에는 사용자에게 3명의 성적을 입력받아 이의 합과 평균을 구하는 프로그램을 작성해보자. 먼저, 앞 실습 예제를 참고하여 프로젝트명은 SumNAvgTest로 하고, 클래스명은 SumNAvg로 하여 프로젝트와 클래스를 생성한다. 그런 다음 아래와 같이 main 메서드를 작성한다.

```
import java.util.Scanner;

public class SumNAvg {
	public static void main(String[] args) {
		// TODO Auto-generated method stub

		Scanner sc = new Scanner (System.in);
		System.out.println("첫 번째 성적 >> ");
		int s1 = sc.nextInt();
		System.out.println("두 번째 성적 >> ");
		int s2 = sc.nextInt();
		System.out.println("세 번째 성적 >> ");
		int s3 = sc.nextInt();
		sc.close();

		int sum = s1 + s2 + s3;
		double avg = sum / 3.0;

		System.out.println("합 : " + sum);
		System.out.println("평균 : " + avg);
	}
}
```

실행 아이콘을 눌러 실행시킨 후 테스트 값을 입력하여 제대로 돌아가는지 확인해보자.

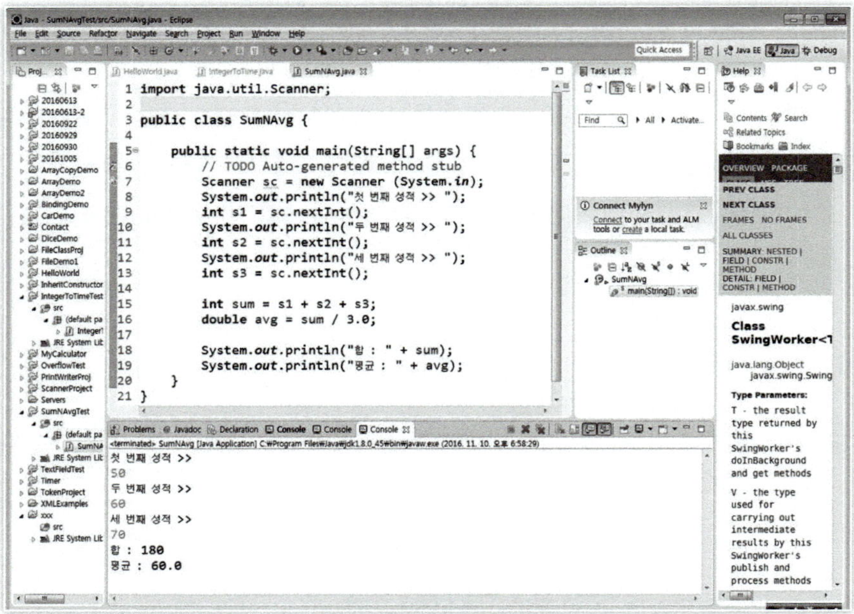

오버플로와 언더플로

자료 유형(타입)마다 저장할 수 있는 값의 범위가 한정되어 있다. 이 범위 외의 값을 저장하면 오버플로나 언더플로가 발생하여 엉뚱한 결과가 나온다. 혹 프로그램은 맞게 작성한 것으로 판단되나 결과 값이 이상하게 나오면 오버플로나 언더플로를 의심해봐야 한다. 각 기본 자료형마다 그에 상응하는 클래스들이 존재해서 기본 타입의 값을 객체로 변환할 수 있다. Boolean 클래스를 제외한 대응 클래스에 보면 각 타입이 저장할 수 있는 최댓값을 나타내는 MAX_VALUE 필드와 최솟값을 나타내는 MIN_VALUE 필드를 제공한다. 이 필드는 정적(static) 필드이기 때문에 굳이 객체 생성 없이 클래스명으로 접근할 수 있다. 각 기본 타입에 대응되는 클래스는 아래의 표와 같다.

자료형	대응 클래스	자료형	대응 클래스
boolean	Boolean	byte	Byte
char	Character	short	Short
int	Integer	long	Long
float	Float	double	Double

아래의 코드처럼 x 변수에는 최댓값을 저장하고 y에는 최솟값을 저장하여 출력하면 별 이상 없이 출력된다. 그런데 w에 최댓값보다 1 더 큰 값을, z에 y보다 1 작은 값을 저장한 후 출력하면 예상외의 값이 출력된다.

```
public class Overflow {

        public static void main(String[] args) {
                int x = Integer.MAX_VALUE;
                int y = Integer.MIN_VALUE;

                System.out.println("x = " + x);
                System.out.println("y = " + y);

                int w = x + 1;
                int z = y - 1;

                System.out.println("w = " + w);
                System.out.println("z = " + z);
        }
}
```

위 프로그램을 실행하면 아래와 같은 결과를 얻을 수 있다. w는 x에 1을 더한 것인데 완전히 다른 결과 값이 나오고, z도 y에 1을 뺀 값인데 완전히 다른 결과가 나오고 있다. 하나는 오버플로가, 다른 하나는 언더플로가 발생한 결과이다.

```
x = 2147483647
y = -2147483648
w = -2147483648
z = 2147483647
```

3.3 비트 연산자

비트 연산자는 피연산자들을 비트별로 처리하는 연산자로서 비트 논리 연산자와 비트 시프트 연산자가 있다.

비트 논리 연산자

비트 논리 연산자에는 비트 AND(&), 비트 OR(|), 비트 XOR(^), 비트 NOT(~) 연산자가 있다. 비트 AND 연산자는 대응되는 두 비트 모두 1인 경우만 1이고 그렇지 않은 경우는 0이다. 비트 OR 연산자는 대응되는 두 비트 중 적어도 하나가 1이면 1이고 그렇지 않은 경우 0이 된다. 비트 XOR 연산자는 대응되는 두 비트가 서로 다른 경우만 1이고 그렇지 않은 경우 0이다. 비트 NOT 연산자는 각 비트를 반대로 만드는 연산자이다. 예를 들어, 바이트 타입의 변수 x와 y에 각각 0과 255가 저장되어 있다고 할 때, 이 두 변수에 비트 연산자를 적용시킨 결과는 그림과 같다. 0은 메모리에 00000000으로 표현되고 255는 11111111로 표현된다.

```
  00000000      00000000       00000000
& 11111111    | 11111111     ^ 11111111     ~ 11111111
  00000000      11111111       11111111       00000000
```

각 연산자를 적용할 경우, 어떻게 위의 그림처럼 결과가 나오는지 첫 번째 비트만 살펴보자. 나머지 비트도 동일하게 적용된다. & 연산자의 경우, 두 피연산자의 첫 비트를 보면 0과 1로 두 비트 중 하나가 0이므로 결과 비트는 0이다. | 연산자의 경우, 두 피연산자의 첫 비트 역시 0과 1로서 두 비트 중 하나가 1이므로 결과 비트는 1이다. ^ 연산자의 경우, 두 피연산자의 첫 비트가 0과 1로서 두 비트가 다르므로 결과 비트는 1이다.

실습 3.3 비트 연산자 실습하기

위의 비트 연산의 예를 프로그램으로 작성해보자. 먼저, 앞 실습 예제를 참고하여 프로젝트명 BitOperationTest, 클래스명 BitOperation으로 프로젝트와 클래스를 생성한다. 그런 다음 아래와 같이 main 메서드를 작성한다.

```
public class BitOperation {
        public static void main(String[] args) {
                byte x= (byte)0x00, y=(byte)0xFF;
                byte z;

                z = (byte) (x & y);
                System.out.println( “& : ” + z);
```

```
            z = (byte) (x | y);
            System.out.println( “| : ” + Byte.toUnsignedInt(z));
            z = (byte) (x ^ y);
            System.out.println( “^ : ” + Byte.toUnsignedInt(z));
            z = (byte) ~y;
            System.out.println( “~ : ” + z);
      }
}
```

위 코드에서 Byte형 변수 z를 UnsignedInt로 변환한 이유는 z를 System.out.println을 이용하여 출력할 경우 부호 있는 정수로 해석하여 −1이 출력되기 때문에, 부호 없는 정수로 변환하기 위함이다. 프로그램을 실행하면 위의 예제와 동일한 결과를 얻을 수 있을 것이다.

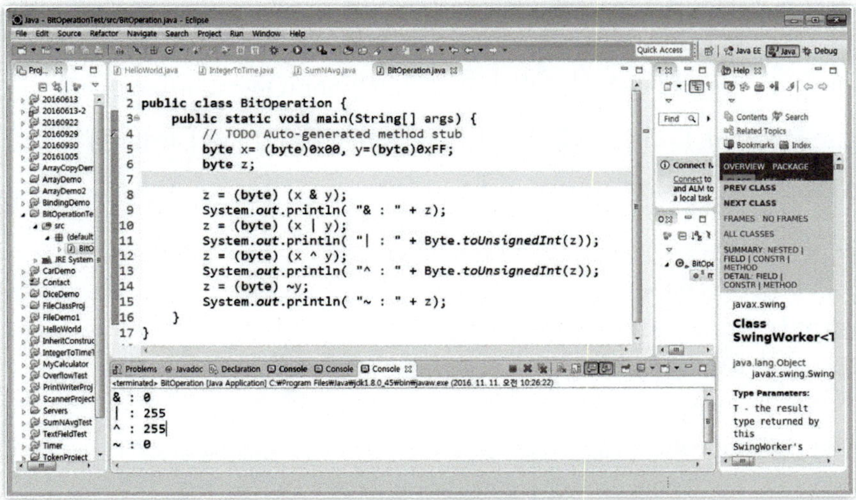

시프트 연산자

시프트(shift) 연산자는 비트들을 오른쪽이나 왼쪽으로 이동시키는 연산자로 세 종류(>>, <<<, <<)가 있다.

a >> b	a의 각 비트를 오른쪽으로 b 비트만큼씩 이동. 최상위의 빈자리는 시프트 전의 최상위 비트로 채워진다.
a >>> b	a의 각 비트를 오른쪽으로 b 비트만큼씩 이동. 최상위의 빈자리는 0으로 채워진다.
a << b	a의 각 비트를 왼쪽으로 b 비트만큼씩 이동. 최하위의 빈자리는 0으로 채워진다.

예를 들어, byte형 변수 x에 0x81, 변수 y에 0x08이 저장되어 있다고 하면, 각 연산자를 이용하여 2비트 이동하면 아래와 같다.

```
x >> 2 : 10000001 -> 11100000 (0xe0)
y >> 2 : 00001000 -> 00000010 (0x02)
x >>> 2 : 10000001 -> 00100000 (0x20)
y >>> 2 : 00001000 -> 00000010 (0x02)
x << 2 : 10000001 -> 00000100 (0x04)
y << 2 : 00001000 -> 00100000 (0x20)
```

실습 3.4 시프트 연산자 실습하기

이번 실습 예제는 변수 x와 y에 각각 128과 –128을 저장한 후, 세 종류의 시프트 연산을 수행시키는 예이다. 먼저, 앞 실습 예제를 참고해서 프로젝트명 ShiftOperationTest, 클래스명 ShiftOperation으로 프로젝트와 클래스를 생성한다. 그런 다음 아래와 같이 main 메서드를 작성한다.

```
public class ShiftOperation {
        public static void main(String[] args) {
                int x= 128, y= -128;

                System.out.println( “x >> 2 : ” + Integer.toBinaryString(x)
                + “ -> ” + Integer.toBinaryString(x >> 2));
                System.out.println( “y >> 2 : ” + Integer.toBinaryString(y)
                + “ -> ” + Integer.toBinaryString(y >> 2));

                System.out.println( “x >>> 2 : ” + Integer.
                toBinaryString(x) + “ -> ” + Integer.toBinaryString
                (x >>> 2));
                System.out.println( “y >>> 2 : ” + Integer.
                toBinaryString(y) + “ -> “ + Integer.toBinaryString
                (y >>> 2));

                System.out.println( “x << 2 : ” + Integer.toBinaryString(x)
                + “ -> ” + Integer.toBinaryString(x << 2));
```

```
            System.out.println( "y << 2 : " + Integer.toBinaryString(y)
            + " -> " + Integer.toBinaryString(y << 2));
        }
}
```

위 실습 코드에서는 시프트 후 어떻게 변화되었는지를 보다 쉽게 알 수 있도록 Integer 클래스의 toBinaryString 메서드를 이용하여 숫자를 이진 형태로 변환하여 출력하였다. 실행하면 아래와 같은 결과를 얻을 수 있을 것이다.

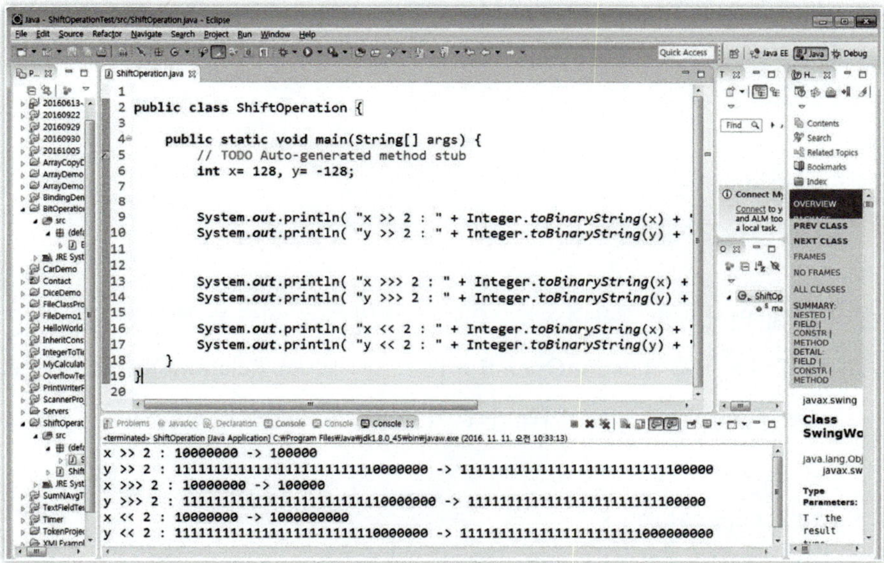

3.4 관계 연산자

관계 연산자는 두 피연산자가 주어진 관계를 만족하는지 검사하는 연산자이다. 주어진 관계를 만족하면 결과가 true이고, 그렇지 않으면 false이다. 관계 연산자는 조건식의 기술에 많이 사용된다. 예를 들어, 변수 x의 값이 변수 y의 값보다 큰 경우에 어떤 작업을 하고자 한다면 변수 x와 y사이에 "크다" 관계가 만족하는지를 검사해야 하는데, 이때 관계연산자 ">"를 사용하여 기술한다. 사용 가능한 관계 연산자는 다음과 같다.

a < b	a 가 b보다 작으면 true, 그렇지 않으면 false	3 < 5 : true 5 < 3 : false
a > b	a 가 b보다 크면 true, 그렇지 않으면 false	5 > 3 : true 3 > 5 : false
a <= b	a 가 b보다 작거나 같으면 true, 그렇지 않으면 false	3 <= 5 : true 5 <= 3 : false
a >= b	a 가 b보다 크거나 같으면 true, 그렇지 않으면 false	5 >= 3 : true 3 >= 5 : false
a == b	a가 b와 같으면 true, 그렇지 않으면 false	5 == 5 : true 5 == 3 : false
a != b	a가 b와 다르면 true, 그렇지 않으면 false	5 != 3 : true 5 != 5 : false

실습 3.5 관계 연산자 실습하기

두 변수에 대해 여러 관계 연산자를 적용하여 그 의미를 파악하는 실습을 해보자. 먼저, 앞 실습 예제를 참고하여 프로젝트명 RelationOperationTest, 클래스명 RelationOperation으로 프로젝트와 클래스를 생성한다. 그런 다음 아래와 같이 main 메서드를 작성한다.

```
public class RelationOperation {
	public static void main(String[] args) {
		int x= 3, y= 5;

		System.out.println( x < y);
		System.out.println( x > y);
		System.out.println( x <= y);
		System.out.println( x >= y);
		System.out.println( x == y);
		System.out.println( x != y);
	}
}
```

실행하면 아래와 같은 결과를 얻을 수 있다. 변수 x와 y의 값을 변경해가면서 테스트해 보자.

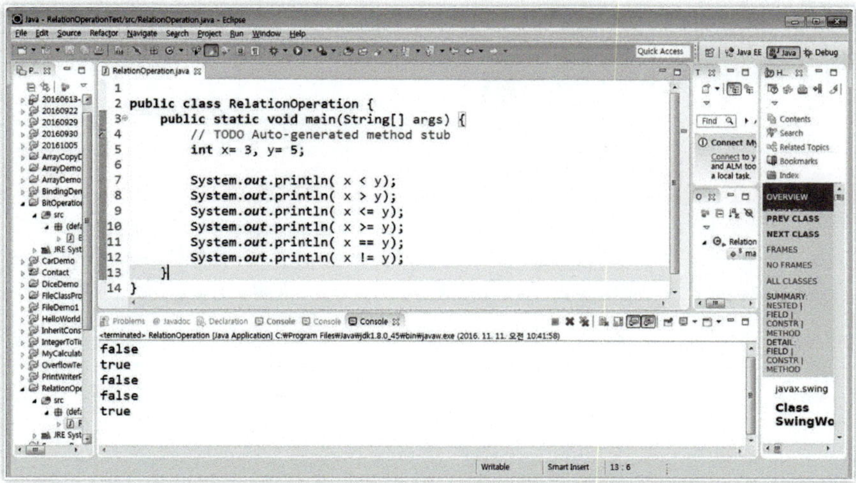

3.5 논리 연산자

단순한 조건은 관계 연산자를 사용하여 기술하면 되지만, 프로그램 대상이 되는 실세계의 조건은 그리 간단하지 않다. 실세계의 조건들을 기술하기 위해서는 단순 조건들을 결합하여 보다 복잡한 조건을 표시해야 하는데, 이때 사용되는 연자가가 논리 연산자이다. 논리 연산자는 앞에서 설명한 비트 연산자와 유사한데, 비트 연산자는 비트 단위로 적용하고 논리 연산자는 논리 값에 적용한다는 점이 다르다. 논리 연산자의 사용 형태는 다음과 같다.

```
조건식1 논리연산자 조건식2
```

또는

```
논리연산자 조건식
```

첫 번째 형태에 해당하는 연산자에는 &&(논리 AND), ||(논리 OR), ^(논리 XOR)가 있고, 두 번째 형태에 해당하는 연산자에는 !(논리 NOT)이 있다. "&&"는 두 조건식이 모두 true인 경우 전체 조건이 true가 되고 그 외의 경우는 false가 되는 연산이다. ||는 두 조건 중 한 조건이라도 true이면 전체 조건이 true인 연산이다. 즉, 두 조건 모두가 false인 경우에 전체 조건이 false이고, 그 외의 경우는 true인 연산이다. ^는 두 조건이 동일할 경우는 false이

고 그렇지 않으면 true인 연산이다. !는 조건이 true이면 false이고, false이면 true인 연산이다. 이를 표로 정리하면 아래와 같다.

e1	e2	e1&&e2	e1||e2	e1^e2	!e1
true	true	true	true	false	false
true	false	false	true	true	false
false	true	false	true	true	true
false	false	false	false	false	true

실습 3.6 논리 연산자 실습하기

두 변수에 대해 여러 관계 연산자와 논리 연산자를 적용하여 그 의미를 파악하는 실습을 해보자. 먼저, 앞 실습 예제를 참고하여 프로젝트명 LogicOperationTest, 클래스명 LogicOperation으로 해서 프로젝트와 클래스를 생성한다. 그런 다음 아래와 같이 main 메서드를 작성한다.

```
public class LogicOperation {
    public static void main(String[] args) {
        // TODO Auto-generated method stub
        int x= 3, y= 9;

        System.out.println("논리 AND 테스트");
        System.out.println( (x < y) + ", " + (x > 0) + " : " + (x < y &&
        x > 0));
        System.out.println( (x > y) + ", " + (x > 0) + " : " + (x > y &&
        x > 0));
        System.out.println( (x < y) + ", " + (x < 0) + " : " + (x < y &&
        x < 0));
        System.out.println( (x > y) + ", " + (x < 0) + " : " + (x > y &&
        x < 0));
        System.out.println("논리 OR 테스트");
        System.out.println( (x < y) + ", " + (x > 0) + " : " + (x < y ||
        x > 0));
```

```
        System.out.println( (x > y) + “, ” + (x > 0) + “ : ” + (x > y ||
        x > 0));
        System.out.println( (x < y) + “, ” + (x < 0) + “ : ” + (x < y ||
        x < 0));
        System.out.println( (x > y) + “, ” + (x < 0) + “ : ” + (x > y ||
        x < 0));
        System.out.println(“논리 XOR 테스트”);
        System.out.println( (x < y) + “, ” + (x > 0) + “ : ” + (x < y ^ x
        > 0));
        System.out.println( (x > y) + “, ” + (x > 0) + “ : ” + (x > y ^ x
        > 0));
        System.out.println( (x < y) + “, ” + (x < 0) + “ : ” + (x < y ^ x
        < 0));
        System.out.println( (x > y) + “, ” + (x < 0) + “ : ” + (x > y ^ x
        < 0));
        System.out.println(“논리 NOT 테스트”);
        System.out.println( (x < y) + “ : ” + !(x < y));
        System.out.println( (x > y) + “ : ” + !(x > y));
    }
}
```

실행하면 아래와 같은 결과를 얻을 수 있다. 앞으로 이 논리 연산자가 많이 활용되니 잘 익혀두기 바란다.

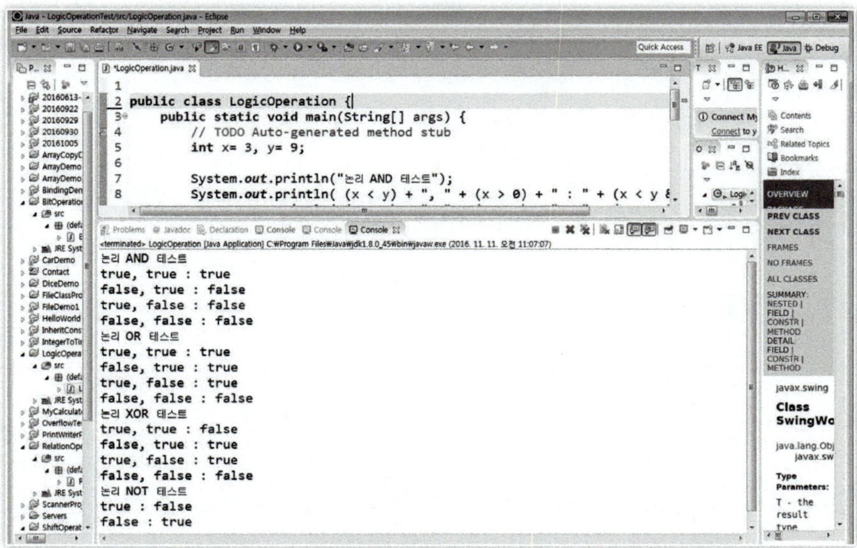

3.6 축약 대입 연산자

프로그램 작성에 익숙해지면 될 수 있으면 코딩을 짧게 하게 되는데, 이때 아래 표와 같은 축약 대입 연산자들이 많이 사용된다.

<table>
<tr><th>축약 대입 연산자</th><th>의미</th><th>축약 대입 연산자</th><th>의미</th></tr>
<tr><td>a += b;</td><td>a = a + b;</td><td>a &= b;</td><td>a = a & b;</td></tr>
<tr><td>a -= b;</td><td>a = a - b;</td><td>a |= b;</td><td>a = a | b;</td></tr>
<tr><td>a *= b;</td><td>a = a * b;</td><td>a ^= b;</td><td>a = a ^ b;</td></tr>
<tr><td>a /= b;</td><td>a = a / b;</td><td>a >>= b;</td><td>a = a >> b;</td></tr>
<tr><td>a %= b;</td><td>a = a % b;</td><td>a >>>= b;</td><td>a = a >>> b;</td></tr>
<tr><td></td><td></td><td>a <<= b;</td><td>a = a << b;</td></tr>
</table>

3.7 증감 연산자

증감 연산자는 정수형 변수의 값을 하나 증가 또는 감소시키는 연산자이다. 증가 연산자는 ++이고, 감소 연산자는 --이다. 증감 연산자는 단항 연산자이며 변수의 앞에 올 수도 있고 뒤에 올 수도 있다. 변수의 앞에 올 경우와 뒤에 올 경우에 약간의 차이가 있다.

++a	a를 증가시킨 후 a를 사용
a++	a를 사용한 후 a를 증가
--a	a를 감소시킨 후 a를 사용
a--	a를 사용한 후 a를 감소

위의 설명만으로 완전한 이해는 힘들 것이다. 예를 통해 살펴보자.

```
c = ++a + b;
```

만약 a에 3이 저장되어 있고 b에 0이 저장되어 있을 경우, 위의 문장은 다음과 같은 의미를 갖는다.

```
a = a + 1;
c = a + b;
```

만약, 아래와 같은 문장이라면

```
c = a++ + b;
```

이는 다음과 같은 의미이다.

```
c = a + b;
a = a + 1;
```

감소 연산자의 경우도, 같은 방식으로 해석할 수 있다. 증감 연산자가 다른 연산자와 함께 쓰일 경우는 변수 앞에 오느냐 뒤에 오느냐에 따라 차이가 있지만, 단독으로 쓰일 경우는 결과가 동일하다. 따라서 아래의 두 문장은 동일하다.

```
++a; // 또는 a++;
```

실습 3.7 증감 연산자 실습하기

증감 연산자가 여러 개 포함되어 있는 수식을 작성하여 그 값을 예측하고, 이를 코드를 통해 확인해보자. 예측해 볼 수식은 아래와 같다. 변수 a, b, c의 초기 값은 각각 3, 5, 6이다.

```
d = a++ + b++ - c--;
d = ++a + ++b - --c;
d = ++a + b++ - --c;
```

첫 번째 수식의 증감 연산자를 풀어 쓰면 아래와 같으므로 첫 수식 실행 후 변수 a, b, c, d의 값은 4, 6, 5, 2가 된다.

```
d = a + b - c;
a = a + 1;
b = b + 1;
c = c - 1;
```

두 번째 수식의 증감 연산자를 풀어 쓰면 아래와 같으므로 두 번째 수식 실행 후 변수 a, b, c, d의 값은 4, 6, 5, 5가 된다.

```
a = a + 1;
b = b + 1;
c = c - 1;
d = a + b - c;
```

세 번째 수식의 증감 연산자를 풀어 쓰면 아래와 같으므로 세 번째 수식 실행 후 변수 a, b, c, d의 값은 4, 6, 5, 4가 된다.

```
a = a + 1;
c = c - 1;
d = a + b - c;
b = b + 1;
```

이를 확인하기 위해 IncDecOperationTest라는 프로젝트를 생성한 후, IncDecOperation 클래스를 생성하고 main 메서드를 아래와 같이 작성해보자.

```
public class IncDecOperation {

	public static void main(String[] args) {
		// TODO Auto-generated method stub
		int a, b, c, d;

		a = 3; b = 5; c = 6;
		d = a++ + b++ - c--;
		System.out.println("a=" + a + "b=" + b + "c=" + c + "d=" + d);
		a = 3; b = 5; c = 6;
		d = ++a + ++b - --c;
```

```
            System.out.println("a=" + a + "b=" + b + "c=" + c + "d=" + d);
            a = 3; b = 5; c = 6;
            d = ++a + b++ - --c;
            System.out.println("a=" + a + "b=" + b + "c=" + c + "d=" + d);
        }
}
```

실행시켜 예측 결과와 동일한지 확인해보자. 아래와 같이 예측 결과와 동일한 결과를 얻을 수 있을 것이다.

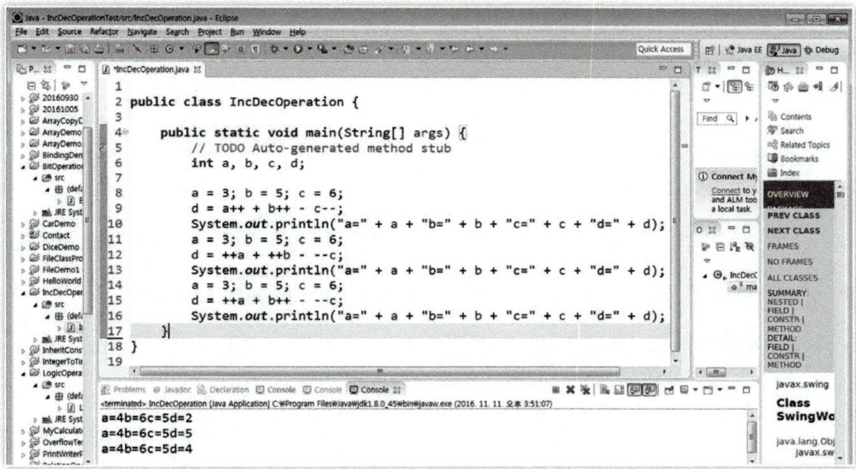

3.8 조건 연산자

아주 특이한 연산자가 조건 연산자(?:)이다. 이 연산자는 조건에 따라 다른 값을 표현하고자 할 때 사용하는 연산자로 삼항 연산자이다. 사용 형태는 다음과 같다.

```
조건 ? 피연산자1 : 피연산자2
```

조건이 true이면 피연산자1을, false이면 피연산자2를 의미한다. 예를 들어, 아래의 문장은 c의 값이 0보다 크면 1을, 그렇지 않으면 0을 a에 저장하라는 의미이다.

```
a = c > 0 ? 1 : 0;
```

이 연산자를 쓰면 두 변수의 최댓값을 구하는 코드를 아주 간략하게 작성할 수 있다.

```
max = a > b ? a : b;
```

또한, 절댓값을 구하는 코드도 조건 연산자를 사용하여 간략하게 기술할 수 있다.

```
abs = a > 0 ? a : -a;
```

실습 3.8 조건 연산자 실습하기

두 개의 숫자를 읽어 들여 두 수의 절댓값 합과 절댓값 중 큰 값을 출력하는 프로그램을 작성해보자. 먼저, 앞 실습 예제를 참고하여 프로젝트명 ConditionOperationTest, 클래스명 ConditionOperation으로 프로젝트와 클래스를 생성한다. 그런 다음 아래와 같이 main 메서드를 작성한다.

```
import java.util.Scanner;

public class ConditionOperation {
	public static void main(String[] args) {
		// TODO Auto-generated method stub

		Scanner sc = new Scanner (System.in);
		System.out.println("첫 번째 숫자 (음수도 가능) >> ");
		int s1 = sc.nextInt();
		System.out.println("두 번째 숫자 (음수도 가능) >> ");
		int s2 = sc.nextInt();
		sc.close();

		s1 = s1 > 0 ? s1 : -s1;
		s2 = s2 > 0 ? s2 : - s2;
```

```
            int sum = s1 + s2;
            int max = s1 > s2 ? s1 : s2;

            System.out.println("절댓값 합 : " + sum);
            System.out.println("절댓값 최대 : " + max);
        }
}
```

값을 입력한 후 제대로 실행되는지 확인해보자. 두 수 중 하나를 음수로 입력하여 테스트해보자.

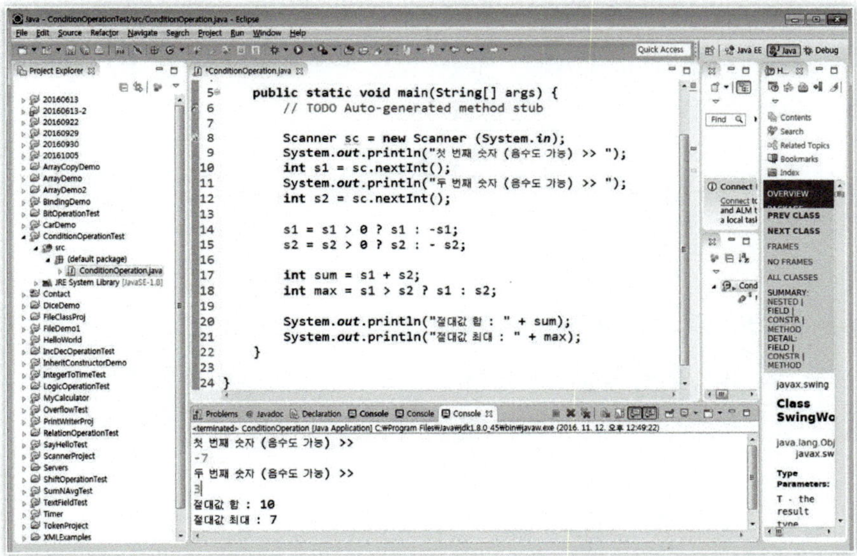

04 자바 기초 - 조건문

프로그래밍하다 보면 조건에 따라 달리 해야 할 경우가 종종 발생한다. 이때 사용하는 문장이 조건문이다. 조건문은 조건에 따라 처리해야 할 일, 또는 실행할 문장을 달리 하는 문장으로 if문, if else문, switch문 등이 있다.

4.1 if문

가장 간단한 조건문은 하나의 if문으로 구성된 문장으로 형식은 아래와 같다. 실행 문장이 하나인 경우는 굳이 블록으로 표시할 필요 없이 if문 다음의 중괄호 '{'와 '}'를 생략해도 된다.

```
if (조건식) {
        실행문 1;
        ...
        실행문 n;
}
```

위의 문장은 조건식을 검사하여 true이면 실행문 1에서 실행문 n까지 실행하고, 그렇지 않을 경우는 실행하지 않는다. 예를 들어, 정수가 홀수인 경우만 "홀수입니다"를 출력하고 싶으면 아래와 같이 작성한다.

```
if ((n % 2) == 1) {
        System.out.println("홀수입니다");
}
```

위의 단순 조건문은 조건이 만족될 경우에만 처리할 일을 기술할 수 있다. 하지만, 종종 조건이 만족되는 경우와 그렇지 않을 경우를 구분하여 달리 처리해야 할 경우가 있다. 이 경우 if-else문을 사용한다.

```
if (조건식) {
        실행문 11;
        ...
        실행문 1n;
}
else {
        실행문 21;
        ...
        실행문 2m;
}
```

위의 문장은 조건식이 만족되면 실행문 11에서부터 실행문 1n까지 실행하고, 그렇지 않을 경우 실행문 21에서부터 실행문 2m까지 실행한다. 중요한 것은 항상 두 부분 중 하나만 실행된다는 것이다.

조건식이 복합 조건식인 경우, 즉 단순 조건이 논리 연산자로 결합된 경우는 아래처럼 표시한다.

```
if( 단순 조건 1 논리연산자 단순 조건 2) {
        A
}
else {
        B
}
```

논리 연산자가 &&인 경우는 위와 같이 기술해도 되고, 아니면 중첩 if문 형태로 작성해도 된다. 즉, 논리 연산자가 &&인 경우 위의 문장은 아래와 같이 표현할 수 있다.

```
if( 단순조건1) {
   if (단순조건2) {
        A
   }
```

```
    else {
            B
    }
}
else {
            B
}
```

예를 들어, 나이가 40세 이상이고 키가 170 이상이면 "자격이 됩니다."를, 그렇지 않을 경우는 "자격이 안 됩니다."를 출력할 경우, 복합 조건식을 사용하여 표현하면 아래와 같다.

```
if (age >= 40 && height >= 170) {
         System.out.println("자격이 됩니다.");
}
else {
        System.out.println("자격이 안 됩니다.");
}
```

위의 문장을 단순 조건식의 중첩 형태로 표현하면 다음과 같다.

```
if (age >= 40) {
    if (height >= 170) {
         System.out.println("자격이 됩니다.");
    }
    else {
        System.out.println("자격이 안됩니다.");
    }
}
else {
        System.out.println("자격이 안됩니다.");
}
```

한 조건을 만족하느냐 그렇지 않느냐에 따라 작업을 달리 하는 경우 외에 여러 조건에 따라 달리 하고 싶은 경우들이 있다. 예를 들어, 성적 점수대에 따라 달리 처리하는 경우나 나이대에 따라 달리하는 경우가 그렇다. 이러한 경우는 아래와 같이 표현하면 된다.

```
if (조건식 1) {
  A
}
else if (조건식 2) {
  B
}
...
else if (조건식 n) {
  N
}
else {
  M
}
```

위의 조건식은 먼저 조건식1을 검사해서 true이면 A 부분을 실행한 후 조건문을 빠져나오고, 그렇지 않을 경우는 추가로 조건식2를 검사해서 true이면 B 부분을 실행하고 그렇지 않으면 다음 조건식을 검사하는 형태로 진행된다. 어느 한 조건이라도 만족하지 않을 경우에는 M 부분이 실행된다. 이 조건문도 조건에 따라 어느 한 부분만 실행된다.

아래의 코드는 점수에 따라 학점을 판단하는 예이다.

```
if (score >= 90) System.out.println("A 학점 입니다");
else if (score < 90 && score >= 80) System.out.println("B 학점 입니다");
else if (score < 80 && score >= 70) System.out.println("C 학점 입니다");
else if (score < 70 && score >= 60) System.out.println("D 학점 입니다");
else System.out.println("F 학점 입니다");
```

점수대를 조건으로 표시하여 점수대에 따라 결과를 달리 하도록 하였다. 그러나 위 코드는 불필요한 조건들을 추가로 사용하고 있다. B 학점인지 검사하는 조건에서 굳이 "score < 90"을 기술할 필요가 없다. 왜냐하면, 먼저 "score >= 90"인지를 검사하고 이를 만족하지 않는 경우, 즉 score < 90인 경우만 B 학점인지를 검사하기 때문에 "score < 90"을 기술할 필요는 없다. 다른 부분도 마찬가지 이유로 불필요한 조건들을 생략할 수 있다. 최종적으로 위의 코드를 다음과 같이 표현해도 결과는 동일하다.

```
if (score >= 90) System.out.println("A 학점 입니다");
else if (score >= 80) System.out.println("B 학점 입니다");
else if (score >= 70) System.out.println("C 학점 입니다");
else if (score >= 60) System.out.println("D 학점 입니다");
else System.out.println("F 학점 입니다");
```

KEY POINT

먼저, C++에서는 조건문의 조건식이 불리안 타입이 아니어도 가능했지만 자바에서는 반드시 불리안 타입이어야 한다. 예제에서 보는 바와 같이 C++에서는 int형 변수 x 자체만으로 조건식이 되었지만 자바에서는 컴파일 오류이다. 그리고 마지막 예처럼 변수에 값을 지정하는 문도 조건식으로 가능했으나 자바에서는 허용되지 않는다.

```
int x = 10;
if ( x != 0 ) // OK
if ( x == 0 ) // OK
if ( x ) // 컴파일 오류
if ( x = 0 ) // 컴파일 오류
```

실습 4.1 3개의 정수 중 중간 값 찾기

세 개의 정수를 입력받아 그중 중간 값을 찾는 프로그램을 작성해 보자. 먼저, 앞 실습 예제를 참고해서 프로젝트명 MeadianTest, 클래스명 Meadian으로 프로젝트와 클래스를 생성한다. 그런 다음 아래와 같이 main 메서드를 작성한다.

```
import java.util.Scanner;

public class Meadian {
        public static void main(String[] args) {
                // TODO Auto-generated method stub

                Scanner sc = new Scanner (System.in);
                System.out.println("첫 번째 숫자 (음수도 가능) >> ");
                int s1 = sc.nextInt();
                System.out.println("두 번째 숫자 (음수도 가능) >> ");
```

```
            int s2 = sc.nextInt();
            System.out.println("두 번째 숫자 (음수도 가능) >> ");
            int s3 = sc.nextInt();
            sc.close();

            int meadianVal;
            if(s1 > s2) {
                    if (s2 > s3) {
                            meadianVal = s2;
                    }
                    else if (s1 > s3){
                            meadianVal = s3;
                    }
                    else {
                            meadianVal = s1;
                    }
            }
            else {
                    if (s1 > s3) {
                            meadianVal = s1;
                    }
                    else if (s2 > s3){
                            meadianVal = s3;
                    }
                    else {
                            meadianVal = s2;
                    }
            }

            System.out.println("중간 값 : " + meadianVal);
        }
}
```

첫 번째 if문을 통해 둘 중 작은 수를 찾은 후, 그 수와 다른 수를 비교하여 최종적으로 중간 숫자를 찾도록 하였다. 여러 경우의 데이터를 입력하여 제대로 동작하는지 확인해보자.

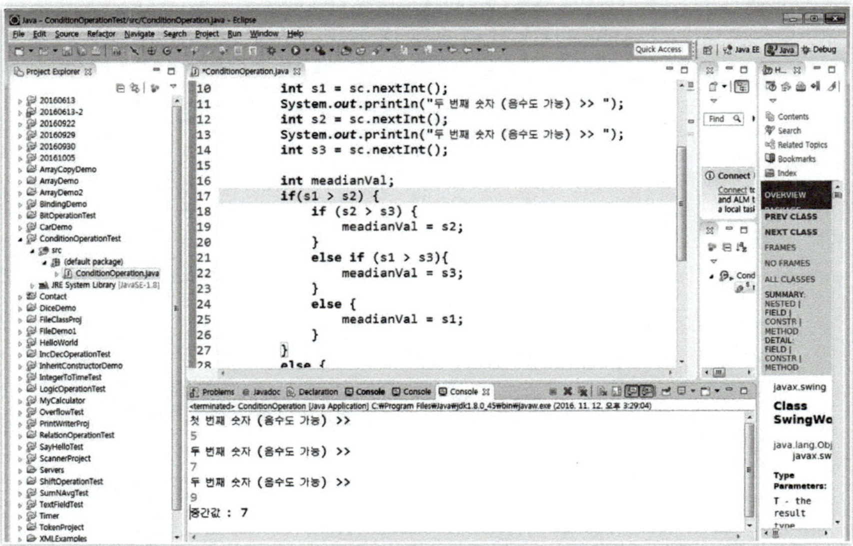

실습 4.2 좌표 값의 분면 결정하기

x, y 좌표 값을 입력받아 그 좌표 값이 4사분면 중 어느 분면에 속하는지 판단하는 프로그램을 작성해보자. 먼저, 앞 실습 예제를 참고하여 프로젝트명 QuadrantTest, 클래스명 Quadrant으로 프로젝트와 클래스를 생성한다. 그런 다음 아래와 같이 main 메서드를 작성하자.

```
import java.util.Scanner;

public class Quadrant {

	public static void main(String[] args) {
		// TODO Auto-generated method stub

		Scanner sc = new Scanner (System.in);
		System.out.println("좌표의 x값 >> ");
		int x = sc.nextInt();
		System.out.println("좌표의 y값 >> ");
		int y = sc.nextInt();
		sc.close();
```

```
            int qud;
            if (x == 0 || y == 0) {
                    System.out.println("x나 y 중 하나가 0이면 분면을 판단할
                    수 없습니다.");
                    return;
            }

            if (x > 0) {
                    if (y > 0) qud = 1;
                    else qud = 4;
            }
            else {
                    if (y > 0) qud = 2;
                    else qud = 3;
            }
            System.out.println("좌표 (" + x + ", " + y + ")의 분면은 " +
            qud + "분면입니다.");
        }
}
```

위 코드를 보면 먼저 x나 y 값 중 0이 있는지 검사하여, 그렇다면 return문을 통해 main 메서드를 빠져 나오도록 하였다. 그렇지 않을 경우는 분면의 정의에 따라 그 좌표가 속한 분면을 판단하도록 하였다. 여기서, 분면을 검사하는 코드를 다음과 같이 작성할 수도 있는데, 위의 코드보다 이해가 쉬워 보인다. 하지만, 자세히 따져보면 다음의 코드는 최악의 경우 위의 코드보다 많은 비교를 해야 한다. 예를 들어, 3사분면의 값을 입력하였을 경우, 비교 연산자를 여섯 번이나 수행해야 한다.

```
if (x > 0 && y >0) quad = 1;
else if (x > 0 && y < 0) quad = 4;
else if (x < 0 && y > 0) quad = 2;
else quad = 3;
```

실행한 후 각 분면의 값을 입력하여 제대로 동작하는지 확인해보자.

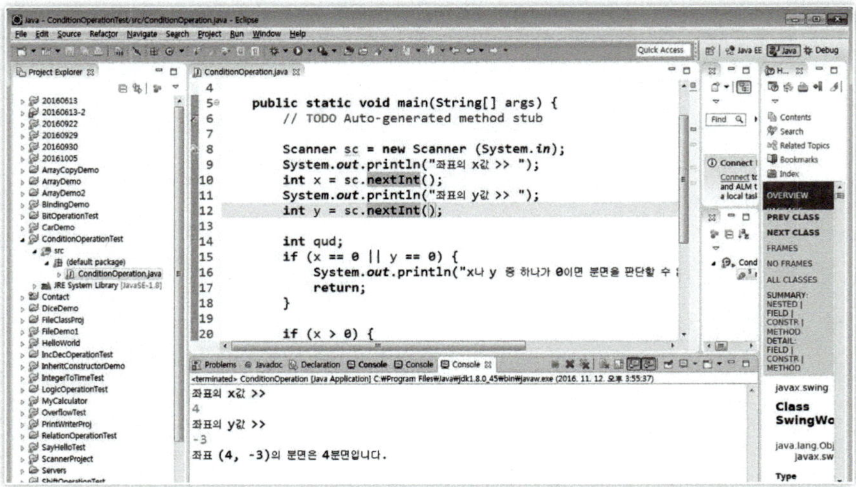

실습 4.3 메뉴 방식의 사칙 연산

사칙 연산에 대한 문자를 보여준 후, 입력 문자에 맞는 연산을 실행하고 그 결과를 보여주는 프로그램을 작성해보자. 먼저, 앞 실습 예제를 참고하여 프로젝트명 CalculatorTest, 클래스명 Calculator로 프로젝트와 클래스를 생성한다. 그런 다음 아래와 같이 main 메서드를 작성하자.

```
import java.util.Scanner;

public class Calculator {

    public static void main(String[] args) {
        // TODO Auto-generated method stub

        Scanner sc = new Scanner(System.in);

        System.out.println("첫 번째 숫자 (음수도 가능) >> ");
        int a = sc.nextInt();
        System.out.println("두 번째 숫자 (음수도 가능) >> ");
        int b = sc.nextInt();
```

```
            System.out.println("연산 (a : 덧셈, s : 뺄셈, m : 곱셈,
            d : 나눗셈)을 선택하세요. ");
            char c = sc.next().charAt(0);
            sc.close();

            double result;
            if (c == 'a') result = a + b;
            else if (c == 's') result = a - b;
            else if (c == 'm') result = a * b;
            else if (c == 'd') result = a / b;
            else {
                    System.out.println("허용되지 않는 문자입니다.");
                    return;
            }

            System.out.println("결과는 " + result + "입니다.");
        }
}
```

위 코드에서 주의 깊게 볼 부분은 한 문자를 읽어 들이는 방법이다. Scanner 클래스에는 한 글자를 읽어 들이는 메서드가 제공되지 않는다. 그리고 C에서처럼 문자를 정수처럼 읽어 들일 수도 없다. Scanner 클래스를 사용하여 이를 해결하려면 next() 메서드를 사용하여 문자열로 읽어 들인 후, charAt() 메서드를 사용해 첫 번째 문자를 얻어 오는 방법을 사용해야 한다. 위의 코드는 그렇게 작성되었다. 주의 깊게 볼 부분은 사칙 연산 문자 외의 문자를 입력할 경우의 처리 방법이다. 위 코드에서는 오류 메시지를 출력한 후 return문으로 main을 빠져 나오게 하였는데, 만약 return문을 생략하면 그 밑에 있는 결과 출력 문장에서 result 글자 밑에 빨간 줄이 보이고 마우스를 갖다 대면 아래와 같은 도움창이 뜬다. 이는 사칙 연산 문자 외의 문자를 입력할 경우, 이 변수에 값이 할당되지 않을 수 있기 때문에 발생하는 오류이다. 이를 해결하기 위해서는 result 변수 선언 시 초기화하든지 위에서처럼 오류 메시지를 출력한 후 그 아래 문장을 실행하지 않도록 main 메서드를 빠져 나오도록 하면 된다. 여기서는 두 번째 방법이 보다 자연스러워 이 방법을 사용하였다.

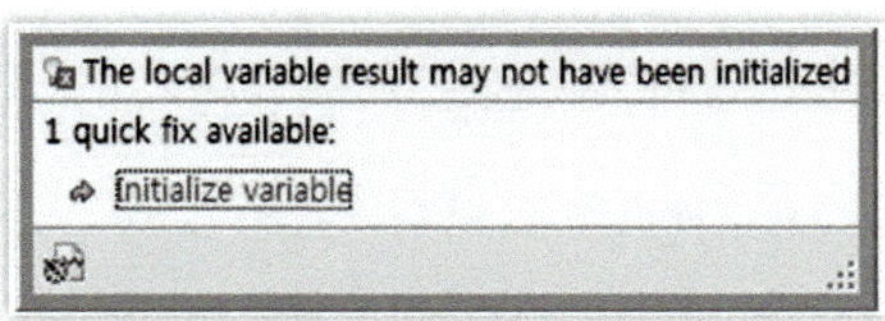

연산 문자를 달리하면서 각 연산이 실행되도록 테스트해보자.

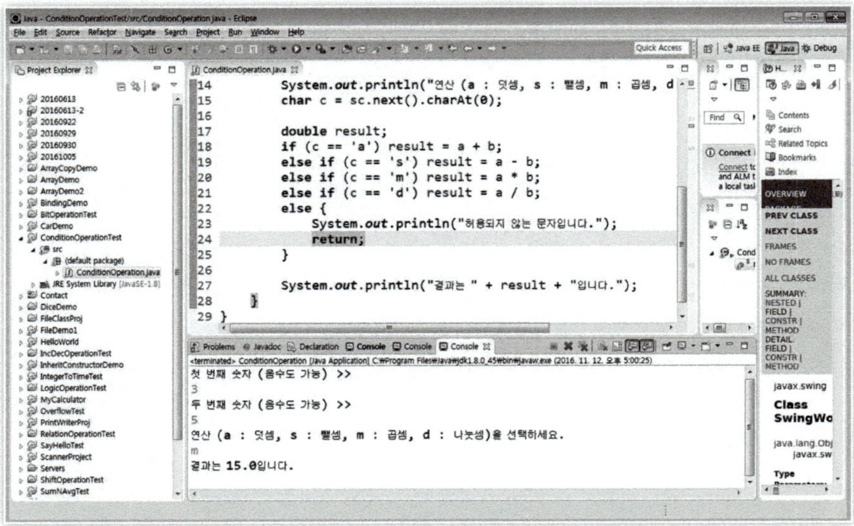

실습 4.4 문자 변환

영문자 하나를 입력받은 후, 그 문자가 소문자이면 대문자로, 대문자이면 소문자로 바꿔주는 프로그램을 작성하자. 먼저, 앞 실습 예제를 참고하여 프로젝트명 CaseConversionTest, 클래스명 CaseConversion으로 프로젝트와 클래스를 생성한다. 그런 다음 아래와 같이 main 메서드를 작성하자.

```
import java.util.Scanner;

public class CaseConversion {
        public static void main(String[] args) {
                // TODO Auto-generated method stub

                Scanner sc = new Scanner(System.in);
                System.out.println("영문자를 입력하세요. : ");
                char c = sc.next().charAt(0);
                sc.close();

                if (c >= 'a' && c <= 'z') c = (char)(c - 'a' + 'A');
```

```
            else if (c >= 'A' && c <= 'Z') c = (char)(c - 'A' + 'a');
            else {
                    System.out.println("영문자가 아닙니다.");
                    return;
            }

            System.out.println("변환 결과 : " + c);
        }
}
```

위 코드에서 유심히 볼 것은 대소문자를 판별하는 방법과 대소문자 간 변환 방법이다. 문자는 내부적으로 숫자(코드)로 표현된다. 자바에서는 2바이트 크기의 숫자로 표현되며, 영문 대문자나 소문자는 연속적인 값을 갖는다. 단, 소문자와 대문자 사이에 다른 글자가 포함되어 있다. 그래서 대문자나 소문자의 숫자 범위를 이용하여 대소문자 여부를 검사할 수 있으나, 그 숫자 값을 기억하기 어려운 관계로 여기서는 숫자 대신 문자 자체를 사용하였다. 문자 자체를 사용하면 컴파일 시 그에 대응되는 숫자로 변환된다. 또한, 대문자를 소문자로 변환하는 방법은 소문자 'a'의 코드 값에 해당 글자의 대문자 내에서의 상대 위치(글자 – 'A')를 더하면 된다. 소문자를 대문자로 변환시키는 방법도 마찬가지로 처리한다.

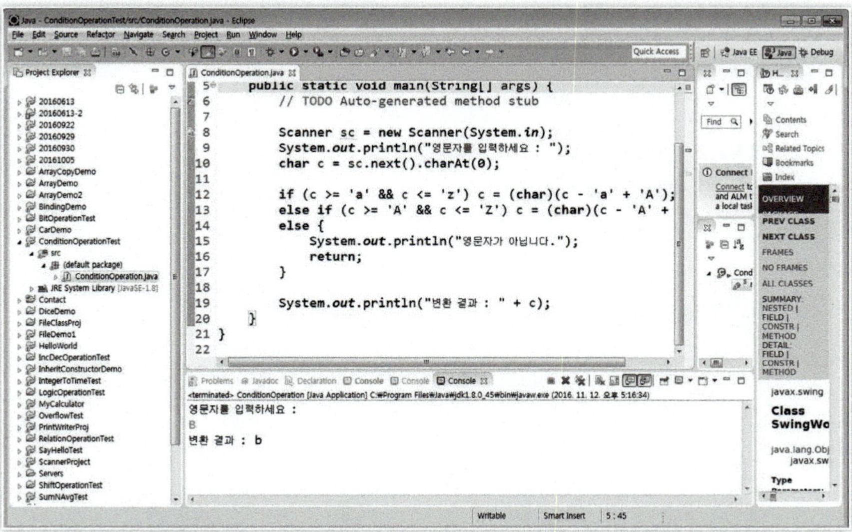

실습 4.5 홀짝 맞히기

0과 100 사이의 임의의 숫자 하나를 생성하여 홀짝을 예측하는 프로그램을 작성해보자. 앞 실습 예제를 참고하여 프로젝트명 OddEvenTest, 클래스명 OddEven으로 프로젝트와 클래스를 생성한다. 그런 다음 아래와 같이 main 메서드를 작성하자.

```
import java.util.Random;
import java.util.Scanner;

public class OddEven {

	public static void main(String[] args) {
		// TODO Auto-generated method stub

		Random rnd = new Random();
		int quest = rnd.nextInt(100);
		char answer = (quest%2) == 0 ? 'e':'o';

		Scanner sc = new Scanner(System.in);
		System.out.println("짝수라 생각하면 e를, 홀수라고 생각하면 o를 
		입력 : ");
		char guess = sc.next().charAt(0);
		sc.close();

		if (guess == answer) {
			System.out.println("축하합니다!!!");
		}
		else {
			System.out.println("다음 기회에 ...");
		}
	}
}
```

문제에 해당하는 임의의 숫자는 Random 클래스의 nextInt 메서드를 이용하여 생성하였으며, 답에 해당하는 해당 숫자의 홀짝은 나머지 연산과 조건 연산을 이용하여 구현하였다. 그리고 사용자 예측 값을 읽어 일치하는지에 따라 정답 여부를 판별하였다.

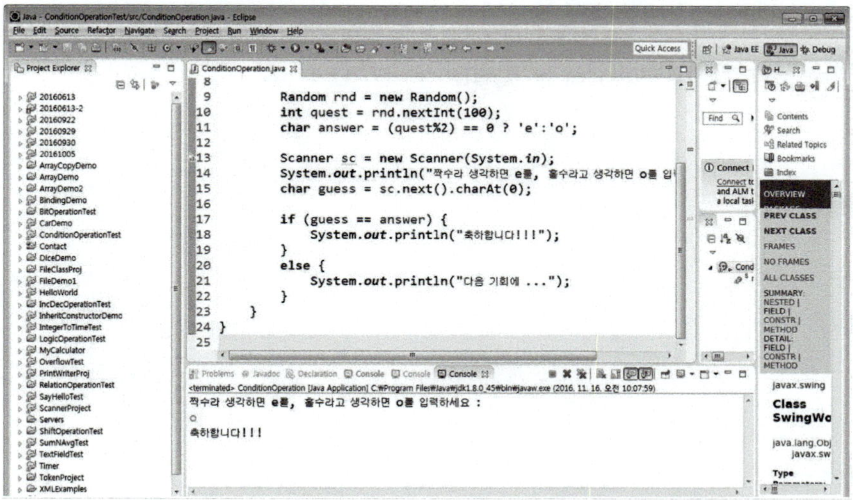

4.2 switch문

if-else-if문과 유사한 조건문으로 switch문이 있다. 이 문장은 조건에 따라 작업을 달리하는 것이 아니라 식의 값에 따라 작업을 달리하는 형태이다. 형식은 다음과 같다.

```
switch (식) {
    case 값 1 :
            실행 문장 1;
            break;
    case 값 2 :
            실행 문장 2;
            break;
    ...
    case 값 m :
            실행 문장 m;
            break;
    default :
            실행 문장 n;
}
```

식의 값과 일치하는 case문 이하 부분의 문장들을 실행한다. 만약, break문이 없으면 switch

문 끝까지 실행되므로 주의해야 한다. 식은 수식이나 문자형 변수 또는 문자열 변수가 될 수 있다. 위의 switch문을 굳이 if-else-if문으로 변환하면 다음과 같다.

```
if (식 == 값 1) {
        실행 문장들1;
}
else if (식 == 값 2) {
        실행 문장들2;
}
...
else if (식 == 값 m) {
        실행 문장들m;
}
else {
        실행 문장들n;
}
```

수식이나 문자 변수뿐만 아니라 문자열 변수에 대해 switch를 사용할 수 있다. 아래의 예를 참고하라. 참고로, C++에서는 문자열 변수에 대해 switch문을 사용할 수 없다.

```
String s;
int type;

switch(s) {
      case "apple":
       type = 1;
        break;
      case "banana":
       type = 2;
        break;
      case "carrot":
       type = 3;
        break;
      default:
       type = 4;
}
```

참고로, case에는 값 외의 변수나 수식이 오지 못한다. 즉, 아래와 같은 형태는 모두 오류이다.

```
case x : ...
case x > 5 : ...
case x == 3 : ...
```

실습 4.6 메뉴 방식의 사칙 연산

if문과 관련된 실습 4.3 "메뉴 방식의 사칙 연산" 예제를 switch문으로 변환하여 코딩해 보자. if문으로 작성된 부분을 아래와 같이 바꾼 후 실행해보자.

```
import java.util.Scanner;

public class Calculator {

	public static void main(String[] args) {
		// TODO Auto-generated method stub

		Scanner sc = new Scanner(System.in);

		System.out.println("첫 번째 숫자 (음수도 가능) >> ");
		int a = sc.nextInt();
		System.out.println("두 번째 숫자 (음수도 가능) >> ");
		int b = sc.nextInt();
		System.out.println("연산 (a : 덧셈, s : 뺄셈, m : 곱셈,
		d : 나눗셈)을 선택하세요. ");
		char c = sc.next().charAt(0);
		sc.close();

		double result;
		switch(c) {
		case 'a' : result = a + b; break;
		case 's'  : result = a - b; break;
```

```
        case 'm' : result = a * b; break;
        case 'd'  : result = a / b; break;
        default :
            System.out.println("허용되지 않는 문자입니다.");
            return;
        }

        System.out.println("결과는 " + result + "입니다.");
    }
}
```

실습 4.7 월의 일수 맞히기

월(1과 12 사이의 숫자)을 입력하면 그 달의 일수를 출력해주는 프로그램을 작성해보자. 먼저 앞 실습 예제를 참고하여 프로젝트명 MonthTest, 클래스명 Month로 프로젝트와 클래스를 생성한다. 그런 다음 아래와 같이 main 메서드를 작성하자.

```
import java.util.Scanner;

public class Month {

    public static void main(String[] args) {
        // TODO Auto-generated method stub

        Scanner sc = new Scanner(System.in);

        System.out.println("월 (1 ~ 12) ? ");
        int m = sc.nextInt();
        sc.close();

        int days;
        switch(m) {
        case 1 :
        case 3 :
        case 5 :
```

```
            case 7 :
            case 8 :
            case 10:
            case 12: days = 31; break;
            case 4:
            case 6:
            case 9:
            case 11 : days = 30; break;
            case 2 : days = 28; break;
            default :
                  System.out.println("허용되지 않는 월입니다.");
                  return;
            }

            System.out.println(m + "월은 " + days + "까지 입니다.");

      }
}
```

다른 달은 일수가 고정되어 있어 문제가 없지만, 2월은 28일일 수도 있고 29일일 수도 있다. 이를 판별하려면 연도를 입력받아 윤년(4의 배수이면서 100의 배수가 아니거나 400의 배수)인지 검사해야 하므로 여기서는 우선 간단히 28일로 고정하였다. 1, 3, 5, 7, 8, 10월에 대해서는 아무런 코드를 기술하지 않아 12월에 기술된 코드가 실행되도록 하였다. 4, 6, 9월에 대해서도 같은 이유로 아무런 코드를 기술하지 않았다.

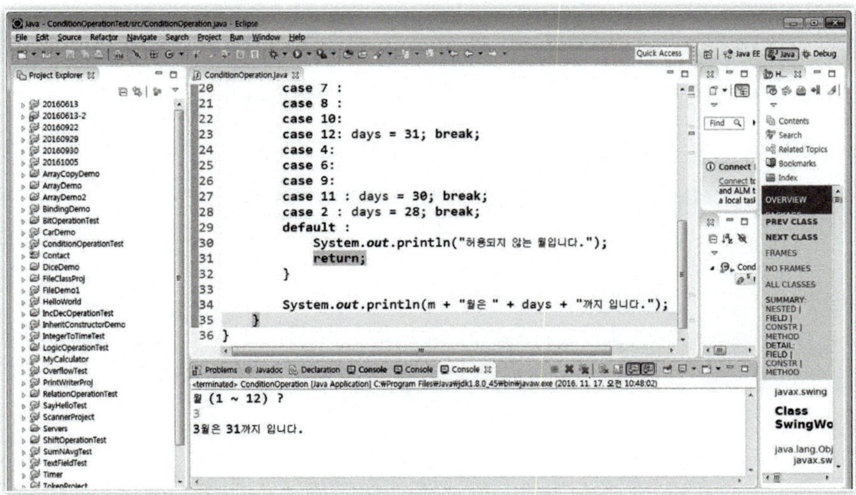

05 자바 기초 – 반복문

Java

반복문은 동일한 작업 또는 유사한 작업을 반복할 때 사용하는 문장으로, while문과 for문이 있다. 두 반복문 모두 표현력이 동일하다. 즉 while문으로 표현할 수 있으면 for문으로도 표현 가능하고, 반대로 for문으로 표현 가능하면 while문으로도 표현 가능하다. 반복의 형태에 따라 for문이 편리한 경우가 있고 while문이 편리한 경우가 있다.

5.1 while문

while문의 형식은 다음과 같다.

```
while (조건식) {
        ...
}
```

위의 문장은 조건식을 검사하여 true이면 블록 내의 문장을 실행하고 다시 조건식을 검사하는 과정을 반복한다. 만약 조건식이 false이면 while문을 빠져 나와 while문 다음 문장을 수행한다. 간단히 "사랑합니다."라는 메시지를 5회 출력하는 프로그램을 작성해 보자. 반복문을 사용하지 않을 경우는 아래처럼 같은 문장을 다섯 번 기술해야 한다.

```
System.out.println("사랑합니다.");
System.out.println("사랑합니다.");
System.out.println("사랑합니다.");
System.out.println("사랑합니다.");
System.out.println("사랑합니다.");
```

만약, 100회 출력한다면 같은 문장을 100번이나 기술해야 하는 번거로움이 있다. 이때 반복 횟수를 저장하는 cnt 변수를 사용하여 원하는 횟수가 될 때까지 반복 처리하도록 하면 이런 번거로움은 없을 것이다. 이를 코드로 표현하면 다음과 같다.

```
int cnt = 1; // 반복 변수 초기 값

while( cnt <= 5) {
   System.out.println("사랑합니다.");
   cnt ++;
}
```

여기서 주목할 것은 조건식이다. 5회 반복한다고 “cnt == 5”가 아니라 “cnt 〈= 5”와 같이 작성해야 한다. “cnt == 5”와 같이 작성하면 초기 값이 1이므로 조건이 만족되지 않아 한 번도 실행되지 않는다. 더불어 주의해야 할 부분은 반복해야 할 작업을 마친 후, cnt 변수의 값을 증가시키는 것이다. 처음 프로그램을 배울 때 많이 실수하는 부분이 바로 이 부분이다. 이 부분을 생략하는 경우가 많은데, 이렇게 되면 cnt 값이 1로 유지되어 조건이 계속 true 상태로 있게 되므로 무한 반복된다.

위와 같이 코딩해도 되지만 프로그래밍 과정에서는 일반적으로 카운트의 초기 값을 0으로 시작하는 경우가 많으므로 cnt 값이 5일 때 실행되지 않도록 조건식을 수정해야 한다. 0에서 시작하면 4까지 수행한 결과가 총 5회 출력되기 때문이다.

```
int cnt = 0; // 반복 변수 초기 값

while( cnt < 5) {
   System.out.println("사랑합니다.");
   cnt ++;
}
```

이번에는 다음과 같이 출력하는 프로그램을 작성한다고 하자.

```
1     10     100
2     20     200
3     30     300
4     40     400
5     50     500
```

동일한 결과를 반복 출력하는 것이 아니므로 언뜻 보기에 반복문으로 작성할 수 없을 것 같아 보인다. 그러나 잘 분석하면 다음의 규칙성을 발견할 수 있다. 즉 정수형 변수의 값을 1로 초기화한 값, 10을 곱한 값, 100을 곱한 값을 출력하고 변수의 값을 1 증가하여 같은 작업을 반복하면 된다. 이를 코드화하면 아래와 같다.

```
1      1*10      1*100
2      2*10      2*100
3      3*10      3*100
4      4*10      4*100
5      5*10      5*100
```

```
int i = 1;

while( i <= 5) {
   System.out.println(i + "    " + i*10 + "     " +
   i*100 );
   i++;
}
```

while문은 횟수가 정해진 반복문을 기술하는 데도 사용되지만 주로 반복 횟수가 미리 결정되어 있지 않는 경우에 보다 편리하게 사용할 수 있다. 예를 들어, 사용자에게 계속 여부를 물어 반복하게 하려면 아래와 같은 형태로 작성하면 된다.

```
char cont = 'y';
Scanner sc = new Scanner(System.in);

while (cont == 'y') {
       // 반복 작업 내용
       ...
       System.out.println("계속 하시겠습니까? ('y' or 'n') ");
       cont = sc.next().charAt(0);
}
```

위의 문장에서 cont 변수는 사용자의 사용 여부를 저장하는 변수로 사용되는데, 초기 값이 'y'로 지정되어 있음을 주목하라. 그렇지 않으면 while문의 조건이 만족되지 않아 while문 안의 내용이 한 번도 실행되지 않는다. 반복 내용을 한 번 실행한 후에는 사용자의 반응에 따라 계속할 수도 있고 그렇지 않을 수도 있다. 비슷한 형태로 사용자에게 값을 입력하도록 하고 그 값이 특정 조건을 만족하면 반복 작업을 하는 형태가 있다. 예를 들어, 사용자에게 0과 100 사이의 정수를 반복 입력하도록 한 후, 그 입력된 수들을 가지고 작업할 경우가 그렇다. 이런 경우, 0과 100 이외의 수가 입력되면 반복을 종료해야 하는데, 이때 while문의 조건으로 읽어 들인 숫자가 0과 100 사이인지를 검사하여 참인 경우에 반복하게 하면 된다.

프로그램을 하다보면 무한 반복해야 하는 상황이 생길 수 있다. 반복문 조건이 항상 true이면 무한 반복한다. 이를 코드화하면 다음과 같다.

```
while (true) {
        반복 내용들
}
```

의도적으로 무한 반복시킬 수도 있지만 실수로 무한 반복에 빠질 수도 있다. 프로그래밍을 배우는 초기 과정 중에 무한 반복에 빠지는 전형적인 경우는 아래와 같다.

```
int n = 0;
while (n <= 10) {
        반복 내용들
}
```

원래 의도는 n의 값을 0에서 시작하여 10까지 반복하면서 처리하고자 했던 것인데, 그만 중요한 한 가지를 빠뜨리고 만 것이다. 무엇일까? 반복이 진행되더라도 n의 값이 전혀 변경되지 않는다. 그래서 계속 조건이 true일 수밖에 없다. 위 코드가 제대로 실행되려면 아래와 같이 수정되어야 한다.

```
int n = 0;
while (n <= 10) {
        반복 내용들
        n++;
}
```

실습 5.1 특정 구구단 출력하기

2와 9 사이의 숫자 하나를 입력받아 그 단에 해당하는 값들을 출력하는 프로그램을 작성해 보자. 먼저, 앞 실습 예제를 참고하여 프로젝트명 MultiplicationTableTest, 클래스명 MultiplicationTable로 프로젝트와 클래스를 생성한다. 그런 다음 아래와 같이 main 메서드를 작성한다.

```
import java.util.Scanner;

public class MultiplicationTable {

	public static void main(String[] args) {
		// TODO Auto-generated method stub

		int dan;

		Scanner sc = new Scanner(System.in);
		System.out.print("원하는 단 ? ");
		dan = sc.nextInt();
		sc.close();

		int index = 1;
		while(index <= 9) {
			System.out.println(dan + " * " + index + " = " +
			dan*index);
			index++;
		}
	}
}
```

입력받은 단을 출력하기 위해서는 반복 변수를 사용하여 1에서 9까지 반복해야 한다. 이를 위해 위 코드에서는 index 변수를 사용하였으며 1로 초기화하였다. 그리고 반복문 안에서 이 변수의 값을 하나씩 증가하도록 하였으며, 반복 조건으로 9보다 같거나 작을 동안만 반복하게 하였다.

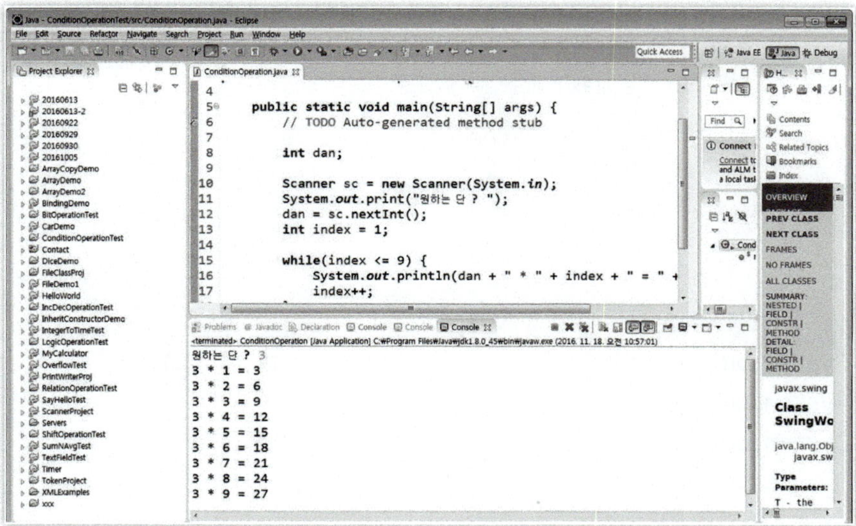

실습 5.2 성적 처리

여러 개의 성적을 입력받아 평균, 최댓값, 최솟값을 구하는 프로그램을 작성하자. 단, 0과 100 사이 이외의 수를 입력하면 반복을 종료한다고 하자. 프로젝트명 ScoreProcessingTest, 클래스명 ScoreProcessing을 생성한 후 아래와 같이 main 메서드를 작성하도록 한다.

```
import java.util.Scanner;

public class ScoreProcessing {

	public static void main(String[] args) {
		// TODO Auto-generated method stub

		int val, cnt = 0, sum = 0, max = -1, min = 101;
		Scanner sc = new Scanner(System.in);

		System.out.println("0과 100 사이의 값을 입력 (그 외의 값을 입력하면 
		종료) : ");
		val = sc.nextInt();
		while (val >= 0 && val <= 100) {
			cnt = cnt + 1; // 입력 정수의 개수 세기
```

```
                sum = sum + val; // 합 구하기
                if (val > max) max = val; // 최댓값 구하기
                if (val < min) min = val; // 최솟값 구하기
                System.out.println("0과 100 사이의 값을 입력 (그 외의 값을
                입력하면 종료) : ");
                val = sc.nextInt();
            }
            if (cnt != 0) {
            System.out.println("평균 : " + (double) sum / cnt);
            System.out.println("최댓값 : " + max);
            System.out.println("최솟값 : " + min);
            }
            else {
            System.out.println("아무런 값도 입력되지 않았습니다")
            }
            sc.close();
    }
}
```

위의 코드는 사용자로부터 정수 값 하나를 입력받은 뒤 그 값이 양수이면 반복하고 그렇지 않으면 반복을 종료하는 형태로 되어 있다. 이 코드는 반복 작업 시에 많이 사용되는 여러 기능 – 반복 횟수 파악, 합 구하기, 최댓값 구하기, 최솟값 구하기–들이 구현되어 있다. 이 기능들은 프로그램 시 매우 자주 사용되는 기능들이다. 그 패턴이 일정하기 때문에 익혀두면 많은 도움이 될 것이다. 이런 작은 기능들을 여러분의 것으로 만들다 보면 어느 순간에 프로그램에 대한 자신감이 생기고, 프로그래밍이 예전보다 재미있게 느끼게 될 것이다. 그러므로 프로그래밍을 익히는 초반에 중요한 기능들을 익히는 데 시간을 투자해야 한다.

반복 횟수 파악 방법

반복 횟수를 파악하기 위해서는 먼저 반복 횟수를 저장할 변수(위의 예에서는 cnt)를 선언하고 그 초기 값을 0으로 설정한 후 반복문 안에 그 변수의 값을 하나 증가시키는 코드를 넣어 주면 된다. 그러면 반복문이 종료되는 시점에서 그 변수에 반복 횟수가 저장된다. 위의 예에서 평균을 구하기 위해 합을 cnt로 나눈 이유는 cnt에 반복 횟수, 즉 입력된 양의 정수의 개수가 저장되어 있기 때문이다.

합을 구하는 방법

합을 구하기 위해서는 먼저 합을 저장할 변수(위의 예에서는 sum)를 선언하고 초기 값을 0으로 설정한 후 반복문 안의 변수에 현재 값을 누적한다. 즉 현재의 sum 변수의 값에 현재의 값을 더한 후 그 결과를 다시 sum 변수에 저장해주면 된다. 그러면 반복문이 종료되는 시점에서 그 변수에 전체 합이 저장된다.

최댓값을 구하는 방법

최댓값을 구하기 위해서는 먼저 최댓값을 저장할 변수(위의 예에서는 max)를 선언하고, 그 초기 값을 입력 가능한 값 중 제일 작은 값보다 작거나 같은 값(위 예에서는 0이 제일 작은 값이므로 이보다 1적은 −1로 초기화)으로 설정한 후, 반복문 안에 현재의 값을 그 변수의 값(즉, 이전까지의 최댓값보다 크면 새로운 최댓값이 발견된 것이므로 그 변수 값이 최댓값이다)으로 갱신해주면 된다. 그러면 반복문이 종료되는 시점에서 그 변수에 최댓값이 저장된다.

최솟값을 구하는 방법

최솟값을 구하기 위해서는 먼저 최솟값을 저장할 변수(위의 예에서는 min)를 선언하고 그 초기 값을 입력 가능한 값 중 제일 큰 값보다 크거나 같은 값(위 예에서는 100이 제일 큰 값이므로 이보다 1 큰 101로 초기화)으로 설정한 후 반복문 안에 현재의 값을 그 변수의 값(즉 이전까지의 최솟값보다 작으면 새로운 최솟값이 발견된 것이므로 그 변수의 값이 현재 값이다)으로 갱신해주면 된다. 그러면 반복문이 종료되는 시점에서 그 변수에 최솟값이 저장된다.

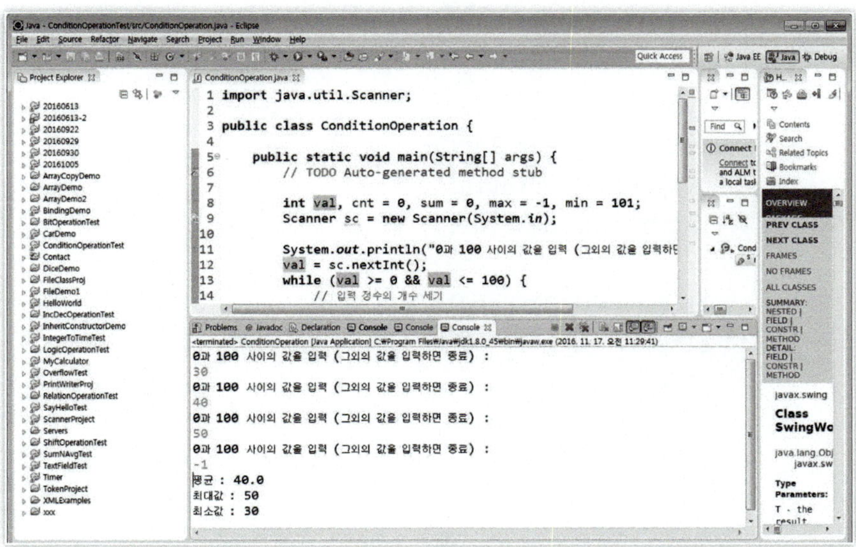

실습 5.3 메뉴 반복 처리하기

조건문에서 실습한 실습 4.6 "메뉴 방식의 사칙 연산" 프로그램을 수정하여 반복 처리를 가능하게 해보자. 먼저, 기존 코드를 아래와 같이 수정하자.

```
import java.util.Scanner;

public class Calculator {

        public static void main(String[] args) {
                // TODO Auto-generated method stub
                double result;
                boolean cont = true;
                Scanner sc = new Scanner(System.in);

                while(cont) {
                        System.out.println("연산 (a : 덧셈, s : 뺄셈,
                        m : 곱셈, d : 나눗셈, q : 종료)을 선택하세요. ");
                        char c = sc.next().charAt(0);

                        if (c == 'q') {
                           System.out.println("프로그램을 종료하였습니다.");
                           cont = false;;
                        }
                        else if (!(c == 'a' || c == 's' || c == 'm' || c ==
                        'd')) {
                                System.out.println("유효하지 않은 메뉴입니다.");
                        }
                        else {
                           System.out.println("첫 번째 숫자 (음수도 가능) >> ");
                           int a = sc.nextInt();
                           System.out.println("두 번째 숫자 (음수도 가능) >> ");
                           int b = sc.nextInt();

                           if (c == 'a') result = a + b;
                           else if (c == 's') result = a - b;
                           else if (c == 'm') result = a * b;
                           else result = a / b;
```

```
                    System.out.println("결과는 " + result + "입니다.");
                }
            }
            sc.close();
        }
    }
```

달라진 부분은 종료 메뉴를 추가하였고, while문을 사용하여 반복 처리가 가능해졌다는 점이다. 반복 처리를 위해 반복 제어 변수 cont를 true로 설정하여 반복하도록 하였고, 대신에 반복문 안에서 메뉴 값을 입력받아 종료 메뉴이면 이 변수의 값을 fasle로 변경하여 반복문을 빠져 나오게 하였다. 또한, 잘못된 메뉴이면 메시지만 출력하게 한 후 다시 처음부터 시작하도록 하였다.

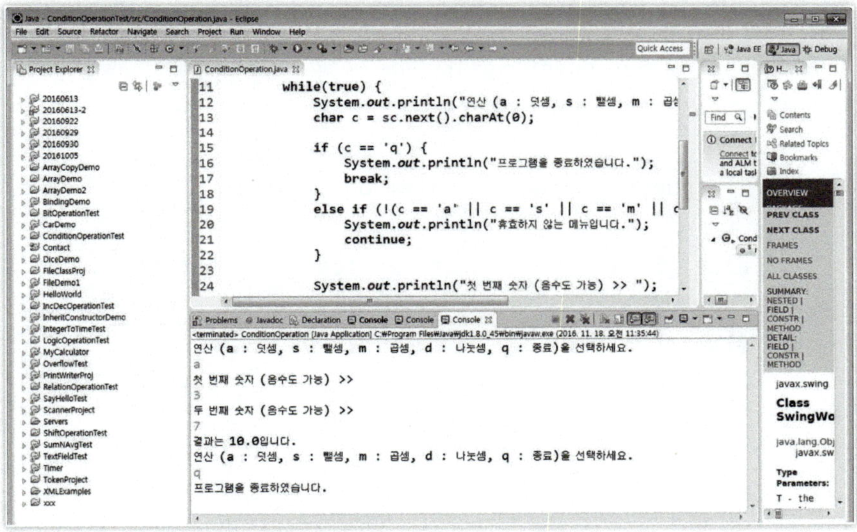

실습 5.4 숫자 맞히기 게임

컴퓨터가 무작위로 1과 100 사이의 임의의 숫자 하나(정답이라 하자)를 생성하고, 이 숫자를 사용자가 반복적으로 예측하며 맞혀 나가는 게임을 작성해보자. 만약, 사용자가 예측한 값이 정답보다 작으면 "정답보다 작습니다."를, 크면 "정답보다 큽니다."를 출력하도록 한다. 먼저, 앞 실습 예제를 참고하여 프로젝트명 NumberGuessingTest, 클래스명 NumberGuessing으로 프로젝트와 클래스를 생성한다. 그런 다음 아래와 같이 main 메서드를 작성한다.

```
import java.util.Random;
import java.util.Scanner;

public class NumberGuessing {

	public static void main(String[] args) {
		// TODO Auto-generated method stub

		int answer = (new Random()).nextInt(100) + 1;
		int guess;

		Scanner sc = new Scanner(System.in);
		boolean cont = true;
		while(cont) {
			System.out.println("예측 값 ? ");
			guess = sc.nextInt();

			if (guess > answer) System.out.println("정답보다 큽니
			다.");
			else if (guess < answer) System.out.println("정답보다
			작습니다.");
			else {
				System.out.println("정답입니다!!!");
				cont = false;
			}
		}
		sc.close();
	}
}
```

여기서는 반복 제어 변수로 불리안 타입인 cont를 사용하였다. 이의 초기 값을 true로 설정하여 반복하게 하였다. 숫자를 맞힐 경우만 이 변수의 값을 false로 바꾸어 반복이 진행되지 않도록 하였다.

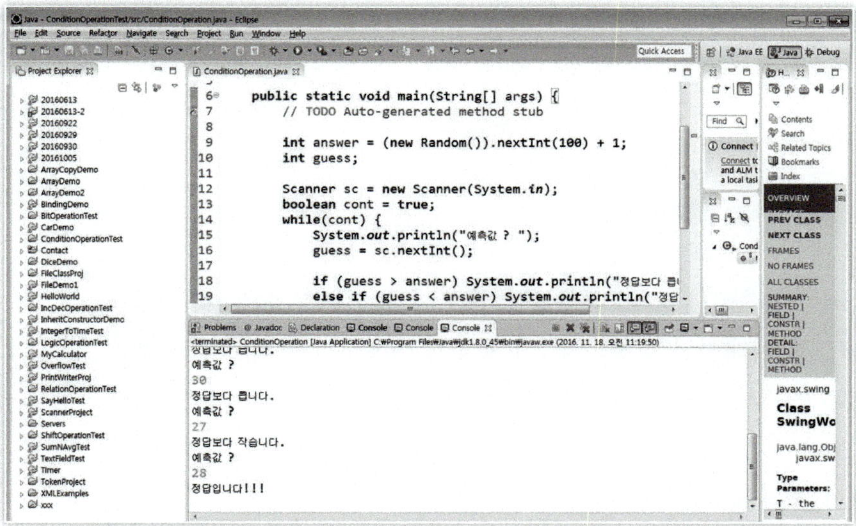

5.2 do-while문

do-while문은 while문의 한 변형이다. while문은 반복문을 실행하기 전에 먼저 조건을 검사한다. 그래서 조건문이 처음부터 만족되지 않으면 반복문이 한 번도 실행되지 않을 수 있다. 하지만 do-while문은 반복문을 실행한 후 반복 조건을 검사하므로 최소한 한 번은 반복문을 실행하게 되는데, 형식은 아래와 같다.

```
do {
        반복 내용들
} while (조건식);
```

사용자에게 반복 여부를 묻는 while문의 예를 do-while문으로 재작성하면 다음과 같다.

```
char cont;
Scanner sc = new Scanner(System.in);

do {
        // 반복 작업 내용
        ...
        System.out.println("계속하시겠습니까? ('y' or 'n') ");
        cont = sc.next().charAt(0);
} while (cont == 'y');
```

반복 조건을 나중에 검사하기 때문에 반복 여부를 저장할 변수의 값을 굳이 'y'로 초기화할 필요가 없다.

실습 5.5 메뉴 반복 처리하기

실습 5.3의 while문을 사용한 "메뉴 방식의 사칙 연산" 프로그램을 do-while문으로 변경해 보자. 먼저, 기존 코드를 아래처럼 수정하자. 이 예제에 대해서는 거의 수정할 필요 없이 아래 코드에서 굵게 표시된 부분만 수정해주면 된다.

```
import java.util.Scanner;

public class Calculator {

	public static void main(String[] args) {
		// TODO Auto-generated method stub

		double result;
		boolean cont = true;
		Scanner sc = new Scanner(System.in);
		do {
			System.out.println("연산 (a : 덧셈, s : 뺄셈,
			m : 곱셈, d : 나눗셈, q : 종료)을 선택하세요. ");
			char c = sc.next().charAt(0);

			if (c == 'q') {
			   System.out.println("프로그램을 종료하였습니다.");
			   cont = false;
			}
			else if (!(c == 'a' || c == 's' || c == 'm' || c ==
			'd')) {
			   System.out.println("유효하지 않은 메뉴입니다.");
			}
			else {
			   System.out.println("첫 번째 숫자 (음수도 가능) >> ");
			   int a = sc.nextInt();
			   System.out.println("두 번째 숫자 (음수도 가능) >> ");
```

```
                int b = sc.nextInt();

                if (c == 'a') result = a + b;
                else if (c == 's') result = a - b;
                else if (c == 'm') result = a * b;
                else result = a / b;

                System.out.println("결과는 " + result + "입니다.");
            }
        } while(cont);
        sc.close();
    }
}
```

수정 후 프로그램을 실행하여 확인해보자.

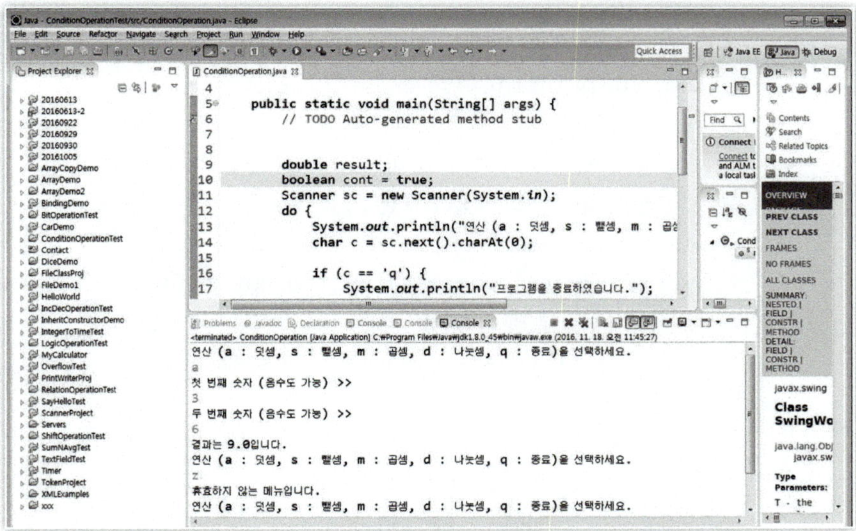

실습 5.6 숫자 맞히기 게임 반복하기

실습 5.4의 숫자 맞히기 게임은 한 게임이 끝나면 종료하게 되어 있다. 이번에는 게임이 끝난 후 사용자에게 물어본 후, 게임을 계속 진행할 수 있도록 수정해 보자. 게임을 한 번 진행하는 것도 반복문으로 처리해야 하므로 여러 번 게임을 진행할 수 있게 하려면 반복문 안에 반복문이 있는 형태로 작성해야 한다. 먼저, 아래와 같이 코드를 수정하자.

```
import java.util.Random;
import java.util.Scanner;

public class NumberGuessing {

	public static void main(String[] args) {
		// TODO Auto-generated method stub
		int answer = (new Random()).nextInt(100) + 1;
		int guess;

		Scanner sc = new Scanner(System.in);
		boolean cont;
		char programCont;
		do {
			cont = true;
			System.out.println("게임을 시작합니다.");
			while(cont) {
				System.out.println("예측 값? ");
				guess = sc.nextInt();

				if (guess > answer) System.out.println
				("정답보다 큽니다.");
				else if (guess < answer) System.out.
				println("정답보다 작습니다.");
				else {
					System.out.println("정답입니다!!!");
					cont = false;
				}
			}
			System.out.println("계속하시겠습니까? ('y' or 'n') ");
			programCont = sc.next().charAt(0);
		} while(programCont == 'y');
		System.out.println("게임을 종료합니다.");
		sc.close();
	}
}
```

바깥 반복문은 do-while문으로 작성하였고, 내부 반복문은 원래대로 while문으로 작성하였다. 바깥 반복문의 반복을 제어하기 위한 변수로 programCont 변수를 선언하고, 게임이 끝날 때마다 계속 여부를 사용자에게 물어 그 결과에 따라 이 변수에 저장되는 값을 달리하였다. 그리고 이 변수의 값이 'y'인 경우만 반복되도록 반복 조건을 설정하였다. 그리고 게임이 새로이 시작될 때마다 cont 변수의 값을 true로 설정하여 한 게임을 진행하기 위한 반복 처리가 되도록 하였다.

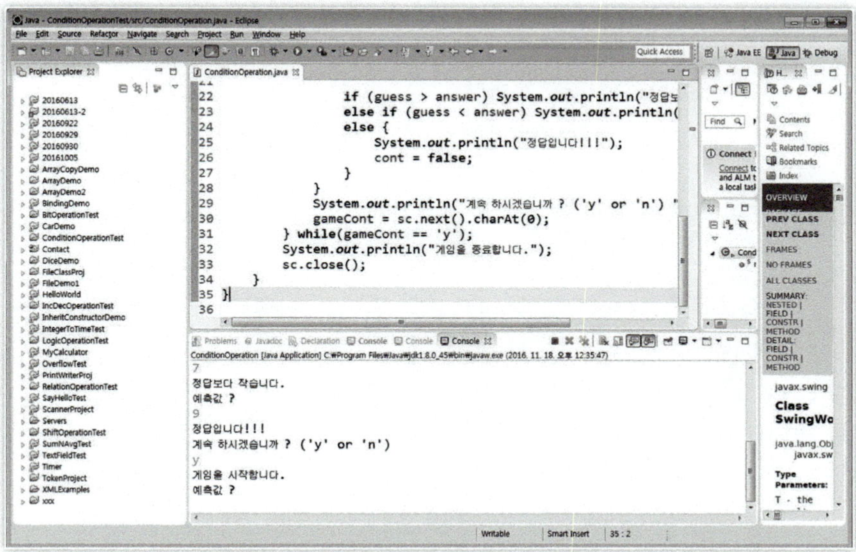

5.3 for문

while문과 함께 널리 쓰이는 반복문은 for문이다. for문의 형식은 아래와 같다.

```
for (초기 식; 반복 조건; 증감 식) {
        반복 내용
}
```

초기 식은 반복문이 실행되기 전에 초기화해야 할 내용들을 기술하는 부분으로 반복문이 실행되기 전에 먼저 딱 한 번 실행된다. 초기 식이 실행된 후에 먼저 반복 조건을 검사해서 만족되면 for문 블록 내의 반복 내용을 실행한다. 그런 후 증감 식 부분의 내용을 실행한 후 다시 반복 조건을 검사한다. 반복 조건이 만족되지 않으면 for문을 종료한다. 증감 식에는 보통 반복 조건에 사용되는 변수의 값을 증가시키거나 감소시키는 코드들이 오게 된다.

앞에서 설명한 while문의 예가 어떻게 for문으로 표현되는지 살펴봄으로써 그 이해를 돕도록 한다. 아래의 예는 "사랑합니다."라는 메시지를 5회 반복하는 예이다.

```
int cnt = 1; // 반복 변수 초기 값

while( cnt <= 5) {
   System.out.println("사랑합니다.");
   cnt ++; // 반복 변수 증가
}
```

위의 코드를 for문으로 재코딩하면 다음과 같다.

```
int cnt;

for (cnt = 1; cnt <= 5; cnt ++) {
   System.out.println("사랑합니다.");
}
```

감이 오는가? 반복 변수의 초기 값은 초기 식 부분으로, 반복 조건은 그대로 반복 조건으로, 반복 변수 증가 부분은 증감 식 부분으로 이동한 것을 확인하였는가? 이처럼 반복 작업에 필요한 초기 작업, 조건 검사, 반복 작업을 위한 사후 작업을 한 곳에 모아놓은 형태가 for문이다. for문 블록 내에는 순수 반복 작업만 기술한다.

참고로, 아래와 같이 반복 변수를 for문의 초기화 부분에서 선언할 수 있는데, 이렇게 되면 이 반복 변수는 for문 내에서만 사용할 수 있고 for문 바깥에서는 사용할 수 없다.

```
for (int cnt = 1; cnt <= 5; cnt ++) {
   System.out.println("사랑합니다.");
}
System.out.println(cnt); // 오류
```

많은 경우, 반복 변수를 하나씩 증가시키면서 작업을 하지만 꼭 그럴 필요는 없다. 반복 변수를 감소하는 형태로 할 수도 있고, 하나씩 증가시키는 것이 아니라 여러 개를 증가시키는

형태로 기술해도 된다. 먼저, 전형적인 형태의 예로 1에서 n까지 합을 구하는 예를 살펴보기로 하자.

```
System.out.println("n의 값을 입력하시오.");
Scanner sc = new Scanner(System.in);
n = sc.nextInt();
int i, sum = 0;

for(i=1; i <= n; i++) {
        sum = sum + i;
}
System.out.println("1 ~ " + n + "까지의 합은 " + sum + "입니다.");
```

합을 저장할 변수의 값을 0으로 초기화하고 for문의 초기화 부분에서 반복 변수의 초기 값을 1로 초기화한 후, 반복 변수의 값이 n보다 작거나 같으면 블록 내의 문장들을 실행하고 그렇지 않으면 for문을 종료하도록 하였다. 그리고 블록 내의 문장들을 실행한 후에 반복 변수의 값을 하나 증가시킨 후 다시 반복 조건을 검사하도록 하였다. 위의 for문을 반복 변수가 감소하는 형태로도 기술할 수 있는데 다음과 같다. 반복 변수의 초기 값을 n으로 하고, 반복 변수를 반복 때마다 1 감소하게 하고 반복 조건을 반복 변수가 1 이상인 경우로 수정하면 된다.

```
System.out.println("n의 값을 입력하시오. ");
Scanner sc = new Scanner(System.in);
n = sc.nextInt();
int i, sum = 0;

for(i = n; i >= 1; i--) {
        sum = sum + i;
}
System.out.println("1 ~ " + n + "까지의 합은 " + sum + "입니다.");
```

경우에 따라서는, 반복 변수의 값을 1 증가하거나 감소하는 것이 아니라 그 이상을 증가하거나 감소할 수 있다. 예를 들어, 100보다 작은 3의 배수의 합을 구하려면 다음과 같이 반복 변수의 값을 3씩 증가시켜주어야 한다.

```
for (i=3, sum=0; i < 100; i=i+3) {
        sum = sum + i;
}
```

만약 반복 조건이 생략되면 항상 참이 되어 무한 반복한다. 만약, 의도적으로 무한 반복하고 싶은 경우는 아래와 같은 형태로 기술한다.

```
for(;;) {
        반복 내용들
}
```

실습 5.7 특정 구구단 출력하기

while문에서 사용했던 실습 5.1의 특정 구구단 출력 프로그램을 for문으로 바꿔 작성해보자. 아래와 같이 반복 변수의 초기화 코드, 반복 조건 그리고 반복 변수 증가 코드를 for문으로 작성한다.

```
import java.util.Scanner;

public class MultiplicationTable {

        public static void main(String[] args) {
                // TODO Auto-generated method stub

                int dan;

                Scanner sc = new Scanner(System.in);
                System.out.print("원하는 단 ? ");
                dan = sc.nextInt();
                sc.close();

                for(int index=1; index <= 9;index++) {
                        System.out.println(dan + " * " + index + " = " +
                        dan*index);
```

```
            }
        }
}
```

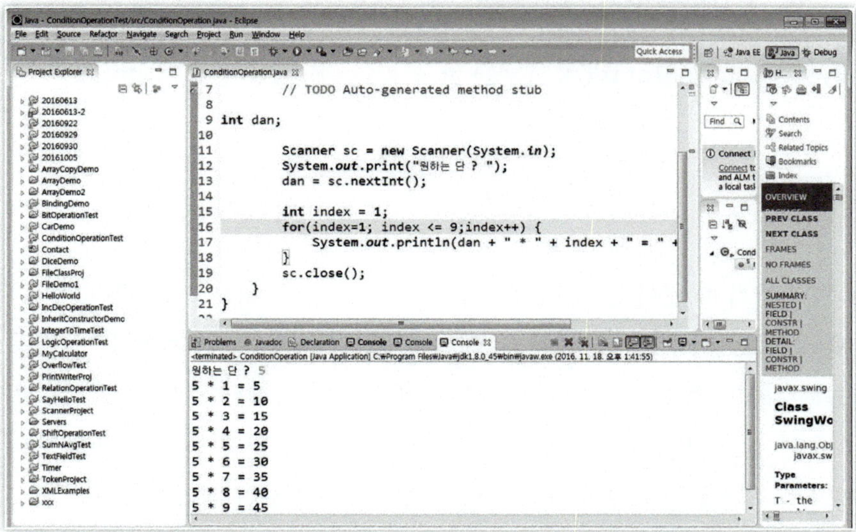

실습 5.8 팩토리얼 구하기

숫자 하나를 입력받아 이 숫자의 팩토리얼 값을 계산하는 프로그램을 작성해보자. 먼저, 앞 실습 예제를 참고하여 프로젝트명 FactorialTest, 클래스명 Factorial로 프로젝트와 클래스를 생성한다. 그런 다음 아래와 같이 main 메서드를 작성한다.

```
import java.util.Scanner;

public class Factorial {
        public static void main(String[] args) {
                // TODO Auto-generated method stub

                System.out.println("n의 값을 입력하시오. ");
                Scanner sc = new Scanner(System.in);
                int n = sc.nextInt();
```

```
            sc.close();

            int i, factorial;
            for(i=1, factorial=1; i <= n; i++) {
                    factorial = factorial * i;
            }
            System.out.println("1 ~ " + n + "까지의 곱은 " + factorial +
            "입니다.");
      }
}
```

n!은 1*2*3*..*n 형태이기 때문에 앞의 1에서 n까지의 합을 구하는 방법과 너무 유사하다. '+' 대신에 '*'으로 바꾸고, 곱셈이기 때문에 곱을 누적할 변수의 초기 값을 0이 아닌 1로 초기화해주기만 하면 된다. 위의 for문을 반복 변수가 감소하는 형태로도 기술할 수도 있는데 다음과 같다. 반복 변수의 초기 값을 n으로 하고, 반복 변수를 반복 때마다 1 감소하게 하고 반복 조건을 반복 변수가 1 이상인 경우로 수정하면 된다.

```
for(i=n, factorial=1; i >= 1; i--) {
        factorial = factorial * i;
}
```

위 코드에서는 결과를 저장할 factorial 변수가 int로 선언되어 있어 n이 겨우 17인 경우에도 오버플로가 발생한다. 따라서 큰 숫자에 대한 팩토리얼 값을 구하려면 double형 변수로 바꾸어 실행해야 한다.

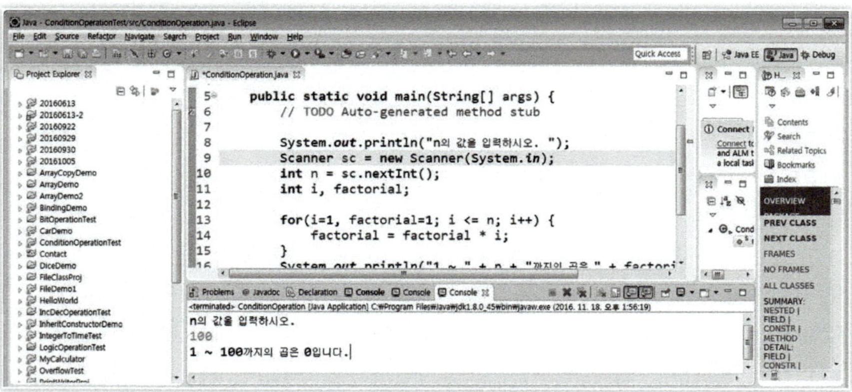

실습 5.9 1에서 n까지 3의 배수의 합 구하기

숫자 하나를 입력받아 이 숫자보다 작은 3의 배수의 합을 구하는 프로그램을 작성해보자. 먼저, 앞 실습 예제를 참고하여 프로젝트명 MultipleSumTest, 클래스명 MultipleSum으로 프로젝트와 클래스를 생성한다. 그런 다음 아래와 같이 main 메서드를 작성한다.

```
import java.util.Scanner;

public class MultipleSum {

      public static void main(String[] args) {
              // TODO Auto-generated method stub

              System.out.println("n의 값을 입력하시오. ");
              Scanner sc = new Scanner(System.in);
              int n = sc.nextInt();
              int i, sum=0;

              for(i=3; i <= n; i+=3) {
                sum = sum + i;
              }
              System.out.println(n + "까지의 3의 배수의 합은 " + sum + "입니다.");
              sc.close();
      }
}
```

위의 코드를 보면 n까지의 합을 구하는 프로그램과 거의 유사하다. i의 값이 1부터 시작하지 않고 3부터 시작하며, i 값이 1씩 증가하는 대신에 3씩 증가하도록 하는 점을 빼면 동일하다.

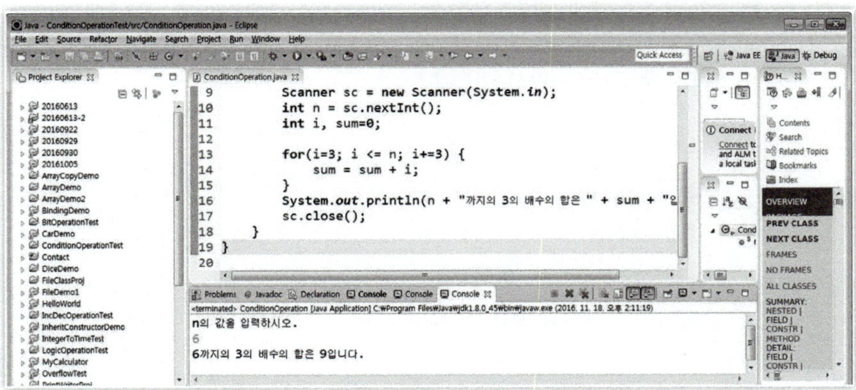

실습 5.10 메뉴 반복 처리하기

while문을 사용한 실습 5.3의 "메뉴 방식의 사칙 연산" 프로그램을 for문으로 변경해보자. 먼저, 기존 코드를 아래처럼 수정하자. 이 예제에 대해서는 거의 수정 없이 아래 코드에서 굵게 표시된 부분만 수정하면 된다.

```
import java.util.Scanner;

public class ConditionOperation {
	public static void main(String[] args) {
		// TODO Auto-generated method stub

		double result;
		Scanner sc = new Scanner(System.in);
		for(boolean cont = true; cont == true; ) {
			System.out.println("연산 (a : 덧셈, s : 뺄셈,
			m : 곱셈, d : 나눗셈, q : 종료)을 선택하세요. ");
			char c = sc.next().charAt(0);

			if (c == 'q') {
			   System.out.println("프로그램을 종료하였습니다.");
			   cont = false;
			}
			else if (!(c == 'a' || c == 's' || c == 'm' || c ==
			'd')) {
			   System.out.println("유효하지 않은 메뉴입니다.");
			}
			else {
			   System.out.println("첫 번째 숫자(음수도 가능) >> ");
			   int a = sc.nextInt();
			   System.out.println("두 번째 숫자(음수도 가능) >> ");
			   int b = sc.nextInt();

			   if (c == 'a') result = a + b;
			   else if (c == 's') result = a - b;
			   else if (c == 'm') result = a * b;
			   else result = a / b;
			   System.out.println("결과는 " + result + "입니다.");
```

```
                }
            }
            sc.close();
        }
}
```

사용자에게 반복 여부를 물어 처리하는 경우 for문의 초기화 부분에 제어 변수를 true로 설정하는 코드를 갖다 놓고, 조건 부분에는 반복 제어 변수가 true인지 검사하는 코드를, 그리고 증감 부분은 비워 두면 된다. 대신에 for문 안에서 반복하고 싶지 않은 시점에서 반복 제어 변수의 값을 false로 설정하면 된다. 위처럼 사용자에게 반복 여부를 물어 처리하는 경우에도 for문을 사용할 수 있으나 while문에 비해 좀 부자연스러운 느낌이 있다.

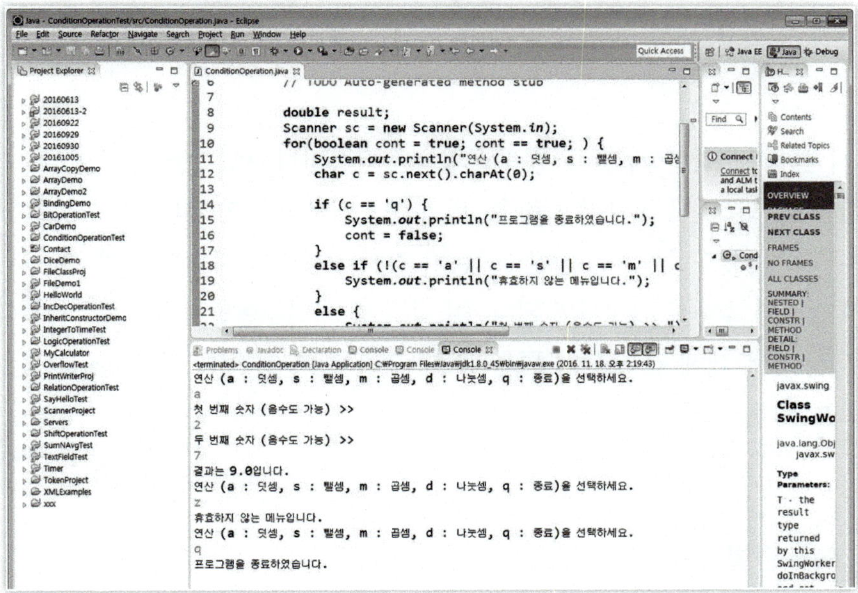

5.4 break문

반복문을 하다보면 특정 조건을 만족하면 더 이상 반복하지 말아야 하는 경우들이 가끔 발생한다. 이 경우에 break문을 사용하면 반복문을 빠져 나올 수 있다. 예를 들어, 아래 코드의 경우 원래는 r의 값이 10이 되어야 for문을 빠져 나오게 되어 있지만, 반복 내용 중에 r의 값이 3이면 break문을 실행하게 되어 있어 r이 3이 되는 순간 for문을 빠져 나온다.

```
int r;
for(r=0; r < 10; r++) {
   if (r == 3) break;
}
```

가끔, 반복 조건이 금방 떠오르지 않아 무한 반복하는 형태로 작성하고 반복문 블록 내에서 if문에서 break문으로 빠져 나오는 형태로 작성하는 경우가 있는데, 가능하면 반복 조건을 기술하는 형태로 문장을 작성하자.

```
while(true) {
   ...
   if (...) break;
   ...
}
```

break문은 굳이 하지 않아도 되는 작업들을 생략할 경우에 유용하다. 예를 들어, 주어진 수가 소수인지를 판단하는 프로그램을 작성할 경우, 반복문을 사용하여 2에서부터 자신보다 작은 모든 수에 대해 그 수가 자신을 나누어떨어지는지 검사하여, 그렇다면 소수가 아니라고 판정하고 그렇지 않으면 소수로 판정하면 된다. 이 과정 중에 나누어떨어지는 수 하나가 발견되면 더 이상 다른 수에 대해 검사를 진행할 필요가 없을 것이다. 이때 바로 break문을 사용하여 빠져 나오면 된다.

실습 5.11 소수 판별하기

정수 하나를 입력받아 그 수가 소수인지 판별하는 프로그램을 작성해보자. 소수는 1과 자신 외에는 약수가 없는 수이므로 for문을 사용하여 n보다 작은 수 중에 n을 나누어떨어지게 하는 수가 있는지 검사하면 된다. 먼저, 앞 실습 예제를 참고하여 프로젝트명 PrimeNumberTest, 클래스명 PrimeNumber로 프로젝트와 클래스를 생성한다. 그런 다음 아래와 같이 main 메서드를 작성한다.

```
import java.util.Scanner;

public class ConditionOperation {

        public static void main(String[] args) {
                // TODO Auto-generated method stub

                System.out.println(“n의 값을 입력하시오. ”);
                Scanner sc = new Scanner(System.in);
                int n = sc.nextInt();

                int i;
                for(i=2; i < n; i++) {
                   if((n % i) == 0) break;
                }

                if (i == n) System.out.println(“소수입니다.”);
                else System.out.println(“소수가 아닙니다.”);
                sc.close();
        }
}
```

위 코드에서 for문 다음의 if문은 for문을 어떻게 빠져나왔는지 검사한다. 약수가 존재하지 않아서 for문을 끝까지 돌고 빠져 나오면 i 값이 n이 되므로 이를 검사하는 것이다. braek문으로 반복문을 빠져 나올 경우는 i 값에 의해 n이 나누어 떨어졌음을 의미하며, 이 경우에는 i 값이 n보다 작게 된다.

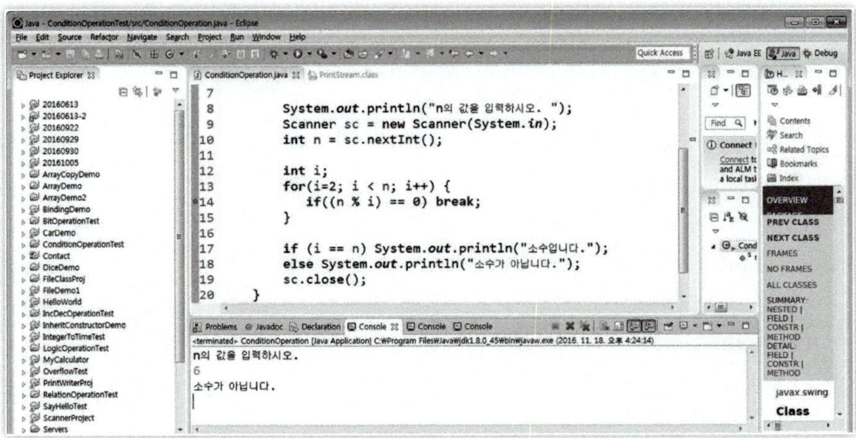

5.5 continue문

반복문과 같이 유용하게 사용할 수 있는 또 다른 명령문은 continue문이다. 이 문은 이 문 다음에 오는 문장들을 실행하지 않고 다시 위로 올라가 반복을 진행하게 하는 명령문이다. 보통 반복 중에 조건을 검사해서 그 조건이 맞으면 그 이하의 문장을 수행하지 않고 다음 반복으로 진행하고자 할 경우 사용한다. 다음의 코드는 1에서 100까지의 합 중 홀수의 합을 구하는 코드이다. 다른 방법으로도 작성할 수 있지만 continue문의 이해를 돕기 위해 일부러 아래와 같이 작성했다. 1에서부터 100까지 반복하면서 짝수이면 누적시키지 않고, 즉 "sum += i" 문장을 실행하지 않고 곧바로 증감 식 부분을 실행한 후 다시 반복 처리하도록 하였다. 이렇게 하면 홀수에 대해서만 sum 변수에 누적된다.

```
int sum=0;
for(int i=1; i <= 100; i++) {
   if ((i%2) == 0) continue;
   sum += i;
}
System.out.println("홀수의 합" + sum);
```

실습 5.12 메뉴 반복 처리하기

실습 5.5에서 메뉴 형식의 사칙 연산 프로그램을 do-while문으로 작성해보았다. 이번에는 같은 내용을 다른 형태로 작성해보자. 즉, do-while문의 종료 조건을 true로 설정하여 무한 반복하도록 하고 대신에 종료 메뉴를 선택하면 그때 break문을 빠져 나오도록 한다. 유효하지 않은 메뉴를 선택하면 continue문을 사용하여 그 이하의 문장을 수행하지 않고 다시 반복을 시작하도록 한다. main 메서드를 아래와 같이 수정한 후 실행해보자.

```
import java.util.Scanner;

public class Calculator {

        public static void main(String[] args) {
                // TODO Auto-generated method stub
```

```
        double result;
        Scanner sc = new Scanner(System.in);
        do {
            System.out.println("연산 (a : 덧셈, s : 뺄셈,
            m : 곱셈, d : 나눗셈, q : 종료)을 선택하세요. ");
            char c = sc.next().charAt(0);

            if (c == 'q') {
                System.out.println("프로그램을 종료하였습니다.");
                break;
            }
            else if (!(c == 'a' || c == 's' || c == 'm' || c ==
            'd')) {
                System.out.println("유효하지 않은 메뉴입니다.");
                continue;
            }

            System.out.println("첫 번째 숫자 (음수도 가능) >> ");
            int a = sc.nextInt();
            System.out.println("두 번째 숫자 (음수도 가능) >> ");
            int b = sc.nextInt();

            if (c == 'a') result = a + b;

            else if (c == 's') result = a - b;
            else if (c == 'm') result = a * b;
            else result = a / b;

            System.out.println("결과는 " + result + "입니다.");
        } while(true);
        sc.close();
    }
}
```

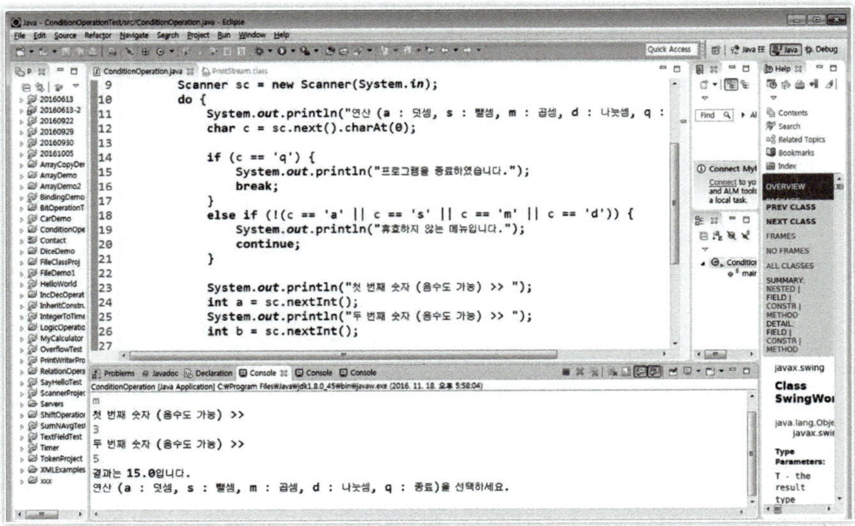

5.6 이중 for문

반복문에서 어려운 부분 중의 하나가 이중 for문이다. 이중 for문은 for문 안에 다시 for문이 있는 형태로 어떻게 작성하느냐에 따라 다양하게 동작한다. 이러한 이유로 처음 이중 for문을 접하면 어렵다고 생각할 수밖에 없다. '*' 모양을 여러 번 출력하는 예를 통하여 이중 for문을 살펴보자. 먼저, 아래와 같은 모양을 이중 for문을 사용하여 출력하도록 하자.

```
**********
**********
**********
**********
**********
```

5행으로 구성되어 있기 때문에 바깥 for문은 5회 반복하도록 작성되어야 하며, 각 행에 대해서는 행 번호에 무관하게 모두 10개의 '*'를 출력해야 하므로 내부 for문은 10회 반복하도록 한다. 이를 코드화하면 다음과 같다.

```
int r, c;

for(r=0; r < 5; r++) {
```

```
    for(c=0; c < 10; c++) {
        System.out.print("*");
    }
    System.out.println("");
}
```

위의 경우는 바깥 for문과 내부 for문이 독립적인 경우, 즉 바깥 for문의 반복 변수가 내부 for문의 초기 식 또는 반복 조건에 사용되지 않는 경우이다. 하지만 아래와 같이 출력해야 할 경우는 내부 for문이 바깥 for문에 종속적일 수밖에 없다. 즉, 내부 for문의 반복 횟수가 바깥 for문의 반복 변수의 값에 따라 달라질 수밖에 없다는 의미이다.

```
*
**
***
****
*****
```

이러한 경우는 내부 for문의 초기화 부분이나 반복 조건 부분에 바깥 for문의 반복 변수의 값이 사용되어야 한다. 위의 모양을 출력하는 코드는 아래와 같다.

```
int r, c;

for(r=0; r < 5; r++) {
    for(c=0; c < (r+1) ; c++) {
        System.out.print("*");
    }
    System.out.println("");
}
```

앞서 설명한 예는 반복 내용에 바깥 for문의 반복 변수나 내부 for문의 반복 변수를 사용하지 않는 예들이다. 그러나 많은 경우, 바깥 for문의 반복 변수나 내부 for문의 반복 변수를 사용하여 반복 작업을 하게 된다. 구구단을 출력하는 프로그램이 그러한 예 중의 하나이다. 2단에서 9단까지 출력해야 하므로 바깥 for문의 반복 변수는 2~9까지 변하도록 해야 하고, 내부 for문은 바깥 for문의 반복 변수의 값에 무관하게 1에서 9까지 변하도록 해야 한다. 그리고 반복 내용에 바깥 for문의 반복 변수와 내부 for문의 반복 변수를 사용하여 출력하면 된다.

```
int dan, index;

for (dan = 2; dan <= 9; dan++) {
   System.out.println(dan + "단");
   for (index=1; index <= 9; index++) {
         System.out.println(dan + " * " + index + " = " + dan*index);
   }
   System.out.println("");
}
```

실습 5.13 구구단 전체 출력하기

단을 입력받아 그 단을 출력하는 프로그램은 실습 5.7에서 작성해보았다. 이번에는 이를 수정하여 2~9단까지 출력하는 프로그램을 작성해보자. 기존의 코드에서 단을 입력받는 부분을 제거하고, 대신에 for문을 아래와 같이 바깥쪽에 덧씌우는 형태로 작성하면 된다.

```
public class MultiplicationTable {
        public static void main(String[] args) {
                // TODO Auto-generated method stub

                int dan, index;

                for (dan = 2; dan <= 9; dan++) {
                   System.out.println(dan + "단");
                   for (index=1; index <= 9; index++) {
                       System.out.println(dan + " * " + index + " = " +
                       dan*index);
                   }
                   System.out.println("");
                }
        }
}
```

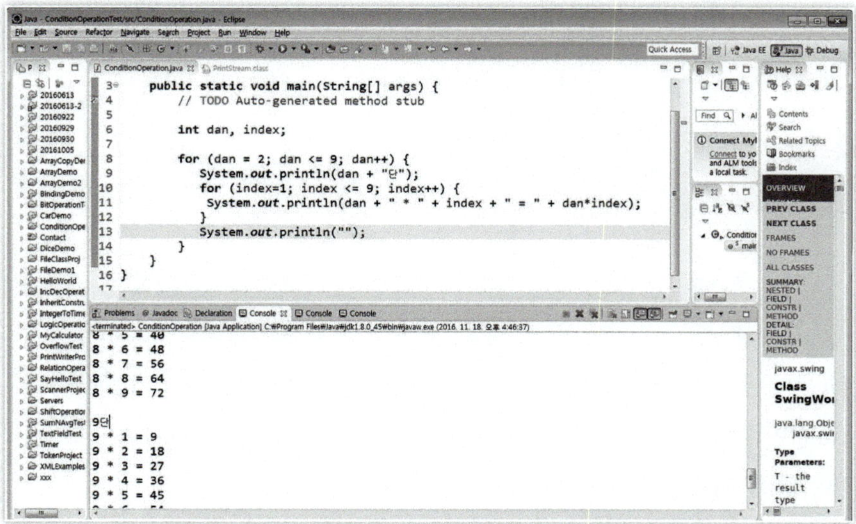

실습 5.14 n보다 작은 소수 찾기

실습 5.11에서 숫자 하나를 입력받아 그 숫자가 소수인지 판별하는 프로그램을 작성해보았다. 이번에는 이를 확장하여 입력받은 수보다 작은 소수 모두를 출력하는 프로그램을 작성해보자.

```
import java.util.Scanner;

public class ConditionOperation {
        public static void main(String[] args) {
                // TODO Auto-generated method stub

                System.out.println("n의 값을 입력하시오. ");
                Scanner sc = new Scanner(System.in);
                int n = sc.nextInt();

                String result = "";
                int i, p;
                for (p=2; p < n; p++) {
                   for(i=2; i < p; i++) {
                         if((p % i) == 0) break;
```

```
            }
            if (i == p) result = result + " " + p;
        }
        System.out.println(n + " 보다 작은 소수 : " + result);
        sc.close();
    }
}
```

위 코드는 바깥쪽 for문에서 변수 p의 값을 2부터 n−1까지 반복하며 그 수가 소수인지 검사하고 소수이면 result 변수에 추가한다. 1은 소수에 포함되지 않으므로 제외한다. 그리고 내부 for문에서 바깥쪽 반복 변수의 값, 즉 p가 소수인지 검사하고 있다.

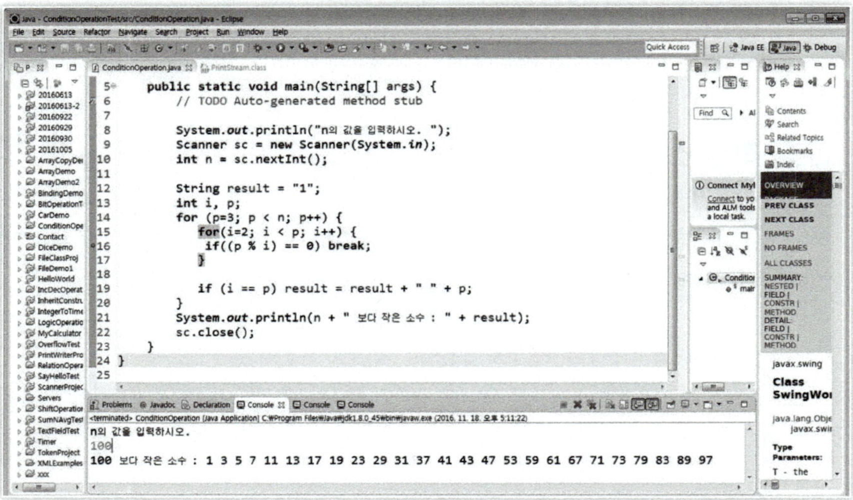

5.7 foreach문

자바에서는 기존 C++에서 사용하는 반복문 외에 foreach문을 제공한다. 배열이나 컬렉션에 있는 모든 요소에 대해 반복하는 문장으로 형식은 아래 예제에서 보는 것과 같다. 인덱스를 사용하여 직접 접근하지 않고, 배열 요소의 개수에 딱 맞게 루프를 돌리는 작업을 하는 것이다. 그래서 배열 요소의 개수를 몰라도 간단히 for 루프를 돌릴 수 있다.

```
int [] array = {88, 67, 56, 77, 99, 90, 44};
int total =0;

for (int number : array) total += number;
System.out.println(total);
```

아래의 예는 위의 foreach문에 해당하는 코드를 기존의 for문으로 표현한 것이다. 두 개의 차이점을 유심히 비교해보자.

```
int [] array = {88, 67, 56, 77, 99, 90, 44};
int total =0;

for ( int counter = 0; counter < array.length; counter++ ) total +=
array[ counter ];
System.out.println(total);
```

실습 5.15 학생 성적 처리하기

배열에 학생들의 성적이 저장되어 있다는 가정하에 성적 처리 프로그램을 작성해보자. 즉, 평균과 최고 성적과 최저 성적을 찾는 프로그램을 작성하는 것이다. 먼저, 앞 실습 예제를 참고하여 프로젝트명 ForEachTest, 클래스명 ForEach로 프로젝트와 클래스를 생성한다. 그런 다음 아래와 같이 main 메서드를 작성한다.

```
public class ForEach {
        public static void main(String[] args) {
                // TODO Auto-generated method stub

                int[] array = {88, 67, 56, 77, 99, 90, 44};
                double avg;
                int max=0, min=100, sum=0;
                for (int number : array) {
                    sum += number;
                    if(number > max) max = number;
```

```java
                if(number < min) min = number;
            }
            avg = ((double)sum)/array.length;
            System.out.println("평균 : " + avg);
            System.out.println("최고 : " + max);
            System.out.println("최저 : " + min);
    }
}
```

최댓값을 저장할 max 변수는 가능한 값 중 가장 작은 값으로, 최솟값을 저장할 변수 min에는 가능한 값 중 가장 큰 값으로 초기화하였다. 아직 배열에 대해 학습하지 않았지만 그냥 따라 해보자. 배열에 대한 내용은 별도로 자세히 다룰 예정이다.

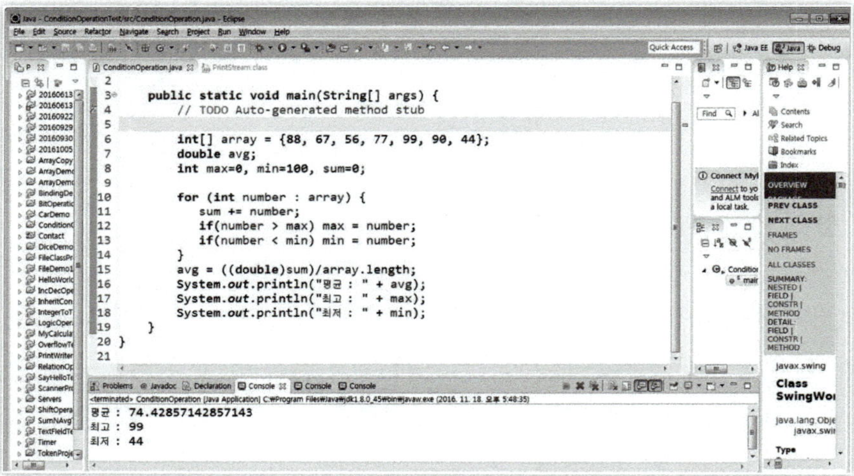

06 배열

같은 이름으로 여러 저장 공간을 확보할 수 있는 방법이 배열이다. 배열을 사용하면 같은 유형의 자료 공간을 원하는 개수만큼 확보할 수 있으며, 각각의 자료 공간을 같은 이름으로 첨자만 달리하여 접근할 수 있다. 이러한 특징 때문에 여러 자료들을 반복 처리할 때 아주 유용하게 사용할 수 있다.

6.1 배열이란 ?

복잡한 응용프로그램을 작성하다 보면 많은 값을 한꺼번에 저장할 수 있는 방법이 필요하다. 이런 목적으로 만들어진 것이 배열이다. 배열을 사용하기 전에는 비슷한 유형의 데이터를 개별 변수에 저장할 수밖에 없었다. 예를 들어, 학생 10명의 영어 성적을 저장할 때 각 학생마다 하나의 변수를 할당하여 사용할 수밖에 없다. 10명인 경우라면 불편하기는 해도 이러한 접근 방법으로 처리가 가능하다, 그렇지만, 인원이 늘어 1,000명의 영어 성적을 저장한다고 하면 이러한 접근 방법은 전혀 실용적이지 못하다. 이러한 경우에 유용하게 사용할 수 있는 게 배열이다.

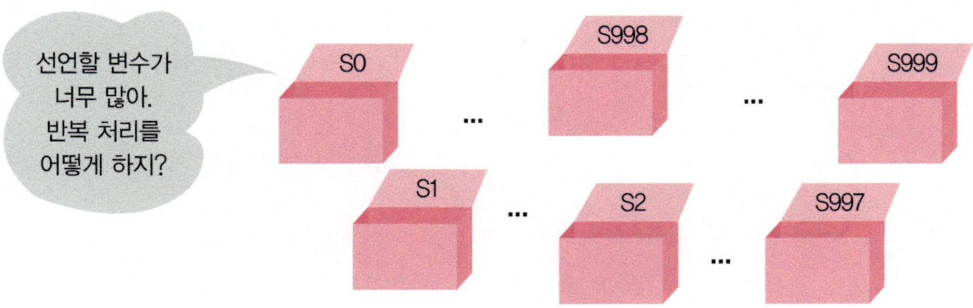

배열은 같은 타입의 데이터가 연속적으로 여러 개 저장되어 있는 데이터 저장 장소이다. 배열 안의 각각의 데이터들, 즉 원소들은 배열 이름에 첨자(인덱스라고도 함)를 붙여 접근한다. 이러한 특성 때문에 여러 개의 데이터를 동일한 이름으로 첨자만 달리하여 사용할 수 있으므로 대량의 데이터를 반복 처리하는 데 유용하다. 단, 첨자는 1부터 시작하는 것이 아니라 0부터 시작한다는 것을 주의하라. 1,000개의 원소를 갖는 배열인 경우 첨자는 0에서부터 999까지이다. 배열을 처음 배울 때 1에서 1000까지로 착각하여 사용하는 경우가 있는데 항상 유의하라.

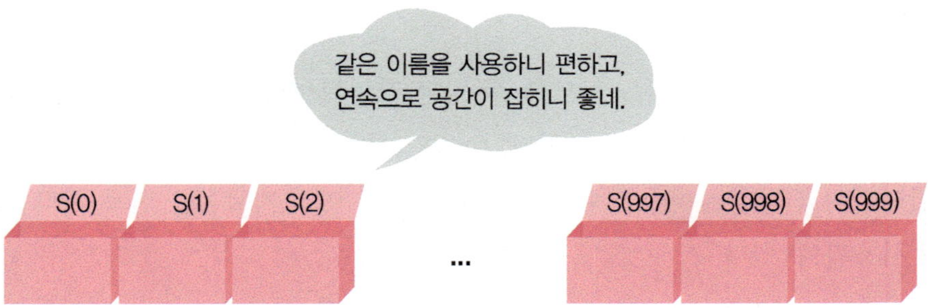

6.2 배열 선언 및 생성

자바에서는 배열도 일종의 객체이다. 따라서 배열을 사용하기 위해서는 먼저 배열 객체의 레퍼런스를 저장할 수 있는 변수를 선언해야 한다. 그런 다음 실제 배열 객체를 생성하여 이를 배열 변수에 저장해야 한다. 배열 변수를 선언할 때는 아래의 예제에서 보는 바와 같이 "타입 [] 배열명" 형태로 선언한다. 참고로, 배열 변수 선언 시 C/C++ 스타일처럼 선언할 수도 있으나 권장하지 않는다. 배열 객체 생성은 아래 예제의 두 번째 코드처럼 "new 타입[크기]" 형태로 선언한다.

```
double [] array; // double array[];도 가능하나 권장하지 않음
array = new double[3];
```

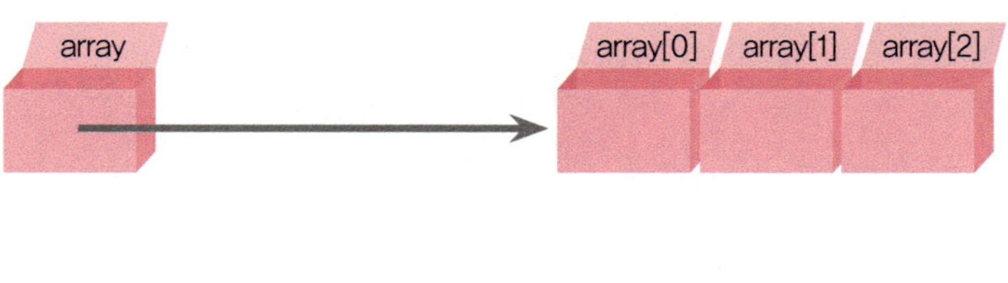

위 코드들이 실행되면 double형 데이터 세 개를 저장할 수 있는 배열 객체가 생성되고 그 레퍼런스가 array라는 변수에 저장된다. 이후에는 이 변수에 첨자를 붙여 각 원소들을 접근하면 된다. 만약, 각 원소의 값을 1.0, 2.0, 3.0으로 초기화한다면 아래와 같이 표현해야 한다.

```
array[0] = 1.0;
array[1] = 2.0;
array[2] = 3.0;
```

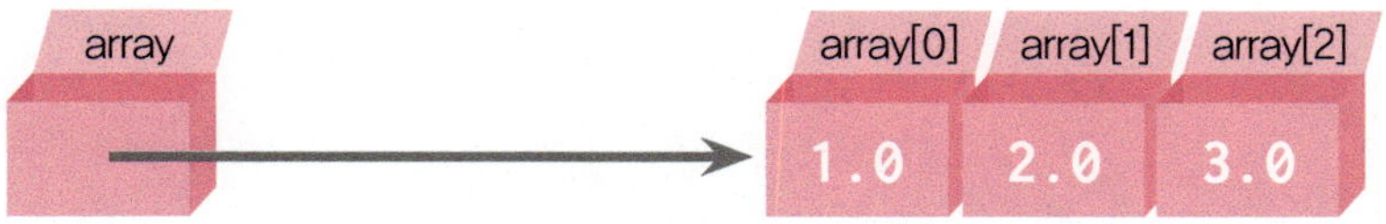

위처럼 배열을 생성한 후에 배열 원소를 초기화해도 되지만 배열 선언과 함께 배열 객체도 생성하고 그 값을 상수 값으로 초기화할 수도 있다. 이러한 경우는 아래의 예처럼 기술하면 된다. 배열의 크기는 초기화 값의 개수로 자동으로 정해지므로 배열의 크기를 명시적으로 기술해 줄 필요가 없다. 만일 배열의 크기를 명시적으로 기술할 경우 컴파일 오류가 발생한다.

```
double [] array = new double[] {1.0, 2.0, 3.0} ;
```

위의 코드는 아래와 같이 축약된 형태로 표현 가능하다.

```
double [] array = {1.0, 2.0, 3.0} ;
```

기본 자료형 배열인 경우 위에 설명한 것처럼 하면 되지만, 레퍼런스형인 경우는 추가로 해야 할 작업이 있다. 레퍼런스형에 대해서는 배열 변수를 선언하고 배열 객체를 선언한다고 끝난 것이 아니다. 배열 객체가 생성되면 객체의 레퍼런스를 저장할 공간만 확보된 것이고 실제 객체들은 생성되지 않았다. 따라서 예제에서 보는 바와 같이 배열 객체를 생성한 후, 배열에 저장할 객체들을 생성해주어야 한다는 점을 명심하라.

```
ExampleClass [] array = new ExampleClass[3];
for(int i=0; i < 3; i++) {
       array[i] = new ExampleClass(i);
}
```

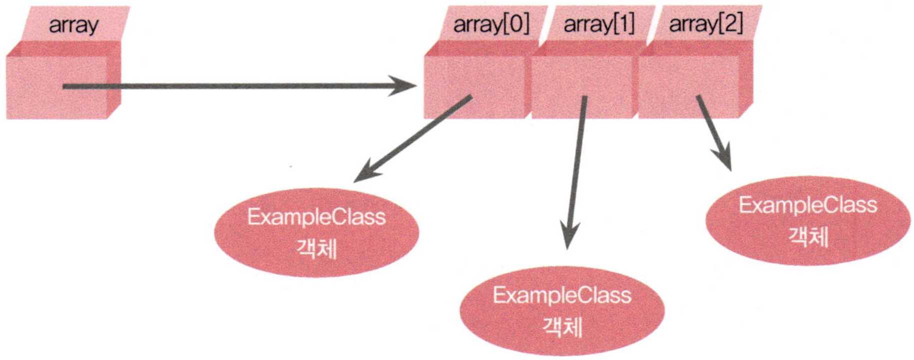

KEY POINT

C++에서는 아래와 같이 배열만 선언해주면 된다. 즉 별도로 배열 객체를 생성할 필요도 없고 배열 원소 객체도 생성할 필요가 없다.

```
ExampleClass array[3];
```

6.3 배열 사용

배열은 여러 응용프로그램 작성 시 많이 활용되기 때문에 전형적인 사용 예를 익혀두면 많은 도움이 된다. 첫 번째 전형적인 예가 각 원소들의 값을 출력하는 형태로 그 코드는 아래와 같다.

```
int array = {1, 2, 3, 4, 5};

for(int i=0; i < array.length; i++) {
       System.out.println(array[i] + " ");
}
```

두 번째 전형적인 예가 원소의 합과 평균을 구하는 것으로 그 코드는 아래와 같다.

```
int array = {1, 2, 3, 4, 5};

int sum = 0;
for(int i=0; i < array.length; i++) {
       sum += array[i];
}
System.out.println("합 : " + sum);
double avg = (double)sum/array.length;
System.out.println("평균 : " + avg);
```

세 번째 전형적인 예가 최댓값 또는 최솟값과 그 위치를 구하는 것으로 그 코드는 아래와 같다.

```
int array = {1, 2, 3, 4, 5};

// 최댓값 구하기
int max = array[0], maxPos = 0;
for(int i=0; i < array.length; i++) {
         if (array[i] > max) {
                   max = array[i];
                   maxPos = i;
         }
}
System.out.println("최대 : " + max + ", 최대 위치 : " + maxPos);

// 최솟값 구하기
int min = array[0], minPos = 0;
for(int i=0; i < array.length; i++) {
         if (array[i] < min) {
                   min= array[i];
                   minPos = i;
         }
}
System.out.println("최소 : " + min + ", 최소 위치 : " + minPos);
```

실습 6.1 학생 성적 데이터 처리하기

성적을 여러 개 입력받아 평균, 최댓값, 최솟값을 구하는 프로그램을 작성해 보자. 단, 0과 100 사이 이외의 수를 입력하면 반복을 종료한다고 하자. 반복문 부분에서 비슷한 예제를 살펴보았는데, 그 예를 배열로 재구현하는 것으로 보면 된다. 앞 실습 예제를 참고해서 프로젝트명 ScoreProcessingTest, 클래스명 ScoreProcessing으로 프로젝트와 클래스를 생성한다. 그런 다음 아래와 같이 main 메서드를 작성한다.

```
import java.util.Scanner;

public class ConditionOperation {

	public static void main(String[] args) {
		// TODO Auto-generated method stub

		int val, cnt = 0, sum = 0;
		int [] array = new int[100];

		Scanner sc = new Scanner(System.in);

		System.out.println("0과 100 사이의 값을 입력(그 외의 값을 입력하면 
		종료) : ");
		val = sc.nextInt();
		while (val >= 0 && val <= 100) {
			array[cnt] = val;
			cnt = cnt + 1; // 입력 정수의 개수 세기
			System.out.println("0과 100 사이의 값을 입력(그 외의 값을 
			입력하면 종료) : ");
			val = sc.nextInt();
		}

		int min = array[0];
		int max = array[0];
		for(int i=1; i < cnt; i++) {
			sum = sum + array[i]; // 합 구하기
			if (array[i] > max) max = array[i]; // 최댓값 구하기
			if (array[i] < min) min = array[i]; // 최솟값 구하기
```

```
            }
            if (cnt != 0) System.out.println("평균 : " + (double) sum /
            cnt);
            System.out.println("최댓값 : " + max);
            System.out.println("최솟값 : " + min);
            sc.close();
      }
}
```

입력될 개수를 알 수 없으므로 배열의 크기는 가능한 최대 크기(여기서는 100)로 설정하였다. 그리고 값을 읽어 들여 배열에 저장하는 것은 while문을 사용하여 처리하였으며, 저장된 후에는 배열의 실제 크기를 알 수 있으므로 for문을 사용하여 작업하였다. 최댓값과 최솟값을 저장할 변수 max와 min에는 배열의 첫 번째 원소로 지정하였으며, 대신에 for문의 반복 변수는 0이 아니라 1에서 시작하도록 하였다.

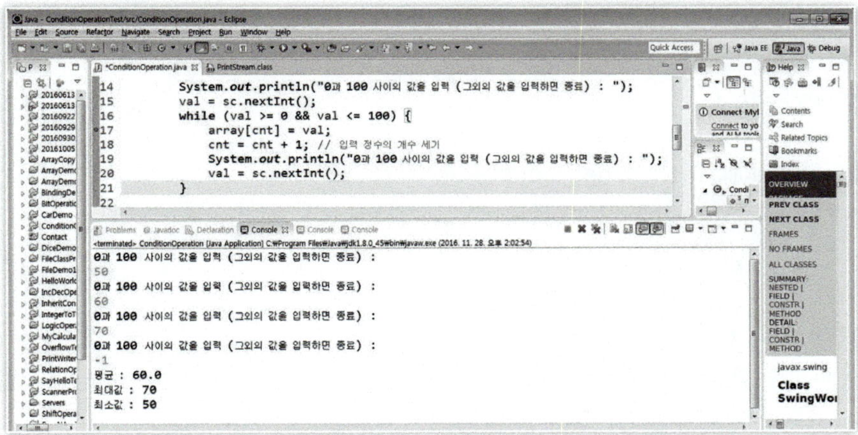

6.4 배열 정렬

배열 원소의 값을 오름차순이나 내림차순으로 정렬하는 기능도 여러 응용프로그램에서 사용되는데, 다양한 정렬 방법이 존재하고 그에 따라 코드가 완전히 달라지기 때문에, 그 방법을 먼저 배운 후에 이를 자바로 코딩해 보자. 여기서는 배열 원소들의 정렬 기능을 제공하는 java.util.Arrays 클래스의 정적 메서드인 sort를 사용하여 정렬하는 방법을 소개한다.

참고로 앞에서 설명한 배열 객체가 이 클래스로부터 생성되는 것이 아님을 주의하기 바란다. 배열 객체도 객체이기는 하나 이 객체에 대한 별도의 클래스는 정의되어 있지 않다. 특수한 형태의 객체로 자바 기본 언어의 일부분으로 구현되어 있다. 배열 객체의 모든 메서드는 Object 클래스로부터 상속받은 것이다. 단, clone 메서드는 배열에 맞게 재정의되어 있다. 또한 배열 객체는 자신의 필드로 크기를 알려주는 length 필드를 갖는다.

Arrays 클래스의 sort 메서드는 정적 메서드로 선언되어 있으며, 다양한 타입의 배열에 대해서 중복 정의되어 있어 원하는 객체 배열을 인수로 하여 아래와 같이 호출해주면 된다. 이 메서드는 배열 원소들을 오름차순으로 정렬해 준다.

```
Arrays.sort(배열)
```

아래의 코드는 정수 배열을 오름차순으로 정렬한 후 이를 출력하는 예이다.

```
import java.util.Arrays;

public class ArrayTest {

   public static void main(String[] args) {
       int[] array = {1, 5, 3, 2, 4};

       // 정렬 전 원소 출력
       for (int e : array) {
          System.out.println(e + "");
       }

       // 배열 정렬
       Arrays.sort(array);

       // 정렬 후 원소 출력
       for (int e : array) {
          System.out.println(e + "");
       }
   }
}
```

그러면 내림차순으로 정렬하려면 어떻게 해야 하는가? 기본형 배열에 대해서는 내림차순으로 정렬해주는 메서드가 별도로 없고, 오름차순으로 정렬한 후에 아래와 같이 역순으로 재정렬하는 방법을 쓰면 된다.

```
int [] a = new int[]{4, 2, 3, 1, 5};

Arrays.sort(a);
for(int i=0;i<a.length/2;i++) {
        int temp = a[i];
        a[i] = a[a.length-(i+1)];
        a[a.length-(i+1)] = temp;
}
```

레퍼런스형 배열, 즉 객체 배열인 경우는 Arrays 클래스의 sort 메서드를 사용하여 내림차순으로 정렬할 수 있다. sort 메서드 중 추가로 Comparator 객체를 인수로 받는 메서드를 사용하면 된다. 아래의 예제는 문자열 배열을 내림차순으로 정렬하는 예이다.

```
String[] b = {"aa", "ff", "dd", "bb"};
Arrays.sort(b, Collections.reverseOrder());
```

실습 6.2 학생 성적 정렬

실습 6.1의 성적 처리 예를 수정하여 성적순으로 정렬한 후 그 결과를 출력하는 프로그램을 작성해 보자. 프로젝트명과 클래스명은 앞 예와 동일하게 작성한다. 그런 다음 아래와 같이 main 메서드를 작성한다.

```
import java.util.Arrays;
import java.util.Scanner;

public class ScoreProcessing {

        public static void main(String[] args) {
                // TODO Auto-generated method stub
```

```
        int val, cnt = 0, sum = 0;
        int [] array = new int[100];

        Scanner sc = new Scanner(System.in);

        System.out.println("0과 100 사이의 값을 입력(그 외의 값을 입력하면
        종료) : ");
        val = sc.nextInt();
        while (val >= 0 && val <= 100) {
                array[cnt] = val;
                cnt = cnt + 1; // 입력 정수의 개수 세기
                System.out.println("0과 100 사이의 값을 입력(그 외의 값을
                입력하면 종료) : ");
                val = sc.nextInt();
        }

        System.out.print("정렬 전 성적 : ");
        for(int i=0; i < cnt; i++) System.out.print(array[i] + " ");
        System.out.println();

        Arrays.sort(array);

        System.out.print("정렬 후 성적 : ");
        for(int i=0; i < cnt; i++) System.out.print(array[i] + " ");
        System.out.println();

        sc.close();
    }
}
```

실행 결과를 보면 모두 0으로 출력되어 정렬되지 않은 것처럼 보인다. 하지만 이는 배열 일부분에만 값이 들어가 있고 나머지는 0으로 초기화되어 있기 때문이다. 그래서 정렬하면 0인 값이 먼저 나와 화면처럼 보이게 되는 것이다. 이러한 현상을 막으려면 아래와 같은 sort 메서드를 사용하여 정렬 시 유효한 데이터의 범위를 지정해주어야 한다.

```
sort(int[] a, int fromIndex, int toIndex)
```

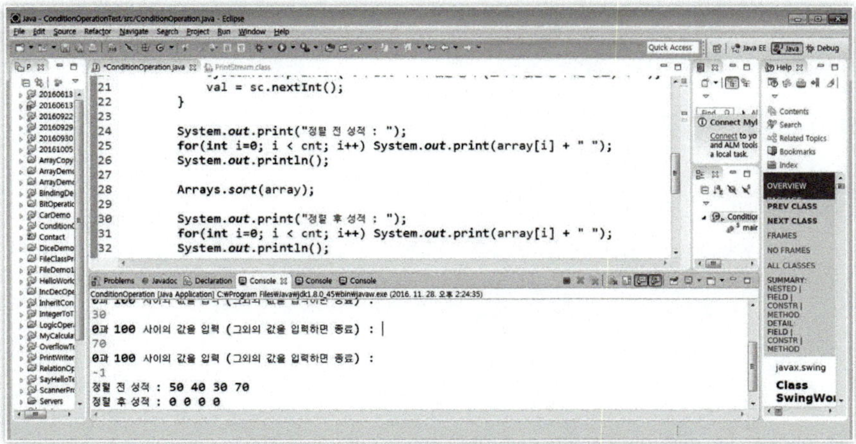

위 코드에서 sort 메서드를 아래와 같이 수정해 실행하면 원하는 결과를 얻을 수 있다.

```
Arrays.sort(array, 0, cnt);
```

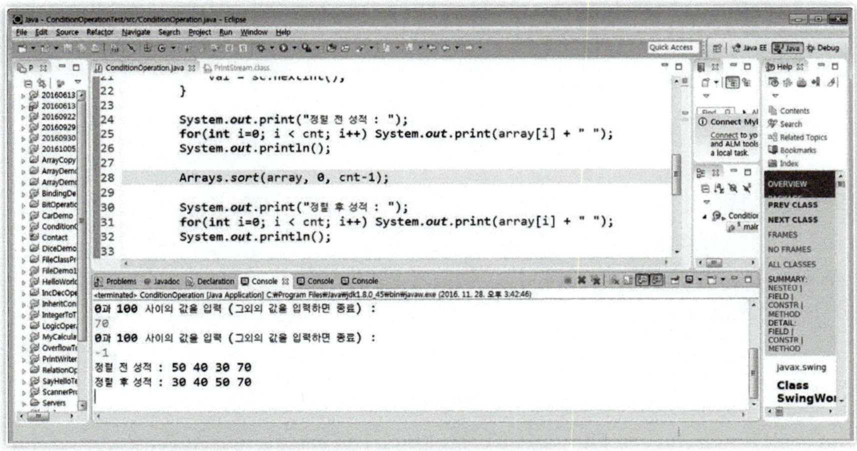

실습 6.3 학생 이름 정렬

학생 5명의 이름을 입력받아 이름 배열에 저장한 후 오름차순으로 정렬하는 프로그램을 작성해보자. 앞 예에서는 Arrays 클래스에서 제공하는 sort 메서드를 사용하여 구현하였지만 여기서는 sort 기능을 직접 구현해보자. 프로젝트명 StringSortTest, 클래스명 StringSort로 프로젝트와 클래스를 작성한다. 그런 다음 아래와 같이 main 메서드를 작성한다.

```
import java.util.Scanner;

public class StringSort {

	public static void main(String[] args) {
		// TODO Auto-generated method stub

				final int CNT = 5;
		String [] array = new String[5];

		Scanner sc = new Scanner(System.in);

		for(int i=0; i < CNT; i++) {
			System.out.print("이름?");
			array[i] = sc.next();
		}

		System.out.print("정렬 전 이름 : ");
		for(int i=0; i < CNT; i++) System.out.print(array[i] + " ");
		System.out.println();

		// 선택 정렬
		String temp;
		int leastIndex;
		for(int i=0; i < CNT-1; i++) {
			leastIndex = i;

			for(int j=i+1; j < CNT; j++) {
				if (array[j].compareTo(array[leastIndex]) <
				0) leastIndex = j;
			}
			temp = array[i];
			array[i] = array[leastIndex];
			array[leastIndex] = temp;
		}

		System.out.print("정렬 후 이름 : ");
		for(int i=0; i < CNT; i++) System.out.print(array[i] + " ");
```

```
            System.out.println();

            sc.close();
        }
}
```

여러 정렬 방법이 있지만 위 코드에서는 선택 정렬을 이용하여 문자열 배열의 내용을 정렬하였다. 이 방법에서 두 문자열의 크기를 비교해야 하는데, 이를 String 클래스의 compareTo 메서드를 사용하여 구현하였다. str1.compareTo(str2) 메서드는 str1이 str2와 동일하면 0을, 작으면 음수의 값을, 크면 양수의 값을 반환한다. 자세한 내용은 7장을 참고하기 바란다. 위의 코드를 실행한 후 이름을 입력하여 보기 바란다. 그러면 아래와 같은 결과를 얻을 수 있다. 단, 이름에 공백이 없도록 입력해야 한다. Scanner 클래스의 next 메서드는 공백 이전까지를 문자열로 읽어 들이기 때문이다.

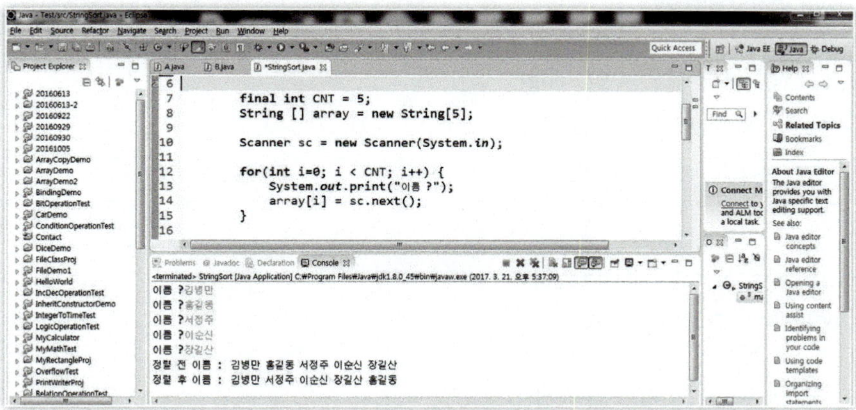

6.5 배열 탐색

배열에서 원하는 값을 찾는 기능도 많이 사용되는데, 이 기능 역시 java.util.Arrays 클래스의 정적 메서드인 binarySearch가 제공하고 있다. 이 메서드도 다양한 배열 객체에 대해 동작하도록 중복 정의되어 있으며, 원하는 값('키'라고 함)이 존재할 경우는 그 위치의 첨자의 값을 반환하고 그렇지 않을 경우는 음수의 값을 반환한다. 사용법은 다음과 같다. 단, 이 메서드를 사용하기 전에 반드시 배열을 정렬해야 한다. 그렇기 때문에 한 번 검색하고 말 것이라면 굳이 이 메서드를 사용할 필요가 없다. 한 번 검색하고 말 경우는 반복문을 사용하여 각 원소가 원하는 값인지 검사하는 단순한 방법을 사용하면 된다.

```
int idx = Arrays.binarySearch(배열, 키);
```

키가 배열에 존재하지 않을 경우, 넘어오는 값은 음수 값이라고 하였는데, 실제는 그 키의 삽입 위치 값에 1을 더한 값의 음수를 취한 값이다. 예를 들어, 아래와 같은 배열이 있을 경우, 키를 0으로 해서 검색하면, 0이 배열에 존재하지 않고 만약 삽입된다면 정렬이 유지되어야 하므로 0번 첨자 위치에 삽입되어야 하기 때문에 1을 더한 값에 음수를 취한 값, 즉 −1이 반환된다. 하지만 키를 6으로 해서 검사할 경우는 5번 첨자 위치에 삽입되어야 하므로 −6이 반환된다. 아래의 코드를 실행하여 확인해보자.

```
import java.util.Arrays;
public class BinarySearchTest {

	public static void main(String[] args) {
		int [] a = new int[]{3, 2, 1, 4, 5};

		Arrays.sort(a);

		int i = Arrays.binarySearch(a, 3);
		System.out.println(i);

		i = Arrays.binarySearch(a, 0);
		System.out.println(i);

		i = Arrays.binarySearch(a, 6);
		System.out.println(i);
	}
}
```

실습 6.4 학생 성적 정렬 및 검색하기

앞의 성적 처리 예를 수정하여 성적순으로 정렬한 후, 그 결과를 출력하고 원하는 성적이 몇 번째에 저장되어 있는지 알려주는 프로그램을 작성해보자. 프로젝트명과 클래스명은 앞 예와 동일하게 작성한다. 그런 다음 아래와 같이 main 메서드를 작성한다.

```
import java.util.Arrays;
import java.util.Scanner;

public class ConditionOperation {

        public static void main(String[] args) {
                // TODO Auto-generated method stub

                int val, cnt = 0, sum = 0;
                int [] array = new int[100];

                Scanner sc = new Scanner(System.in);

                System.out.println("0과 100 사이의 값을 입력(그 외의 값을 입력하면
                종료) : ");
                val = sc.nextInt();
                while (val >= 0 && val <= 100) {
                        array[cnt] = val;
                        cnt = cnt + 1; // 입력 정수의 개수 세기
                        System.out.println("0과 100 사이의 값을 입력(그 외의 값을
                        입력하면 종료) : ");
                        val = sc.nextInt();
                }

                Arrays.sort(array, 0, cnt);

                System.out.print("정렬 후 성적 : ");
                for(int i=0; i < cnt; i++) System.out.print(array[i] + " ");
                System.out.println();

                System.out.print("찾고자 하는 성적을 입력하세요. : ");
```

```
            val = sc.nextInt();

            int i = Arrays.binarySearch(array, 0, cnt, val);
            if ( i < 0) {
                System.out.println("원하는 성적이 배열에 존재하지 
                않습니다.");
            }
            else {
                System.out.println("원하는 성적은 배열의 " + (i+1) + 
                " 번째에 존재합니다.");
            }
            sc.close();
        }
    }
```

정렬 때와 마찬가지로, 배열 전체를 대상으로 탐색하면, 정렬되어 있지 않아 이진 탐색이 제대로 동작하지 않는다. 따라서 binarySearch 메서드를 호출할 때에도 위의 코드처럼 시작 인덱스와 끝 인덱스를 지정하여 탐색해야 한다.

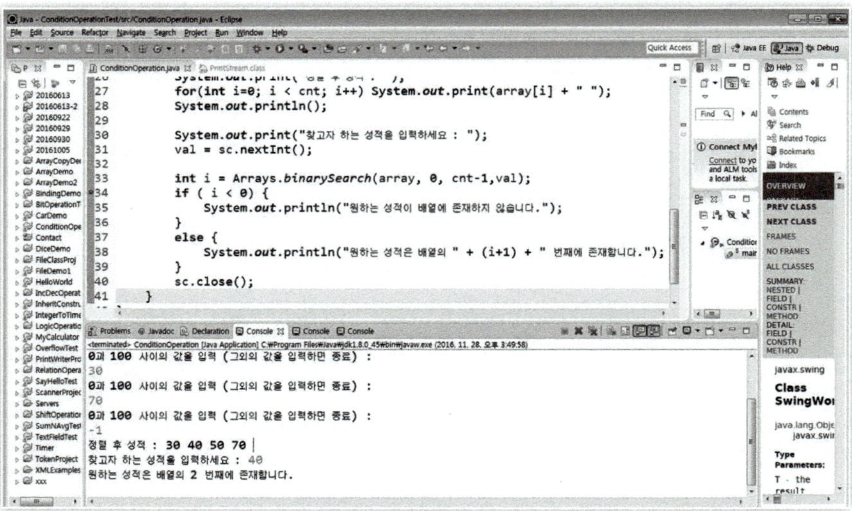

6.6 배열 인수

종종 배열을 메서드의 인수로 전달해야 하는데, 배열도 객체이기 때문에 객체의 값이 아닌 참조, 즉 레퍼런스가 전달된다. 메서드에 배열을 인수로 전달할 때는 예제에서처럼 배열명만 인수로 전달해 주고, 메서드 선언부에서는 배열의 레퍼런스가 넘어온다는 의미로 예제처럼 선언한다.

```
// 배열 선언
double[] hourlyTemperatures = new double[ 24 ];

// 메서드 호출
ModifyArray( hourlyTemperatures );

// 메서드 선언
void ModifyArray( double[] b ) { ... }
```

아래의 예제는 명령 행 인수를 콘솔에 출력하는 예이다. 메인 메서드 형식을 보면 String 타입의 배열을 인수로 받고 있다. 그리고 foreach문을 이용하여 이 배열의 원소 각각을 얻어서 출력하고 있다. 이 예제를 실행하려면 명령 행 인수를 지정해주어야 하는데 명령 행 인수는 이클립스의 Run Configuration 메뉴를 이용한다.

```
class CommandLineTest{
        public static void main(String[ ] args) {
                for (String arg : args)
                {
                        System.out.println(arg);
                }
        }
}
```

먼저 Run 메뉴를 선택한 후, Run Configuration 메뉴를 선택한다. 그런 다음 Arguments 탭을 누른 후 "Program arguments" 부분에 원하는 명령 행 인수들을 입력한 후 실행하면 된다.

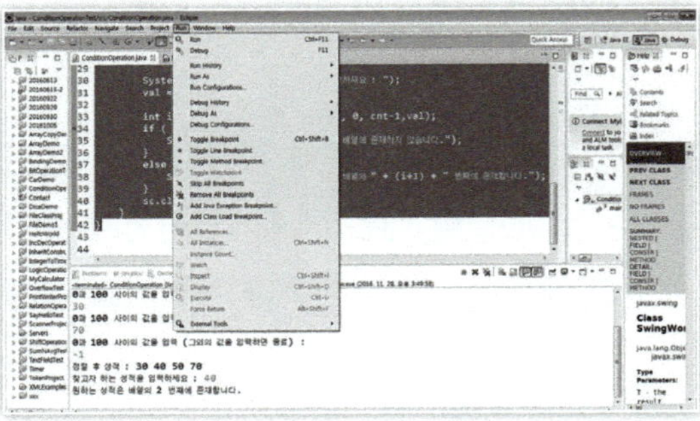 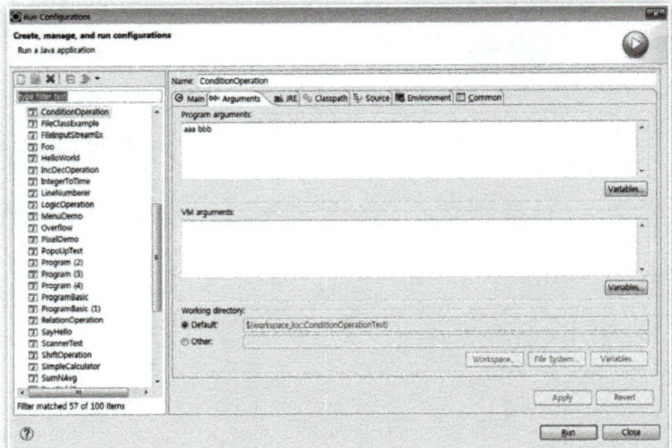

이번 예는 사용자 정의 메서드에서 배열을 인수로 받아들이는 예이다. 메인 메서드에서 정수형 배열을 선언하고 이를 인수로 하여 메서드를 호출하고 있다. 메서드에서는 배열을 인수로 받아 각 배열 원소의 값을 2배로 변경하고 있다. 여기서, 주의할 것은 배열은 레퍼런스가 값으로 전달되기 때문에 메서드 안에서 배열 변수를 사용하여 원소를 수정하면 원래 배열, 즉 메인 메서드에 있는 배열의 원소도 바뀐다는 것이다. 그래서 메인 메서드에서 ModifyArray 메서드를 호출한 후 t 배열의 원소들을 출력하면 원래의 2배 값이 출력된다.

```
public static void main(String[ ] args){
        int[] t = new int[] {1, 2, 3};
        ModifyArray( t );
        for(int j=0; j < t.length; j++) System.out.print(t[j] + " ");
        System.out.println();
}

void ModifyArray( int[] b )
{
        for (int j=0; j < b.length; j++) b[j] *= 2;
}
```

참고로, 자바에서는 배열이 아닌 기본 자료형을 call-by-reference 형태로 메서드의 인수로 전달할 방법이 없다. 즉, C++의 포인터나 참조연산자에 대응되는 것이 없다.

```
// 메서드의 매개 변수의 값만 바뀌고 main에 있는 변수의 값은 바뀌지 않음
public static void main(String[] args){
    int x = 10, y = 20;
```

```
    swap(x, y); // 바뀌지 않음
}

void swap(int a, int b) {
    int tmp;
    tmp = a; a = b; b = tmp;
}
```

따라서 예제처럼 기본 자료형의 두 변수의 값을 바꾸고자 할 경우는 swap 메서드를 호출하지 않고 직접 바꾸는 형태로 작성해야 한다.

```
// 메서드를 호출하여 바꾸지 않고 직접 main에서 두 변수의 값을 바꾸도록
public static void main(String[] args){
    int x = 10, y = 20, tmp;
    tmp = x; x = y; y = tmp;
}
```

배열 내의 원소들의 값을 swap하고자 할 경우는 아래와 같은 형태의 swap 메서드를 정의해서 사용한다. 배열은 레퍼런스가 전달되기 때문에 메서드 안에서 배열 원소의 값을 바꾸면 원래 배열에 그대로 반영된다. 아래의 코드를 실행하여 확인해 보자.

```
public static void main(String[] args){
    int[] array = {10, 20};

    print(array);
    swap(array, 0, 1);
    print(array);
}

public static void swap(final int[] arr, final int pos1, final int pos2){
    final int temp = arr[pos1];
    arr[pos1] = arr[pos2];
    arr[pos2] = temp;
}

public void print(int[] array) {
```

```
    for(int I=0; I < array.length; I++) {
        System.out.println(array[I] + " ");
    }
}
```

실습 6.5 배열 데이터 메서드에서 변경하기

크기가 10인 정수형 배열의 초기 값을 랜덤으로 초기화한 후 이의 값을 메서드를 통해 하나씩 증가시키는 프로그램을 작성해보자. 프로젝트명 ArrayArgumentTest, 클래스명 ArrayArgument로 프로젝트와 클래스를 작성한다. 그런 다음 아래와 같이 main 메서드를 작성한다.

```
import java.util.Random;

public class ArrayArgument {

        public static void main(String[] args) {
                // TODO Auto-generated method stub

                int [] array = new int[10];
                Random rnd = new Random();

                for(int i=0; i < 10; i++) array[i] = rnd.nextInt();

                System.out.print("변경 전 : ");
                for(int i=0; i < 10; i++) System.out.print(array[i] + " ");
                System.out.println();

                for(int i=0; i < 10; i++) array[i]++;

                System.out.print("변경 후 : ");
                for(int i=0; i < 10; i++) System.out.print(array[i] + " ");
                System.out.println();
        }
}
```

위 코드는 배열 조작을 별도의 메서드에서 하지 않고 main 메서드에서 작성한 형태이다. 배열을 인수로 사용하는 방법을 익히기 위해 두 개의 메서드, printArray와 increaseArray를 정의하여 재구현해보자. 메서드 정의에 대한 자세한 내용은 클래스 관련 부분에서 설명하기로 하고 여기서는 그냥 따라하자.

```
import java.util.Random;

public class ArrayArgument {

	public static void main(String[] args) {
		// TODO Auto-generated method stub

		int [] array = new int[10];
		Random rnd = new Random();

		for(int i=0; i < 10; i++) array[i] = rnd.nextInt();

		System.out.print("변경 전 : ");
		printArray(array);

		increaseArray(array);

		System.out.print("변경 후 : ");
		printArray(array);
	}

	public static void increaseArray(int[] arr) {
		for(int i=0; i < arr.length; i++) arr[i]++;
	}

	public static void printArray(int[] arr) {
		for(int i=0; i < arr.length; i++) System.out.print(arr[i]
		+ " ");
		System.out.println();
	}
}
```

위 두 코드를 실행해보자. 모두 정상적으로 작동할 것이다. 그런데, 두 번째 프로그램은 배열의 내용을 출력하거나 변경하기 위해 별도의 메서드를 사용하였으며, 이때 배열 내용을 메서드에서 사용할 수 있도록 메서드 호출 시 인수로 넘겨주었다. 그리고 메서드 내에서 그 배열의 내용을 다른 이름으로 받아서 변경하였는데, main에 있는 배열이 변경되었다. 이는 array 변수나 arr 변수가 동일한 배열 객체를 지칭하고 있기 때문이다.

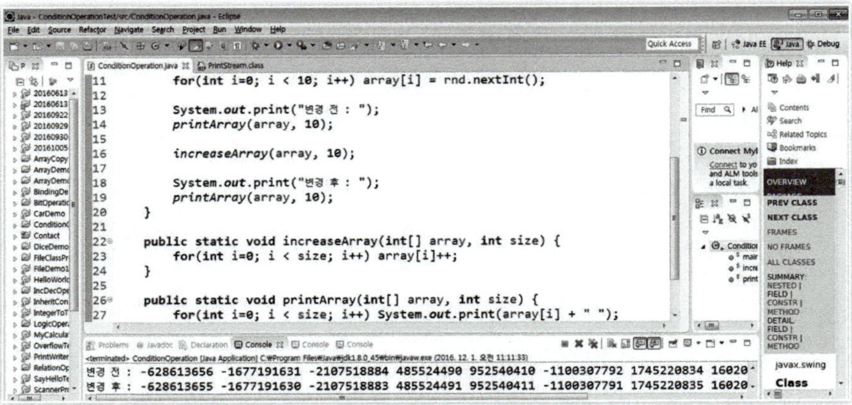

6.7 배열 복사

배열을 복사할 경우를 생각해보자. 만약 아래처럼 코딩했다고 하자. 그러면 그림에서 보는 것처럼 배열 변수에 저장되어 있는 레퍼런스가 복사되어 배열 객체를 공유하는 형태가 된다. 그래서 아래의 코드처럼 두 번째 배열 변수를 사용하여 세 번째 원소의 값을 바꾸면 첫 번째 배열의 세 번째 원소의 값도 바뀌게 되는데, 이 점을 주의하라.

```
public static void main(String[] args)
{
        int[] myArray1 = new int[] {1, 2, 3};
        int[] myArray2 = myArray1;

        myArray2[1] = 0;

        System.out.println(myArray1[1]);
}
```

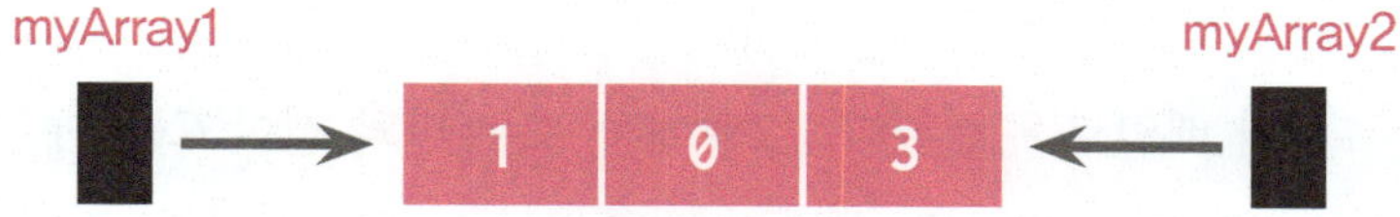

만약 배열 자체를 복사하고 싶으면 배열 객체의 clone 메서드를 사용해야 한다. 이 메서드를 사용하면 배열 객체가 복사되어 복사본 객체의 레퍼런스가 넘어온다. 따라서 아래의 코드처럼 두 번째 배열 변수를 사용하여 세 번째 원소의 값을 바꾸면 복사본 배열 객체에만 변경되고 원 배열은 그대로 있게 된다.

```
public static void main(String[] args)
{
        int[] myArray1 = new int[] {1, 2, 3};
        int[] myArray2 = myArray1.clone();

        myArray2[1] = 0;

        System.out.println(myArray1[1]);
}
```

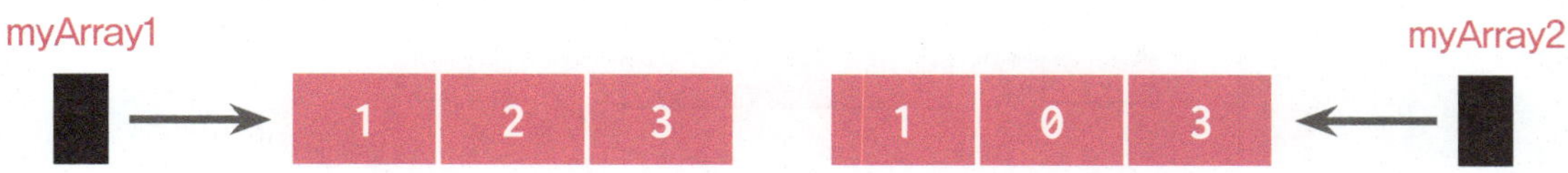

6.8 다차원 배열

다차원 배열은 앞의 일차원 배열을 그대로 확장하면 된다. 차원만 늘리면 되고 사용법은 동일하다고 보면 된다.

```
int [][] myArray2d; // 2차원 배열 변수 선언
myArray2d = new int[][] { {1, 0, 3}, {6, 9, 12} }; // 2차원 배열 객체 생성 및 초기화

int [][][] myArray3d = new int[2][3][2]; // 3차원 배열 변수 선언 및 배열 객체 생성

int x = myArray3d[1][2][0] + myArray2d[0][1]; // 2차원 및 3차원 배열 객체 접근
```

자바에서 다차원 배열은 일차원 배열을 이용하여 구현된다. 즉, 2차원 배열은 1차원 배열들을 원소로 갖는 1차원 배열로 구현된다. 그림에서 보는 바와 같이 C++에서 2차원 배열은 연속적인 공간으로 할당되고 그 시작 주소가 배열 변수에 저장되지만, 자바에서는 행 개수 크기의 1차원 배열이 생성되고 이 배열의 레퍼런스가 배열 변수에 저장된다. 그리고 배열의 원소에는 각 행에 해당하는 1차원 배열의 레퍼런스가 저장된다.

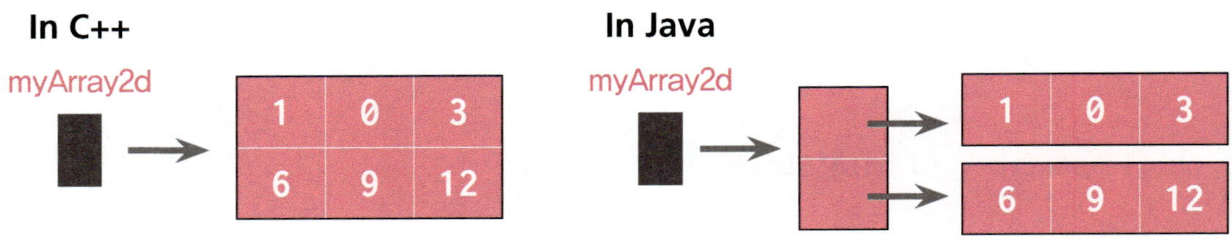

이러한 구조로 되어 있기 때문에 다차원 배열을 clone 메서드를 사용하여 복사하면 얕은 복사가 이루어져 그림에서 보는 바와 같이 원소 배열은 복사되지 않고 공유되는 상황이 발생한다. 원소까지 복사해 주고 싶으면 일일이 원소 배열도 복사해주어야 한다.

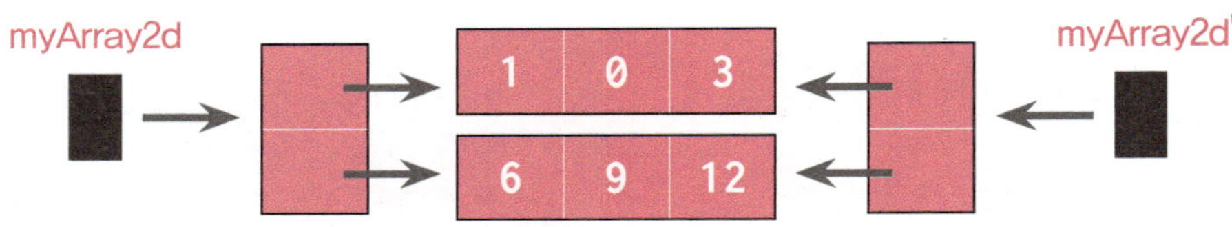

2차원 배열은 1차원 배열을 이용해 구현된다는 특성을 이용하여 각 행의 차원의 다른 배열도 만들 수 있다. 이러한 배열을 **들쭉날쭉**(jagged) **배열**이라고 한다. 예제 코드처럼 이차원 배열 변수를 선언하고 그 초기 값으로 두 개의 일차원 배열 객체를 생성하여 초기화하되, 각 일차원 배열의 크기를 달리한다.

```
int[][] jagged = { new int[] {1, 0, 3}, new int[] {6, 9} };
```

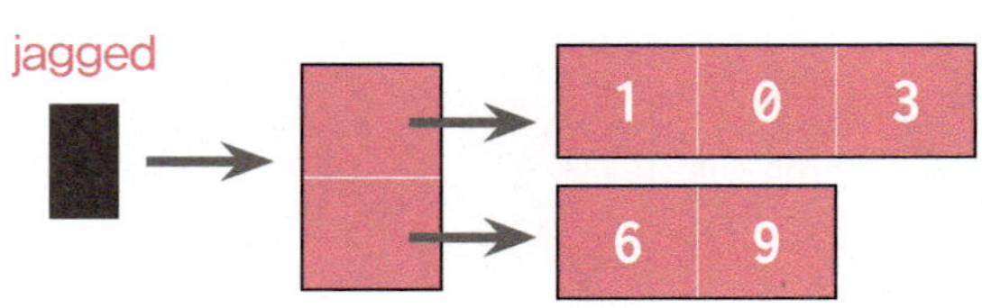

또 다른 방법은 아래의 예제처럼 이차원 배열 변수를 선언하고 먼저 일차원 배열을 값으로 갖는 1차원 배열 객체를 생성하여 배열 변수에 저장한다. 그리고 각 행에 해당하는 배열 객체를 생성하여 앞에서 생성한 배열에 저장한다.

```
Int [][] jagged;
jagged = new int[ 2 ][ ];    // 2개의 행을 생성
jagged[ 0 ] = new int[ ]{1, 0, 3}; // 첫 번째 행 배열 객체 생성
jagged[ 1 ] = new int[ ]{6, 9};    // 두 번째 행 배열 객체 생성
```

아래의 코드는 이차원 배열의 사용법을 보여주는 간단한 예이다. 여기서, for문의 종료 조건을 살펴보자. 첫 번째 for문은 행의 개수만큼 돌기 위해서 배열의 크기보다 작은 동안 반복하도록 해야 하는데, 이를 위해 array.length를 사용하고 있다. 앞에서 얘기한 것처럼 2차원 배열은 1차원 배열을 이용하여 구현되므로 array.length로 행의 개수를 얻을 수 있고, 두 번째 for문의 array[i].length는 i행에 해당하는 1차원 배열 객체의 크기를 나타낸다.

```
public class MultiDimensionTest{
 public static void main(String[] args) {
  int[][] array = {{ 62, 17, 42, 64 },{18, 96, 29, 5}, {6, 3, 6, 5}};

  for (int i = 0; i < array.length; i++) {
    System.out.println();
    for (int j = 0; j < array[i].length; j++) {
      System.out.print(array[i][j] + " ");
    }
  }
  System.out.println();
 }
}
```

실습 6.6 행렬 덧셈

크기가 3×3인 행렬을 더하는 프로그램을 작성해보자. 행렬 값은 0~99 사이의 임의의 값으로 초기화하도록 한다. 프로젝트명 MatrixAddTest, 클래스명 MatrixAdd로 프로젝트와 클래스를 작성한 다음 아래와 같이 main 메서드를 작성한다.

```
import java.util.Random;

public class MatrixAdd {
	public static void main(String[] args) {
		// TODO Auto-generated method stub

		int [][] m1 = new int[3][3], m2 = new int[3][3],
		m3 = new int[3][3];
		Random rnd = new Random();

		// 행렬 초기화
		for (int i = 0; i < m1.length; i++) {
			for (int j = 0; j < m1[i].length; j++) {
				m1[i][j] = rnd.nextInt(100);
				m2[i][j] = rnd.nextInt(100);
			}
		}

		// 행렬 덧셈
		for (int i = 0; i < m3.length; i++) {
			for (int j = 0; j < m3[i].length; j++) {
				m3[i][j] = m1[i][j] + m2[i][j];
			}
		}

		// 행렬 출력
		for (int i = 0; i < m1.length; i++) {
			for (int j = 0; j < m1[i].length; j++) {
				System.out.print(m1[i][j] + " ");
			}
			System.out.println();
		}
		System.out.println();
		for (int i = 0; i < m2.length; i++) {
			for (int j = 0; j < m2[i].length; j++) {
				System.out.print(m2[i][j] + " ");
			}
			System.out.println();
```

```
            }
            System.out.println("================");
            for (int i = 0; i < m3.length; i++) {
                for (int j = 0; j < m3[i].length; j++) {
                    System.out.print(m3[i][j] + " ");
                }
                System.out.println();
            }
        }
    }
```

여기서 주의해서 볼 것은 이중 for문에서 안쪽 for문의 종료 조건이다. 2차원 배열은 배열의 배열이므로 바깥 for문에서 행에 해당하는 1차원 배열을 얻고, 안쪽 for문에서는 그 배열의 크기만큼 반복 처리하도록 하였다.

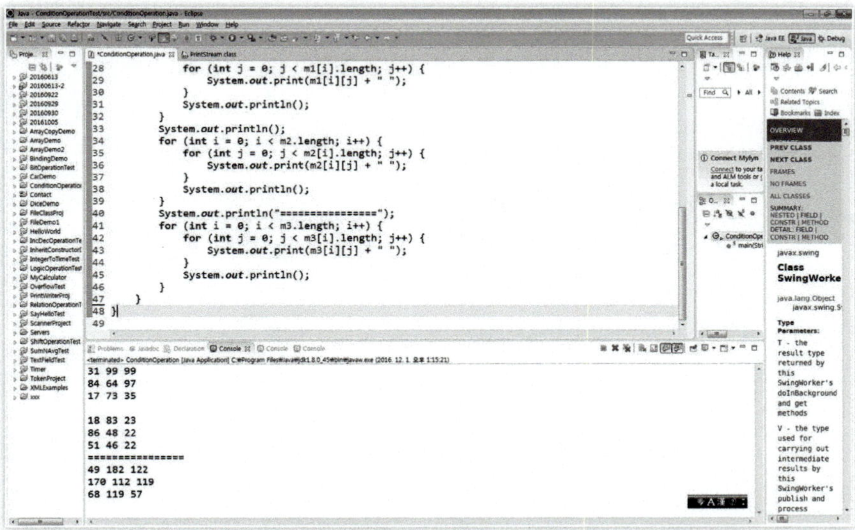

실습 6.7 좌석 예약 시스템

5열 10줄로 구성된 영화관의 자리 메뉴 기반의 예약 시스템을 작성해보자. 메뉴는 '예약 현황', '예약하기', '예약 취소', '종료'로 구성된다. 예약 현황을 보여주는 기능, 예약 기능, 예약 취소 기능은 별도의 메서드로 작성한다. 프로젝트명 SeatReservationTest, 클래스명

SeatReservation로 프로젝트와 클래스를 작성한 다음 아래와 같이 main 메서드를 작성한다.

```
import java.util.Scanner;

public class SeatReservation {

        public static void main(String[] args) {
                // TODO Auto-generated method stub

                boolean [][] seats = new boolean[10][5];
                char menuChar;

                // 좌석 초기화
                for(int r=0; r < seats.length; r++) {
                        for(int c=0; c < seats[r].length; c++) {
                                seats[r][c] = false;
                        }
                }

                do {
                        // 메뉴 출력
                        System.out.println(" s : 예약 현황 보기");
                        System.out.println(" r : 예약하기");
                        System.out.println(" c : 예약 취소");
                        System.out.println(" e : 프로그램 종료");

                        // 메뉴 선택
                        System.out.print("원하는 메뉴 글자 (s, r, c, e) 중
                        하나를 입력하세요. : ");
                        Scanner sc = new Scanner(System.in);
                        menuChar = sc.next().charAt(0);

                        // 메뉴 처리
                        switch(menuChar) {
                        case 's' : showReservationStatus(seats); break;
                        case 'r' : reserveSeat(seats); break;
                        case 'c' : cancelReservation(seats); break;
                        case 'e' : System.out.println("시스템 종료되었습니다.");
                        return;
```

```
            }
        } while(true);
    }

    public static void showReservationStatus(boolean[][] seats) {
        System.out.println("o가 예약 가능한 자리입니다.");
        for(int r=0; r < seats.length; r++) {
            for(int c=0; c < seats[r].length; c++) {
                if(seats[r][c] == true) System.out.print
                ("x ");
                else System.out.print("o ");
            }
            System.out.println();
        }
    }

    public static void reserveSeat(boolean[][] seats) {
        System.out.print("원하는 좌석의 행(1 ~ 10)과 열(1 ~ 5) 번호를 입력
        하세요. (예 : 5 3) : ");
        Scanner sc = new Scanner(System.in);
        int row = sc.nextInt();
        int col = sc.nextInt();

        if (row >= 1 && row <= 10 && col >= 1 && col <= 5) {
            if (seats[row][col] != true) seats[row][col] =
            true;
            else System.out.println("이미 예약되어 있는 자리입니다.");
        }
        else System.out.println("좌석 행 또는 열 번호가 잘못되었습니다.");
    }

    public static void cancelReservation(boolean[][] seats) {
        System.out.print("취소하고자 하는 좌석의 행(1 ~ 10)과 열(1 ~ 5)
        번호를 입력하세요. (예 : 5 3) : ");
        Scanner sc = new Scanner(System.in);
        int row = sc.nextInt();
        int col = sc.nextInt();
        if (row >= 1 && row <= 10 && col >= 1 && col <= 5) {
```

```
                    if (seats[row][col] == true) seats[row][col] =
                    false;
                    else System.out.println("예약되지 않은 자리입니다.");
                }
                else System.out.println("좌석 행 또는 열 번호가 잘못되었습니다.");
        }
}
```

좌석 예약 여부를 나타내기 위해 boolean 타입의 2차원 배열을 선언하였으며, 값을 false로 초기화하였다. 메뉴를 보여준 후 원하는 메뉴 문자를 입력하면 그에 맞는 기능을 수행하도록 하였다. 합당한 메뉴 문자를 입력할 경우만 처리되도록 하였으며, 그 외의 문자를 입력한 경우는 메뉴를 다시 보여준다. 예약 현황에서는 seats 배열의 내용을 보기 좋게 표시해 주는데, 예약되어 있으면 'x'로, 그렇지 않으면 'o'로 표시한다. 예약 시에는 먼저 행 번호와 열 번호가 합당한지 검사하고, 합당하지 않으면 오류 메시지를 출력한다. 그리고 이미 예약된 자리인지 검사하여 그럴 경우 오류 메시지를 출력한다. 예약 취소 시에도 예약 시와 비슷하게 처리하는데, 단, 예약되지 않은 자리를 입력할 경우 오류 메시지를 출력한다.

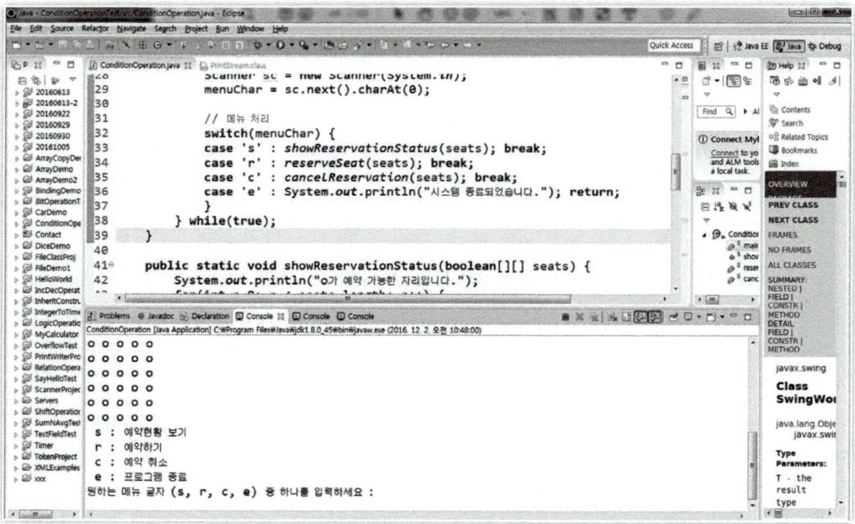

07 문자열

응용 프로그램 작성 시 문자열을 조작해야 하는 경우가 많다. 문자열을 문자 배열로 처리할 수도 있지만 이보다 문자열을 기본 자료형처럼 취급할 수 있으면 보다 편리하게 작업할 수 있다. 이런 목적으로 자바에서는 String 클래스, StringBuilder, StringBuffer 클래스와 같은 여러 클래스를 제공한다. 이번 장에서는 이 클래스에서 제공하는 여러 기능들에 대해서 살펴보자.

7.1 String 클래스

자바에서 문자열을 다루는 가장 기본적이고 많이 쓰이는 클래스가 String 클래스이다. 이 클래스에는 문자열 조작에 필요한 대부분의 기능들이 제공되는데, 이 기능을 잘 활용하면 문자열 처리와 관련된 프로그램을 간략하고 효율적으로 작성할 수 있다.

문자열 저장하기

문자열을 생성하는 가장 직접적인 방법은 아래와 같다.

```
String hello = “Hello world!”;
```

String이 마치 기본 자료형처럼 사용되고 있다. 레퍼런스형인 경우는 변수 선언 후 new를 통해 객체를 생성해야 하는데 그런 부분이 없이 변수에 문자열을 직접 지정하는 형태로 되어 있다. 하지만 hello는 레퍼런스형 변수이다. 컴파일러는 코드 중에 문자열을 만나면 이 문자열을 초기 값으로 하는 String 객체를 생성한다.

다른 타입의 객체처럼 String 객체도 new 키워드와 생성자를 이용하여 객체를 생성할 수 있는데, String 클래스는 11가지 형태로 객체를 생성할 수 있도록 다양한 생성자들을 제공한다. 아래의 예는 그중 몇 가지를 사용한 예이다. 여기서 str4 객체 생성 시에 사용한 생성자는 문자 배열의 2번 첨자에서 길이 4만큼의 문자들로 이루어지는 문자열 객체를 생성한다.

```
public class ProgramBasic {

      public static void main(String[] args) {
            String str1, str2, str3, str4, str5;
            char [] charArray = {'I', ' ', 'L', 'o', 'v', 'e', ' ', 'Y',
      'o', 'u'};

            str1 = "Hi, Byeong Man";
            str2 = new String(str1);
            str3 = new String(charArray);
            str4 = new String(charArray, 2, 4);

            System.out.println(str1 + str2 + str3 + str4);
      }
}
```

String 객체는 생성된 이후에 변경이 불가능하다는 것에 주의하라. 변경 가능한 문자열 객체를 생성하고자 할 경우는 StringBuffer나 StringBuilder 클래스를 이용한다. 이에 대한 설명은 뒷부분에서 다루기로 한다.

문자열에서 문자 다루기

문자열 내의 문자들을 접근하려면 String 클래스의 toCharArray 메서드를 사용하여 문자 배열로 변환하면 된다.

```
char[] t = str1.toCharArray();
for (int i = 0; i < t.length; i++) System.out.print(t[i]);
```

문자열 내의 특정 문자를 다른 문자로 변경할 경우는 앞에서 설명한 바와 같이 String 객체를 직접 변경할 수 없다. 이런 경우는 먼저 String 객체를 문자 배열로 변경한 후, 그 배열의 원소를 변경하여 다시 변경된 문자 배열로부터 String 객체를 생성하는 방법을 사용해야 한다. 아래의 예는 'b'를 'v'로 바꾸는 예이다.

```
String str = "I lobe You";
char[] t = str.toCharArray();
t[4] = 'v';
str = new String(t);
```

문자열 비교

두 문자열의 구성 문자들이 동일한지 검사하려면 equals를 사용한다. 아래의 프로그램을 실행해보면 모두 "true"를 출력함을 알 수 있다. Str1과 Str2는 동일한 문자열 객체를 지칭하기 때문에 당연히 같을 수밖에 없고, Str1과 Str3은 다른 String 객체이지만 그 내용이 동일하기 때문에 "true" 값을 갖는다.

```
public class ProgramBasic {

       public static void main(String[] args) {
              String Str1 = new String("I Love You!!");
              String Str2 = Str1;
              String Str3 = new String("I Love You!!");
              boolean retVal;

              retVal = Str1.equals( Str2 );
              System.out.println("Returned Value = " + retVal );

              retVal = Str1.equals( Str3 );
              System.out.println("Returned Value = " + retVal );
       }
}
```

equals 대신에 == 연산자를 사용하면 어떻게 될까? 위의 프로그램을 아래와 같이 수정하면 어떤 결과가 나올까? "==" 연산자가 문자열 객체에 적용될 경우는 두 문자열 변수의 값, 즉 레퍼런스가 동일한지, 즉 두 변수가 동일한 객체를 지칭하는지 검사한다. 따라서 아래 프로그램에서 st1과 str2는 동일한 객체를 지칭하므로 true가 되고, str1과 str3은 내용은 같지만 다른 객체이므로 false가 된다.

```
public class ProgramBasic {

	public static void main(String[] args) {
		String str1 = new String("I Love You!!");
		String str2 = Str1;
		String str3 = new String("I Love You!!");

		if(str1 == str2) System.out.println("true");
		if(str1 == str3) System.out.println("true");
	}
}
```

아래처럼 compareTo 메서드를 사용해도 값의 일치 여부를 검사할 수 있다. compareTo는 인수로 주어진 문자열보다 사전 순서상 크면 양의 값을, 같으면 0을, 작으면 음의 값을 반환한다.

```
public class ProgramBasic {
	public static void main(String[] args) {
		String Str1 = new String("I Love You!!");
		String Str2 = Str1;
		String Str3 = new String("I Hate You!!");

		if(Str1.compareTo(Str2)==0) System.out.println("Eual");
		else  System.out.println("Not Equal");

		if(Str1.compareTo(Str3) > 0) System.out.
		println("Greater");
		else if (Str1.compareTo(Str3) < 0) System.out.
		println("Less");
		else System.out.println("Equal");
	}
}
```

문자 검색

문자열이 특정 문자열로 시작하거나 끝나는지 검사하고 싶은 경우는 startsWith 메서드나 endsWith 메서드를 사용한다. 사용 예는 다음과 같다.

```
if (string1.startsWith("st")) ...
if (string1.endsWith("ed")) ...
```

특정 문자나 문자열이 나오는 곳의 위치를 알고자 하는 경우는 indexOf나 lastIndexOf 메서드를 사용한다. indexOf 메서드는 인수로 주어진 문자열이 처음 나오는 곳의 인덱스 값을 반환한다. lastIndexOf는 인수로 주어진 문자열이 마지막으로 나오는 곳의 인덱스 값을 반환한다. 주어진 문자열이 발생하지 않는 경우는 −1을 반환한다. 두 메서드 모두 문자나 문자열을 인수로 받아들일 수 있으며 시작 위치도 추가로 지정해줄 수 있다. 예를 들어, 아래의 코드를 실행시키면

```
String str1 = "abcisabcisabc" ;

System.out.println(str1.indexOf("abc"));
System.out.println(str1.indexOf('i'));
System.out.println(str1.indexOf('i', 4));
System.out.println(str1.lastIndexOf("abc"));
System.out.println(str1.lastIndexOf('s'));
System.out.println(str1.lastIndexOf('s', 8));
```

다음의 결과를 얻을 수 있다.

```
0
3
8
10
9
4
```

문자열 조작하기

부분 문자열을 만들 경우는 아래와 같이 substring 메서드를 이용한다.

```
str.substring(20);    // str 문자열의 인덱스 20부터 시작하는 부분 문자열
str.substring(0, 6); // str 문자열의 인덱스 0부터 6까지의 부분 문자열
```

두 문자열을 합쳐 하나의 문자열로 만들 경우 concat 메서드 또는 + 연산자를 사용한다.

```
str.concat("abcd");
```

문자열의 일부분을 치환할 경우는 replace 메서드를 사용한다. 단, 원본 문자열을 치환하는 것이 아니라 치환된 결과가 새로운 문자열로 만들어진다. 앞서도 얘기했지만 String 객체는 읽기 전용이다.

```
str.replace('e', 'E'); // 모든 소문자 e를 대문자 E로 치환
```

replace보다 좀 더 강력한 메서드가 replaceAll 메서드와 replaceFirst 메서드이다. 이 메서드들은 대치하고자 하는 부분 문자열을 문자열 패턴, 즉 정규식으로 기술할 수 있다. 두 메서드의 차이점은 전자는 패턴과 일치하는 모든 부분 문자열을 치환하고, 후자는 부합되는 부분 문자열들 중 첫 번째 것만 치환한다는 점이다.

```
public class ProgramBasic {

	public static void main(String[] args) {
		String regExp = " |,|:|\\.";
		String words = "one  two,three:four.five";
		String newStr = words.replaceAll(regExp, "-");
		System.out.println(newStr);
	}
}
```

대 · 소문자로 변경할 경우 toLowerCase 메서드나 toUpperCase 메서드를 사용한다. 이 경우도 원본 문자열이 바뀌는 것은 아니다.

```
String upperStr = str.toUpperCase();
String lowerStr = str.toLowerCase();
```

문자열 내의 공백 문자들을 제거할 경우는 trim 메서드를 사용한다. 이 메서드는 문자열 앞 공백과 뒤 공백을 모두 제거한다.

```
String str0 = " this is a test ***   ";
String str1 = str0.trim();
System.out.println(str1);
```

문자열 분리

문자열을 분리 문자를 기준으로 분리하고자 하는 경우 유용하게 사용할 수 있는 메서드가 split이다. 단순히 문자를 기준으로 분리할 수도 있고, 문자열 패턴을 사용하여 분리할 수도 있다. 문자열 패턴을 사용하는 방법은 7.4절 정규식 관련 클래스 부분을 참고하라. 아래의 예는 공백문자 (' ')를 사용하여 문자열을 분리하는 예이다.

```
public class ProgramBasic {

        public static void main(String[] args) {
                String delimStr = " ";
                String words = "minus one      two,three:four.five";
                String [] split = null;
                split = words.split(delimStr);
                for (String s : split) System.out.println("-" + s + "-");

        }
}
```

하나 이상의 공백문자로 분리할 경우 분리 문자열을 아래와 같이 기술한다. 위의 코드에서 분리 문자열 부분을 아래와 같이 변경해 실행해보자. 분리 문자열의 패턴을 기술하는 방법은 7.4절 정규식 관련 클래스 부분을 참고하라.

```
String delimStr = “\\s+”;
```

네 개의 분리 문자 (‘ ’, ‘,’, ‘:’, ‘.’)를 사용하여 분리하고자 하는 경우 분리 문자열 패턴을 다음과 같이 기술한다. 여러 개 중의 하나를 나타낼 경우는 ‘|’로 표시한다. ‘\\.’로 표기한 이유는 ‘.’가 패턴을 표시하는 데 사용되는 특수 문자이기 때문에 일반 문자로서의 ‘.’를 나타내기 위함이다.

```
String delimStr = “ |,|:|\\.”;
```

문자열 패턴 부합 여부 파악

문자열이 특정 패턴에 부합되는지, 즉 특정 패턴에 해당하는 부분 문자열을 포함하는지 알고 싶을 때는 matches 메서드를 이용한다. matches 메서드의 인수로 패턴이 주어져야 하는데, 패턴은 정규식 형태로 주어져야 한다. 정규식에 대한 설명은 7.4절 정규식 관련 클래스 부분을 참고하라.

```
public class Test{
    public static void main(String args[]){
        String regExp = “01[078]-\\d{4}-\\d{4}”;

        String Str = new String(“010-5182-0173”);
        System.out.println(Str.matches(regExp));

        Str = new String(“013-5182-0173”);
        System.out.println(Str.matches(regExp));

        Str = new String(“013-518-0173”);
        System.out.println(Str.matches(regExp));
    }
}
```

위 예에서 첫 번째 문자열만 주어진 정규식에 부합되고 나머지는 그렇지 않다. 두 번째 문자열인 경우 세 번째 문자가 0 또는 7, 또는 8이어야 하는데 그렇지 않아서 부합되지 않고,

세 번째 문자열은 '–' 과 '–' 사이의 숫자가 네 자리여야 하는데 그렇지 않아서 부합되지 않는다.

문자열 포맷하기

java.io.PrintStream 클래스의 printf나 format 메서드를 사용하여 결과를 포맷하여 출력할 수 있다. 이와 유사한 기능으로 String 클래스에 format 메서드가 존재한다. PrintStream 클래스의 printf나 format 메서드인 경우는 한 번 출력 후 끝나지만, String 클래스의 format 메서드는 결과로 String 객체가 반환되기 때문에 결과를 여러 번 재사용할 수 있다. 아래의 코드는 printf 메서드를 사용하여 학과별 최대, 최소, 평균을 출력하는 예이다.

```
String formatStr = "학과 %s - 최댓값 : %d, 최솟값 : %d, 평균 : %f";
System.out.printf(formatStr, depart, max, min, avg);
```

이를 String 클래스의 format 메서드를 사용하여 재작성하면 다음과 같다.

```
String formatStr = "학과 %s - 최댓값 : %d, 최솟값 : %d, 평균 : %f";
String fs = String.format(formatStr, depart, max, min, avg);
System.out.println(fs);
```

실습 7.1 아이디와 패스워드 검사

앞서 배운 String 클래스의 여러 메서드를 사용하여 사용자가 입력한 아이디와 패스워드가 "bmkim"과 "koala"인지 검사하는 프로그램을 작성해보자. 단, 앞뒤 공백을 허용하며 대소문자 구별은 하지 않는다고 가정한다. 먼저, 앞 실습 예제를 참고하여 프로젝트명 IDPasswordTest, 클래스명 IDPassword로 프로젝트와 클래스를 생성한 다음 아래와 같이 main 메서드를 작성한다.

```
import java.util.Scanner;

public class IDPassword {
```

```
    public static void main(String[] args) {
        // TODO Auto-generated method stub

        Scanner sc = new Scanner(System.in);
        System.out.println("아이디 : ");
        String login = sc.next();
        System.out.println("패스워드 : ");
        String password = sc.next();

        login = login.trim(); // 앞뒤 공백 제거
        password = password.trim();

        login = login.toLowerCase(); // 소문자로 변환
        password = password.toLowerCase();

        if (login.equals("bmkim")) {
            if (password.equals("koala")) {
                System.out.println("아이디 패스워드 모두 일치합니
                다.");
            }
            else {
                System.out.println("패스워드가 일치하지 않습니
                다.");
            }
        }
        else {
            System.out.println("아이디가 일치하지 않습니다.");
        }
    }
}
```

사용자에게 아이디나 패스워드를 문자열로 입력받은 후, 앞뒤 공백을 제거하기 위해 trim 메서드를 적용하였으며, 대소문자를 구별하지 않기 위해 모든 글자를 소문자로 변환하였는데 이를 위해 toLowerCase 메서드를 사용하였다. 그리고 두 문자열의 내용이 같은지 검사하기 위해 equals 메서드를 사용하였다.

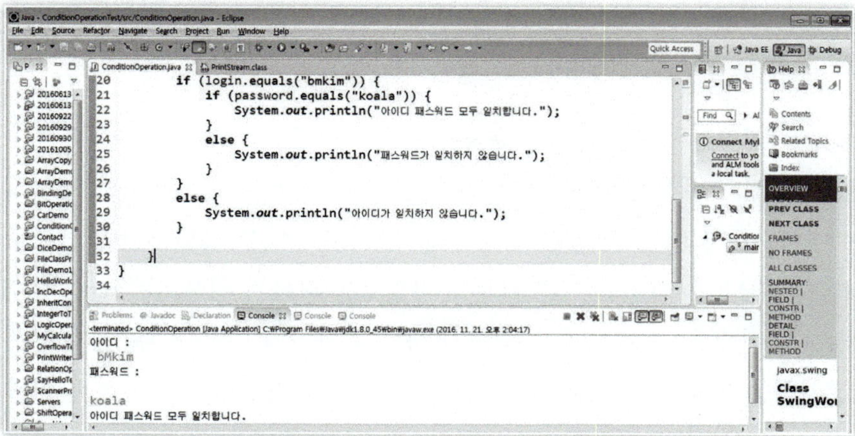

실습 7.2 부분 문자열 검색 및 치환하기

사용자에게 문장을 입력받은 후, 단어를 찾아 다른 단어로 바꿔 출력하는 프로그램을 작성해보자. 먼저, 앞 실습 예제를 참고하여 프로젝트명 SearchReplaceTest, 클래스명 SearchReplace로 프로젝트와 클래스를 생성한 다음 아래와 같이 main 메서드를 작성한다.

```
import java.util.Scanner;

public class SearchReplace {

    public static void main(String[] args) {
        // TODO Auto-generated method stub

        Scanner sc = new Scanner(System.in);
        System.out.println("문장 입력 : ");
        String statement = sc.nextLine();
        System.out.println("찾고자 하는 단어 : ");
        String sword = sc.next();
        System.out.println("바꾸고자 하는 단어 : ");
        String rword = sc.next();

        statement = statement.replaceFirst(sword, rword);
        System.out.println(statement)
```

```
        }
}
```

문장은 공백을 포함하고 있기 때문에 이를 읽기 위해서는 Scanner 클래스의 next 메서드가 아니고 nextLine 메서드로 읽어 들여야 한다. 그리고 단어는 공백을 포함하지 않으므로 next로 읽어 들이면 된다. 부분 문자열을 다른 부분 문자열로 변환하기 위해서는 replace 메서드를 사용하면 되는데, 이때 첫 번째 인수로 찾고자 하는 문자열의 패턴을, 두 번째 인수로 바꾸고자 하는 문자열을 기술해주면 된다. 첫 번째 인수에 패턴이 아니라 특정 단어를 나타낼 경우는 그냥 그 단어를 기술해주면 된다. 패턴 표현 방법은 뒷부분에 자세히 설명한다.

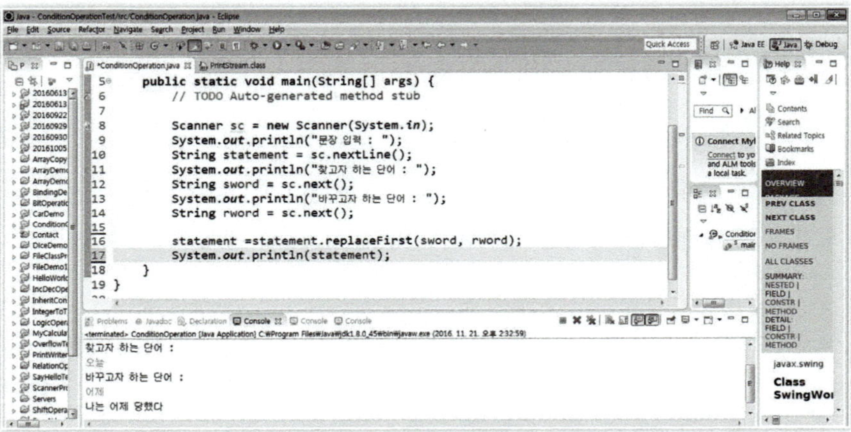

실습 7.3 가변 개수의 숫자 더하기

여러 개의 값을 한 줄로 입력받아 합을 구하는 프로그램을 작성해보자. 숫자의 개수는 고정되어 있지 않고 그때그때 달라질 수 있다. 먼저, 앞 실습 예제를 참고하여 프로젝트명 LineSplitTest, 클래스명 LineSplit로 프로젝트와 클래스를 생성한 후, 아래와 같이 main 메서드를 작성한다.

```
import java.util.Scanner;

public class LineSplit {

        public static void main(String[] args) {
                // TODO Auto-generated method stub

                Scanner sc = new Scanner(System.in);
                System.out.println(“숫자들을 공백으로 구분하여 입력 : ”);
                String statement = sc.nextLine();

                String [] split = null;
                split = statement.split(“ ”);
                int sum = 0;
                for (String s : split) sum += Integer.parseInt(s);
                System.out.println(sum);
        }
}
```

한 줄에 몇 개의 숫자가 입력될지 모르기 때문에 각각을 정수형으로 읽어 들일 수 없다. 따라서 한 줄 전체를 읽어 들여 공백으로 각 숫자를 분리하여 문자열 배열에 저장한 후, 그 배열의 원소들을 하나씩 읽어와 숫자로 변환하여 이를 변수에 누적한다.

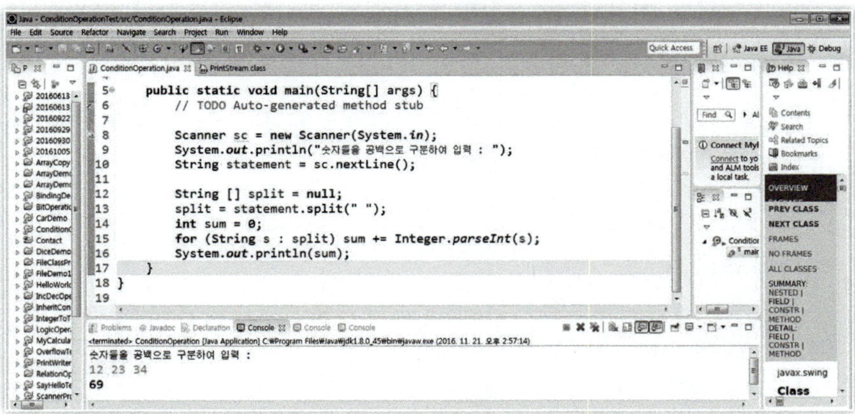

7.2 StringBuilder 클래스

앞에서 배운 String 객체는 읽기 전용의 문자열 객체이다. 즉, 문자열의 내용을 변경할 수 없다. 예를 들어, 이 클래스의 replace 메서드를 통해서 일부 글자를 다른 글자로 변경할 수 있는데, 이때 주의할 것은 원래의 String 객체가 변경되는 것이 아니라 원래의 String 객체는 그대로 있고 일부 문자가 바뀐 String 객체가 새로 생성되어 전달된다는 것이다. 그러면 변경 가능한 문자열 객체를 생성하려면 어떻게 해야 할까? 바로 StringBuilder 클래스를 사용하면 된다. 이 클래스는 변경 가능한 문자열을 생성하고 조작할 수 있는 기능을 제공하는 클래스이다. StringBuilder 객체는 자신의 저장 용량을 갖고 있어 이 범위 내의 문자를 저장할 수 있다. 문자열의 크기가 객체의 용량을 초과할 경우는 이를 수용할 수 있도록 용량이 확장된다. 기본 용량은 16문자이다. StringBuilder 클래스도 다양한 생성자를 제공하는데, 그중 몇 개를 살펴보면 다음과 같다.

```
StringBuilder str1, str2, str3;

str1 = new StringBuilder();         // 용량이 16문자인 빈 객체 생성
str2 = new StringBuilder(10);       // 용량이 10문자인 객체 생성
str3 = new StringBuilder("hello"); // 기본 용량 + "hello" 문자열 크기만큼의 용량
```

StringBuilder 객체의 문자열 길이를 알고 싶으면 length 메서드를 사용하고 현 저장 용량을 알고 싶으면 capacity 메서드를 이용한다. 저장할 문자열의 공간을 확보하고 싶을 경우는 ensureCapacity 메서드를 사용한다. 현 저장 용량이 요구한 용량보다 적을 경우는 현 용량의 2배 크기에 2를 더한 용량과 요구 용량 중 큰 크기로 재할당된다. 그렇지 않을 경우 현 저장 용량을 그대로 유지한다.

```
public class ProgramBasic {

       public static void main(String[] args) {
              StringBuilder str1 = new StringBuilder("hello");
              System.out.println("Old Capacity = " + str1.capacity());
              str1.ensureCapacity(28);
              System.out.println("New Capacity = " + str1.capacity());
```

```
        str1.ensureCapacity(33);
        System.out.println("New Capacity = " + str1.capacity());

        StringBuilder str2 = new StringBuilder();
        System.out.println("Old Capacity = " + str2.capacity());
        str2.ensureCapacity(40);
        System.out.println("New Capacity = " + str2.capacity());
    }
}
```

str1 객체는 생성 당시에 21 크기의 용량을 갖고 있는데, 28 크기의 용량을 요구하면 18과 현 크기의 2배, 즉 42에 2를 더한 44 크기 중 큰 크기인 44만큼의 용량으로 확장된다. 이런 상태에서 33 크기의 용량을 요구하면 현 용량보다 작기 때문에 그대로 44 크기의 용량을 유지한다. str2 객체는 생성 당시에 16 크기의 용량을 갖고 있다가 40 크기의 용량을 요구하였기 때문에, 요구 용량 40과 현 용량의 2배에 2를 더한 용량 34 중 큰 용량 40 크기로 확장된다.

현 문자열에 새로운 문자열을 붙이고 싶으면 append 메서드를 사용한다. append는 다양한 타입에 대해 오버로딩되어 있어 수치형 값도 쉽게 문자열에 붙일 수 있다. 여기서 유의할 것은 String 객체처럼 변경된 문자열을 갖는 새로운 객체가 생성되는 것이 아니라 원본 문자열이 변경된다는 점이다. 그래서 아래의 예제 코드처럼 메서드 실행 후, 그 결과를 다른 변수에 저장하지 않는다.

```
StringBuilder sb = new StringBuilder();
sb.append("hello");
sb.append(123);
sb.append(33.333);
```

insert 메서드를 사용하면 문자열의 특정 위치에 문자열이나 수치형 값을 추가할 수 있다. 이 메서드 역시 append 메서드처럼 다양한 타입에 대해 오버로딩되어 있다. 문자열에서 특정 문자나 부분 문자열을 치환하거나 제거할 경우는 replace 메서드나 delete 메서드를 사용한다.

```
sb.delete(4, 7);             // sb 문자열에서 인덱스 4번부터 7번까지 제거
sb.replace(2, 7, "Love");    // sb 문자열에서 인덱스 2번부터 6번까지를
                                "Love"로 치환
```

문자열의 순서를 역순으로 바꾸고자 할 때는 reverse 메서드를 사용하며, 부분 문자열을 얻고자 할 경우는 substring 메서드를 이용한다. reverse 메서드와 앞에서 설명한 메서드들은 그 결과로 자신의 레퍼런스가 넘어오는 반면에 substring 메서드는 새로운 String 객체의 레퍼런스가 넘어온다.

```
sb.reverse();
String s = sb.substring(3);    // 인덱스 3번부터 끝까지의 문자들로 구성된 부분 문자열
String s = sb.substring(3, 5); // 인덱스 3번부터 5번까지의 문자들로 구성된 부분
                                  문자열
```

특정 문자나 문자열의 발생 위치를 찾고자 할 경우 indexOf 메서드를 사용하고, 특정 위치의 문자를 읽거나, 수정 또는 삭제할 경우 charAt, setCharAt, deleteCharAt 메서드를 사용한다.

```
StringBuilder sb = new StringBuilder("I Leve You.!");
char c = sb.charAt(3);   // 인덱스 3번째 위치의 문자 반환
sb.setCharAt(3, 'o');    // 인덱스 3번째 위치의 문자를 'o'으로 변경
sb.deleteCharAt(11);     // 인덱스 11번째 위치의 문자를 제거
```

String 클래스의 메서드를 사용하거나 String 타입의 인수를 요구하는 다른 클래스의 메서드를 사용할 때는 toString 메서드를 사용하여 String 객체로 변환한다.

```
StringBuilder sb = new StringBuilder("Hi ");
System.out.println("string = " + sb);
sb.append(123);
System.out.println("After append = " + sb.toString());
```

실습 7.4 부분 문자열 바꾸기

String 실습 예제로 사용했던 실습 7.2의 부분 문자열 바꾸기를 StringBuilder를 사용하여 재작성해보자. 프로그램을 아래와 같이 수정하여 실행해보자.

```
import java.util.Scanner;

public class SearchReplace {

	public static void main(String[] args) {
		// TODO Auto-generated method stub

		Scanner sc = new Scanner(System.in);
		System.out.println("문장 입력 : ");
		StringBuilder statement = new StringBuilder
		(sc.nextLine());
		System.out.println("찾고자 하는 단어 : ");
		String sword = sc.next();
		System.out.println("바꾸고자 하는 단어 : ");
		String rword = sc.next();

		int start = statement.indexOf(sword);
		int end = start + sword.length();
		statement.replace(start, end, rword);
		System.out.println(statement);
	}
}
```

찾고자 하는 단어와 바꾸고자 하는 단어는 읽기 전용이므로 String 객체로, 그리고 문장을 저장할 문자열 객체는 변경 가능하므로 StringBuilder 객체로 생성하였다. String 클래스에서는 아래와 같이 replaceFirst 메서드를 사용하여 부분 문자열을 다른 문자열로 변환시켰으나 StringBuilder에서는 replace 메서드를 사용하여 변경하였다. 그런데 여기서 주의할 점은 String 클래스의 replaceFirst 메서드는 결과로 바뀐 문자열로 이루어진 새로운 String 객체가 넘겨주지만, StringBuilder의 replace 메서드는 자신의 문자열을 변경한다. 따라서 replaceFirst 메서드처럼 그 결과를 다시 statement 변수에 저장할 필요가 없다.

```
statement = statement.replaceFirst(sword, rword);
```

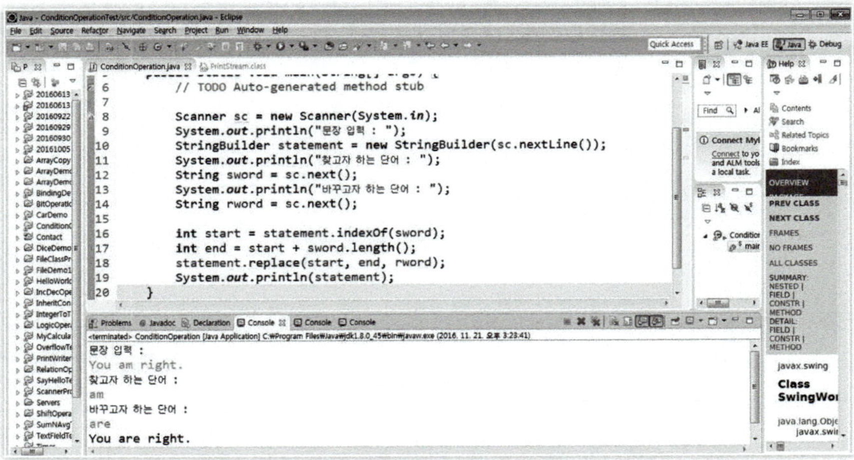

7.3 StringBuffer 클래스

StringBuffer 객체도 StringBuilder 객체와 마찬가지로 변경 가능한 문자열 객체이며, 제공하는 메서드도 동일하다. 단, 메서드를 보면 StringBuffer는 각 메서드별로 synchronized keyword가 존재하고 StringBuilder는 그렇지 않다. 즉, 멀티 스레드 환경에서 동기화를 지원한다는 점이 다르다. 여러 스레드에서 동일한 StringBuffer 객체를 접근할 경우, 한 스레드가 StringBuffer 객체를 사용하고 있으면 다른 스레드는 그 StringBuffer 객체에 접근할 수 없다. StringBuilder 객체는 동기화를 지원하지 않은 대신 StringBuffer보다 빠르다는 장점이 있다.

```
public static void main(String args[]){
        StringBuffer sBuffer = new StringBuffer(" test");
        sBuffer.append(" String Buffer");
        System.out.println(sBuffer);
}
```

7.4 정규식 관련 클래스

정규식(Regular Expression)은 텍스트 패턴을 찾아서 바꾸는 데 사용되는 간결하고 융통성 있는 표기법으로, 텍스트 처리를 위한 강력하고 효과적이며 융통성 있는 방법을 제공한다. 정규식의 광범위한 패턴 일치 표기법을 사용하면 많은 양의 텍스트를 신속히 구문 분석하여 특정 문자 패턴을 찾을 수 있고, 텍스트 부분 문자열의 추출, 편집, 바꾸기 또는 삭제와 추출된 문자열을 컬렉션에 추가하여 보고서를 생성할 수 있다. HTML 처리, 로그 파일 구문 분석, HTTP 헤더 구문 분석 등 문자열을 다루는 여러 응용 프로그램에서 정규식은 반드시 필요한 도구이다.

자바에서는 java.util.regex 패키지의 Pattern 클래스, Matcher 클래스가 정규식 관련 기능을 제공한다. Pattern 클래스는 문자열 형태의 정규식을 컴파일하는 기능과 Matcher 객체를 생성하는 기능을 제공한다. Matcher 클래스는 주어진 문자열에 대해 여러 부합(match) 연산을 제공한다. Pattern 객체는 new 키워드를 통해 생성하는 것이 아니라, 아래의 예처럼 문자열 형식의 정규식을 인수로 하여 Pattern 클래스의 정적 메서드인 compile 메서드를 호출해야 한다.

```
Pattern p = Pattern.compile("(mouse|cat|dog|wolf|bear|human)");
```

정규식은 아래와 같은 문자 클래스를 이용하여 원하는 문자열의 패턴을 기술한다. 여기서, 디지트 문자는 0과 9 사이의 10진 문자를 의미하며 단어 문자는 알파벳 문자, 디지트 문자 그리고 밑줄 문자 (_)를 뜻한다. 그리고 공백문자는 ^, \f, \n, \r, \t, ₩v를 의미한다. 일례로 두 번째 디지트를 4가 아닌 dd-dd-dd 형태의 문자열 패턴으로 지정하고자 한다면 아래처럼 기술한다.

```
String expression = "\\d[0-35-9]-\\d\\d-\\d\\d" ;
```

문자클래스	의미	문자클래스	의미
.	₩n을 제외한 모든 문자	[aeiou]	지정된 문자 집합
[^aeiou]	지정되지 않는 문자 집합	[0-9a-fA-F]	하이픈(-)을 사용하여 연속적인 특정 범위의 문자
₩d	임의의 디지트 문자	₩D	임의의 비디지트 문자
₩w	임의의 단어 문자	₩W	임의의 비단어 문자
₩s	임의의 공백문자	₩S	임의의 비공백문자

정규식에 수량자를 사용하여 선택적인 수량 데이터를 추가할 수 있다. 수량자 식은 바로 앞에 오는 문자, 그룹 또는 문자 클래스에 적용된다.

수량자	설명
*	0개 또는 하나 이상의 일치를 지정(예: ₩w* 또는 (abc)*). {0,}에 해당
+	일치를 한 개 이상 지정(예: ₩w+ 또는 (abc)+). {1,}에 해당
?	0개 또는 한 개의 일치를 지정(예: ₩w? 또는 (abc)?). {0,1}에 해당
{n}	정확하게 n개의 일치를 지정(예: (pizza){2}).
{n,}	n개 이상의 일치를 지정(예: (abc){2,}).
{n,m}	적어도 n개 이상이면서 m개를 넘지 않는 일치를 지정

그리고 문자열의 시작과 끝은 각각 '^'와 '$'로 나타낸다. 예를 들어, 영문 이름의 성은 반드시 영문 대문자로 시작해야 하고, 나머지는 영문 대소문자가 와야 한다는 것을 정규식으로 표현하면 아래와 같이 나타낼 수 있다.

```
"^[A-Z][a-zA-Z]*$"
```

Pattern 클래스의 compile 메서드를 사용하여 Pattern 객체를 생성한 후에는 주어진 문자열이 정규식과 부합되는지 검사하기 위해 Matcher 객체를 생성해야 한다.

```
String input = "I have a cat, but I like my dog better.";
Pattern p = Pattern.compile("(cat|dog)");
Matcher m = p.matcher(input);
```

Matcher 객체가 생성되고 나서는 이 객체를 통해 세 종류의 메서드 – matches, lookingAt, find – 를 통해 부합 연산을 수행할 수 있다. matches 메서드는 주어진 전체 입력이 패턴과 일치하는지 검사하며, lookingAt 메서드는 주어진 입력의 prefix가 패턴과 일치하는지 검사하며, find 메서드는 패턴과 부합되는 부분 문자열을 계속적으로 찾는다. 어떤 메서드를 사용하든지 성공 여부를 나타내는 불리언 값이 반환되며, 부합되는 위치나 부합되는 부분 문자열에 대한 정보는 추가로 start, end, group 메서드를 사용해 얻어야 한다. 아래의 예는 주어진 문자열에서 '꽃' 또는 '고향' 또는 '산골'을 찾아서 그 위치와 내용을 출력하는 예이다.

```
import java.util.regex.Matcher;
import java.util.regex.Pattern;

public class ProgramBasic {

	public static void main(String[] args) {
		String input = "나의 살던 고향은 꽃 피는 산골 봉숭아 꽃 살구 꽃";
		Pattern p = Pattern.compile("(꽃|고향|산골)");
		Matcher m = p.matcher(input);
		while (m.find()) {
			System.out.println(m.start() + "에서부터" +
			(m.end()-1) + "까지 " + m.group() + " 발견");
		}
	}
}
```

실습 7.5 정규 식을 이용한 사용자 입력 값 검사

사용자로부터 이름, 주소, 우편번호, 핸드폰 번호를 입력받아 그 유효성을 검증하는 프로그램을 작성해보자. 이름은 반드시 공백 없이 한글 문자 2개에서 4개 이내로 구성되어야 하며, 주소는 "...도 ...시 ...로 ooo" 형태이며, 우편번호는 5자리 숫자, 핸드폰은 "010-xxxx-xxxx"나 "011-xxxx-xxxx" 형태라고 가정한다. 도명은 3~5자리 한글로서 마지막 글자는 '도'로 끝나며, 시명도 3~5자리 한글로서 마지막 글자는 '시'로 끝나며, 도로명은 3~7자리 한글로서 '로'로 끝나며, 지번은 2~4자리 숫자이다. 이를 정규 식으로 표현하면 다음과 같다.

```
이름 "^[가-힣]{2,4}$"
주소 "^[가-힣]{2,4}도\s+[가-힣]{2,4}시\s+[가-힣]{2,6}로\s+\d{2,4}$"
우편번호 "^\d\d\d\d\d$ 또는 ^\d{5}$"
핸드폰 "^01[01]-\d{4}-\d{4}$"
```

먼저, 프로젝트명 RegularExpressionTest, 클래스명 RegularExpression으로 프로젝트와 클래스를 생성한 후, 다음과 같이 main 메서드를 작성한다. 단, 반복 횟수를 표시할 때 불필요한 공백이 있으면 오류가 발생하므로 주의하라. 예를 들어, 2회에서 4회 반복된다는 것을 공백을 넣어 {2, 4}로 표현하면 오류가 발생하므로 공백 없이 {2,4}로 표현해야 한다.

```
import java.util.Scanner;
import java.util.regex.Matcher;
import java.util.regex.Pattern;

public class RegularExpression {

        public static void main(String[] args) {
                // TODO Auto-generated method stub

                Scanner sc = new Scanner(System.in);
                String input;
                Pattern pattern;
                Matcher m;

                System.out.println("이름 : ");
                input = sc.next();
                pattern = Pattern.compile("^[가-힣]{2,4}$");
                m = pattern.matcher(input);
                if (!m.matches()) {
                        System.out.println("이름 형식에 맞지 않습니다.");
                        return;
                }

                input = sc.nextLine();
                System.out.println("주소 : ");
                input = sc.nextLine();
                pattern = Pattern.compile("^[가-힣]{2,4}도\\s+[가-힣]{2,4}
                시\\s+[가-힣]{2,6}로\\s+\\d{2,4}$");
                m = pattern.matcher(input);
                if (!m.matches()) {
                        System.out.println("주소 형식에 맞지 않습니다.");
                        return;
                }

                System.out.println("우편번호 : ");
                input = sc.next();
```

```
            pattern = Pattern.compile("^\\d{5}$");
            m = pattern.matcher(input);
            if (!m.matches()) {
                  System.out.println("우편번호 형식에 맞지 않습니다.");
                  return;
            }

            System.out.println("핸드폰 번호 : ");
            input = sc.next();
            pattern = Pattern.compile("^01[01]-\\d{4}-\\d{4}$");
            m = pattern.matcher(input);
            if (!m.matches()) {
                  System.out.println("핸드폰 번호 형식에 맞지 않습니다.");
                  return;
            }

            System.out.println("모든 자료를 형식에 맞게 입력하셨습니다.");
      }
}
```

주소를 읽는 경우 중간 공백도 읽어야 하므로 nextLine 메서드를 사용해야 한다. 여기서 주의할 사항은 이름을 입력할 때 같이 입력된 엔터키를 한 줄로 읽어 들이므로 정확한 주소 값을 읽어 들일 수 없다. 따라서 코드에 나타낸 것처럼 nextLine 메서드를 한 번 더 실행하면, 첫 번째 읽어 들인 내용은 무시한다.

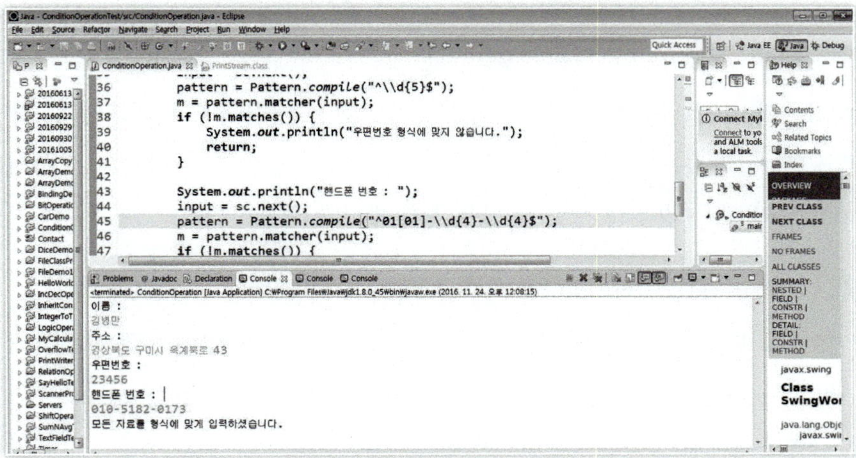

08 클래스 I

이전 장에서 이미 정의된 클래스로부터 객체를 생성하여 사용하는 방법에 대해 살펴보고, 이를 이용한 간단한 프로그램들도 실제로 작성해보았다. 이 장에서는 사용자가 직접 필요한 클래스를 정의하는 방법에 대해서 살펴본다.

8.1 클래스 정의

클래스는 객체들이 유지해야 할 데이터, 즉 필드들과 이 필드들을 이용하여 제공하는 기능들, 즉 메서드들로 구성된다. 클래스 정의 형식은 다음과 같다.

```
접근 수정자 class 클래스명 {
        필드 선언들
        메서드 정의들
}
```

접근 수정자에는 public, abstract, final이 오거나 생략될 수 있다. 어떤 접근 수정자를 사용하느냐에 따라 그 의미가 달라지는데 abstract와 final에 대해서는 상속 부분에서 설명하기로 하고, 여기서는 public이 붙은 경우와 생략된 경우에 대해서만 설명한다.

접근 수정자에 public이 오면 해당 클래스는 외부(다른 패키지 또는 다른 프로그램)에서 사용할 수 있다는 의미이다. 우선은 패키지를 관련 있는 클래스들의 그룹명이라고 이해하도록 하고, 패키지에 대한 자세한 내용은 다음 장에서 자세히 다루기로 한다. public으로 선언된 클래스를 사용할 경우 import문으로 사용하고자 하는 클래스의 패키지를 알려주어야 한다. 만약 public으로 선언된 클래스의 패키지가 정의되어 있지 않다면 import문으로 해당 클래스를 지칭할 수 없다. 이러한 경우 꼭 그 클래스를 사용하고자 한다면, 패키지를 정의하지 않아야 한다. 왜냐하면 같은 패키지에 속하는 클래스끼리는 import문을 사용하지 않고도 클래스를 사용할 수 있기 때문이다.

접근 수정자가 생략된 경우 해당 클래스를 다른 패키지에서는 사용할 수 없고, 단지 같은 패키지 내의 다른 클래스에서만 사용 가능하다. 다른 패키지의 클래스를 사용할 경우 import문을 사용하는데, 이때 import문을 사용하여 접근할 수 있는 클래스는 접근 수정자가 public으로 선언된 클래스에 한한다. 따라서 보통의 경우에 프로그램 내의 클래스들은 같은 패키지에 소속되기 때문에(경우에 따라서는 한 프로그램 내의 클래스들의 패키지가 달라질 수는 있다) 접근 수정자가 생략된 클래스들은 그 프로그램 내에서만 접근 가능하다. 만약 클래스의 패키지가 정의되지 않을 경우는 무명 패키지에 소속되기 때문에 그런 클래스끼리는 다른 프로그램일지라도 접근 가능하게 된다.

앞에서 설명한 바와 같이 프로그램을 구성하는 클래스 중 적어도 하나에서 main 메서드를 제공해야 한다. 여러 클래스에서 main 메서드를 정의할 수 있고, 이 중 하나를 선택하여 실행할 수 있지만, 보통의 경우는 한 프로그램에서 main 메서드를 하나 제공한다. 여러 클래스 중 하나에 main 메서드를 제공해도 되지만 개인적으로는 main 메서드만으로 구성된 클래스를 하나 정의할 것을 권장한다. 그리고 public 클래스는 반드시 별도의 파일로 작성해야 하며 파일명도 클래스명과 일치해야 함을 잊지 않아야 한다.

```
// MyApplication.java 파일
package bmkim.java;

public class MyApplication {
        public static void main(String[] args) {
                // TODO Auto-generated method stub
                MyMainClass c = new MyMainClass();
                ...
        }
}

// MyMainClass.java 파일
package bmkim.java;

public class MyMainClass {
```

```
        MySecondClass c  = new MySecondClass();
        ...
}

class MySecondClass {
        ...
}
```

위의 코드는 main 메서드로만 구성된 MyApplication 클래스를 정의하고, main 메서드에서 사용되는 MyMainClass는 외부로 공개할 필요가 있어 public으로 선언하면서 별도의 파일, 즉 클래스명과 동일한 'MyMainClass.java'에 정의하였다. 그리고 MyMainClass에서 사용되는 MySecondClass는 이 프로그램 내에서만 사용되므로, 즉 외부로 공개할 필요가 없어 접근 수정자를 생략하였다. 따라서 별도의 파일에 정의하지 않고 MyMainClass와 동일한 파일에 정의하였다.

필드 선언

필드 선언부는 객체들이 유지해야 할 데이터, 즉 임시 데이터가 아닌 객체들의 고유한 데이터들을 저장하기 위한 변수들을 선언하는 곳이다. 예를 들어, 학생 객체이면 학생 ID, 학생 이름, 학생 주소, 학년 등이 이에 해당하고, 자동차 객체이면 색깔, 최대 속도, 엔진 종류 등이 이에 해당한다. 사각형 객체라면 사각형의 왼쪽 상단의 좌표 값, 사각형의 폭과 높이 등이 이에 해당한다. 각 데이터의 유형에 맞게 변수들을 선언한다. 예컨대, 필드로 상단 모서리의 x, y 좌표 값과 폭과 높이를 갖는 사각형 클래스를 정의한다고 하면 다음과 같이 작성한다.

```
public class MyRectangle {
        int x, y; // 왼쪽 상단의 좌표 값
        int width, height; // 폭과 높이
        ...
}
```

클래스로부터 객체를 생성한 후 이 필드들을 접근하는데, 중요한 것은 각 객체마다 필드 데이터들이 따로 존재한다는 것이다. 예를 들어, MyRectangle 클래스로부터 두 개의 객체를 생성한다면, 첫 번째 객체에도 x, y, width, height 데이터가 있고, 두 번째 객체에도 x, y, width, height 데이터가 존재한다. 따라서 필드를 접근할 때는 객체 식별자와 함께 필드명을 기술해야 한다.

```
MyRectangle ob1 = new MyRectangle();
MyRectangle ob2 = new MyRectangle();
ob1.x=0; ob1.y=0; ob1.width=10; ob1.height=10;
ob2.x=5; ob2.y=5; ob2.width=15; ob2.height=10;
System.out.println("위치 : " + ob1.x + ", " + ob1.y + " 폭 : " + ob1.width
+ " 높이 : " + ob1.height);
System.out.println("위치 : " + ob2.x + ", " + ob2.y + " 폭 : " + ob2.width
+ " 높이 : " + ob2.height);
```

필드에는 기본 자료형의 변수뿐만 아니라 객체의 레퍼런스를 저장할 수 있는 변수를 선언할 수도 있다. 예를 들어, MyRectangle 클래스를 좌표에 대응되는 MyPoint 클래스를 이용하여 아래처럼 정의할 수 있다.

```
public class MyPoint {
        int x, y; // 좌표 값
}

public class MyRectangle {
        MyPoint origin = new MyPoint();
        int width, height; // 폭과 높이
        ...
}
```

메서드 정의 및 호출

메서드는 객체의 기능을 구현한 일련의 코드에 이름을 부여한 것이다. 메서드는 객체의 필드에 저장되어 있는 데이터와 추가로 필요한 데이터를 메서드의 인수로 받아, 그 메서드가 제공하고자 하는 기능을 구현한다. 따라서 메서드의 정의에 보면 그 메서드에서 필요한 추가의 데이터에 대한 선언부가 존재한다. 메서드의 형식은 아래와 같다.

```
반환형 메서드명 (인수 선언 1, ..., 인수 선언 n) {
        메서드 본체;
}
```

메서드는 실행 결과로 값을 반환할 수도 있고 그렇지 않을 수도 있는데, 반환형은 반환 여부와 반환 값의 유형을 알려주는 역할을 한다. 반환형은 반환되는 값이 없을 경우 void여야 하며, 반환 값이 있을 경우는 그 값의 유형에 맞게 기술하면 된다. 예를 들어, 메서드의 실행 결과로 정수 값을 반환해준다면 반환형은 int로 해야 한다. 인수 선언에는 메서드 실행 시 주어지는 데이터의 자료형에 대한 선언과 그 데이터를 어떤 변수명으로 받아서 사용할지를 기술하게 된다. 만약, 값을 반환하지 않는 어떤 메서드 f가 하나의 정수 값과 하나의 실수 값을 필요로 한다면 다음과 같이 정의되어야 한다.

```
class MyTest {
        ...
        void f(int x, double y) { ... }
        ...
}
```

메서드 호출은 먼저 객체를 생성하여 그 레퍼런스를 변수에 저장한 후, 그 변수를 이용하여 원하는 메서드를 호출한다. 위의 예인 경우 아래와 같이 호출하면 된다.

```
MyTest ob = new MyTest();
ob.f(3, 4.5);
```

메서드 호출 시에 필요한 값을 넘겨주는데, 이 값을 실인자(actual argument) 또는 실인수, 실매개변수(actual parameter)라고 한다. 참고로, 실인수에 대응되는 메서드 정의 부분에 있는 변수를 형식매개변수(formal parameter), 또는 형식인수, 형식인자(formal argument)라 한다.

다음과 같이 실인자는 값뿐만 아니라 변수나 수식이 올 수도 있는데, 결국은 그 변수의 값이나 수식의 값이 메서드의 형식인자로 복사되어 전달된다.

```
int a=3;
double b = 4.5;
MyTest ob = new MyTest();
ob.f(a, b);
```

만약 메서드가 반환 값이 있을 경우는 메서드 안에서 return문을 사용하여 결과 값을 호출한 곳으로 반환하도록 해야 하며, 호출한 곳에서는 그 반환 값을 변수에 저장한 후 그 결과를 나중에 사용할 수 있도록 해야 한다. 예를 들어, f라는 메서드가 double형 값을 반환한다면 아래처럼 return문을 통해 값을 반환하도록 하고, 호출하는 쪽에서는 이를 저장하여 사용해야 한다.

```
public class MyApp {
        public static void main(String[] args) {
                // TODO Auto-generated method stub
                MyTest ob = new MyTest();
                double result = ob.f(3, 4.5);
                System.out.println("결과 : " + result);
        }
}

class MyTest {
        ...
        double f(int x, double y) {
                double d;
                ...
                return d;
        }
        ...
}
```

실습 8.1 학생 성적 클래스 정의하기

한 학생의 국어, 영어, 수학의 성적 정보에 대응되는 StudentScore 클래스를 정의하고, 이를 이용하여 전체 평균과 과목별 평균을 구하는 프로그램을 작성해보자. 앞 실습 예제를 참고하여 프로젝트명 StudentInfoTest, 클래스명 StudentInfo로 프로젝트와 클래스를 생성한 후, 아래와 같이 main 메서드를 작성한다.

```
// StudentInfo.java 파일
public class StudentInfo {
        String sname;
        int sid, kor, eng, math;

        void setInfo(String name, int id, int k, int e, int m) {
                sname = name; sid = id; kor = k; eng = e; math = m;
        }
        double getAverage() { return (kor + eng + math)/3.0;}
        String getInfo() {return sname + “, ” + sid + “, ” + kor + “, ” +
        eng + “, ” + math;}

        public static void main(String[] args) {
                // TODO Auto-generated method stub
                int korSum = 0, engSum = 0, mathSum = 0;
                double totalSum = 0.0, korAvg, engAvg, mathAvg, totalAvg;

                StudentScore [] students = new StudentScore[3];
                students[0] = new StudentScore();
                students[0].setInfo(“bmkim1”, 2016001, 70, 80, 90);
                students[1] = new StudentScore();
                students[1].setInfo(“bmkim2”, 2016002, 60, 70, 80);
                students[2] = new StudentScore();
                students[2].setInfo(“bmkim3”, 2016003, 50, 60, 70);

                for(int i=0; i < 3; i++) {
                        System.out.println(students[i].getInfo());
                        korSum += students[i].kor;
                        engSum += students[i].eng;
                        mathSum += students[i].math;
                        totalSum += students[i].getAverage();
                }

                korAvg = korSum / 3.0;
                engAvg = engSum / 3.0;
                mathAvg = mathSum / 3.0;
```

```
            totalAvg = totalSum / 3.0;
            System.out.println("국어 평균 : " + korAvg);
            System.out.println("영어 평균 : " + engAvg);
            System.out.println("수학 평균 : " + mathAvg);
            System.out.println("전체 평균 : " + totalAvg);
      }
}
```

학생 이름, 학번, 국어, 영어, 수학 성적을 StudentInfo 클래스의 필드로 선언하였으며, 각 필드의 값을 지정하기 위한 기능으로 setInfo 메서드를 정의하였다. 이 메서드에서는 객체의 필드 값을 지정하기 위한 값들을 인수로 받아들이도록 하였다. 그리고 국어, 영어, 수학 성적을 이용하여 그 평균을 구하는 메서드를 정의하였다. 이 메서드에서는 객체의 필드만으로 그 기능을 구현할 수 있으므로 별도의 인수를 받아들이지 않았다. 또한, 객체의 내용을 문자열 형태로 반환하는 getInfo 메서드도 정의하였다. 이 메서드 역시 객체의 필드만으로 구현할 수 있으므로 별도의 인수를 받아들이지 않았다.

위 코드에는 main 메서드와 학생 정보와 관련된 내용이 한 클래스에 있어 학생 정보에 대한 내용을 한 눈에 파악하기 어렵고, 후에 클래스를 재활용하고자 할 경우 main 메서드가 있어 재활용성이 떨어진다. 이러한 문제를 해결하기 위해 두 개의 클래스로 나누어 작성한다. StudentScore 클래스에는 main 메서드만 남겨두고, 순수 학생 정보에 대한 내용은 별도의 클래스로 작성한다. 작성된 코드는 다음과 같다.

```
// StudentInfo.java 파일
public class StudentInfo {

      public static void main(String[] args) {
            // TODO Auto-generated method stub
            int korSum = 0, engSum = 0, mathSum = 0;
            double totalSum = 0.0, korAvg, engAvg, mathAvg, totalAvg;

            Student [] students = new Student[3];
            students[0] = new Student();
            students[0].setInfo("bmkim1", 2016001, 70, 80, 90);
            students[1] = new Student();
            students[1].setInfo("bmkim2", 2016002, 60, 70, 80);
```

```
        students[2] = new Student();
        students[2].setInfo("bmkim3", 2016003, 50, 60, 70);

        for(int i=0; i < 3; i++) {
            System.out.println(students[i].getInfo());
            korSum += students[i].kor;
            engSum += students[i].eng;
            mathSum += students[i].math;
            totalSum += students[i].getAverage();
        }

        korAvg = korSum / 3.0;
        engAvg = engSum / 3.0;
        mathAvg = mathSum / 3.0;
        totalAvg = totalSum / 3.0;
        System.out.println("국어 평균 : " + korAvg);
        System.out.println("영어 평균 : " + engAvg);
        System.out.println("수학 평균 : " + mathAvg);
        System.out.println("전체 평균 : " + totalAvg);
    }
}

class Student {
    String sname;
    int sid, kor, eng, math;

    void setInfo(String name, int id, int k, int e, int m) {
        sname = name; sid = id; kor = k; eng = e; math = m;
    }
    double getAverage() { return (kor + eng + math)/3.0;}
    String getInfo() {return sname + ", " + sid + ", " + kor + ", " +
    eng + ", " + math;}
}
```

StudentInfo 클래스와 Student 클래스를 같은 파일에 작성하였는데, 각각을 별도의 파일로 작성할 수 있다. 즉, StudentInfo.java 파일에는 StudentInfo 클래스만 정의하고, 새로운 파일로 Student.java 파일을 생성하여 이 파일에 Student 클래스를 작성한다. 이클립스에서 새로운 클래스 파일을 추가하려면 프로젝트 탐색기에서 프로젝트를 우클릭하여, New

>> class를 선택하여 클래스 작성 대화상자를 띄운 후, 클래스명에 원하는 이름을 입력하고 Finish 버튼을 클릭한다.

```
// StudentInfo.java 파일
public class StudentInfo {

	public static void main(String[] args) {
		// TODO Auto-generated method stub
		int korSum = 0, engSum = 0, mathSum = 0;
		double totalSum = 0.0, korAvg, engAvg, mathAvg, totalAvg;

		Student [] students = new Student[3];
		students[0] = new Student();
		students[0].setInfo("bmkim1", 2016001, 70, 80, 90);
		students[1] = new Student();
		students[1].setInfo("bmkim2", 2016002, 60, 70, 80);
		students[2] = new Student();
		students[2].setInfo("bmkim3", 2016003, 50, 60, 70);

		for(int i=0; i < 3; i++) {
			System.out.println(students[i].getInfo());
			korSum += students[i].kor;
			engSum += students[i].eng;
			mathSum += students[i].math;
			totalSum += students[i].getAverage();
		}

		korAvg = korSum / 3.0;
		engAvg = engSum / 3.0;
		mathAvg = mathSum / 3.0;
		totalAvg = totalSum / 3.0;
		System.out.println("국어 평균 : " + korAvg);
		System.out.println("영어 평균 : " + engAvg);
		System.out.println("수학 평균 : " + mathAvg);
		System.out.println("전체 평균 : " + totalAvg);
	}
}
```

```
// Student.java 파일
public class Student {
      String sname;
      int sid, kor, eng, math;

      void setInfo(String name, int id, int k, int e, int m) {
            sname = name; sid = id; kor = k; eng = e; math = m;
      }
      double getAverage() { return (kor + eng + math)/3.0;}
      String getInfo() {return sname + “, ” + sid + “, ” + kor + “, ” +
      eng + “, ” + math;}
}
```

어떤 형태로 작성하든 컴파일하여 실행시키면 다음의 결과를 얻을 수 있다.

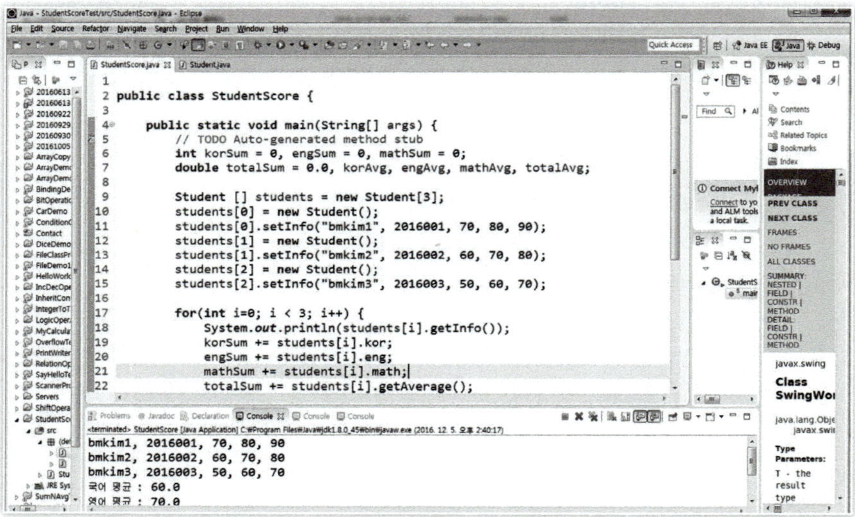

8.2 this 키워드

메서드의 동작 원리를 이해하기 위해 좀 더 구체화된 클래스를 정의해보자. 정수 값을 객체화한 정수 클래스를 정의하자. 정수 클래스는 여러 가지 다양한 기능이 있지만 여기서는 사칙연산 기능만 사용한다고 하자. 필드는 int형 변수로, 사칙연산에 해당하는 기능은 각각 add, subtract, multiply, divide라는 메서드로 구현하면 된다. add 메서드는 두 개의 정수를 더하여 그 결과를 반환해야 하므로 반환형은 int이고, 두 수 중 하나는 정수 객체 자신이므로 추가로 하나의 정수 객체만을 인수로 받아들이게 하면 된다. 나머지 메서드도 비슷하게 정의한다.

```
class MyInteger {
        int val;

        int add(MyInteger  ob) { return val + ob.val;}
        int subtract(MyInteger  ob) {return val - ob.val;}
        int multiply(MyInteger  ob) {return val * ob.val;}
        double divide(MyInteger  ob) { return ((double) val)/ob.val;}
}
```

필드는 객체마다 별도로 생성되지만 메서드는 공유한다. 만약 MyInteger 클래스로부터 두 개의 객체를 생성하고 각 객체에 대해서 add 메서드를 호출하면, 둘 다 MyInteger 클래스에 정의된 코드를 공유한다. 그러면, 다음과 같은 의문을 가질 수 있다. 객체마다 다른 필드들을 사용해야 하므로, 즉 첫 번째 객체에 대해 add 메서드를 호출하면 그때 val 필드는 첫 번째 객체의 val이고, 두 번째 객체에 대해 add 메서드를 호출하면 그때 val 필드는 두 번째 객체의 val 필드여야 하는데, 이것이 어떻게 가능하지라고 하는 의문이다. 이에 대한 답이 바로 this 키워드이다. this 키워드는 현재 메서드를 실행하고 있는 객체의 레퍼런스를 저장하고 있는 레퍼런스 변수이다. 코드에 this 키워드를 명시해주지 않았지만 컴파일러는 필드명 앞에 this라는 키워드를 포함시켜 컴파일하고, 동시에 현재 실행 중인 메서드의 객체의 레퍼런스를 this에 저장한다. 따라서 위의 코드는 아래의 코드와 동일하다.

```
class MyInteger {
        int val;

        int add(MyInteger  ob) { return this.val + ob.val;}
        int subtract(MyInteger  ob) {return this.val - ob.val;}
        int multiply(MyInteger  ob) {return this.val * ob.val;}
        double divide(MyInteger  ob) { return ((double) this.val)/ob.val;}
}
```

아래의 메인 메서드를 통해 위의 코드가 제대로 실행되는지 확인해보자.

```
public class MyApp {
	public static void main(String[] args) {
		// TODO Auto-generated method stub
		MyInteger ob1 = new MyInteger(), ob2 = new MyInteger(),
		ob3=new MyInteger();
		ob1.val = 3; ob2.val = 5; ob3.val = 10;

		int x = ob1.add(ob3);
		System.out.println("결과1 : " + x);
		int y = ob2.add(ob3);
		System.out.println("결과2 : " + y);
	}
}
```

실습 8.2 실습 8.1을 this 키워드 사용하여 바꾸기

실습 8.1의 코드를 this 키워드를 사용하여 바꿔보자. StudentInfo 클래스에는 필드가 없기 때문에 그대로 두면 되고, Student 클래스의 필드명 앞에 this 키워드를 붙이면 된다.

```
public class Student {
	String sname;
	int sid, kor, eng, math;

	void setInfo(String name, int id, int k, int e, int m) {
		this.sname = name; this.sid = id; this.kor = k; this.eng = e;
		this.math = m;
	}
	double getAverage() { return (this.kor + this.eng + this.
	math)/3.0;}
	String getInfo() {return this.sname + ", " + this.sid + ", " +
	this.kor + ", " + this.eng + ", " + this.math;}
}
```

8.3 정적 필드

보통의 필드들은 객체마다 별도로 생기고 메서드를 실행시키면 각 객체는 자신의 필드를 이용하여 작업한다. 이러한 유형의 변수를 **객체 변수** 또는 **인스턴스 변수**라고 한다. 하지만, 특별한 경우 같은 클래스에서 만들어진 객체들끼리 값을 공유해야 하는 상황이 발생한다. 이러한 경우에 사용할 수 있는 필드가 **정적 필드**(static field)이다. 정적 필드는 자료형 앞에 staic 키워드를 붙인다. 정적 필드는 객체마다 생기지 않고 클래스당 하나가 생성되는데, 이를 같은 타입의 객체가 공유한다. 그래서 정적 필드를 클래스 변수라고도 한다. 정적 필드는 특정 객체와 무관하기 때문에 객체 생성과 상관없이 사용할 수 있으며 다음과 같이 접근할 수 있다. 물론 일반 필드와 같이 접근해도 된다.

```
클래스명.정적필드명
```

같은 타입의 두 객체끼리 자료를 공유하는 예를 통하여 정적 필드의 개념을 조금 더 익혀보자. 첫 번째 객체에서 공유 변수에 데이터를 저장하면 다른 객체에서 이를 읽어 출력하는 예를 살펴보자. 아래의 예제 코드에서 변수를 공유하기 위해 정적 필드로 선언한 후, 이를 첫 번째 객체의 setter를 통해 쓰고, 이를 두 번째 객체의 getter를 통해 읽고 있다. 결과는 첫 번째 객체에서 저장된 값이 두 번째 객체에서 읽어 들여 3이 출력되는 것을 확인할 수 있다. 일반 필드에 대해서 비슷한 형태로 작업하면, 첫 번째 객체가 쓴 값은 자신(ob1)의 필드에 저장되고, 두 번째 객체가 읽는 값은 자신(ob2)의 필드 값, 즉 기본 값인 0을 읽어 들인다.

```
public class MyApp {
	public static void main(String[] args) {
		// TODO Auto-generated method stub
		StaticTest ob1 = new StaticTest();
		StaticTest ob2 = new StaticTest();

		ob1.setValue(3);
		System.out.println(ob2.getValue());

		ob1.setInstVal(5);
		System.out.println(ob2.getInstVal());
```

```
        }
}

class StaticTest {
        static int value;
        int instVal;
        void setValue(int n) {value = n;}
        int getValue() {return value;}
        void setInstVal(int n) {instVal = n;}
        int getInstVal() {return instVal;}
}
```

정적 필드는 특정 객체와 무관하므로 객체 생성 없이도 접근 가능한데, 위의 예 main 메서드 안에서 객체 생성 전에 아래의 코드를 삽입해도 별 문제 없이 동작함을 알 수 있다.

```
System.out.println(StaticTest.value);
```

실습 8.3 실습 8.2를 정적 변수를 사용하여 재구현하기

실습 8.2의 Student 클래스에 count 변수를 정적 변수로 선언하고, 이의 초기 값을 0으로 설정한다. 그리고 Student 객체를 생성할 때마다 이 변수의 값을 하나씩 증가하게 한다. 그리고 main 메서드의 for문에서 이 변수를 사용하여 종료 조건을 기술한다.

```
// Student.java 파일
public class Student {
        String sname;
        int sid, kor, eng, math;
        static int count = 0;

        void setInfo(String name, int id, int k, int e, int m) {
                this.sname = name; this.sid = id; this.kor = k; this.eng = e;
                this.math = m;
        }
```

```
        double getAverage() { return (this.kor + this.eng + this.
        math)/3.0;}
        String getInfo() {return this.sname + “, ” + this.sid + “, ” +
        this.kor + “, ” + this.eng + “, ” + this.math;}
}

// StudentScore.java 파일
public class StudentScore {

        public static void main(String[] args) {
                // TODO Auto-generated method stub
                int korSum = 0, engSum = 0, mathSum = 0;
                double totalSum = 0.0, korAvg, engAvg, mathAvg, totalAvg;

                Student [] students = new Student[3];
                students[0] = new Student();
                students[0].setInfo(“bmkim1”, 2016001, 70, 80, 90);
                Student.count++; // students[0].count++;
                students[1] = new Student();
                students[1].setInfo(“bmkim2”, 2016002, 60, 70, 80);
                Student.count++; // students[0].count++;
                students[2] = new Student();
                students[2].setInfo(“bmkim3”, 2016003, 50, 60, 70);
                Student.count++; // students[0].count++;

                for(int i=0; i < Student.count; i++) {
                        System.out.println(students[i].getInfo());
                        korSum += students[i].kor;
                        engSum += students[i].eng;
                        mathSum += students[i].math;
                        totalSum += students[i].getAverage();
                }

                korAvg = ((double) korSum) / Student.count;
                engAvg = ((double) engSum) / Student.count;
                mathAvg = ((double) mathSum) / Student.count;
                totalAvg = totalSum / Student.count;
                System.out.println(“국어 평균 : ” + korAvg);
```

```
            System.out.println("영어 평균 : " + engAvg);
            System.out.println("수학 평균 : " + mathAvg);
            System.out.println("전체 평균 : " + totalAvg);
        }
}
```

8.4 정적 메서드

정적 메서드(static method)는 일반 필드, 즉 인스턴스 변수를 사용하지 않는 메서드를 의미한다. 일반 필드를 사용하지 않기 때문에 객체 생성 없이도 메서드를 실행할 수 있다. 즉 **'클래스명.정적 메서드명'** 형태로 사용 가능하다. 정적 메서드는 메서드의 반환형 앞에 static이라는 키워드를 붙인다. 정적 메서드에서는 정적 필드와 지역 변수들만 사용할 수 있다. 따라서 main 메서드에서 일반 필드를 접근하면 오류가 발생한다. 즉, 아래의 예처럼 사용하면 접근 오류가 발생한다.

```
public class MyApp {
        int x= 3;

        public static void main(String[] args) {
                // TODO Auto-generated method stub
                System.out.println(x);
        }
}
```

정적 필드 설명 부분에서 사용한 setValue 메서드와 getValue 메서드의 구현을 보면, 지역 변수와 정적 필드만을 사용하고 있음을 알 수 있다. 따라서 이 두 메서드는 정적 메서드로 선언해도 무방하다. 정적 메서드인 경우 아래의 코드처럼 객체 생성 없이 실행할 수 있다.

```
public class MyApp {
        public static void main(String[] args) {
                // TODO Auto-generated method stub
                StaticTest.setValue(3);
```

```
		System.out.println(StaticTest.getValue());

		StaticTest ob1 = new StaticTest();
		StaticTest ob2 = new StaticTest();

		ob1.setInstVal(5);
		System.out.println(ob2.getInstVal());

	}
}

class StaticTest {
	static int value;
	int instVal;
	static void setValue(int n) {value = n;}
	static int getValue() {return value;}
	void setInstVal(int n) {instVal = n;}
	int getInstVal() {return instVal;}
}
```

실습 8.4 수학 라이브러리 작성하기

정적 메서드는 객체의 필드를 접근하지도 않고 일반 메서드를 호출하지도 않는다. 필요한 값들은 모두 메서드의 인수로 넘겨받는다. 그래서 수학 라이브러리들은 보통 정적 메서드로 구현된다. 여기서는 원주와 원 면적을 구하는 메서드와 마일을 킬로미터로 변환하는 메서드를 정적 메서드로 구현한다. 먼저, 앞 실습 예제를 참고하여 프로젝트명 MyMathTest, 클래스명 MyMathDemo로 프로젝트와 클래스를 생성한 후, 아래와 같이 main 메서드를 작성한다.

```
import java.util.Scanner;

public class MyMathDemo {
	public static void main(String[] args) {
		// TODO Auto-generated method stub
		System.out.println("반지름을 입력하세요. : ");
```

```
        Scanner sc = new Scanner(System.in);

        double r = sc.nextDouble();
        System.out.println("원의 둘레 : " + MyMath.
        getCirclePerimeter(r));
        System.out.println("원의 면적 : " + MyMath.getCircleArea(r));

        System.out.println("마일을 입력하세요. : ");
        r = sc.nextDouble();
        System.out.println(MyMath.mileToKilometer(r) + "킬로미터에 해
        당합니다.");

        System.out.println("킬로미터를 입력하세요. : ");
        r = sc.nextDouble();
        System.out.println(MyMath.kilometerToMile(r) + "마일에 해당합
        니다.");
    }
}
```

MyMath 클래스는 다음과 같이 작성한다.

```
class MyMath {
    static final double PI = 3.14159;
    static final double KMPerMILE = 1.609344;

    static double getCirclePerimeter(double r) {return 2*PI*r;}
    static double getCircleArea(double r) { return PI*r*r;}
    static double kilometerToMile(double km) {return km * 1/
    KMPerMILE;}
    static double mileToKilometer(double m) {return m * KMPerMILE;}
}
```

원주율과 마일당 킬로미터 값은 상수이며 클래스당 하나만 있으면 되므로 static final로 선언하였다. 그리고 원주나 원 면적을 구하는 메서드는 반지름만 주어지면 구현할 수 있는데, 인수를 통해서 이 값을 넘겨받기 때문에 정적 메서드로 선언하였다. 마일을 킬로미터로 변환하는 기능이나 반대로 킬로미터를 마일로 변환하는 기능도 비슷한 이유로 정적 메서드로

구현하였다. main 메서드에서 어떤 클래스의 기능을 사용하려면 그 클래스로부터 객체를 생성하고 그 객체에게 메서드를 수행하도록 해야 한다. 그런데 위의 main을 보면 MyMath 객체 생성 없이 **클래스명.메서드명** 형태로 사용한 것을 볼 수 있다. 이는 메서드가 정적 메서드이므로 객체를 생성하지 않고도 사용 가능하기 때문이다.

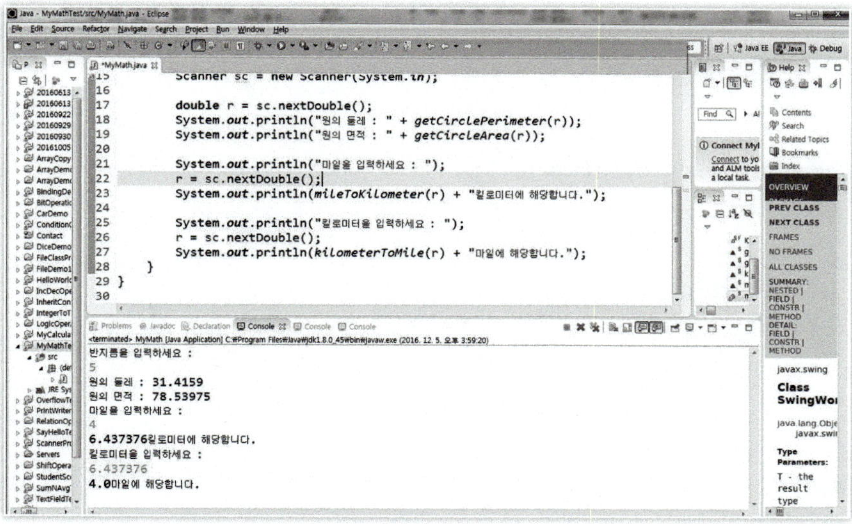

8.5 필드 접근자

필드 선언 시 필드의 자료형 앞에 아무것도 없으면 그 필드는 같은 패키지(관련 있는 클래스들의 그룹 이름으로 계층적 형태의 이름을 가지며, 자세한 내용은 다음 장에 참고하라) 안에서는 어디서든 접근 가능하다. 즉, 그 필드가 선언된 클래스뿐만 아니라 그 클래스가 선언된 파일 내의 다른 클래스에서도 접근 가능하다. 아래의 예에서 보는 바와 같이 같은 클래스인 FirstClass 내에서는 어디서든 필드를 접근할 수 있고, 심지어 다른 클래스인 SecondClass에서도 FirstClass 타입의 객체를 생성 후, 그 객체를 통하여 필드를 직접 접근할 수 있다.

```
// FirstClass.java
package bmkim.java;

public class FirstClass {
```

```
        int field1;

        public void method1() {
                ...
                field1 = 3;
                ...
        }
        public void method1() {
                ...
                System.out.println(field1);
                ...
        }
         public static void main(String[] args) {
                ...
        }
}

class SecondClass {
        ...

        public void method3() {
                FirstClass ob = new FirstClass();
                ...
                ob.field1 = 3;
                ...
        }
}
```

그러면 다른 파일 내의 클래스에서는 FirstClass 내의 필드를 직접 접근할 수 있을까? 즉, ThirdClass 내의 method4에서 FirstClass 객체를 생성하고 이를 통해 field1을 접근할 수 있을까? 정답은 '접근하지 못한다'이다. 왜냐하면 FirstClass의 패키지는 bmkim.java이고 ThirdClass는 bmkim.test로 서로 패키지가 다르기 때문이다. 만약 ThirdClass의 패키지를 bmkim.java로 선언한다면 패키지가 동일하므로 접근이 가능하다.

```
// ThirdClass.java
package bmkim.test;
```

```
public class ThirdClass {
        ...

        public void method4() {
                FirstClass ob = new FirstClass();
                ...
                ob.field1 = 5;
                ...
        }
}
```

필드의 자료형 앞에 접근 수정자 – public, private, protected–를 붙일 수도 있는데 그 의미는 어떻게 될까? protected는 상속과 관련되므로 상속 부분에서 추가로 설명하기로 하고 여기서는 public과 private에 대해서만 살펴보기로 한다. 필드를 public으로 선언하면 그 필드는 다른 패키지에서도 접근 가능하다는 의미이다. 앞의 예에서 FirstClass와 ThirdClass의 패키지가 다르다고 했을 경우, ThirdClass에서 FirstClass의 필드를 접근할 수 없었다. 하지만 FirstClass의 필드 field1 선언 앞에 public을 붙이면 접근 가능하게 된다. 단, ThirdClass.java 파일에서 bmkim.java.FirstClass를 import해야 한다.

```
// FirstClass.java
package bmkim.java;

public class FirstClass {
        int field1;

        public void method1() {
                ...
                field1 = 3;
                ...
        }
        public void method1() {
                ...
                System.out.println(field1);
                ...
        }
         public static void main(String[] args) {
```

```
        ...
    }
}

class SecondClass {
    ...

    public void method3() {
        FirstClass ob = new FirstClass();
        ...
        ob.field1 = 3;
        ...
    }
}

// ThirdClass.java
package bmkim.test;
import bmkim.java.FirstClass;

public class ThirdClass {
    ...

    public void method4() {
        FirstClass ob = new FirstClass();
        ...
        ob.field1 = 5;
        ...
    }
}
```

필드를 public으로 공개할 경우는 어디서든 접근 가능하여 편할 것 같은데, 이렇게 되면 반대로 어디서든 아무런 제약 없이 필드 값을 수정할 수 있기 때문에 유지 보수에 문제가 생길 수 있다. 그래서 대부분의 경우, 필드는 해당 클래스 내부에서만 접근 가능하게 하고, 다른 클래스에서는 필드를 접근할 수 있는 공개된 메서드를 통해서 접근하게 한다. private가 바로 이 목적으로 사용되는 접근 수정자이다. private로 선언된 필드 값을 읽을 수 있는 public 메서드를 getter라 하고, 필드 값을 변경할 수 있는 public 메서드를 setter라 한다. 보통 getter와 setter는 'get필드명, set필드명' 형태의 이름으로 정의된다. 위의 예를 private 버전으로 바꾸면 아래와 같다.

```
// FirstClass.java
package bmkim.java;

public class FirstClass {
        private int field1;

        public void method1() {
                ...
                field1 = 3;
                ...
        }
        public void method1() {
                ...
                System.out.println(field1);
                ...
        }
        public int getField1() {return field1;}
        public void setField1(int n) { field1 = n;}
         public static void main(String[] args) {
                ...
        }
}

class SecondClass {
        ...

        public void method3() {
                FirstClass ob = new FirstClass();
                ...
                ob.setField1(3);
                ...
        }
}

// ThirdClass.java
package bmkim.test;
import bmkim.java.FirstClass;
```

```
public class ThirdClass {
	...

	public void method4() {
		FirstClass ob = new FirstClass();
		...
		ob.setField1(5);
		...
	}
}
```

setter는 단순히 값을 변경시키는 기능 외에 값의 유효성을 검사하는 기능까지 같이 갖는다. 값이 특정 범위 내의 값이 아니면 예외를 발생시키거나 특정 값을 반환하도록 구현하고, 호출하는 측에서 사용 시 예외 발생 여부를 검사하거나 반환 값을 검사하는 형태로 작성한다. 앞으로 될 수 있으면 필드는 private로 선언하고 대신에 이를 접근할 수 있는 getter와 setter를 제공하도록 하라.

실습 8.5 접근자에 따른 변수 접근성 확인하기

앞에서 정의했던 Student 클래스의 멤버들의 접근자를 변경시키면서 그 접근성을 확인해 보자.

```
public class StudentScore {

	public static void main(String[] args) {
		// TODO Auto-generated method stub
		int korSum = 0, engSum = 0, mathSum = 0;
		double totalSum = 0.0, korAvg, engAvg, mathAvg, totalAvg;

		Student [] students = new Student[3];
		students[0] = new Student();
		students[0].setInfo("bmkim1", 2016001, 70, 80, 90);
		students[1] = new Student();
		students[1].setInfo("bmkim2", 2016002, 60, 70, 80);
```

```
            students[2] = new Student();
            students[2].setInfo("bmkim3", 2016003, 50, 60, 70);

            for(int i=0; i < 3; i++) {
                  System.out.println(students[i].getInfo());
                  korSum += students[i].kor;
                  engSum += students[i].eng;
                  mathSum += students[i].math;
                  totalSum += students[i].getAverage();
            }

            korAvg = korSum / 3.0;
            engAvg = engSum / 3.0;
            mathAvg = mathSum / 3.0;
            totalAvg = totalSum / 3.0;
            System.out.println("국어 평균 : " + korAvg);
            System.out.println("영어 평균 : " + engAvg);
            System.out.println("수학 평균 : " + mathAvg);
            System.out.println("전체 평균 : " + totalAvg);
      }
}

class Student {
      String sname;
      int sid, kor, eng, math;

      void setInfo(String name, int id, int k, int e, int m) {
            sname = name; sid = id; kor = k; eng = e; math = m;
      }
      double getAverage() { return (kor + eng + math)/3.0;}
      String getInfo() {return sname + ", " + sid + ", " + kor + ", " +
      eng + ", " + math;}
}
```

Student와 StudentInfo 클래스가 같은 패키지에 속하기 때문에 main 메서드에서 Student 클래스의 접근자가 붙지 않는 필드를 직접 접근할 수 있었다. 하지만, Student 클래스의 필드들을 private로 변경하면, 같은 패키지에 속하더라도 동일한 클래스가 아니면 그 필드를 접근할 수가 없게 된다. 확인해보자.

```
class Student {
        private String sname;
        private int sid, kor, eng, math;
        ...
}
```

private 필드들을 접근하려면 공개된, 즉 public 또는 package-private로 선언된 getter와 setter를 사용하여 접근해야 한다. 메서드나 필드에 접근자가 붙지 않으면 package-private로 취급된다. 따라서 Student 클래스에 각 private 필드에 대한 getter와 setter를 정의해야 하고, StudentInfo 클래스의 main 메서드 안에서 Student 객체의 필드를 접근할 때 이 getter와 setter를 사용하여 접근하도록 수정해야 한다. 아래의 Student 클래스에서는 setter는 사용되지 않아 생략하였다.

```
public class StudentScore {

        public static void main(String[] args) {
                // TODO Auto-generated method stub
                ...

                for(int i=0; i < 3; i++) {
                        System.out.println(students[i].getInfo());
                        korSum += students[i].getKor();
                        engSum += students[i].getEng();
                        mathSum += students[i].getMath();
                        totalSum += students[i].getAverage();
                }

                ...
        }
}

class Student {
        private String sname;
        private int sid, kor, eng, math;

        public String getName() {return sname;}
```

```
        public int getSID() {return sid;}
        public int getKor() {return kor;}
        public int getEng() {return eng;}
        public int getMath() {return math;}
        void setInfo(String name, int id, int k, int e, int m) {
                sname = name; sid = id; kor = k; eng = e; math = m;
        }
        double getAverage() { return (kor + eng + math)/3.0;}
        String getInfo() {return sname + “, ” + sid + “, ” + kor + “, ” +
        eng + “, ” + math;}
}
```

실습 8.6 사각형 클래스

사각형 클래스 작성을 통해 멤버들의 접근성에 대해 다시 한 번 살펴보자. 먼저, 앞 실습 예제를 참고하여 프로젝트명 MyRectangleProj, 클래스명 MyRectangleTest로 프로젝트와 클래스를 생성한다. 객체를 표현하는 방법, 즉 필드와 메서드가 작성하는 사람과 응용에 따라 달라지겠지만 기본적으로 사각형의 위치와 크기를 나타내는 내부 데이터가 있고 기본 기능으로 크기 변경, 면적 계산, 내부 데이터를 읽거나 변경하는 기능 등이 있을 것이다. 내부 데이터는 외부에서 직접 접근하지 못하도록 private로 선언하고, 기능들은 어디서든지 사용할 수 있도록 모두 public으로 선언하도록 하자. 이를 자바의 클래스로 표현하면 아래와 같다.

```
class MyRectangle {
    // 필드 정의
    private int x, y; // 왼쪽 코너 좌표
    private int width, height; // 사각형의 폭과 높이

    // 메서드 정의
    public int getX() {return x;}  // x값을 읽는 기능
    public void setX(int newX) {x = newX;} // x값을 변경하는 기능
    public int getY() {return y;}  // y값을 읽는 기능
    public void setY(int newY) {y = newY;} // y값을 변경하는 기능
```

```
    public int getWidth() {return width;} // width 값을 읽는 기능
    public void setWidth(int newW) {width = newW;} // width 값을 변경하는
    기능
    public int getHeight() {return height;} // height 값을 읽는 기능
    public void setHeight(int newY) {height = newY;} // height 값을 변경
    하는 기능
    public void resize(int newW, int newH) {width = newW; height =
    newH;} // 크기를 변경하는 기능
    public int getArea() {return width *height;} // 면적을 계산하는 기능
}
```

위 클래스를 사용하여 사각형 객체를 생성하고 이의 면적을 구하는 코드를 작성해봄으로써 접근자의 의미를 파악해보자. 이를 위해 MyRectangleTest 클래스에 main 메서드를 정의하고, 그 메서드 안에서 Rectangle 객체의 필드들을 직접 접근하는 형태로 면적을 구해보자.

```
public class MyRectangleTest {
        public static void main(String[] args) {
                MyRectangle r1 = new MyRectangle();
                r1.x = 10; r1.y = 10; r1.width = 5; r1.height = 4;
                System.out.println("면적은 " + r1.getArea() + "입니다.");
        }
}
```

컴파일하면 필드를 접근하는 부분에서 오류가 발생할 것이다. 필드들이 모두 private로 선언되어 있기 때문에 해당 클래스, 즉 MyRectangle 안에서만 접근 가능한데, MyRectangleTest 클래스 안에서 필드를 직접 접근했기 때문이다. 이 문제를 해결하려면 공개된 setter를 이용하여 필드를 접근해야 한다. 따라서 아래와 같이 수정되어야 한다.

```
public class MyRectangleTest {
        public static void main(String[] args) {
                MyRectangle r1 = new MyRectangle();
                r1.setX(10); r1.setY(10); r1.setWidth(5); r1.setHeight(4);
                System.out.println("면적은 " + r1.getArea() + "입니다.");
        }
}
```

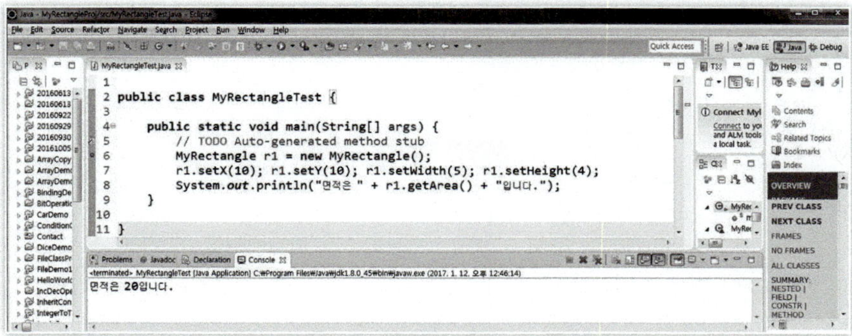

8.6 변수의 유효 범위

변수는 클래스 내에 선언할 수도 있고, 메서드 내부 심지어는 블록 내에서도 선언할 수 있다. 클래스 내에 선언된 변수를 **필드**라 하고, 메서드 내 또는 블록 내에 선언된 변수를 **지역 변수**라 한다. 기억해야 할 점은 선언 위치에 따라 그 변수를 접근할 수 있는 범위와 생존 기간이 달라진다. 아래처럼 필드로 선언한 경우는 객체가 살아 있는 동안 계속 유효하며 클래스 내 어디서든지 접근할 수 있다.

```
class Test {
        int x;

        void f() { x++;}
        void g() {System.out.println(x);}
}
```

객체의 고유 속성들이 필드로 표현되는데, 경우에 따라 객체의 고유 속성은 아니지만 기능 구현상 메서드 간에 변수를 공유해야 할 필요성도 생긴다. 이 경우에 공유 변수를 클래스의 필드로 선언하면 된다. 지역 변수는 메서드가 호출되는 시점이나 블록 진입 시점에 생성되었다가 블록을 빠져 나오는 순간이나 메서드 종료 지점에서 사라진다. 프로그램을 처음 배울 때는 이 점을 제대로 이해하지 못해 지역 변수를 다른 메서드에서 시도하는 경우가 있다. 지역 변수는 선언된 메서드나 블록 내에서만 접근 가능하다는 사실을 명심하라. 메서드 선언부에 선언된 변수들도 일종의 지역 변수이다.

```
class Test {
	void f() {
		int x = 3;

		x++;
	}
	void g() {System.out.println(x);}
}
```

실습 8.7 변수의 유효 범위 테스트

변수의 유효 범위를 확인하기 위해, 먼저, 앞 실습 예제를 참고하여 프로젝트명 VariableScopeProj, 클래스명 VariableScopeTest로 프로젝트와 클래스를 생성한다. 변수 x를 필드로, y는 메서드의 지역 변수로, z는 블록 내의 변수로 선언한 후 이를 접근하도록 해보자. 이를 위해 아래와 같이 main 메서드와 VariableScope 클래스를 작성하자.

```
public class VariableScopeTest {
	public static void main(String[] args) {
		// TODO Auto-generated method stub
		VariableScope app = new VariableScope();
		app.method1();
		app.method2();
	}
}

class VariableScope {
	int x = 3;

	public void method1() {
		int y = 5;
		System.out.println("x = " + x + " y = " + y);
	}
	public void method2() {
		System.out.println("x = " + x + " y = " + y);
		for(int z=0; z < 3; z++) System.out.println("z = " + z);
```

```
            System.out.println("z = " + z);
        }
}
```

아마도 method2 안에서 y 변수를 접근하면 컴파일 오류로 잡힐 것이다. 이는 변수 y는 method1 안에서 선언된 지역 변수이기 때문에 method1 안에서만 사용할 수 있고 그 밖에서는 접근할 수 없기 때문이다. method2 안에서 z를 사용하는 부분에서도 컴파일 오류가 발생할 것이다. 이는 변수 z가 for문 안에서 선언되었기 때문에 for문 내에서만 접근 가능하고, 같은 메서드 안이라도 for문 블록을 빠져나오면 접근이 안 되기 때문이다. 먼저 변수 z에 의한 오류를 수정하려면 아래와 같이 z를 for문 밖에 선언하면 된다.

```
public void method2() {
        System.out.println("x = " + x + " y = " + y);
        int z;
        for(z=0; z < 3; z++) System.out.println("z = " + z);
        System.out.println("z = " + z);
}
```

변수 y 접근 문제는 두 가지 방식으로 해결 가능한데, 첫 번째 방법은 아래처럼 y를 메서드 사이에서 공유할 수 있도록 필드로 선언하는 것이다.

```
class VariableScope {
        int x = 3;
        int y= 5;

        public void method1() {
                System.out.println("x = " + x + " y = " + y);
        }
        ...
}
```

또 다른 방법은 접근하고자 하는 값을 method1의 실행 결과로 넘겨주고, 이를 method2의 인수로 넘겨받는 방법을 사용하는 것이다.

```
public class VariableScopeTest {
	public static void main(String[] args) {
		// TODO Auto-generated method stub
		VariableScope app = new VariableScope();
		int y = app.method1();
		app.method2(y);
	}
}

class VariableScope {
	int x = 3;

	public int method1() {
		int y = 5;
		System.out.println("x = " + x + " y = " + y);
		return y;
	}
	public void method2(int y) {
		System.out.println("x = " + x + " y = " + y);
		for(int z=0; z < 3; z++) System.out.println("z = " + z);
		System.out.println("z = " + z);
	}
}
```

8.7 메서드 중복 정의

메서드 중복 정의(오버로딩, overloading)는 같은 이름의 메서드로 여러 형태를 지원하는 것을 의미한다. 여기서 여러 형태는 메서드의 인수의 개수가 다르거나 인수의 개수가 같을 경우 타입이 다른 것을 의미한다. 예를 들어, 어떤 클래스에 f1 메서드가 아래와 같이 정의되어 있을 경우, 예에서처럼 이름은 같지만 인수의 개수가 다르거나 타입이 다른 형태로 정의하여 사용할 수 있다. 단, 반환형만 다른 형태로 중복 정의할 수는 없다. 아래의 예에서 끝에서 두 번째 형태는 두 번째 형태와 인수의 형태는 동일하고 단지 반환형이 다른 형태로 정의되어 중복 정의가 허용되지 않는 예이다.

```
int f1() {...}
int f1(int x) {...}        // ok
int f1(int x, int y) {...} // ok
int f1(double x) {...}     // ok
void f1(int x)             // error
```

논리적인 기능은 같은데 입력으로 주어지는 데이터의 개수가 다르거나 타입이 다를 경우 유용하게 사용할 수 있는 기능이다. 우리가 앞에서 사용하였던 System.out.println 메서드도 다양한 형태로 중복 정의되어 있다. 아래의 코드에서 보는 바와 같이 웬만한 자료에 대해서 중복 정의되어 있음을 알 수 있다. 메서드가 여러 타입에 대해 중복 정의되어 있기 때문에 자료형에 상관없이 같은 메서드를 불러 쓸 수 있게 되는 것이다. 중복 정의가 허용되지 않는다면 각 타입에 대해서 이름들을 달리 사용해야 하는 불편함이 따르게 된다.

```
public class ProgramBasic {
        public static void main(String[] args) {
                // TODO Auto-generated method stub
                System.out.println("abc");
                System.out.println(12.5);
                System.out.println((float)12.5);
                System.out.println(12);
                System.out.println('a');
                System.out.println(true);
        }
}
```

실습 8.8 정수 클래스의 기능 중복 정의하기

메서드 중복 정의를 실습하기 위해 앞 실습 예제를 참고하여 프로젝트명 MyIntegerProj, 클래스명 MyIntegerTest로 프로젝트와 클래스를 생성하도록 한다. 앞에서 정의한 MyInteger 클래스를 확장하여 MyInteger 객체끼리의 사칙연산뿐만 아니라 MyInteger와 int 변수, 그리고 MyInteger와 double 변수 사이의 사칙연산이 가능하도록 해보자. 사칙연산 모두에 동일하게 적용할 수 있지만 우선은 덧셈에 대해서만 중복 정의해보자. MyIntegerTest와 MyInteger 클래스를 다음과 같이 작성하자.

```
public class MyIntegerTest {
        public static void main(String[] args) {
                // TODO Auto-generated method stub
                MyInteger ob = new MyInteger();
                int x = ob.add(5);
                double y = ob.add(3.5);
                System.out.println(x + “, ” + y);
        }
}

class MyInteger {
        int val;

        int add(MyInteger  ob) { return this.val + ob.val;}
        int add(int i) {return this.val + i;}
        double add(double d) {return this.val + d;}
        int subtract(MyInteger  ob) {return this.val - ob.val;}
        int multiply(MyInteger  ob) {return this.val * ob.val;}
        double divide(MyInteger  ob) { return ((double) this.val)/ob.val;}
}
```

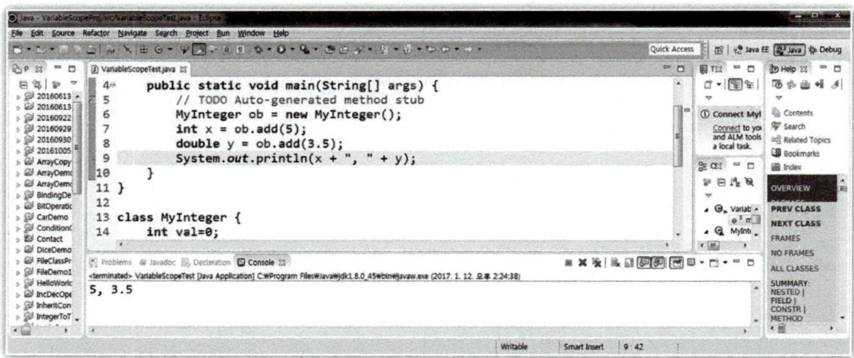

8.8 메서드 인수 전달

메서드 호출 시 인자의 값이 메서드에 전달된다. 이런 형태를 call-by-value 방식이라고 한다. 자바는 기본적으로 call-by-value 방식에 의해 실인자의 값이 형식인자로 전달된다. 그런데, 기본 자료형의 경우 숫자나 문자 값이 전달되지만, 레퍼런스형의 경우 객체의 레퍼런스가 값으로 전달된다. 이 차이가 별것 아닌 것 같지만 결과적으로 큰 차이를 불러일으킨다. 즉, 기본 자료형의 형식인자를 통해서는 실인자의 내용을 변경할 수 없지만, 레퍼런스형 형식인자를 통해서는 실인자의 내용을 변경할 수 있다. 두 변수의 값을 서로 바꾸는 기능, 즉 swap 기능을 통하여 이 차이점을 익혀 보자.

두 변수의 내용, 즉 값을 바꾸는 기능은 간단해 보이지만 그렇지도 않다. 언뜻 생각하기에 다음과 같이 코딩하면 되지 않을까라고 생각할 수 있지만 실행하면 기대와 다른 결과가 발생한다. x에 y 값을 복사하는 순간 x의 원래 값이 사라지므로, 다시 y에 x 값을 복사하면 바뀐 후의 x 값, 즉 y 값이 복사되어 두 변수 모두 y 값을 갖게 된다.

```
int x= 5, y=3;

x = y;
y = x;
```

두 변수의 값을 제대로 바꾸려면 하나의 임시 변수를 사용하여 두 변수 중 하나의 값을 임시 변수로 복사한 후, 해당 변수에 다른 변수의 값을 복사하고 다른 변수에는 임시 변수의 값을 복사한다. 이를 코드화하면 다음과 같다.

```
int x= 5, y=3, tmp;

tmp = x;
x = y;
y = tmp;
```

위 코드를 main 메서드 안에 작성해 실행하면 의도한 대로 동작하는 것을 확인할 수 있다.

```
public class SwapTest {
        public static void main(String[] args) {
                // TODO Auto-generated method stub
                int x= 5, y=3, tmp;

                tmp = x;
```

```
            x = y;
            y = tmp;

            System.out.println(x);
            System.out.println(y);
      }
}
```

만약 swap 기능을 별도의 메서드로 구현하고 main에서 이를 호출해 사용하면 어떻게 될까? 즉, 위의 코드를 아래와 같이 작성하면 어떻게 될까?

```
public class SwapTest {
      public static void main(String[] args) {
            // TODO Auto-generated method stub
            int x= 5, y=3;

            swap(x, y);

            System.out.println(x);
            System.out.println(y);
      }
      public void swap(int a, int b) {
            int tmp;

            tmp = a;
            a = b;
            b = tmp;
      }
}
```

코드를 실행하면 교환되지 않았다는 것을 확인할 수 있다. 이는 x와 y 값은 a와 b로 복사되지만, swap 메서드 안에서는 a와 b 변수를 이용하여 작업하므로 a와 b의 값이 바뀔 뿐, x와 y의 값이 바뀌는 것은 아니다. 메서드 호출 시 x와 y의 레퍼런스를 전달하고 swap 메서드에서 이를 이용하여 작업하였다면 x와 y의 값이 바뀌었을 것이다. C++에서는 값형 변수의 레퍼런스를 얻는 방법이 있지만 자바에서는 값형 변수의 레퍼런스를 얻는 방법이 없다. 그런데, 값들이 배열에 저장되어 있을 경우 다음과 같이 swap 메서드를 통해 두 원소의 값을 교환할 수 있다.

```
public class SwapTest {
        public static void main(String[] args) {
                // TODO Auto-generated method stub
                int [] arr = new int[] {5, 3};

                swap(arr, 0, 1);

                System.out.println(arr[0]);
                System.out.println(arr[1]);
        }

        public void swap(int[] arr, int idx1, int idx2) {
                int tmp;

                tmp = arr[idx1];
                arr[idx1] = arr[idx2];
                arr[idx2] = tmp;
        }
}
```

배열 자체도 객체이므로 swap 메서드 호출 시 첫 번째 인수로 그 객체에 대한 레퍼런스가 전달되고 swap 메서드 안에서 그 레퍼런스를 갖고 조작되기 때문에 main에 있는 배열 자체가 바뀌게 된다. 값형 변수와 레퍼런스형 변수의 이러한 차이점을 잘 기억해두어야 한다.

실습 8.9 두 정수 객체의 값 바꾸기

정수를 넘겨주는 경우와 정수 객체를 넘겨주는 경우의 결과를 비교해봄으로써 레퍼런스형 변수를 인자로 넘겨주는 경우와 그렇지 않은 경우의 차이점을 확인해보자. 먼저, 앞 실습 예제를 참고하여 프로젝트명 ArgumentProj, 클래스명 ArgumentTest로 프로젝트와 클래스를 생성한다.

```
public class ArgumentTest{
        public static void main(String[] args) {
```

```
        // TODO Auto-generated method stub
        int x=3, y=5;
        MyInteger ob1 = new MyInteger(), ob2 = new MyInteger();

        swap(x, y);
        System.out.println("x = " + x + ", " + "y = " + y);
        ob1.setVal(3); ob2.setVal(5);
        swap(ob1, ob2);
        System.out.println("ob1 = " + ob1.getVal() + ", " +
        "ob2 = " + ob2.getVal());
    }

    public static void swap(int x, int y) {
        int tmp;

        tmp = x;
        x = y;
        y = tmp;
    }

    public static void swap(MyInteger x, MyInteger y) {
        int tmp;

        tmp = x.getVal();
        x.setVal(y.getVal());
        y.setVal(tmp);
    }
}

class MyInteger {
    private int x;

    int getVal() {return x;}
    void setVal(int val) { x = val;}
}
```

첫 번째 swap 메서드는 정수 값이 메서드의 형식 인자로 전달되지만, 두 번째 swap은 객체의 참조가 전달되어 그 메서드 안에서 인자를 조작하면 그 참조가 가리키는 대상, 즉 실인자를 변경시킨다. 그래서 위의 프로그램을 실행하면 첫 번째 swap 호출에 의해서는 값이 변경되지 않지만, 두 번째 swap 호출에 의해 MyInteger 객체의 값이 서로 교환된다.

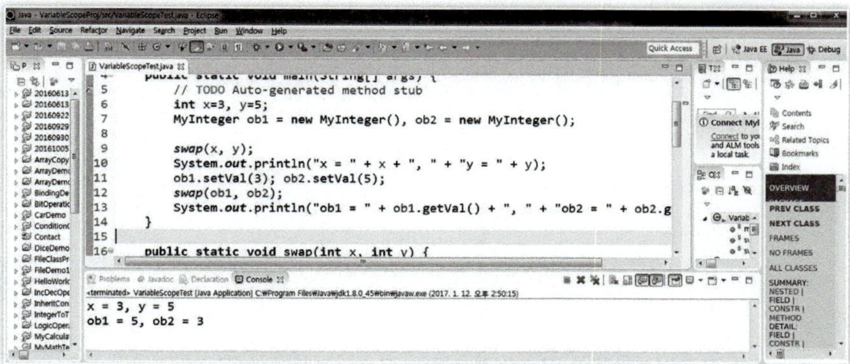

09 클래스 II

이번 장에서는 내부 클래스 그리고 클래스 사이의 데이터 공유 방법에 대해 살펴본다. 또한, 클래스들을 조직적으로 구성하는 데 필요한 패키지와 자바 언어의 기초가 되는 C++ 언어와의 주요 차이점에 대해서도 살펴본다.

9.1 내부 클래스

자바에서는 클래스 내부에 다시 클래스를 정의할 수 있는데, 이러한 클래스를 **내부 클래스**(inner class)라 한다. 내부 클래스는 외부 클래스(outer class) 관점에서 멤버(필드, 메서드)처럼 취급된다. 따라서 내부 클래스로 선언되면 외부 클래스의 필드나 메서드를 마음대로 접근할 수 있게 된다. 마치 같은 클래스의 메서드에서 그 클래스의 필드나 다른 메서드를 접근자와 무관하게 직접 접근할 수 있는 것과 같은 이치이다.

```
public class InnerTest {

	public static void main(String[] args) {
		Outer outer = new Outer();

		outer.display_Inner();
	}

}

class Outer{
```

```
        int num = 10;

        private class Inner{
              public void print(){
                 System.out.println("This is an inner class : " + num);
              }
        }

        void display_Inner(){
              Inner inner = new Inner();
              inner.print();
        }
}
```

위 예제에서는 Outer 클래스 내부에 Inner 클래스를 정의하고, Outer 클래스의 메서드인 display_Inner에서 Inner 객체를 생성하여 조작하고 있다. 그리고 Inner 클래스에서는 Outer 클래스에 선언된 필드 num을 마치 자신의 필드인 양 접근하고 있다. 만약, 반대로 Outer 클래스에서 Inner 클래스 내에 선언된 필드들을 접근한다면 어떻게 될까? 아래의 예제처럼 Inner 클래스 안에 필드 x를 private로 선언하고, Outer의 display_Inner 메서드 안에서 Inner 객체를 통해 접근하도록 수정한 후 실행해보자. 비록 private로 선언되어 있더라도 바깥 클래스의 메서드에서 이 필드를 직접 접근할 수 있다. 멤버로 클래스가 선언되어 있기 때문에 private 부분의 데이터도 접근할 수 있게 된 것이다.

```
class Outer {
        int num = 10;

        private class Inner{
           private int x=5;
           public void print(){
              System.out.println("This is an inner class : " + num);
           }
        }

        void display_Inner(){
           Inner inner = new Inner();
```

```
            System.out.println(inner.x);
            inner.print();
        }
}
```

내부 클래스가 public이나 접근자 없이 선언되면 바깥 클래스가 아닌 다른 클래스에서 내부 클래스 타입의 객체를 직접 생성해 사용할 수 있는데, 이때 먼저 외부 클래스 타입의 객체를 생성하고 이 객체를 통해 내부 객체를 생성하면 된다. 만약 위에서 Inner 클래스가 private가 아니라 public으로 선언되면 아래처럼 main 메서드에서 객체를 직접 생성할 수 있다.

```
public class InnerTest {

          public static void main(String[] args)  {
                  Outer outer = new Outer();
                  Outer.Inner inner = outer.new Inner();
                  inner.print();
          }
}
```

메서드 안에서도 클래스를 선언하여 사용할 수 있는데, 이러한 클래스를 **메서드 내부 클래스**(method-local inner class)라 하며 지역 변수처럼 해당 메서드 내에서만 사용 가능하다. 단, 메서드 내 내부 클래스인 경우는 접근자로 public, private는 사용할 수 없고, 접근자가 없거나 abstract나 final만 사용할 수 있다. 위의 예제를 메서드 내부 클래스를 사용하여 재작성하면 아래와 같다.

```
class Outer {
          int num = 10;

          void display_Inner() {
             private class Inner{
                private int x=5;
                public void print(){
```

```
                System.out.println("This is an inner class : " +
                num);
            }
        }

        Inner inner = new Inner();
        System.out.println(inner.x);
        inner.print();
    }
}

public class InnerTest {
    public static void main(String[] args) {
        Outer outer = new Outer();

        outer.display_Inner();
    }
}
```

실습 9.1 내부 클래스와 일반 클래스로 선언할 경우의 차이점

한 지점을 나타내는 MyPoint 클래스를 사용하여 사각형 클래스 MyRectangle를 정의할 수 있는데, 이때 MyPoint를 일반 클래스로 정의할 수도 있지만, MyRectangle 클래스의 내부 클래스로 정의할 수도 있다. 이번 실습에서는 이 경우를 먼저 실습해보자. 앞으로는 프로젝트명은 생략하고 필요한 클래스만 설명하기로 한다.

```
public class MyRectangleTest {
    public static void main(String[] args) {
        MyRectangle r1 = new MyRectangle();
        r1.setX(10); r1.setY(10); r1.setWidth(5); r1.setHeight(4);
        System.out.println("면적은 " + r1.getArea() + "입니다.");

        MyRectangle.MyPoint p = r1.new MyPoint();
        p.setX(3); p.setY(5);
        System.out.println(p.getX() + ", " + p.getY());
```

```
        }
}

class MyRectangle {
        // 필드 정의
        private MyPoint corner = new MyPoint();
        private int width, height;

        // 메서드 정의
        public int getX() {return corner.x;}
        public void setX(int newX) {corner.x = newX;}
        public int getY() {return corner.y;}
        public void setY(int newY) {corner.y = newY;}
        public int getWidth() {return width;}
        public void setWidth(int newW) {width = newW;}
        public int getHeight() {return height;}
        public void setHeight(int newY) {height = newY;}
        public void resize(int newW, int newH) {width = newW; height =
        newH;}
        public int getArea() {return width *height;}

        class MyPoint {
                private int x, y;
                public int getX() {return x;} // x값을 읽는 기능
                public void setX(int newX) {x = newX;} // x값을 변경하는 기능
                public int getY() {return y;} // y값을 읽는 기능
                public void setY(int newY) {y = newY;} // y값을 변경하는 기능
        }
}
```

위 코드에서 보는 것처럼 MyPoint 클래스를 MyRectangle 클래스의 내부 클래스로 정의하였기 때문에 MyRectangle 클래스의 메서드에서 MyPoint 클래스의 private 필드도 직접 접근할 수 있게 된다. 그리고 main에서 내부 클래스 MyPoint를 사용할 경우, 바깥 클래스 객체를 생성한 후 그 객체를 통해 내부 클래스 객체를 생성해야 한다.

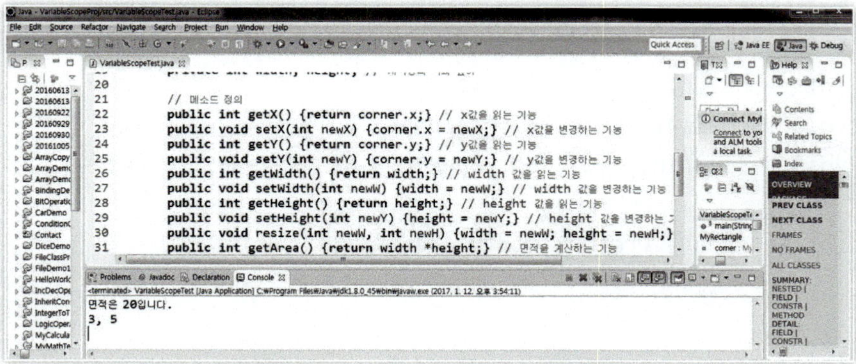

이번에는 MyPoint를 일반 클래스로 정의할 경우의 MyRectangle 클래스의 구현을 살펴보자. 아래와 위의 코드를 비교하여 내부 클래스로 작성할 경우와의 차이점을 파악해보자.

```
public class MyRectangleTest {
        public static void main(String[] args) {
                MyRectangle r1 = new MyRectangle();
                r1.setX(10); r1.setY(10); r1.setWidth(5); r1.setHeight(4);
                System.out.println("면적은 " + r1.getArea() + "입니다.");

                MyPoint p = new MyPoint();
                p.setX(3); p.setY(5);
                System.out.println(p.getX() + ", " + p.getY());
        }
}

class MyRectangle {
        // 필드 정의
        private MyPoint corner = new MyPoint();
        private int width, height;

        // 메서드 정의
        public int getX() {return corner.getX();}
        public void setX(int newX) {corner.setX(newX);}
        public int getY() {return corner.getY();}
        public void setY(int newY) {corner.setY(newY);}
        public int getWidth() {return width;}
```

```
        public void setWidth(int newW) {width = newW;}
        public int getHeight() {return height;}
        public void setHeight(int newY) {height = newY;}
        public void resize(int newW, int newH) {width = newW; height =
        newH;}
        public int getArea() {return width *height;}
}

class MyPoint {
        private int x, y;
        public int getX() {return x;} // x값을 읽는 기능
        public void setX(int newX) {x = newX;} // x값을 변경하는 기능
        public int getY() {return y;} // y값을 읽는 기능
        public void setY(int newY) {y = newY;} // y값을 변경하는 기능
}
```

9.2 클래스 간 데이터 공유

프로그램을 하다보면 클래스 간에 데이터를 공유하는 경우가 발생한다. 정적 필드와 메서드를 사용하여 공유할 수도 있고, 내부 클래스를 이용하여 구현할 수도 있고, 생성자를 통하여 공유할 수도 있다. 이 외에 다른 방법으로 구현할 수도 있지만 여기서는 세 가지 방법 중 두 가지 방법에 대해서 살펴보고, 생성자를 이용한 방법은 10장에서 살펴보기로 한다.

클래스 A와 B 사이에 정수형 변수와 정수형 상수 하나를 공유해야 하는 상황이라고 가정하자. 첫 번째 방법은 공유 데이터를 static으로 선언하고, 이를 필요한 순간에 객체의 생성 없이 클래스명을 통해 직접 접근하는 방법이다. 먼저, 공유 데이터를 아래와 같이 static으로 선언하자.

```
class SharedData {
      private static int sharedVariable;
      public final static int sharedConstant = 100;
      public static int getSharedVariable() { return sharedVariable;}
      public static void setSharedVariable(int s) {sharedVariable = s;}
}
```

공유 데이터가 static으로 선언되어 있기 때문에 객체의 생성 없이 SharedData 클래스를 이용하여 공유 데이터를 접근할 수 있다.

```
class A {
	...
	public void updateData() {
		System.out.println("상수 : " + SharedData.sharedConstant);
		SharedData.setSharedVariable(5);
	}
}

class B {
	...
	public void readData() {
		System.out.println("상수 : " + SharedData.sharedConstant);
		System.out.println(SharedData.getSharedVariable());
	}
}

public class SharedTest {
	public static void main(String[] args) {
		// TODO Auto-generated method stub
		A ob1 = new A();
		ob1.updateData();
		B ob2 = new B();
		ob2.readData();
	}
}
```

두 번째 방법은 내부 클래스를 이용하는 것이다. 즉, 공유 데이터 객체를 바깥쪽 클래스에 선언하고 공유하고자 하는 클래스들을 내부 클래스로 선언하는 방법이다. 두 번째 방법에 비해 한정적이기는 하지만 가능한 방법이다.

```
public class SharedTest {
	private int sharedVariable;
	public final int sharedConstant = 100;
```

```
        public static void main(String[] args) {
                SharedTes app = new SharedTes();
                SharedTes.A ob1 = app.new A();
                ob1.updateData();
                SharedTes.B ob2 = app.new B();
                ob2.readData();
        }

        class A {
                public void updateData() {
                        System.out.println("상수 : " + sharedConstant);
                        sharedVariable = 5;
                }
        }

        class B {
                public void readData() {
                        System.out.println("상수 : " + sharedConstant);
                        System.out.println(sharedVariable);
                }
        }
}
```

실습 9.2 생산자와 소비자

생산자 클래스에서 2~5개의 0~100 사이의 양의 정수를 무작위로 생성하고, 이를 소비자 클래스에서 2~5개 소비하는 예를 통해 클래스 간의 데이터 공유 방법을 익혀보자. 먼저 공유 데이터 클래스를 아래와 같이 작성한다. 읽어 들일 데이터가 없으면 음수 값을 반환하며, 반대로 버퍼가 꽉 차서 더 이상 저장할 공간이 없을 경우도 음수 값을 반환하도록 하였다.

```
class SharedData {
        private static int count = 0;
        public final static int MaxSize = 100;
        private static int[] buffer = new int[MaxSize];
```

```
	public static int getVal() {
		if (count != 0) return buffer[--count];
		else return -1;
	}
	public static int setVal(int s) {
		if (count != MaxSize) {
			buffer[count++] = s;
			return count;
		}
		else return -1;
	}
}
```

먼저, 생산자 클래스는 2~5개의 0~100 사이의 정수를 생성하여 이를 공유 데이터에 추가하도록 아래와 같이 작성한다. 몇 개의 정수를 생성할지, 어떤 정수를 생성할지는 Random 클래스의 nextInt() 메서드를 사용하여 구현했다.

```
class Producer {
	private Random generator = new Random();
	public void produce() {
		int loop = generator.nextInt(4) + 2;
		int res, val;
		for(int i=0; i<loop; i++) {
			val = generator.nextInt(101);
			res = SharedData.setVal(val);
			if (res <0) System.out.println("write : 버퍼가 꽉 차 데
			이터를 추가할 수 없습니다.");
			else System.out.println("write : " + val);
		}
	}
}
```

소비자 클래스는 2~5개의 0~100 사이의 정수를 공유 데이터로부터 읽어 들이도록 아래와 같이 작성한다. 몇 개의 정수를 읽어 들일지는 Random 클래스의 nextInt() 메서드를 사용하여 구현하였다.

```
class Consumer {
	private Random generator = new Random();
	public void consume() {
		int loop = generator.nextInt(4) + 2;
		int res;
		for(int i=0; i<loop; i++) {
			res = SharedData.getVal();
			if (res <0) System.out.println("read : 데이터가 없습니
			다.");
			else System.out.println("read : " + res);
		}
	}
}
```

제대로 동작하는지 확인하기 위해 아래와 같이 main 메서드를 작성한다.

```
public class SharedDataTest {
	public static void main(String[] args) {
		// TODO Auto-generated method stub
		Consumer c = new Consumer();
		Producer p = new Producer();

		for(int i=0; i < 3; i++) {
			p.produce();
			c.consume();
		}
	}
}
```

위 코드를 실행시키면 다음과 같은 결과를 얻을 수 있다. 결과가 의도대로 동작하는지 확인해보기 바란다.

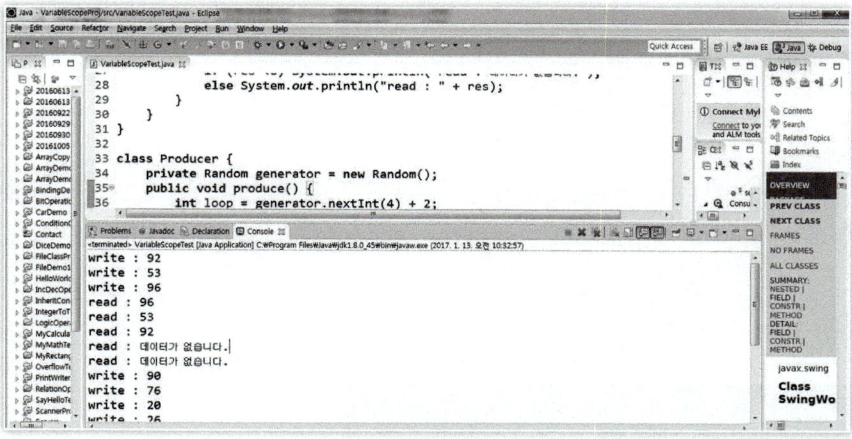

9.3 패키지

Java에서는 관련 있는 클래스들을 구성하기 위해 패키지(package)를 사용한다. 패키지는 C++에서의 이름 공간(namespace)에 대응하는 것으로 볼 수 있다. 소스 파일에 package문을 사용하여 클래스의 패키지를 지정하면 된다. 그리고 소스 파일에 자신이 속할 패키지를 지정하지 않은 클래스는 자동적으로 '이름 없는 패키지'에 속하게 된다. 결국 패키지를 지정하지 않는 모든 클래스들은 같은 패키지에 속하는 셈이다.

처음 자바를 접하면 소스 파일 위치와 컴파일된 클래스 파일의 위치가 패키지명과 어떤 관계에 있는지 궁금해 한다. 결론적으로 소스 파일의 위치는 패키지명과 무관하지만, 컴파일된 클래스 파일의 위치는 패키지명과 밀접한 관계가 있다. 즉, 어떤 자바 클래스의 패키지명이 'bmkim.java'라면 컴파일된 클래스는 '클래스 시작 디렉토리\bmkim\java' 폴더 밑에 위치하게 된다. '클래스 시작 디렉토리'는 컴파일 시에 사용자가 지정할 수 있다.

실습을 통해 확인해 보기로 하자. 먼저, 아래와 같은 코드를 Notepad와 같은 문서 편집기를 사용하여 작성하고, 'C:\Temp' 폴더 밑에 저장하자.

```
public class packageTest {
        public static void main(String[] args) {
              System.out.println("test");
```

```
        }
}
```

자바 소스 코드의 컴파일은 윈도우 콘솔 창에서 아래 그림과 같이 하면 된다. 그러면 작업 디렉토리 밑에 클래스 파일이 생성되는데, 이 클래스 파일을 java 명령을 사용하여 실행한다.

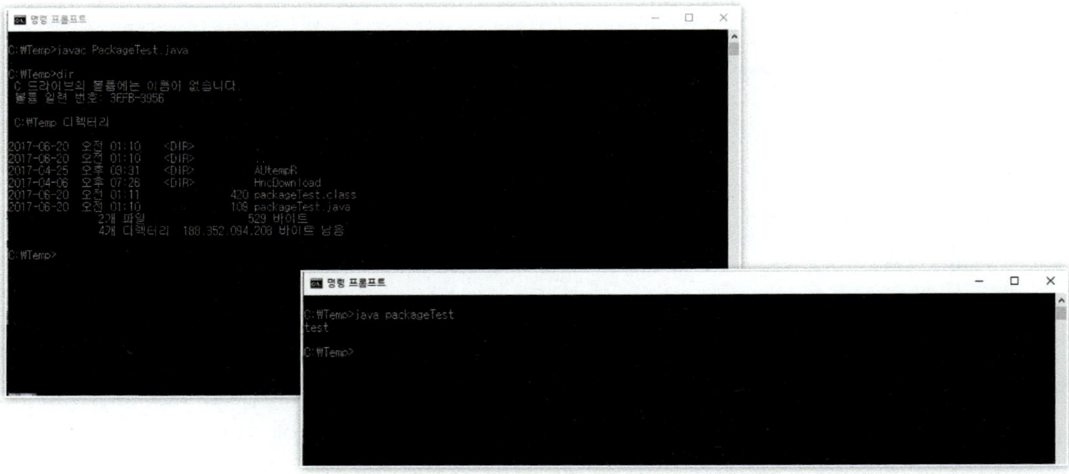

위의 예는 클래스의 패키지 지정이 안 되어 있기 때문에 현 작업 디렉토리에 컴파일된 클래스 파일이 생성되지만, 패키지가 지정될 경우는 컴파일하는 방법도 약간 달라지고 컴파일된 클래스가 저장되는 위치도 달라진다. 예를 들어, 위의 packageTest 자바 파일에 아래와 같이 패키지를 지정하자.

```
package bmkim.java;
public class packageTest {
        public static void main(String[] args) {
            System.out.println("test");
        }
}
```

그런 후, 아래와 같이 -d 옵션을 주고 컴파일하여, dir 명령을 통해 현 디렉토리의 내용을 보자. 그림에서 보는 바와 같이 bmkim 폴더가 생성되고 해당 폴더로 이동하면 하위 폴더로 java 폴더가 있고 그 안에 컴파일된 클래스 파일의 존재를 확인할 수 있다.

실행 시에는 c:\Temp 폴더 밑에 다음 그림과 같이 패키지명과 함께 클래스명을 기술해주면 된다.

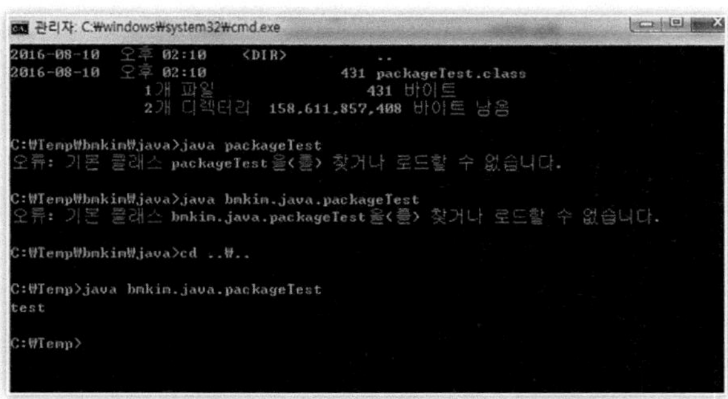

위의 예에서는 컴파일된 클래스 파일이 현 디렉토리 밑에 패키지 구조에 맞게 저장되었는데, 그 저장 시작 디렉토리를 환경 변수인 CLASSPATH를 이용해 지정해줄 수도 있고, 자바 실행 시 –d 옵션을 사용해 지정할 수도 있다. 예를 들어, 위 예제에 사용하였던 클래스를 컴파일할 때 다음과 같이 특정 디렉토리에 생성되도록 하자.

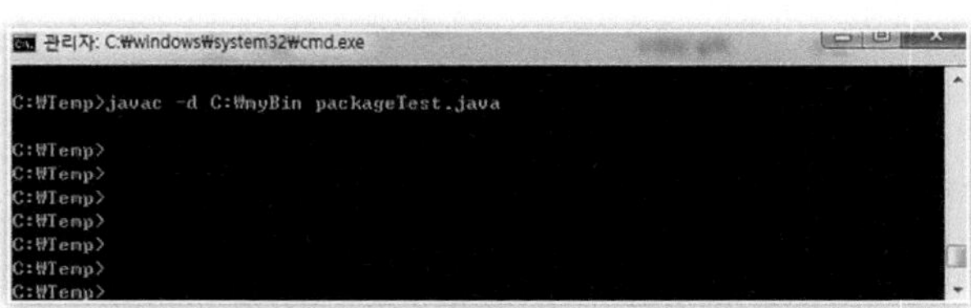

현 디렉토리 밑에 있지 않은 클래스 파일을 실행시킬 경우, 아래처럼 자바 프로그램 실행 시 –classpath 옵션을 사용해 지정하면 된다.

만약, 매번 –classpath 옵션을 지정하는 것이 귀찮다면 CLASSPATH에 해당 디렉토리를 추가하면 된다. 먼저, 제어판 〉 시스템 및 보안 〉 시스템을 선택하여, 왼쪽 패널에 있는 '고급 시스템 설정'을 선택한다. 그러면, 아래와 같은 화면이 뜨는데, 여기서 환경 변수 버튼을 클릭한다.

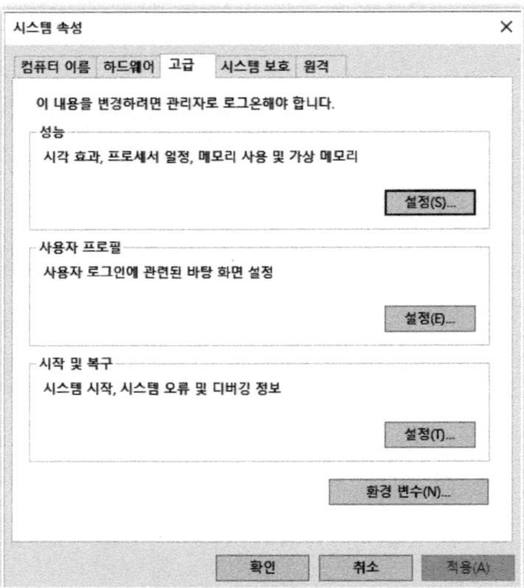

환경 변수 설정 화면이 나오면 시스템 변수 부분의 새로 만들기 버튼을 누른 후, CLASSPATH 변수를 아래와 같이 추가한다.

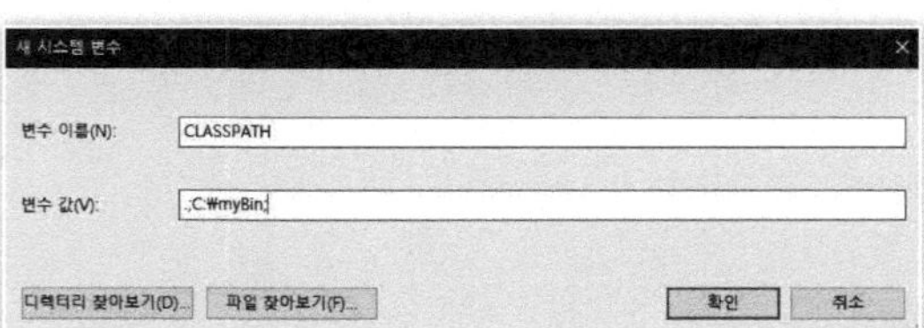

설정이 끝나면 cmd 명령을 다시 실행하여 명령 창을 다시 띄운 후, 아래 화면처럼 환경 변수가 제대로 설정되어 있는지 확인하고 클래스 파일을 실행한다.

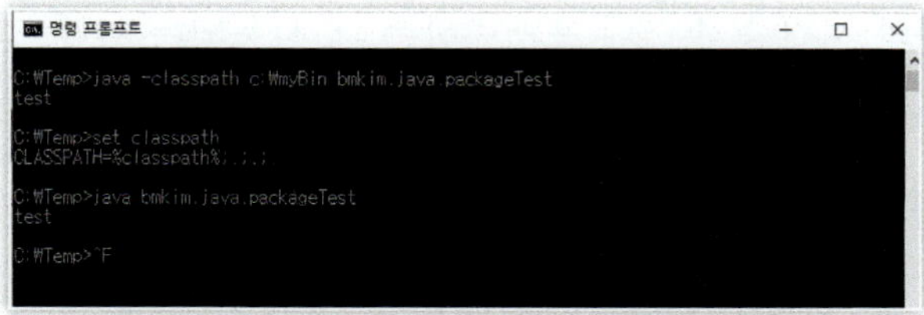

이클립스를 사용하여 프로그램을 작성하고 컴파일할 경우가 많은데, 이클립스에서는 과연 어떤 형태로 소스 파일과 컴파일된 클래스를 관리하고 있을까? 이클립스에서는 프로젝트 단위로 관리되는데, 프로젝트를 생성하면 이클립스 기본 작업 디렉토리(C:사용자\로그인 사용자명\workspace) 밑에 프로젝트 이름의 폴더가 생성된다. 해당 폴더 밑에 bin과 src 폴더가 있는데, src 폴더에 여러분이 생성한 소스 파일들이 패키지 구조에 맞추어 저장되며, bin 폴더에는 컴파일된 클래스 파일들이 패키지 구조에 맞추어 저장된다.

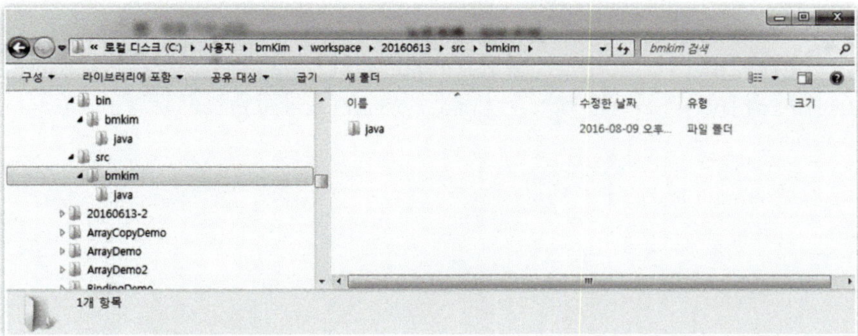

9.4 import문

다른 패키지의 클래스를 사용할 때는 패키지명이 포함된 이름을 사용해야 한다. 하지만 import문으로 사용하고자 하는 클래스의 패키지를 미리 명시해주면 소스 코드에 사용되는 클래스 이름에서 패키지명은 생략 가능하다. 모든 소스 파일(.java)에서 import문은 package문 다음에, 그리고 클래스 선언문 이전에 위치한다. import문은 package문과는 달리 한 소스 파일에 여러 번 선언할 수 있다. 한 패키지에서 여러 클래스를 사용하는 경우 클래스의 이름을 일일이 지정해주는 것보다 **'패키지명.*'**과 같이 하는 것이 편리하다.

다음의 예는 java.text 패키지 내의 SimpleDateFormat 클래스와 java.util 클래스 내의 Date 클래스를 사용하기 위해 이 클래스들을 import하는 예이다. import하지 않고 사용해도 되지만 그럴 경우 해당 클래스 안에 매번 패키지명을 기술해주어야 하는 번거로움이 따른다.

참고로, SimpleDateFormat 클래스는 날짜와 시간을 손쉽게 포맷팅하는 데 사용되는 클래스이다. 원하는 포맷 객체를 생성한 후, Date 객체를 인수로 하여 이 객체의 format 메서드를 호출하면 지정된 형태의 날짜나 시간 문자열을 얻을 수 있다.

```
import java.text.SimpleDateFormat;
import java.util.Date; class ImportTest

public class Program {
   public static void main(String[] args)
   {
      Date today = new Date();

      SimpleDateFormat date = new SimpleDateFormat("yyyy/MM/dd");
      SimpleDateFormat time = new SimpleDateFormat("hh:mm:ss a");

      System.out.println("오늘 날짜는 " + date.format(today));
      System.out.println("현재 시간은 " + time.format(today));
   }
}
```

9.5 C++ 대 Java

여기서는 C++ 프로그래머를 위해 C++와 자바의 몇 가지 차이점을 살펴보고, C++ 코드를 자바로 바꾸는 몇 개의 예를 통해 그 차이점을 익히도록 한다. C++를 배우지 않는 사람들은 이 부분을 건너뛰어도 무방하다.

클래스 정의 차이점

자바에서는 클래스의 데이터 멤버를 **필드**라 하는데, C++의 데이터 멤버와 별 차이가 없다. 단, 자바에서의 패키지가 있기 때문에 접근 한정자에 package-private가 더 추가된다. package-private은 해당 멤버를 선언한 클래스와 이 클래스와 같은 패키지에 있는 모든 클래스에서 접근할 수 있는 접근자이다. 이 접근자가 기본 접근자이기 때문에 접근자를 지정하지 않으면 이 접근자로 취급된다.

필드들은 명시적으로 초기화하지 않을 경우, 수치형은 0, 부울형은 false, 참조형은 null로 초기화된다. 참고로, C++에서는 자동으로 초기화되지 않는다. 또한, C++에서는 멤버의 접근자를 그룹별로 지정하는 반면 자바에서는 필드(데이터 멤버)별로 접근자를 지정해주어야 한다. 그리고 C++와 마찬가지로 될 수 있으면 필드는 private로 선언하고 대신에 접근자(getter와 setter)를 통해 접근하는 것이 좋다. 접근자를 통해 접근함으로써 인가되지 않은 값들, 예를 들어 범위를 벗어난 값들의 사용을 막을 수 있다.

자바 클래스의 메서드는 선언과 구현이 같이 이루어져야 한다. C++에서는 클래스 내에 선언만하고 구현은 별도의 파일에 할 수 있었으나 자바에서는 그렇지 않다. 그리고 메서드(멤버 함수)별로 접근자를 지정해주어야 한다.

C++와 마찬가지로 메서드의 지역 변수는 자동으로 초기화되지 않으며, 초기화되지 않은 채로 사용하면 컴파일 오류가 발생한다. 그리고 메서드는 중복 정의가 가능하다. 즉, 인수의 개수가 다르거나, 인수의 개수가 동일할 경우 인수 타입의 일부를 다르게 하여 같은 이름의 메서드를 여러 개 정의할 수 있다.

이 코드는 앞의 내용을 바탕으로 Car 클래스를 정의한 예이다. 보는 바와 같이 각 필드들과 메서드마다 접근자가 붙어 있으며, 메서드는 선언과 함께 구현되어 있는 것을 볼 수 있다. 또한, 필드는 모두 private로 선언되어 있다. 보통의 경우는 이 필드들을 접근하기 위한 공개된 메서드, 즉 getter와 setter를 제공하는 것이 일반적이지만 지면 관계상 생략한다.

```
class Car {
        // 필드 선언
        private int speed; // 속도
        private int gear; // 기어
        private String color; // 색상

        // 메서드 선언
        public void speedUp()
        { // 속도 증가 멤버 함수
              speed += 10;
        }
        public void speedDown()
        { // 속도 감소 멤버 함수
              speed -= 10;
        }
}
```

객체 생성 방법

클래스를 정의하는 방법을 살펴보았으니 여기서는 클래스로부터 객체를 생성하여 사용하는 법을 살펴보기로 한다. 자바의 데이터 타입은 값형과 참조형으로 나누어 볼 수 있다. 값형 변수는 C++처럼 변수만 선언하면 되지만, 참조형 변수는 변수를 선언하면 객체는 생성되지 않고 객체의 레퍼런스(참조)를 저장할 수 있는 공간만 할당된다. 따라서 자바에서는 클래스 타입의 변수를 선언한 후, new를 사용하여 객체를 생성하여야 한다. 참고로, C++에서는 클래스 타입의 변수만 선언해도 객체가 생성된다. 처음 자바를 배울 때 이 점을 간과하여 오류가 많이 발생한다. 필드나 메서드의 접근은 C++와 마찬가지로 객체를 이용하여 '**객체참조.필드명**' 또는 '**객체참조.메서드명**' 형태로 접근한다.

콘솔 입출력 차이점

지금부터 C++ 코드를 Java코드로 변환하는 실습을 시작하기에 앞서 알아두어야 할 몇 가지를 살펴보기로 한다. 먼저, C++에서 콘솔 출력을 담당하는 객체는 cout인데 이에 대응되는 객체는 System 클래스의 out 정적 필드에 저장되어 있다. 따라서 콘솔로 출력할 경우는 System.out.Print 메서드나 System.out.Println 메서드를 이용하면 된다. 이 두 메서드의 차이점은 줄 바꿈이 있느냐 그렇지 않으냐에 있다.

콘솔에서 데이터를 읽을 경우에 C++에서는 cin 객체를 이용한다. 자바에서는 System 클래스의 in 정적 필드에 저장되어 있는 객체를 이용하면 되지만 이 객체는 바이트 단위의 입력을 담당하므로 이를 직접 이용하기보다는 이를 기반으로 하면서도 보다 사용이 편한 Scanner 클래스나 BufferedReader 클래스를 이용한다. Scanner 클래스를 이용할 경우는 System.in 객체를 인수로 하여 Scanner 객체를 생성하고, 이 객체를 통해 읽고자 하는 데이터의 타입에 맞는 메서드를 호출하여 읽어 들인다.

```
Scanner inp = new Scanner(System.in);
int i = inp.nextInt();
String s = inp.nextLine();
Double d = inp.nextDouble();

System.out.println(i);
System.out.println(s);
```

```
    System.out.println(d);
    inp.close();
```

BufferedReader 클래스를 이용할 경우는 먼저 System.in 객체를 인수로 하여 InputStreamReader 객체를 생성하고, 다시 이 객체를 인수로 하여 생성된 BufferedReader 객체를 통해 한 줄의 값을 문자열로 읽어 들인다. 필요할 경우 이 값을 숫자로 변환하여 사용한다.

```
    Reader isr = new InputStreamReader(System.in);
    BufferedReader br = new BufferedReader(isr);

    String s = br.readLine();
    int i = Integer.parseInt(s);

    System.out.println(i);

    br.close();
    isr.close();
```

후향 참조

자바에서는 후향 참조가 가능하다. 즉 사용자 정의 클래스를 사용할 경우, 그 클래스가 반드시 사용 전에 정의될 필요가 없다. 다음 코드에 보는 바와 같이 C++에서는 main 함수에서 Car 클래스를 사용할 경우, Car 클래스 정의가 main 함수 앞에 정의되든지 아니면 최소한 Car가 클래스임을 선언해야 한다. 하지만, 자바에서는 그런 제약이 없다. 세 번째 코드 예제와 같이 먼저 사용하고 뒤에 그 클래스에 대한 정의가 나와도 상관이 없다.

```
// C++에서
class Car {
        …
}

int main()
```

```
{
        Car localCar;

        …
        return 0;
}

// C++에서
class car;
int main()
{
        Car localCar;

        …
        return 0;
}

class Car {
        …
}

// 자바에서
class PackageTest
{
     public static void main(String[] args)
     {
          Car localCar = new Car();

          …
     }
}
class Car {
        …
}
```

실습 9.3 C++ 코드를 자바로 변환하기–Car 클래스

처음 실습할 C++ 예제는 Car 클래스와 main 함수로 이루어진 간단한 프로그램이다. 자바 Car 클래스 안에 main 메서드를 포함하도록 할 수도 있지만, 여기서는 두 개의 클래스로 작성하기로 한다. 하나는 main 메서드만 포함하는 Program 클래스이고 다른 하나는 Car 클래스이다. 각자 앞에 설명한 내용을 참고하여 작성해보자.

```
#include <iostream>
using namespace std;

class Car {
public:
        int getSpeed();
        void setSpeed(int s);
        void honk();
private:
        int speed;              // 속도
};

int Car::getSpeed()
{
        return speed;
}
void Car::setSpeed(int s)
{
        speed = s;
}
    void Car::honk()
{
        cout << "빵빵!" << endl;
}
int main()
{
        Car myCar;
        myCar.setSpeed(80);
        myCar.honk();
        cout << "현재 속도는 " << myCar.getSpeed() << endl;
```

```
        return 0;
}
```

_ 코드 인용(Power C++, 천인국, 인피니티북스)

먼저, main 메서드부터 작성해 보자. Program 클래스를 열고 그 안에 "public static void main(String[] args)" 메서드를 선언한다. 다음에 main 함수 안의 C++ 코드를 복사해 메인 메서드의 바디 안에 복사한다. 일단, 아래와 같이 객체 생성 부분을 추가해야 할 것이다. 그런 다음 콘솔 출력 부분도 다음과 같이 바꿔 준다. 여러 내용을 출력할 경우, 자바에서는 문자열 덧셈 연산자를 쓴다. 출력하고자 하는 내용들을 하나의 문자열로 만든 후, 그 문자열을 System.out.Println 메서드를 통해 출력하면 된다. + 연산자는 피연산자 중 하나가 문자열이면 문자열 덧셈을 한다.

```
public class Program
{
     public static void main(String[] args)
     {
       Car myCar = new MyCar();

       myCar.setSpeed(80);
       myCar.honk();
       System.out.println("현재 속도는 " + myCar.getSpeed());
     }
}
```

이번에는 Car 클래스를 작성해보자. Package Explorer에서 src 폴더 밑의 패키지명을 우클릭하여 class를 선택하고, 클래스 이름으로 Car를 입력하면 Car 클래스 기본 골격이 작성된다. 그 안에 C++ 코드를 복사하자. 먼저, 필드인 speed 앞에 private 키워드를, 그리고 메서드들 앞에 public 키워드를 각각 추가하고, 밑에 별도로 구현되어 있는 메서드 C++ 구현 코드를 복사하여 메서드 바디 안에 놓는다. 복사한 후에는 각 메서드의 구현 코드 중 손볼 부분을 확인하여 수정한다. 이 예에서는 honk 메서드의 콘솔 출력 부분을 앞에서 배운 것과 동일하게 변환시키면 된다.

```
public class Car
{
     private int speed;

     public int getSpeed() {return speed;}
     public void setSpeed(int s) {speed = s;}
     public void honk() { System.out.println("빵빵!");}
}
```

실습 9.4 C++ 코드를 자바로 변환하기–주사위 숫자 맞추기 프로그램

두 번째 실습할 C++ 코드는 주사위 숫자 맞추기 프로그램이다. 이 프로그램은 DiceGame 클래스와 메인 함수로 구성되어 있다. 이번에도 두 개의 클래스로 작성하도록 한다. 하나는 main 메서드만 포함하는 Program 클래스이고 다른 하나는 DiceGame 클래스이다.

```
#include <iostream>
#include <string>
#include <math>
using namespace std;

class DiceGame {
       int diceFace;
       int userGuess;

       void RollDice()
       {
              diceFace = (int)(rand() * 6) + 1;
       }
       int getUserInput(string prompt)
       {
              int r;
              cout << prompt;
              cin >> r;
              return r;
```

```
        }
void checkUserGuess()
        {
                if( diceFace == userGuess )
                        cout << "맞았습니다.";
                else
                        cout << "틀렸습니다.";
        }
public:
        void startPlaying()
        {
                userGuess = getUserInput("예상 값을 입력하시오.: ");
                RollDice();
                checkUserGuess();
        }
};
int main()
{
                DiceGame game;
                game.startPlaying();
}
```

_ 코드 인용(Power C++, 천인국, 인피니티북스)

먼저 main 메서드부터 작성해보자. Program 클래스를 열고 그 안에 main 메서드를 선언한다. 그 다음에 main 함수 안의 C++ 코드를 복사해 메인 메서드의 바디 안에 복사한다. 이번에는 아래 보인 바와 같이 객체 생성 부분만 추가하면 될 것 같다.

```
public class Program
{
     public static void main(String[] args)
     {
                DiceGame game = new DiceGame();
                game.startPlaying();
     }
}
```

이번에는 DiceGame 클래스를 작성해보자. Package Explorer에서 src 폴더 밑의 패키지명을 우클릭하여 class를 선택하고, 클래스 이름으로 DiceGame을 입력하면 DiceGame 클래스 기본 골격이 작성된다. 그 안에 C++ 코드를 복사한다. 먼저, 필드인 diceFace와 userGuess 앞에, 그리고 RollDice, getUserInput, checkUserGuess 메서드 앞에 private 키워드를, 그리고 startPlaying 메서드들 앞에 public 키워드를 추가하고, 메서드 C++ 구현 코드를 복사하여 메서드 바디 안에 놓는다. 복사한 후에는 각 메서드의 구현 코드 중 손볼 부분을 수정한다.

먼저, RollDice 메서드의 바디 부분을 수정해야 하는데, C++와 자바에서의 랜덤 생성 방법이 다르기 때문에 자바에 맞게 수정해 주어야 한다. 자바에서의 랜덤 생성 방법은 두 가지가 있다. 하나는 Random 클래스를 이용하는 것으로, 먼저 Random 객체를 생성한 후 이 객체를 통해 필요한 랜덤 함수를 호출한다. nextInt 메서드는 인수 없이 호출하면 임의의 정수(0 포함)를 넘겨주고, 숫자를 인수로 해서 호출하면 인수보다 적은 임의의 정수(0 포함)를 넘겨준다.

```
Random random = new Random();

System.out.println(random.nextBoolean());
System.out.println(random.nextDouble());
System.out.println(random.nextInt());
System.out.println(random.nextInt(10) + 1); // 1~10 사이 정수
```

다른 하나는 Math 클래스를 이용하는 것으로, 이 클래스에는 random이라는 정적 메서드가 있다. 정적 메서드이므로 객체를 통해 접근하지 않고 클래스명을 통해 접근하면 된다. 이 메서드는 0과 1 사이의 값을 반환하기 때문에 원하는 크기만큼 확대하여 사용해야 한다. 랜덤 숫자를 생성하는 방법은 다른 곳에서도 유용하게 사용할 수 있으니 잘 기억해 두어야 한다.

```
int randVal = (int) (Math.random() * 10 + 1);
```

getUserInput 메서드 안에 있는 cout과 cin을 앞에서 배운 방법으로 자바 코드로 변환한다. cout은 System.out.print로, cin은 Scanner 클래스나 BufferedReader 클래스를 이용한다. 여기서는 Scanner 클래스를 이용하여 다음과 같이 변환한다.

```
    Scanner inp = new Scanner(System.in);
    int i = inp.nextInt();
```

checkUserGuess 메서드 안에 있는 cout도 마찬가지로 System.out.println으로 변경한다. startPlaying 메서드의 바디는 고칠 필요가 없다. 전체 수정 후 코드는 아래와 같다.

```
public class DiceGame
{
        private int diceFace;
        private int userGuess;

        private void RollDice()
        {
                diceFace = (int)(Math.random() * 6) + 1;
        }
        private int getUserInput(string prompt)
        {
                int r;

                System.out.print(prompt);
                Scanner inp = new Scanner(System.in);
                r = inp.nextInt();

                return r;
        }
        private void checkUserGuess()
        {
                if( diceFace == userGuess ) System.out.print("맞았습니다");
                else System.out.print("틀렸습니다");
        }

        public void startPlaying()
        {
                userGuess = getUserInput("예상 값을 입력하시오: ");
                RollDice();
                checkUserGuess();
        }
}
```

10 생성자와 소멸자

이번 장에서는 객체 생성과 소멸 시에 자동으로 실행되는 특수 형태의 메서드인 생성자와 소멸자에 대해서 살펴본다.

10.1 생성자

생성자는 클래스로부터 객체가 생성되면서 자동으로 호출되는 메서드로 주로 객체의 데이터, 즉 필드를 초기화하는 데 사용된다. 생성자는 클래스 이름과 동일한 이름을 사용하며 반환형이 없어야 한다. C++에서는 public 접근자만 허용되지만 자바에서는 private와 protected 접근자도 가능하다. Private이면 같은 클래스 내에서만 객체 생성이 가능하며, Protected이면 파생 클래스에서도 객체 생성이 가능하다.

아래의 예는 인수가 두 개인 생성자를 갖는 Cat 클래스를 정의하고 이의 사용법을 보여주는 예이다. 코드에서 보이는 바와 같이 클래스명과 메서드명이 동일하며 반환형이 없다는 것을 확인할 수 있다. 생성자에 인수가 있을 수도 있고 없을 수도 있는데, 있을 경우에는 아래의 예처럼 객체 생성 시에 그 인수를 전달해주어야 한다. 생성자에서는 주로 사용자가 전달한 인수를 객체 필드에 저장하는 작업을 수행한다.

```
public class ConstructorExample {

        public static void main(String[] args) {
              Cat c = new Cat("이쁜이",45);
```

```
                System.out.println(c.toString() + "의 몸무게는 " +
                c.getSize());
        }

}

class Cat {
        int size;
        String name;

        public Cat(String n, int s) {
                name = n;
                size = s;
        }
        public int getSize() {return size;}
        public String toString() {return name;}
}
```

만약 위의 코드에서 Cat 생성자의 접근자를 public에서 private으로 바꾸면 어떻게 될까? 시도해보면 아마도 컴파일 오류가 발생하고, 마우스를 그 위치에 갖다 대면 다음과 같은 메시지가 출력될 것이다. 이는 생성자의 접근자가 private로 선언되어 있어 다른 클래스 내에서는 객체를 생성할 수 없기 때문이다.

```
The constructor Cat(String, int) is not visible
```

실습 10.1 학생 성적 클래스 정의하기

8장에서 한 학생의 국어, 영어, 수학 성적 정보에 대응되는 StudentScore 클래스를 정의하고, 이를 이용하여 전체 평균과 과목별 평균을 구하는 프로그램을 작성했다. 이 StudentScore 클래스에는 생성자가 없어 객체를 초기화하기 위해 StudentScore 객체를 생성한 후 초기화 메서드 setInfo()를 사용하였다. 여기서는 앞서의 방법 대신 생성자를 사용해 초기화해보자.

먼저, 아래의 코드처럼 StudentScore 클래스의 생성자를 추가하고 그 구현은 setInfo() 메서드와 동일하게 작성한다. 대신에 setInfo() 메서드는 제거한다.

```
class StudentScore {
        String sname;
        int sid, kor, eng, math;

        public StudentScore (String name, int id, int k, int e, int m) {
                sname = name; sid = id; kor = k; eng = e; math = m;
        }
        double getAverage() { return (kor + eng + math)/3.0;}
        String getInfo() {return sname + ", " + sid + ", " + kor + ", " +
        eng + ", " + math;}
}
```

main 메서드에서 객체를 초기화하기 위해 setInfo 메서드를 호출하는 부분을 제거하고, 대신에 객체 생성 시에 초기화에 필요한 값을 넘겨주도록 수정한다.

```
public StudentScoreTest {
        public static void main(String[] args) {
                // TODO Auto-generated method stub
                int korSum = 0, engSum = 0, mathSum = 0;
                double totalSum = 0.0, korAvg, engAvg, mathAvg, totalAvg;

                StudentScore [] students = new StudentScore[3];
                students[0] = new StudentScore("bmkim1", 2016001, 70, 80,
                90);
                students[1] = new StudentScore("bmkim2", 2016002, 60, 70,
                80);
                students[2] = new StudentScore("bmkim3", 2016003, 50, 60,
                70);

                for(int i=0; i < 3; i++) {
                        System.out.println(students[i].getInfo());
                        korSum += students[i].kor;
                        engSum += students[i].eng;
                        mathSum += students[i].math;
                        totalSum += students[i].getAverage();
                }
```

```
            korAvg = korSum / 3.0;
            engAvg = engSum / 3.0;
            mathAvg = mathSum / 3.0;
            totalAvg = totalSum / 3.0;
            System.out.println("국어 평균 : " + korAvg);
            System.out.println("영어 평균 : " + engAvg);
            System.out.println("수학 평균 : " + mathAvg);
            System.out.println("전체 평균 : " + totalAvg);
      }
}
```

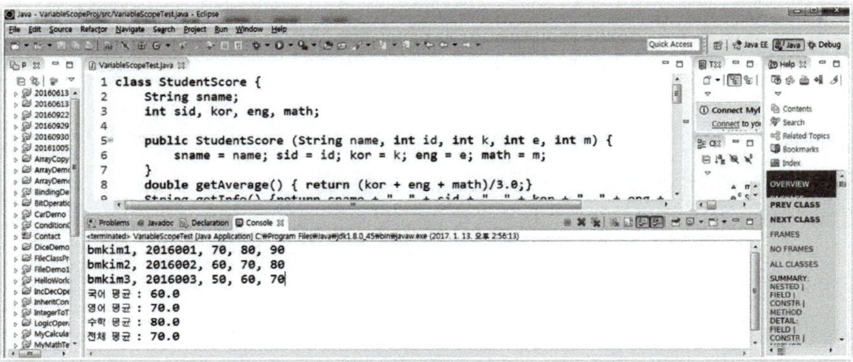

10.2 생성자 중복 정의

생성자는 보통 여러 형태로 중복 정의된다. 즉 객체 생성을 인수가 없는 형태로 할 수도 있고 하나 또는 두 개의 인수를 갖는 등 여러 형태로 생성할 수 있도록 여러 개의 생성자를 제공한다. 단, 생성자도 메서드의 일종이므로 메서드 오버로딩 규칙에 맞게 중복 정의해야 한다. 예를 들어, 위의 Cat의 경우도 인수 없이 생성할 수 있도록 아래와 같이 무인 생성자 또는 디폴트 생성자를 제공할 수 있다. 디폴트 생성자는 보통 객체의 필드 값을 기본 값으로 설정하는 형태로 구현된다.

```
class Cat {
      int size;
      String name;
```

```
	public Cat() {
		name = "영순이";
		size = 50;
	}
	public Cat(String n, int s) {
		name = n;
		size = s;
	}
	public int getSize() {return size;}
	public String toString() {return name;}
}
```

클래스 내에 별도로 생성자를 정의해주지 않으면 컴파일러에 의해 디폴트 생성자가 추가된다. 이 디폴트 생성자는 특별한 작업을 수행하지 않는다. 위의 예에서 생성자를 모두 제거하고 main에서 인수 없이 객체를 생성하도록 해보자. 별 이상 없이 컴파일되며 다음과 같은 결과를 얻을 수 있을 것이다. 이는 디폴트 생성자가 초기화한 것이 아니라, 필드는 기본적으로 값형인 경우는 0으로, 객체형인 경우는 null로 초기화되기 때문이다. 컴파일러가 제공한 디폴트 생성자는 아무 작업도 하지 않도록 되어 있다.

```
null의 몸무게는 0

public class ConstructorExample {

	public static void main(String[] args) {
		Cat c = new Cat();

		System.out.println(c.toString() + "의 몸무게는 " +
		c.getSize());
	}

}

class Cat {
	int size;
	String name;
```

```
        public int getSize() {return size;}
        public String toString() {return name;}
}
```

실습 10.2 생성자 중복

8장에서 사각형 클래스를 정의할 때는 생성자 없이 작성했는데, 여기서는 여러 형태의 생성자를 제공하는 형태로 작성해보자. 다음과 같은 형태로 사각형 객체를 생성할 수 있도록 해보자.

```
MyRectangle r1 = new MyRectangle();
MyRectangle r2 = new MyRectangle(new Point(3,3), 5, 6);
MyRectangle r3 = new MyRectangle(3, 3, 5, 6);
```

세 종류의 생성자를 지원할 수 있도록 MyRectangle 클래스와 MyPoint 클래스를 아래와 같이 작성한다.

```
class MyPoint {
   private int x, y;

   public MyPoint() {x = 0; y =0;}
   public MyPoint(int a, int b) { x = a; y= b;}

   public int getX() {return x;}
   public void setX(int newX) {x = newX;}
   public int getY() {return y;}
   public void setY(int newY) {y = newY;}
}

class MyRectangle {
   private MyPoint corner;
   private int width, height;

   public MyRectangle() {
```

```
        corner = new MyPoint(0, 0);
        width = 0; height = 0;
    }
    public MyRectangle(MyPoint p, int w, int h) {
        corner = p;
        width = w; height = h;
    }
    public MyRectangle(int x, int y, int w, int h) {
        corner = new MyPoint(x, y);
        width = w; height = h;
    }

    public MyPoint getPoint() {return corner;}
    public void setPoint(MyPoint newP) {corner  = newP;}
    public int getWidth() {return width;}
    public void setWidth(int newW) {width = newW;}
    public int getHeight() {return height;}
    public void setHeight(int newY) {height = newY;}
    public void resize(int newW, int newH) {width = newW; height = newH;}
    public int getArea() {return width *height;}
}
```

제대로 동작하는지 확인하기 위해 아래와 같이 main 메서드를 작성하여 실행해보자.

```
public class MyRectangleTest {
        public static void main(String[] args) {
                MyRectangle r1 = new MyRectangle();
                MyRectangle r2 = new MyRectangle(new MyPoint(3,3), 5, 6);
                MyRectangle r3 = new MyRectangle(3, 3, 6, 6);

                System.out.println("r1 면적은 " + r1.getArea() + "입니다.");
                System.out.println("r2 면적은 " + r2.getArea() + "입니다.");
                System.out.println("r3 면적은 " + r3.getArea() + "입니다.");
        }
}
```

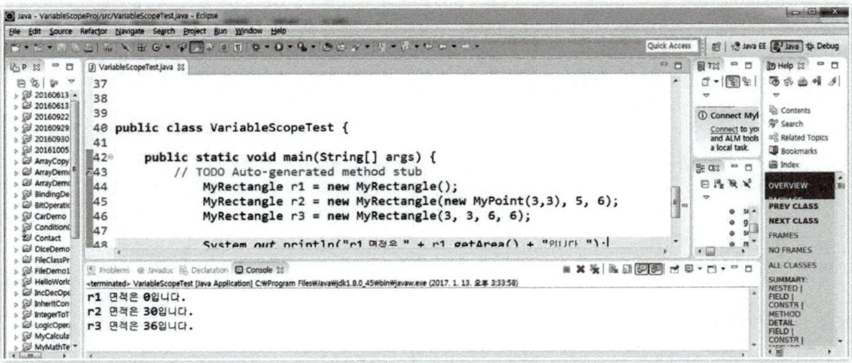

10.3 생성자와 this 키워드

이번에는 생성자 정의 시 다른 생성자를 호출하는 예제를 살펴보자. 이번에도 앞의 예제를 수정하여 사용하는데, 디폴트 생성자를 별도로 구현하지 않고 유인 생성자를 이용하여 구현하는 것이다. 따라서 이전 코드에서 디폴트 생성자의 구현 부분을 삭제하고 대신에 유인 생성자를 호출하는 코드를 집어넣는다. 자바에서는 다른 생성자를 호출할 때 this 키워드를 사용하며 첫 문장에 나와야 한다는 점을 주의하라.

```
class Cat {
        int size;
        String name;

        public Cat() {
                this("영순이", 50);
        }
        public Cat(String n, int s) {
                name = n;
                size = s;
        }
        public int getSize() {return size;}
        public String toString() {return name;}
}
```

여기서, 주의할 것은 this 키워드가 생성자 구현의 첫 번째 문장이어야 한다는 것이다. 만약 위의 예에서 디폴트 생성자를 아래와 같이 변경하면 this문 부분에서 컴파일 오류가 발생하고, 그곳에 마우스를 위치시키면 "Constructor call must be the first statement in a constructor"라는 메시지가 출력된다.

```
public Cat() {
        System.out.println("test");
        this("영순이", 50);
}
```

KEY POINT

C++에서는 멤버 변수, 즉 필드를 간단히 초기화할 수 있는 초기화 리스트를 지원한다. 하지만 자바에서는 이러한 형태는 지원하지 않는다.

```
Car(String n, int s) : name(n), size(s) {
        ...// 만약 더 하고 싶은 초기화가 있다면 여기에
}
```

this 키워드는 동일 클래스 내의 다른 생성자를 호출할 때도 사용하지만 생성자 안에서 필드를 지칭할 경우에도 사용된다. 위의 예에서 생성자 구현 부분에서 필드를 접근하는 부분에 실제로는 this 키워드가 생략되어 있다. 실제로 생성자를 아래와 같이 수정해도 동일하다.

```
public Cat(String n, int s) {
        this.name = n;
        this.size = s;
}
```

생성자 안에 있는 변수명이 필드명과 헷갈리지 않을 경우는 this 키워드를 생략해도 컴파일러가 필드로 인식해 처리한다. 그런데 프로그램을 하다보면 종종 메서드 인수명과 필드명이 일치하는 경우가 발생한다. 즉 위의 유인 생성자를 정의할 때, 아래와 같이 정의할 수도 있다는 것이다.

```
public Cat(String name, int size) {
        name = name;
        size = size;
}
```

프로그래머는 = 연산자 왼쪽은 필드를, 그리고 오른쪽은 생성자 인수임을 분명히 알지만 컴파일러는 그렇지 못하다. = 연산자 왼쪽에 인수가 올 수도 있으므로 인수인 name인지 아니면 필드 name인지 알 수 없다. 이러한 경우, 프로그래머는 컴파일러가 혼동되지 않도록 필드명 앞에 반드시 this를 붙여주어야 한다.

실습 10.3 다른 생성자 호출하기

앞의 예제에서는 인수가 없는 생성자를 별도로 구현하였으나 아래처럼 인수가 있는 생성자를 이용해 구현할 수도 있다. main은 앞의 예제와 동일하니 아래와 같이 수정하여 실행해 보자.

```
class MyPoint {
   private int x, y;

   public MyPoint() {this(0,0);}
   public MyPoint(int x, int y) { this.x = x; this.y= y;}

   public int getX() {return x;}
   public void setX(int newX) {x = newX;}
   public int getY() {return y;}
   public void setY(int newY) {y = newY;}
}

class MyRectangle {
   private MyPoint corner;
   private int width, height;

   public MyRectangle() {
       this(new MyPoint(0,0), 0, 0);
```

```
    }
    public MyRectangle(MyPoint p, int w, int h) {
        corner = p;
        width = w; height = h;
    }
    public MyRectangle(int x, int y, int w, int h) {
        corner = new MyPoint(x, y);
        width = w; height = h;
    }

    public MyPoint getPoint() {return corner;}
    public void setPoint(MyPoint newP) {corner  = newP;}
    public int getWidth() {return width;}
    public void setWidth(int newW) {width = newW;}
    public int getHeight() {return height;}
    public void setHeight(int newY) {height = newY;}
    public void resize(int newW, int newH) {width = newW; height =
    newH;}
    public int getArea() {return width *height;}
}
```

10.4 상수 필드 및 정적 필드 초기화

상수 필드 선언 방법을 살펴보자. 자바에서는 final 키워드를 멤버 변수 앞에 붙여주고 변수의 값을 초기화하면 된다. C++에서는 final 키워드 대신에 const 키워드를 사용한다.

```
class Cat
{
    private final int MAX_SIZE = 100;        // C++에서도 가능
    private String name;
        ...
}
```

그런데 자바에서는 아래와 같이 final 키워드를 사용하여 선언만 하고 그 값은 생성자에서

초기화해도 된다. C++에서는 상수 변수를 선언하고 나중에 이 값을 초기화할 수 없다.

```
class Cat
{
   private final int MAX_SIZE;
   private String name;
       ...
   public Cat() {
       MAX_SIZE = 100; // C++에서는 불가능
   }
   ...
}
```

정적 필드는 아래처럼 정적 필드 선언과 함께 초기화한다.

```
class Cat
{
   private static int MAX_SIZE = 100;
   private String name;
       ...
}
```

그런데, 정적 필드는 클래스당 하나만 할당되기 때문에, 즉 객체마다 갖고 있는 필드가 아니므로 상수 필드를 초기화하는 두 번째 방법처럼 초기화할 수는 없다. 대신에, 정적 필드 초기화문을 사용하여 초기화한다.

```
class Cat
{
   private static int MAX_SIZE;
   private String name;
       ...
   static { MAX_SIZE = 100;}
}
```

10.5 소멸자

소멸자는 객체 소멸 시에 자동으로 호출되는 메서드로 C++에서는 클래스 이름 앞에 ~를 붙인 형태이며 반환형과 접근 한정자가 없다. 자바에는 이러한 형태의 소멸자가 제공되지 않으며 대신에 객체가 소멸되는 시점에 호출되는 finalize 메서드를 제공한다. 따라서 여러분이 정의하는 클래스에서 객체 소멸 시 실행해야 할 기능이 있다면, finalize 메서드를 재정의하면 된다. 주의할 것은 객체의 소멸 시기를 정확히 알 수 없다는 점이다. 자바에서는 C++에서처럼 delete를 통해 프로그래머가 원하는 시점에 객체를 제거할 수 없다. 프로그래머는 단지 더 이상 사용하지 않을 객체에 대해서 객체 변수를 null로 지정하고, 그러면 가비지 컬렉터가 적당한 시점에 그 객체를 제거하고 그 시점에서 finalize 메서드를 호출한다.

```
Test obj = new Test();
obj = null;
```

앞의 예에 아래와 같이 finalize 메서드를 Cat 클래스에 정의하도록 하자. 실행해보면 finalize 메서드가 실행되지 않음을 확인할 수 있을 것이다. main 메서드가 끝나는 시점에서 객체가 소멸되어야 하지만 가비지 켈렉터가 실행되지 않아 finalize 메서드가 실행되지 않고 있다.

```
public class ConstructorExample {
        public static void main(String[] args) throws Throwable {
                Cat c = new Cat("이쁜이",45);
                Cat c2 = new Cat();

                System.out.println(c.toString() + "의 몸무게는 " +
                c.getSize());
                System.out.println(c2.toString() + "의 몸무게는 " +
                c2.getSize());
        }

}

class Cat {
        int size;
```

```
    String name;

    public Cat() {
        this("영순이", 50);
    }
    public Cat(String n, int s) {
        name = n;
        size = s;
    }

    public int getSize() {return size;}
    public String toString() {
        return name;
    }
    public void finalize() throws Throwable {
        System.out.println(name + "고양이가 소멸됨");

    }
}
```

위의 예는 굳이 finalize 메서드를 정의할 필요가 없지만, 어떤 클래스에서는 생성자 부분에서 시스템 자원(예: 동적 메모리 등)을 할당받는 경우가 있다. 이러한 경우, finalize 메서드 부분에 할당받았던 시스템 자원을 환원하는 코드를 작성하는 것이 좋다. 그리고 이 클래스를 사용하는 곳에서는 객체를 사용한 후, 더 이상 객체가 필요 없으면 그대로 두지 말고 명시적으로 객체의 finalize 메서드를 호출하여 자원을 환원하게 하는 것이 좋다. 그대로 두면 자원이 언제 환원될지 예측할 수 없게 되기 때문이다. 위의 예에서 main함수를 아래와 같이 수정하여 실행해보자.

```
public static void main(String[] args) throws Throwable {
    Cat c = new Cat("이쁜이",45);
    Cat c2 = new Cat();

    System.out.println(c.toString() + "의 몸무게는 " + c.getSize());
    System.out.println(c2.toString() + "의 몸무게는 " + c2.getSize());

    c.finalize();
```

```
        c2.finalize();
}
```

10.6 생성자를 이용한 클래스 간 데이터 공유

프로그래밍하다 보면 클래스 간에 데이터를 공유해야 하는 경우가 발생한다. 9장에서 이에 대한 두 가지 방법을 살펴보았다. 여기서는 마지막으로 생성자를 이용한 데이터 공유 방법을 살펴보기로 하자.

클래스 A와 B 사이에 정수형 변수와 정수형 상수 하나를 공유해야 하는 상황이라고 가정하자. 먼저 공유할 데이터에 대한 클래스를 아래와 같이 정의한다.

```
class SharedData {
        private  int sharedVariable;
        public final  int sharedConstant = 100;
        public  int getSharedVariable() { return sharedVariable;}
        public  void setSharedVariable(int s) {sharedVariable = s;}
}
```

클래스 A와 클래스 B의 생성자 중에 SharedData의 객체를 받아들이는 생성자를 정의하고, 이 생성자에서 넘겨받은 공유 객체의 레퍼런스를 필드로 저장한다. 그런 후 필요한 메서드에서 이 필드를 통해 공유 데이터를 접근하도록 하면 된다. 예를 들어, 클래스 A의 updateData 메서드에서 sharedConstant의 값을 출력하고 sharedVariable의 값을 인수로 넘겨준 값으로 변경하고, 클래스 B의 readData 메서드 안에서 sharedConstant의 값과 sharedVariable의 값을 출력하는 경우 아래와 같이 작성하면 된다.

```
class A {
        SharedData shareddata;
        public A(SharedData shareddata){ this.shareddata = shareddata;}
        public void updateData() {
                System.out.println("상수 : " + shareddata.sharedConstant);
                shareddata.setSharedVariable(5);
        }
```

```
}

class B {
        SharedData shareddata;
        public B(SharedData shareddata){ this.shareddata = shareddata;}
        public void readData() {
                System.out.println("상수 : " + shareddata.sharedConstant);
                System.out.println(shareddata.getSharedVariable());
        }
}
```

메인 함수에서는 먼저 공유 객체를 생성한 후 이를 인수로 하여 A 타입의 객체와 B 타입의 객체를 생성한다.

```
public class SharedTest {

           public static void main(String[] args) {
                   SharedData shareddata = new SharedData();
                   A ob1 = new A(shareddata);
                   ob1.updateData();
                   B ob2 = new B(shareddata);
                   ob2.readData();
           }

}
```

실습 10.4 생산자와 소비자

생산자 클래스에서 2~5개의 0~100 사이의 양의 정수를 무작위로 생성하고, 이를 소비자 클래스에서 2~5개 소비하는 예를 통해 클래스 간의 데이터 공유 방법을 익혀보자. 먼저 공유 데이터 클래스를 아래와 같이 작성한다. 읽어 들일 데이터가 없으면 음수 값을 반환하며, 반대로 버퍼가 꽉 차서 더 이상 저장할 공간이 없을 경우도 음수 값을 반환하도록 하였다. 9장의 실습 9.2의 생산자와 소비자 예와 다른 점은 필드들이 static이 아닌 일반 멤버로 선언되어 있다는 점이다.

```
class SharedData {
        private  int count = 0;
        public final  int MaxSize = 100;
        private  int[] buffer = new int[MaxSize];
        public  int getVal() {
                if (count != 0) return buffer[--count];
                else return -1;
        }
        public  int setVal(int s) {
                if (count != MaxSize) {
                        buffer[count++] = s;
                        return count;
                }
                else return -1;
        }
}
```

먼저, 생산자 클래스는 2~5개의 0~100 사이의 정수를 생성하여 이를 공유 데이터에 추가하도록 아래와 같이 작성한다. 몇 개의 정수를 생성할지, 어떤 정수를 생성할지는 java.util.Random 클래스의 nextInt() 메서드를 사용해 구현하였다. 실습 9.2의 생산자와 소비자 예제 코드와 다른 부분을 굵게 표시하였다.

```
class Producer {
        private Random generator = new Random();
        private SharedData buffer;
        public Producer(SharedData s) {
                buffer = s;
        }
        public void produce() {
                int loop = generator.nextInt(4) + 2;
                int res, val;
                for(int i=0; i<loop; i++) {
                        val = generator.nextInt(101);
                        res = buffer.setVal(val);
                        if (res <0) System.out.println
                        ("write : 버퍼가 꽉 차 데이터를 추가할 수 없습니다.");
```

```
                else System.out.println("write : " + val);
            }
        }
}
```

소비자 클래스는 2~5개의 0~100 사이의 정수를 공유 데이터로부터 읽어 들이도록 아래와 같이 작성한다. 몇 개의 정수를 읽어 들일지는 Random 클래스의 nextInt() 메서드를 사용하여 구현하였다. 실습 9.2의 생산자와 소비자 예와 다른 부분을 굵게 표시하였다.

```
class Consumer {
        private Random generator = new Random();
        private SharedData buffer;
        public Consumer(SharedData s) {
                buffer = s;
        }
        public void consume() {
                int loop = generator.nextInt(4) + 2;
                int res;
                for(int i=0; i<loop; i++) {
                        res = buffer.getVal();
                        if (res <0) System.out.println("read : 데이터가 없습니
                        다.");
                        else System.out.println("read : " + res);
                }
        }
}
```

제대로 동작하는지 확인하기 위해 아래와 같이 main 메서드를 작성한다. 실습 9.2의 생산자와 소비자 예와 다른 부분을 굵게 표시하였다.

```
public class SharedDataTest {
        public static void main(String[] args) {
                // TODO Auto-generated method stub
                SharedData buf = new SharedData();
                Consumer c = new Consumer(buf);
```

```
                Producer p = new Producer(buf);

                for(int i=0; i < 3; i++) {
                        p.produce();
                        c.consume();
                }
        }
}
```

위 코드를 실행하면 아래와 같은 결과를 얻을 수 있다. 결과를 확인하여 의도한 대로 동작하는지 확인해보자.

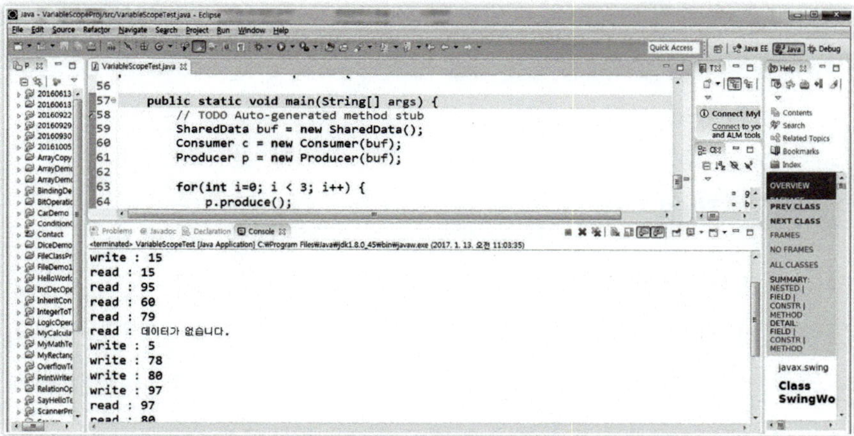

11 상속

이 장에서는 클래스와 관련하여 상속에 대해 살펴보도록 한다. 상속 개념은 객체지향 언어의 주요 특징 중의 하나로 기존 소프트웨어의 재활용성을 높일 수 있는 아주 중요한 기능이다. 또한, 클래스의 특수한 형태인 인터페이스와 이를 이용한 다중 상속 방법도 살펴본다.

11.1 상속 및 접근 제어

상속은 말 그대로 부모나 조상으로부터 물려받는 것을 뜻한다. 일반적으로는 돈이나 부동산 같은 재산을 물려받는 것이지만, 객체지향 프로그래밍에서 상속은 부모 클래스에 정의된 필드나 메서드를 물려받는 것을 의미한다. 이 기능을 통해 소프트웨어 재사용성을 증가시킬 수 있다. 누군가가 A라는 클래스를 구현해 놓았다고 하자. 프로그래밍 과정에서 이 클래스의 기능이 필요한 경우, 이 기능들을 직접 다시 작성할 필요 없이 상속하여 마치 자신의 필드나 기능처럼 사용할 수 있게 되는 것이다. A 클래스의 일부 기능이 마음에 들지 않는다면, 그 기능, 즉 특정 메서드만 재정의해 사용할 수도 있다.

기능을 물려주는 클래스를 **부모 클래스**(또는 상위 클래스, 기반 클래스)라 하고, 부모 클래스의 기능을 물려받는 클래스를 **자식 클래스**(또는 하위 클래스, 파생 클래스)라 한다. 자바에서는 아래와 같이 extends 키워드를 사용하여 부모 클래스를 지정하면 된다. 종종 조상 클래스(부모, 부모의 부모, 부모의 부모의 부모 클래스 등)를 **상위 클래스**(superclass), 손자 클래스(자식, 자식의 자식, 자식의 자식의 자식 클래스 등)를 **하위 클래스**(subclass)라고도 한다.

```
class A extends B { … }
```

상속을 받으면 부모 클래스에 있는 필드나 메서드 모두를 마음대로 사용할 수 있을까? 결론은 그렇지 않다. 자식 클래스가 어떤 클래스인지, 부모 클래스의 메서드나 필드가 어떻게 선언되어 있는지에 따라 접근, 즉 사용할 수도 있고 그렇지 못할 수도 있다. 이 원칙을 이해하는 것이 무엇보다 중요하다. 접근 원칙을 표로 요약하면 다음과 같다.

	private	default	protected	public
동일 클래스	예	예	예	예
동일 패키지 하위 클래스	아니오	예	예	예
동일 패키지 비하위 클래스	아니오	예	예	예
다른 패키지 내 하위 클래스	아니오	아니오	예	예
다른 패키지 내 비하위 클래스	아니오	아니오	아니오	예

위 표에서 비하위 클래스라 함은 상하위 관계가 없는 클래스를 의미한다. 예를 들어, B 클래스가 A 클래스를 상속받고, C 클래스가 A 클래스를 상속받고 D 클래스는 A, B, C 클래스 중 어떤 클래스도 상속받지 않았을 경우, B와 C는 A의 하위 클래스이지만 D는 A 또는 B 또는 C의 비하위 클래스이다. 그리고 default로 표시된 것은 디폴트 필드나 메서드를 의미한다. 즉, 접근자 없이 선언된 필드나 메서드를 의미한다.

동일 클래스 내 접근 원칙

접근 원칙이 매우 중요하므로 위의 다섯 가지 경우를 간단한 예를 통해 확인해보자. 먼저 동일 클래스 내에서의 접근 원칙을 보자. 아래의 예제는 A 클래스에서 필드들이 각각 private, default, protected, public으로 선언되어 있고, 이를 같은 클래스 내의 test 메서드에서 접근하는 예이다. 같은 클래스인 경우는 접근자의 종류에 무관하게 모든 필드 및 메서드를 접근할 수 있다.

```
public class InheritanceExample {
	public static void main(String[] args) throws Throwable {
		A app = new A();

		app.test();
```

```
	}
}

class A {
	private int a = 1;
	int b = 5;
	protected int c=10;
	public int d = 15;

	void test() {
		System.out.println(a);
		System.out.println(b);
		System.out.println(c);
		System.out.println(d);
	}
}
```

동일 패키지 내 하위 클래스의 접근 원칙

동일 패키지 내 하위 클래스의 접근 원칙을 살펴보자. 이를 위해 A 클래스에 정의되었던 test 메서드를 A의 자식 클래스인 B로 옮겨 정의해보자. 이렇게 되면 B는 A의 하위 클래스이면서 같은 패키지 안에 존재하게 되어, A의 private 필드나 메서드를 제외한 나머지를 접근할 수 있다. 따라서 아래의 코드를 컴파일하면 private 필드인 a를 접근할 시 오류가 발생한다.

```
public class InheritanceExample {
	public static void main(String[] args) throws Throwable {
		B app = new B();

		app.test();
	}
}

class A {
	private int a = 1;
	int b = 5;
	protected int c=10;
```

```
        public int d = 15;
}

class B extends A {
        void test() {
                System.out.println(a); // 접근 오류
                System.out.println(b);
                System.out.println(c);
                System.out.println(d);
        }
}
```

같은 패키지 내 비하위 클래스의 접근 원칙

같은 패키지 내의 비하위 클래스에서의 접근 원칙은 어떻게 될까? 이를 위해 B 클래스를 A를 상속받지 않게 하고, 대신에 test 메서드 안에서 A 클래스의 객체를 생성하여 필드를 접근하는 식으로 변경하자. B는 A와 하위 관계에 있지 않은데도 하위 클래스와 동일하게 private를 제외한 모든 것을 접근할 수 있다. 단지, 같은 패키지 내에 있다는 이유만으로 말이다.

```
class A {
        private int a = 1;
        int b = 5;
        protected int c=10;
        public int d = 15;
}

class B {
        void test() {
                A ob = new A();
                System.out.println(ob.a); // 접근 오류
                System.out.println(ob.b);
                System.out.println(ob.c);
                System.out.println(ob.d);
        }
}
```

다른 패키지 내의 하위 클래스의 접근 원칙

이번에는 다른 패키지 내의 하위 클래스의 접근 원칙을 살펴보자. 지금까지는 클래스들이 패키지명이 없으니 모두 무명 패키지에 소속되어 자동적으로 동일 패키지로 취급되었다. 이를 방지하기 위해 아래의 예제처럼 A 클래스가 다른 패키지에 소속되도록 패키지명을 부여하자. 그리고 무명 패키지 내의 B 클래스가 A를 상속받도록 한 후, B의 test 메서드 안에서 필드들을 접근해보자. 그러면 단지 상위 클래스의 protected와 public 멤버들만 접근할 수 있음을 확인할 수 있다.

```
import bmkim.java.examples.A;
public class InheritanceExample {
	public static void main(String[] args) throws Throwable {
		A app = new A();

		app.test();
	}
}

class B extends A {
	void test() {
		System.out.println(a); // 접근 오류
		System.out.println(b); // 접근 오류
		System.out.println(c);
		System.out.println(d);
	}
}

package bmkim.java.examples;
public class A {
	private int a = 1;
	int b = 5;
	protected int c=10;
	public int d = 15;
}
```

다른 패키지 내의 비하위 클래스의 접근 원칙

마지막으로 다른 패키지 내의 비하위 클래스의 접근 원칙을 살펴보자. 이를 위해 위의 예에서 클래스 B만 아래와 같이 수정하자. 이 경우에는 오로지 public 멤버만 접근 가능하다.

```
class B  {
        void test() {
                A ob = new A();
                System.out.println(ob.a); // 접근 오류
                System.out.println(ob.b); // 접근 오류
                System.out.println(ob.c); // 접근 오류
                System.out.println(ob.d);
        }
}
```

위의 예제를 통해 보여준 접근 원칙을 요약하면 다음과 같다. 같은 클래스 내의 메서드에서는 private, 디폴트(접근자 생략), protedted, public 멤버들을 접근할 수 있고, 같은 패키지 내에 있는 하위 클래스 메서드에서는 상위 클래스의 private 멤버를 제외한 나머지 멤버들을 접근할 수 있다. 그리고 같은 패키지 내의 다른 클래스에 대해서는 private 멤버를 제외한 나머지 멤버들을 접근할 수 있다. 다른 패키지의 하위 클래스에서는 부모 클래스의 protedted와 public 멤버만 접근할 수 있으며, 다른 패키지 내의 다른 클래스에 대해서는 public 멤버만 접근할 수 있다.

final 메서드 상속

가끔 메서드 앞에 final이라는 키워드가 붙어 있는 메서드를 볼 수 있다. 이는 이 메서드가 상수이므로 수정할 수 없다는 것을 의미한다. 그러므로 하위 클래스에서 이 메서드를 재정의할 수 없고, 부모 클래스에 정의된 그대로 사용해야 한다는 의미이다. 클래스 앞에 final 키워드가 붙어 있는 경우 이 클래스로부터는 상속받아 새로운 클래스를 만들 수 없다는 뜻이다. 다시 말하면, final 키워드가 붙은 클래스는 상속받을 수 없다.

실습 11.1 예제 코드 실습하기

위의 여러 예제 코드들을 직접 입력하여 설명한 대로 동작하는지 확인해보자.

11.2 메서드 재정의

상속의 개념을 이용하면 쉽게 기존 클래스를 재활용할 수 있다. 그런데 많은 경우 기존 클래스를 그대로 다 재활용할 수는 없고 일부 메서드를 새로운 클래스에 맞게 재구현하여 사용해야 한다. 이런 경우, 기존 클래스를 상속받은 후 새 클래스에서 새로 구현하고자 하는 메서드를 다시 정의해야 한다. 이렇게 새 클래스의 객체에 대해 재정의된 메서드를 호출하면 상속받은 메서드가 아닌 새로 정의된 메서드가 동작한다. 이처럼 상위 클래스의 메서드를 똑 같은 형태(이름이 동일하고 인수의 개수와 타입도 동일)로 다시 정의하는 것을 **메서드 재정의**(method overriding)라고 한다.

아래의 코드에서 클래스 B에 정의된 하나의 인수를 갖는 메서드는 상위 클래스의 두 번째 f1 메서드와 그 형식이 동일하다. 즉, int 값을 하나 받아들이는 f1 메서드가 B 클래스에서 재정의되었다. 따라서 B 타입 객체 생성 후 이 객체에 대해 적용할 수 있는 메서드에는 상속받은 인수 없는 f1 메서드, B 클래스에서 재정의한 f1, 새로이 추가한 두 개의 인수를 갖는 f1 메서드가 있다. 참고로, 이름은 같고 인수의 개수나 타입이 다른 경우는 재정의라고 하지 않는다. 그것은 일종의 **메서드 중복 정의**라고 할 수 있다.

```
class A {
	...
	void f1() {...}
	void f1(int x) {...}
}

class B extends A {
	...
	void f1(int x) {...}
	void f1(int x, int y) {...}
}
```

그런데, 메서드를 재정의할 경우 종종 새로 정의되는 메서드에서 기존 메서드의 기능을 불러 사용할 필요성이 생길 수 있다. 즉 위의 예제 코드에서 하나의 인수를 갖는 클래스 B의 f1 메서드를 재정의하면서 하나의 인수를 갖는 A의 f1 메서드를 호출해야 하는 경우가 발생한다. 이때 아래처럼 코딩하면 B의 f1 안에서 다시 자신을 호출하는 재귀호출 형태가 되어 잘못하면 무한 반복에 빠지는 형태가 된다.

```
class B extends A {
        ...
        void f1(int x) { f1(5); ...}
        void f1(int x, int y) {...}
}
```

원래 의도는 A의 f1을 호출한 것이지만 컴파일러는 우선순위에 상속받은 f1이 아니라 B에서 재정의한 f1로 인식한다. 그러면 원래 의도대로 A의 f1을 호출하려면 어떻게 해야 할까? 이때 사용하는 것이 super 키워드이다. 아래처럼 명시적으로 상위 클래스의 f1이라는 것을 알려주면 된다.

```
class B extends A {
        ...
        void f1(int x) { super.f1(5); ...}
        void f1(int x, int y) {...}
}
```

실습 11.2 메서드 재정의 시 상위 클래스 메서드 호출하기

배운 내용을 확인하기 위해 먼저 이클립스를 실행시켜 프로젝트를 만들고, 그 안에 ParentClass를 생성하라. ParentClass는 특이한 게 없다. 단지, 간단한 메시지를 출력하는 print 메서드만 정의되어 있다. 다 작성되었으면 ChildClass를 생성한다. 이때 상위 클래스를 ParentClass로 지정한다. 이 클래스도 메시지를 출력하는 print 메서드만 정의되어 있는데, 이 메서드 구현 부분에 상위 클래스의 print 메서드를 호출하는 부분이 있다. 이를 단순히 print()로 구현하면 상위 클래스의 print 메서드로 인식되는 것이 아니라 ChildClass의 print 메서드로 인식된다. 따라서 코드에서 보는 바와 같이 print 메서드 앞에 super 키워드를 붙여 주어야 한다. 다 작성되었으면 의도한 대로 실행되는지 확인해보자.

```
public class Program  {
        static void main(string[] args) {
            ChildClass obj;
            obj = new ChildClass();
            obj.print();   }
       }
}

class ParentClass {
        public void print() {
            System.out.println("부모 클래스의 print() 멤버 함수");
        }
 }

 class ChildClass extends ParentClass     {
        private int data;
        public void print()        {
            super.print();
            System.out.println("자식 클래스의 print() 멤버 함수");
        }
 }
```

실습 11.3 Clock 예제

우리나라의 시간을 알려주는 Clock 클래스와 이를 상속받은 ForeignClock을 정의해보자. 먼저 Clock 클래스를 정의해보자. Clock 클래스는 별도의 필드가 없고, 아래와 같은 메서드들을 제공한다고 하자.

```
getLocation() : "한국"을 반환
getHours(), getMinutes(), getSeconds() : 현지 시 분 초 반환
```

아래와 같이 Clock 클래스를 정의하자.

```
class Clock {
	public String getLocation() { return "한국"; }
	int getHours() {
		int hour = Calendar.getInstance().get(Calendar.HOUR_OF_
		DAY);

		return hour;
	}
	int getMinutes() {
		long time = System.currentTimeMillis();
		Date date = new Date(time);
		int min = date.getMinutes();

		return min;
	}
	int getSeconds() {
		Date date = Calendar.getInstance().getTime();
		int sec = date.getSeconds();

		return sec;
	}
}
```

ForeignClock은 다른 도시의 시간을 알려주는 클래스로 Clock 클래스를 상속받는다. 필드로 지역명과 시차를 갖고 생성 시에 이 값을 인수로 받도록 하자. Clock 클래스의 getLocation과 getHours 메서드는 그대로 사용할 수 없고 주어진 도시에 맞게 수정되어야 한다.

getLocation() : 데이터 멤버에 저장된 지역명을 반환
getHours() : 현지 시간에 시차를 고려한 시간 반환(음수 시간은 없음. -2시면 22시로 표시)

이를 상속과 재정의를 이용해 구현하면 아래와 같다.

```
class ForeignClock extends Clock {
	String location;
	int timeDiff;
```

```
        public String getLocation() { return location; }
        public ForeignClock(String loc, int diff) { location = loc;
        timeDiff = diff; }
        int getHours() {
                int local = super.getHours();

                int tmp = local + timeDiff;
                tmp = (tmp < 0) ? (24 + tmp) : tmp;
                return tmp;
        }
}
```

아래처럼 main을 작성한 후 제대로 동작하는지 확인해보자.

```
public class ClockTest {
        public static void main(String[] args) {
                // TODO Auto-generated method stub

                Clock korClock = new Clock();
                ForeignClock romeClock = new ForeignClock("Rome", 9);
                ForeignClock  tokyoClock = new ForeignClock("Tokyo", -7);

                System.out.println(korClock.getLocation() + " : " +
                korClock.getHours() + "시 " + korClock.getMinutes() +
                "분 " + korClock.getSeconds() + "초");
                System.out.println(romeClock.getLocation() + " : " +
                romeClock.getHours() + "시 " + romeClock.getMinutes() +
                "분 " + romeClock.getSeconds() + "초");
                System.out.println(tokyoClock.getLocation() + " : " +
                tokyoClock.getHours() + "시 " + tokyoClock.getMinutes() +
                "분 " + tokyoClock.getSeconds() + "초");
        }
}
```

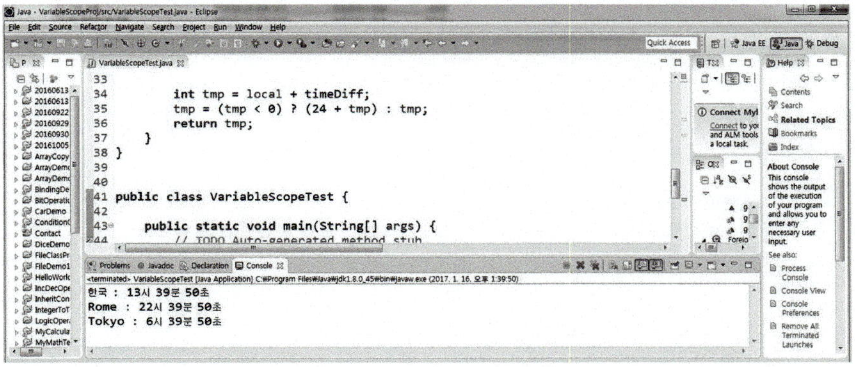

11.3 상위 클래스 생성자 호출 순서

자식 클래스의 객체 생성 시 당연히 그 클래스의 생성자도 호출된다. 그런데 자식 클래스에는 부모 클래스로부터 상속받은 멤버들이 있기 때문에 이들을 초기화하기 위해 부모 클래스의 생성자도 자동으로 호출된다. 이때 주의할 것은 먼저 부모 클래스의 생성자가 먼저 호출되고 나서 하위 클래스의 생성자가 호출된다는 점이다. 단, 하위 클래스에서 상위 클래스의 생성자를 명시하지 않으면 인수가 없는 생성자가 실행된다.

자식 클래스의 객체가 생성될 때 그 부모 클래스의 생성자가 먼저 수행된다고 하였다. 그런데 부모 클래스가 다른 클래스로부터 상속받은 경우는 먼저 부모의 부모 클래스의 생성자가 먼저 실행되어야 한다. 이러한 원칙은 최상위 클래스에 도달할 때까지 반복된다. C++에서도 생성자의 실행 순서는 동일하다. 그러나 소멸자인 경우는 다르다. C++에서 소멸자는 생성자의 역순으로 호출된다. 즉, 자식 클래스의 소멸자가 먼저 실행되고 부모 클래스의 소멸자가 실행된다. 하지만, 자바에서는 이 원칙이 보장되지 않는다. 객체의 소멸을 담당하는 가비지 컬렉터에 따라 달라질 수도 있다.

실습 11.4 생성자 호출 순서 확인

아래의 프로그램을 통해 생성자 실행 순서와 소멸자 실행 순서를 확인해보자. 프로젝트를 새로 만든 후 아래의 코드를 입력해 구현해보자. 어떤 순서로 실행되는지 확인해 보자.

```
public class ProgramBasic {
          public static void main(String[] args) throws Throwable {
                 Rectangle r;

                 r = new Rectangle();
          }
}


class Shape    {
        private int x, y;
        public Shape()       {
             System.out.println("Shape 생성자");
        }
        public void finalize()       {
             System.out.println("Shape 소멸자");
        }
}

class Rectangle extends Shape    {
    private int width, height;
    public Rectangle()       {
       System.out.println("Rectangle 생성자");
    }
    public void finalize()
    {
       System.out.println("Rectangle 소멸자");
    }
}
```

위의 프로그램을 실행하면 아래와 같은 결과를 얻을 수 있다. Rectangle 생성자를 호출하기 전에 상위 클래스 Shape의 디폴트 생성자가 먼저 실행되고, 이어 Rectangle 생성자가 호출되었다. 그런데, 프로그램을 종료하면서 Rectangle 객체의 소멸자가 호출되어야 하는데, 그렇게 되지 않는다는 것을 알 수 있다. 이는 앞에서 설명한 바와 같이 객체가 소멸되어야 할 시점에 가비지 컬렉터가 실행되지 않기 때문이다. 가비지 컬렉터는 시스템에서 필요한 순간에 자동으로 실행된다. 따라서 자바에서 소멸자는 C++에서와 같이 생성자 역순으로 실행된다고 생각해서는 안 되는 것이다.

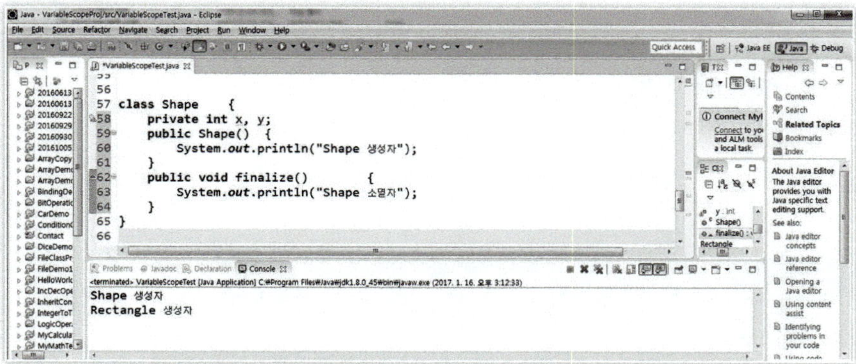

자식 클래스 생성자 작성 중에 부모 클래스의 특정 생성자를 호출해야 하는 경우가 발생한다. 이 경우 아래 코드에 보인 바와 같이 super 키워드를 사용하여 부모 클래스의 생성자를 호출한다. 이때 부모 클래스의 생성자를 호출하는 코드를 제일 앞에 위치시켜야 한다. 프로그램을 작성해 실행해보자. Rectangle 클래스의 두 번째 생성자를 보면 부모 클래스의 생성자 중 두 개의 인수를 갖는 생성자를 호출하고 있다. 만약, 이 부분이 없으면 부모 클래스의 무인 생성자가 호출된다. 어떤 순서로 실행되는지 이해되는가? 코드를 바꿔 확인해보자.

```
class Shape    {
        private int x, y;
        public Shape()  {
           this(0,0);
           System.out.println("Shape 생성자");
        }
        public Shape(int xloc, int yloc) {
            x = xloc; y = yloc;
            System.out.println("Shape 유인 생성자"); }
   }

class Rectangle extends Shape    {
    private int width, height;
    public Rectangle() {
       this(0,0,0,0);
       System.out.println("Rectangle 생성자");
    }
    public Rectangle(int x, int y, int w, int h) {
```

```
        super(x, y);
        width = w; height = h;
        System.out.println("Rectangle 유인 생성자"); }
}
```

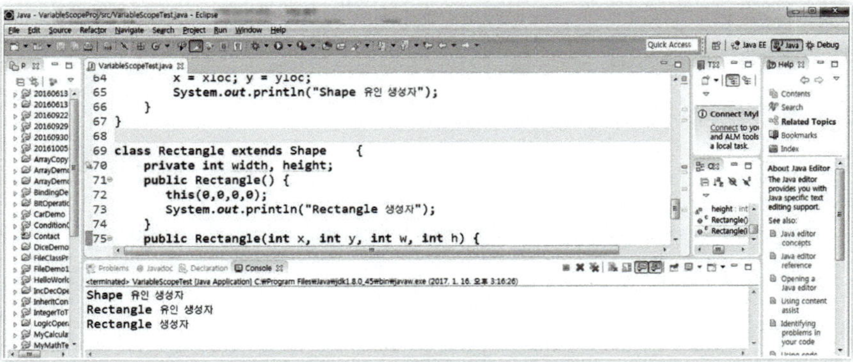

11.4 추상 클래스와 추상 메서드

이제 추상 메서드와 추상 클래스에 대해 살펴보자. 추상 메서드는 메서드 선언만 있고 구현이 없는 메서드로, 메서드 앞에 abstract라는 키워드가 붙는다. 이 메서드는 현 클래스에서는 구현이 없으니 상속받는 클래스에서 구현해 사용하라는 의미이다. C++에서의 순수 가상함수에 해당하는 것이다.

추상 메서드가 하나라도 있는 클래스는 클래스 앞에 abstract 키워드를 붙여주어야 하며, 이러한 클래스를 **추상 클래스**라고 한다. 추상 클래스로부터는 객체를 생성할 수 없다. 추상 클래스를 상속받는 클래스에서 모든 추상 메서드를 구현해야 일반 클래스가 되고 객체를 생성할 수 있다. 일부 추상 메서드만 구현했을 경우에는 그 클래스도 추상 클래스가 되며, 따라서 클래스명 앞에 abstract 키워드를 붙여야 한다.

앞의 예제에서 Shape 클래스 안에 아래와 같은 코드를 추가하여 컴파일해보자.

```
abstract String getName();
```

여러 곳에서 컴파일 오류가 발생하는데, 먼저 Shape 클래스가 추상 클래스가 되어야 한다는 메시지가 뜰 것이다. 당연하다. 추가한 메서드가 추상 메서드이므로 당연히 Shape도 추상 클래스가 되어야 한다. 클래스명 앞에 abstract를 추가해보자. 그러면 이 오류는 사라지지만 대신에 Rectangle 클래스에서 오류가 발생할 것이다. 이는 Rectangle 클래스가 추상 클래스를 상속받았기 때문에 상위 클래스의 추상 메서드인 getName 메서드를 재정의하든지, 아니면 클래스명 앞에 abstract 키워드를 붙여야 하기 때문이다. 여기서는, 전자의 방법으로 이 문제를 해결하도록 하자. 직접 getName 메서드를 구현해도 되지만 이클립스의 기능을 이용하면 더 편하게 작업할 수 있다. Rectangle 클래스명 밑에 빨간 줄이 생기는데, 여기에 마우스를 갖다 대면 팝업창이 뜬다. 그중에 "Add unimplemented methods"를 선택해보자. 그러면 구현해야 할 메서드의 골격이 자동으로 추가되는 것을 볼 수 있을 것이다. 그러면 여러분은 이 메서드의 본체 부분에 필요한 코드만 작성해주면 된다.

```
@Override
String getName() {
        // TODO Auto-generated method stub
        return null;
}
```

11.5 인터페이스

클래스 중에 특수한 형태의 클래스가 있는데, 바로 모든 메서드가 다 추상 메서드인 클래스이다. 이러한 클래스를 **인터페이스**라 한다. 따라서 인터페이스로부터는 객체를 생성할 수 없다. 어떻게 보면 객체가 가져야 할 기능만을 명시한 것으로 볼 수 있다.

```
public interface IShape{
     public double area();
     public double volume();
     public String getName();
}
```

인터페이스를 상속받은 클래스는 인터페이스에서 명시한 기능을 구현해야 한다. 따라서 인터페이스를 "상속한다"라고 하는 표현 대신에 "구현한다"라고 하며 extends 키워드 대신에 implements 키워드를 사용한다.

```
class MyShape implements IShape{
    public double area() {...}
    public double volume() {...}
    public String getName() {...}
}
```

그러면 인터페이스에는 메서드만 올 수 있고 필드는 올 수 없는가? 이를 확인하기 위해 위 IShape 인터페이스를 아래와 같이 수정해보자. 즉, 필드를 하나 추가해보자.

```
public interface IShape {
    int x;
    public double area();
    public double volume();
    public String getName();
}
```

인터페이스로부터 객체를 생성할 수 없기 때문에 일반 필드는 허용되지 않는다. 단, final 필드는 허용된다. 그래서 위의 x 앞에 final이라는 키워드가 없지만 내부적으로 x 필드는 final로 취급되고, 따라서 선언과 함께 값을 초기화해야 한다. 이번에는 일반 메서드가 인터페이스에 올 수 있는지를 확인하기 위해 위의 인터페이스를 아래와 같이 수정해보자.

```
public interface IShape {
    int x = 3;
    public double area();
    public double volume();
    public String getName();
    public void print() {System.out.println("hoho");}
}
```

일반 메서드는 객체를 통해 실행해야 하기 때문에 객체를 생성할 수 없는 인터페이스에는 올 수가 없다. 그러므로 컴파일러에서 print 메서드의 body를 정의할 수 없다는 메시지가 출력된다. 그러나 객체와 무관한 메서드, 즉 정적 메서드는 인터페이스의 구성원으로 정의할 수 있다. 위의 print 메서드의 구현을 보면 필드를 사용하는 부분이 없기 때문에 static으로 변환할 수 있고, 그렇게 했을 경우 별 문제없이 컴파일되는 것을 확인할 수 있다.

```
public interface IShape {
     int x = 3;
     public double area();
     public double volume();
     public String getName();
     public static void print() {System.out.println("hoho");}
}
```

인터페이스는 시스템에서 필요에 의해 정의하여 많이 사용한다. 자바 프로그램을 하다보면, 특정 기능을 사용하려고 할 때 사용자 클래스가 특정 인터페이스의 구현을 요구하는 경우를 볼 수 있다. 시스템에서뿐만 아니라 일반 프로그래머도 인터페이스를 정의해 사용할 수 있다. 이러한 인터페이스를 **커스텀 인터페이스**라 한다. 커스텀 인터페이스도 다른 인터페이스들을 다중 상속받을 수 있으며, 따라서 인터페이스 간 계층적 구조를 갖게 된다.

일반 클래스가 다중 인터페이스를 상속, 즉 구현할 경우는 아래처럼 implements 키워드 뒤에 원하는 인터페이스들을 콤마로 분리하여 지정한다.

```
public class MyTest implements ITest, IShape {

       @Override
       public double volume() {
              // TODO Auto-generated method stub
              return 0;
       }

       @Override
       public String getName() {
              // TODO Auto-generated method stub
              return null;
       }
       …
}
```

인터페이스가 다른 인터페이스를 상속받을 수 있는데, 이때 인터페이스를 구현하는 클래스는 상위 인터페이스에 정의된 모든 메서드들을 구현해주어야 한다. 아래 예제에서 MyRect 클래스는 IRect 인터페이스를 구현하고 있다. 이 인터페이스에는 getSize 메서드만 선언되어 있지만, IRect 인터페이스가 IShape를 상속받으므로 이 인터페이스에 있는 메서드도 모두 구현해주어야 한다. 만일, 일부 메서드를 구현하지 않는다면 MyRect는 추상 클래스가 되므로 앞에 abstract 키워드를 붙여주어야 한다.

```
public interface IShape {
    public double area();
    public double volume();
    public String getName();
}

public interface IRect extends IShape {
    public double getSize();
}

public class MyRect implements IRect {
    …
}
```

추상 클래스와 인터페이스의 공통점과 차이점을 살펴보자. 둘 다 추상의 의미를 갖고 있으므로 new 키워드를 사용하여 객체를 생성할 수 없다. 둘 다 파생 클래스에서 추상 메서드를 모두 구현해주어야만 일반 클래스가 된다. 추상 클래스의 모든 메서드가 추상 메서드이면 인터페이스로 변환 가능하다. 차이점은 추상 클래스에는 일반 메서드가 있을 수 있는 반면에 인터페이스는 그렇지 않다. 추상 클래스는 다중 상속을 지원하지 않는 반면 인터페이스는 다중 상속을 지원한다. 예를 들어, 위의 IShape 인터페이스를 아래와 같이 클래스로 정의했다고 하자. 그럴 경우, 이 둘 사이에는 어떤 차이가 있을까? 즉, 인터페이스에 선언된 일반 메서드를 abstract로 선언한 클래스와는 어떤 차이가 있을까?

```
public abstract class IShape {
     final int x = 3;
     public abstract double area();
     public abstract double volume();
     public abstract String getName();
     public static void print() {System.out.println("hoho");}
}
```

클래스로 정의할 경우는 다중 상속이 지원되지 않지만 인터페이스로 정의할 경우는 다중 상속이 가능하다. 예를 들어, 클래스 A를 상속받는 클래스 B가 IShape의 기능을 구현하고자 할 경우, IShape가 클래스로 선언되어 있으면 다중 상속이 되기 때문에 문제가 되지만, 인터페이스로 되어 있을 경우는 아래처럼 클래스를 정의할 수 있다.

```
class B extends A implements IShape {
	...
}
```

11.6 인터페이스를 이용한 다중 상속

인터페이스를 이용하여 다중 상속을 구현하는 방법을 살펴보자. 아래처럼 이미 A라는 클래스와 B라는 클래스가 이미 정의되어 있는 상태에서 이 두 클래스의 기능에 추가의 기능을 갖는 클래스 C를 정의한다고 하자.

```
public class A {
	private int x, y;
	public void f1() {…}
	public void f2() {…}
}
```

```
public class B {
	private int w, hy;
	public void g1() {…}
	public void g2() {…}
}
```

먼저, 두 클래스 중 하나를 상속받도록 한다. 예로 A 클래스를 상속받는다고 하자. 그런 다음, 나머지 한 클래스(B 클래스)의 공개된 메서드로 구성된 인터페이스 IB를 정의하도록 한다.

```
interface IB {
	public void g1();
	public void g2();
}
```

그리고 클래스 C는 이 인터페이스를 구현하는 형태로 정의한다. 이 인터페이스에 있는 메서드의 구현은 이미 클래스 B에 다 구현되어 있기 때문에 이를 활용하여 구현한다. 즉, C의 데이터 멤버로 B 타입의 객체를 선언하고, IB 인터페이스의 추상 메서드를 이 객체를 이용하여 구현한다. 구현은 단순히 B 타입의 객체의 메서드를 호출하는 형태로 하면 된다.

```
public class C extends A implements IB {
     private B ob = new B();
     public void g1() {ob.g1();}
     public void g2() {ob.g2();}
     public void h1() {…}
}
```

11.7 상속과 바인딩

상속과 관련하여 필드와 메서드의 바인딩 시기를 알 필요가 있다. 상위 클래스 타입의 변수에 하위 클래스 객체를 저장할 수 있다. 이 경우 상위 클래스 타입의 변수를 통하여 필드와 메서드를 접근했을 때, 그 필드나 메서드가 과연 상위 클래스에 정의된 것을 의미하는지 아니면 하위 클래스에 정의된 것을 의미하는지 혼동될 수 있다. 예를 들어, 아래처럼 A 클래스에 public으로 필드 X와 메서드 f가 정의되어 있고, 이 클래스를 상속받은 B 클래스에는 이를 재정의했다고 하자. 이런 상황에서 main 메서드에서 B 타입의 객체를 생성하고, 이를 A 타입의 변수에 저장한 후 이 변수를 통해 X와 f를 접근했을 때, 과연 이 X와 f는 누구의 것인가?

```
class A {
    public int X=2;
    public void f() {System.out.println("kkk");}
}

class B extends A {
    public int X=0;
    public void f() {System.out.println("hhh");}
}
public class Test {
   public static void main(String[] args)
   {
```

```
        A c = new B();

        System.out.println(c.X);
        c.f();
    }
}
```

main 메서드에서 c.X를 접근하고 있는데, 이때 X는 A의 X를 의미하며, c.f()의 호출은 B의 f()를 의미한다. 이렇게 되는 이유는 자바에서 필드는 정적 바인딩(즉, 컴파일 시에 타입을 보고 결정) 되고, 메서드는 동적 바인딩(즉, 실행 시에 실제 저장된 객체의 타입에 따라 결정) 되기 때문이다. 참고로 C++에서는 모두 정적 바인딩을 한다. 위 코드를 실행시켜 확인해보자.

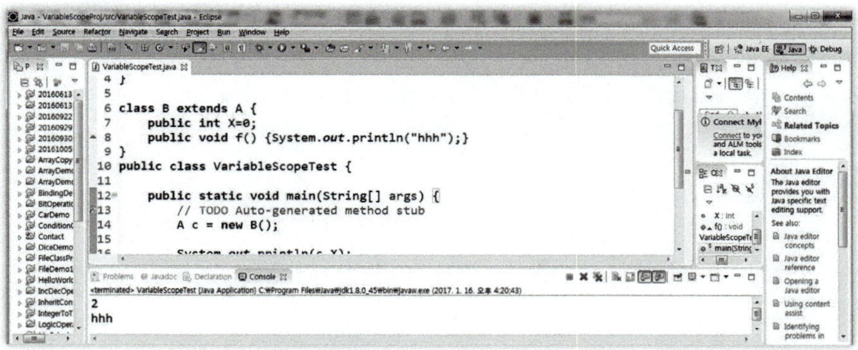

그러면 정적 필드와 정적 메서드는 어느 시기에 결정될까? 모두 정적 바인딩이므로 컴파일 시에 결정된다. 아래의 코드에서 c의 타입이 A이므로 X와 f는 A의 정의된 멤버를 의미한다. 코드를 실행해보자.

```
class A {
    public static int X=2;
    public static void f()  {
            System.out.println("kkk");
    }
}

class B extends A {
```

```
    public static int X=0;
    public static void f() {
        System.out.println("hhh");
    }
}

public class Test {
    public static void main(String[] args)
    {
        A c = new B();

        System.out.println(c.X);
        c.f();
    }
}
```

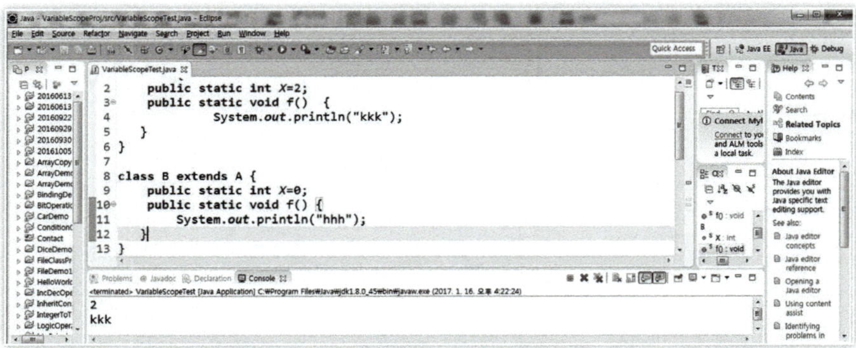

실습 11.5 자바를 이용하여 다중 상속 구현하기

아래와 같이 Car 인터페이스, Passenger 클래스, Truck 클래스가 주어져 있다고 하자.

```
interface Car {
        public void showInfo();
}

class PassengerCar implements Car {
        private int seats; // 정원
        public PassengerCar(){seats = 2;}
```

```
        public    PassengerCar(int n) {seats = n;}
        public int getSeats() {return seats;}
        public void setSeats(int n) { seats = n;}
        public void showInfo() { System.out.println("좌석 수 : " + seats );}
}

class Truck implements Car {
        private int payload;
        public Truck() { payload = 100;}
        public Truck(int w) {payload = w;}
        public int getPayload() {return payload;}
        public void setPayload(int w){payload = w;}
        public void showInfo() { System.out.println("적재 하중 : " +
        payload);}
};
```

이 상황에서 PassengerCar의 기능과 Truck 기능을 갖는 Pickup 클래스를 정의해보자. 자바에서는 단일 상속만 되기 때문에 두 클래스 중 하나를 인터페이스로 선언하고, 이에 맞추어 수정할 필요가 있다. 여기서는 아래처럼 Truck을 인터페이스로 선언하기로 하자.

```
interface ITruck extends Car {
        public int getPayload();
        public void setPayload(int w);
};
```

Truck 인터페이스를 선언한 후 기존의 Truck 클래스도 아래와 같이 이 인터페이스를 구현하는 형태로 약간 수정해주자.

```
class Truck implements ITruck {
        private int payload;
        public Truck() { payload = 100;}
        public Truck(int w) {payload = w;}
        public int getPayload() {return payload;}
        public void setPayload(int w){payload = w;}
        public void showInfo() { System.out.println("적재 하중 : " +
        payload);}
}
```

자, 이제 Pickup 클래스를 구현해보자. 아래의 코드처럼 PassengerCar 클래스를 상속받도록 하여 ITruck을 구현하는 형태로 정의하면 된다. 이때 ITruck 인터페이스에 정의된 메서드들을 모두 다시 정의할 필요는 없다. ITruck 인터페이스를 구현한 클래스, 즉 Truck 클래스가 있으므로 이 타입의 객체를 필드로 선언하고, 이 객체의 메서드를 이용하여 쉽게 구현하면 된다.

```
class Pickup extends PassengerCar implements ITruck {
        private int tow_capacity; // 견인 능력
        Truck truck;

        public Pickup() { super(4); truck = new Truck(1000); tow_capacity
        = 10000;}
        public Pickup(int s, int w, int c) {super(s); truck = new
        Truck(w); tow_capacity= c;}
        public void setCapacity(int c) { tow_capacity = c;}
        public int getCapacity() { return tow_capacity;}
        public void showInfo() { System.out.println("좌석 수 : " +
        getSeats() + ", 적재 하중 : " + getPayload() + ", 견인 능력 : " + tow_
        capacity);}
        @Override
        public int getPayload() {
                // TODO Auto-generated method stub
                return truck.getPayload();
        }
        @Override
        public void setPayload(int w) {
                // TODO Auto-generated method stub
                truck.setPayload(w);
        }
}
```

제대로 동작하는지 확인을 위해 Car 타입의 객체 배열에 여러 종류의 객체를 생성하여 저장한 후, 이 객체들에 대해 동일한 메서드를 호출하도록 하자. 앞서 설명한 동적 바인딩에 의해 객체의 타입에 맞는 메서드가 호출되는 것을 확인할 수 있을 것이다.

```
public class MultipleInheritanceTest {
        public static void main(String[] args) {
                // TODO Auto-generated method stub
                Car [] cars = new Car[3];

                cars[0] = new PassengerCar();
                cars[1] = new Truck(500);
                cars[2] = new Pickup(4, 2000, 10000);

                for(int i=0; i < 3; i++) {
                        cars[i].showInfo();
                }
        }
}
```

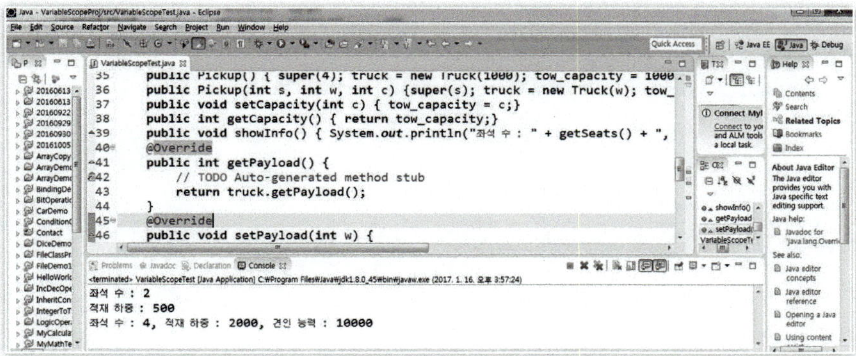

11.8 익명 내부 클래스

내부 클래스 중에 특이한 형태의 클래스가 익명 내부 클래스(anonymous inner class)이다. 이름이 의미하는 것처럼 클래스명이 없는 클래스를 의미한다. 익명 내부 클래스는 선언과 동시에 객체가 생성되며, 일반적으로 기존 클래스의 메서드를 재정의할 경우에 사용한다. 그 형식은 다음과 같이 new 키워드 다음에 상속받을 클래스나 구현할 인터페이스 이름을 기술한 다음 '{' 와 '}' 안에 클래스의 본체를 작성한다.

```
MyInterface an_inner = new MyInterface() {
    public void test() {
    ........
    ........
    }
};
```

아래의 예는 AnonymousTest 클래스의 main 메서드 안에서 MyInterface를 구현하는 무명 클래스를 정의하는 동시에 그 타입의 객체를 생성하여 조작하는 예이다.

```
Interface MyInterface {
        public void test();
}
public class AnonymousTest {
        public static void main(String[] args) {
                MyInterface  inner = new MyInterface  () {
                   public void test() {
                       System.out.println("테스트입니다.");
                   }
                };
                inner.test();
        }
}
```

익명 클래스를 사용하지 않는다면 다음과 같이 이름을 갖는 클래스를 정의하고, 이 타입의 객체를 생성해 사용해야 한다. 별 차이 없는 것 같지만 실제로 유용하게 사용할 수 있는 기능이다. 자바 프로그래밍을 하다보면 재활용할 클래스도 아닌데 매번 클래스 이름을 붙여주는 것이 얼마나 귀찮은 일인지 깨닫게 될 것이다. 이때 이 익명 클래스를 기억하라.

```
Interface MyInterface {
        public void test();
}

class MyClass implements MyInterface {
        public void test() {
```

```
            System.out.println("테스트입니다.";);
        }
}

public class AnonymousTest {
        public static void main(String[] args) {
                MyClass  inner = new MyClass();
                inner.test();
        }
}
```

또한, 익명 클래스는 선언과 동시에 객체가 생성되므로 메서드의 인수 부분에도 사용된다. 아래의 예제는 AnonymousTest의 display 메서드에서 인수로 Greeting 타입의 객체를 받아들이는데, main 메서드에서 이 메서드를 호출하기 위해 Greeting 인터페이스를 상속받는 익명 클래스의 객체를 생성하고, 이를 인수로 하여 display 메서드를 호출하는 예이다. 나중에 설명할 GUI 프로그래밍 작성 시 이러한 형태를 많이 접하게 된다.

```
interface Greeting {
   String message();
}

public class AnonymousTest {
   public void display(Greeting g){
      System.out.println(g.message());
   }

   public static void main(String args[]){

      AnonymousTest  ob = new AnonymousTest();

      ob.display(new Greeting() {
         public String message(){
            return "안녕하세요";
         }
      });
   }
}
```

실습 11.6 내부 클래스와 외부 클래스로 선언할 경우의 차이점

다음의 코드는 MyRectangle 내의 MyPoint 클래스를 익명 내부 클래스로 정의한 경우이다. MyPoint 클래스는 재사용 가능한 클래스이므로 이름 있는 클래스로 정의하는 게 바람직하지만, 여기서는 익명 클래스의 사용법을 보여주기 위해 익명 내부 클래스로 정의한다.

```
public class MyRectangleTest {

        public static void main(String[] args) {
                // TODO Auto-generated method stub
                MyRectangle r1 = new MyRectangle();
                r1.setX(10); r1.setY(10); r1.setWidth(5); r1.setHeight(4);
                System.out.println("면적은 " + r1.getArea() + "입니다.");
        }
}
interface MyPoint {
        public int getX();
        public void setX(int newX);
        public int getY();
        public void setY(int newY);
}

class MyRectangle {
            // 필드 정의
        private MyPoint corner;
        private int width, height;

        public MyRectangle() {
                corner = new MyPoint() {
                        private int x, y;
                        public int getX() {return x;}
                        public void setX(int newX) {x = newX;}
                        public int getY() {return y;}
                        public void setY(int newY) {y = newY;}
                };
        }
        // 메서드 정의
        public int getX() {return corner.getX();}
```

```
        public void setX(int newX) {corner.setX(newX);}
        public int getY() {return corner.getY();}
        public void setY(int newY) {corner.setY(newY);}
        public int getWidth() {return width;}
        public void setWidth(int newW) {width = newW;}
        public int getHeight() {return height;}
        public void setHeight(int newY) {height = newY;}
        public void resize(int newW, int newH) {width = newW; height =
        newH;}
        public int getArea() {return width *height;}
}
```

11.9 클래스 형변환

클래스 간의 형변환(Type Casting)은 아래의 예제처럼 하위 클래스에서 상위 클래스로는 묵시적으로 이루어지지만, 반대의 경우는 강제적(명시적)으로 캐스팅해야 한다. 상위 클래스 유형을 하위 클래스 유형으로 강제 형변환하는 경우, 할당되는 인스턴스 유형에 따라 실행 오류가 발생할 수 있다.

```
class Poly
{
        ...
}

class Square extends Poly
{
        ...
}

public class Program
{
        public static void main(String[] args)
        {
                Square x = (Square ) new Poly();
```

```
            Poly y = new Square ();
        }
}
```

대입 연산에 의해 상위 타입의 변수에 하위 타입 객체의 레퍼런스가 저장될 수 있다. 만약 이 두 클래스에 동일한 이름의 필드가 존재하거나 메서드가 오버라이딩되어 있는 경우, 상위 타입의 변수를 통한 멤버 접근 시 주의해야 한다. 즉, 필드에 대한 접근은 객체 변수의 타입에 의해 결정되며, 메서드 호출은 실제 저장된 인스턴스의 타입에 의해 결정된다는 점을 주의해야 한다.

실습 11.7 하위 타입의 객체를 상위 타입의 변수에 저장하기

먼저, 하위 타입의 객체를 상위 타입의 변수에 저장할 때의 문제점을 확인하기 위해 아래처럼 간단한 클래스를 정의해보자.

```
class A {
    public int x = 53;

    public void print(){
        System.out.println("Parent method :" + x);
    }
}

class B extends A {
        public int x = 17;
        public String y = "abc";

        public void print(){
            System.out.println("Child method :" + x);
            System.out.println("Child method :" + y);
        }
}
```

주의할 점을 확인하기 위해 다음과 같이 main을 작성해보자. 코드에서 보는 것처럼 변수

p의 타입은 A이지만 p에는 B 타입의 객체 레퍼런스가 저장되어 있다. 따라서 print() 메서드의 호출은 B 클래스의 print 메서드를 호출하며, 반대로 변수 x의 접근은 상위 클래스인 A에 정의된 x를 접근하게 된다. 앞으로 하위 타입의 객체를 상위 타입의 변수에 저장할 경우 이 점을 유의해야 한다.

```
public class Example {
    public static void main(String arg[]){
        A p = new B();

        p.print();
        System.out.println("Parent value : " + p.x);
    }
}
```

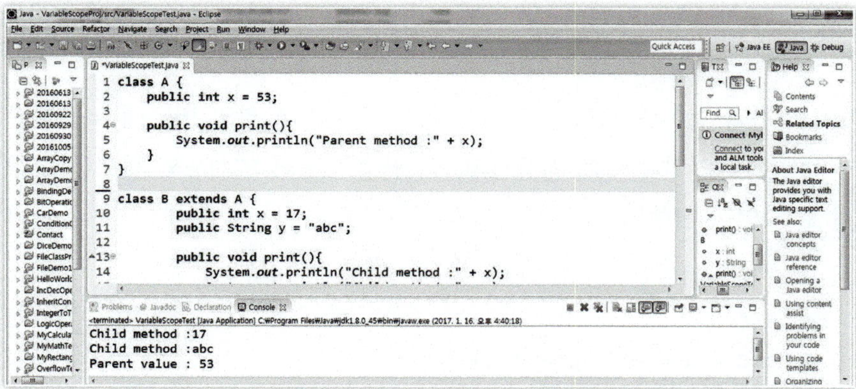

실습 11.8 상위 타입의 객체를 하위 타입의 변수에 저장하기

이번에는 반대로 하위 클래스 타입의 변수에 상위 클래스 타입의 객체를 저장하는 경우를 살펴보자. 하위 클래스 타입의 변수에 상위 클래스 타입의 객체를 저장할 경우, 다음과 같이 강제 형변환시켜주어야 컴파일 오류가 없다.

```
public class Example {
    public static void main(String arg[]){
        B p = (B) new A();

        p.print();
        System.out.println("Child value : " + p.x);
    }
}
```

그런데 위 코드를 실행시키면 아래와 같이 ClassCastException이 발생한다. 컴파일 오류는 없지만 실행 시간 예외가 발생한 것이다.

```
Exception in thread "main" java.lang.ClassCastException: bmkim.
java.A cannot be cast to bmkim.java.B at bmkim.java.ProgramBasic.
main(ProgramBasic.java:26)
```

코드를 약간 수정하여 다음과 같이 만들어보자. B 타입의 객체를 A 타입 변수에 저장하고 다시 A 타입 변수의 값을 B 타입의 변수에 저장하고, 이 변수를 통해 메서드와 필드를 접근하도록 한다. 그러면 오류 없이 실행된다.

```
public class Example {
    public static void main(String arg[]) {
        A p = new B();
       B c = (B) p;

        c.print();
        System.out.println("Child value : " + c.x);
    }
}
```

외형상으로는 상위 클래스를 캐스팅하여 하위 클래스에 대입했지만, c에는 B 타입의 객체의 레퍼런스가 저장되어 있으므로, 결과는 물론 B 클래스의 x 필드가 접근되고 B 클래스의 print 메서드가 실행된다.

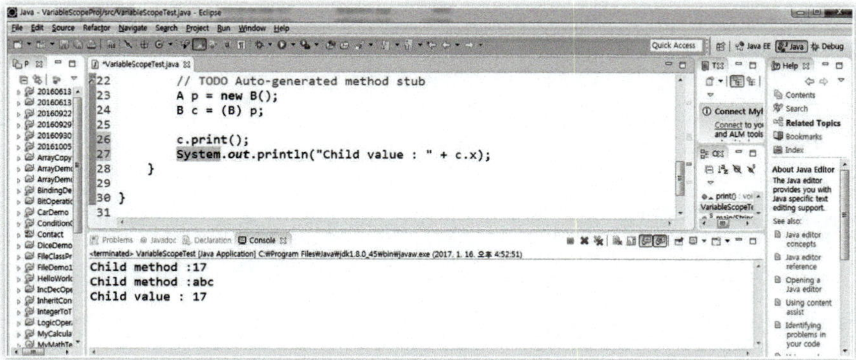

11.10 인터페이스의 형변환

클래스는 클래스가 구현하고 있는 인터페이스 유형으로도 변환할 수 있다. 즉, 왼쪽 항에 있는 인터페이스 유형의 객체 참조 변수에 그 인터페이스를 구현하고 있는 클래스의 객체를 오른쪽 항에 두어 할당할 수 있다. 이 경우도 클래스의 형변환과 마찬가지로 인터페이스 유형의 객체 참조 변수는 인터페이스에 선언된 요소에만 접근할 수 있다.

```
public class Example {
        public static void main(String[] args) {
                IA p = new A();

                p.print();
    }
}

interface IA {
    public void print();
}

class A implements IA {
        public int x = 17;
        public String y = "abc";

        public void print(){
            System.out.println("print method :" + x);
```

```
            System.out.println("print  method :" + y);
        }
}
```

만약 인터페이스 타입의 변수를 가지고 인터페이스 선언되지 않은 요소에 접근하면 에러가 발생한다. 즉, 위의 코드 중 main 메서드를 아래와 같이 수정하면 p에는 비록 A 타입의 객체 레퍼런스가 저장되어 있지만 x는 IA 타입에 정의된 요소가 아니므로 컴파일 오류가 발생한다.

```
public static void main(String[] args) {
            IA p = new A();

            p.print();
            System.out.println("x : " + p.x);
}
```

11.11 instanceof 연산자

자바에서는 형변환과 관련된 instanceof 연산자를 제공한다. 주로 조건문에 사용되는데, instanceof의 왼쪽에는 레퍼런스 변수, 오른쪽에는 타입(클래스명)이 피연산자로 온다. 그리고 연산의 결과로 boolean 값인 true, false 중의 하나를 반환한다. instanceof의 연산 결과가 true라는 것은 레퍼런스 변수가 검사한 타입으로 형변환이 가능하다는 것을 의미한다. 단, 값이 null인 레퍼런스 변수에 대해 instanceof 연산을 수행하면 false가 된다.

실제 인스턴스와 같은 타입에 대해서 뿐만 아니라, 조상 타입에 대해서도 instanceof 연산은 true를 결과로 얻는다. 따라서 instanceof 연산의 결과가 ture라는 것은 인스턴스가 검사한 타입이라는 것이 아니라, 그 타입으로 형변환을 해도 아무런 문제가 없다는 의미이다. 즉, 어떤 타입의 대한 instanceof 연산의 결과가 true라는 것은 검사한 타입으로 형변환 가능하다는 것을 뜻한다. 형변환 가능 여부를 검사하지 않고 캐스팅하면 경우에 따라 ClassCastException이 발생한다. 따라서 캐스팅에 앞서 instanceof 연산자를 사용하면 그런 예외를 막을 수 있다.

실습 11.9 instanceof 연산자 사용하기

이번 실습은 main 메서드에서 Class1 타입의 객체, Class2 타입의 객체, String 타입의 객체를 생성하고 정적 메서드인 test 메서드를 호출하여, 각 객체가 Class1 타입 또는 Class2 타입으로 변환 가능한지 검사하는 실습이다. test 메서드를 살펴보면 그 안에서 인수로 넘겨받은 객체가 Class1 또는 Class2 타입으로의 변경 가능 여부를 검사하기 위해 instaceof 연산자를 사용하고 있다. String 타입의 객체는 Class1 타입이나 Class2 타입으로 변경 불가능하므로 else문에 의해 처리되는 것을 확인할 수 있다.

```
class Class1
{
}
class Class2
{
}
class IsTest
{
    static void test(Object o)
    {
        Class1 ob1;
        Class2 ob2;

        if (o instanceof Class1)
        {
            System.out.println("o is Class1");
            ob1 = (Class1)o;
        }
        else if (o instanceof Class2)
        {
            System.out.println("o is Class2");
            ob2 = (Class2)o;
        }
        else
        {
            System.out.println("o is neither Class1 nor Class2.");
        }
```

```
    }

    public static void main(String[] args)
    {
        Class1 c1 = new Class1();
        Class2 c2 = new Class2();
        test(c1);
        test(c2);
        test("a string");
    }
}
```

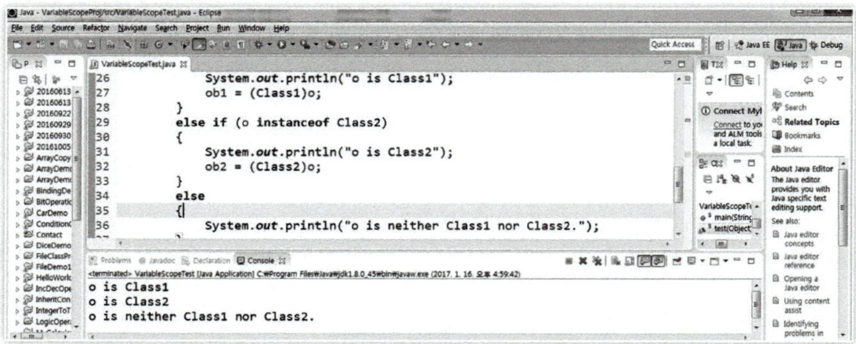

11.12 포장 클래스

Java는 클래스나 인터페이스 외에 int, double, char 및 boolean과 같은 기본형 타입을 가진다. 기본형 타입의 변수에는 값이 저장되고, 클래스형(또는 인터페이스형) 변수에는 객체 자체가 아니라 객체의 레퍼런스가 저장된다. 일반적으로 기본 데이터 값들은 기본형 타입의 변수에 저장하는 것이 일반적이지만, 어떤 상황에서는 기본형 타입을 객체로 사용해야 하는 경우가 있다. 이러한 경우에 기본형 타입 값을 객체로 포장할 필요가 있다. 이때 유용하게 사용되는 것이 **포장 클래스**(wrapper class)이다. 포장 클래스는 기본형 타입에 대응되는 클래스로서 java.lang 패키지에 정의되어 있다. 포장 클래스는 기본형 자료를 저장할 뿐만 아니라 여러 메서드들을 제공한다.

int형에 대응되는 포장 클래스는 Integer, double형에 대응되는 클래스는 Double, byte형에 대응되는 포장 클래스는 Byte, short에 대응되는 클래스는 Short, long에 대응되는 클래스는 Long, float에 대응되는 클래스는 Float, char에 대응되는 클래스는 Character, boolean에 대응되는 클래스는 Boolean, void에 대응되는 클래스는 Void 클래스이다. 다른 포장 클래스와 달리 void 클래스는 실체화될 수 없으며 단지 공 참조 개념을 나타낸다. Void를 제외한 포장 클래스의 생성자는 저장할 기본형 타입 값을 인수로 받는다.

```
Integer iObj = new Integer(10);
Double dObj = new Double(1.23);
```

iObj 객체는 정수 10에 대응되는 객체이고 dObj는 실수 1.23에 대응되는 객체로 기본형 타입이 아닌 객체가 필요한 곳에 사용될 수 있다. 포장 클래스는 산술연산을 위해 정의된 클래스가 아니기 때문에, 이 클래스의 인스턴스에 저장된 값은 변경이 불가능하며, 값을 저장하는 새로운 객체의 생성 및 참조만 가능하다.

포장 클래스에는 다음 표와 같은 다른 자료형으로 변환하는 메서드들과 그 값이 가질 수 있는 최댓값과 최솟값에 대한 정보 등을 제공한다. 예를 들어, Integer.MAX_VALUE는 int형 변수가 가질 수 있는 최댓값을, Integer.MIN_VALUE는 int형 변수가 가질 수 있는 최솟값을, Integer.SIZE는 int형 변수의 비트 크기를 나타낸다.

메서드	반환 값	설명
booleanValue()	boolean	기본형 데이터를 문자열로 바꾼 뒤에 반환
byteValue()	byte	객체의 값을 byte 값으로 변환하여 반환
doubleValue()	double	객체의 값을 double 값으로 변환하여 반환
floatValue()	float	객체의 값을 float 값으로 변환하여 반환
intValue()	int	객체의 값을 int 값으로 변환하여 반환
longValue()	long	객체의 값을 long 값으로 변환하여 반환
shortValue()	short	객체의 값을 short 값으로 변환하여 반환

경우에 따라 기본 자료형을 포장 클래스로 변환할 필요도 있고, 반대로 포장 클래스를 기본 자료형으로 변환할 필요성이 있다. 전자를 boxing이라 하고, 후자를 unboxing이라 한다.

```java
Integer iObj = new Integer(30); // boxing 과정
int age2 = iObj.intValue();      // unboxing 과정
```

JDK 1.5 버전 이후에는 자동으로 boxing과 unboxing을 처리하도록 autoboxing과 autounboxing을 제공한다. autoboxing은 기본 자료 형식을 객체 형식으로 변환하는 암시적 변환이다. 기본 자료 형식을 boxing하면 힙에 객체가 할당되고 값이 새 객체에 복사된다. autounboxing은 객체 형식에서 기본 자료 형식으로 암시적으로 변환한다. unboxing하면 객체가 지정한 값 형식을 boxing한 값인지 확인한 후 객체의 값을 값 형식 변수에 복사한다.

```java
int i = 123;
Integer o = i; // autoboxing
int j = o;      // autounboxing
```

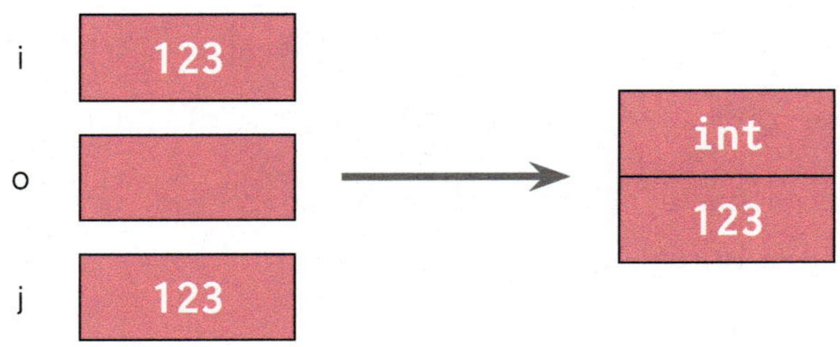

boxing과 unboxing 예

Integer 객체에 있는 int 값을 가져오기 위해서는 o.intValue() 메서드를 사용해 가져와야 하지만, 위와 같이 int형 변수에 Integer 객체를 대입하면 자동으로 unboxing이 진행된다. Autoboxing과 autounboxing은 단지 기본형 타입에 상응하는 포장 클래스에만 일어난다. 다른 경우에 대입을 시도하면 컴파일 에러가 발생한다. 아래의 예에서 dObj는 Integer 객체가 아니므로 int형 변수에 저장 시 자동으로 unboxing을 수행할 수 없어 컴파일 오류가 발생한다. 이러한 경우는 각 객체의 값을 int로 변환하여 돌려주는 intValue() 메서드를 이용해야 한다.

```java
Double dObj = 1.23;
int n2 = dObj; // 오류 발생
int n = dObj.intValue() ;
```

실습 11.10 boxing과 unboxing

boxing과 unboxing의 개념을 확인하기 위해 아래와 같이 간단한 코드를 작성해 실행해 보자.

```
public class BoxingUnBoxingTest {

    public static void main(String[] args) {
        // TODO Auto-generated method stub
        int val = 30;
        Integer iOb = Integer.valueOf(val); // boxing
        Integer jOb = val; //autoboxing

        System.out.println(val + “ ” + iOb + “ ” + jOb);

        Integer ob=new Integer(5);
        int i= ob.intValue();  // unboxing
        int j= ob; //autounboxing

        System.out.println(ob + “ ” + i + “ ” + j);
  }
}
```

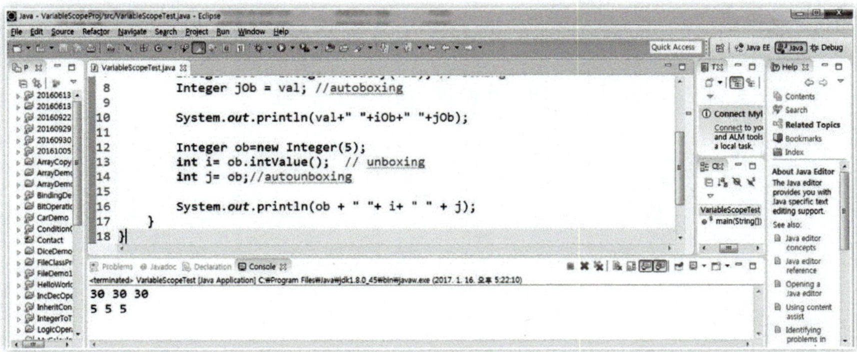

12 예외 처리

이번 장에서는 기본 예외 처리 방법과 다중 예외 처리 방법, 그리고 checked와 unchecked 예외에 대해 살펴본다. 또한 사용자가 필요한 경우 예외를 정의하여 사용할 수 있는데, 그 방법에 대해서도 살펴본다.

12.1 기본 예외 처리

프로그램의 정상적인 흐름을 방해하는 모든 것이 예외가 될 수 있다. 존재하지 않는 파일을 열거나, 네트워크 연결에 문제가 생기거나, 또는 0으로 나누는 나눗셈 연산 등이 예외의 일례이다. 이러한 예외에 대해 프로그래머가 미리 조치를 취하지 않으면 예외 발생 시 프로그램이 이상 종료되어 더 이상 진행되지 않는다. 이러한 경우 일반적으로 시스템이 오류 메시지를 출력한다. 다행히 이러한 오류를 프로그래머가 사전 처리함으로써 프로그램이 계속 진행되게 할 수 있는데, 이를 **예외 처리**(exception handling)라고 한다.

예외 처리하지 않는 경우 프로그램이 어떻게 되는지 확인하기 위하여 다음과 같은 간단한 프로그램을 실행해보자.

```
public class Example {
   public static void main(String args[])
   {
       System.out.println("두 정수를 입력하세요. : ");
       Scanner sc = new Scanner(System.in);
        int a = sc.nextInt();
       int b = sc.nextInt();
```

```
        int c = a / b;

        System.out.println("결과는 " + c + "입니다.");
    }
}
```

println문이 실행되기 전에 divide-by-zero 예외가 발생하여 아래와 같은 오류 메시지가 출력되며 프로그램은 종료된다. 자바에서의 예외 처리 방법은 C++와 마찬가지로 try-catch 문을 사용한다. try 블록에는 예외를 발생시킬 수 있는 보호된 코드가 포함된다. 이 블록은 예외가 발생하거나 성공적으로 완료될 때까지 실행된다. catch 블록 내에는 try 블록 내의 문장을 실행하다 발생하는 exception을 처리하는 문장이 들어간다. catch문은 Java.lang.Exception에서 파생된 객체 인수를 받을 수 있고, 이 경우 catch절은 인수로 주어진 유형의 예외만 처리한다. 모든 예외를 처리하고자 할 경우 catch절의 인수로 Exception 타입의 객체를 사용한다.

```
try
{
        // try block
}
catch(Exception1 arg) {
        // catch block
}
...
catch(Exception arg) {
        // catch block
}
```

앞의 예제에서 divide-by-zero 예외를 처리하려면 아래와 같이 나누는 부분을 try 블록으로 싸고, catch문을 사용하여 ArithmeticException 예외를 잡아 처리하면 된다. 아래의 예에서 분모가 0인 경우는 나눌 수 없으므로, 결과 값을 -1로 설정하여 다음 작업이 계속 진행되도록 하였다.

```
public class Example {
   public static void main(String args[])
   {
       Scanner sc = new Scanner(System.in);
       int a = sc.nextInt();
       int b = sc.nextInt();
       int c ;
       try {
              c = a / b;
       }
       catch(ArithmeticException e) {
              c = -1;
       }

       System.out.println("결과는 " + c + "입니다.");
   }
}
```

자바에는 C++와 달리 finally 블록이 있다. finally 블록은 try 블록에서 할당된 리소스를 정리하고 예외 발생 여부에 관계없이 항상 실행해야 하는 코드를 기술한다. try 블록이 종료되는 방법에 관계없이 항상 제어가 finally 블록으로 전달된다.

```
try
{
       // try block
}
catch(Exception1 arg) {
       // catch block
}
...
catch(Exception arg) {
       // catch block
}
finally {
       // finally block
}
```

실습 12.1 finally 블록

finally 블록이 어떻게 동작하는지 확인하기 위해 아래와 같이 코드를 작성하여 실행해보자.

```
class FinallyTest {
   public static void main(String args[]){
      try{
         System.out.println("First statement of try block");
         int num = 3.14;
         System.out.println(num);
      }
      catch(ArithmeticException e){
         System.out.println("ArithmeticException");
      }
      finally{
         System.out.println("finally 블록 내 ...");
      }
      System.out.println("try-catch 블록 밖 ...");
   }
}
```

try 블록 내에서 어떤 예외도 발생하지 않았지만 finally 블록이 실행되는 것을 확인할 수 있을 것이다.

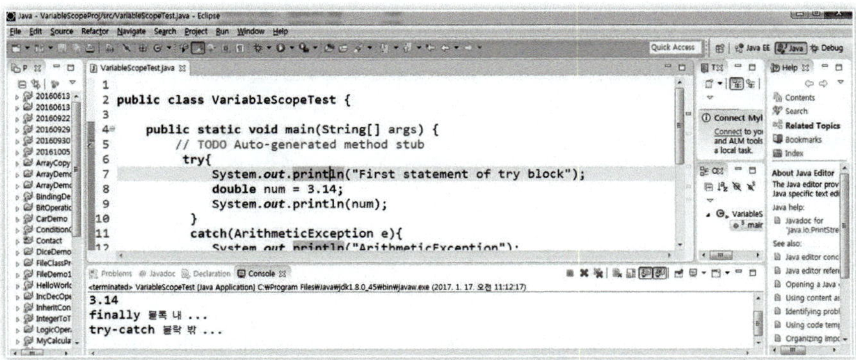

이번에는 try 블록 내에서 예외가 발생할 경우에 어떻게 처리되는지 확인을 위해 위의 코드를 아래와 같이 수정하여 실행해보자.

```
class FinallyTest {
   public static void main(String args[]){
      try{
         System.out.println("First statement of try block");
         int num = 5 / 0;;
         System.out.println(num);
      }
      catch(ArithmeticException e){
         System.out.println("ArithmeticException");
      }
      finally{
         System.out.println("finally 블록 내 ...");
      }
      System.out.println("try-catch 블록 밖 ...");
   }
}
```

5를 0으로 나누는 순간에 ArithmeticException이 발생하고, 이 예외가 catch문에 의해 처리된 후, 다시 finally 블록이 실행된다. 이처럼 finally 블록은 try 블록 내에서 예외가 발생하든 그렇지 않든지 finally 블록이 실행됨을 알 수 있다.

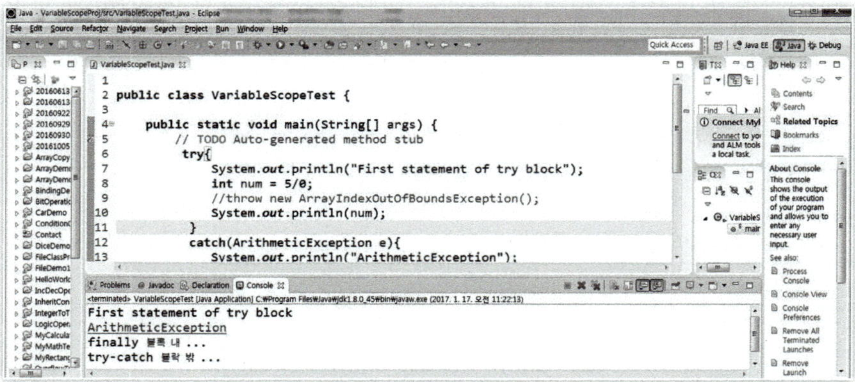

try 블록 내에서 catch문과 일치하지 않는 예외가 발생할 경우는 어떻게 될까? 이를 위해 위의 코드를 아래와 같이 약간 수정해 실행해보자.

```
class FinallyTest {
   public static void main(String args[]){
      try{
         System.out.println("First statement of try block");
         throw new ArrayIndexOutOfBoundsException();
      }
      catch(ArithmeticException e){
         System.out.println("ArithmeticException");
      }
      finally{
         System.out.println("finally 블록 내 ...");
      }
      System.out.println("try-catch 블록 밖 ...");
   }
}
```

try 블록 내의 throw문에 의해 예외가 발생하는데, catch문과 일치하지 않아 프로그램에 의해 예외 처리되지 않고 대신에 시스템 기본 예외 처리기에 의해 예외 처리되어 프로그램이 종료된다. 그래서 마지막 println문이 실행되지 않는다. 이러한 상황에서도 finally 블록은 실행됨을 기억하라.

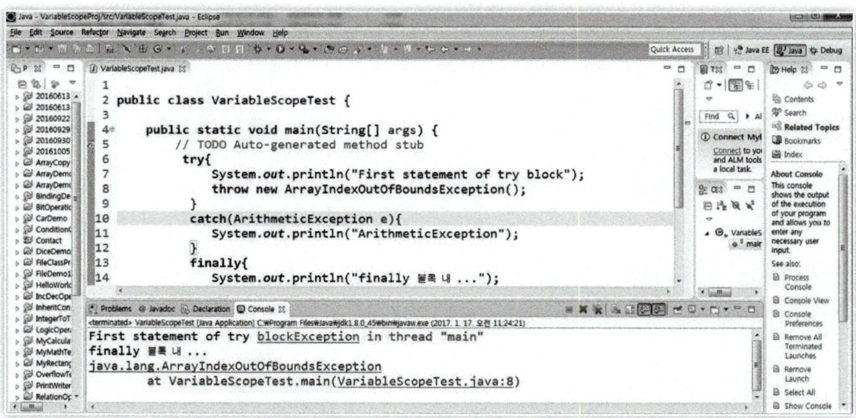

12.2 예외 처리 순서

같은 try–catch문에서 여러 개의 catch문을 사용할 수 있다. catch문은 순서대로 검사되므로 이런 경우에는 catch문의 순서가 중요하다. 보다 구체적인 예외를 먼저 catch하도록 한다. 그리고 exception을 해당 메서드 내에서 처리하지 않고 바깥쪽에 정의된 메서드에서 처리하고자 할 경우는 throw문을 사용하여 rethrow한다. throw문을 사용하여 catch문에서 catch한 예외를 다시 throw할 수 있다. 예를 들면 다음과 같다.

```
catch (ArithmeticException e)
{
    throw (e);     // 예외 e를 다시 발생
}
```

아래의 예제에서는 try–catch문이 어떻게 동작하는지 보여주기 위해 try 블록 실행 중에 throw문을 사용하여 강제적으로 ArithmeticException을 발생시켰다. 예외가 발생하면 그 즉시 예외와 부합하는 catch문을 수행하는데, 아래의 예에서는 두 catch문 모두 발생한 예외와 부합된다. 먼저 부합되는 catch문이 수행되므로 아래의 예제에서는 첫 번째 catch절이 수행된다. 그러고 나서 최종적으로 finally 블록이 수행된다.

```
public class ExceptionHandlingClass
{
    public static void main(String args[])
    {
        try
        {
            System.out.println("try문 실행");
            throw new ArithmeticException();
        }
        catch (ArithmeticException e)
        {
            System.out.println("첫 번째 catch문 실행" + e.toString());
        }
        catch (Exception e)
        {
            System.out.println("두 번째 catch문 실행");
```

```
        }
        finally
        {
            System.out.println("finally block 실행");
        }
    }
}
```

만약, 위 예에서 두 catch문의 순서를 바꾸면 어떻게 될까? 모든 예외가 Exception에서 파생되므로 인수가 Exception인 catch문에 의해 모든 예외 처리가 가능할 듯하지만, 아래와 같은 컴파일 오류가 발생한다. 즉, 어떤 경우에도 두 번째 catch문은 실행될 수 없으므로 컴파일러는 이를 오류로 출력한다.

```
Exception in thread "main" java.lang.Error: Unresolved compilation problem:
        Unreachable catch block for ArithmeticException. It is already handled by the catch block for Exception

        at ExceptionDemo.main(ExceptionDemo.java:15)
```

메서드 수행 중 예외가 발생하고 그 메서드 안에 예외 처리가 되지 않은 경우, 해당 메서드를 호출한 메서드로 예외가 전달되어 그곳에 있는 catch문에 의해 처리된다. 만약 그곳에 있는 catch문에 의해서도 처리되지 않으면 다시 그 메서드를 호출한 메서드에서 처리하게 된다. 이런 방식으로 반복하여 main 메서드에 도달하는데, main 메서드에서도 처리되지 않으면 기본 예외 처리기에 의해 처리되고 그 결과 프로그램은 종료하게 된다. 아래의 예에서는 main 메서드에서 method1을 호출하고 이 메서드 안에서 강제로 ArithmeticException을 발생시킨다. 그런데 이 메서드 안에는 try-catch 블록이 없으므로 예외 처리되지 않고, main 메서드로 전달되어 그곳에 정의된 catch문에 의해 처리된다.

```
public class ExceptionDemo {
        public static void main(String[] args) {
                // TODO Auto-generated method stub

                ExceptionDemo app = new ExceptionDemo();
```

```
            try {
                    app.method1();
            }
            catch (ArithmeticException e)
            {
                    System.out.println("첫 번째 catch문 실행" +
                    e.toString());
            }
            catch(Exception e)
            {
                    System.out.println("두 번째 catch문 실행");
            }
            finally
            {
                    System.out.println("finally block 실행");
            }
    }

    private void method1() {
            System.out.println("try문 실행");
            throw new ArithmeticException();
    }
}
```

실습 12.2 다중 catch문

try 블록 내 실행문에서 여러 종류의 예외가 발생할 수도 있는데, 이런 경우 각각의 예외를 catch문으로 잡아 처리하는 것이 좋다. 먼저, ArithmeticException을 발생하도록 아래와 같이 작성하여 실행해보자.

```
class MultipleCatchTest {
   public static void main(String args[]){
     try{
         int arr[] = new int[5];
         arr[4] = 20/0;
```

```
            System.out.println(“First print statement in try block”);
        }
        catch(ArithmeticException e){
            System.out.println(“Warning: ArithmeticException”);
        }
        catch(ArrayIndexOutOfBoundsException e){
            System.out.println(“Warning: ArrayIndexOutOfBoundsException”);
        }
        catch(Exception e){
            System.out.println(“Warning: Some Other exception”);
        }

        System.out.println(“try-catch 블록 밖...”);
    }
}
```

20을 0으로 나누려는 순간 ArithmeticException이 발생하고, 이에 따라 catch문 블록으로 제어가 이동하여 먼저 발생한 예외가 ArithmeticException인지 검사한다. 이 유형의 예외가 발생했기 때문에, 첫 번째 catch문에 의해 처리된 후 마지막 println문을 실행한다.

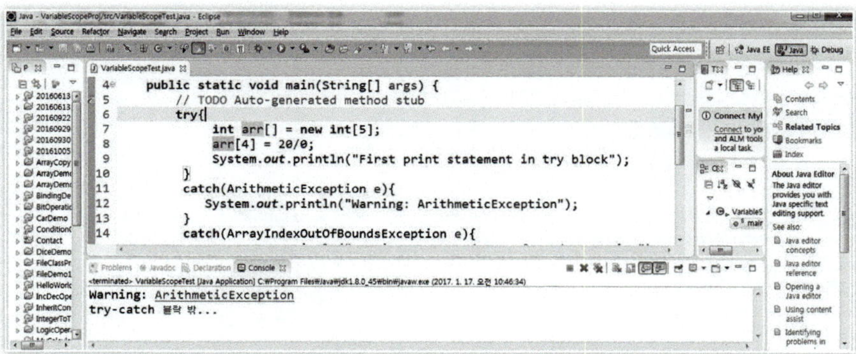

이번에는 ArrayIndexOutOfBoundsException을 발생시키기 위해 위의 코드를 아래와 같이 약간 수정해보자.

```
class MultipleCatchTest {
    public static void main(String args[]){
        try{
```

```
            int arr[] = new int[5];
            arr[6] = 20/5;
            System.out.println(“First print statement in try block”);
        }
        catch(ArithmeticException e){
            System.out.println(“Warning: ArithmeticException”);
        }
        catch(ArrayIndexOutOfBoundsException e){
            System.out.println(“Warning: ArrayIndexOutOfBoundsException”);
        }
        catch(Exception e){
            System.out.println(“Warning: Some Other exception”);
        }

        System.out.println(“try-catch 블록 밖...”);
    }
}
```

위 코드를 실행시키면 arr[6]에 값을 저장하려는 순간에 ArrayIndexOutOfBounds Exception이 발생하고, 이에 따라 두 번째 catch문이 실행된 후 마지막 println문이 실행된다. 첫 번째와 세 번째 catch문은 실행되지 않는다.

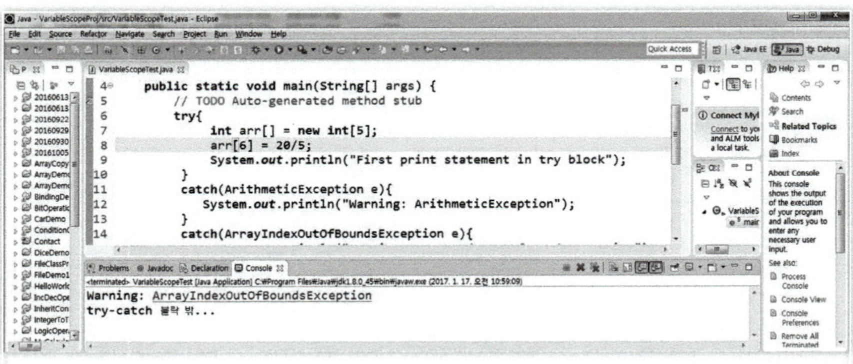

실습 12.3 중첩 try-catch 블록

try-catch 블록 내에 다시 try-catch 블록이 올 수 있는데, 이때 어떻게 동작하는지 확인하기 위해 아래와 같이 코드를 작성하여 실행해보자.

```
class NestTryTest {
   public static void main(String args[]){
     try{
         try{
            System.out.println("내부 try 블록1");
            int b = 5/0;
            System.out.println(b);
         }
         catch(ArithmeticException e1){
            System.out.println("내부 catch문1");
         }
         try{
            System.out.println("내부 try 블록2");
            int b = 5/0;
            System.out.println(b);
         }
         catch(ArrayIndexOutOfBoundsException e2){
            System.out.println("내부 catch문2");
         }
        System.out.println("내부 try-catch 블록 밖 ... ");
     }
     catch(ArithmeticException e3) {
        System.out.println("Arithmetic Exception");
        System.out.println("바깥 catch문1");
     }
     catch(ArrayIndexOutOfBoundsException e4) {
        System.out.println("ArrayIndexOutOfBoundsException");
        System.out.println("바깥 catch문2");
     }
     catch(Exception e5){
        System.out.println("Exception");
        System.out.println("바깥 catch문3");
      }
```

```
        System.out.println("바깥 try-catch 블록 밖 ... ");
    }
}
```

내부 첫 번째 try 블록 내에서 5를 0으로 나누는 순간, ArithmeticException이 발생하여 그 밑에 있는 catch문에 의해서 처리된 후 두 번째 내부 try 블록이 실행되는데, 그 와중에 다시 ArithmeticException이 발생한다. 그런데 이 try문과 관련된 catch문에는 ArithmeticException을 처리할 수 없으므로, 이 예외는 바깥 try문으로 전달되어 마치 바깥 try 블록에서 ArithmeticException이 발생한 것과 같은 상황이 된다. 따라서 이 예외는 바깥 try 블록과 관련된 catch문 중 첫 번째 catch문에 의해 처리된 후, 바깥 try−catch 블록 밖의 코드가 실행된다.

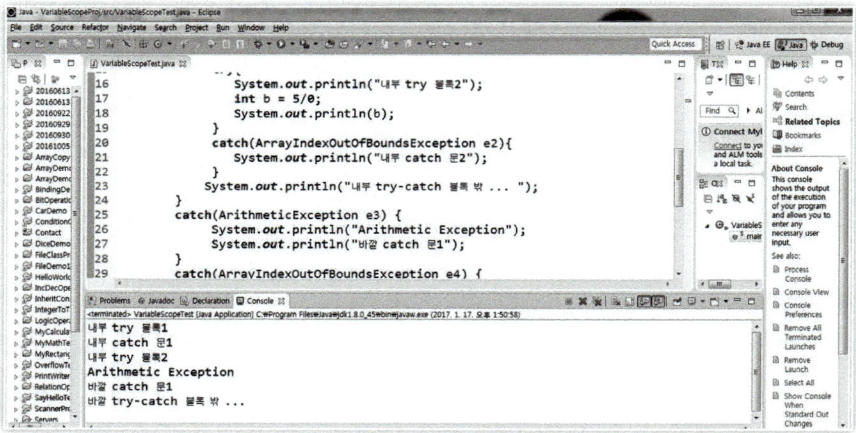

12.3 checked 예외

자바 예외에는 checked 예외와 unchecked 예외가 있다. 이 두 예외의 주요 차이점은 checked 예외는 컴파일 시에 검사되고, unchecked 예외는 그렇지 않다는 것이다. checked 예외가 컴파일 시에 검사된다는 의미는 만약 어떤 메서드가 예외를 발생시킬 수 있다면, 그 메서드는 try−catch 블록으로 예외를 처리하거나 아니면 throws 키워드를 사용하여 예외를 발생할 수 있음을 선언해야 한다는 것을 의미한다. 만약 그렇지 않으면 컴파일 오류가 발생한다.

예를 통하여 checked 예외를 살펴보기로 하자. 살펴볼 예는 test.txt 파일에서 내용을 읽어 이를 화면으로 출력하는 예이다. 일단 이 예를 실행해보자.

```
import java.io.FileInputStream;

public class ExceptionDemo {

        public static void main(String[] args)  {
                // TODO Auto-generated method stub

                FileInputStream fis = null;
                fis = new FileInputStream("C:/test.txt");

                int c;
                while(( c = fis.read() ) != -1)
                {
                        System.out.print((char)c);
                }

                fis.close();
        }
}
```

간단한 프로그램이지만 막상 실행해보면 아래와 같은 컴파일 단계의 세 가지 오류를 발생한다. FileInputStream 생성자는 인수로 주어진 파일이 존재하지 않는 오류에 대해 FileNotFoundException을, read 메서드는 파일을 읽는 도중에 발생하는 오류에 대해 IOException을, close 메서드는 파일 닫는 도중에 발생하는 오류에 대해 IOException을 발생시키는데, 이에 대한 정보는 각 메서드의 선언 부분에 기술되어 있다. 따라서 이 메서드를 사용할 경우 이에 대한 처리를 해야 하며, 그렇지 않을 경우 컴파일 오류가 발생한다.

```
Exception in thread "main" java.lang.Error: Unresolved compilation
problems:
        Unhandled exception type FileNotFoundException
        Unhandled exception type IOException
        Unhandled exception type IOException
```

그러면 checked 예외를 어떻게 처리하는지 살펴보자. 첫 번째 방법은 직접 예외 처리하지 않고 throws 키워드를 사용하여 예외가 발생할 수 있음을 알려주는 방법이다. 이는 사용자에게 예외 처리를 미루는 방식으로 볼 수 있다. 세 곳에서 FileNotFoundException과 IOException이 발생할 수 있으므로 main 메서드에서 이 두 가지 오류가 발생할 수 있음을 throws 문으로 선언하면 된다. 그런데 FileNotFoundException이 IOException의 자식 클래스이므로 IOException 하나로 충분하다.

```
import java.io.FileInputStream;

public class ExceptionDemo {

	public static void main(String[] args)  throws IOException {
		// TODO Auto-generated method stub

		FileInputStream fis = null;
		fis = new FileInputStream("C:/test.txt");

		int c;
		while(( c = fis.read() ) != -1)
		{
			System.out.print((char)c);
		}

		fis.close();
	}
}
```

또, 다른 방법은 아래처럼 직접 try-catch 블록으로 예외 처리하는 방법이다.

```
import java.io.*;

public class ExceptionDemo {

	public static void main(String[] args) {
		// TODO Auto-generated method stub
```

```
            try {
                    FileInputStream fis = null;
                    fis = new FileInputStream("C:/test.txt");

                    int c;
                    while(( c = fis.read() ) != -1)
                    {
                            System.out.print((char)c);
                    }

                    fis.close();
            }
            catch(FileNotFoundException e) {
                    System.out.println("The specified file is not
                    present at the given path");
            }
            catch(IOException e) {
                    System.out.println("I/O error occurred: " + e);
            }
        }
}
```

checked 예외에는 IOException 외에 다음과 같은 예외가 있다. 일부만 소개한 것이므로 자세한 설명은 온라인 도움말을 참조하라.

- SQLException
- DataAccessException
- ClassNotFoundException
- InvocationTargetException

실습 12.4 checked 예외 처리

checked 예외 처리 방법을 익히기 위해 앞 예제의 첫 번째 코드를 프로젝트로 작성하여 실행해보자. 컴파일 오류가 발생하지는 않지만 실행 시 파일이 존재하지 않으므로 FileNotFoundException이 발생하는데, 이를 프로그램 내에서 처리하지 않고 IOException

예외를 밖으로 전달한다. 이를 시스템의 기본 예외 처리기가 처리하여 아래와 같은 예외 메시지가 출력된다.

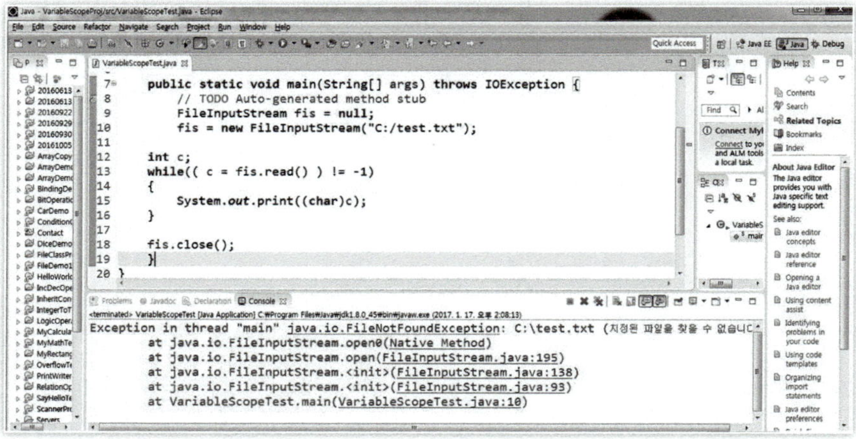

두 번째 방법으로 바꿔 실행하면 'C:/test.txt'가 존재하지 않는 같은 상황이지만 이번에는 프로그램 안에서 FileNotFoundException 예외 처리되어 아래처럼 좀 더 유용한 정보를 사용자에게 제공할 수 있게 된다.

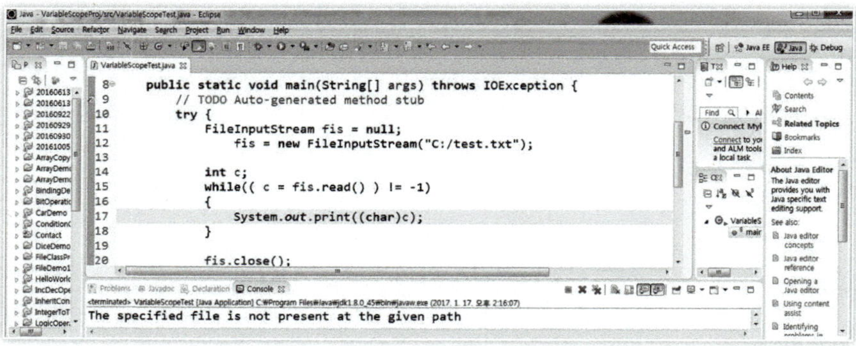

12.4 unchecked 예외

Unchecked 예외는 예외가 발생할 수 있음에도 불구하고 예외 처리하지 않을 경우 컴파일 오류를 유발하지 않는 예외이다. 이러한 오류는 프로그램 실행 중에 사용자가 잘못된 데이터를 제공하거나 잘못 사용할 경우에 발생하며, 모든 unchecked 예외는 RuntimeException 클래스를 상속받는다. 앞서 살펴보았던 divide-by-zero에 의해 발생하는 ArithmeticException 예외가 대표적인 unchecked 예외 중의 하나이다.

```
public class Example {
    public static void main(String args[])
    {
        int n1 = 3;
        int n2 = 0;

        int r = n1/n2;
        System.out.println(r);
    }
}
```

위 코드를 컴파일하면 오류 없이 컴파일된다. 하지만 막상 실행하면 Arithmetic Exception 오류가 발생하여 프로그램이 종료된다. Unchecked 예외를 처리할지 그렇지 않을지는 전적으로 프로그래머에게 달려 있다. 예외 처리를 해도 되고 하지 않아도 된다. 그러나 하지 않을 경우 프로그램은 비정상적으로 종료된다. 또 다른 형태의 unchecked 예외는 ArrayIndexOutOfBoundsException이다. 이 예외는 인덱스의 범위를 벗어나 접근할 경우에 발생한다.

```
public class Example {
    public static void main(String args[])
    {
        String arr[] = {"a", "b", "c", "d", "e"};

        System.out.println(arr[6]);
    }
}
```

이 코드를 실행하면 컴파일 오류 없이 컴파일되지만 막상 실행하면 println문을 실행하는 순간에 범위를 벗어난 배열의 인덱스를 참조하여 ArrayIndexOutOfBounds Exception이 발생한다. 이러한 경우는 프로그래머가 문제점을 파악할 수 있도록 예외 처리를 통해 이 사실을 알려주는 것이 좋다.

```
public class Example {
   public static void main(String args[])
   {
        try {
                String arr[] = {"a", "b", "c", "d", "e"};

                System.out.println(arr[6]);
        }
        catch(ArrayIndexOutOfBoundsException e){
                System.out.println("배열 인덱스 범위를 벗어나 접근했습니다. 수정바랍
                니다");
        }
   }
}
```

또 다른 형태의 unchecked 예외는 NumberFormatException 예외이다. 이 예외는 문자열을 숫자로 변환할 때 발생하는 예외이다. 아래의 예처럼 모든 문자열이 숫자로 변환 가능하지 않기 때문에 이러한 예외가 발생하며, 이 경우 예외 처리를 통해 그 이유를 알려주고 수정할 수 있도록 유도하면 된다.

```
public class Example {
   public static void main(String args[])
   {
      try{
         int n = Integer.parseInt ("XYZ") ;
         System.out.println(n);
      } catch(NumberFormatException e){
          System.out.println("숫자로 변환 불가능 문자열이 parseInt 메서드의
          인수로 주어졌습니다.");
       }
   }
}
```

NullPointer 예외

자주 접하게 되는 예외가 NullPointer 예외이다. 이 예외는 null 객체에 대해 메서드를 호출할 경우 발생한다. C++를 배운 후 처음 자바를 접하면 객체 레퍼런스 변수만 선언하고 객체 생성 없이 메서드를 호출하는 경우가 자주 발생한다. C++에서는 객체 변수만 선언해도 객체가 생성되기 때문에 괜찮지만 자바에서는 반드시 객체를 별도로 생성해야 이러한 예외를 맞지 않는다.

```
public class Example
{
        public static void main(String args[])
        {
                try{
                        String str;
                        System.out.println (str.length());
                }catch(NullPointerException e){
                        System.out.println("NullPointerException..");
                }
        }
}
```

위처럼 코딩하면 str 변수가 초기화되어 있지 않아 컴파일 오류가 발생한다. 그래서 "str=null;"로 수정해주어야 위 코드가 제대로 실행된다. str 변수에 객체의 레퍼런스가 지정되지 않았기 때문에 length 메서드 호출 시 NullPointerException 예외가 발생한다.

12.5 사용자 정의 예외

자바 프로그램을 작성하다보면 프로그램에 맞는 예외를 정의하고 필요한 순간에 이를 발생시키고자 하는 경우가 발생한다. 이러한 예외를 **사용자 정의 예외** 또는 **커스텀 예외**라고 한다. 사용자 정의 예외를 사용하려면 먼저 사용자 정의 예외 클래스를 정의해야 하는데, Exception 클래스나 RuntimeException 클래스를 상속받는 형태로 정의해야 한다. Exception 클래스를 상속받게 되면 사용자 정의 예외는 checked 예외가 되며, RuntimeException 클래스를 상속받을 경우는 unchecked 예외가 된다.

```
class NullNameException extends Exception{
    public String toString(){
        return ("이름 미지정");
    }
}
```

사용자 정의 예외를 발생시킬 때는 원하는 위치에서 예외 객체를 생성한 후 이를 throw시킨다.

```
public class Example {
    public static void main(String args[]){
        try{
            throw new NullNameException();
        }
        catch(NullNameException e){
            System.out.println("사용자 정의 예외 발생") ;
            System.out.println(e) ;
        }
    }
}
```

인수가 있는 예외 클래스를 정의할 경우는 예외 메시지를 별도의 필드에 저장해도 되지만 아래처럼 Exception 클래스에 있는 필드를 활용해도 된다. 이렇게 되면 Exception 클래스의 toString 메서드를 그대로 이용할 수 있게 되어 별도로 재정의할 필요가 없다.

```
class CountZeroException extends Exception
{
    public CountZeroException ()
    {
    }
    public CountZeroException (string message)
    {
        super(message);
    }
}
public class ExceptionDemo {
```

```
    public static void main(String[] args) {
        // TODO Auto-generated method stub

        try{
            throw new CountZeroException("hoho");
        }catch(CountZeroException e){
            System.out.println(e);
        }
    }
}
```

KEY POINT

throw와 throws

1. throw는 예외를 강제로 발생시킬 경우에 사용하며 throws는 예외가 발생함을 선언할 때 사용한다.
2. throw는 메서드 몸체 안에서 사용되며, throws는 메서드 선언의 일부분, 즉 시그니처 일부분으로 사용한다.

예외와 if문

예외적인 상황을 꼭 예외 처리 방식으로 해결해야 할까? 아니다. 위에서 살펴보았던 divide-by-zero 예를 아래와 같이 if문으로 처리해도 된다.

```
public class Example {
  public static void main(String args[])
  {
      Scanner sc = new Scanner(System.in);
      int a = sc.nextInt();
      int b = sc.nextInt();

      int c;
      if (b != 0) c = a / b;
      else c = -1;

      System.out.println("결과는 " + c + "입니다.");
  }
}
```

예외 처리는 왜 해야 하며, 예외 처리의 이점은 무엇일까? if문을 사용하면 매번 예외 상황을 검사해야 하지만 예외 처리를 하면 예외가 발생한 경우만 검사하면 된다. 예외 상황은 아주 간혹 발생한다. 이외에도 멀티스레드 환경에서 예외 처리를 하는 것이 if문을 사용하여 검사하는 것보다 유리하다. 즉, 여러 스레드에서 위의 코드를 실행하는 경우, 한 스레드가 if문에서 b가 0이 아님을 확인한 후, "a/b"를 실행하고자 하는 시점에 다른 스레드에서 b를 0으로 바꿔버리면 예외가 발생하고 프로그램은 종료된다. 그러나 예외 처리를 하면 그런 상황을 피할 수 있다.

실습 12.5 사용자 정의 예외

아래와 같이 간단한 사용자 정의 예외를 정의하자. 앞에서 설명한 것처럼 Exception 클래스를 상속받고 예외 메시지는 Exception 클래스의 필드를 이용한다.

```
class MyException extends Exception
{
    public MyException(String mymsg)
    {
        super(mymsg);
    }
}
```

아래와 같이 main 메서드를 작성하여 프로그램 실행 중 MyException 예외를 강제로 발생시켜보자.

```
public class UserExceptionTest  {

    public static void main(String[] args) throws MyException {
            // TODO Auto-generated method stub
            UserExceptionTest es = new UserExceptionTest();
            es.displayMymsg();
    }

    public void displayMymsg() throws MyException
    {
        for(int i=8;i>0;i--)
        {
          System.out.println("i= " + i);
          if(i == 3)
          {
              throw new MyException("사용자 정의 예외");
          }
        }
    }
}
```

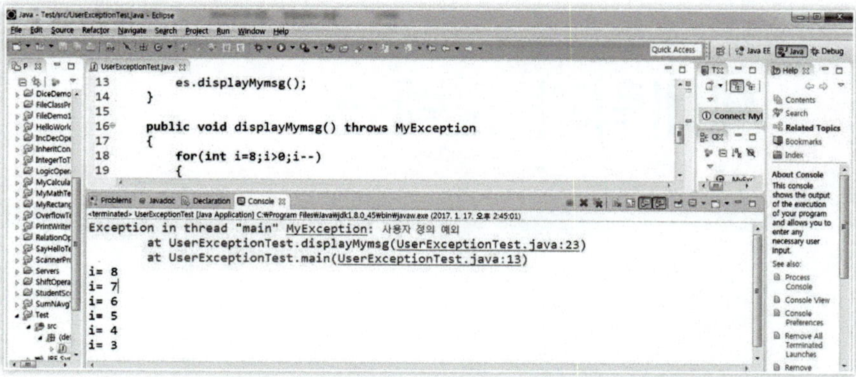
Java - Test/src/UserExceptionTest.java - Eclipse
UserExceptionTest.java
es.displayMymsg();
}
public void displayMymsg() throws MyException
{
for(int i=8;i>0;i--)
{
Problems
Javadoc
Declaration
Console
Exception in thread "main" MyException: 사용자 정의 예외
at UserExceptionTest.displayMymsg(UserExceptionTest.java:23)
at UserExceptionTest.main(UserExceptionTest.java:13)
i= 8
i= 7
i= 6
i= 5
i= 4
i= 3
About Console
This console shows the output of the execution of your program and allows you to enter any necessary user input.

13 제네릭과 컬렉션

이 장에서는 제네릭 클래스의 개념, 사용자 제네릭 클래스의 정의 방법, 그리고 시스템에서 제공하는 제네릭 클래스 중 자료의 저장에 사용되는 다양한 Collection 클래스들의 사용법과 그 특징들을 살펴본다.

13.1 제네릭 클래스

제네릭(generic)은 다양한 자료형에 적용될 수 있는 기법이다. 제네릭은 사용할 자료형을 매개변수로 전달받아 하나의 클래스로 다양한 자료형을 지원할 수 있다. 예를 들어, 스택 클래스를 고려해 보자. 스택은 데이터를 차곡차곡 쌓는 형태로 저장된다. 그리고 데이터를 사용할 경우는 위에서부터 하나씩 제거하면서 사용한다. 이러한 형태를 전문 용어로 LIFO(Last-In First-Out) 구조라 한다. 만약 정수형을 저장할 수 있는 스택과 실수를 저장할 수 있는 스택이 필요하다고 하자. 제네릭 클래스를 사용하지 않을 경우는 아래와 같이 int 스택 클래스와 float 스택 클래스를 정의해야 한다.

```
public class IntStack {
        final int size;
        int[] items;
        int top;
        public void Push(int item) {... }
        public int Pop() {... }
}

public class FloatStack {
```

```
        final int size;
        float[] items;
        int top;
        public void Push(float item) {... }
        public float Pop() {... }
}
```

두 개의 클래스를 비교해보면 알겠지만 구조나 기능은 동일하다. 다만 자료형에서 차이가 있다. 만약 자료형을 매개변수로 줄 수 있다면 위 두 개의 클래스는 아래와 같은 하나의 일반적인 클래스로 정의할 수 있다. 이 클래스가 바로 제네릭 클래스이다.

```
public class Stack<T> {
        final int size;
        T[] items;
        int top;
        public void Push(T item) {}
        public T Pop() {... }
}
```

제네릭 클래스를 사용하는 방법은 사용할 자료형을 매개변수로 지정하여 제네릭 클래스로부터 객체를 생성하여 사용하면 된다. 만약 int 스택이 필요하다면 아래처럼 객체를 생성하여 사용하면 된다. 아래 코드에서 int 대신에 Integer 타입을 쓴 이유는 타입 매개변수로는 클래스나 인터페이스만 사용할 수 있기 때문이다.

```
        Stack<Integer> stack = new Stack<Integer>();
        stack.Push(3);
        int x = stack.Pop();
```

실습 13.1 제네릭 스택 클래스

위에서 설명한 내용을 기초로 스택을 구현하면 다음과 같이 사용할 수 있다. 제네릭 클래스를 작성할 때, 제네릭 클래스 내에서 제네릭 타입을 이용하여 객체를 생성할 수 없다는 것을 주의하라. 따라서 아래의 코드에서는 자료를 저장할 T 타입의 배열을 생성할 수 없으므로 대신에 Object 배열을 생성하여 이 배열의 타입을 변환하여 사용하였다. 그리고 생성자를 정의할 때 타입 매개변수는 생략하고 클래스명만을 사용한다. 즉, 클래스명은 Stack〈T〉로 되어 있지만 생성자는 Stack으로 하면 된다.

```
class Stack<T> {
       final int size;
       T[] items;
       int top;

       public Stack() { this(10);}
       public Stack(int s) {
          size = s > 0 ? s : 10;
          items = (T []) new Object[s];
          top =-1;
       }
       public void Push(T item) {
          if(top == size - 1) throw new FullException("스택이 꽉 차 있어 "
          + item + "을 집어넣을 수 없습니다.");
          items[++top] = item;
       }
       public T Pop() {
          if(top == -1) throw new EmptyException("스택이 비어 있어 항목을
          끄집어 낼 수 없습니다." );
          return items[top--];
       }
}

class FullException extends  RuntimeException {
  public FullException() {
    this("스택 꽉 참");
  }

  public FullException(String exception) {
    super(exception);
  }
}
```

```
class EmptyException extends  RuntimeException {
  public EmptyException() {
    this("스택 빔");
  }

  public EmptyException(String exception) {
    super(exception);
  }
}
```

제네릭 스택 클래스 사용하기 위한 코드를 아래처럼 작성하여 실행해보자.

```
public class GenericStackTest {
       public static void main(String[] args) {
              Stack<Integer> stack = new Stack<Integer>();
              stack.Push(3);
              int x = stack.Pop();
              System.out.println(x);
       }
}
```

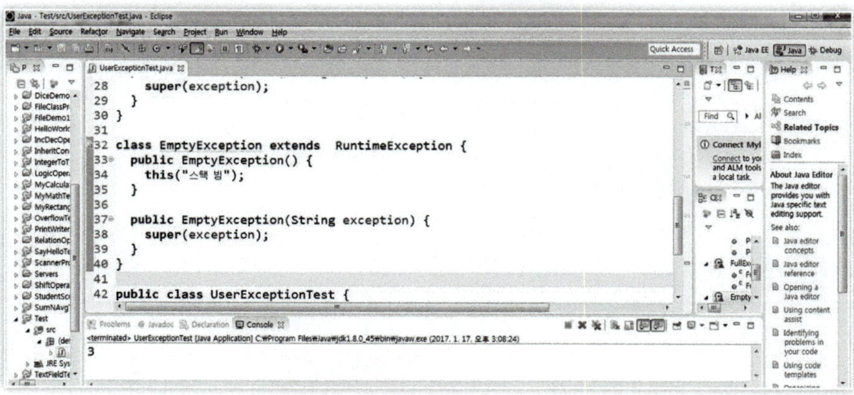

13.2 컬렉션

컬렉션은 객체들의 집합, 즉 여러 객체들을 의미한다. 여러 객체들을 저장할 수 있는 것으로 배열 개념을 배웠다. 그런데 배열을 컬렉션이라고 하지는 않는다. 배열은 고정 크기라는 단점이 있다. 그래서 가능한 최대 크기로 잡고 최악의 상황에 대응하도록 프로그래밍해야 한다. 컬렉션은 바로 이러한 고정 크기의 배열이 가지는 단점을 극복할 수 있는 일종의 컨테이너, 즉 **데이터 저장소**이다. 컬렉션은 가변 개수의 객체들, 즉 요소(element)들을 저장할 수 있는 공간으로 요소들을 추가, 삭제 및 검색할 수 있는 기능들을 제공한다. 컬렉션 클래스들은 여러 다양한 타입을 지원하기 위해 제네릭 형태로 구현되어 있다.

자바에서는 자료구조 시간에 배운 많은 자료구조들이 컬렉션으로 제공되는데, java.util 패키지에 컬렉션 관련 클래스와 인터페이스들을 제공한다. 대표적인 컬렉션 클래스와 인터페이스는 그림과 같다. Vector와 ArrayList는 가변 크기 배열을, LinkedList는 링크드 리스트를, HashSet은 집합을 구현한 클래스이고 HashMap은 키와 값의 쌍, 즉 맵 정보를 저장하고 검색하는 클래스이다.

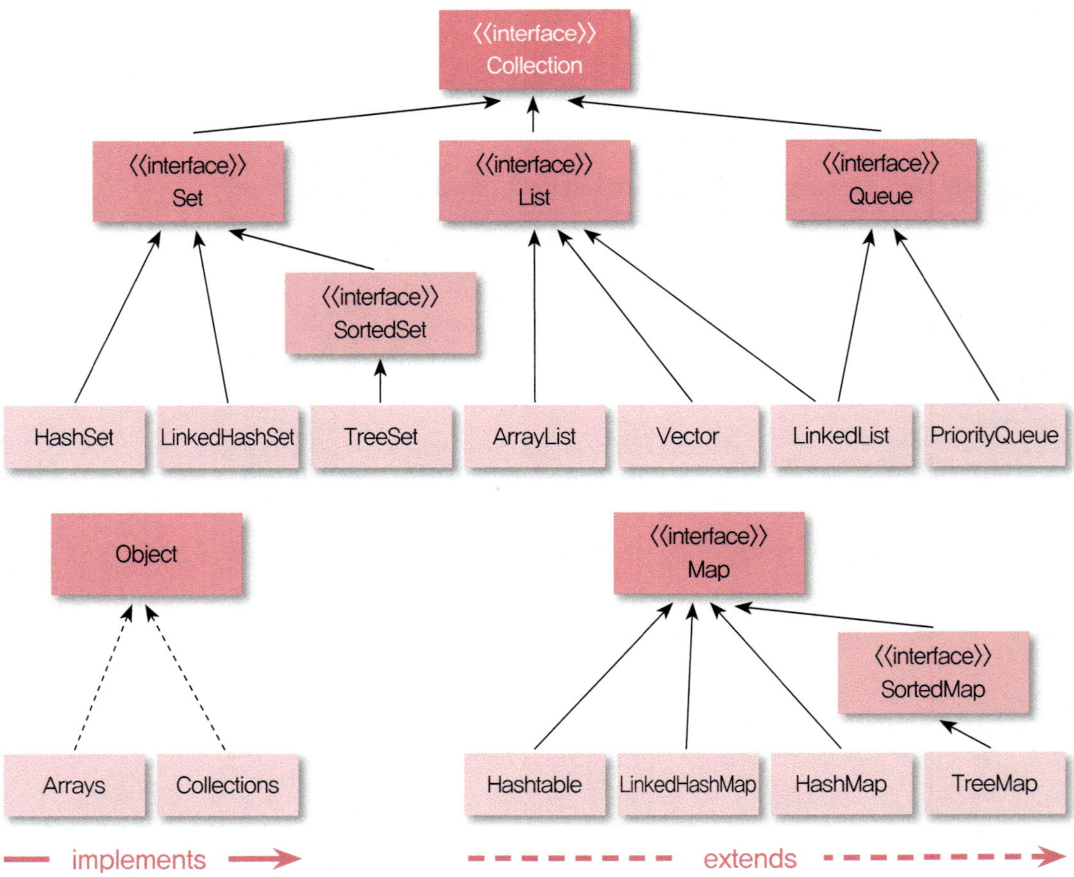

Collection 인터페이스를 구현한 클래스에서 구성요소를 순차적으로 검색할 때는 java.util 패키지의 Iterator 인터페이스를 사용하면 편리하다. Collection 인터페이스에는 Iterator 인터페이스를 구현한 객체(Iterator 또는 반복자라 함)를 반환하는 메서드 iterator가 선언되어 있기 때문에 Collection 인터페이스를 구현한 클래스의 객체를 통해 반복자를 얻어 요소를 반복적으로 처리하면 된다.

```
Vector<Double> v = new Vector<Double>();
v.add(4.5); v.add(3.4); v.add(2.9);
Iterator<Double> it = v.iterator();
```

Iterator 인터페이스에는 요소들을 반복적으로 처리하는 데 필요한 아래와 같은 메서드들을 제공하므로 이를 이용하여 반복 처리할 수 있다.

boolean hasNext()	다음 처리할 요소가 있는지 검사. 있으면 true 반환
E next()	다음 요소 반환
void remove()	마지막으로 반환된 요소 제거

앞의 Vector 컬렉션 객체에 저장된 모든 실수들의 합을 구하고자 한다면 모든 요소들을 하나씩 접근하면서 그 값을 누적해야 하는데, 이를 반복자를 사용해 구현하면 아래와 같이 표현할 수 있다.

```
double sum = 0.0, d;
while (it.hasNext()) {
        d = it.next();
        sum += d;
}
System.out.println(sum);
```

실습 13.2 반복자 이용한 데이터 순차적 접근

앞의 Vector 클래스 예제를 아래와 같이 실행 가능한 형태로 작성하여 실행해보자.

```
public class UserExceptionTest {
        public static void main(String[] args) {
                // TODO Auto-generated method stub
                Vector<Double> v = new Vector<Double>();
                v.add(4.5);
                v.add(3.4);
                v.add(2.9);
                Iterator<Double> it = v.iterator();

                double sum = 0.0, d;
                while (it.hasNext()) {
                        d = it.next();
                        sum += d;
                }
                System.out.println(sum);
        }
}
```

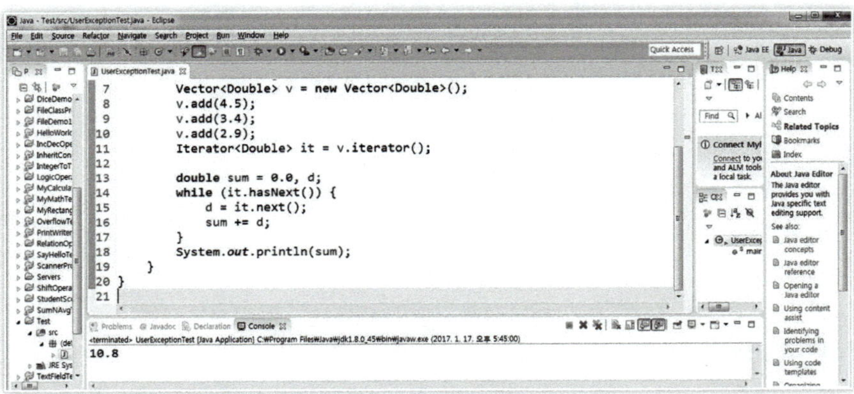

13.3 Set 인터페이스 및 관련 클래스

컬렉션 클래스들의 기본 기능은 구현한 인터페이스의 기능을 보면 알 수 있는데, Set는 중복을 허용하지 않는 데이터 집합을 처리하는 인터페이스로 아래 표와 같은 인터페이스와 클래스가 이 인터페이스를 상속 및 구현한다.

SortedSet	원소들이 오름차순으로 정렬되어 있는 인터페이스로 Set 인터페이스를 상속받음
HashSet	해시 테이블로 구현한 Set 클래스. 빠른 접근 속도. 순서가 없음
LinkedHashSet	해시 테이블로 구현한 Set 클래스. 저장된 순서에 따라 순서가 결정
TreeSet	red-black 트리로 구현한 SortedSet 클래스. 값에 따라 순서가 정해짐. 데이터를 저장하면서 정렬하고자 할 때 유리

각 클래스에서 제공되는 메서드들은 온라인 매뉴얼을 참고하고, 여기서는 간단한 사용 예제를 통해 그 사용법만 소개한다.

```
HashSet<String> set = new HashSet<String>();         // HashSet 생성
// LinkedHashSet set = new LinkedHashSet();           // LinkedHashSet 생성
// TreeSet<String> set = new TreeSet<String>();       // TreeSet 생성

set.add("aaa");          // 요소 추가
set.clear();             // 모든 요소 제거
set.contains("aaa");     // 요소 포함 여부 반환
set.isEmpty();           // 셋이 비어 있는지의 여부 반환
set.remove("aaa");       // 요소 제거
set.size();              // 셋 요소의 개수 반환
```

실습 13.3 HashSet 예제

간단한 예를 통해 HashSet의 특징을 파악해보자. 먼저, HashSet에 저장할 데이터 클래스부터 아래와 같이 정의한다.

```
class Cat {
	int size;

	public Cat(int s) {
		size = s;
	}

	public String toString() {
		return size + "";
	}
}
```

HashSet에 데이터를 저장하고 이를 순차적으로 접근하기 위한 코드를 다음과 같이 작성한다.

```
public class HashSetTest {

	public static void main(String[] args) {
		HashSet<Cat> cset = new HashSet<Cat>();
		cset.add(new Cat(2));
		cset.add(new Cat(1));
		cset.add(new Cat(3));
		cset.add(new Cat(5));
		cset.add(new Cat(4));
		Iterator<Cat> iterator = cset.iterator();
		while (iterator.hasNext()) {
			System.out.print(iterator.next() + " ");
		}

	}
}
```

위 프로그램을 실행하여 그 결과를 확인해보자.

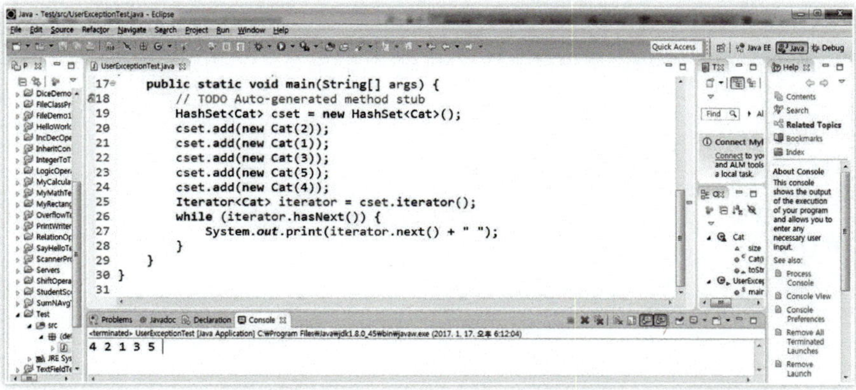

순서를 살펴보자. 저장한 순서도 아니고 그 역순도 아니어서 예측이 곤란하다. 결국 순서에 상관없이 처리하고자 할 경우 이 클래스를 사용한다. 위 프로그램의 Main 메서드를 아래와 같이 수정하여 실행해보자.

```
cset.add(new Cat(2));
cset.add(new Cat(1));
cset.add(new Cat(3));
cset.add(new Cat(5));
cset.add(new Cat(4));
cset.add(new Cat(2));
```

Cat(2) 객체를 두 번 생성하여 추가하였다. 그런데 Set 객체이므로 당연히 한 번만 추가될 것 같은데 그렇지 않고 아래와 같이 출력된다. 처음과 마지막 Cat 객체는 내용은 동일하지만 다른 객체이므로 이러한 결과가 출력되었다.

```
4 2 1 3 5 2
```

이번에는 같은 객체를 두 번 추가하도록 코드를 다음과 같이 수정해보자. “2”라는 내용이 한 번만 출력될 것이다. 이는 마지막에 추가한 Cat 객체가 이미 존재하여 Set 객체의 특성상 추가되지 않았기 때문이다.

```
Cat c = new Cat(2);
cset.add(c);
cset.add(new Cat(1));
cset.add(new Cat(3));
cset.add(new Cat(5));
cset.add(new Cat(4));
cset.add(c);
```

실습 13.4 TreeSet 예

이번에는 TreeSet을 사용하여 같은 객체들을 저장해보자. 앞의 예제에서 HashSet 객체를 생성하는 부분을 다음과 같이 수정하여 실행해보자.

```
TreeSet<Cat> cset = new TreeSet<Cat>();
```

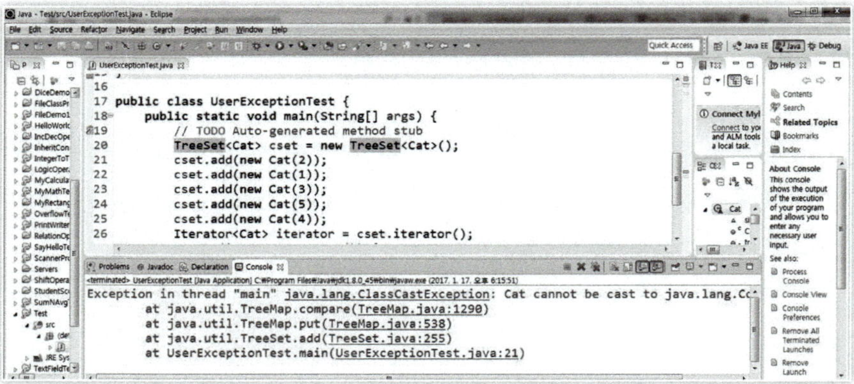

막상 실행하면 결과 화면에 보이는 것처럼 실행 시간 오류가 발생한다. 이는 TreeSet에 객체를 저장할 경우, 객체끼리의 순서를 파악해서 순서대로 저장해야 하는데, 우리가 정의한 Cat 클래스에는 순서를 파악할 수 있는 방법이 없기 때문이다. 객체 간의 순서를 정의해 주고 싶은 경우는 java.lang 패키지의 Comparable 인터페이스를 구현해야 한다. 이 클래스에는 compareTo 메서드만 선언되어 있는데, 현 객체가 크면 양의 정수를, 같으면 0을, 그렇지 않으면 음수를 반환하게 구현하면 된다. 따라서 위의 예제가 제대로 실행되게 하려면 Cat

클래스를 아래와 같이 수정한다.

```
class Cat implements Comparable {
	int size;

	public Cat(int s) {
		size = s;
	}

	public String toString() {
		return size + “”;
	}

	@Override
	public int compareTo(Object o) {
		// TODO Auto-generated method stub
		return size - ((Cat) o).size;
	}
}
```

앞에서 설명한 것처럼 TreeSet을 이용하여 데이터를 저장하면 순서대로 저장되는 것을 확인할 수 있을 것이다. TreeSet을 사용하면 이런 장점이 있지만 실행 시간이 많이 걸린다는 단점이 있다. 지금은 다섯 개를 추가하는 예이지만 1,000개 정도로만 늘려도 그 시간 차이를 눈으로 확인할 수 있을 정도로 HashSet과 TreeSet은 차이가 있다.

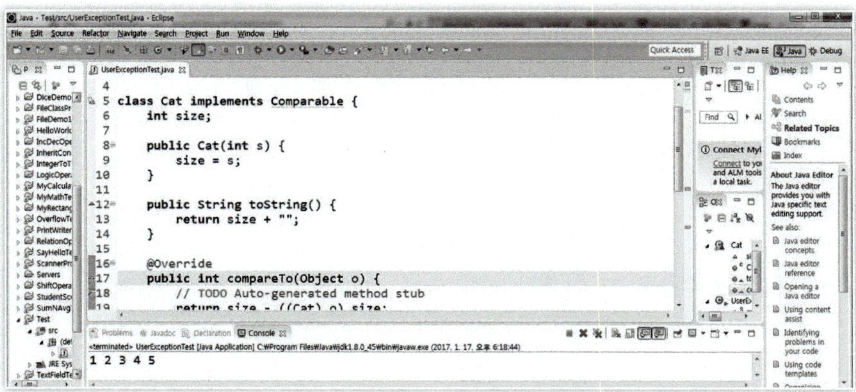

13.4 List 인터페이스 및 관련 클래스

List를 구현한 클래스들은 요소들에 순서를 부여하여 저장하며, 인덱스가 있어 위치를 지정하여 찾을 수 있다. 동일한 요소를 중복 저장할 수도 있다.

ArrayList	동적 배열을 이용한 List 클래스
Vector	ArrayList와 거의 동일. 동기화 제공(thread-safe)
LinkedList	연결 리스트를 구현한 클래스

ArrayList

ArrayList는 배열을 이용하여 List 인터페이스를 구현한 클래스이다. List 인터페이스를 구현한 클래스 중 가장 많이 사용되는 클래스이다. ArrayList는 필요한 경우 현재의 크기보다 50% 자동으로 크기를 확장한다. 예를 들어, 현재 크기가 10일 경우, add 메서드를 호출로 메모리를 확장이 필요하다고 판단되면 15 크기로 확장된다. ArrayList의 요소들은 get 메서드와 set 메서드를 이용하여 직접 접근 가능하며, add 메서드와 remove 메서드를 사용하여 새로운 요소를 추가하거나 제거할 수 있다.

```
ArrayList<Integer> al = new ArrayList<Integer>();
al.add(5); // 5가 boxing 되어 Integer 객체로 변환되어 리스트의 맨 끝에 추가
a1.add(0, 10);          // 인덱스 0의 위치에 10을 추가
int n = al.get(1);      // 인덱스 1의 위치의 값을 읽음
a1.set(0, 8);           // 인덱스 0의 위치의 요소의 값을 8로 변경
int len = al.size();    // 요소의 개수 반환
el.remove(1);           // 인덱스 1 위치의 요소 삭제
e1.removeRange(0, 3);   // 인덱스 0 위치부터 3위치까지의 요소 제거
```

HashSet 예제에서 아래와 같이 수정하여 실행해보자.

```
ArrayList<Cat> cset = new ArrayList<Cat>();
```

저장한 순서대로 처리되는 것을 확인할 수 있을 것이다. HashSet 예제 중 동일한 객체를 추

가하는 예제도 비슷하게 변경하여 실행해보자. 중복을 허용하기 때문에 동일한 객체가 두 번 저장되는 것을 확인할 수 있을 것이다.

ArrayList는 고정 크기로 시작하여 필요할 경우 사이즈를 증가시키게 되는데, 현 배열의 내용을 새로운 배열로 복사해야 하므로 그 비용이 상당히 비싸다. 따라서 처음 시작할 때 목적에 맞게 사이즈를 설정(사이즈를 정해주는 생성자 이용)해 사용할 것을 권한다. 중간에 사이즈를 자주 변경하면 그만큼 성능이 떨어지게 된다.

실습 13.5 ArrayList 주요 기능 실습

ArrayList의 주요 기능들을 익히기 위해 아래와 같은 코드를 작성하여 실행해보자. 리스트에 저장되어 있는 데이터 요소들을 반복 처리하는 방법이 여러 개임을 주목하라.

```
import java.util.*;

public class ArrayListTest {
	public static void main(String[] args) {
		// TODO Auto-generated method stub

		ArrayList<String> list = new ArrayList<String>();

		// 데이터 추가하기
		list.add("aaa");
		list.add("bbb");
		list.add(2, "ccc");
		list.add("ddd");

		System.out.println("구성 데이터 : " + list);

		// 데이터 위치 파악
		int pos = list.indexOf("bbb");
		System.out.println("bbb의 위치 : " + pos);

		// ArrayList가 비어 있는지 검사, 데이터 포함 여부 검사
		boolean check1 = list.isEmpty();
		boolean check2 = list.contains("ddd");
```

```
System.out.println("비어 있음 : " + check1 + "포함 여부 : " +
check2);

// 데이터 개수 구하기
int size = list.size();
System.out.println("리스트의 크기 : " + size);

// 특정 위치 데이터 구하기
String item = list.get(0);
System.out.println("0번째 위치 데이터 : " + item);

// 데이터 반복 처리 - 첫 번째 방법
System.out.println("데이터 반복 처리 - 첫 번째 방법");

for (int i = 0; i < list.size(); i++) {
  System.out.println("Index: " + i + " - Item: " + list.get(i));
}

// 데이터 반복 처리 - 두 번째 방법
System.out.println("데이터 반복 처리 - 두 번째 방법");

for (String str : list) {
    System.out.println("Item is: " + str);
}

// 데이터 반복 처리 - 세 번째 방법
System.out.println("데이터 반복 처리 - 세 번째 방법");

for (Iterator<String> it = list.iterator(); it.hasNext();) {

    System.out.println("데이터 : " + it.next());

}

// 데이터 수정
list.set(1, "eee");
System.out.println("수정 후 리스트 : " + list);
```

```
        // 지정 위치 데이터 제거 및 주어진 데이터가 저장되어 있는 첫 요소를 제거
        list.remove(0);
        list.remove("ccc");
        System.out.println("리스트의 최종 내용 : " + list);

        // ArrayList를 Array로 변환
        String[] simpleArray = list.toArray(new String[list.size()]);
        System.out.println("변환 배열 : "  +
        Arrays.toString(simpleArray));
    }
}
```

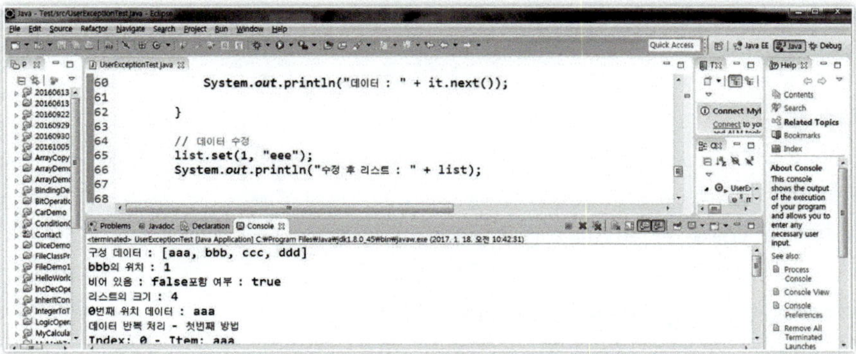

Vector

Vector도 내부적으로 데이터를 저장하기 위해 배열을 사용하지만, 데이터를 저장하고 처리하는 몇 가지 면에서 차이가 있다. 먼저, 데이터 동기화에 차이가 있다. ArrayList는 동기화되어 있지 않은 반면, Vector는 동기화되어 있어 한 순간에 한 스레드에서만 Vector 객체를 접근할 수 있다. ArrayList는 한 스레드에서 고치고 있는 동안에 다른 스레드에서 읽을 수도 있어 데이터 동기화 문제가 야기될 수 있다. 두 번째는 내부 배열의 크기를 증가시키는 방법에 차이가 있다. ArrayList는 현 사이즈의 50%를 증가시키는 반면 Vector는 100% 증가시킨다. 그리고 ArrayList는 동기화되어 있지 않기 때문에 동기화되는 Vector에 비해 속도가 빠른 장점은 있다. 그렇지만 데이터의 불일치 문제가 발생할 소지가 있다.

Vector 클래스는 위의 ArrayList에서 설명한 메서드 외에 아래와 같은 추가의 메서드들을

제공한다.

```
Vector<Integer> v = new Vector<Integer>();
int c = v.capacity();                      // 현 용량 반환
Enumeration<Integer> e = v.elements();   // enumeration 반환
v.removeAllElements();                     // 모든 요소 제거
```

실습 13.6 Vector 사용

Vector 사용법은 ArrayList와 비슷하기 때문에 여기에는 Vector에만 적용할 수 있는 구성요소 반복 처리 방법만 실습해 보기로 한다. 다음과 같이 입력하여 실행해보자.

```
import java.util.*;

public class VectorTest {
       public static void main(String[] args) {
              // TODO Auto-generated method stub
              Vector<String> v=new Vector<String>();// creating vector
              v.add("aaa");// method of Collection
              v.addElement("bbb");// method of Vector
              v.addElement("ccc");

              //traversing elements using Enumeration
              Enumeration<String> e=v.elements();
              while(e.hasMoreElements()){
                     System.out.println(e.nextElement());
              }
       }
}
```

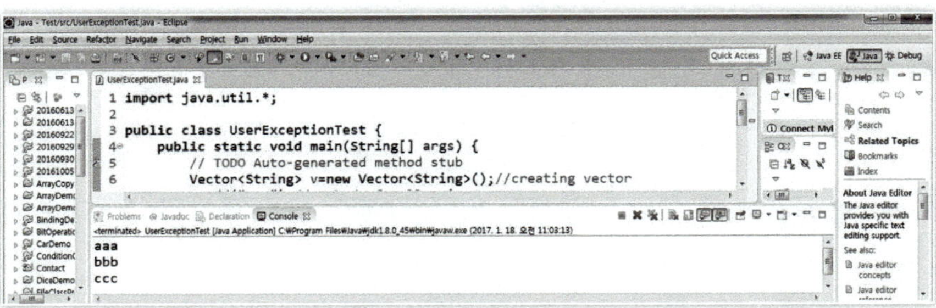

Stack

우리는 앞에서 스택을 제네릭 클래스로 정의해보았다. 이처럼 스택을 직접 구현하여 사용해도 되지만 이미 java.util 패키지 안에 Stack 클래스를 제네릭 형태로 정의해 놓았다. 참고로 Stack 클래스는 Vector 클래스를 상속받는 형태로 구현되어 있다. 무인 생성자만 제공하며 추가의 메서드로 다음과 같은 메서드들을 제공한다.

boolean empty() : 스택이 비어 있는지 검사
Object peek( ) : 최상위 요소 반환. 단, 제거하지는 않음
Object pop( ) : 최상위 요소 반환하면서 그를 스택에서 제거
Object push(Object element) : 주어진 요소를 스택에 추가하고 그 요소를 반환
int search(Object element) : 주어진 요소를 스택에서 찾음. 있을 경우, 최상위 요소로부터의 offset 값이 반환되며, 없을 경우는 -1 반환

실습 13.7 Stack 예

아래의 예제는 peek 메서드와 pop 메서드의 차이점과 seek 메서드의 사용법을 보여주기 위한 예이다. peek 메서드나 pop 메서드 모두 최상위 요소를 읽을 수 있지만, peek 메서드는 읽기만 하고 요소 자체는 스택에 그대로 있는 반면, pop은 요소 자체를 스택에서 제거한다. 그리고 seek 메서드는 원하는 요소가 스택에 저장되어 있는지 파악하는 메서드로 있을 경우 위에서부터 얼마만큼 떨어진 위치에 있는지를 알려준다. 즉 몇 번 pop을 하면 그 요소가 최상위 요소가 되는지 알려준다.

```
import java.util.*;

public class StackTest {

        public static void main(String[] args) {
                Stack st = new Stack();

                st.push("사랑");
                String e = (String) st.peek();
                if(st.empty()) System.out.println(e + "가 peek된 후 스택이 비었
                습니다.");
```

```
            e = (String) st.pop();
            if(st.empty()) System.out.println(e + "가 pop된 후 스택이 비었
            습니다.");

            st.push("온유");
            st.push("충성");
            System.out.println(st.search("충성"));
            System.out.println(st.search("온유"));
    }
}
```

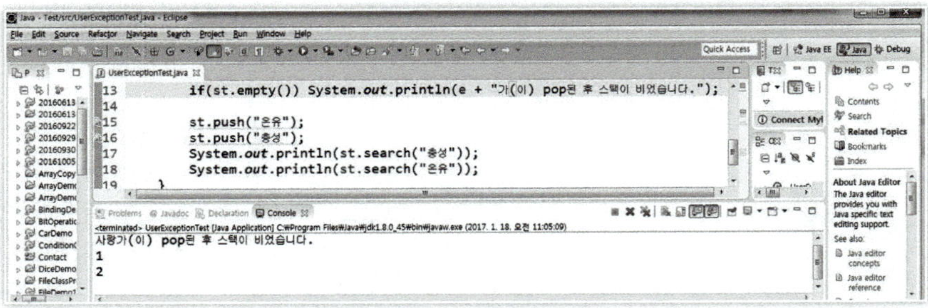

LinkedList

LinkedList는 List 인터페이스와 Queue 인터페이스 모두를 구현한 클래스로 자료구조 시간에 배운 연결 리스트 형태로 자료를 저장한다. 그래서 데이터가 많은 경우의 검색 시 처음 자료로부터 순차적으로 찾아 나가야 하므로 성능이 저하되는 단점이 있으며, 반면에 데이터의 추가/삭제는 위치 정보의 수정만으로 가능하기 때문에 정보의 추가/삭제 처리가 빠른 장점이 있다.

ArrayList에 있는 기능 외에 Queue와 관련된 추가의 기능과 그 외 다른 기능들을 제공한다. 여기서는 그중 몇 가지만 소개하므로 자세한 내용은 온라인 도움말을 참고하라.

```
LinkedList <String> list = new LinkedList<String>(); // 생성

list.addFirst("aaa");    // 리스트 제일 앞에 추가
list.addLast("ccc");     // 리스트 끝에 추가
```

```
list.getLast();            // 마지막 위치의 데이터 반환
list.offer("ddd");         // 마지막 원소로 추가
list.peek();               // 리스트의 첫 번째 데이터 반환(제거하지는 않음)
list.poll();               // 리스트의 첫 번째 데이터 제거 및 반환
list.push("eee");          // 리스트의 마지막에 추가
list.pop();                // 리스트의 마지막 데이터 제거 및 반환
```

LinkedList는 자료구조가 아주 유연성이 있어 스택처럼 사용할 수도 있고 큐처럼 사용할 수도 있다. 스택처럼 사용할 경우는 아래와 같이 사용한다.

```
LinkedList <String> stack = new LinkedList<String>();
stack.push("aaa");
stack.push("bbb");
String s = stack.pop();
```

큐(FIFO 방식)처럼 사용하고 싶으면 아래와 같이 사용한다.

```
LinkedList <String> queue = new LinkedList<String>();
queue.offer("aaa");
queue.offer("bbb");
String s = queue.poll();
```

스택이나 큐처럼 일정한 방식으로 데이터를 저장 및 제거할 수도 있지만 임의의 위치에 데이터를 저장하거나 제거할 수도 있다.

```
LinkedList <String> list = new LinkedList<String>();
list.add("aaa");
list.add("bbb");
list.add(0, "ccc");
String s = list.remove(1);
String t = list.get(1);
```

실습 13.8 LinkedList 사용하기

위의 예제를 아래와 같이 프로그램으로 작성하여 실행해보자.

```
import java.util.*;

public class UserExceptionTest {
        public static void main(String[] args) {
                // TODO Auto-generated method stub
                LinkedList <String> stack = new LinkedList<String>();
                stack.push("aaa");
                stack.push("bbb");
                System.out.println("Stack : " + stack);
                String s = stack.pop();
                System.out.println(s + "가(이) 팝업됨");
                System.out.println("Stack : " + stack);

                LinkedList <String> queue = new LinkedList<String>();
                queue.offer("ccc");
                queue.offer("ddd");
                System.out.println("Queue : " + queue);
                String ss = queue.poll();
                System.out.println(ss + "가(이) 반환 및 제거됨");
                System.out.println("Queue : " + queue);

                LinkedList <String> list = new LinkedList<String>();
                list.add("eee");
                list.add("fff");
                list.add(0, "ggg");
                System.out.println("List : " + list);
                String sss = list.remove(1);
                System.out.println(sss + "가(이) 제거됨");
                String t = list.get(1);
                System.out.println("인덱스 1 위치의 값은 " + t);
                System.out.println("List : " + list);
        }
}
```

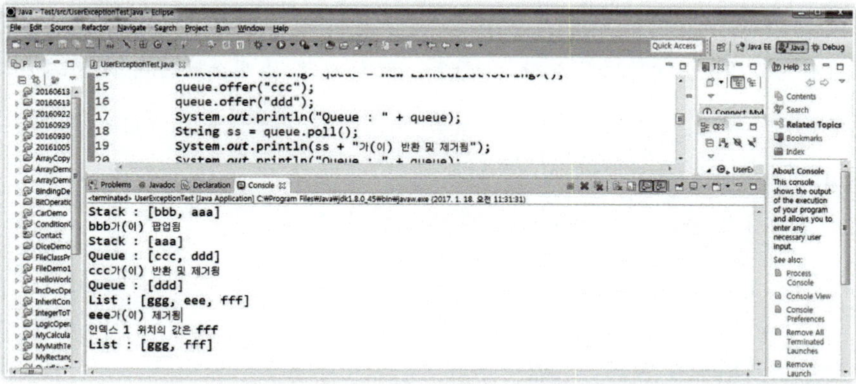

13.5 Queue 관련 클래스

Queue 인터페이스를 구현한 클래스들은 기본적으로 요소들을 FIFO(first-in first-out) 방식으로 처리할 수 있는 기능을 제공한다. 이 인터페이스를 구현한 대표적인 클래스로 LinkedList와 PriorityQueue가 있다. 이 중 LinkedList는 List 부분에서 설명하였기에 생략하고 여기서는 PriorityQueue에 대해서만 살펴보기로 한다.

앞서 설명한 대로 큐는 먼저 입력된 요소들이 먼저 출력(서비스)되는 것이 일반적이다. 그런데, 몇몇 응용에서는 우선순위에 따라 처리해야 할 경우들이 있다. 즉, 우선순위가 높은 요소들을 먼저 처리해야 하는 경우가 발생한다. 이런 목적에 적합한 컬렉션이 PriorityQueue이다. 대표적인 메서드는 아래와 같다.

```
Queue<String> queue = new PriorityQueue<String>();
queue.add("aaa");     // 큐에 요소 추가. offer 메서드를 사용하여 구현됨(Collection
                         인터페이스에서 상속)
queue.offer("bbb"); // 큐에 요소 추가. PriorityQueue 클래스 내에서는 add와
                         차이 없음(Queue 인터페이스에서 상속)
queue.clear();          // 모든 요소 제거
queue.contains("aaa"); // 주어진 요소가 큐에 있는지 여부를 알려 줌
queue.peek(); // 최우선순위 요소를 반환. 단, 반환 요소는 큐에서 제거되지 않음
queue.poll(); // 최우선순위 요소를 반환. 단, 반환 요소는 큐에서 제거
queue.remove("aaa"); // 주어진 요소를 큐에서 제거하고 존재 여부를 반환
```

PriorityQueue는 우선순위 힙(priority heap)을 기반으로 구현되며 기본적으로는 요소의 순서(숫자는 크기에 의해, 문자열은 알파벳 순서, 객체는 객체 자체 순서)에 의해 처리된다. 이 순서를 바꿀 경우는 큐 생성 시에 요소들의 순서를 지정하기 위한 Comparator 객체를 제공하면 된다. PriorityQueue는 크기 제한이 없으나 생성 시에 초기 용량을 지정할 수 있으며, 큐에 저장되는 데이터가 많아지면 자동으로 용량이 확장된다.

실습 13.9 PriorityQueue 실습

PriorityQueue를 사용하기 위해 아래와 같이 작성하여 실행해보자.

```
public class QueueTest {

   public static void main(String[] args) {
              Queue<Integer> integerPriorityQueue = new
PriorityQueue<Integer>(5);
        Random rand = new Random();
        for(int i=0;i<5;i++){
            integerPriorityQueue.add(new Integer(rand.nextInt(100)));
        }
        for(int i=0;i<5;i++){
            Integer in = integerPriorityQueue.poll();
            System.out.println("Processing Integer:"+in);
        }
        Queue<String> stringPriorityQueue =
        new PriorityQueue<String>(3);
        stringPriorityQueue.add("def");
        stringPriorityQueue.add("abc");
        stringPriorityQueue.add("fff");
       for(int i=0;i<3;i++){
            String in = stringPriorityQueue.poll();
            System.out.println("Processing String:"+in);
        }
   }
}
```

위의 코드를 실행해보면 요소들이 우선순위에 맞춰(작은 값이 더 우선순위가 높게) 저장됨을 알 수 있다. 즉, 정수는 오름차순으로 처리되며, 문자열인 경우는 알파벳 순서상 먼저 나오는 문자열이 먼저 처리된다.

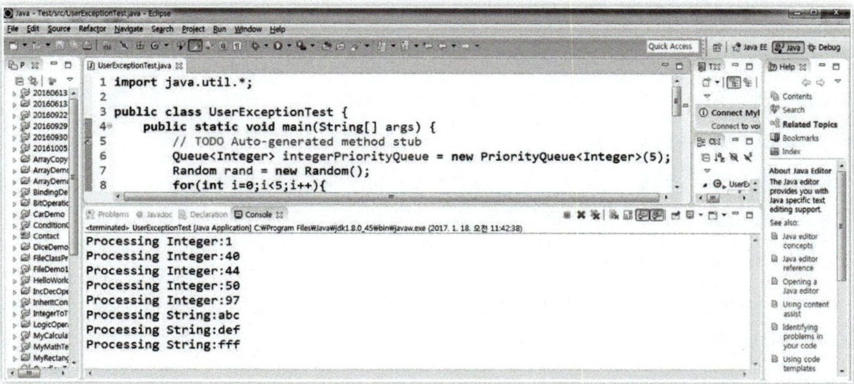

PriorityQueue는 널(null) 값이나 비교 불가능한 요소를 허용하지 않는다. 따라서 사용자 정의 클래스 객체들을 PriorityQueue에 저장할 경우 객체 간의 순서를 정할 수 있도록 사용자 정의 클래스가 Comparable 인터페이스를 구현하든지, 또는 Comparator 인터페이스를 구현한 객체를 제공해야 한다. 예를 들어, 앞에서 정의한 Cat 클래스는 Comparable 인터페이스를 구현하고 있기 때문에 아래처럼 PriorityQueue에 저장할 수 있다.

```
Queue<Cat> catPriorityQueue = new PriorityQueue<Cat>(3);
catPriorityQueue.add(new Cat(5));
catPriorityQueue.add(new Cat(3));
catPriorityQueue.add(new Cat(7));
for(int i=0;i<3;i++){
        Cat in = catPriorityQueue.poll();
        System.out.println("Processing Cat:"+in);
}
```

만약, Cat 클래스가 Comparable 인터페이스를 구현하지 않았다면 아래와 같이 Comparator 객체를 생성하여 지정한다.

```
final Comparator<Cat> idComparator = new Comparator<Cat>() {
        public int compare(Cat c1, Cat c2) {
                return c1.size - c2.size;
         }
};

Queue<Cat> catPriorityQueue = new PriorityQueue<Cat>(3, idComparator);
catPriorityQueue.add(new Cat(5));
catPriorityQueue.add(new Cat(3));
catPriorityQueue.add(new Cat(7));
for(int i=0;i<3;i++){
        Cat in = catPriorityQueue.poll();
        System.out.println("Processing Cat:"+in);
}
```

PriorityQueue는 다중 스레드하에서 안전하지 못하다. 다중 스레드하에서 안전하게 사용할 경우는 대신에 PriorityBlockingQueue를 사용한다.

실습 13.10 객체 우선순위 지정하기

앞의 Cat 객체들을 생성하여 PriorityQueue에 저장하는 예를 실습해보자. 먼저, 앞에 설명한 Cat 클래스를 그대로 입력하자.

```
class Cat implements Comparable {
        int size;

        public Cat(int s) {
                size = s;
        }

        public String toString() {
                return size + "";
        }

        @Override
```

```
        public int compareTo(Object o) {
                // TODO Auto-generated method stub
                return size - ((Cat) o).size;
        }
}
```

그런 후, main을 아래와 같이 작성한 후 실행해보자. 첫 번째 for문에서는 큐에 저장된 데이터들이 크기 순으로 처리되고, 두 번째 for문에서는 크기 역순으로 처리된다. 이러한 차이는 두 객체의 크기를 계산하는 방법이 반대로 되어 있기 때문이다.

```
public class PriorityTest {
        public static void main(String[] args) {
                // TODO Auto-generated method stub
                Queue<Cat> catPriorityQueue = new PriorityQueue<Cat>(3);
                catPriorityQueue.add(new Cat(5));
                catPriorityQueue.add(new Cat(3));
                catPriorityQueue.add(new Cat(7));
                System.out.println("크기 순");
                for(int i=0;i<3;i++){
                        Cat in = catPriorityQueue.poll();
                        System.out.println("Processing Cat:"+in);
                }

                final Comparator<Cat> idComparator = new Comparator<Cat>()
                {
                        public int compare(Cat c1, Cat c2) {
                                return c2.size - c1.size;
                         }
                };

                Queue<Cat> catPriorityQueue2 = new PriorityQueue<Cat>(3,
                idComparator);
                catPriorityQueue2.add(new Cat(5));
                catPriorityQueue2.add(new Cat(3));
                catPriorityQueue2.add(new Cat(7));
                System.out.println();
                System.out.println("크기 역순");
```

```
            for(int i=0;i<3;i++){
                    Cat in = catPriorityQueue2.poll();
                    System.out.println("Processing Cat:"+in);
            }
        }
}
```

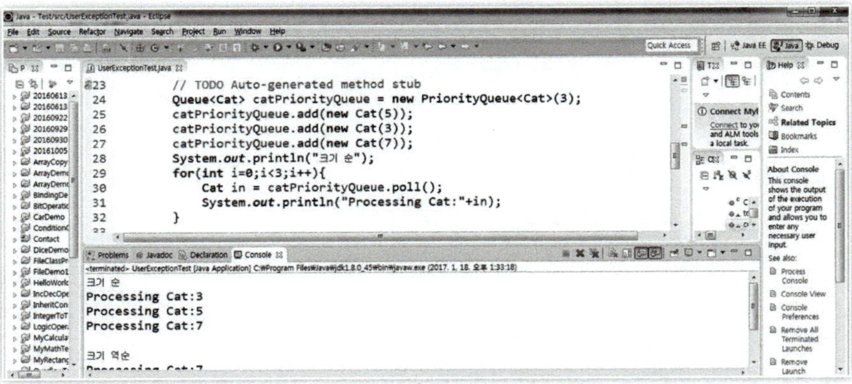

13.6 Map 인터페이스 관련 클래스

java.util.Map은 키와 값을 매핑하는 데 필요한 메서드를 선언하고 있는 인터페이스이다. Map 인터페이스는 Collection 인터페이스의 서브 타입이 아니기 때문에 Map 인터페이스를 구현한 클래스는 Collection 인터페이스를 구현한 클래스들과 약간 다르게 동작한다.

Map 인터페이스를 구현한 클래스들은 Map 안의 요소들을 반복 처리할 때 방문하는 순서들과 요소들을 추가 또는 접근하는 시간에 있어 약간의 차이들이 있다. 예를 들어, HashMap은 맵 내에 저장된 요소들에 대해 어떤 순서도 보장하지 않지만, TreeMap인 경우는 반복 처리 시 키 또는 값의 정렬에 따른 순서를 보장한다.

요소 추가 및 접근

맵에 요소를 추가할 경우는 Map 인터페이스의 put 메서드를 이용한다. 예를 들어, HashMap에 키와 값들의 쌍을 저장할 경우 아래처럼 한다.

```
HashMap mapH = new HashMap();
// 또는 HashMap<String, String> mapH = new HashMap<String, String>();

mapH.put("키1", "값1");
mapH.put("키2", "값2");
mapH.put("키3", "값3");
```

키와 값에 대한 타입 정보 없이 디폴트로 HashMap을 생성하였기 때문에 Object 타입의 키와 값을 저장할 수 있다. 위의 예는 문자열 키와 문자열 값 쌍을 저장하는 예이다. 저장된 값을 조회할 경우는 get 메서드를 사용하여 찾고자 하는 값의 키를 인수로 넘겨준다.

```
String e1 = (String) mapH.get("키1");
```

만일, 동일한 키로 여러 번 저장하면 이전에 저장한 값은 사라지고 최후에 저장된 값만 남게 된다. 예를 들어, 아래의 문장을 추가로 실행시키고 나서 "키1"에 대응되는 값을 검색하면 "값4"로 검색된다.

```
mapH.put("키1", "값4");
```

반복 처리

반복 처리할 경우는 먼저 키에 대한 iterator를 얻은 후 각 키에 대해 대응되는 값을 얻어 처리하는 형태로 한다.

```
Iterator iterator = mapH.keySet().iterator(); // 키 iterator 얻기

while(iterator.hasNext(){
  Object key   = iterator.next();
  Object value = mapA.get(key);
}

// 또는
for(Object key : mapA.keySet()) {
    Object value = mapA.get(key);
}
```

요소 제거

Map 내의 특정 요소를 제거할 경우는 요소의 키를 인수로 하여 remove 메서드를 호출한다.

```
mapH.remove(“a”);
```

HashMap

HashMap은 내부적으로 배열을 이용하여 구현되며, 키에 해시 함수를 적용하여 배열의 인덱스를 구한다. 따라서 요소의 처리 순서는 키의 순서도 아니며 값의 순서도 아니다. 키의 해시 값에 따라 결정되고 프로그래머는 그 해시 값을 정확히 알 수 없으므로 어떤 순서로 처리될지 알 수 없다. 아래의 예를 실행해보자.

```
Map mapH =  new HashMap();

mapH.put(“aa”, “1”);
mapH.put(“bb”, “2”);
mapH.put(“cc”, “3”);
mapH.put(“dd”, “4”);
for (String s : mapH.keySet()) {
    System.out.println(s);
}
```

만약, 사용자 정의 클래스 객체를 키로 사용할 경우에는 그 클래스 안에서 hashCode 메서드와 equals 메서드를 구현한다. 그러면, hashCode를 사용하여 해시 테이블의 인덱스를 구하고, 같은 해시 값을 갖는 요소들에 대해서는 equals 메서드를 사용하여 원하는 요소를 찾는다.

실습 13.11 사용자 정의 클래스 객체를 HashMap 키로 사용하기

우선순위 큐에서 사용했던 Cat 클래스의 객체를 HashMap의 키로 사용해보자. 먼저 아래와 같이 main 메서드를 작성하자.

```java
public class HashMapTest {
	public static void main(String[] args) {
		HashMap mapH =  new HashMap();

		mapH.put(new Cat(50), "1");
		mapH.put(new Cat(30), "2");
		mapH.put(new Cat(20), "3");
		mapH.put(new Cat(60), "4");

		for (Object s : mapH.keySet()) {
		    System.out.println(mapH.get(s));
		}
	}
}
```

이전 예제의 Cat 클래스를 그대로 사용하면 hashCode와 equals 메서드가 정의되어 있지 않아 기본 hashCode와 equals 메서드에 의해 아래와 같이 동작한다.

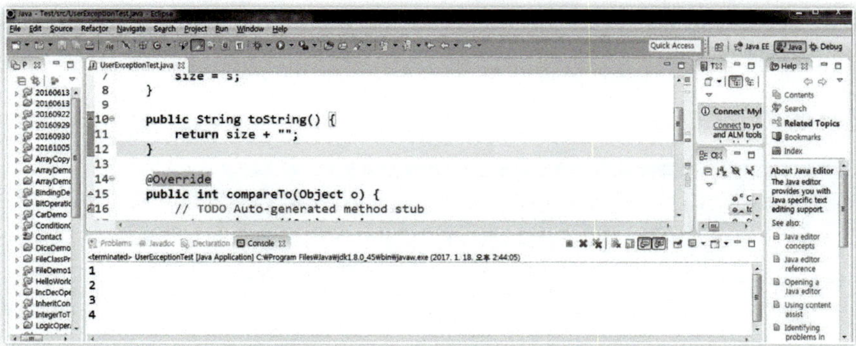

만약, 별도의 해시 방법과 동일 해시 값을 갖는 객체 구별법을 지정하고 싶다면 아래와 같이 hashCode 메서드와 equals 메서드를 재정의해야 한다. 수정 후 실행하여 그 결과를 앞의 결과와 비교해보자.

```java
class Cat implements Comparable {
	int size;

	public Cat(int s) {
		size = s;
```

```
    }

    public String toString() {
            return size + “”;
    }

    public int hashCode() {
            return size % 100;
    }

    public boolean equals(Object ob) {
            Cat other = (Cat) ob;
            return other.size == this.size ? true:false;
    }

    @Override
    public int compareTo(Object o) {
            // TODO Auto-generated method stub
            return size - ((Cat) o).size;
    }
}
```

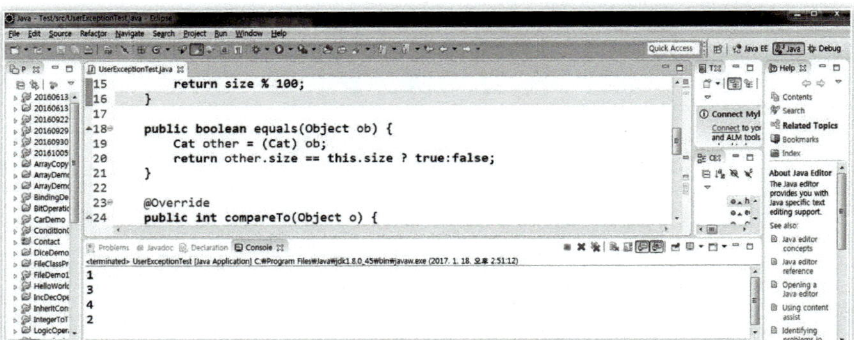

TreeMap

TreeMap 사용 역시 앞에 설명한 HashMap과 거의 동일하다. 단, 내부적으로 RedBlack Tree로 구현되기 때문에 키의 알파벳 순서에 의해 저장되므로 반복 처리 시 그 순서대로 처리된다.

```
Map mapT = new TreeMap();

mapT.put(“a”, “1”);
mapT.put(“b”, “2”);
mapT.put(“c”, “3”);
mapT.put(“d”, “4”);

for (String s : mapT.keySet()) {
    System.out.println(s);
}
```

키로 사용자 정의 클래스를 사용할 경우는 클래스가 Comparable 또는 Comparator 인터페이스를 구현하도록 한다.

실습 13.12 사용자 정의 클래스 객체를 TreeMap 키로 사용하기

앞에서 정의한 Cat 클래스를 보면 Comparable 인터페이스가 구현되어 있다. Cat 클래스는 그대로 사용하고 main만 아래와 같이 바꿔 실행해보자. compareTo 메서드가 그 크기에 따라 비교됨을 알 수 있다. 따라서 아래의 코드를 수행하면 사이즈에 크기에 따라 처리되는 것을 확인할 수 있다.

```
public static void main(String a[]){
       TreeMap<Cat,String> trmap = new TreeMap<Cat, String>();

        trmap.put(new Cat(50), “Fat”);
        trmap.put(new Cat(30), “Normal”);
        trmap.put(new Cat(20), “Slim”);
        trmap.put(new Cat(60), “Big”);

        Set<Cat> ks = trmap.keySet();

        for(Cat key:ks){
```

```
            System.out.println(key+ " ==> " +trmap.get(key));
        }

    }
}
```

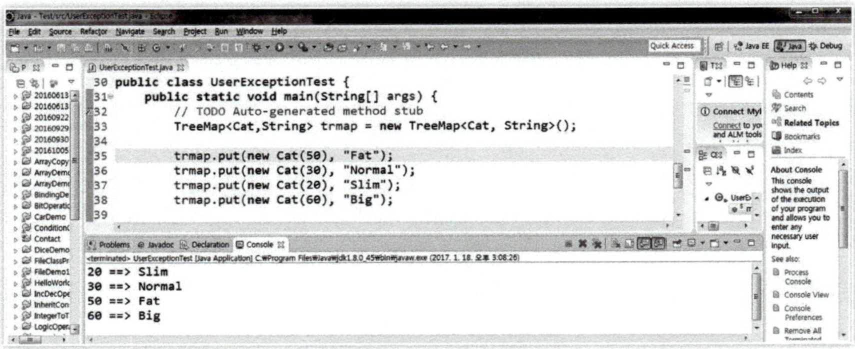

LinkedHashMap

LinkedHashMap은 링크드 리스트 형태로 요소들이 저장된다. 즉, 추가한 순서대로 저장되고 반복 처리도 저장 순서대로 처리된다. 아래의 예를 실행해보면 저장된 순서대로 출력되는 것을 확인할 수 있을 것이다.

```
Map mapL = new LinkedHashMap();

mapL.put("a", "1");
mapL.put("b", "2");
mapL.put("c", "3");
mapL.put("d", "4");

for (String s : mapL.keySet()) {
    System.out.println(s);
}
```

실습 13.13 사용자 정의 클래스 객체를 LinkedHashMap의 키로 사용하기

사용자 정의 객체를 키로 사용할 경우를 실습하기 위해, Cat 클래스는 그대로 사용하고 main만 아래와 같이 수정하여 실행해보자.

```
public static void main(String[] args) {
        // TODO Auto-generated method stub
        LinkedHashMap<Cat,String> lhmap = new LinkedHashMap<Cat,
        String>();

        lhmap.put(new Cat(50), "Fat");
        lhmap.put(new Cat(30), "Normal");
        lhmap.put(new Cat(20), "Slim");
        lhmap.put(new Cat(60), "Big");

         Set<Cat> ks = lhmap.keySet();

         for(Cat key:ks){
             System.out.println(key+ " ==> " + lhmap.get(key));
         }
}
```

아래처럼 객체의 내용에 상관없이 입력된 순서대로 데이터가 처리되는 것을 확인할 수 있을 것이다.

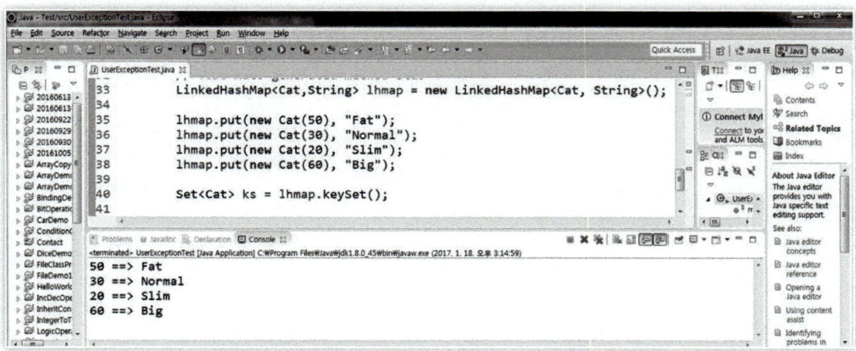

Map 비교

앞에서 세 종류의 Map에 대해 살펴보았다. 기본 기능은 동일하지만 내부 구현 방법이 다르기 때문에 특성이 조금씩 다르다. HashMap은 반복 처리 시 처리 순서를 예측하기 힘들지만 배열과 해시 함수를 통해서 구현되기 때문에 검색 및 추가 성능이 좋다. TreeMap은 키 값에 따라 정렬되기 때문에 일정한 순서대로 반복 처리할 경우 유리하지만, 요소 추가 시에 순서를 유지한 형태로 추가되므로 많은 요소를 추가할 경우 좋지 않은 성능이 나올 수 있다. 그리고 LinkedHashMap은 입력 순서로 저장되므로 입력 순서가 중요한 경우 유리하다.

14 파일

이 장에서는 파일에 대해서 살펴보기로 한다. 이 부분은 일반적으로 자바 관련 강의 시간에 자세히 다루지 않으나, 관련 클래스들이 많아 그 개념을 잘 익히지 않으면 혼동되기 쉬운 부분 중의 하나이다.

14.1 스트림

자바 파일 또는 콘솔, 네트워크 I/O를 위해서는 스트림을 이해해야 하는데, **스트림**은 입출력 장치와 응용 프로그램 사이의 데이터의 흐름을 의미한다. 즉, 자바나 C++ 모두 입출력 장치를 스트림을 생성하거나 소모하는 추상화된 객체로 취급한다. 자바에서는 입력 장치로부터 스트림을 읽어오고 출력 장치로 스트림을 출력한다. 자바에서는 다양한 입력 스트림 클래스와 출력 스트림 클래스들을 제공한다. 입력 스트림 클래스는 입력 장치로부터 자바 프로그램으로 데이터를 읽어 들일 때 사용하는 클래스이며, 출력 스트림 클래스는 자바 프로그램에서 출력 장치로 데이터를 내보낼 때 사용하는 클래스이다. 입출력의 기본 단위는 바이트로서 바이트 단위로 읽고 쓸 수 있다.

입출력 스트림은 바이트 입출력 스트림과 문자 입출력 스트림으로 나눌 수 있는데, 바이트 입출력 스트림은 입출력되는 데이터를 단순 바이트의 스트림으로 처리하고, 문자 입출력 스트림은 문자 형태로 입출력하는 스트림이다. 바이트 입출력 스트림은 메모리 형태의 값을 그대로 바이트 단위로 입력하거나 출력할 때 사용하며, 문자 입출력 스트림은 메모리의 값을 문자 형태로 출력하거나 입력할 때 사용한다. 예를 들어, 256이라는 정수형 값을 바이트 형태로 저장한다면 256이 메모리에 저장된 형태(보통 4바이트로 표현된다) 그대로 저장되며, 문자 형태로 저장할 경우는 2라는 문자, 5라는 문자, 6이라는 문자로 저장된다.

바이트 스트림 클래스는 바이트 단위의 기본 입력 기능을 제공하는 추상 클래스 InputStream과 기본 출력 기능을 제공하는 추상 클래스 OutputStream 클래스를 상위 클래스로 하여 다양한 기능을 제공하는 하위 클래스들을 제공한다. 이들 클래스의 공통점은 바이트 단위로 입출력 가능하므로 8비트 데이터(즉, 이미지나 오디오 같은 데이터)를 입출력할 수 있고 모든 클래스가 Stream으로 끝난다는 점이다.

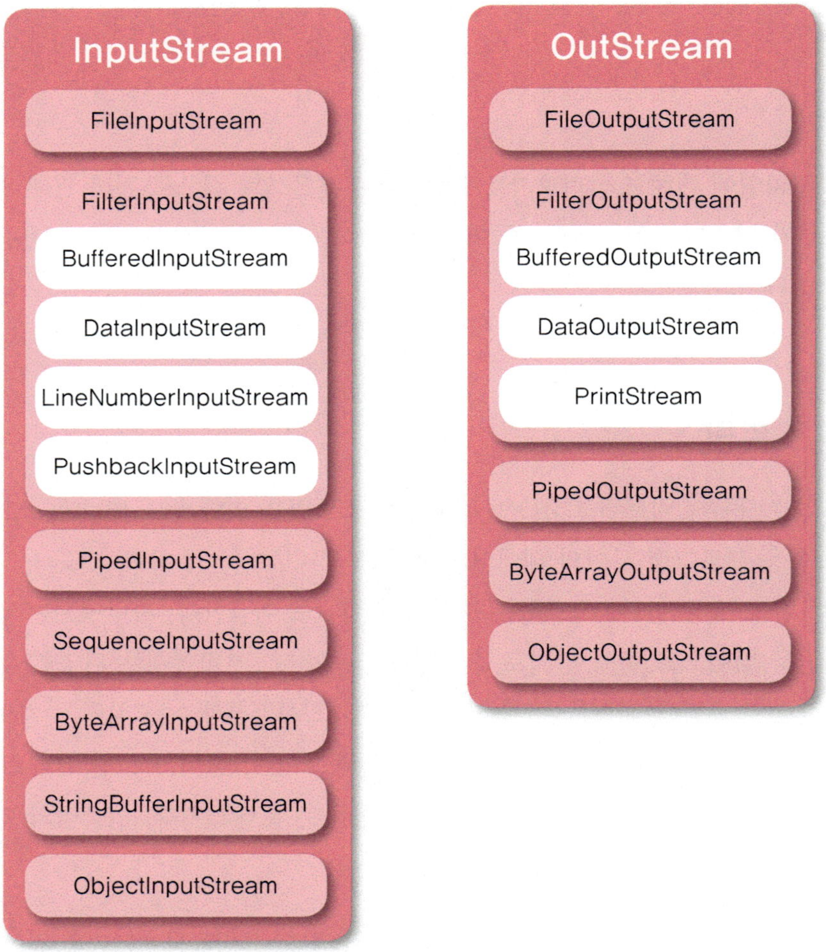

문자 스트림 클래스는 문자 단위의 기본 입력 기능을 제공하는 추상 클래스 Reader와 기본 출력 기능을 제공하는 추상 클래스 Writer 클래스를 상위 클래스로 하여 다양한 기능의 하위 클래스들을 제공한다. 이들 클래스의 공통점은 문자 단위로 입출력 가능하므로 숫자 값들도 문자 형태로 변환되어 입출력된다는 점과 모든 클래스가 Reader나 Writer으로 끝난다는 점이다.

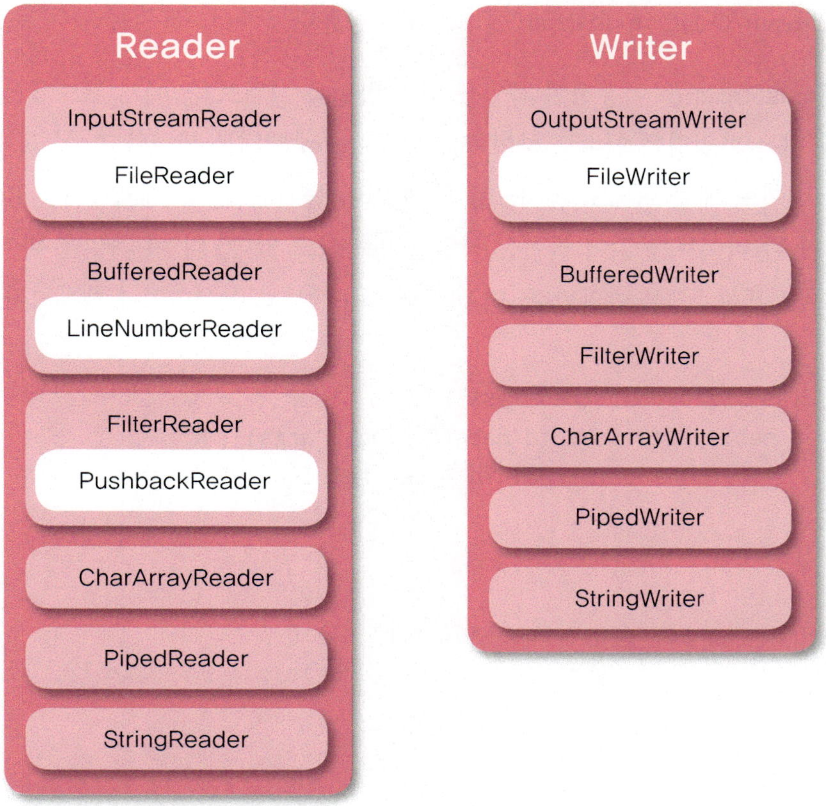

14.2 바이트 스트림 클래스

바이트 스트림 클래스들은 java.io 패키지에 포함되어 있으며, 앞서 설명한 클래스와 더불어 다양한 클래스들이 제공된다. 이 중에 대표적인 세 종류의 클래스를 살펴보고 두 종류의 클래스에 대해 실습해보자. 먼저 InputStream/OutputStream은 추상 클래스로 바이트 스트림을 다루는 모든 클래스의 슈퍼 클래스이다. 이 클래스들은 추상 클래스이므로 당연히 객체를 생성할 수 없어 직접 사용할 일이 없다. 많이 사용되는 클래스가 파일에 또는 파일로부터 바이트 단위로 읽거나 저장하는 클래스인 FileInputStream/FileOutputStream이다. 바이트나 바이트 배열을 메모리 형태 그대로 파일로 출력하고 파일로부터 메모리로 그대로 읽어 들이는 기능을 제공한다. 따라서 이 클래스를 사용하여 다른 데이터형, 예를 들어 double형 데이터를 메모리 형태 그대로 저장하려면 바이트 배열로 변환하여 그 값을 저장해야 한다. 바이트를 제외한 다른 데이터형에 대해서는 이러한 변환 작업을 거쳐야 한다. 이러한 불편을 제거하기 위해 기본 데이터형을 메모리 형태 그대로 저장 가능한

DataInputStream/DataOutputStream 클래스를 제공한다.

먼저, FileInputStream을 이용하여 파일을 읽는 방법을 살펴보자. 예제 코드에서 보는 것처럼, 읽고자 하는 파일명을 인수로 하여 FileInputStream 객체를 생성하고, 이 객체의 바이트 단위 또는 바이트 배열 형태로 메서드를 통해 읽어 들이면 된다. 예제에서는 Read 메서드를 사용하여 한 바이트를 읽어 들이는 작업을 반복하고 있다. 더 이상 읽을 바이트가 없을 경우 read 메서드는 −1을 반환한다. 이 코드를 프로젝트로 작성하여 실행해보자.

```
public class FileInputStreamTest {
        public static void main(String[] args) {
            FileInputStream in = new FileInputStream("c:\\tmp\\test.
            txt");

            int c;
            while ((c = in.read()) != -1) {
                    System.out.print((char)c);
            }
            in.close();
        }
}
```

간단한 프로그램임에도 컴파일 오류가 여러 곳에서 발생한다. FileInputStream 객체 생성 시에 파일이 존재하지 않을 경우 FileNotFoundException이 발생하며, read 메서드나 close 메서드 실행 시 IOException이 발생할 수 있다. 따라서 앞에서 배운 예외 처리 방법 중 하나를 사용하여 이를 처리해주어야 한다. 여기서는 try−catch문을 사용하여 예외를 처리한다. FileNotFoundException이 IOException의 자식 클래스이므로 IOException에 대해서만 처리하도록 한다.

```
public class FileInputStreamTest {
      public static void main(String[] args) {

            try {
                  FileInputStream in = new FileInputStream
                  ("c:\\tmp\\test.txt");

                  int c;
```

```
            while ((c = in.read()) != -1) {
                System.out.print((char)c);
            }

            in.close();
        } catch (IOException e) {
            // TODO Auto-generated catch block
            e.printStackTrace();
        }
    }
}
```

이번에는 FileOutputStream을 이용해 데이터를 저장하는 예를 살펴보자. 저장하고자 하는 파일명을 인수로 하여 FileOutputStream 객체를 생성하고, 이의 write 메서드를 사용하여 바이트 또는 바이트 배열을 출력한다. 예제에서는 정수형 배열의 원소를 하나씩 출력하고 바이트 배열 자체를 출력하고 있다. 여기서 정수형 배열 원소들의 값의 범위는 한 바이트로 표현 가능하다. 정수형을 출력하는 것처럼 보이지만 실제로는 한 바이트를 출력하는 것이다. 만약 값이 한 바이트로 표현 가능한 범위를 벗어난 값인 경우는 하위 한 바이트만 출력한다. 따라서 큰 정수형 값을 출력하고자 할 경우 뒤에 나오는 DataOutputStream 클래스를 사용하는 것이 좋다.

```
public class ProgramBasic {
    public static void main(String[] args) {
        try {
            FileOutputStream out = new FileOutputStream
            ("c:\\Temp\\test.out");

            int num[]= {2,3,-2,87,351};
            byte b[]= {7,50,3,4,1,24};
            for(int i=0; i<num.length; i++)
            out.write(num[i]); out.write(b);

            out.close();
            System.out.println("성공적으로 마쳤습니다.");
        } catch (IOException e) {
            // TODO Auto-generated catch block
```

```
                e.printStackTrace();
            }
        }
}
```

위 프로그램의 실행 결과 c:₩Temp 밑에 test.out 파일이 생성되어 있을 것이다. 이를 노트패드 같은 문서 편집기로 열어보면 데이터가 마치 깨진 것처럼 보인다. 그러나 데이터가 깨진 것이 아니라 읽는 모드가 다르기 때문에 그렇게 보이는 것이다. 일반 문서 편집기는 파일을 읽을 때 텍스트 모드, 즉 문자 스트림 형태로 읽어 들여 그 값에 해당하는 문자로 표현해주기 때문이다. 그러므로 일반적으로 바이너리 형태로 데이터를 출력했으면 바이너리 형태 그대로 읽어 들여야 한다. 즉, FileOutputStream 객체를 통해 출력했으면 FileInputStream을 이용해 읽어 들여야 제대로 읽어 들일 수 있다. 아래의 예제는 위의 예제의 데이터를 다시 읽어 들여 출력하는 예이다. 읽어 들인 데이터를 자세히 보자. 두 곳이 원래 데이터와 다른 것을 확인할 수 있을 텐데, −2와 351이 그것이다. −2는 내부적으로 보수 형태로 표현되기 때문에 최하위 한 바이트가 저장되었다가 읽히므로 254가 되고, 351은 한 바이트의 범위를 벗어나기 때문에 비슷한 이유로 95가 저장되었다가 읽힌다.

```
public class ProgramBasic {
        public static void main(String[] args) {
                try {
                        FileOutputStream out = new FileOutputStream
                        ("c:\\Temp\\test.out");

                        int num[]= {2,3,-2,87,351};
                        byte b[]= {7,50,3,4,1,24};

                        for(int i=0; i<num.length; i++)
                        out.write(num[i]); out.write(b); out.close();
                        System.out.println("성공적으로 쓰기를 마쳤습니다.");

                        FileInputStream in = new FileInputStream
                        ("c:\\Temp\\test.out");
                        int c=0;
                        for(int i=0; i<num.length; i++) {
                                c = in.read();
```

```
                    System.out.println(c);
                }
                byte[] d = new byte[6];
                in.read(d);
                for(int i=0; i<d.length; i++)
                System.out.println(d[i]); in.close();
            } catch (IOException e) {
                // TODO Auto-generated catch block
                e.printStackTrace();
            }
        }
}
```

실습 14.1 FileInputStream과 FileOutputStream 실습

위의 코드를 프로젝트로 만들어 실행해보자. test.out 파일을 열어 위에서 설명한 것처럼 보이는지도 확인해보자. 여기서 주의할 것은 보기에는 마치 파일이 깨진 것처럼 보이지만 그렇지 않다는 것이다. 메모리 표현 형태로 파일에 저장되기 때문에 일반 문서 편집기로 열면 특수문자처럼 출력되는 것이다. 따라서 바이트 스트림으로 파일에 저장했으면 읽을 때도 바이트 스트림으로 읽어야 한다는 것을 명심해야 한다.

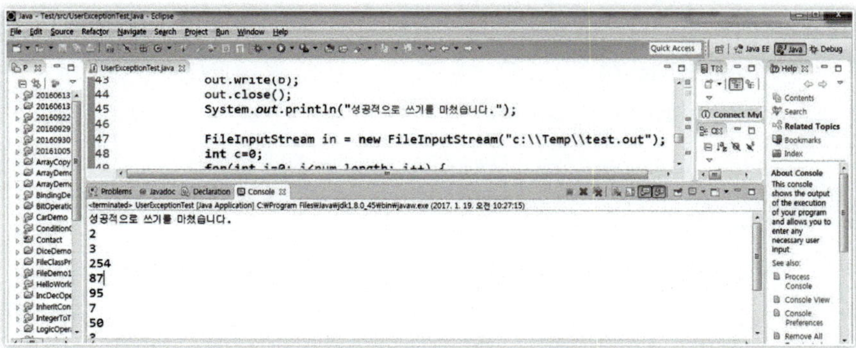

앞에서 얘기한 바와 같이 FileInputStream과 FileOutputStream을 이용해서는 바이트나 바이트 배열만 읽거나 쓸 수 있고, 정수형, 더블형, 플로트형 등 다양한 기본 자료형의 값을 그대로 쓰거나 읽을 수 없다. 이러한 필요에 의해 만들어진 것이 DataInputStream과

DataOutputStream 클래스이다. 이 클래스를 통해 자바 기본 자료형의 값을 메모리 상태 그대로 파일에 입출력할 수 있다. DataInputStream이나 DataOutputStream 객체를 생성할 때는 반드시 InputStream 객체나 OutputStream 객체를 인수로 하여 생성해야 한다. 이는 DataInputStream이나 DataOutputStream 객체의 메서드를 사용하여 기본 데이터 값을 입출력하면, 내부적으로 바이트로 변환하여 InputStream 객체나 OutputStream 객체를 통해 저장함을 의미한다. DataOutputStream 객체를 통해 저장한 파일도 바이너리 형태로 저장된다. 그래서 일반 테스트 편집기로 열면 이상한 문자들이 표시된다.

```
public class ProgramBasic {
        public static void main(String[] args) {
                try {

                        FileOutputStream fos = new FileOutputStream
                        ("c:\\Temp\\test2.txt");
                        DataOutputStream dos = new DataOutputStream(fos);

                        boolean b = false;
                        double d = 165.8;
                        String str =  "This is a test.";

                        dos.writeBoolean(b);
                        dos.writeDouble(d);
                        dos.writeChars(str);

                        dos.close();
                        System.out.println("성공적으로 쓰기를 마쳤습니다.");

                        FileInputStream fis = new FileInputStream
                        ("c:\\Temp\\test2.txt");
                        DataInputStream dis = new DataInputStream(fis);

                        boolean b2 = dis.readBoolean();
                        System.out.println(b2);
                        double d2 = dis.readDouble();
                        System.out.println(d2);
                        char c;
                        while(dis.available() > 0) {
```

```
                    c=dis.readChar();
                    System.out.print(c);
                }

            } catch (IOException e) {
                // TODO Auto-generated catch block
                e.printStackTrace();
            }
        }
}
```

자바에서 한 문자는 2바이트로 표시된다. 따라서 한 문자를 저장하면 2바이트로 변환되어 출력된다. 그런데, DataOutputStream 클래스에는 여러 문자들을 출력할 수 있는 writeChars 메서드를 제공하지만, 그 반대의 기능은 제공하지 않는다. 따라서 위의 예에서 보는 바와 같이 한 문자씩 읽는 raedChar를 사용하여 반복적으로 읽어 들여야 한다. 이때 raedChar 메서드가 더 이상 읽어 들일 문자가 없으면 특수한 값을 반환하지 않는다. 따라서 예제에 보인 바와 같이 남아 있는 바이트 수를 넘겨주는 available 메서드를 사용하여 종료 조건을 검사해야 한다.

실습 14.2 DataOutputStream과 DataInputStream 클래스 실습

위의 코드를 프로젝트로 만들어 실행해보자. 이번에도 test2.txt 파일을 열어 그 내용을 확인해보자. DataOutputStream도 바이트 스트림 형태로 데이터를 저장하기 때문에 내용이 깨져 보일 것이다.

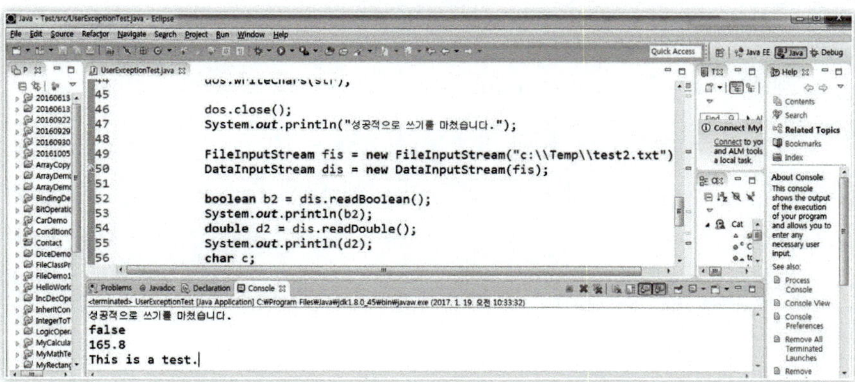

14.3 문자 스트림 클래스

일반 문서 편집기로 읽으려면 문자 스트림 클래스를 이용해야 한다. 문자 코드로 입출력하는 데 사용되는 클래스들은 java.io 패키지에 포함되어 있으며, 앞에서 보여준 클래스를 포함해 다양한 클래스들이 제공된다. 이 중 대표적인 세 종류 클래스를 소개하고, 그중 두 종류에 대해서 실습을 해보자.

먼저, Reader와 Writer는 추상 클래스로 문자 스트림을 다루는 모든 클래스의 슈퍼 클래스이다. 이 클래스들은 추상 클래스이므로 당연히 객체를 생성할 수 없어 직접 사용할 일이 없다. 많이 사용되는 클래스가 파일에 또는 파일로부터 문자 단위로 읽거나 저장하는 클래스인 InputStreamReader/OutputStreamWriter 클래스이다. 자바에서 문자는 유니코드의 한 인코딩 방식인 UTF-16(모든 문자를 2바이트로 표현)에 의해 표현되는데, 저장 시에는 이를 다른 방식으로 인코딩하여 저장한다. 그래서 인코딩 방식에 따라 실제 저장되는 값들이 달라지게 된다. 기본 인코딩 방식, 즉 인코딩 방식을 명시하지 않을 경우는 플랫폼에 따라 달라지는데, 저자가 사용하는 플랫폼인 경우 MS949 인코딩 방식에 의해 처리된다. 이 인코딩 방식은 MS에서 사용하는 인코딩 방식이다. 기본 인코딩 방식을 확인하려면 아래의 코드를 실행하여 확인할 수 있다.

```
byte [] bArray = {'w'};
InputStream is = new ByteArrayInputStream(bArray);
InputStreamReader reader = new InputStreamReader(is);
String defaultCharacterEncoding = reader.getEncoding();
System.out.println(defaultCharacterEncoding);
```

아래의 예는 OutputStreamWriter를 이용하여 한글과 더블형의 값을 저장하는 예이다. 먼저 파일명을 인수로 하여 FileOutputStream 객체를 생성하고, 다시 이를 인수로 하여 OutputStreamWriter를 생성한다. 이로부터 OutputStreamWriter를 통해 문자를 저장하면 내부에서 변환 과정을 거쳐 바이트 스트림을 통해 파일로 저장됨을 알 수 있다. 저장 시 한글 인코딩 방식을 저장하지 않으면 디폴트 MS949 인코딩 방식에 의해 저장된다. 더블형을 직접 저장하는 메서드가 없으므로 문자열로 변환한 후 저장해야 한다. 메모와 같은 일반 문자 편집기를 사용하여 저장 파일을 열어보면 깨지지 않고 제대로 보이는 것을 확인할 수 있다.

```
public class ProgramBasic {
        public static void main(String[] args) {
                FileOutputStream out = null;
                OutputStreamWriter fout=null;
                double d = 32.3;
                try {
                    out = new
                    FileOutputStream("c:\\Temp\\hangul.txt");
                    fout = new OutputStreamWriter(out);

                    fout.write("한글 ");
                    fout.write(Double.toString(d));

                    fout.close();
                    System.out.println("성공적으로 쓰기를 마쳤습니다.");

                    } catch (IOException e) {
                            // TODO Auto-generated catch block
                            e.printStackTrace();
                    }
        }
}
```

특정 인코딩 방식으로 저장할 경우는 OutputStreamWriter 생성 시 아래와 같이 인코딩 방식을 지정한다.

```
fout = new OutputStreamWriter(out, "UTF-16");
```

OutputStreamWriter를 이용하여 저장된 파일은 InputStreamReader를 통해 읽어 들여야 한다. 먼저, 파일명을 인수로 하여 FileInputStream 객체를 생성하고, 다시 이 객체와 디코딩 방식을 인수로 하여 InputStreamReader를 생성한다. 이렇게 되면 바이트 스트림을 통해 문자를 바이트 단위로 읽어 들인 후, 디코딩 방식에 의해 유니코드로 변환되어 메모리로 읽히게 된다. 문자들이 MS949 방식으로 저장되어 있을 경우는 굳이 디코딩 방식을 정해주지 않아도 되지만, 그렇지 않을 경우는 저장 시 사용한 인코딩 방식을 지정해야 한다. 한글인 경우는 저장 시 사용한 인코딩 방식과 다른 방식으로 읽어 들이면 제대로 읽어 들일 수 없다.

반드시 저장 방식과 동일한 방식으로 읽어야 한다. 만약 저장 시에 MS949 방식으로 저장했는데, 읽어 들일 때 UTF-8 형식으로 읽어 들이면 제대로 읽지 못한다. 예제 프로그램을 실행해 확인해보자.

```
public class ProgramBasic {
        public static void main(String[] args) {
                double d = 32.3;
                try {
                        FileOutputStream fout =
                        new FileOutputStream("c:\\Temp\\hangul.txt");
                        OutputStreamWriter out =
                        new OutputStreamWriter(fout);
                        System.out.println("인코딩 문자 집합은 " +
                        out.getEncoding());
                        out.write("한글 ");
                        out.write(Double.toString(d));
                        out.close();
                        fout.close();
                        System.out.println("성공적으로 쓰기를 마쳤습니다.");

                        FileInputStream fin = new FileInputStream
                        ("c:\\Temp\\hangul.txt");
                        InputStreamReader in = new InputStreamReader(fin,
                        "UTF-8");
                        int c;
                        System.out.println("디코딩 문자 집합은 " +
                        in.getEncoding());
                        while ((c = in.read()) != -1) {
                                System.out.print((char)c);
                        }
                        in.close();
                        fin.close();

                        } catch (IOException e) {
                                // TODO Auto-generated catch block
                                e.printStackTrace();
                        }
                }
}
```

실습 14.3 OutputStreamWriter와 InputStreamReader 클래스 실습

위의 코드를 프로젝트로 만들어 실행해보자. 이번에도 hangul.txt 파일을 열어 그 내용을 확인해보자. 이번에는 깨지지 않고 제대로 보일 것이다. 이는 저장 시 메모리 형태로 저장하는 것이 아니라 문자 형태로 변환하여 그 문자 바이트 배열을 바이트 스트림으로 출력하기 때문이다. 따라서 파일에는 문자 코드들이 저장되고, 일반 문서 편집기를 통해 제대로 읽어 들일 수 있는 것이다.

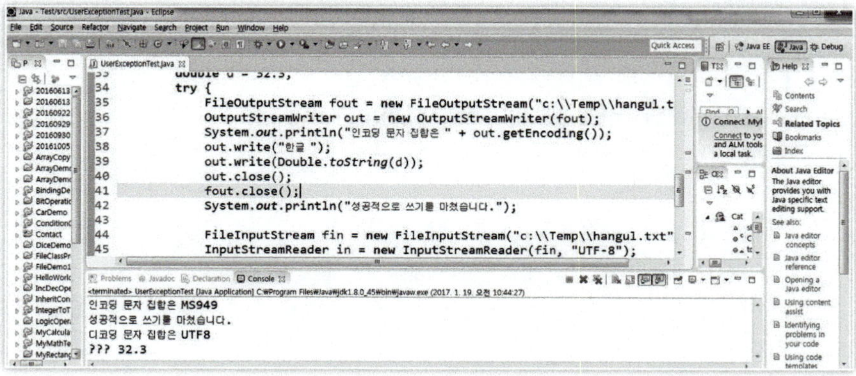

그런데, 앞에서 설명한 것처럼 숫자는 제대로 출력되는데 한글은 제대로 출력되지 않고 있다. 이는 인코딩 방식과 디코딩 방식이 다르기 때문이다. 위 코드에서 읽어 들일 때 UTF-8 방식으로 읽어 들이도록 되어 있는데, 아래처럼 이 부분을 제거하여 다시 실행해보자.

```
//InputStreamReader in = new InputStreamReader(fin, “UTF-8”);
InputStreamReader in = new InputStreamReader(fin);
```

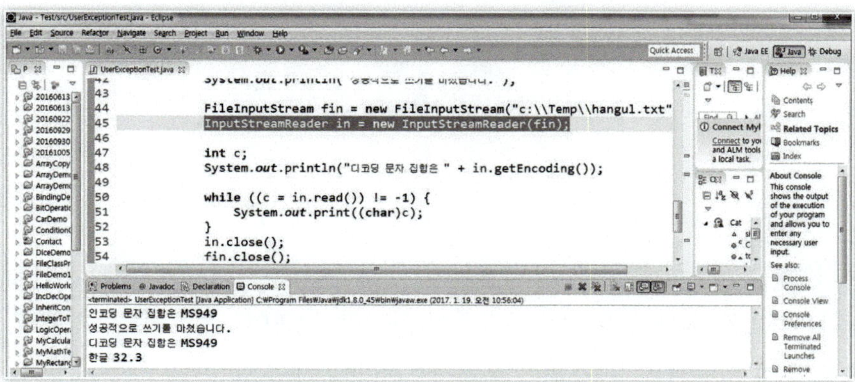

InputStreamReader/OutputStreamWriter와 유사한 클래스로 FileReader와 FileWriter가 있다. FileReader와 FileWriter는 인코딩 방식이 기본 인코딩 방식으로 고정되어 있고, 객체 생성 시 Stream 객체를 지정할 필요 없이 파일명만 기술하면 된다. 따라서 다른 인코딩 방식을 사용할 경우는 FileWriter 대신에 OutputStreamWriter를 사용해야 한다. FileReader와 FileWriter는 InputStreamReader와 OutputStreamWriter를 각각 상속받고 있으며 추가의 메서드가 없다. 따라서 제공하는 기능이 거의 동일하다.

```
public class ProgramBasic {
        public static void main(String[] args) {
                try {
                        FileWriter fout = new FileWriter
                        ("c:\\Temp\\hangul.txt");

                        fout.write("한글 ");
                        fout.write(88); // 숫자 88이 아니라 88 코드에 대응되는 문자
                        fout.write(Double.toString(32.3));

                        fout.close();
                        System.out.println("성공적으로 쓰기를 마쳤습니다.");

                        FileReader fin = new FileReader
                        ("c:\\Temp\\hangul.txt");
                        char[] buf = new char[80];
                        fin.read(buf);
                        for(char c : buf) System.out.print(c);
                        fin.close();
                } catch (IOException e) {
                        // TODO Auto-generated catch block
                        e.printStackTrace();
                }
        }
}
```

FileWriter 객체를 사용하여 저장한 파일은 FileReader를 통해 읽어 들이는 게 편하고 좋다. 그런데 read 메서드를 통해 읽어 들인 문자는 문자형이 아니라 int형이라는 것을 주의하라. 그러므로 이를 콘솔에 문자 형태로 찍을 경우는 문자형으로 변환해야 한다.

```
public class ProgramBasic {
        public static void main(String[] args) {

            try {
                FileReader in = new FileReader
                ("“ c:\\Temp\\test.txt”);
                int c;
                while ((c = in.read()) != -1) {
                        System.out.print((char)c);
                }
                in.close();
            } catch (IOException e) {
                // TODO Auto-generated catch block
                e.printStackTrace();
            }
        }
}
```

실습 14.4 콘솔에서 읽어 들이고 FileWriter를 사용하여 출력하기

이번 예는 콘솔로부터 데이터를 문자 형태로 읽어 문자 형태의 파일로 저장하는 예이다. 아래의 코드를 프로젝트로 작성하여 실행해보자. 콘솔로 읽어 들여 그 내용을 FileWriter를 사용해 출력할 것이므로 콘솔로부터 읽어 들일 때도 FileReader로 읽어 들이면 좋은데 그렇지 않고 있다. 이는 FileReader 클래스에는 스트림 객체 System.in을 인수로 받아들이는 생성자가 없기 때문이다. 따라서 InputStreamReader 객체를 사용하여 읽어 들이고 있다.

```
public class ProgramBasic {
        public static void main(String[] args) {

            try {
                System.out.println(“>> ”);
                InputStreamReader in =
                new InputStreamReader(System.in);

                FileWriter fout = null;
```

```
                int c;

                fout = new FileWriter("c:\\Temp\\test.txt");
                while ((c = in.read()) != 13) {
                        fout.write(c);
                }
                in.close();
                fout.close();
                System.out.println("성공적으로 쓰기를 마쳤습니다.");

            } catch (IOException e) {
                // TODO Auto-generated catch block
                e.printStackTrace();
            }
        }
}
```

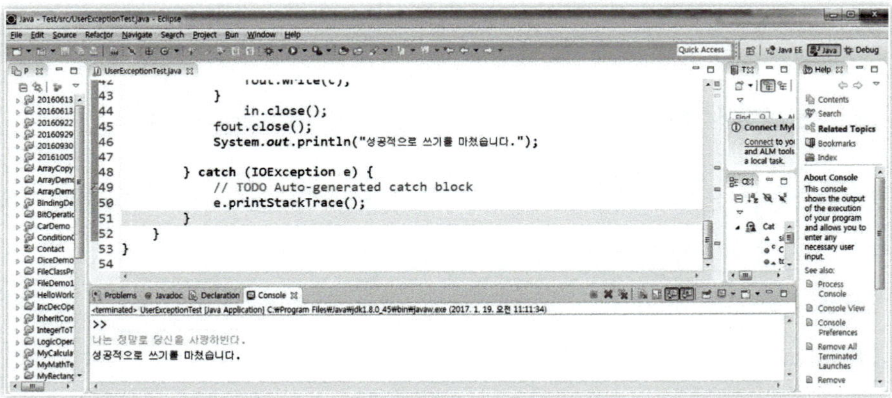

이제 test.txt 파일을 열어 콘솔에 입력한 내용이 그대로 저장되어 있는지 확인해보자.

14.4 버퍼 스트림 클래스

버퍼 스트림은 버퍼를 가진 스트림으로 입출력 데이터를 일시적으로 저장하는 버퍼를 이용하여 입출력 효율을 개선한 것이다. 즉, 입출력 시 운영체제의 API 호출 횟수를 줄여 입출력 성능을 개선한다. 여러 번 출력되는 데이터를 버퍼에 모아두고 한 번에 장치로 출력하고, 입력 데이터를 버퍼에 모아두고 한 번에 프로그램에게 전달함으로써 입출력 성능을 개선한다. 그림에서 보는 바와 같이 입력 데이터를 메모리 버퍼로 미리 읽어 들인 후, 사용자가 요구하면 이 버퍼의 데이터를 제공하고 사용자가 출력할 때마다 파일로 출력하는 것이 아니라, 메모리 버퍼로 저장한 후 버퍼가 차거나 사용자가 강제 출력하면 그때 파일로 출력한다.

버퍼 스트림에도 바이트 버퍼 스트림과 문자 버퍼 스트림이 있다. 바이트 버퍼 스트림은 바이트 단위의 바이너리 데이터를 처리하는 버퍼 스트림으로 BufferedInputStream과 BufferedOutputStream 클래스가 이에 해당한다. 문자 버퍼 스트림은 유니코드의 문자 데이터만 처리하는 버퍼 스트림으로 BufferedReader와 BufferedWriter 클래스가 이에 해당한다.

아래의 예는 콘솔로부터 문자를 읽어 이를 콘솔로 출력하는 예로, 출력을 위해 System.out 객체를 인수로 하여 BufferedOutputStream 객체를 생성하고 있다. 이때 버퍼의 크기를 5로 하여 생성하고 있다. 따라서 일곱 자리 글자를 입력하면 콘솔에는 다섯 글자만 보이고 나머지 두 글자는 보이지 않는다. 화면에 출력되지 않는 두 글자가 버퍼에 있기 때문으로 버퍼가 찰 때까지 기다렸다가 출력한다. 프로그램을 보면 버퍼에 남아 있는 내용을 강제로 출력하기 위해 flush 메서드를 호출하여 강제로 남은 내용을 출력하도록 되어 있다. 그런데, 이에 앞서 System.out을 통해 "성공적으로 쓰기를 마쳤습니다."를 출력하고 있다. System.out은 버퍼 스트림이 아니기 때문에 곧바로 화면으로 출력된다. 따라서 처음 다섯 개의 글자가 출력되고 나서 "성공적으로 쓰기를 마쳤습니다."가 출력된 후 나머지 두 글자가 출력된다.

```
public class ProgramBasic {
          public static void main(String[] args) {
                  InputStreamReader in = new InputStreamReader
                  (System.in);
                     BufferedOutputStream out =
                     new BufferedOutputStream(System.out, 5);
                     try {
                            int c;
                            System.out.println(“>> ”);
                      while ((c = in.read()) != 13) {
                              out.write(c);
                      }
                      System.out.println(“성공적으로 쓰기를 마쳤습니다.”);
                      out.flush(); // 버퍼에 남아 있던 문자 출력
                            if (in != null) {
                                      in.close();
                                      out.close();
                            }
                     } catch (IOException e) {
                            // TODO Auto-generated catch block
                            e.printStackTrace();
                     }
              }
}
```

실습 14.5 BufferedOutputStream 실습하기

위의 코드를 프로젝트로 만들어 실행하고 설명한 순서대로 결과가 출력되는지 확인해보자.

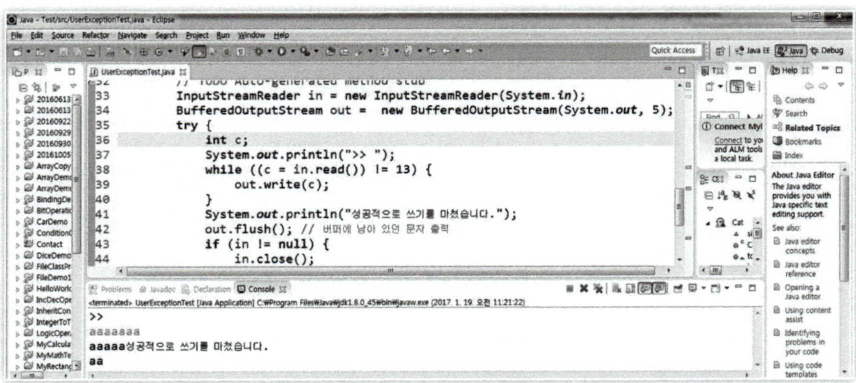

14.5 파일 관리

자바에서 파일이나 디렉터리를 다루고자 할 때, 즉 파일명 변경, 삭제, 디렉터리 생성, 파일 크기 파악 등 파일 관리와 관련된 작업을 할 경우에 사용할 수 있는 클래스가 File 클래스이다. 파일 객체는 여러 형태로 생성할 수 있는데, 파일명만으로 생성하거나 부모 디렉터리명과 함께 생성할 수도 있으며, URI 형태로도 생성할 수 있다. 보는 바와 같이 파일이나 디렉터리 조작과 관련된 다양한 메서드들을 제공한다.

생성자 및 메서드	내용
File(File parent, String child)	parent 디렉터리에 child 이름의 File 객체 생성
File(String pathname)	pathname의 File 객체 생성
File(String parent, String child)	parent 디렉터리에 child 이름의 File 객체 생성
boolean mkdir()	File 객체에 지정된 이름으로 디렉터리 생성
String[] list()	File 객체가 디렉터리인 경우, 그 밑에 있는 파일과 서브 디렉터리명을 String 배열로 반환
File[] listFiles()	File 객체가 디렉터리인 경우, 그 밑에 있는 파일과 서브 디렉터리의 File 객체들을 반환
boolean renameTo(File dest)	dest가 지정하는 이름으로 이름 변경
boolean delete()	File 객체가 나타내는 파일 또는 디렉터리 삭제
long length()	File 객체가 나타내는 파일 크기 반환
String getPath()	File 객체가 나타내는 파일 또는 디렉터리의 경로 반환
String getName()	File 객체가 나타내는 파일 또는 디렉터리의 이름 반환
boolean isFile()	File 객체가 나타내는 것이 파일인지 검사
boolean isDirectory()	File 객체가 나타내는 것이 디렉터리인지 검사
long lastModified()	File 객체가 나타내는 파일 또는 디렉터리의 변경된 시간 반환
boolean exists()	File 객체가 나타내는 파일 또는 디렉터리의 존재 여부 검사

파일을 생성할 경우는 파일명을 인수로 하여 파일 객체를 생성한다. 그리고 주어진 경로명이 파일인지 디렉터리인지 파악할 경우, isFile 메서드를 사용하여 그 결과가 참이면 파일이고 그렇지 않으면 디렉터리로 판단한다. 그리고 파일 객체의 경로명을 알고자 할 경우는 getPath 메서드를 사용한다.

```
File f = new File("c:\\windows\\system.ini");
String res;
if(f.isFile()) // 파일 타입이면
            res = "파일";
else            // 디렉터리 타입이면
            res = "디렉터리";
System.out.println(f.getPath() + "은 " + res + "입니다.");
```

디렉터리의 서브 디렉터리 및 파일을 파악하고자 할 경우 list 메서드를 사용한다. 결과는 String 배열로 넘어온다. 따라서 추가로 서브 디렉터리 및 파일에 대한 추가 정보를 원할 경우 파일명을 인수로 하여 파일 객체를 생성하고, 그 객체를 이용하여 필요한 정보를 얻는다. 예에서는 디렉터리 밑에 있는 파일이나 디렉터리의 크기를 length 메서드를 사용하여 출력하고 있다.

```
File f = new File("c:\\tmp\\java_sample");
String[] filenames = f.list(); // 파일명 리스트 얻기
for (int i=0; i<filenames.length; i++) {
        File sf = new File(f, filenames[i]);
        System.out.print(filenames[i]);
        System.out.print("\t파일 크기: " + sf.length());
}
```

디렉터리를 생성할 경우 디렉터리명의 파일 객체를 먼저 생성한 후, 이 객체의 mkdir 메서드를 호출한다. 호출 결과로 불리안 값을 반환한다.

```
File f = null;
boolean bool = false;
try{
       f = new File("C:/Texts");
       bool = f.mkdir();
       System.out.print("Directory created? "+bool);
 }
catch(Exception e){
       e.printStackTrace();
}
```

실습 14.6 File 클래스 사용하기

아래 코드를 프로젝트로 작성하여 실행해보자. 코드는 사용자에게 이름을 입력받은 후, exists 메서드를 사용하여 그 이름의 파일이나 디렉터리가 존재하는지 검사하고, 만약 존재한다면 다시 isFile 메서드를 사용하여 일반 파일인지 디렉터리인지 검사한다. 일반 파일이면 그 파일의 정보를 출력하고, 디렉터리이면 그 밑에 있는 서브 디렉터리명과 파일명을 listFiles 메서드를 사용해 파악한 후 그들의 수정 시간과 크기를 파악하여 출력한다. 여기서 주의할 것은 System.in으로부터 InputStreamReader를 통해 읽어 들이지 않고, InputStreamReader를 인수로 BufferedReader를 생성한 후 이를 통해 문자열을 읽어 들인 것이다. 이렇게 한 이유는 InputStreamReader에는 String 형태로 읽어 들이는 메서드가 존재하지 않기 때문이다.

```
public class ProgramBasic extends JFrame {
   public static void main(String[] args) {
        BufferedReader in = new BufferedReader(new
        InputStreamReader(System.in));
        try {

                System.out.println(" 파일명 입력 >> ");
                String str = in.readLine();
                File f = new File(str);
                if(f.exists()){
                    if(f.isFile()) {
                        System.out.println("파일입니다");
                        long t = f.lastModified();
                        System.out.print("\t파일 크기: " + f.length());
                        System.out.printf("\t수정한 시간: %tb %td %ta %tT\n",
                        t, t, t, t);
                    }
                    else if (f.isDirectory()) {
                            System.out.println("디렉터리입니다");
                            File [] fnames = f.listFiles();
                            for(File sf : fnames) {
                                long t = sf.lastModified();
                                System.out.print("\t파일 크기: " +
                                sf.length());
```

```
                            System.out.printf("\t수정한 시간:
                            %tb %td %ta %tT\n",t, t, t, t);
                        }
                    }
                 }
                else {
                    System.out.println("입력한 이름의 파일이나 디렉터리가 존재하지
                    않습니다.");
                }
                in.close();
        } catch (IOException e) {
                // TODO Auto-generated catch block
                e.printStackTrace();
        }
    }
}
```

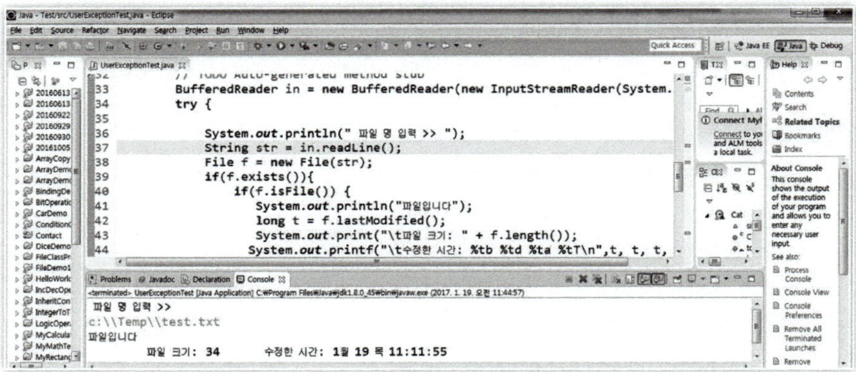

14.6 객체 직렬화

객체 직렬화는 실행 시 동적으로 생성되는 인스턴스 상태를 저장하거나 네트워크로 전송하는 기술로서 객체의 상태를 지속시키는 방법을 제공한다. 즉, 앞에서 배운 스트림을 그대로 활용하여 파일에 저장하거나 네트워크를 통해 객체를 전달할 수 있다. 분산 환경에서 객체를 공유할 시 유용하게 사용된다. 객체 상태는 byte Stream, 즉 메모리 상태 그대로 저장된다.

객체 직렬화를 하고 싶으면 클래스 정의 시에 java.io.Serializable 인터페이스를 구현해주

어야 한다. 이 인터페이스를 구현한 클래스로부터 생성된 객체들만 직렬화할 수 있다. 인터페이스를 구현한 클래스의 모든 멤버 변수가 직렬화 대상이며, 만약 특정 직렬화 작업에서 제외시킬 경우에는 transient 키워드를 이용한다. 뒤에 나오는 예제를 보면 쉽게 이해할 수 있을 것이다. 그리고 객체를 직렬화할 경우는 ObjectOutputStream의 writeObject() 메서드를 이용하고, 반대로 직렬화된 결과로부터 객체를 복원할 경우는 ObjectinputStream의 readObject() 메서드를 이용한다.

아래의 예는 객체 직렬화의 예이다. Student 타입의 객체를 직렬화할 수 있도록 Serializable 인터페이스를 구현하고 있다. 특별히 추가로 구현할 메서드는 없고, 단지 Serializable 인터페이스의 구현을 알려주기만 하면 된다. main 메서드를 보면 Student 객체 두 개를 생성하고 이를 벡터(동적 배열)에 추가하고 있다. 이어서 객체의 직렬화를 위해 ObjectOutputStream 객체를 생성하는데, 먼저 저장할 파일 객체를 생성하고 이를 인수로 FileOutputStream 객체를 생성하고, 다시 이를 인수로 ObjectOutputStream 객체를 생성하고 있다. 그리고 나서 벡터에 있는 모든 Person 객체를 직렬화하기 위해 벡터 객체를 ObjectOutputStream 객체의 writeObject() 메서드를 사용하여 직렬화하고 있다. 배열 객체는 각각의 원소에 대해 직렬화하도록 구현되어 있어 각각의 Student 객체들이 직렬화된다.

```
class Student implements Serializable {
        String name;
        int id;
        String address;

        public Student(int id, String name, String add) {
                this.id = id;
                this.name = name;
                this.address = add;
        }
        public int getID() {return id;}
        public String getName() {return name;}
        public String getAddress() {return address;}
}

public class ProgramBasic {
    public static void main(String[] args) {
        Student s1 = new Student(2011, "홍길동", "경북 구미시");
```

```
        Student s2 = new Student(2011, "장길산", "서울 도봉구");

        Vector v = new Vector();
        v.add(s1);
        v.add(s2);

        try {
                FileOutputStream fos = new FileOutputStream
                (new File("c:\\Temp\\test3.txt"));
                ObjectOutputStream oos = new ObjectOutputStream(fos);
                oos.writeObject(v);
                System.out.println("성공적으로 마쳤습니다.");
        } catch (IOException e) {
                // TODO Auto-generated catch block
                e.printStackTrace();
        }
    }
}
```

다음 예는 직렬화된 객체를 읽어 들여 객체를 복원하는 예이다. 앞 예제에서 Student 벡터를 직렬화하였는데, 이를 ObjectinputStream 객체의 readObject() 메서드를 이용하여 읽어 들이고 있다. ObjectinputStream 객체는 읽어 들일 파일 객체를 생성하여 이를 인수로 FileInputStream 객체를 생성하고, 다시 이를 인수로 ObjectInputStream 객체를 생성하고 있다. 읽어 들이고 나서는 벡터 객체의 각 원소를 반복 처리하기 위해 iterator를 사용하여 처리하고 있다. 벡터 객체의 iterator를 얻은 후, hasNext 메서드와 next 메서드를 사용하여 각각의 원소들을 처리하고 있다.

```
class Student implements Serializable {
        String name;
        int id;
        String address;

        public Student(int id, String name, String add) {
                this.id = id;
                this.name = name;
                this.address = add;
```

```
        }
        public int getID() {return id;}
        public String getName() {return name;}
        public String getAddress() {return address;}
}

public class ProgramBasic {
    public static void main(String[] args) {
        try {
          FileInputStream fis = new FileInputStream(new File
          ("c:\\Temp\\test3.txt"));
          ObjectInputStream ois = new ObjectInputStream(fis);
          Vector v = (Vector) ois.readObject();
          Iterator ite = v.iterator();
          while(ite.hasNext()) {
                Student s = (Student) ite.next();
                System.out.println(s.getID() + s.getName() +
                s.getAddress());
          }
        } catch (Exception e) {
          // TODO Auto-generated catch block
           e.printStackTrace();
        }
    }
}
```

실습 14.7 객체 직렬화하기

앞의 두 예제를 하나로 묶어 실습해보자. 아래의 코드를 프로젝트로 만들어 실행해보자.

```
class Student implements Serializable {
        String name;
        int id;
        String address;
        public Student(int id, String name, String add) {
                this.id = id;
```

```
            this.name = name;
            this.address = add;
        }
        public int getID() {return id;}
        public String getName() {return name;}
        public String getAddress() {return address;}
}

public class SerializationTest {
        public static void main(String[] args) throws IOException {
            // TODO Auto-generated method stub
            Student s1 = new Student(2011, "홍길동", "경북 구미시");
            Student s2 = new Student(2011, "장길산", "서울 도봉구");

            Vector v = new Vector();
            v.add(s1);
            v.add(s2);

            try {
                    FileOutputStream fos = new FileOutputStream
                    (new File("c:\\Temp\\test3.txt"));
                    ObjectOutputStream oos =
                    new ObjectOutputStream(fos);
                    oos.writeObject(v);
                    System.out.println("성공적으로 마쳤습니다.");
            } catch (IOException e) {
                    // TODO Auto-generated catch block
                    e.printStackTrace();
            }

            v.clear();
            try {
                      FileInputStream fis = new FileInputStream
                      (new File("c:\\Temp\\test3.txt"));
                      ObjectInputStream ois =
                      new ObjectInputStream(fis);
                      v = (Vector) ois.readObject();
                      Iterator ite = v.iterator();
```

```
                    while(ite.hasNext()) {
                          Student s = (Student) ite.next();
                          System.out.println(s.getID() + s.getName() +
                          s.getAddress());
                    }
                } catch (Exception e) {
                    // TODO Auto-generated catch block
                     e.printStackTrace();
                }
        }
}
```

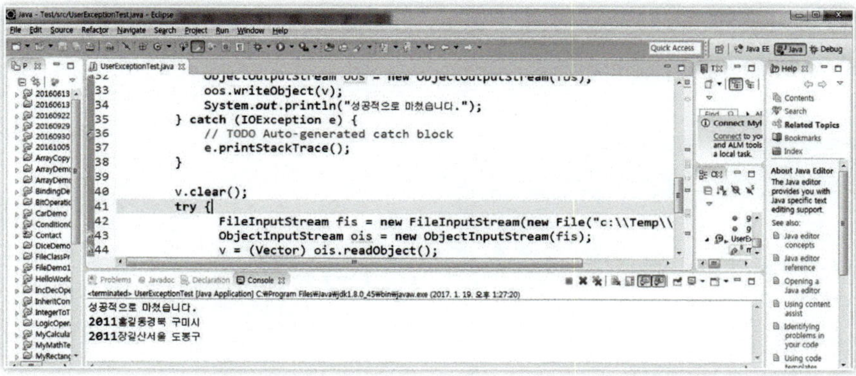

일부 필드를 직렬화 대상에서 제외할 경우 아래의 예제에 보인 바와 같이 데이터 멤버 선언 앞에 transient라고 선언한다. 그러면 이 필드는 직렬화 시 제외된다. 예제에서는 개인 프라이버시를 위해 id 번호는 직렬화하지 않고 있다. 이렇게 변경한 후 앞의 두 예제를 돌려서 테스트해보면 transient로 선언된 필드는 null로 되어 있음을 알 수 있다.

```
class Student implements Serializable {
        String name;
        trasient int id;
        String address;
        public Student(int id, String name, String add) {
                this.id = id;
                this.name = name;
```

```
        this.address = add;
    }
    public int getID() {return id;}
    public String getName() {return name;}
    public String getAddress() {return address;}
}
```

실습 14.8 객체 직렬화 시 필드 제외하기

앞의 실습에서 Student 클래스의 id 필드 앞에 transient를 추가하여 다시 실행하여 앞 실습의 결과와 비교해보자. 저장 시 id 값이 저장되지 않고, 따라서 객체를 읽어 들여도 id 값이 없어 id 필드의 기본 초기 값인 0이 출력된다.

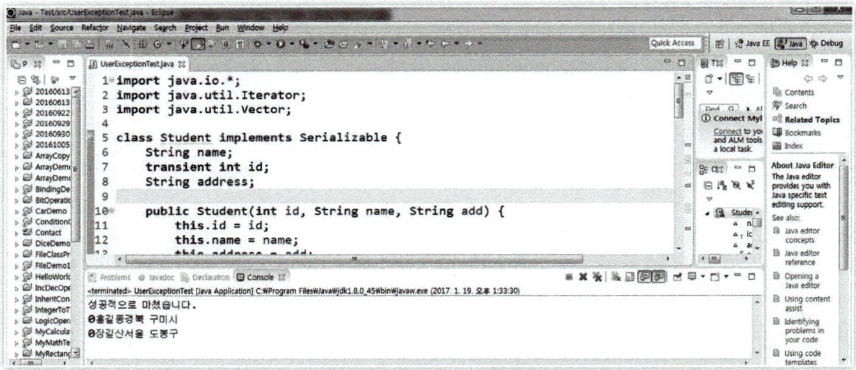

14.7 Scanner 클래스

키보드, 파일, 문자열에서 다양한 형태로 값들을 읽어 들일 수 있는 Scanner 클래스도 제공된다. 표에 보인 바와 같이 키보드로부터 값을 읽어 들일 경우는 System.in을 인수로 Scanner 객체를 생성하고, 파일로부터 읽어 들일 경우는 File 객체를 인수로 하여 생성하고, 문자열에서 읽어 들일 때는 문자열 객체를 인수로 하여 생성한다.

입력 소스	스캐너 객체 생성 및 사용 방법
System.in	Scanner sc = new Scanner(System.in); int score = sc.nextInt();

File	Scanner sc = new Scanner(new File("Lupoli.txt"));
	while (sc.hasNextInt()) {
	  int score = sc.nextInt();
	}

String	String input = "1 fish 2 fish red fish blue fish"; Scanner s = new Scanner(input);

Scanner 클래스에서 제공하는 메서드는 크게 값을 읽기 위한 메서드와 읽을 값이 존재하는지 검사하는 메서드로 나누어 볼 수 있다. 스캐너 클래스에는 기본 데이터형의 값을 읽어 들일 수 있는 다양한 메서드들이 제공되는데, next 다음에 데이터 타입명이 붙는 형태의 메서드들이다. 데이터 타입이 없는 단순한 next 메서드는 한 문자열을 읽어 들이는 메서드로 공백을 기준으로 한 문자열을 읽게 된다. 만약 여러 문자열이 공백으로 분리되어 있을 경우 nextLine 메서드를 사용해 한 번에 읽어 들일 수 있다. 값과 일치하지 않는 메서드를 사용하여 읽을 경우에는 InputMismatchException 예외가 발생한다.

```
String next()                // String 읽기
boolean nextBoolean()        // 불리안 값 읽기
byte nextByte()              // 바이트 읽기
double nextDouble()          // 더블 읽기
float nextFloat()            // 플로트 읽기
int nextInt()                // 정수 읽기
String nextLine()            // 한 줄 읽기
```

hasNext 메서드들은 읽어 들일 추가의 메서드가 있는지 검사하는 메서드이다. 보인 바와 같이 hasNext 다음에 기본 데이터 유형이 붙어 있는 형태이다. 데이터를 읽기 전에 이 메서드들을 사용하여 읽어 들일 데이터가 있는지 확인한 후, 앞에서 설명한 next 메서드들을 이용하여 읽어 들이도록 한다.

```
boolean hasNext()
boolean hasNextBoolean()
boolean hasNextByte()
boolean hasNextDouble()
boolean hasNextFloat()
boolean hasNextInt()
BooleanhasNextLine()
```

실습 14.9 Scanner 객체를 이용하여 콘솔로부터 정수 값 읽기

이번 실습 예는 키보드에서 정수형 값들을 받아들이는 예이다. System.in을 인수로 스캐너 객체를 생성하고 이 객체의 hasNextInt 메서드를 통해 읽어 들일 값이 있는지 검사하여, 있으면 nextInt 메서드를 통해 읽어 들인다. Ctrl+Z를 누르는 순간 입력이 완료되며 hasNextInt 메서드의 호출 결과 false가 되어 반복문을 빠져 나온다. 입력 완료 키는 엔터키가 아니라 Ctrl+Z임을 주의하라. 이클립스 콘솔 창에서 CTL+Z 입력이 잘되지 않을 수 있는데, 이 경우 종료 아이콘을 눌러 콘솔을 종료한다.

```
public class ProgramBasic {
          public static void main(String[] args) {
                  try {
                      Scanner sc = new Scanner (System.in);
                      System.out.print (">> ");
                      while (sc.hasNextInt())
                      {
                            int i = sc.nextInt();
                            System.out.println("입력 값 : " + i);
                            System.out.print (">> ");
                      }
                      System.out.println("입력이 완료되었습니다.");

                      } catch (Exception e) {
                         // TODO Auto-generated catch block
                         e.printStackTrace();
                      }
          }
}
```

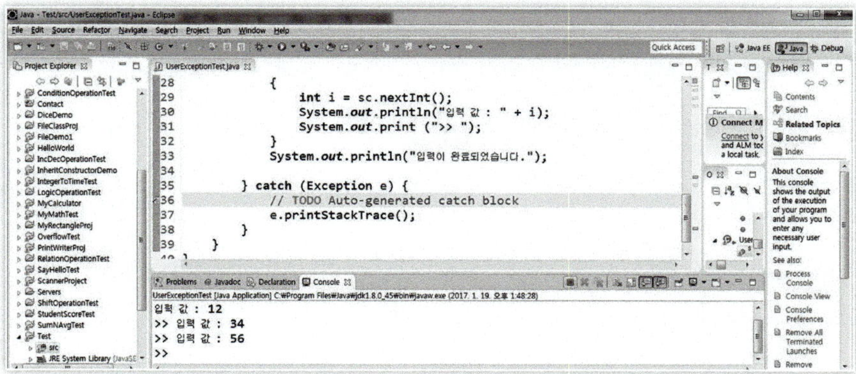

스캐너 객체를 통해 숫자 값을 읽어 들이는 방법은 해당 숫자의 형에 맞는 next 메서드를 사용해도 되고, nextLine 메서드를 사용해 한 줄을 읽어 들인 후, 추가로 문자열을 숫자로 변환하는 함수를 이용하여 숫자로 변환하는 방법을 사용해도 된다.

```
// nextInt()이용
int number = scanner.nextInt();

// nextLine(), Integer.parseInt()이용
String input = scanner.nextLine();
int number = Integer.parseInt(input);
```

파일에서 읽을 수 있는 스캐너 객체는 먼저 FileReader 객체를 생성하여 이를 인수로 Scanner 객체를 생성해도 되고, FileReader 객체 대신에 File 객체를 사용해도 된다.

```
// FileReader 객체 생성하고 이를 인수로 Scanner 객체 생성
FileReader reader = new FileReader("input.txt");
Scanner in = new Scanner(reader);

// FileReader 대신에 File 사용
File file = new File ("input.txt");
Scanner in = new Scanner(file);
```

아래의 예는 OutputStreamWriter를 통해 한글과 double형 값을 같은 줄에 출력한 후, 이를 스캐너 객체를 통해서 읽어 들이는 예이다. 이때 스캐너 객체는 파일명을 인수로 파일 객체

를 생성하고 이를 인수로 스캐너 객체를 생성하였다. 파일 객체 대신에 주석 처리되어 있는 부분처럼 InputStreamReader를 이용하여 작성해도 된다. 같은 줄에 한글과 double형 값이 문자 형태로 저장되어 있어, 이들을 next 메서드와 nextDouble 메서드를 사용하여 읽어 들이고 있다.

```
public class ProgramBasic {
          public static void main(String[] args) {
                 double d = 32.3;
                 try {
                     FileOutputStream out =
                     new FileOutputStream("c:\\Temp\\hangul.txt");
                     OutputStreamWriter fout =
                     new OutputStreamWriter(out);

                     fout.write("한글 ");
                     fout.write(Double.toString(d));

                     fout.close();

                     //FileInputStream fin = new FileInputStream
                     ("c:\\Temp\\hangul.txt");
                     //InputStreamReader in =
                     new InputStreamReader(fin);
                     File in = new File("c:\\Temp\\hangul.txt");
                     Scanner sc = new Scanner (in);
                     String line = sc.next();
                     double dd = sc.nextDouble();
                     System.out.println(line + " " + dd);
                 } catch (IOException e) {
                     e.printStackTrace();
                 }
          }
}
```

스캐너 객체를 사용하면서 범하기 쉬운 오류가 있는데, 예를 들어, 파일에 "77"과 "hello"라는 문자열이 별개의 라인에 저장되어 있는 경우, 77은 nextInt 메서드로, hello는 nextLine 메서드로 읽어 처리하면 될 것 같아 보인다. 그런데 실제로 돌려보면 hello라는 문자열이 제대로 읽히지 않는다. 이는 nextLine 메서드를 통해 읽어 들인 것이 hello가 아니라 77 다음에 있는 뉴라인 문자이기 때문이다.

```
int i = input.nextInt();
String s = input.nextLine();
System.out.println(i+“.”+s);
```

이러한 오류는 nextInt( )와 nextLine( )을 같이 쓰는 것을 피하고, 대신에 숫자 값을 nextLine( )으로 읽고 Integer.parseInt( )를 사용하여 숫자로 변환하거나, nextInt( )를 사용할 경우는 next( )와 함께 사용하여 해결한다. next 메서드는 다음 문자열을 찾을 때 newline 문자를 스킵하므로 이런 문제가 발생하지 않는다. 또 다른 방법은 nextLine 결과의 길이가 0인지 검사하고, 그럴 경우, 다시 한 번 nextLine( ) 메서드를 호출하여 읽어 들이도록 하면 된다.

실습 14.10 스캐너 객체를 사용하면서 범하기 쉬운 오류 실습

먼저, 그림과 같이 텍스트 데이터를 작성한다.

위 데이터를 읽어 들이기 위해 코드를 아래와 같이 작성하여 실행해보자.

```
import java.io.*;
import java.util.*;

public class UserExceptionTest {
        public static void main(String[] args) throws IOException {
                // TODO Auto-generated method stub
```

```
            try {
                File in = new File("c:\\Temp\\test.txt");
                Scanner sc = new Scanner (in);

            int i = sc.nextInt();
            String s = sc.nextLine();
            System.out.println(i + ", " + s);

            } catch (Exception e) {
                // TODO Auto-generated catch block
                e.printStackTrace();
            }
        }
}
```

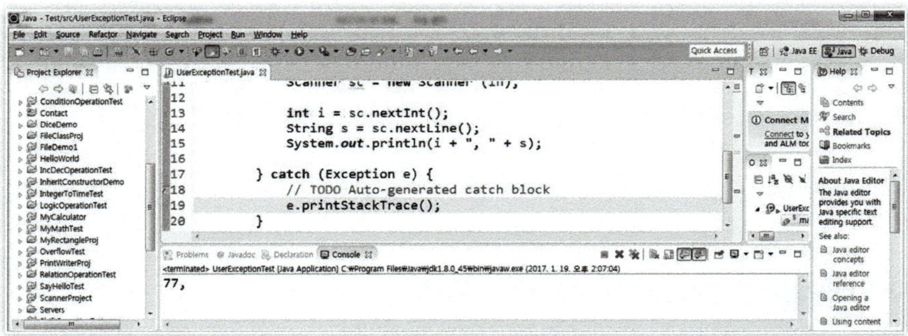

결과에서 보는 바와 같이 "hello"문자열을 제대로 읽어 들이지 못하고 있다. 제대로 읽어 들이기 위해 위 코드를 아래와 같이 수정하자. 이 방법 외에도 앞에서 설명한 다른 방법을 사용하여 수정하고 실행해보자.

```
import java.io.*;
import java.util.*;

public class UserExceptionTest {
        public static void main(String[] args) throws IOException {
                // TODO Auto-generated method stub
                try {
                        File in = new File("c:\\Temp\\test.txt");
```

```
                Scanner sc = new Scanner (in);

            int i = sc.nextInt();
            String s = sc.next();
            System.out.println(i + “, ” + s);

            } catch (Exception e) {
                // TODO Auto-generated catch block
                e.printStackTrace();
            }
        }
}
```

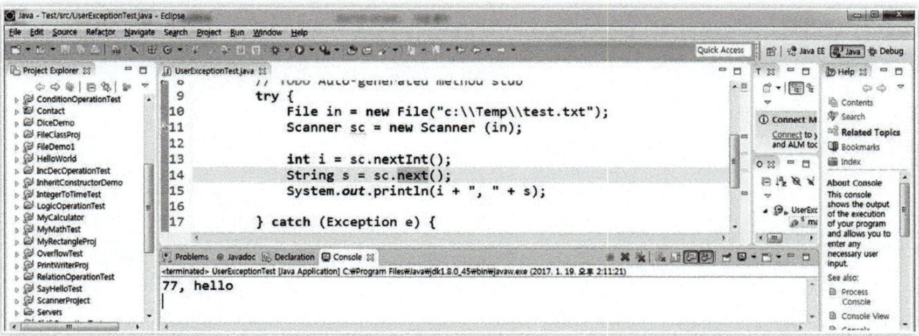

14.8 토큰 분리

String 객체의 Split 메서드를 이용한 토큰 분리

값을 파일로 저장할 경우 각각의 값을 별도의 줄에 출력할 수 있으나, 이렇게 하면 파일이 시각적으로 길어지고, 어떤 경우는 의미상 여러 값들이 서로 연관되어 있어 같은 줄에 표시해야 하는 경우도 있다. 이런 상황에서 한 줄의 여러 값을 읽어 들일 경우 각각의 값에 해당하는 메서드로 읽어 들여도 되지만, nextLine 메서드로 한 줄 전체를 읽어 들인 후 원하는 문자열을 부분으로 분리해 사용할 수도 있다. 이처럼 한 줄의 문자열에서 의미 있는 부분들, 즉 토큰으로 분리하는 과정을 **토큰 라이징**이라 한다. 토큰으로 분리한 후에는 필요에 따라 숫자로 변환해 사용한다.

보통 토큰은 델리미터라는 분리 문자를 기준으로 분리한다. 자바에서 토큰 라이징은 String 클래스의 split 메서드를 사용한다. 인수로 델리미터를 지정해주면 되는데, 델리미터는 정규식을 사용하여 기술한다. 많이 사용하는 정규식 형태는 대괄호 안에 델리미터로 쓰일 문자들을 나열하고, 대괄호 다음에 +를 붙여 주는 형태이다. 대괄호는 그룹을 나타내며 그룹 내의 임의의 문자와 일치하면 된다는 것을 의미한다. +는 앞에 기술된 패턴이 한 번 이상 나온다는 것을 의미한다. 일례로, "[,]+"는 ",", ",,", ",,," 등을 델리미터로 사용한다는 의미이다.

다음 예는 콘솔을 통해 ","로 분리된 정수들을 스캐너 객체의 nextLine 메서드를 통해 읽어 들인 후, split 메서드를 사용하여 하나 이상의 ","를 델리미터로 하여 정수를 얻어내고 있다.

```
Scanner stdin = new Scanner(System.in);
System.out.print("콤마로 분리된 정수들을 입력 : " );
String input = stdin.nextLine();

String[] st = input.split("[,]+");

for ( int i=0; i<st.length; i++ )
{
  int n = Integer.parseInt(st[i]);
  System.out.println(n);
}
```

실습 14.11 토큰 분리하기 실습

scores.txt 파일에 아래와 같은 데이터가 저장되어 있다고 하자. 각 줄마다 클래스명이 있고 이어 점수들이 들어있다. 반마다 정수의 개수가 다르다.

```
1반:8:10:7:6:5
2반:4:4:5:10:8:8:8
3반:6:7:9:10:7:5
4반:9:10:9:3
```

이 데이터를 읽어 각 클래스별 평균을 구하는 프로그램을 아래와 같이 작성해보자.

```
public class ProgramBasic {
   public static void main(String[] args) {
        try {
                File gradeFile = new File(“c:\\Temp\\score.txt”);

                Scanner inFile = new Scanner(gradeFile);
                while( inFile.hasNextLine() ) {
                        String line = inFile.nextLine();
                        String[] st = line.split(“[:]+”);

                        double sum = 0;
                        for (int n=1; n<st.length; n++)
                                sum += Integer.parseInt(st[n]);
                        System.out.printf(“%s %5.2f\n”, “ 평균 ”,
                        sum/(st.length-1));
                }
                inFile.close();
        } catch (IOException e) {
                e.printStackTrace();
        }
   }
}
```

위 코드를 보면, 먼저 파일명을 인수로 파일 객체를 생성한 후 이를 인수로 스캐너 객체를 생성하고 있다. 그런 다음, 생성된 스캐너 객체의 nextLine 메서드를 이용하여 한 줄씩 읽은 후 split 메서드를 사용하여 콜론을 기준으로 토큰을 분리하고 있다. 처음 토큰은 클래스명이므로 그대로 출력하고, 그 다음 토큰들은 점수에 해당하는 토큰이므로 정수형으로 변환 후 합산해준다. 인덱스가 1부터 시작한다는 것을 주의하자. 그리고 평균을 구할 때도 전체 토큰의 수보다 하나 작은 값을 사용하고 있다.

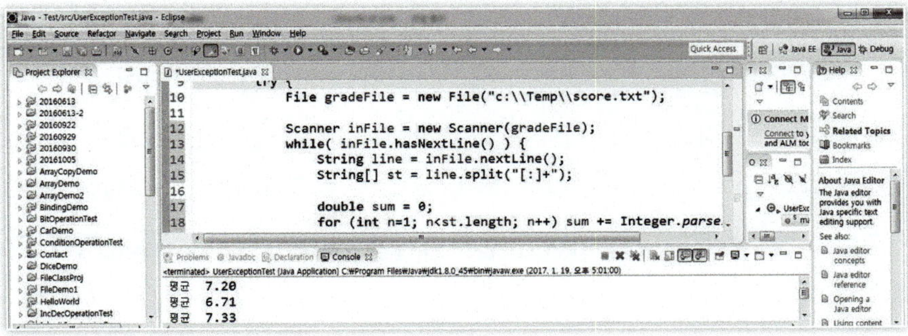

Scanner 객체의 useDelimiter 메서드를 이용한 토큰 분리

앞의 예에서는 String 클래스의 split 메서드 호출 시 델리미터 지정을 통해 토큰을 분리하는 방법을 소개하였다. 이번에는 Scanner 클래스의 델리미터 지정 방법을 통해 토큰을 분리하는 방법을 살펴보자. 보통 스캐너 클래스의 next 메서드를 호출하면 델리미터를 기준으로 값들을 읽어 들인다. 기본 델리미터는 빈 공백이다. 그래서 next 메서드들은 기본적으로 빈 공백을 기준으로 값들을 읽어 들이고, 따라서 앞의 예처럼 값들이 콜론으로 구별되어 있을 경우는 기본 델리미터를 갖는 스캐너 객체를 통해서 제대로 읽어 들일 수 없다. 제대로 읽어 들이려면 스캐너 객체의 델리미터를 바꿔야 한다. 이때 사용하는 메서드의 useDelimiter 메서드이다. 이 메서드의 인수로 델리미터 패턴을 기술하면 된다. 패턴은 정규식으로 표현한다. 정규식을 기술할 때, 특수한 의미를 갖는 문자를 사용할 경우 백슬러시 문자를 하나 더 추가해주어야 한다. 예를 들어, 하나의 빈 공백을 나타내는 특수문자는 "\s"인데 이를 사용할 경우 "\\s"로 사용해야 한다.

정규식의 몇 예를 보면 아래와 같다. "."은 임의의 한 문자를 나타내는 패턴이며, *는 0번 이상 반복된다는 것을 나타내는 기호이다. 그러므로 ".*"는 임의 길이의 문자열, "\\s"는 빈 공백 문자, +는 한 번 이상 반복된다는 것을 나타내는 기호이다. 따라서 "\\s+"는 하나 이상의 빈 공백을 의미한다. []는 그룹을 나타내므로 "[abc]"는 a 또는 b 또는 c라는 문자를 의미한다.

정규식 문자	의미
.	임의의 한 글자를 의미
.*	임의의 한 글자가 0번 이상 반복된다는 의미. 즉 빈 문자열을 포함한 의미 길이의 문자열
\\s	하나의 공백 문자를 의미
\\s+	하나의 공백 문자가 한 번 이상 반복됨을 의미
[abc]	괄호 안의 임의의 문자를 의미. 즉,a 또는 b 또는 c를 의미

좀 더 구체적인 예를 살펴보자. 만약, 스트링 변수에 첫 번째 문자열이 저장되어 있을 경우, "::"를 델리미터로 하여 스트링을 읽어 들이는 next 메서드를 호출하면, "one", "two", "three"를 각각 읽어 들일 수 있다. 만약 스트링에 두 번째와 같은 문자열이 저장되어 있을 경우, "one", "two", "three"를 각각 읽어 들이려면 델리미터를 콤마 앞뒤로 공백 문자가 있는 패턴으로 지정해야 한다.

```
String input = “one::two::three”;
Scanner sc = new Scanner(input);
sc.useDelimiter( “:: ”);
sc.next();
sc.next();
sc.next();

input = “one   ,  two   ,  three”;
sc = new Scanner(input);
sc.useDelimiter(“\\s+,\\s+”);
sc.next();
sc.next();
sc.next();
```

실습 14.12 useDelimiter 메서드를 이용한 토큰 분리

input 스트링 변수에 “1 또는 2 또는 red 또는 blue” 문자열이 저장되어 있을 경우, “1”, “2”, “red”, “blue”를 읽어 들이는 코드를 작성해보자. 아래처럼 델리미터를 “또는” 문자 앞뒤로 공백 문자를 지정한 후, nextInt 메서드와 next 메서드를 사용하여 읽어 들인다.

```
public class ProgramBasic {
          public static void main(String[] args) {
                 try {
                        String input = “1 또는 2 또는 red 또는 blue”;
                        Scanner s = new Scanner(input);
                        s.useDelimiter(“\\s*또는\\s*”);
                        System.out.println(s.nextInt());
                        System.out.println(s.nextInt());
                        System.out.println(s.next());
                        System.out.println(s.next());
                        s.close();
                    } catch (Exception e) {
                            e.printStackTrace();
                    }
          }
}
```

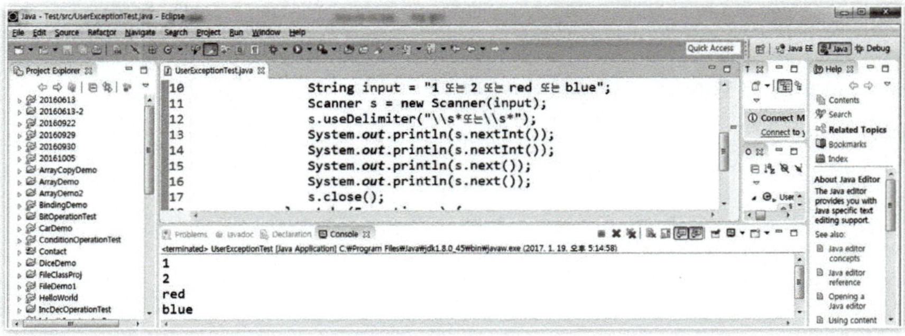

위 코드에서 input 스트링 변수에 저장된 문자열의 공백을 제거하여 실행하면 결과가 어떻게 될까? 별 문제 없이 읽어 들이는 것을 확인할 수 있을 것이다. 패턴을 기술할 때 "\\s*"를 사용하였기 때문에 공백 문자가 없어도 패턴과 일치한다. 만약 "*" 대신에 "+"를 사용하였다면 상황은 달라진다. 이 경우에는 InputMismatchException 예외가 발생한다. 왜냐하면 "+"를 사용할 경우는 반드시 공백이 하나 이상 있어야 하기 때문이다.

```
public class ProgramBasic {
        public static void main(String[] args) {
                try {
                        String input = "1또는2또는red또는blue";
                        Scanner s = new Scanner(input);
                        s.useDelimiter("\\s+또는\\s+");
                        System.out.println(s.nextInt());
                        System.out.println(s.nextInt());
                        System.out.println(s.next());
                        System.out.println(s.next());
                        s.close();
                } catch (Exception e) {
                        e.printStackTrace();
                }
        }
}
```

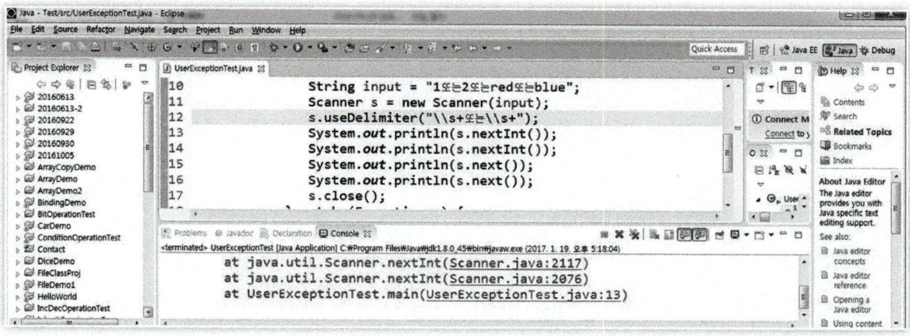

14.9 PrintWriter 클래스

앞에서 문자 형태로 데이터를 출력하는 여러 클래스들을 살펴보았다. 그런데 이 클래스에는 문자나 문자열을 출력하는 메서드만 있고, 기본 자료형을 출력하는 메서드들은 제공되지 않는다. 그래서 수치 데이터를 저장할 경우, 수치 데이터를 문자형으로 변환하여 저장하는 방법을 사용하였다. PrintWriter 클래스를 사용하면 그럴 필요 없이 곧바로 기본 자료형 데이터를 출력할 수 있다. print 또는 println 메서드가 기본 자료형에 대해 오버로딩되어 있어 그대로 저장하면 된다. 기본 자료형 데이터를 그대로 출력하면 내부에서 문자열로 변환하여 파일로 저장한다.

PrintWriter 객체를 생성하는 방법은 파일명을 인수로 생성해도 되고, 파일명을 인수로 FileWriter 객체를 생성한 후 이를 인수로 PrintWriter 객체를 생성해도 된다. 후자의 방법을 사용하면 같은 이름의 파일이 존재할 경우 덮어 쓰지 않고 뒷부분에 추가하도록 지정할 수 있다. 그리고 PrintWriter 객체 생성 시에 두 번째 인수로 불리안 값을 지정할 수 있는데, 이 값이 true이면 자동으로 flush 된다. 즉, print나 println 메서드가 호출될 때마다 자동으로 flush 메서드가 호출되어 쓰는 즉시 버퍼에 저장된 내용이 write 된다.

```
PrintWriter out = new PrintWriter("output.txt");
out.println(29.95);
out.println("Hello, World!");

// 또는
PrintWriter out = new PrintWriter(new FileWriter ("output.txt", false ),
true );
```

```
out.println(29.95);
out.println("Hello, World!");
```

PrintWriter 클래스의 대표 메서드에는 print, println, flush, close가 있다. print와 println은 데이터를 버퍼에 출력하며, flush는 버퍼의 내용을 파일로 출력한다. 그리고 close는 flush를 수행한 후 스트림을 닫는 역할을 한다. 그리고 print와 println 메서드는 앞에서 설명한 것과 마찬가지로 기본 데이터형에 대해 오버로딩되어 있다.

실습 14.13 PrintWriter 사용하여 저장하기

이번 실습 예는 사용자에게 입력용 파일명과 출력용 파일명을 입력받은 후, 입력 파일을 열어 한 줄씩 읽으면서 라인 번호를 앞에 붙여 출력용 파일에 저장하는 프로그램이다. 먼저, 아래 코드처럼 입출력용 파일명을 읽어 들이기 위해 System.in을 인수로 스캐너 객체를 생성하고, 이를 이용하여 파일명들을 읽어 들이고 있다. 입력용 파일로부터 읽기 위해 사용자에게 입력받은 입력 파일명을 인수로 하여 스캐너 객체를 생성하고, 출력을 위해 사용자에게 입력받은 출력 파일명을 인수로 하여 PrintWriter 객체를 생성하고 있다. 스캐너 객체의 nextLine 메서드를 이용하여 입력 파일에서 한 줄씩 읽고 이 문자열 앞에 라인 번호를 덧붙인 후, PrintWriter 객체의 println 메서드를 이용하여 출력 파일에 쓰고 있다. 입력 파일명을 'c:\Windows₩System.ini'로, 출력 파일명은 'c:\Temp₩system.txt'로 지정하여 실행해 보자.

```
public class ProgramBasic {
    public static void main(String[] args) {
        try {
                Scanner sc= new Scanner(System.in);
                System.out.print("입력 파일명 >> ");
                String inFile = sc.next();

                System.out.print("출력 파일명 >> ");
                String outFile = sc.next();

                File reader = new File(inFile);
```

```
            Scanner in = new Scanner(reader);
            PrintWriter out = new PrintWriter(outFile);

            int lineNumber = 1;
            while (in.hasNextLine()){
                String line = in.nextLine();
                out.println("/* " + lineNumber + " */ " + line);
                lineNumber++;
            }
            out.close();
            System.out.println("작업을 성공적으로 마쳤습니다.");
        } catch (Exception e) {
            e.printStackTrace();
        }
    }
}
```

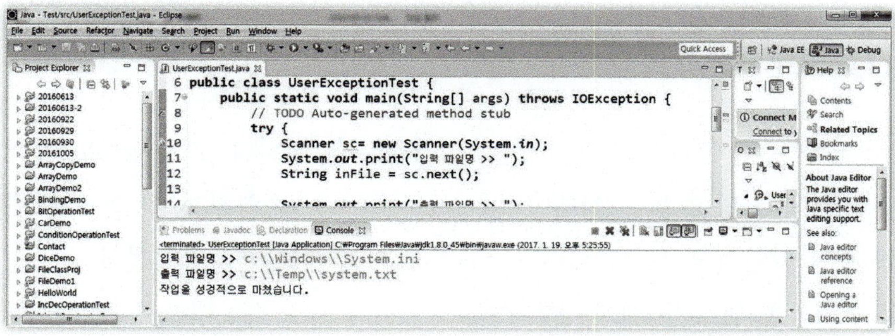

제대로 출력되었는지 확인을 위해 메모장에서 'c:₩Temp₩system.txt' 파일을 열어보자. 아마도 아래와 같이 저장되어 있을 것이다.

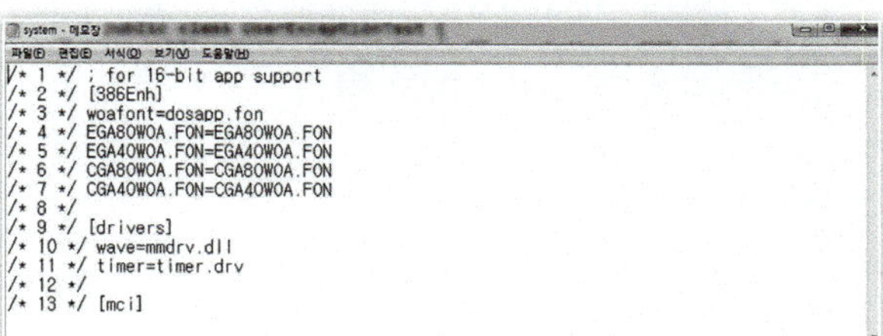

15 프로세스와 스레드

프로그램을 작성하다 보면 프로세스를 생성하여 기존의 다른 프로그램에서 제공하는 기능을 사용할 필요가 생기고, 다중 스레드를 이용하여 파일 다운로드 및 이미지 처리 등과 같이 시간이 걸리는 작업 처리 중 다른 작업을 병행하므로 처리 속도를 향상시킬 필요가 있다. 이 장에서는 이러한 경우에 사용할 수 있는 기법들을 살펴보자.

15.1 프로세스

프로세스(process)는 실행 중인 프로그램의 인스턴스(instance)를 말한다. 프로세스는 기억공간을 포함한 각종 리소스를 담고 있는 컨테이너(container)이다. 운영체제에서는 프로세스를 사용하여 실행 중인 다양한 응용 프로그램을 구분한다. 스레드는 운영체제에서 프로세서 시간을 할당하는 기본 단위로 두 개 이상의 스레드가 해당 프로세스 내에서 코드를 실행할 수 있다. 각 스레드에서는 스케줄링 우선순위와 스레드 컨텍스트를 저장하는 데 사용되는 구조 집합 등을 유지 관리한다. 스레드 컨텍스트는 스레드의 CPU 레지스터와 스택 집합을 비롯해, 실행을 다시 시작하기 위해 스레드에서 필요한 모든 정보를 스레드 호스트 프로세스의 주소 공간에 포함한다. 프로세스를 생성하면 기본적으로 프로세스 내의 코드를 실행할 수 있는 하나의 스레드가 생성된다. 이 스레드를 주 스레드라고 한다.

프로세스 생성하기

자바에서는 ProcessBuilder 클래스(패키지 java.lang)를 이용하여 프로세스를 생성하고 시작할 수 있다. 쉽게 설명하면 여러분이 작성하는 프로그램 내에서 이미 작성된 다른 프로그램을 프로세스를 생성하여 실행시킬 수 있다. Process 클래스가 있기는 하지만 추상 클래스이므로 직접 객체를 생성할 수 없고, 대신에 ProcessBuilder 객체를 이용해야 한다. ProcessBuilder 객체를 생성하려면 실행시킬 프로그램명과 필요한 인자들을 String 배열 형태로 넘겨주어야 한다. ProcessBuilder 객체가 생성되면 그 객체에게 start() 메서드를 실행하도록 호출한다. 아래의 예는 main 메서드에서 notepad 프로그램을 실행시키는 예이다.

```
public class ProgramBasic {
        public static void main(String[] args) {
                String[] command = {"notepad.exe"};
                ProcessBuilder probuilder = new ProcessBuilder(command );

                Process process = null;
                try {
                        process = probuilder.start();
                } catch (IOException e1) {
                        // TODO Auto-generated catch block
                        e1.printStackTrace();
                }
        }
}
```

프로세스 종료

프로세스가 생성된 후에는 Process 클래스에 있는 메서드들을 이용하여 프로세스를 관리한다. 프로세스를 종료하고자 할 경우 아래의 예제처럼 destroy() 메서드를 호출한다.

```
public class Example {
   public static void main(String[] args) {
      try {
       String[] command = {"notepad.exe"};
        ProcessBuilder probuilder = new ProcessBuilder( command );

        Process process = probuilder.start();;

       // 10초 기다림
```

```
            System.out.println("Waiting...");
            Thread.sleep(10000);

            // 프로세스 종료
            process.destroy();
            System.out.println("Process destroyed.");

        } catch (Exception ex) {
            ex.printStackTrace();
        }
    }
}
```

다른 프로세스 종료 기다리기

프로세스가 종료되기까지 기다릴 경우는 waitFor() 메서드를 호출한다. 인수 없이 이 메서드를 호출하면 프로세스가 종료될 때까지 계속 기다리고, 이미 종료된 상태라면 즉시 리턴된다. 반환 값은 프로세스의 exit 값이며 일반적으로 정상 종료인 경우 0의 값을 갖는다. 최대 대기시간을 지정할 수도 있는데, 이 경우에는 그 시간 내에 종료되면 true 값을, 그렇지 않으면 false 값을 반환한다.

```
public class Example {
    public static void main(String[] args) {
        try {
            String[] command = {"notepad.exe"};
            ProcessBuilder probuilder = new ProcessBuilder( command );

            Process process = probuilder.start();

            // 종료 시까지 대기
            process.waitFor();

            // 종료 시 exit 값 확인
            System.out.println("notepad 프로그램 반환 값 : " +
            process.exitValue());
```

```
        } catch (Exception ex) {
            ex.printStackTrace();
        }
    }
}
```

실습 15.1 다른 프로그램 실행하고 종료하기

다른 프로그램을 실행한 후, 그 프로그램이 종료되기를 기다리는 방법의 실습을 위해 위 코드를 프로젝트로 작성하여 실행해보자. 단, notepad를 실행하는 프로세스가 시작되고 종료되었다는 것을 알 수 있게 메시지 출력문을 아래와 같이 추가하자.

```
public class Example {
    public static void main(String[] args) {
        try {
            String[] command = {"notepad.exe"};
            ProcessBuilder probuilder = new ProcessBuilder( command );

            Process process = probuilder.start();
            System.out.println("notepad 프로그램 실행 시작 ...");

            // 종료 시까지 대기
            process.waitFor();
            System.out.println("notepad 프로그램 실행 종료 ...");

            // 종료 시 exit 값 확인
            System.out.println("notepad 프로그램 반환 값 : " +
            process.exitValue());
        } catch (Exception ex) {
            ex.printStackTrace();
        }
    }
}
```

프로그램이 실행되자마자 메모장을 실행하는 프로세스가 생성 실행되어 아래의 화면처럼 보인다. 원래 프로그램은 메모장이 종료될 때까지 대기한다.

메모장 프로그램이 종료되면 다시 원래 프로그램이 실행되어 아래와 같은 메시지를 출력한다.

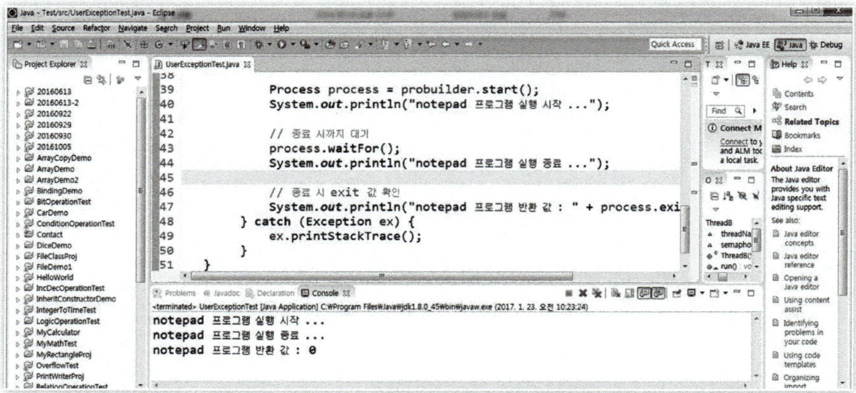

프로세스 결과 읽기

프로세스를 생성한 후, 여러분의 프로그램에서 프로세스로 데이터를 보내거나 반대로 프로세스의 실행 결과를 읽어 들일 수 있다. 윈도우 운영체제에서 커맨드 명령을 실행하는 프로그램인 'cmd' 프로그램의 예를 들어 설명한다. 먼저 "cmd /c dir" 명령을 인수로 ProcessBuilder 객체를 생성한 후, 작업 디렉토리, 즉 현 디렉토리를 "D:\tmp"로 지정한다. 그런 후 프로세스를 생성하여 실행하면 실행 결과 'D:\tmp' 밑에 있는 파일과 디렉토리에 대한 정보가 출력된다. 이를 여러분의 프로그램에서 읽어 들이기 위해서, 먼저 getInputStream 메서드를 통해 프로세스의 결과를 읽을 수 있는 입력 스트림을 얻고, 이를 이용해 BufferedReader 객체를 생성한다. 이 객체를 이용해 결과를 라인 단위로 읽어 들여 화면에 출력한다.

```
public class ProgramBasic {
   public static void main(String[] args) {
       try {
              String[] command = {"CMD", "/C", "dir"};
              ProcessBuilder probuilder = new ProcessBuilder(command );
              probuilder.directory(new File("d:\\tmp"));

              Process process = null;
              process = probuilder.start();

              InputStream is = process.getInputStream();
              InputStreamReader isr = new InputStreamReader(is);
              BufferedReader br = new BufferedReader(isr);

              String line;
              System.out.printf("실행 결과 %s is:\n", Arrays.toString
              (command));
              while ((line = br.readLine()) != null) {
                              System.out.println(line);
              }

              int exitValue = process.waitFor();
              System.out.println("\n\nExit Value is " + exitValue);
       } catch (Exception e) {
            // TODO Auto-generated catch block
            e.printStackTrace();
       }
   }
}
```

실습 15.2 다른 프로세스 실행 결과 읽기

위 코드를 프로젝트로 작성하여 실행하면 'd:\tmp' 밑에 있는 파일과 서브 디렉토리 목록을 볼 수 있을 것이다.

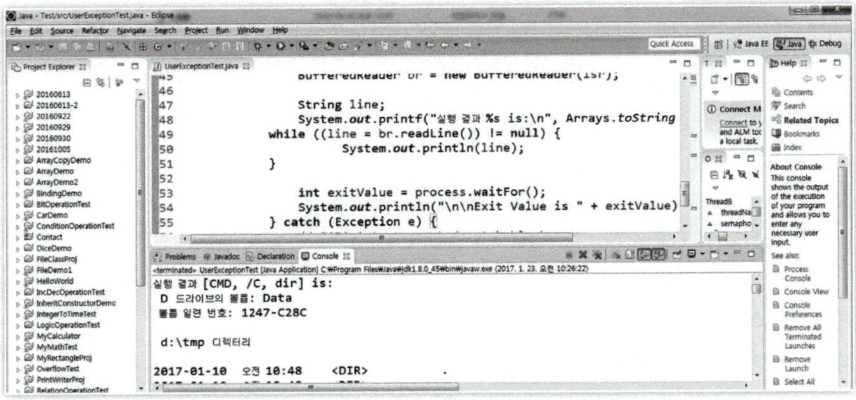

15.2 스레드 개요

하나의 프로세스(또는 응용프로그램)가 CPU 시간을 할당받아 실행하려면 최소 하나 이상의 스레드가 필요하다. 프로그램이 실행될 때 최초로 생성되는 스레드를 **주 스레드**(primary thread)라 부른다. 스레드는 하나의 프로세스에서 내부적으로 서로 다르게 수행되는 코드 영역으로써 프로세스 공간 내에서 CPU 시간을 할당받아 실행되는 동적인 개념이다. 자바에서는 하나의 프로세스에서 여러 개의 스레드가 동시에 실행될 수 있도록 **멀티스레딩**(multithreading) 기법을 제공하며, 여러 개의 스레드가 동시에 실행될 때, 각 스레드의 동작을 조정하기 위해 **동기화**(synchronization) 기법을 제공한다.

하나의 프로세서에서 여러 개의 스레드가 동시에 실행된다는 것이 동일 시간에 동시에 실행된다는 의미는 아니다. 하나의 프로세서는 특정 시간에 하나의 스레드만 처리할 수 있기 때문이다. 프로세서를 여러 개 장착한 시스템에서는 실제로 동일 시간에 프로세서의 개수만큼 스레드를 동시에 실행할 수 있다. 하나의 프로세서에서 멀티스레딩을 구현한다는 것은 아주 짧은 시간 간격 동안 하나의 스레드를 실행하고 다음 시간 간격 동안 다른 스레드를 실행하는 방식으로 가능하다. 이런 방식을 **라운드 로빈**(round robin) 방식이라 하고, 하나의 스레드를 실행하기 위한 짧은 시간 간격을 **타임 슬라이스**(time slice) 또는 **타임 퀀텀**(time quantum)이라 한다.

프로세서에서 실행해야 할 세 개의 스레드 A, B, C가 있을 경우, 첫 번째 스레드 A를 주어진 타임 퀀텀 동안 실행한 후 잠시 중지하고 두 번째 스레드 B를 실행한다. 그리고 스레드 B가 타임 퀀텀 동안 실행이 끝나면, 스레드 B를 잠시 중지하고 세 번째 스레드 C를 실행한다. 이 과정을 모든 스레드의 작업이 완료될 때까지 반복한다. 여기서 스레드 A에서 B로 작업이 전환될 때 스레드 A가 완료되지 않았다면, 다음에 실행될 때 중지한 작업의 정확한 위치에서 다시 시작하기 위해 스레드 A의 작업 상태를 저장할 필요가 있다. 이 정보를 스레드의 **컨텍스트**(context)라고 한다. 컨텍스트에는 프로세서에 있는 **명령 레지스터**(IR: instruction register)와 **스택 포인터**(SP: stack pointer)가 저장된다. 명령 레지스터에는 다음 실행될 명령의 포인터가 저장되어 있고, 스택 포인터에는 스레드에서 사용되는 지역 변수와 함수 호출 관계의 현재 값이 저장되어 있기 때문이다.

스레드 A의 컨텍스트를 저장하고 나서 스레드 B의 컨텍스트를 읽어 들여 레지스터에 기록한 다음 스레드 B의 작업을 실행한다. 스레드 B가 지정된 퀀텀 동안 실행을 마친 후, 스레드 C로 전환될 때도 동일한 과정을 거친다. 스레드 사이의 작업 전환 과정을 **컨텍스트 스위칭**(context switching)이라 하고, 이때 걸리는 시간을 **컨텍스트 스위칭 시간**(context switching time)이라 한다.

스레드 상태

스레드는 생성되어 종료되는 생명 주기가 있는데 이 주기 동안 최소한 하나의 상태에 있게 된다. 그림과 같이 스레드는 초기에 New 상태이며 Start를 호출하면 스레드가 Ready_to_Run 상태로 전환된다. 스레드가 Ready_to_Run(또는 Runnable) 상태에 있다고 해서 계속해서 실행되는 것은 아니며, 운영체제의 스케줄러에 의해 선택될 경우에만 실행된다. 스레드는 지정된 작업을 마치면 Dead 상태로 전환한다.

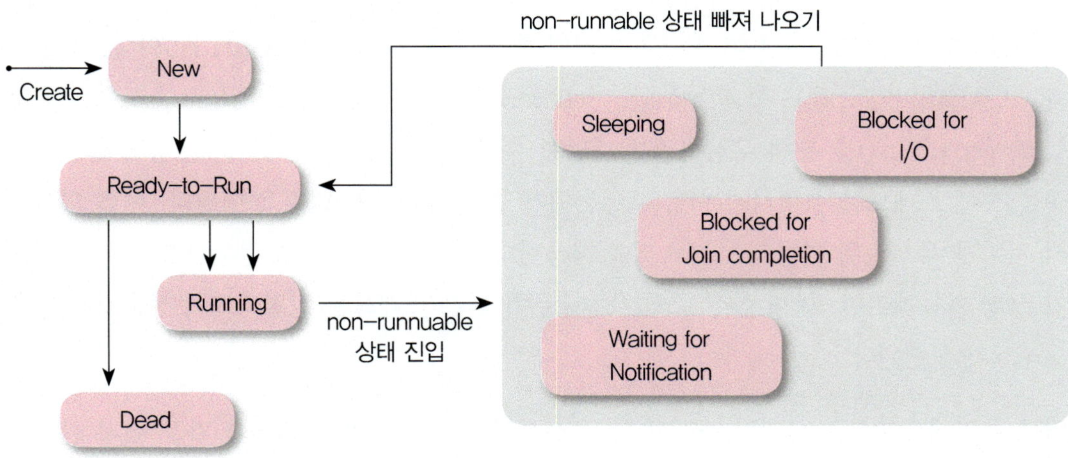

스레드는 Running 상태에 있다가 I/O를 요청하면 Blocked 상태로 전환되고 요청한 I/O가 완료될 때까지 기다린다. 요청한 I/O가 끝나면 다시 Ready_to_Run 상태로 돌아가 스케줄러에 의해 CPU를 할당받을 수 있게 된다. 스레드는 또한 동기화를 위해 객체에 대한 락(lock)을 요청할 수 있는데 만약 락이 여의치 않을 경우 Blocked 상태로 전환되고 원하는 락을 얻을 때까지 대기한다.

스레드는 wait 메서드 등과 같은 대기 코드를 만나면 Wait 상태로 전환한다. 이 상태에 있다가 notify 메서드를 통해 다시 Ready_to_Run 상태로 복귀한다. 어떤 스레드(A)는 다른 스레드(B)가 끝나야 작업을 진행할 수 있는 경우가 있다. 이 경우 보통 스레드 A는 스레드 B에 대해 join 메서드를 호출한다. 이때도 마찬가지로 Blocked 상태로 전환한다. CPU 사용을 잠시 반납하기 위해, Thread 클래스의 sleep 메서드를 호출할 경우 sleeping 상태로 전환된다.

스레드 우선순위

스레드의 수는 메모리가 지원하는 만큼 생성될 수 있기 때문에 각 스레드를 위와 같이 순차적으로 실행한다는 것은 상당히 비효율적이다. 스레드들 중에는 사용자로부터 입력받아 실시간 처리해야 하는 스레드들도 있고, 통신 프로그램과 같이 상대의 요청을 기다리기만 하는 스레드들도 있기 때문이다. 따라서 이들 스레드들 간의 우선순위를 지정하여 급한 것을 먼저 실행시킬 수 있는 방법이 필요하다.

자바 가상 머신은 우선순위 기반(priority-based)의 선점(preemptive) 스케줄링 방식을 사용한다. 이를 위해 모든 스레드에 우선순위를 부여한다. 우선순위는 MIN_PRIORITY(1의 값)와 MAX_PRIORITY(10) 사이의 값을 가지며, 기본으로 NORM_PRIORITY(5의 값)을 갖는다. 프로그래머가 스레드 클래스에 있는 setPriority 메서드를 통해 그 우선순위를 조절할 수 있고, getPriority()를 통해 우선순위를 파악할 수 있다. 자바 가상 머신은 운영체제와의 협상을 통해 스레드를 실행시키는데, 우선순위가 높은 스레드가 먼저 실행된다. 이런 의미에서 자바가 우선순위 기반의 스케줄러를 사용한다고 한다. 그리고 우선순위가 높은 스레드가 실행 가능해지면, 현재 실행 중인 우선순위가 낮은 스레드는 선점되고 우선순위가 높은 스레드가 실행된다.

일부 운영체제에서는 실행될 스레드 중 우선순위가 가장 높은 스레드가 가장 먼저 실행된다. 우선순위가 동일한 여러 스레드가 모두 사용 가능할 경우, 스케줄러에서 해당 스레드를 순환하면서 각 스레드가 실행될 고정 시간 간격을 부여한다. 우선순위가 높은 스레드가 실행 가능한 동안에는 우선순위가 낮은 스레드는 실행되지 못한다. 특정 우선순위에서 실행 가능한 스레드가 더 이상 없으면, 스케줄러는 다음으로 낮은 우선순위로 이동하여 해당 스레드를 실행하도록 일정을 설정한다. 그러나 이러한 규칙은 절대적인 것은 아니며, 때로는 운영체제가 우선순위가 낮은 스레드를 먼저 실행할 수도 있다.

실습 15.3 스레드 우선순위 지정 및 파악

아래의 예제는 현 스레드를 얻은 후 스레드 이름을 부여하고 우선순위를 변경하는 예이다. 프로젝트로 만들어 실행해보자. 기본 우선순위가 5인데 setPriority 메서드에 의해 1로 변경되었기 때문에 우선순위가 1로 찍히는 것을 확인할 수 있을 것이다.

```
public class Example {
    public static void main(String[] args) {
        Thread t = Thread.currentThread(); // 현 스레드 파악
        t.setName("Test Thread");
        t.setPriority(1);
        int p = t.getPriority();

        System.out.println(t.getName() + " : " + p);
    }
}
```

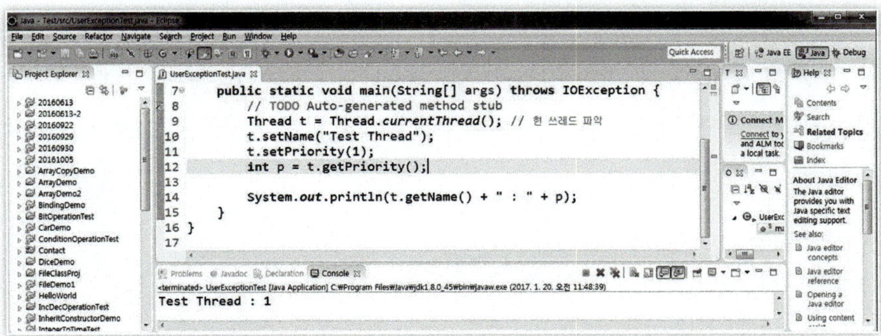

이번에는 setPriority 부분을 주석 처리하여 실행해보자. 그러면 기본 우선순위인 5가 출력되는 것을 확인할 수 있을 것이다.

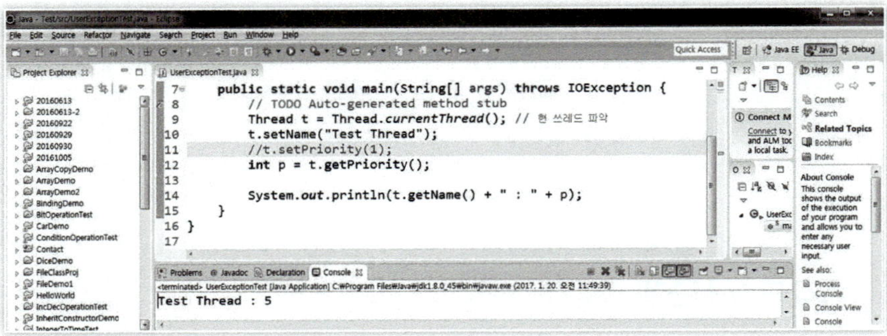

15.3 스레드 생성 및 실행

만약 특정 클래스를 스레드로 실행시키려면 그 클래스로 하여금 Runnable 인터페이스를 구현하도록 해야 한다. 그런 다음 아래의 과정을 통해 스레드를 생성하고 실행한다.

① 먼저, Runnable 인터페이스에 선언된 Run 메서드를 구현해야 한다. 이 메서드가 스레드 시작점이 되므로 이 메서드 안에 스레드로 실행시키고자 하는 내용을 기술한다.

② Thread(Runnable threadObj, String threadName) 생성자를 이용하여 Thread 객체를 생성하도록 한다. 여기서, threadObj는 1단계에서 구현한 클래스로부터 생성된 객체이며, threadName은 스레드의 이름으로 사용할 문자열이다.

③ 스레드가 생성되면 그 객체에 대해 start() 메서드를 호출하도록 한다. 그러면 그 메서드가 여러분이 작성한 run() 메서드를 호출한다.

아래의 코드는 스레드 생성 및 실행에 대한 간단한 예이다. 메인에서 두 개의 스레드를 생성하고, 각 스레드는 동일한 작업, 즉 자신의 이름과 시작 메시지를 출력하여 1초 대기 후 자신의 이름과 종료 메시지를 출력한다.

```
class ThreadExample implements Runnable {
    public void run() {
        System.out.println("스레드 실행 :  " + Thread.currentThread().
        getName() );
```

```
        System.out.println(Thread.currentThread().getName()  +
        " 종료될 때까지 1초가 소요됩니다. 기다려주세요...");
        try {
                Thread.sleep(1000);
        } catch (InterruptedException e) {
         // TODO Auto-generated catch block
         e.printStackTrace();
        }
        System.out.println("스레드 종료 :  " +  Thread.currentThread().
        getName() );
    }
}

public class TestThread {
    public static void main(String args[]) {
        Thread t1 = new Thread(new ThreadExample(), "스레드 A");
        t1.start();

        Thread t2 = new Thread(new ThreadExample(), "스레드 B");
        t2.start();
    }
}
```

실습 15.4 Runnable 인터페이스를 이용한 스레드 생성하기

위 코드를 프로젝트로 만들어 실행해보자. 프로그램을 실행하면 아래와 같은 결과를 얻을 수 있을 것이다. 스레드 B가 먼저 실행되고 그 다음 스레드 A가 실행되었다. 그런 후 스레드 B가 휴식기에 접어들고, 그 다음에 A가 휴식기에 접어들었다. 휴식이 끝난 후에도 먼저 스레드 B가 실행되었다. 그런데 항상 이 순서로 실행된다는 보장은 없다. 누가 먼저 끝날지는 그때그때 상황에 따라 달라진다. 위의 프로그램을 여러 번 실행해보자.

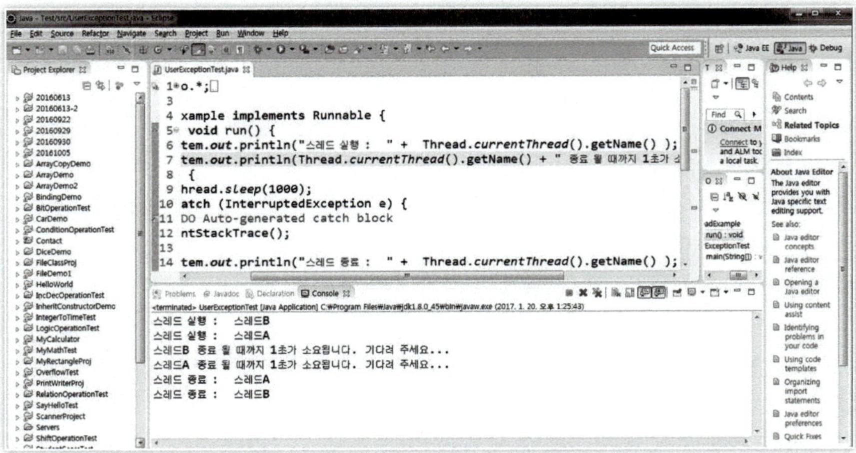

스레드를 생성하는 또 다른 방법은 아래의 방법처럼 직접 Thread 클래스를 상속받아 새로운 클래스를 정의하고, 이 클래스로부터 객체를 생성하여 실행시키는 방법이다. 이 방법을 사용하면 Thread 클래스에 있는 다른 메서드들을 활용할 수 있어 좀 더 융통성이 있다.

① Thread를 상속받은 클래스에서 run() 메서드를 재정의하라. 이 메서드 안에 스레드를 통해 실행시키고자 하는 내용들을 기술한다.

② 새로 정의한 클래스로부터 객체를 생성하고, 이 객체에 대해 start() 메서드를 호출하도록 하라. 그러면 이 메서드에서 ①단계에서 재정의한 run() 메서드를 호출하여 실행된다.

아래의 코드는 앞의 예제를 Thread를 상속받는 형태로 재작성한 것이다. 스레드의 이름을 지정하기 위해 이름을 받는 생성자를 정의하고, 여기서 상위 클래스의 setName() 메서드를 이용하여 스레드의 이름을 지정하도록 하였다.

```
public class ProgramBasic {
        public static void main(String[] args) {
            ThreadExample t1 = new ThreadExample("스레드 A");
            t1.start();

            ThreadExample t2 = new ThreadExample("스레드 B");
            t2.start();
        }
}
```

```
class ThreadExample extends Thread {
        public ThreadExample(String name) {super.setName(name);}
        public void run() {
             System.out.println("스레드 실행 : " + Thread.currentThread().
             getName());
             System.out.println(Thread.currentThread().getName() +
             " 종료될 때까지 1초가 소요됩니다. 기다려 주세요...");
             try {
                        Thread.sleep(1000);
             } catch (InterruptedException e) {
                // TODO Auto-generated catch block
                e.printStackTrace();
             }
             System.out.println("스레드 종료 : " + Thread.currentThread().
             getName());
        }
}
```

실습 15.5 Thread 클래스를 이용한 스레드 생성하기

위 코드를 프로젝트로 만들어 실행해 보자. 프로그램을 실행하면 아래와 같은 결과를 얻을 수 있을 것이다. 앞의 실습 예제와는 약간 다른 실행 순서를 보일 수 있지만, 상황에 따라 실행 순서가 달라질 수 있으니 신경 쓰지 않아도 된다.

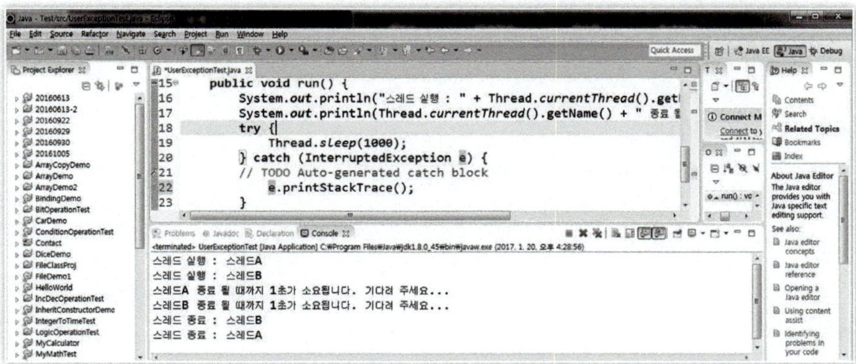

15.4 스레드 조작

특정 스레드가 종료되기까지 기다릴 경우는 원하는 스레드에 대해 join 메서드를 호출하도록 한다. 스레드가 종료되지 않으면 호출자는 무한정 차단되며, join이 호출되었을 때 스레드가 이미 종료되었으면 메서드는 즉시 결과를 반환한다.

실습 15.6 join 예제

이번 실습 예제는 메인에서 스레드를 생성하고, 주 스레드는 새로 생성된 스레드가 종료할 때까지 기다렸다가 "join됨"이라는 메시지를 출력하는 프로그램이다. 새로 생성된 스레드는 사용자가 임의의 정수 값을 입력해야만 종료된다. 그러므로 값 입력 시기를 달리 하면서 이 프로그램을 실행해보면 join의 의미를 파악할 수 있을 것이다.

```
public class ThreadExample implements Runnable {
    public static void main(String[] args) throws InterruptedException {
        System.out.println("주 스레드 시작합니다.");

        Thread t = new Thread(new ThreadExample());
        t.start();
        System.out.println("자식 스레드 시작합니다.");

        System.out.println("주 스레드 기다립니다.");
        t.join();
        System.out.print("주 스레드 다시 시작합니다.");
    }
    public void run() {
        System.out.println("정수 입력을 기다리고 있습니다. 입력 바랍니다.  >> ");
        Scanner s = new Scanner(System.in);

        int val = s.nextInt();

        System.out.println("자식 스레드 종료합니다.");
    }
}
```

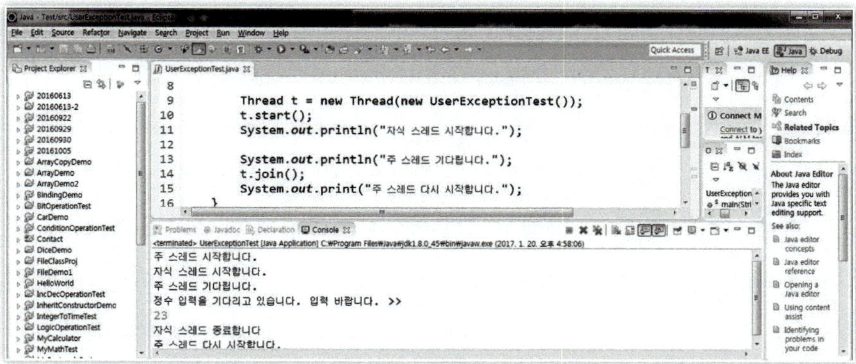

현 스레드의 실행을 일시 중단하고자 할 경우, 정적 메서드인 sleep 메서드를 사용해 지정된 시간 동안 현재 스레드를 잠들게 한다. 그리고 sleeping 상태에서 interrupt() 메서드를 호출하면, InterruptedException 예외를 발생하면서 sleeping 상태에서 빠져 나온다. 만약, 현 스레드가 sleeping 상태가 아닌 경우, interrupt() 메서드는 아무런 영향을 미치지 않는다. 단, 내부적으로 그 스레드의 interrupted 플래그를 true로 설정한다. 아래의 예제는 스레드를 생성하여, 시작하자마자 interrupt 메서드를 호출해 sleeping 상태에서 빠져 나오는 예제 코드이다.

```
class InterruptingThreadTest extends Thread{
   public void run(){
       try{
              Thread.sleep(1000);
              System.out.println("잠든 상태에서 벗어남");
       }
       catch(InterruptedException e){
              System.out.println("인터럽트 발생 " + e);
       }
   }

   public static void main(String args[]){
       InterruptingThreadTest t1=new InterruptingThreadTest();

       t1.start();
       t1.interrupt();
   }
}
```

특정 스레드의 interrupted 플래그 상태를 알고 싶으면 그 스레드 객체에 대해 isInterrupted() 메서드를 호출한다. 그리고 실행되고 있는 스레드의 interrupted 플래그 상태를 알고 싶으면 정적 메서드인 Thread.interruped() 메서드를 호출한다. 이 정적 메서드는 interrupted 플래그 상태를 반환한 후 플래그를 false로 리셋시킨다. 아래의 예제는 두 스레드를 생성시킨 후, 첫 번째 스레드에 대해서 인터럽트를 발생시키는 예이다. 그런데 t1 스레드에 대해 인터럽트가 발생했으나, main의 t1.isInterrupted() 메서드를 호출하면 false가 반환되어 인터럽트가 발생하지 않은 것처럼 처리된다. 이는 인터럽트가 발생하여 interrupted 플래그가 true로 설정되어 있다가, run 메서드 안의 Thread.interruped() 호출에 의해 reset 되었기 때문이다. 확인해보자.

```
public class InterruptingThreadTest extends Thread{
        public InterruptingThreadTest(String s) {super.setName(s);}

        public void run(){
                for(int i=1;i<=2;i++){
                        if(Thread.interrupted()){
                        System.out.println(Thread.currentThread().getName()
                        + “code for interrupted thread”);
                        }else{
                        System.out.println(Thread.currentThread().getName()
                        + “code for normal thread”);
                        }
                }

        }
        public static void main(String[] args) {
                InterruptingThreadTest t1=new InterruptingThreadTest(“A”);
                InterruptingThreadTest t2=new InterruptingThreadTest(“B”);
                t1.start();
                t2.start();
                t1.interrupt();
                if (t1.isInterrupted()) System.out.println
                (“인터럽티드 플래그 설정되어 있음”);
        }
}
```

스레드는 실행 중에 다른 스레드에게 실행 기회를 부여하기 위해 정적 메서드 Thread.yield() 메서드를 호출하여 실행권을 양보할 수 있다. 그러나 이 메서드를 호출했다고 해서 현재 실행 중인 스레드가 즉시 running 상태에서 runnable 상태로 전이된다고 보장할 수 없다. 아래의 예는 데이터를 생성하고 소모하는 스레드들, 즉 producer와 consumer 스레드를 생성하여 이들 간의 관계를 yield 메서드를 통해 보여주고 있다. producer는 일부러 가장 낮은 우선순위를 갖도록 하고, consumer는 가장 높은 우선순위를 갖도록 하였다. producer와 consumer 클래스의 Thread.yield() 메서드를 호출 부분을 하나씩 주석 처리하면서 실행해보자. 두 부분 모두 주석 처리할 경우, 경우에 따라 조금씩 달라지겠지만 Consumer 스레드가 먼저 일을 다 처리한 후에 Producer 스레드가 처리될 것이다. 그리고 우선순위가 높은 Consumer 클래스의 Thread.yield() 메서드를 호출 부분만 허용할 경우는 이전보다 더 Producer 스레드가 처리될 기회가 많아질 것이다.

```
public class YieldTest extends Thread{
   public static void main(String[] args) {
        Thread producer = new Producer();
        Thread consumer = new Consumer();
        producer.setPriority(Thread.MIN_PRIORITY);
        consumer.setPriority(Thread.MAX_PRIORITY);

        producer.start();
        consumer.start();
   }
}

class Producer extends Thread
{
   public void run()
   {
      for (int i = 0; i < 5; i++)
      {
         System.out.println(“Producer : Produced Item ” + i);
         Thread.yield();
      }
   }
}
```

```
class Consumer extends Thread
{
   public void run()
   {
      for (int i = 0; i < 5; i++)
      {
         System.out.println("Consumer : Consumed Item " + i);
         Thread.yield();
      }
   }
}
```

15.5 스레드 동기화

앞서 살펴본 바와 같이 멀티 스레딩 기법은 동시에 여러 가지 작업을 순조롭게 진행할 수 있어서 프로그램의 성능을 향상시킨다. 그러나 하나의 프로세스 영역에 복수의 코드가 같은 주소 공간에서 실행되기 때문에 코드들 간에 예상하지 못했던 간섭이 간혹 발생한다. 기본적으로 운영체제가 이런 일들을 해결해주기는 하지만 여러 부분에서 해결하지 못하는 것이 있다.

예를 들어, 여러 스레드가 전역 변수와 같은 공유된 자원을 서로 사용하려는 경쟁 상태(race condition)에 놓이거나, 두 개의 스레드가 공유된 하드웨어 장치의 사용을 서로 기다리게 되는 교착 상태(deadlock)와 같은 경우이다. 이것은 모두 멀티스레딩을 위해 스위칭하는 시점의 차이 때문에 발생하는데, 이런 문제들을 해결하기 위해 스레드 간의 실행 순서를 제어하는 방법, 즉 바로 **동기화**(synchronization)가 필요하다.

동기화는 **내부 락**(intrinsic lock) 또는 **모니터 락**(monitor lock)이라 불리는 내부 개체를 이용하여 이루어진다. 내부 락은 동기화의 두 가지 측면 – 객체의 배타적인 접근과 선후 실행 관계 유지 – 에 있어 아주 중요한 역할을 담당한다. 모든 객체는 그와 관련된 내부 락을 갖고 있으며, 그 객체의 필드를 배타적이고 일관성 있게 접근하려면 사용 전에 그 객체의 내부 락을 획득하여야 하며, 사용 후에는 그 락을 양도(release)해야 한다. 어떤 스레드가 내부 락을 소유하면 그 기간 동안 다른 스레드는 동일한 락을 획득할 수 없고, 락 획득을 시도할 경우 블락(locked)된다.

동기화 메서드

동기화 메서드는 메서드 반환형 앞에 synchronized 키워드가 붙어 있는 메서드를 뜻한다. 스레드가 동기화 메서드를 호출하면, 자동적으로 메서드 실행 객체의 내부 락을 획득하고, 그 메서드가 종료되면 내부 락을 양도한다. 처리되지 않는 예외에 의해 그 메서드를 빠져 나올 경우에도 그 락은 양도다. 아래의 예제는 여러 스레드에서 공유할 수 있는 카운터 객체를 생성할 수 있는 클래스를 정의한 예이다. 여러 스레드에서 SynchronizedCounter 객체를 접근할 경우, 한 순간에 한 스레드씩 그 객체를 접근한다. 즉, 한 스레드에서 카운트 값을 변경하는 중에 다른 스레드가 카운터 값을 읽는 게 불가능해지므로 카운터 값을 일관성 있게 유지할 수 있다.

```
public class SynchronizedCounter {
    private int c = 0;

    public synchronized void increment() {
        c++;
    }

    public synchronized void decrement() {
        c--;
    }

    public synchronized int value() {
        return c;
    }
}
```

만약 동기화 메서드가 정적 메서드이면 어떻게 될까? 정적 메서드는 객체가 아니라 클래스와 관련된 메서드이므로 이 경우에는 클래스와 관련된 내부 락을 획득하게 된다. 객체의 내부 락과 별도로 클래스 내부 락이 존재하며, 이 내부 락을 통해 정적 필드 접근이 통제된다.

동기화 문

동기화할 수 있는 또 다른 방법은 동기화(synchronized) 문을 이용하는 것이다. 동기화 메서드와 달리 동기화 문은 획득할 내부 락을 소유한 객체를 지정할 수 있다. 아래의 예제처럼, 메서드의 일부를 동기화할 경우, 동기화 시작 부분에 락 제공 객체와 함께 동기화 문을 기술하고 그 안에 동기적으로 접근할 코드들을 작성한다.

```
public void addName(String name) {
    synchronized(this) {
        lastName = name;
        nameCount++;
    }
    nameList.add(name);
}
```

동기화 문을 사용하면 좀 더 병행성(concurrency)을 증대시킬 수 있는데, 예를 들어, 아래와 같이 두 개의 필드와 각각의 필드를 갱신하는 메서드를 제공하고, 그 안에서 다른 객체에 대해 락을 획득하도록 하면, 다른 스레드에서 같은 필드를 동시에 갱신하지 못하게 하면서 다른 필드의 갱신을 허용할 수 있다. 만약 두 필드를 갱신하는 메서드를 동기화 메서드로 구현하는 경우, 한 스레드에서 inc1()이나 inc2() 중 하나를 호출하면 다른 메서드에서는 이 두 메서드 중 어떤 것도 실행할 수 없게 된다.

```
public class FineGrainSync {
    private int i1 = 0;
    private int i2 = 0;
    private Object lock1 = new Object();
    private Object lock2 = new Object();

    public void inc1() {
        synchronized(lock1) {
            i1++;
        }
    }

    public void inc2() {
        synchronized(lock2) {
            i2++;
        }
    }
}
```

재진입 동기화

만약, 어떤 스레드가 동기화 메서드를 호출하여 그 객체의 내부 락을 획득한 상태에서 동일 객체의 내부 락을 요하는 다른 동기화 코드를 직간접적으로 실행해야 하는 상황, 즉 스레드가 이미 획득한 내부 락에 대해 양도 전에 다시 그 락을 획득해야 하는 상황이 발생하면 어떻게 될까? 만약, 이미 획득한 락에 대해 동일한 스레드가 자동으로 그 락에 대한 락을 획득하지 못한다면, 블락되지 않도록 사전에 많은 주의를 기울여야 한다. 다행히 자바에서는 이러한 상황, 즉 락을 획득한 스레드가 한 번 이상 동일한 락에 대해 자동으로 락을 획득하도록 허용하고 있는데, 이러한 형태를 **재진입 동기화**(reentrant synchronization)라 한다.

실습 15.7 동기화 문 실습

아래의 예제는 두 스레드가 동일한 메서드를 통하여 일련의 카운터 값을 출력하는 예이다. 아무런 동기화도 이루어져 있지 않기 때문에, 실행 시 상황에 따라 실행 결과가 다르게 나온다. 컴파일 후 여러 번 실행해보면 그때마다 조금씩 결과가 달라질 것이다.

```
public class ThreadDemo extends Thread{
       public static void main(String[] args) {
             PrintThread  T1 = new PrintThread (“스레드 A”);
             PrintThread  T2 = new PrintThread (“스레드 B”);

             T1.start();
             T2.start();

             try {
                T1.join();
                T2.join();
             } catch( Exception e) {
                System.out.println(“인터럽트 걸림”);
             }
       }
}

class PrintThread extends Thread {
          private String threadName;
```

```
        PrintThread( String name){
            threadName = name;
        }

        public void run() {
          printCount();
          System.out.println("스레드 " +  threadName + " 종료");
        }

        public void printCount(){
                try {
                     for(int i = 10; i > 0; i--) {
                        System.out.println(threadName +
                        " : Counter   ---   " + i );
                     }
                } catch (Exception e) {
                     System.out.println(threadName +
                     " : 스레드 인터럽트 됨");
                 }
        }
}
```

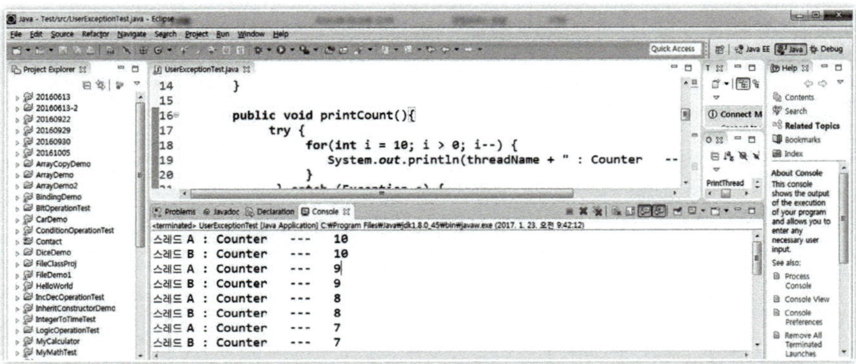

만약, 스레드 A가 모든 작업을 마친 후 스레드 B의 작업이 이루어지도록 동기화하고 싶다고 하자. printCount() 메서드만 동기화하면 될 것 같이 생각하여 아래와 같이 수정했다. 그러나 막상 돌려보면 그렇지 않음을 알 수 있다. 각 스레드에서 서로 다른 객체에 대해 printCount() 메서드를 호출하고 있으므로 각자가 동시에 락을 획득할 수 있어 작업이 번갈아 이루어진다.

```
synchronized public void printCount() {
        ...
}
```

스레드 A가 모든 작업을 마친 후 스레드 B의 작업이 이루어지게 하려면 두 스레드가 동일한 객체에 대해 락을 획득하도록 해야 한다. 즉, 두 스레드 생성 시 공유할 객체를 생성자를 통해 넘겨받도록 하고, run 메서드 안에서 printCount 메서드를 호출할 때 이 객체에 대한 락을 획득하도록 하면 된다. 아래의 코드를 실행해보면, 항상 같은 결과를 얻을 수 있다는 것을 확인할 수 있다. 스레드 A가 먼저 실행되고 이 스레드가 sharedObj의 락을 획득하고 있으므로 스레드 B는 스레드 A가 락을 양보할 때까지, 즉 작업을 마칠 때까지 대기 상태로 기다린다.

```
public class ThreadDemo extends Thread{
       public static void main(String[] args) {
             Object sharedObj = new Object();
             PrintThread  T1 = new PrintThread ("스레드 A", sharedObj );
             PrintThread  T2 = new PrintThread ("스레드 B", sharedObj );

             T1.start();
             T2.start();

             try {
                T1.join();
                T2.join();
             } catch( Exception e) {
                System.out.println("인터럽트 됨");
             }
       }
}

class PrintThread extends Thread {
          private String threadName;
          private Object sharedObject;

          PrintThread( String name, Object shared){
              threadName = name;
```

```
            sharedObject = shared;
        }

        public void run() {
          synchronized (sharedObject){
            printCount();
          }
          System.out.println("스레드 " +  threadName + " 종료");
        }

        public void printCount(){
                try {
                     for(int i = 10; i > 0; i--) {
                        System.out.println(threadName +
                        " : Counter    ---    " + i );
                     }
                 } catch (Exception e) {
                     System.out.println(threadName + " : 스레드 종료됨");
                 }
        }
}
```

앞에서 작성한 코드를 위와 같이 수정하여 실행해보고, 그 결과를 이전 결과와 비교해보자.

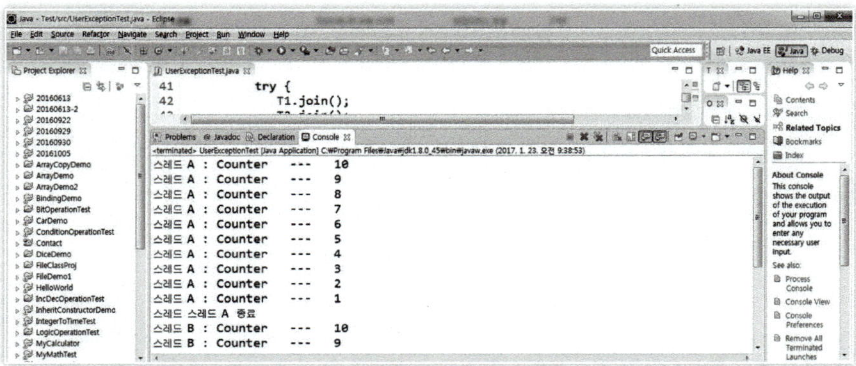

15.6 wait와 notify

어떤 스레드가 락을 획득하였지만 다른 스레드의 작업을 기다렸다가 자신의 작업을 진행해야 하는 상황이 발생할 수 있다. 이런 경우, 스레드는 동기화 블록(동기화 문이나 동기화 메서드) 안에서 wait 메서드를 호출하면 된다. wait 메서드의 전형적인 사용 예는 아래와 같다. 보통 동기화 블록 안에서 조건을 검사하고 그 조건이 만족되지 않으면 다시 wait하도록 한다. 여기서, 주의할 점은 synchronized의 대상 객체 obj와 obj.wait()에서의 obj가 같아야 한다는 것이다. 다르면 IllegalMonitorStateException이 발생한다. obj.wait가 호출되면 현 스레드가 중지되고 obj의 wait 집합(set)에 그 스레드가 추가되어 synchronized로 잡은 내부 락이 양도된다.

```
synchronized (obj) {

        while (!조건){

                obj.wait();

        }

}
```

obj.nofiy()는 obj의 wait 집합에 추가되어 있는 한 스레드를 깨운다. 어떤 스레드를 깨울지는 정해지지 않으므로 임의의 스레드가 선택된다고 이해하자. 여러 스레드를 모두 깨울 때는 notifyAll() 메서드를 사용한다. notify도 마찬가지로 synchronized 블럭 안에 있어야 하며, wait와 마찬가지로 synchronized 객체와 notify 실행 객체가 동일해야 한다. 또한, notify 실행 객체와 wait 실행 객체가 동일해야 한다.

```
synchronized (obj) {

        obj.notify();

}
```

실습 15.8 wait와 notify 실습

아래의 예는 주 스레드가 새로 생성한 스레드(newThread)가 작업을 마칠 때까지 기다렸다가 작업을 진행하는 예이다. 보인 바와 같이 주 스레드에서 synchronized 문을 사용하여 newThread의 내부 락을 획득한 후 wait를 통해 newThread가 끝날 때까지 기다리도록 되어 있고, 새 스레드에서는 synchronized 문을 사용하여 newThread의 내부 락을 획득한 후 자신의 작업을 마친 후 notify하도록 되어 있다.

```
public class ThreadA {
    public static void main(String[] args){
        ThreadB newThread = new ThreadB();
        newThread.start();

        synchronized(newThread){
            try{
                System.out.println("새 스레드가 마칠 때까지 대기 중 ...");
                newThread.wait();
            }catch(InterruptedException e){
                e.printStackTrace();
            }

            System.out.println("총합 : " + newThread.total);
        }
    }
}

class ThreadB extends Thread{
    int total;
    @Override
    public void run(){
        synchronized(this){
            for(int i=0; i<100 ; i++){
                total += i;
            }
            notify();
        }
    }
}
```

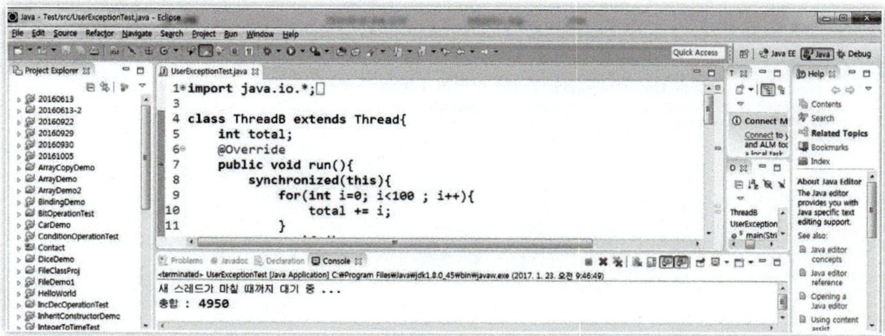

위의 경우, 주 스레드가 먼저 락을 획득하여 의도한 대로 실행되지만, 만약 새로 생성된 스레드가 먼저 락을 획득한다면 주 스레드는 나중에 락을 획득한 후 wait문에 의해 대기 상태로 전이하고, 누구도 깨워줄 수 없어 무한정 기다리는 사태가 발생한다. 이를 시뮬레이션하기 위해 main 메서드를 아래와 같이 수정해보자. 즉, 주 스레드가 새 스레드를 생성하여 시작시킨 후 자신은 0.1초간 아무런 일도 하지 않도록 하는 것이다.

```
public class ThreadA {
    public static void main(String[] args) throws Interrupted Exception{
        ThreadB newThread = new ThreadB();
        newThread.start();

       Thread.sleep(100);
        synchronized(newThread){
            try{
                System.out.println("새 스레드가 마칠 때까지 대기 중 ...");
                newThread.wait(); // newThread.wait(1000);
            }catch(InterruptedException e){
                e.printStackTrace();
            }

            System.out.println("총합 : " + newThread.total);
        }
    }
}
```

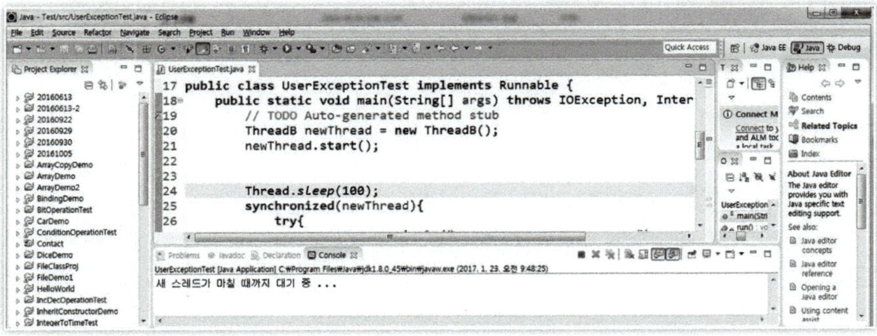

수정된 프로그램을 실행해보면 "새 스레드가 마칠 때까지 대기 중 ..."이라는 메시지만 출력되고 그 다음 메시지는 출력하지 못한 채 무한 대기하는 하는 것을 확인할 수 있다. 이런 문제를 해결하려면 wait 메서드 호출 시에 최대 대기시간(timeout)을 정해주거나 플래그 변수를 사용하여 그 변수가 참이 아닐 경우에 wait하도록 한다.

```
public class ThreadA {
    public static void main(String[] args) throws Interrupted Exception{
        ThreadB newThread = new ThreadB();
        newThread.start();

       Thread.sleep(100);
        synchronized(newThread){
            try{
                System.out.println("새 스레드를 마칠 때까지 대기 중 ...");
              while(!newThread.active) newThread.wait();
            }catch(InterruptedException e){
                e.printStackTrace();
            }

            System.out.println("총합 : " + newThread.total);
        }
    }
}

class ThreadB extends Thread{
    int total;
    boolean active = false;
    @Override
```

```
    public void run(){
        synchronized(this){
            for(int i=0; i<100 ; i++){
                total += i;
            }
            active = true;
            notify();
        }
    }
}
```

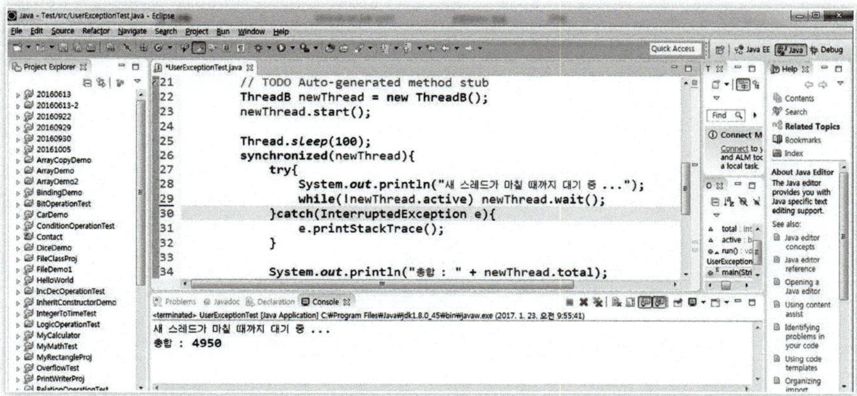

15.7 명시적 lock 객체

앞에서 설명한 락킹(locking) 방법은 synchronized 키워드에 의한 묵시적인 락킹이었다. 이러한 락킹 외에 자바 병행성(Concurrency) 관련 API에서는 명시적 락킹 메서드들을 제공한다. 이러한 메서드들은 java.util.concurrent.locks 패키지를 통해 제공되며, 묵시적 락킹 방법에 비해 보다 세밀한 병행성 제어가 가능하다. 명시적 락킹 방법은 lock 객체를 생성하여 제어하는데, 묵시적 내부 락과 조작 방법이나 동작 방법이 매우 유사하다.

명시적 락의 가장 큰 장점은 락 획득 시도에 대한 철회 능력이다. tryLock 메서드를 사용하여 락 획득이 여의치 않자마자, 또는 일정 시간 후에 락 획득을 철회할 수 있으며, lockInterruptibly 메서드를 사용하여 락 획득 전에 다른 스레드가 인터럽트를 보내면 락 획득을 철회할 수도 있다.

명시적 락에는 ReentrantLock과 ReadWriteLock이 있다. ReentrantLock은 묵시적 락과 기본적으로 동일한 **상호 배제 락**(mutual exclusion lock)이다. 이름이 의미하듯 이 락은 묵시적 락과 같은 재진입 특성이 있는 락이다. 묵시적 락은 synchronized 블록을 통해 락을 획득하고 양도하지만 ReentrantLock은 아래와 같이 ReentrantLock 객체의 lock과 unlock 메서드를 사용하여 락을 획득하고 양도한다. 주의할 것은 락 획득 시 실행할 코드를 try/finally 블록으로 싸서 예외가 발생할 경우 락을 양도할 수 있도록 해야 한다는 것이다.

```
ReentrantLock lock = new ReentrantLock();
int count = 0;
void increment() {
    lock.lock();
    try {
        count++;
    } finally {
        lock.unlock();
    }
}
```

또 다른 형태의 명시적 락은 ReadWriteLock(인터페이스임) 락이다. 이 락은 읽기와 쓰기 접근에 대해 별도의 락을 유지한다. 스레드 간 공유 변수에 어떤 스레드도 쓰기용으로 접근 중이 아니면 여러 스레드의 읽기용 접근을 허용하겠다는 의도가 이 락에 숨겨져 있다. 그래서 어떤 스레드도 쓰기용 락을 잡고 있지 않다면 여러 스레드가 동시에 읽기용 락을 잡는 것이 가능해진다. 이러한 특성으로 인해 쓰기보다 읽기가 많은 작업인 경우, 성능과 처리량을 높일 수 있다.

실습 15.9 ReadWriteLock 실습

아래의 예제는 주 스레드에서 쓰기용 락을 획득한 후 일초 잠들었다가 맵에 데이터를 쓰고, 다른 두 스레드에서 읽기용 락을 획득하여 같은 맵에서 데이터를 읽고 1초간 잠드는 예이다. 이 코드를 실행해보면 맵을 읽는 스레드는 맵에 데이터를 기록하는 작업이 끝나야 진행됨을 알 수 있다. 주 스레드가 작업을 마치고 쓰기용 락을 양도하는 순간, 두 스레드에서 읽기용 락을 동시에 획득하여 작업이 병행 수행된다.

```
public class ThreadA {
    public static void main(String[] args){
        Map<String, String> map = new HashMap<>();
        ReadWriteLock lock = new ReentrantReadWriteLock();

        ThreadB newThread1 = new ThreadB(lock, map);
        ThreadB newThread2 = new ThreadB(lock, map);
         newThread1.start();
        newThread2.start();
        lock.writeLock().lock();
        System.out.println("쓰기용 락 획득 ...");
        try {
                map.put("이름", "병만");
        } finally {
                System.out.println("쓰기용 락 양도 ...");
                lock.writeLock().unlock();
        }
    }
}

class ThreadB extends Thread{
    ReadWriteLock lock;
    Map<String, String> map;
    public ThreadB(ReadWriteLock lock, Map<String, String> map) {
        this.lock = lock;
        this.map = map;
    }
    @Override
    public void run(){
        lock.readLock().lock();
        System.out.println("읽기용 락 확득 ...");
        try {
                System.out.println(map.get("이름"));
                sleep(1000);
        }
        catch (InterruptedException e) {
                        // TODO Auto-generated catch block
                        e.printStackTrace();
```

```
            } finally {
                  System.out.println("읽기용 락 양도 ...");
                  lock.readLock().unlock();
            }
        }
}
```

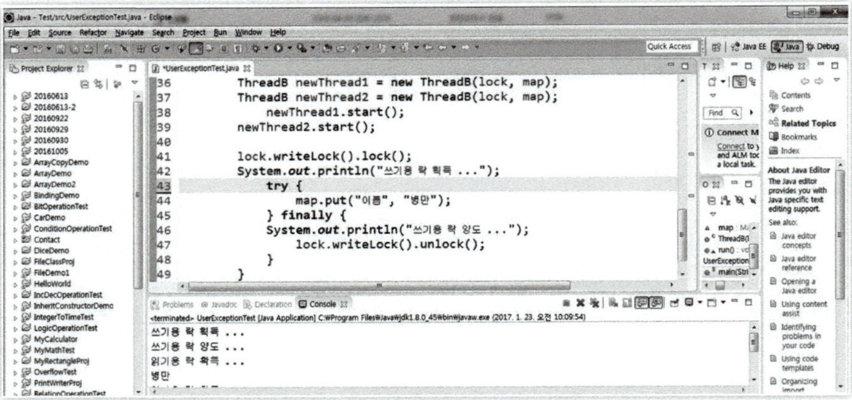

15.8 세마포

세마포(Semaphore)는 철로와 도로가 만나는 지점에 설치된 완목(腕木) 신호기를 말한다. 평소에는 차들이 통과할 수 있도록 위로 올려져 있고 기차가 올 때 내려서 차단함으로써 차와 기차가 충돌하지 않도록 제어하는 신호기와 같이 세마포도 그 역할을 수행한다. 다른 점이 있다면 차단기가 올려져 있을 때 지나다닐 수 있는 차의 대수는 제한이 없지만, 세마포는 카운터를 이용하여 사용에 제한을 둔다. 마치 극장이 준비된 관람석에 맞춰 입장권을 발매하고 더 이상 입장시키지 않는 것과 같은 이치이다.

좀 더 쉬운 예로, 개인용 컴퓨터들끼리 직접 연결되어 필요한 파일이나 문서를 주고받는 P2P(peer to peer) 프로그램에서 컴퓨터에 동시 접속할 수 있는 사용자 수를 제한하거나 동시에 전송 가능한 파일의 개수를 제한하는 등의 기능에 세마포어가 사용될 수 있다.

세마포는 제한된 개수의 자원을 보호하고 관리하기 위해 자원의 사용 개수를 카운트하는 동기화 객체이다. 여기서 자원이라고 하면 하드웨어적 장치가 될 수도 있고, 다른 프로세스나 윈도우, 스레드 등과 같이 공유될 수 있는 모든 것이 될 수도 있다. 생성 초기에 해당 자원의 최대 사용 가능 개수를 지정한 후, 자원이 사용될 때마다 카운트를 1씩 감소시켜 0이 되면 더 이상 사용하지 못하도록 한다.

세마포어의 사용법은 먼저 세마포어 객체를 생성한 후, 사용 권한을 획득하기 위해 acquire 메서드를 호출한다. 그리고 권한을 얻은 후 작업을 수행하고 권한을 해제할 때는 release 메서드를 사용한다. 단, 세마포어 객체를 생성할 경우 동시 사용 가능한 자원의 개수를 지정한다.

실습 15.10 세마포 실습

아래의 예제는 스레드 10개를 생성하고 세마포를 사용하여 이 중 하나에 대해서만 작업을 진행할 수 있도록 한 예이다. 동시 사용 권한이 1로 설정되어 한 스레드가 끝나야 다음 스레드가 권한을 얻어 작업을 진행하므로, 결국 스레드 생성 순서로 차례대로 실행된다.

```
public class SemaphoreTest {
        public static void main(String[] args)  {
                final int numOfThreads = 10;
                final int numOfpermits = 1;
                Semaphore semaphore = new Semaphore(numOfpermits, true);
                ThreadB threads[] = new ThreadB[numOfThreads];
                for (int i=0; i < numOfThreads; i++) {
                        threads[i] = new ThreadB(semaphore, "Tread " + i);
                        threads[i].start();
                }
        }
}

class ThreadB extends Thread{
        String threadName;
        Semaphore semaphore;

        public ThreadB(Semaphore semaphore, String name) {
                this.semaphore = semaphore;
                threadName = name;
```

```
        }

        public void run(){
                try {
                        semaphore.acquire();
                        System.out.println(threadName + “ 세마포 획득 ...”);
                        System.out.println(threadName + “ 작업 중 ...”);
                        Thread.sleep(3000);
                        System.out.println(threadName + “ 작업 종료 ...”);
                        System.out.println(threadName + “ 세마포 양도 ...”);
                        semaphore.release();
                } catch (InterruptedException e) {
                        // TODO Auto-generated catch block
                        e.printStackTrace();
                }
        }
}
```

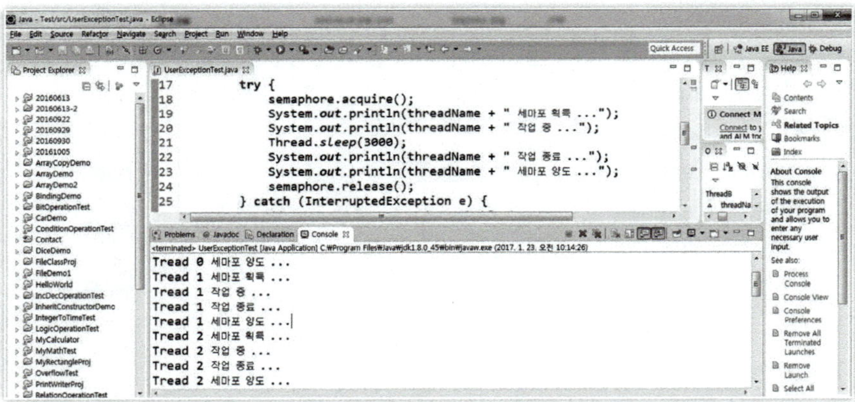

위의 예제 프로그램에서 최대 자원의 수를 3으로 하는 세마포로 변경하여 수행해보자. 그러면 세 개의 스레드가 사용 권한을 얻어 동시에 작업을 진행하는 것을 확인할 수 있을 것이다.

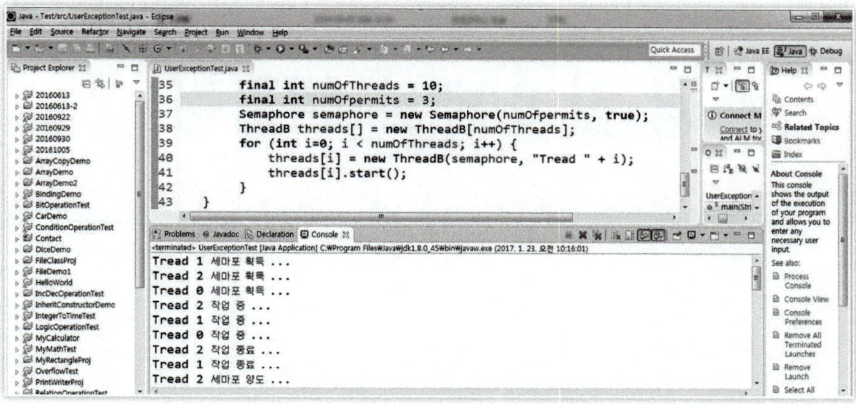
final int numOfThreads = 10;
final int numOfpermits = 3;
Semaphore semaphore = new Semaphore(numOfpermits, true);
ThreadB threads[] = new ThreadB[numOfThreads];
for (int i=0; i < numOfThreads; i++) {
threads[i] = new ThreadB(semaphore, "Tread " + i);
threads[i].start();
}
}
Tread 1 세마포 획득 ...
Tread 2 세마포 획득 ...
Tread 0 세마포 획득 ...
Tread 2 작업 중 ...
Tread 1 작업 중 ...
Tread 0 작업 중 ...
Tread 2 작업 종료 ...
Tread 1 작업 종료 ...
Tread 2 세마포 양도 ...

16 스윙 및 이벤트 핸들링

지금부터는 자바를 이용한 GUI 프로그래밍에 대해서 살펴보자. 먼저 스윙이 무엇인지 그리고 스윙의 기본 구성 요소들, 그리고 GUI 프로그래밍의 핵심인 이벤트 처리 방법에 대해서 살펴보자. 무엇보다도 GUI 프로그래밍에 있어서 중요한 것은 이벤트 중심의 프로그래밍이다. 기존 C 스타일의 프로그래밍 방식과 다르니 이 부분에 중점을 두고 공부하기 바란다.

16.1 스윙이란?

자바에서 GUI(Graphic User Interface) 프로그램을 작성하기 위해서는 **스윙**(Swing)을 이용해야 한다. 스윙은 자바 초창기 윈도우 프로그래밍을 위한 UI 컴포넌트와 보조 라이브러리를 모아놓은 툴 킷인 AWT를 확장한 것이다. AWT의 모든 윈도우 컴포넌트는 Component 클래스(자바 AWT의 모든 컴포넌트들이 가져야 하는 속성과 메서드를 가지고 있음)로부터 상속받는데, 이 컴포넌트들은 두 가지, 즉 다른 컴포넌트를 자신 안에 둘 수 있는 컨테이너와 컨테이너 역할을 할 수 없는 단순한 컴포넌트로 나뉜다. 관련 클래스들은 Java.awt 패키지 안에 포함되어 있다.

자바에서는 AWT를 사용하여 OS와 무관하게 작업할 수 있지만, 실행될 때는 각 OS에서 적합한 컴포넌트로 대체된다. 그런데 OS마다 사용하는 윈도우 창, 폰트 등이 다르기 때문에 문제가 발생할 수밖에 없다. 이런 이유 때문에 나온 것이 스윙이다. 스윙은 최상위 컨테이너만 운영체제의 자원을 사용할 뿐, 하부에 있는 모든 컴포넌트는 직접 자바 코드로 그리는 방식을 가지고 있다. 스윙은 자바2부터 지원되며 관련 클래스는 javax.swing 패키지 안에 포함되어 있다. 이런 구현상의 차이점 외에 스윙은 기존의 AWT를 확장한 수많은 개선된 컴포넌트와 새로운 컨테이너를 제공한다. 자바 스윙에 대한 도움말은 http://docs.oracle.com/javase/를 참고하라.

스윙 컴포넌트들

자바 스윙 클래스들은 그림에서 보는 바와 같이 기존 AWT의 그래픽 컴포넌트를 개선한 컴포넌트(이들은 Component 클래스 대신에 JComponent를 상속한다)들과 기존 컨테이너를 개선한 컨테이너, 그리고 기타의 다른 컴포넌트들로 구성된다.

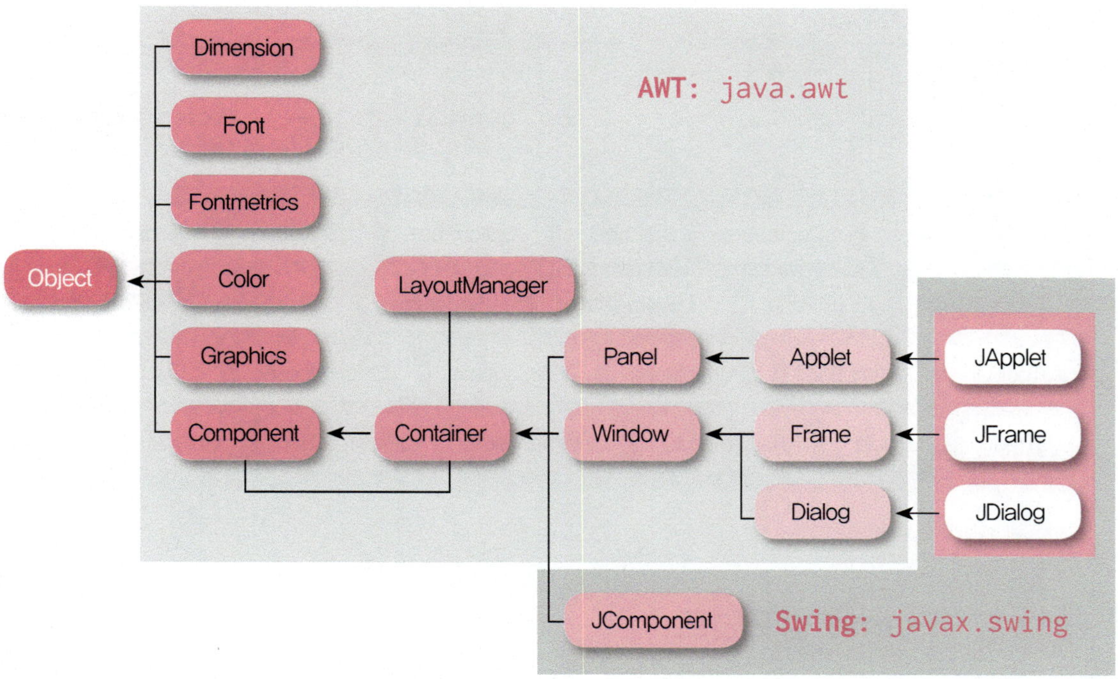

컴포넌트들을 올려놓을 수 있는 컨테이너로, JFrame, JDialog, JApplet, JPanel 등이 있다. JFrame은 독립적인 윈도우 창에 해당하는 컨테이너이고, JDialog는 사용자에게 간단한 입력을 받거나 메시지를 전달하는 대화 상자에 해당하는 컨테이너이며, JApplet은 웹브라우저 상에서 GUI 기능을 수행하는 Applet에 해당하는 컨테이너이며, JPanel은 윈도우 창에 포함되어 다른 컴포넌트들을 담거나 그래픽 영역으로 사용되는 컨테이너이다. JPanel은 외관상 보이지 않으며 중첩 가능하여 JPanel 안에 다른 JPanel을 포함할 수 있다.

스윙의 많은 컴포넌트들은 JComponent를 상속받는데 이러한 컴포넌트들에는 아래의 그림에서 보는 바와 같이 Menu부터 우리가 알고 있는 여러 GUI 컴포넌트들에 이르기까지 다양하다.

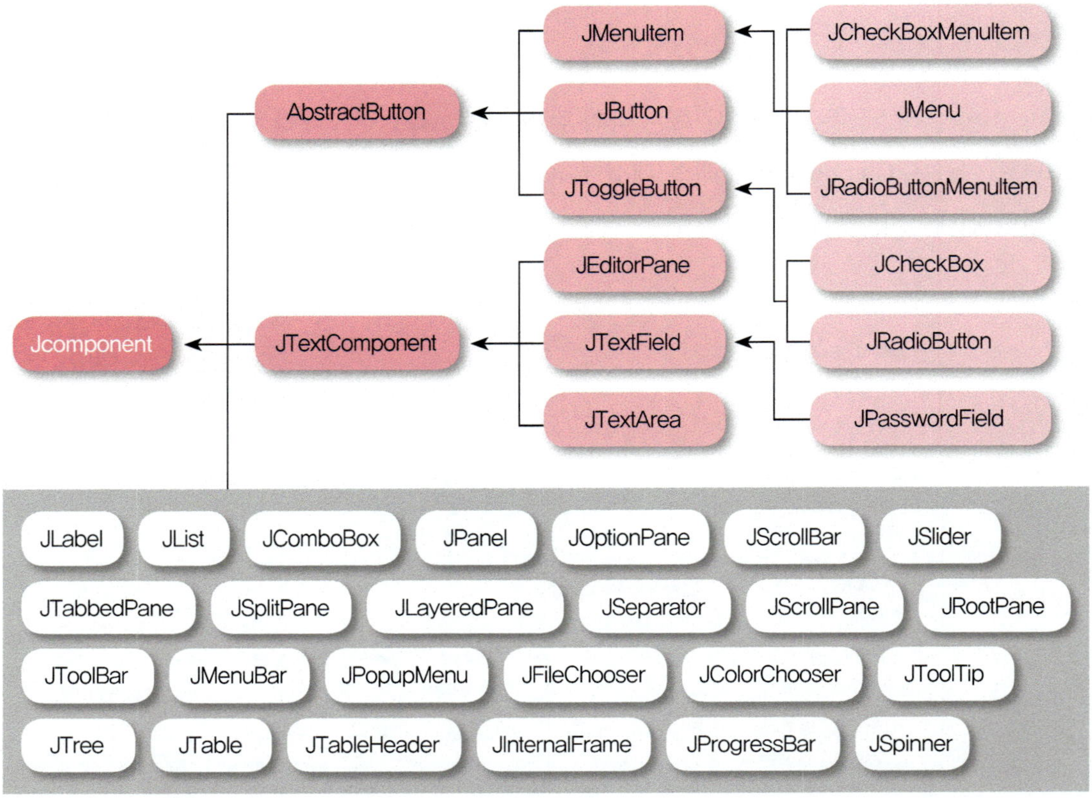

16.2 JFrame 컴포넌트

가장 기본이 되는 JFrame 컴포넌트부터 살펴보자. 이 컴포넌트는 UI 컴포넌트를 담는 컨테이너로 AWT Frame의 스윙 버전으로 생각하면 된다. JFrame은 그림에서 보는 바와 같이 타이틀 바와 실제로 다른 UI 컴포넌트를 담는 Content pane으로 구성되어 있다.

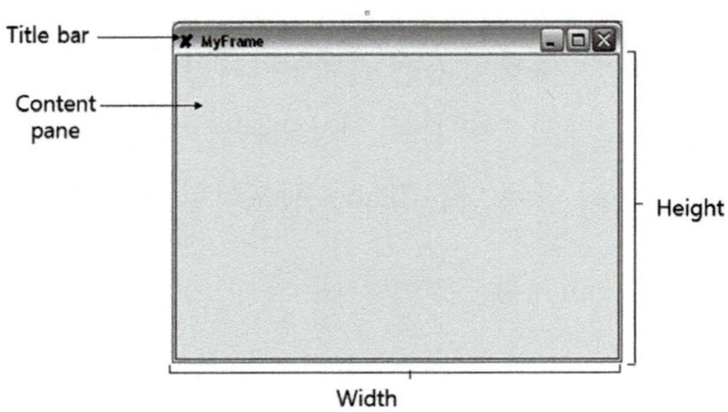

JFrame은 기본적으로 스크린의 좌측 상단 코너에 표시되며, 따라서 표시 위치를 바꾸고자 할 경우 setLocation 메서드를 사용한다. JFrame은 기본적으로 setVisible(true) 메서드 호출을 통해 화면에 표시할 수 있다. setSize 메서드를 통해 크기를 지정하지 않으면 타이틀 바 부분만 표시된다.

void setDefaultCloseOperation (int op)	창이 종료될 때 어떤 동작을 할지 결정. JFrame.EXIT_ON_CLOSE 값을 인자로 주면 창을 끌 때 프로그램이 같이 끝남. 만약 이 코드를 추가하지 않으면, 이 자바 프로그램은 창을 닫아도 메모리에 계속 남아있게 됨
void setLocation(Point p)	윈도우를 p 위치로 이동. p가 윈도우의 좌측 상단이 됨
void setSize(int width, int height) void setSize(Dimension d)	윈도우 크기 지정. 폭과 높이를 지정하든지 Dimension 형태로 지정
void setVisible(boolean b)	윈도우의 가지성 설정. true이면 보이고 그렇지 않으면 보이지 않음
void show()	윈도우의 가지성 설정. 사용되지 않음. setVisible로 대체됨

JFrame을 생성하여 사용하는 일반적인 절차는 예제 코드에서 보는 바와 같이 먼저 JFrame 객체를 생성한 후, 그 객체의 크기를 지정하고 타이틀을 지정하고 윈도우를 닫을 때 기본 동작을 지정한 후, setVisible 메서드를 통해 화면에 표시되도록 한다. 타이틀은 객체 생성 시 인수로 넘겨줘도 된다.

```
public static void main(String[] args) {
    JFrame frame = new JFrame();

    frame.setSize(200,200);
    frame.setTitle("test");
    frame.setDefaultCloseOperation(JFrame.EXIT_ON_CLOSE);
    frame.setVisible(true);
}
```

실습 16.1 윈도우 생성하여 출력하기

GUI 프로그래밍의 첫 실습으로 윈도우를 하나 생성하고 이를 출력하는 아주 간단한 프로그램을 작성해보자. 먼저 프로젝트를 임의의 이름으로 하나 만든 후, 아래와 같은 클래스를 작성한 후 실행해보자. 위에서는 main 메서드 안에서 직접 JFrame 객체를 생성하는 형태로 작업했지만, 아래의 코드는 상속의 개념을 이용하여 작성한 것이다. 두 개의 차이점을 비교해보자.

```
import javax.swing.JFrame;

public class JFrameTest extends JFrame  {
        public static void main(String[] args) {
                // TODO Auto-generated method stub
                JFrameTest window = new JFrameTest();

                window.setSize(400, 200);
                window.setDefaultCloseOperation(JFrame.EXIT_ON_CLOSE);
                window.setVisible(true);
        }

        public JFrameTest() {
                super("test");
        }
}
```

16.3 GUI 컴포넌트

JFrame 위에는 GUI 컴포넌트들을 올려놓아 프로그램의 GUI를 구성하는데, 먼저 GUI 컴포넌트들에 대해 살펴보자. GUI 컴포넌트도 일종의 클래스이므로 필드와 메서드들로 구성되어 있으며, GUI 컴포넌트이므로 사용자와의 상호작용을 처리하기 위해 이벤트들로 구성된다. GUI 컴포넌트에 따라 이벤트들이 달라진다.

GUI 컴포넌트들을 이용하는 일반적인 절차는 다음과 같다.

① 해당 GUI 컴포넌트 객체를 생성한다.
   예) b = new JButton();
② GUI 컴포넌트 객체의 필드나 메서드들을 통해 커스터마이즈시킨다.
   예) b.setText("press me");
③ 객체를 컨테이너에 추가해준다.
   예) panel.add(b);
④ 필요에 따라 컴포넌트의 이벤트들을 처리하게 하면 되는데, 보통 컨테이너에 추가하기 전에 원하는 이벤트들을 처리할 수 있도록 설정하여 컨테이너에 추가한다. 이벤트 처리 방법은 뒤에 자세히 설명한다.

아래 그림은 GUI 화면과 그에 대응되는 GUI 컴포넌트 객체들 간의 관계를 보여준다. GUI 화면은 윈도우가 있고, 상단에 버튼과 레이블이 있다. 그냥 보기에는 창 위에 버튼과 레이블이 있는 것처럼 보이지만 창의 클라이언트 영역에 GUI 컴포넌트들을 올려놓을 수 있는 패널이 있다. 바로 이 패널 위에 버튼과 레이블이 있다. 이 화면과 대응되는 내부 구조를 보면 버튼에 대응되는 JButton 객체와 레이블에 대응되는 JLabel 객체가 있고, 이 객체들이 패널에 해당하는 JPanel에 포함되고, 다시 이 JPanel 객체는 윈도우에 해당하는 JFrame 객체에 포함되어 있는 구조로 되어 있다.

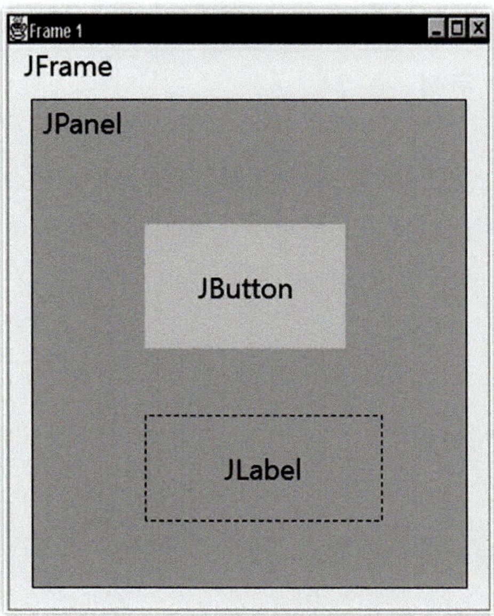

GUI

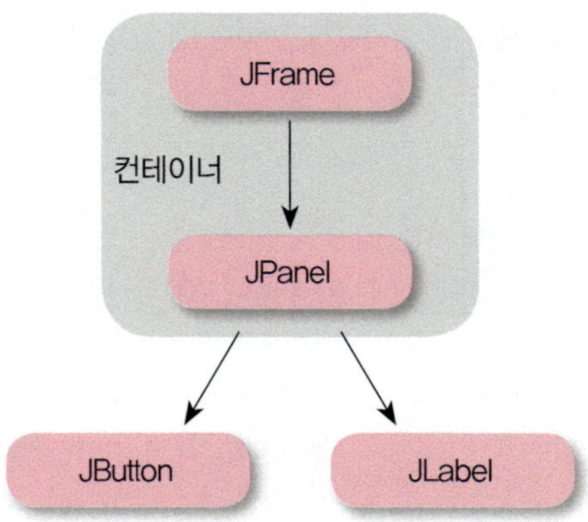

내부 구조

화면의 구성은 먼저 화면 구성에 필요한 컨테이너와 GUI 컴포넌트 객체들을 생성하고, 이들을 상향식(bottom up) 방식으로 구성한다. 예를 들어, 앞의 화면을 구성할 경우, 먼저 JFrame, JPanel, JLabel, JButton, 그리고 이벤트를 처리하는 객체(istener 객체)들을 생성하여 각 컴포넌트에 리스너 객체를 지정한 다음, 컴포넌트들을 JPanel 객체에 추가하고 이 JPanel 객체를 JFrame 객체에 추가한다.

앞 장에서 설명한 내용을 코드로 보면 다음과 같다. 먼저 프레임, 패널, 버튼 객체를 생성한다. 그런 다음 버튼을 패널에 포함시키기 위해, 패널 객체의 add 메서드를 사용하여 버튼 객체를 추가하고, 프레임 객체의 setContentPane 메서드를 통해 패널 객체를 프레임에 포함시키고 있다. 나머지 코드는 프레임의 위치와 크기를 정한 후 화면에 표시하는 코드이다. 이 코드에서는 패널 객체를 생성하여 프레임 객체에 부착시키고 있지만, 기본적으로 프레임 클라이언트 영역에 컨테이너 객체가 이미 부착되어 있기 때문에 굳이 생성시킬 필요가 없다. 이미 부착되어 있는 컨테이너를 이용할 경우는 프레임 객체의 getContentPane 메서드를 이용한다.

Component add(Component c)	컴포넌트 c를 컨테이너에 추가(Container 클래스의 메서드임)
Container getContentPane()	윈도우의 기본 컨테이너 반환(JFrame 클래스의 메서드임)
void setContentPane(Container c)	윈도우의 컨테이너를 c로 지정(JFrame 클래스의 메서드임)

실습 16.2 GUI 컴포넌트를 이용한 화면 구성

아래의 코드를 실습해보자. 각자 이클립스를 실행하여 프로젝트를 생성한 후 hello 클래스를 생성하고, 그 안에 main 메서드를 아래와 같이 정의한다. 다 작성하고 컴파일하여 실행해보자.

```
class Hello {
        public static void main(String[] args){
                JFrame f = new JFrame("title");
                JPanel p = new JPanel();
                JButton b = new JButton("press me");

                p.add(b);                   // add button to panel
```

```
            f.setContentPane(p);     // add panel to frame

            f.setSize(200,200);
            f.setLocation(300, 300);
            f.setVisible(true);
        }
}
```

별 이상 없으면 JPanel 객체를 생성하고 이를 프레임의 새로운 패널로 등록하는 코드를 주석 처리하고, 대신에 디폴트 ContentPane을 얻는 코드를 사용해 실행해보자. 조금 다른 결과를 얻을 수 있을 것이다. 이는 같은 컴포넌트를 추가하더라도 컨테이너의 기본 배치 방법에 따라 위치나 크기 등이 달라지기 때문이다. 자세한 내용은 다음 장에서 다루도록 한다.

```
class Hello {
        public static void main(String[] args){
                JFrame f = new JFrame("title");
                Container c = f.getContentPane();
                JButton b = new JButton("press me");

                c.add(b);

                f.setSize(200,200);
                f.setLocation(300, 300);
                f.setVisible(true);
        }
}
```

당연한 내용이지만 혹 아직까지 상속에 익숙하지 못한 독자들을 위해 한 가지 더 실습해보자. 위의 Hello 클래스가 JFrame을 상속받는 형태로 변경해보자. 그리고 main 메서드의 내용을 일부 수정해보자. 메인 메서드에서 굳이 JFrame 객체를 생성할 필요 없이 Hello 객체를 생성하면 된다. 왜냐하면 Hello 클래스가 JFrame을 상속받기 때문에 Hello 클래스도 일종의 JFrame 클래스이기 때문이다. 그리고 Hello 클래스의 생성자로 윈도우 타이틀을 넘겨받는 생성자를 추가하고 이를 구현해주어야 한다.

```
class Hello extends Jframe {
        public static void main(String[] args){
                Hello f = new Hello("title");
                Container c = f.getContentPane();
                JButton b = new JButton("press me");

                c.add(b);

                f.setSize(200, 200);
                f.setLocation(300, 300);
                f.setVisible(true);
        }
        public Hello(String title) {
                super(title);
        }
}
```

보통의 경우 화면 폼을 구성하는 컴포넌트들을 생성하고, 이를 배치하는 코드를 메인 메서드에 기술하지 않고, JFrame을 상속받는 클래스의 생성자 부분에 기술한다. 아래 예제 코드에서 메인 메서드에서 Hello 클래스로부터 객체를 생성하면 관련 생성자가 실행되고, 이 시점에서 실행 주체가 되는 것은 방금 생성된 Hello 객체이므로 this는 이 객체를 의미하며, 결국은 JFrame 객체를 조작하는 것과 같다. 앞으로 GUI 코드는 이러한 방법으로 작성하기로 한다.

```
class Hello extends Jframe {
        public static void main(String[] args){
                Hello f = new Hello("title");
        }
        public Hello(String title) {
                super(title);
                initializeComponents();
        }
        private void initializeComponents() {
                Container c = this.getContentPane();
                JButton b = new JButton("press me");

                c.add(b);

                this.setSize(200,200);
                this.setLocation(300, 300);
                this.setVisible(true);
        }
}
```

16.4 이벤트 처리

GUI 프로그램은 대부분 이벤트 중심으로 사용자가 GUI를 통해 무엇인가를 하면, 예컨대 버튼을 누르거나 마우스를 움직이면 그에 대응되는 이벤트가 발생하고, 이에 따라 이벤트와 관련된 메서드인 이벤트 핸들러(event handler)가 동작하는 형태이다. 따라서 이벤트 중심의 프로그래밍에서는 프로그램 종료 전까지 이벤트 발생을 기다리다 이벤트가 발생하면 대응하는 핸들러를 실행하고, 다시 다음 이벤트 발생을 기다리는 과정을 반복한다. 그런데 이벤트 발생을 기다리고 그 이벤트에 대응되는 핸들러를 호출하는 일은 자바 시스템이 자동으로 수행한다. 그러므로 프로그래머는 이벤트 발생 시 실행되는 코드, 즉 핸들러 작성과 이 핸들러를 실행할 객체를 지정해주기만 하면 된다.

또한, GUI 프로그램 화면은 보통 많은 GUI 컴포넌트들로 구성되고, 컴포넌트에 따라 발생하는 이벤트의 종류도 다르다. 따라서 프로그래머는 다루고자 하는 컴포넌트를 정한 후, 그 컴포넌트에서 어떤 이벤트를 이용할지 결정하여 대응하는 핸들러를 작성하고, 핸들러가 정의된 클래스로부터 객체를 생성하여 컴포넌트의 이벤트 처리 객체로 지정해주어야 한다. 이러한 일련의 작업과 화면 구성 작업을 GUI 프로그래밍이라고 한다. 그런데, 컴포넌트의 핸들러 작성과 핸들러 객체 생성 등록 방법은 여러 형태가 있다. 앞으로 이에 대한 이벤트 처리 방법들을 살펴보기로 하는데, 각 방법마다 특징이 있으며 어떤 경우에는 여러 방법 중 특정 방법만 사용해야 하는 경우도 있으므로 각 방법의 특징을 잘 파악해 두어야 한다.

전용 클래스를 이용하여 이벤트 처리하기

이벤트 발생 시 실행되는 메서드, 즉 이벤트 핸들러의 지정을 위해서는 처리하고자 하는 이벤트 발생 시 처리되는 메서드를 구현하고 이를 등록하면 된다. 이벤트 핸들러는 java.awt.event 또는 javax.swing.event 패키지의 다양한 event-listener 인터페이스에 선언되어 있다. 이벤트의 종류에 따라 인터페이스가 다르므로 처리하고자 하는 이벤트에 맞는 인터페이스를 구현해주어야 한다. 예를 들어, 버튼을 클릭할 때 특정 작업을 진행하는 경우, 이벤트 처리 객체가 actionPerformed 이벤트 핸들러를 구현해주어야 하는데, 이 메서드는 ActionListener 인터페이스에 선언되어 있다. 따라서 이벤트 처리 객체의 클래스는 아래처럼 이 인터페이스를 구현하는 형태로 정의해야 한다.

```
public class MyActionHandler implements ActionListener {
        public void actionPerformed(ActionEvent event) {
                System.out.println("press me 버튼이 눌렸습니다");
        }
}
```

이벤트 핸들러가 정의되면 event-listener 인터페이스를 구현한 클래스로부터 객체를 생성하고, 이 객체를 이벤트를 발생시키는 GUI 컴포넌트의 리스너 또는 이벤트 처리 객체로 등록해야 한다. 이벤트 리스너를 등록하는 방법을 살펴보자. 각 GUI 컴포넌트에는 이벤트의 종류에 맞는 등록 메서드들이 제공된다. 예를 들어, JTextField 컴포넌트에는 action 이벤트 처리를 위한 ActionListener 객체 등록을 위한 addActionListener 메서드가 제공되며, JFrame에는 윈도우 이벤트를 처리하는 WindowListener 객체 등록을 위한 addWindowListener 메서드가 제공된다. 바로 이런 메서드를 사용하여 리스너 객체를 등록하면 된다. 이 메서드가 실행되면 해당 GUI 컴포넌트의 listenerList 필드(EventListenerList

타입)에 리스너 객체가 추가된다. 위의 Hello 클래스 예에서 "press me" 버튼을 누를 경우, 눌려졌다는 메시지 출력을 위해서는 Hello 클래스의 initializeComponents 메서드를 아래와 같이 수정한다. 즉, 먼저 이벤트 핸들러 객체를 생성하고 이를 addActionListener 메서드를 사용하여 버튼 객체의 리스너로 지정하면 된다.

```
private void initializeComponents() {
        Container c = this.getContentPane();
        JButton b = new JButton("press me");

        MyActionHandler handler = new MyActionHandler ();
        b.addActionListener(handler);

        c.add(b);

        this.setSize(200,200);
        this.setLocation(300, 300);
        this.setVisible(true);
}
```

실습 16.3 전용 클래스를 이용한 이벤트 처리

위의 예제를 아래와 같이 클래스로 작성하여 실행해보자.

```
public class EventHandlingTest1 extends Jframe {
        public static void main(String[] args){
                EventHandlingTest1 f = new EventHandlingTest1("전용 클래스
                이용");
        }
        public EventHandlingTest1(String title) {
                super(title);
                initializeComponents();
        }
        private void initializeComponents() {
                Container c = this.getContentPane();
                JButton b = new JButton("press me");
```

```
            MyActionHandler handler = new MyActionHandler ();
            b.addActionListener(handler);

            c.add(b);

            this.setSize(200,200);
            this.setLocation(300, 300);
            this.setDefaultCloseOperation(JFrame.EXIT_ON_CLOSE);
            this.setVisible(true);
      }
}

class MyActionHandler implements ActionListener {
      public void actionPerformed(ActionEvent event) {
            System.out.println("press me 버튼이 눌렸습니다.");
      }
}
```

윈도우가 뜨면 버튼을 마우스로 클릭해보자. 그러면 버튼에 대해 action 이벤트가 발생하고, 이 이벤트를 리스너 객체가 처리하여 콘솔 창에 메시지를 출력한다. 이벤트 처리가 끝난 후 프로그램이 종료되지 않고 계속적으로 다음 이벤트 발생을 기다리게 된다. 다시 버튼을 누르면 이벤트 처리가 되어 다시 콘솔 창에 메시지가 출력된다. 사용자가 윈도우를 닫아야 프로그램이 종료된다.

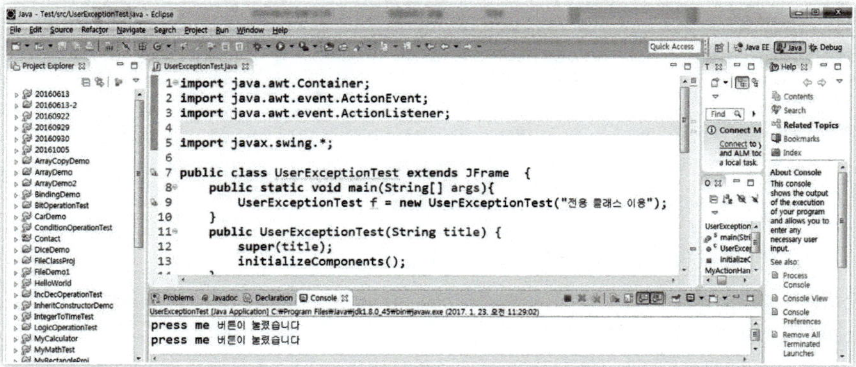

JFrame 상속 클래스에서 이벤트 처리하기

위의 예에서는 이벤트 핸들러 전용 클래스를 정의하고 이로부터 리스너 객체를 생성하는 방법을 사용하였다. 이런 방법 말고 JFrame을 상속받는 클래스가 이벤트 핸들러 클래스의 역할을 하게 할 수도 있다. 이럴 경우는 JFrame을 상속받는 클래스, 즉 아래의 예에서는 EventHandlingTest2 클래스가 직접 event-listener 인터페이스를 구현하도록 선언하고, EventHandlingTest2 클래스 안에 인터페이스에 선언된 메서드들을 구현한다. 그리고 이 경우는 JFrame 객체 자체가 이벤트 핸들러 객체가 되므로 별도로 리스너(또는 이벤트 핸들러 객체)를 생성할 필요 없이 JFrame 객체, 즉 자신을 이벤트 리스너로 등록하면 된다.

```
public class EventHandlingTest2 extends JFrame implements ActionListener {
        public static void main(String[] args){
                EventHandlingTest2 f = new EventHandlingTest2("JFrame 상속
                                                 클래스");
        }
        public EventHandlingTest2(String title) {
                super(title);
                initializeComponents();
        }
        private void initializeComponents() {
                Container c = this.getContentPane();
                JButton b = new JButton("press me");

                b.addActionListener(this);

                c.add(b);

                this.setSize(200,200);
                this.setLocation(300, 300);
                this.setDefaultCloseOperation(JFrame.EXIT_ON_CLOSE);
                this.setVisible(true);
        }

        public void actionPerformed(ActionEvent event) {
                System.out.println("press me 버튼이 눌렸습니다.");
        }
}
```

실습 16.4 JFrame 상속 클래스에서 이벤트 처리하기

위의 예를 프로젝트로 작성하여 실행해보자. 결과는 윈도우 타이틀만 다르고 앞의 실습과 동일하다. 하지만 내부적으로 이벤트를 처리하는 클래스가 다르다. 앞의 실습 예제에서는 별도의 클래스를 정의하고 이 클래스에서 생성된 객체에서 처리되었다.

익명 클래스 이용하여 이벤트 처리하기

위의 두 방법 외의 또 다른 형태는 익명 클래스로 이벤트 핸들러 클래스를 정의하고, 이로부터 객체를 생성하여 이벤트 리스너로 등록하는 방법이 있다. 아래처럼 Hello 클래스 자체는 ActionListener 인터페이스를 구현할 필요가 없고, 대신에 addActionListener 메서드 인수 부분의 익명 클래스 정의에서 ActionListener 인터페이스를 구현하고, 이 클래스로부터 객체를 생성하도록 한다.

```
class EventHandlingTest3 extends Jframe {
        public static void main(String[] args){
                EventHandlingTest3 f = new EventHandlingTest3
                (“무명 클래스”);
        }
        public EventHandlingTest3(String title) {
                super(title);
                initializeComponents();
        }
        private void initializeComponents() {
                Container c = this.getContentPane();
                JButton b = new JButton(“press me”);

                b.addActionListener(new ActionListener() {
```

```
                public void actionPerformed(ActionEvent event) {
                    System.out.println("press me 버튼이 눌렸습니다");
                }
            });

            c.add(b);

            this.setSize(200,200);
            this.setLocation(300, 300);
            this.setDefaultCloseOperation(JFrame.EXIT_ON_CLOSE);
            this.setVisible(true);
        }
}
```

실습 16.5 익명(무명) 클래스 이용하여 이벤트 처리하기

위의 예를 프로젝트로 작성하여 실행해보자. 결과는 윈도우 타이틀만 다르고 앞의 실습과 동일하지만 이벤트를 처리하는 클래스가 다르다. 앞의 실습 예제에서는 JFrame을 상속받은 클래스의 객체가 이벤트를 처리했지만, 이번에는 익명 클래스 객체가 이벤트를 처리하는 형태로 구현되었다.

16.5 여러 개의 이벤트 핸들러 객체 등록하기

각 이벤트마다 ID를 갖고 있는데, 이벤트가 발생하면 이 ID에 의해 GUI 컴포넌트의 listenerList 필드에 있는 해당 이벤트 처리 객체들을 파악하고, 이 객체들에 대해 해당 메서드를 호출한다. 예를 들어, 어떤 컴포넌트에서 action 이벤트가 발생하면 그 컴포넌트의

listenerList 필드에 있는 이벤트 핸들러 객체 중 ActionListener 객체들을 찾고, 이들에 대해 actionperformed 메서드를 호출한다. 이로부터 같은 이벤트에 대해 여러 핸들러 객체를 등록할 수 있고, 해당 이벤트가 발생하면 등록된 여러 핸들러 객체에 대해 동일한 메서드가 호출됨을 알 수 있다.

실습 16.6 여러 개의 이벤트 핸들러 객체 등록하기

위의 예제 코드에 새로운 이벤트 핸들러 클래스를 추가하고, 이 클래스로부터 객체를 생성하여 이 객체를 'press me' 버튼에 대한 이벤트 핸들러 객체로 등록해보자.

```
class MyActionHandler implements ActionListener {
        public void actionPerformed(ActionEvent event) {
                System.out.println("press me 버튼이 눌렸습니다");
        }
}

class MyActionHandler2 implements ActionListener {
        public void actionPerformed(ActionEvent event) {
                System.out.println("'press me' button is clicked");
        }
}

public class EventHandlingTest4 extends Jframe {
        public static void main(String[] args){
                EventHandlingTest4 f = new EventHandlingTest4("title");
        }
        public EventHandlingTest4(String title) {
                super(title);
                initializeComponents();
        }
        private void initializeComponents() {
                Container c = this.getContentPane();
                JButton b = new JButton("press me");

                MyActionHandler handler = new MyActionHandler ();
                b.addActionListener(handler);
```

```java
            MyActionHandler2 handler2 = new MyActionHandler2 ();
            b.addActionListener(handler2);

            c.add(b);

            this.setSize(200,200);
            this.setLocation(300, 300);
            this.setDefaultCloseOperation(JFrame.EXIT_ON_CLOSE);
            this.setVisible(true);
        }
}
```

위 코드를 실행하고 "press me" 버튼을 눌러보자. 아래처럼 두 이벤트 핸들러가 실행되는 것을 확인할 수 있다.

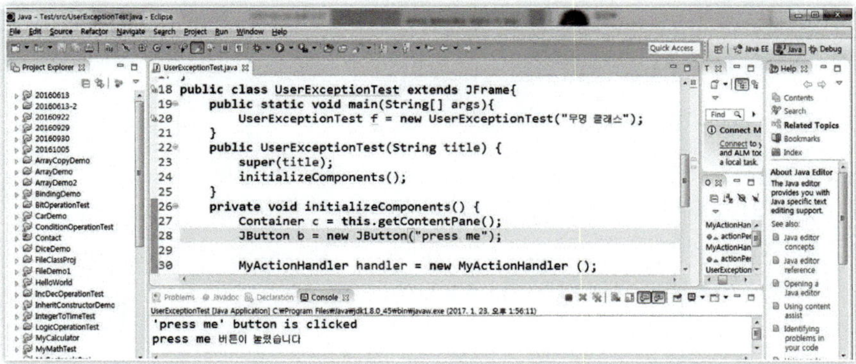

16.6 이벤트 정보 활용하기

리스너 객체를 생성하고, 이를 GUI 컴포넌트의 핸들러 객체로 등록하면 이벤트 처리가 끝난다. 이후 해당 GUI 컴포넌트에서 이벤트가 발생하면 GUI 컴포넌트에 등록된 핸들러 객체에게 통지되고, 이벤트 핸들러가 호출되어 실행된다. 이때 이벤트 핸들러에게 이벤트에 대한 정보를 담은 이벤트 객체가 전달된다. 예를 들어, JTextField에서 enter 키를 치면 action 이벤트가 발생하고, 이에 반응하여 JTextField 컴포넌트에 등록된 핸들러 객체의 actionPerformed 메서드가 호출된다. 이때 ActionEvent 객체가 actionPerformed 메서드로 전달된다.

어떤 정보들이 이벤트 객체를 통해 넘어오는지는 이벤트의 종류에 따라 달라지는데, 여기서는 ActionEvent와 관련된 것만 살펴보고, 나머지는 필요할 경우 살펴보기로 한다. ActionEvent와 관련된 주요 메서드에는 getSource와 getActionCommand가 있다. getSource 메서드는 이벤트를 발생시킨 컴포넌트의 레퍼런스를 넘겨주는 메서드로 여러 컴포넌트가 같은 이벤트 감지기를 사용할 경우, 이벤트 핸들러 안에서 어떤 컴포넌트가 이벤트를 발생시켰는지 파악할 경우 사용한다.

실습 16.7 getSource 메서드 사용하여 이벤트 발생 객체 파악하기

아래의 코드를 프로젝트로 만들어 실행해보자. 아래 예제에서 버튼 1과 버튼 2가 this 객체를 이벤트 핸들러 객체로 등록하였으므로, 버튼 1을 누르건 버튼 2를 누르건 Hello 클래스 안의 actionPerformed 메서드가 호출된다. 따라서 actionPerformed 메서드 안에서 어떤 버튼이 눌렸는지에 따라 달리 작업하고 싶으면, 넘어온 이벤트 객체에게 getSource 메서드를 실행시켜, 발생한 컴포넌트의 레퍼런스를 얻어와 이를 비교하고자 하는 버튼의 레퍼런스와 비교한다.

```
class Hello extends Jframe implements ActionListener {
        JButton b1, b2;
        public static void main(String[] args){
                Hello f = new Hello("title");
        }
        public Hello(String title) {
                super(title);
                initializeComponents();
        }
        private void initializeComponents() {
                Container c = this.getContentPane();
                c.setLayout(new FlowLayout());

                b1 = new JButton("press me");
                b2 = new JButton("click me");
                b1.addActionListener(this);
                b2.addActionListener(this);
                c.add(b1);
```

```
        c.add(b2);

        this.setSize(200,200);
        this.setLocation(300, 300);
        this.setDefaultCloseOperation(JFrame.EXIT_ON_CLOSE);
        this.setVisible(true);
    }

    public void actionPerformed(ActionEvent event) {
        if (event.getSource() == b1) System.out.println
        ("첫 번째 버튼이 눌렸습니다.");
        else if (event.getSource() == b2) System.out.println
        ("두 번째 버튼이 눌렸습니다.");
    }
}
```

여기서, 버튼의 레퍼런스를 저장할 변수를 initializeComponents의 지역변수가 아니라 Hello 클래스의 필드로 선언했다는 것에 주의하라. 그렇게 한 이유는 actionPerformed 메서드 안에서도 이 변수의 값을 사용해야 하기 때문이다. 그리고 setLayout이라는 메서드를 설명 없이 사용하였는데, 이는 컨테이너에 추가된 컴포넌트를 어떻게 배치할지 지정하는 메서드이다. 이 메서드 없이 추가하면 두 버튼이 겹쳐져 마치 하나의 버튼만 있는 것으로 보이므로 기본 배치 방법이 아닌 다른 방법으로 지정한 것이다. 컴포넌트 배치 방법에 대해서는 다음 장에서 자세히 다룬다.

위 윈도우가 뜬 상태에서 'press me' 버튼을 누르면 "첫 번째 버튼이 눌렸습니다."가 콘솔 창에 출력되고, 'click me' 버튼을 누르면 "두 번째 버튼이 눌렸습니다."가 콘솔 창에 출력된다.

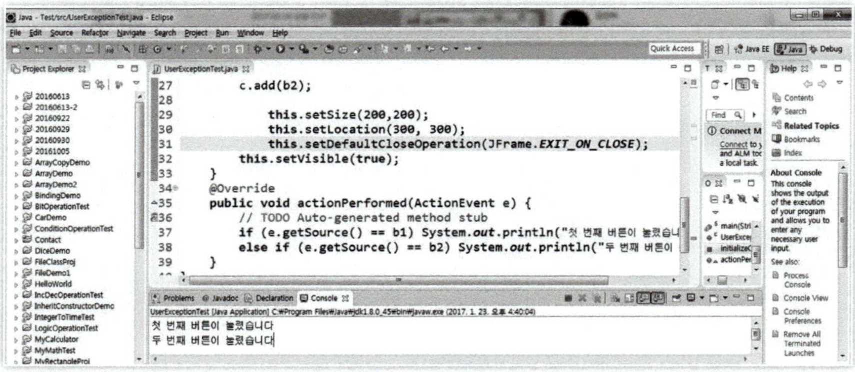

getActionCommand는 Action 이벤트를 발생시키는 컴포넌트의 현 명령어를 반환하는 메서드로, 상태마다 다른 명령어를 지정하고 이 명령어에 따라 달리 작업하고자 할 경우 유용하게 쓸 수 있다. 명령어를 지정해 주지 않으면 JButton은 버튼 캡션이 명령어가 되며, JTextField는 텍스트 박스에 입력된 내용이 명령어가 된다. 참고로 JTextField에서 enter 키를 치는 순간 actionPerformed 이벤트가 발생한다.

```
class Hello extends Jframe implements ActionListener {
        JButton b;
        JTextField t;
        public static void main(String[] args) {
                Hello app = new Hello("test");
        }
        public Hello(String title) {
                super(title);
                initializeComponents();
        }
        private void initializeComponents() {
                Container c = this.getContentPane();
                c.setLayout(new FlowLayout());

                b = new JButton("press me");
                b.addActionListener(this);
                t = new JTextField(10);

                t.addActionListener(this);
                c.add(b);
```

```
            c.add(t);

            this.setSize(200,200);
            this.setLocation(300, 300);
            this.setDefaultCloseOperation(JFrame.EXIT_ON_CLOSE);
            this.setVisible(true);
        }
        public void actionPerformed(ActionEvent event) {
            System.out.println(event.getActionCommand());
        }
}
```

위 코드를 실행한 후 버튼을 누르면 "press me"가 출력되고, 텍스트 박스에 무엇인가 입력한 후 엔터키를 치면 입력된 내용이 출력되는 것을 확인할 수 있을 것이다. 경우에 따라서는 명령어를 명시적으로 지정해 줄 필요가 있는데, 예를 들어, 버튼을 토글시키면서 상태에 따라 달리 처리하고자 할 경우, setActionCommand 메서드를 사용하여 명령어를 지정한다.

실습 16.8 ActionCommand 이용하기

아래의 예제는 버튼을 'on'과 'off' 상태로 토글시키면서 작업을 달리하는 예이다. 같은 버튼인데 현재 지정된 커맨드(Command)가 무엇이냐에 따라 작업을 달리 할 수 있다. 커맨드가 on 상태에서 action 이벤트가 발생하면 setActionCommand 메서드를 사용하여 off 커맨드로 바꾸고, 반대로 커맨드가 off 상태에서 action 이벤트가 발생하면 on 커맨드 상태로 바꾼다.

```
class Hello extends Jframe implements ActionListener {
        JButton b;
        JTextField t;
        public static void main(String[] args) {
            Hello app = new Hello("test");
        }
        public Hello(String title) {
            super(title);
            initializeComponents();
        }
```

```
    private void initializeComponents() {
        Container c = this.getContentPane();
        c.setLayout(new FlowLayout());

        b = new JButton("press me");
        b.setActionCommand("on");
        b.addActionListener(this);
        t = new JTextField(10);
        t.addActionListener(this);
        c.add(b);
        c.add(t);

        this.setSize(200,200);
        this.setLocation(300, 300);
        this.setDefaultCloseOperation(JFrame.EXIT_ON_CLOSE);
        this.setVisible(true);
    }

    public void actionPerformed(ActionEvent event) {
        if(event.getSource() == b) {
            if(event.getActionCommand() == "on") {
                System.out.println("on 상태임");
                ((JButton) event.getSource()).
                setActionCommand("off");
            }
            else {
                System.out.println("off 상태임");
                ((JButton) event.getSource()).
                setActionCommand("on");
            }
        }
        else if(event.getSource() == t) {
            System.out.println(event.getActionCommand());
        }
    }
}
```

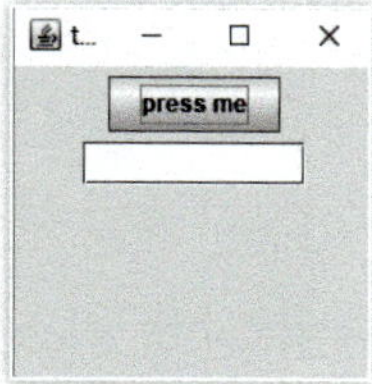

위 윈도우가 뜬 상태에서 'press me' 버튼을 누를 때마다 아래 그림과 같이 메시지가 번갈아 출력된다.

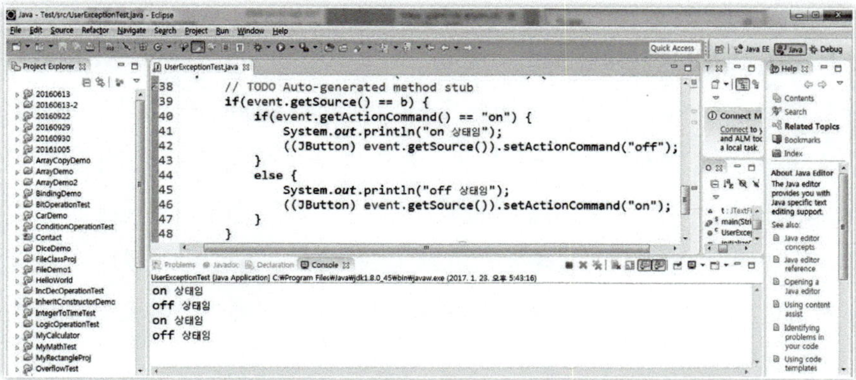

이번에는 test 윈도우의 텍스트 입력란에 "xxx"를 입력한 후 엔터키를 쳐보자. 엔터키를 치는 순간 텍스트 필드 객체에 대해 action 이벤트가 발생하고, 이벤트 핸들러가 실행되어 이벤트 발생 객체, 즉 텍스트 필드 객체의 현 커맨드가 콘솔 창에 출력된다. 앞서 설명한 바와 같이 입력된 문자열이 텍스트 필드 객체의 커맨드가 된다.

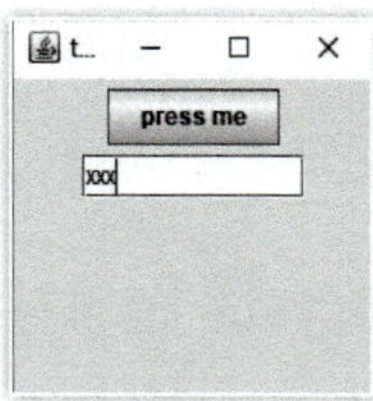

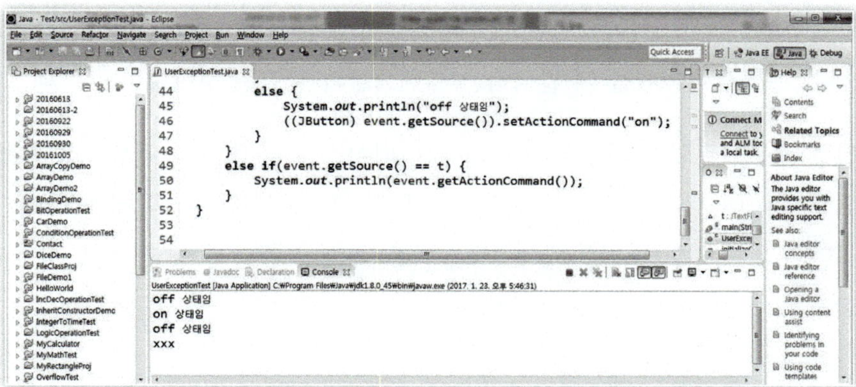

16.7 이벤트 리스너 인터페이스

이벤트 중심의 프로그래밍에서는 어떤 컴포넌트에서 어떤 이벤트들이 발생 가능한가를 파악하는 것이 중요하다. 그런데 자바에서는 관련 있는 이벤트들을 묶어 인터페이스, 즉 리스너 인터페이스로 제공하기 때문에 스윙 프로그램에서는 결국 컴포넌트와 관련된 인터페이스의 파악이 무엇보다 중요하다. 리스너 인터페이스에는 크게 두 종류가 있다. 하나는 모든 컴포넌트와 관련된 인터페이스이고 다른 하나는 특정 컴포넌트와만 관련된 인터페이스이다.

모든 컴포넌트와 관련된 리스너 인터페이스는 ComponentListener, FocusListener, KeyListener, MouseListener, MouseMotionListener, MouseWheelListener가 있다. 그런데, 한 리스너 인터페이스에는 여러 메서드들이 선언되어 있기 때문에 메서드 수로 따지면 이보다 훨씬 많다. 각 메서드가 하나의 이벤트에 대응되기 때문에 모든 컴포넌트에서 공통적으로 발생하는 이벤트도 많다는 것이다. 따라서 앞으로 컴포넌트와 관련된 이벤트를 파악하거나 기억할 때, 각각의 이벤트별로 기억하는 것보다 리스너 인터페이스별로 기억하는 것이 보다 쉽다.

ComponentListener 인터페이스는 컴포넌트의 크기나 위치 또는 가시성에 변화가 생겼을 때 발생하는 이벤트들과 관련된 것이고, FocusListener 인터페이스는 컴포넌트가 초점을 얻거나 잃을 때 발생하는 이벤트들과 관련된 것이다. KeyListener 인터페이스는 키 관련 이벤트들, MouseListener 인터페이스는 마우스 클릭, 마우스 누름과 뗌, 마우스 이동 등의 이벤트들, MouseMotionListener 인터페이스는 컴포넌트 위에서 마우스의 커서 위치가 바뀔 때 발생하는 이벤트들과 관련된 것이다. MouseWheelListener 인터페이스는 컴포넌트 위에서 마우스 휠을 이동했을 때 발생하는 이벤트들과 관련된 것이다.

일부 컴포넌트와만 관련된 리스너 인터페이스는 아래 표와 같다. 스윙 프로그램을 잘하기 위해서는 어떤 컴포넌트가 어떤 인터페이스와 관련되는지, 인터페이스는 어떤 이벤트들과 관련된 것인지를 잘 파악해야 한다. 많은 리스너 인터페이스들이 있기 때문에 예제와 관련해서 그때그때 살펴보기로 하자.

ActionListner처럼 어떤 리스너 인터페이스에는 관련된 이벤트가 하나이지만 WindowListner 인터페이스는 관련된 이벤트가 7개이고 MouseListener는 5개이다. 이와 관련하여 이벤트 처리 시 주의해야 할 사항이 있는데, 만약 처리하고자 하는 이벤트와 관련된 인터페이스에

특정 리스너를 취하는 스윙 컴포넌트

Componet	Action Listener	Caret Listener	Change Listener	Document Listener, Undoable Edit Listener	Item Listener	List Selection Listener	Window Listener	Other Types of Listeners
button	✓		✓		✓			
check box	✓		✓		✓			
color chooser								
combo box	✓				✓			
dialog							✓	
editor pane		✓		✓				hyperlink
file chooser	✓							
formatted text field	✓	✓		✓				
frame							✓	
internal frame								internal frame
list						✓		list data
menu								menu
menu item	✓		✓		✓			menu key menu drag mouse
option pane								
password field	✓	✓		✓				
popup menu								popup menu
progress bar			✓					
radio button	✓		✓		✓			
slider			✓					
spinner			✓					

다른 이벤트들도 같이 선언되어 있다면, 필요한 메서드 외에 필요치 않은 메서드도 같이 구현해주어야 한다는 것이다.

아래 코드에서 보는 바와 같이 버튼을 누를 경우의 작업을 위해 버튼 컴포넌트에 대해 JFrame 객체가 ActionListener 객체로 등록되어 있고, 윈도우에 대해 자신이 WindowListener 객체로 등록되어 있다. 그래서 GUI 클래스가 ActionListener 인터페이스와 WindowListener 인터페이스를 구현하는 것으로 되어 있고, 해당 클래스 안에서 인터페이스 내에 선언된 모든 메서드에 대해 구현해주고 있다. ActionListener 인터페이스에는 관련 이벤트 핸들링 메서드가 하나만 있어 별 문제되지 않지만, WindowListener 인터페이스인 경우는 관련 메서드가 7개 있다. 이 중 이 프로그램에서 필요한 메서드는 윈도우가 닫힐 시에 호출되는

windowClosing 메서드 하나이지만, 나머지 6개에 대해서도 구현해주어야 한다. 여기서는, 나머지 이벤트에는 관심이 없기 때문에 메서드 본체에 아무것도 없는 형태로 구현하였다.

```
class Gui extends JFrame implements ActionListener, WindowListener
{
  public Gui(String s) //constructor
  {
    super(s);
    initializeComponents();
  }
  private void initializeComponents() {
    Container c = getContentPane();

    JButton b = new JButton("press me");
    c.add(b);
    b.addActionListener(this);
    addWindowListener(this);

    this.setSize(200,200);
    this.setLocation(300, 300);
    this.setVisible(true);
  }

  public void actionPerformed(ActionEvent event)
  {
    final String bell = "띵띵띵";
    if (event.getActionCommand().equals("press me"))
    { System.out.print(bell); }
  }

 public void windowClosing(WindowEvent event) { System.exit(0); }
 public void windowClosed(WindowEvent event) {} //do nothing
 public void windowDeiconified(WindowEvent event){}
 public void windowIconified(WindowEvent event){}
 public void windowActivated(WindowEvent event){}
 public void windowDeactivated(WindowEvent event){}
 public void windowOpened(WindowEvent event){}
```

```
    public static void main( String args[] )
    {
        Gui  app = new Gui("test");
    }
}
```

실습 16.9 여러 이벤트로 구성된 인터페이스 구현 시

위 코드를 프로젝트로 작성하여 실행해보자. 앞에서 설명한 것과 같이 WindowListener 인터페이스 관련 이벤트 중 우리가 필요한 것은 windowClosing뿐이지만, 이 이벤트에 대한 핸들러만 작성해주면 추상 클래스가 되어 이벤트 핸들러 객체를 생성할 수 없다. 그래서 비록 아무 일도 하지 않는 형태이지만 어쩔 수 없이 나머지 이벤트에 대해서도 핸들러를 작성해준다.

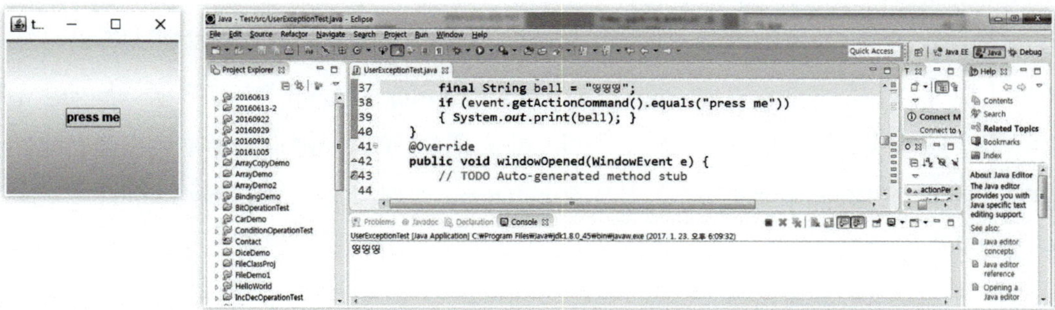

16.8 어댑터 클래스

앞서 설명한 바와 같이 일부 리스너를 이용할 경우, 필요치 않지만 같은 인터페이스에 포함되어 있다는 이유로 구현해주어야 하는 메서드들이 존재한다. 이러한 불편함을 줄이기 위해 도입된 것이 **어댑터(adapter) 클래스**이다. 어댑터 클래스는 여러 이벤트 핸들러를 갖고 있는 리스너 인터페이스에 대해 각 메서드에 대해 기본 구현, 즉 아무것도 하지 않는 것으로 구현해 놓은 클래스이다. 예를 들어, WindowAdapter 클래스는 WindowListener 인터페이스를 구현해 놓은 클래스이다.

어댑터 클래스를 이용하면 좀 더 편리하게 이벤트 처리 클래스를 작성할 수 있다. 즉, 해당 어댑터를 상속받는 클래스를 정의하고 그 안에서 원하는 메서드만 재정의하면 된다. 하지만, 이벤트 처리를 GUI 컴포넌트, 예를 들어 JFrame을 상속받은 클래스에서 처리할 경우는 어댑터 클래스를 상속받아 사용할 수 없다. 왜냐하면 단일 상속만 지원되므로 이미 JFrame 클래스를 상속받고 있어 어댑터 클래스를 추가로 상속받을 수 없다. 이러한 경우는 기존처럼 리스너 인터페이스를 구현하는 방식으로 처리해야 한다.

실습 16.10 어댑터 클래스를 이용한 이벤트 처리

다음 코드는 어댑터 클래스를 이용하여 이벤트를 처리하는 예제 코드이다. JFrame을 상속받은 PanelDemo 클래스의 생성자 부분에서 컴포넌트들을 생성하고 이벤트 처리 객체들을 지정해주고 있다. 처리하는 이벤트는 두 가지인데, 하나는 창이 닫히는 순간에 발생하는 이벤트이고, 다른 하나는 버튼을 눌렀을 때 발생하는 이벤트이다. 첫 번째 이벤트의 핸들러는 WindowListener 인터페이스에 선언되어 있고, 두 번째 이벤트의 핸들러는 ActionListener에 선언되어 있다. 그런데 알다시피 WindowListener 인터페이스에는 7개의 핸들러가 선언되어 있다. 이 중에 우리가 필요한 것은 windowClosing 핸들러이다. 7개 중 한 개만 필요하지만 나머지 6개도 구현해주어야 한다. 이를 위해 WindowAdapter 클래스를 이용하였다. 그런데, 여기서 주목해야 할 것은 PanelDemo 클래스에서 WindowAdapter 클래스를 상속받도록 해도 되는데, 왜 예제에서는 굳이 WindowAdapter 클래스를 상속받는 별도의 클래스로 구현했을까 하는 것이다. 이유는 자바는 다중 상속을 지원하지 않기 때문이다. PanelDemo 클래스는 이미 JFrame 클래스를 상속받고 있기 때문에 WindowAdapter 클래스를 추가로 상속받을 수 없다.

```
public class PanelDemo extends JFrame {
        public PanelDemo()
        {
            super("test");
            initializeComponents();
        }
        private void initializeComponents() {
            Container c = getContentPane();;
            c.setBackground(Color.yellow);
            c.setLayout(new FlowLayout());
```

```
        JButton pushButton = new JButton("press me");
        c.add(pushButton);

        EventHandler evtHandler = new EventHandler();
        addWindowListener(evtHandler);
        pushButton.addActionListener(evtHandler);

        setSize(200,200);
        setLocation(300, 300);
        setVisible(true);
    }
    public static void main( String args[] )
    {
        PanelDemo app = new PanelDemo();
    }
}

class EventHandler extends WindowAdapter implements ActionListener {
        public void actionPerformed(ActionEvent event)
        {
          final char bell = '\u0007';
          if (event.getActionCommand().equals("press me"))
          {
             System.out.print(bell);
          }
        }
        public void windowClosing(WindowEvent event)
        { System.out.exit(0); }
}
```

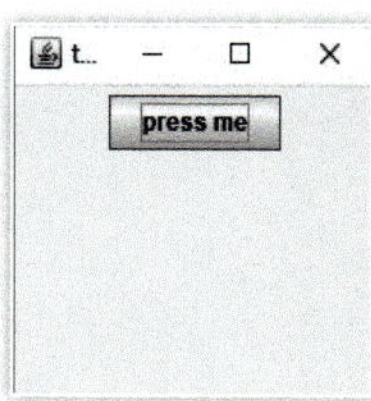

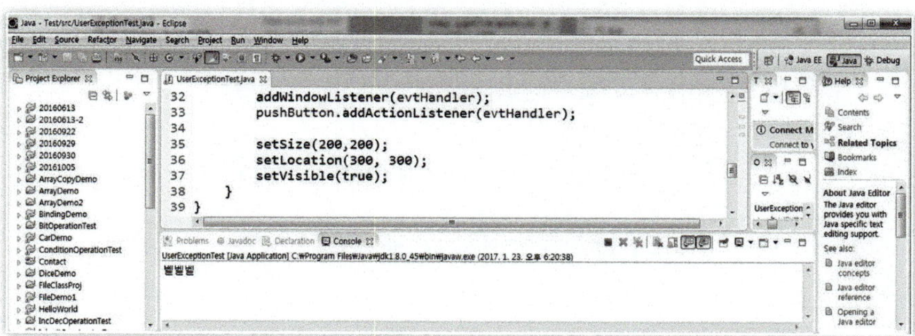

실습 16.11 익명 클래스를 이용한 이벤트 처리

이번 예제 코드는 WindowAdapter 클래스를 상속받는 별도의 클래스를 정의하지 않고 WindowAdapter 클래스를 이용하는 예제이다. ActionListener는 PanelDemo에서 구현하고 windowClosing은 익명의 클래스를 이용하여 구현하고 있다. 실행해보면 결과는 앞 실습 예제와 동일할 것이다.

```
public class PanelDemo extends JFrame implements ActionListener {
        public PanelDemo()
        {
            super("test");
            initializeComponents();
        }
        private void initializeComponents() {
            Container c = getContentPane();;

            JButton pushButton = new JButton("press me");
            c.add(pushButton);

            addWindowListener(new WindowAdapter() {
               public void windowClosing(WindowEvent event) { System.
               exit(0); }
            });
            pushButton.addActionListener(this);

            setSize(200,200);
            setLocation(300, 300);
            setVisible(true);
        }

        public void actionPerformed(ActionEvent event)
        {
            final char bell = '\u0007';
            if (event.getActionCommand().equals("press me"))
            {
               System.out.print(bell);
            }
        }
```

```
        public static void main( String args[] )
        {
                PanelDemo app = new PanelDemo();
        }
}
```

참고로, 앞으로 단순히 윈도우를 닫는 순간에 프로그램을 종료할 경우, 굳이 windowClosing 핸들러를 이용할 필요 없이 JFrame.EXIT_ON_CLOSE를 인수로 하여 JFrame 클래스의 setDefaultCloseOperation 메서드를 호출하면 된다. 이 메서드는 윈도우가 닫힐 때의 기본 동작을 지정하는 메서드로 인수로 JFrame.EXIT_ON_CLOSE를 주면 윈도우가 닫히는 순간 프로그램도 종료된다.

```
public class PanelDemo extends JFrame implements ActionListener {
        public PanelDemo()
        {
            super("test");
            initializeComponents();
        }
        private void initializeComponents() {
            Container c = getContentPane();;

            JButton pushButton = new JButton("press me");
            c.add(pushButton);

            pushButton.addActionListener(this);

            setSize(200,200);
            setLocation(300, 300);
            setDefaultCloseOperation(JFrame.EXIT_ON_CLOSE);
            setVisible(true);
        }

        public void actionPerformed(ActionEvent event)
        {
            final char bell = '\u0007';
```

```
        if (event.getActionCommand().equals("press me"))
        {
            System.out.print(bell);
        }
    }

    public static void main( String args[] )
    {
            PanelDemo app = new PanelDemo();
    }
}
```

17 배치 관리자

이번 장에서는 화면 구성에 중요한 역할을 담당하는 배치 관리자에 대해서 살펴보기로 한다. 먼저 배치 관리자의 역할을 살펴본 후, 다양한 배치 관리자 클래스의 차이점을 살펴보자.

17.1 배치 관리자란?

GUI 컴포넌트들을 컨테이너에 추가한다고 해서 화면 구성이 완전해지는 것은 아니다. 각 컴포넌트들의 위치를 잡아주어야 하는데, 그 위치를 프로그래머가 일일이 지정해주기는 쉽지 않을 뿐 아니라 매우 귀찮은 일이기도 하다. 이러한 문제를 해결하기 위한 것이 바로 **배치 관리자**(layout manager)이다. 여러 종류의 배치 관리자들이 있으며, 각 관리자의 규칙에 따라 컴포넌트들의 위치가 자동으로 결정된다. 더불어 컨테이너의 크기가 변할 경우에도 자동으로 위치가 재조정된다. 프로그래머는 단순히 컨테이너 객체의 setLayout 메서드를 사용하여 원하는 배치 관리자 객체를 지정해주기만 하면 된다. 그 다음부터는 배치 관리자가 그 컨테이너에 추가되는 컴포넌트들을 관리한다.

프로그래머에게 필요한 것은 각 배치 관리자가 어떻게 컴포넌트들을 배치하는지 파악하는 것이다. 그런 다음, 작성하고자 하는 화면에 맞는 배치 관리자를 각 컨테이너에 지정해준다. 예를 들어, null이라는 배치 관리자는 배치 관리자를 사용하지 않음을 의미하는데, 이 경우 각 컴포넌트에 대해 프로그래머가 절대 위치를 잡아주어야 한다. 컴포넌트의 위치를 일일이 잡아주는 작업은 화면 구성이 복잡할수록 지겹고 어려운 작업이 된다. 화면이 크기를 달리할 경우를 고려하여 작성할 경우는 더욱더 어려워진다. 이러한 문제점을 일부 완화하기 위해 사용하는 배치 관리자가 AbsoluteLayout 관리자로서 null과 같이 각 컴포넌트의 절대 위치를 잡아주어야 하는 작업을 개발환경의 비주얼 도구를 사용하여 쉽게 할 수 있게 한다. 하지만, 화면의 크기가 달라질 경우는 자동으로 컴포넌트의 크기나 위치가 자동으로 조정되지 않는다. 그러므로 이 관리자는 null과 마찬가지로 프로토타입을 개발할 경우는 유용하지만 상용화 제품을 만들 경우는 추천하지 않는 관리자이다.

AbsoluteLayout 관리자 외에 다양한 배치 관리자들이 있는데, 여기서는 그중 많이 사용되는 FlowLayout, BorderLayout, GridLayout, GridBagLayout, CardLayout, BoxLayout, GroupLayout, SpringLayout에 대해서 살펴보기로 한다.

17.2 FlowLayout

FlowLayout은 컴포넌트들을 왼쪽에서 오른쪽으로 배치하며 한 줄이 차면 다음 줄로 넘어가 같은 방식으로 배치하는 방식이다. 아래의 예제 코드는 FlowLayout 관리자의 특성을 파악하는 예제이다. 기본 컨테이너의 배치 관리자만 FlowLayout 관리자로 바꾼 형태이다. 컴포넌트들이 좌에서 우로, 그리고 위에서 아래로 배치되는 것을 확인할 수 있을 것이다.

```
public class ProgramBasic extends JFrame {

          public static void main(String[] args) {
                ProgramBasic app = new ProgramBasic("title");
          }

          public ProgramBasic(String s) //constructor
          {
            super(s);
            initializeComponents();
          }
          private void initializeComponents() {
              JButton[] buttons = new JButton[5];

              Container c = getContentPane();
              c.setLayout(new FlowLayout() );

              for ( int i = 0; i < buttons.length; i++ ) {
                    buttons[ i ] = new JButton( "Button " + (i + 1) );
```

```
                c.add( buttons[ i ] );
            }

            setSize(200,200);
            setLocation(300, 300);
            setDefaultCloseOperation(JFrame.EXIT_ON_CLOSE);
            setVisible(true);
        }
    }
```

실습 17.1 FlowLayout 실습

위의 코드를 프로젝트로 작성하여 실행해보자. 처음 실행시키면 아래의 왼쪽과 같은 결과를 얻을 수 있을 것이다. 이 상태에서 윈도우의 크기를 바꿔보자. 그러면 아래 오른쪽처럼 윈도우의 크기에 맞추어 컴포넌트들이 재배치되는 것을 확인할 수 있을 것이다.

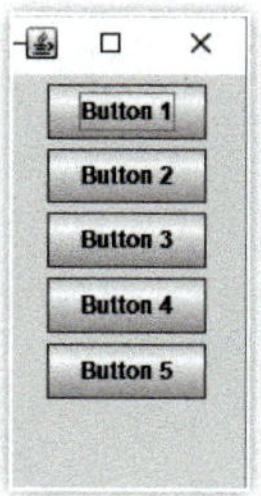

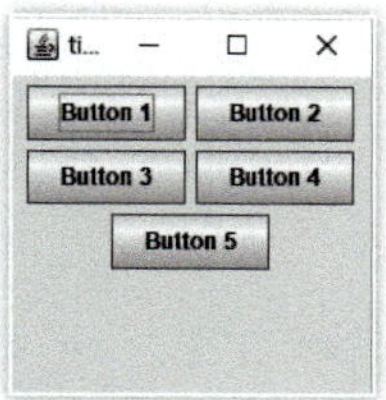

17.3 BorderLayout

BorderLayout은 그림과 같이 컨테이너 4개의 모서리를 따라 배치하거나 가운데 배치하는 방식이다. North, South, East, West 및 Center 포지션을 이용하여 원하는 위치를 지정한다.

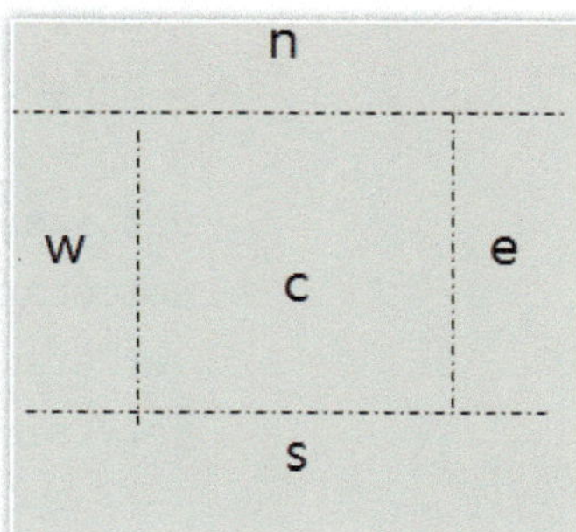

다음 코드는 배치 관리자로 BorderLayout을 지정한 후 각 버튼의 위치를 지정해준 예이다. 프로그램을 실행하면 각 버튼들이 지정된 위치에 표시됨을 알 수 있을 것이다. 그리고 창의 크기를 변화시켰을 때 어떻게 변화되는지 확인해보자. 창의 크기가 변화되더라도 배치 관리자가 알아서 각 컴포넌트들의 위치를 다시 잡아주는 것을 확인할 수 있을 것이다.

```
public class ProgramBasic extends JFrame {

          public static void main(String[] args) {
                ProgramBasic app = new ProgramBasic("test");
          }

          public ProgramBasic(String s) //constructor
          {
            super(s);
            initializeComponents();
          }
          private void initializeComponents() {
              JButton[] buttons = new JButton[5];

              Container c = getContentPane();
              c.setLayout(new BorderLayout() );

              for ( int i = 0; i < buttons.length; i++ ) {
                     buttons[ i ] = new JButton( "Button " + (i + 1) );
                     //c.add( buttons[ i ] );
              }

              c.add(buttons[0], BorderLayout.EAST);
              c.add(buttons[1], BorderLayout.WEST);
              c.add(buttons[2], BorderLayout.SOUTH);
              c.add(buttons[3], BorderLayout.NORTH);
              c.add(buttons[4], BorderLayout.CENTER);

              setSize(200,200);
              setLocation(300, 300);
              setDefaultCloseOperation(JFrame.EXIT_ON_CLOSE);
              setVisible(true);
       }
}
```

실습 17.2 BorderLayout 실습

위의 코드를 프로젝트로 작성하여 실행해보자. 아래 그림 왼쪽처럼 각 버튼들이 지정된 위치에 놓이는 것을 확인할 수 있을 것이다. 윈도우의 크기가 작아 센터에 위치한 버튼의 캡션이 보이지 않는다. 윈도우의 폭을 늘리면 아래 오른쪽처럼 센터 버튼의 크기가 그에 맞춰 커지는 것을 확인할 수 있을 것이다. 만약, 배치 관리자가 없었으면 윈도우의 크기가 바뀔 때마다 각 컴포넌트의 크기와 위치를 다시 산정하도록 프로그래머가 일일이 프로그래밍해야 한다. 이 작업은 결코 쉽지 않다. 이처럼 배치 관리자를 잘 활용하면 지루하고 힘든 작업에 투자하는 시간을 줄이고 보다 창의적인 작업에 투자할 수 있다.

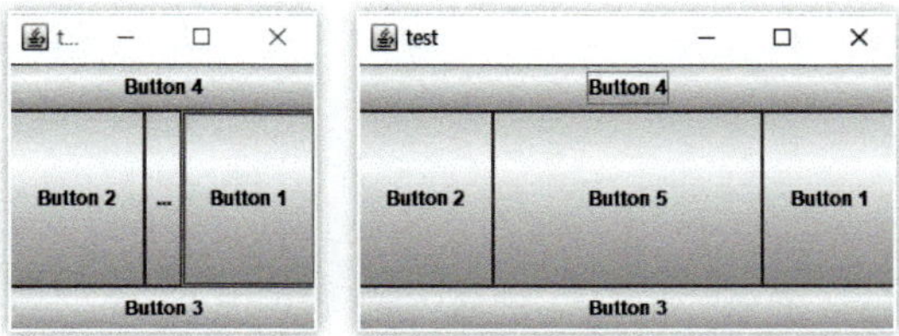

getContentPane 메서드에 의해 얻어지는 기본 컨테이너는 BorderLayout 관리자에 의해 컴포넌트들이 배치된다. 앞의 예제 코드에서 기본 컨테이너의 배치 관리자를 별도로 지정하지 말고 실행해보자. 앞의 예와 똑 같은 결과를 얻을 수 있을 것이다. 확인 후에 버튼의 위치를 삭제하고 실행해보자. 버튼 추가 시 위치를 지정하지 않고 추가하였으므로 모두 중앙(Center)에 추가된다. 그래서 5개 모두 같은 위치에 배치되며, 그 결과 가장 나중에 추가된 버튼 5만 보인다. 위의 initializeComponents 메서드를 아래와 같이 수정하여 실행하면 된다.

```
private void initializeComponents() {
        JButton[] buttons = new JButton[5];

        Container c = getContentPane();

        for ( int i = 0; i < buttons.length; i++ ) {
                buttons[ i ] = new JButton( “Button ” + (i + 1) );
                c.add( buttons[ i ] );
        }

        setSize(200,200);
        setLocation(300, 300);
```

```
        setDefaultCloseOperation(JFrame.EXIT_ON_CLOSE);
        setVisible(true);
    }
```

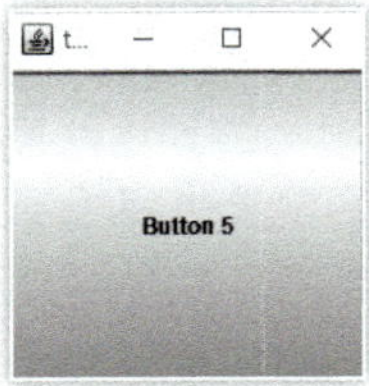

17.4 GridLayout

GridLayout은 같은 크기의 셀 격자에 컴포넌트들을 배치하는 방식으로 왼쪽에서 오른쪽으로 그리고 위에서 아래의 방향으로 컴포넌트들을 추가한다. 다음 코드는 GridLayout 관리자의 특성을 파악하는 예제이다. 처음 예제에서 기본 컨테이너의 배치 관리자만 GridLayout 관리자로 바꾼 형태이다. 컴포넌트들이 격자 형태로 배치되는 것을 확인할 수 있을 것이다.

```
public class ProgramBasic extends JFrame {

        public static void main(String[] args) {
              ProgramBasic app = new ProgramBasic("test");
        }

        public ProgramBasic(String s) //constructor
        {
          super(s);
          initializeComponents();
        }
        private void initializeComponents() {
            JButton[] buttons = new JButton[5];

            Container c = getContentPane();
```

```
                c.setLayout(new GridLayout(3, 2));

                for ( int i = 0; i < buttons.length; i++ ) {
                        buttons[ i ] = new JButton( "Button " + (i + 1) );
                        c.add( buttons[ i ] );
                }

                setSize(200,200);
                setLocation(300, 300);
                setDefaultCloseOperation(JFrame.EXIT_ON_CLOSE);
                setVisible(true);
        }
}
```

실습 17.3 GridLayout 실습

위의 코드를 프로젝트로 작성하여 실행해보자. 아래 그림 왼쪽처럼 각 버튼들이 격자처럼 놓이는 것을 확인할 수 있을 것이다. 윈도우의 크기를 늘려보자. 행과 열의 수에는 변화가 없고 대신에 버튼들의 크기가 윈도우 크기에 맞춰 커지는 것을 확인할 수 있을 것이다.

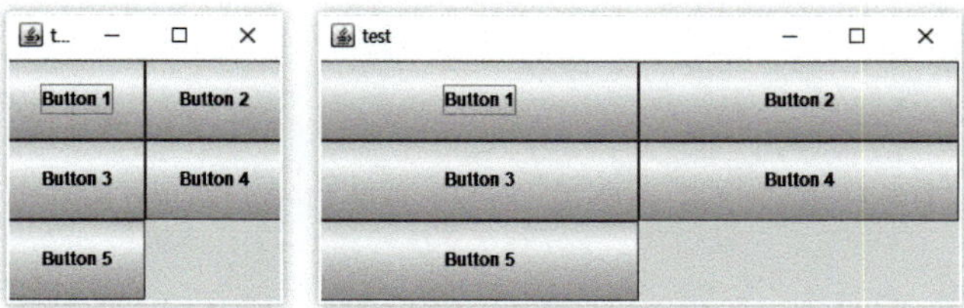

격자와 격자 사이의 공간은 GridLayout 객체 생성 시 생성자를 통해 지정할 수도 있고, 생성 후에 GridLayout 객체의 setHgap 메서드와 setVgap 메서드를 통해 지정할 수도 있다. 아래의 예는 컴포넌트 간의 수평 및 수직 간격을 5로 정의한 예이다.

```
Container c = getContentPane();
c.setLayout(new GridLayout(3, 2, 5, 5)); // 수평 및 수직 갭을 5로
```

또는

```
Container c = getContentPane();
GridLayout layout = new GridLayout(3, 2);
layout.setHgap(5); // 수평 간격을 5로
layout.setVgap(5); // 수직 간격을 5로
c.setLayout(layout);
```

실습 17.4 컴포넌트 사이의 간격 조절하기

위의 코드에서 GridLayout 객체를 생성하는 코드를 아래와 같이 변경하여 실행해보자. 아래 그림처럼 버튼 사이의 수평 간격과 수직 간격이 주어진 것을 확인할 수 있을 것이다.

```
c.setLayout(new GridLayout(3, 2, 5, 5)); // 수평 및 수직 갭을 5로
```

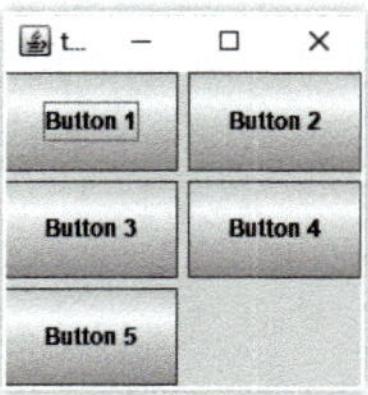

17.5 GridBagLayout

GridBagLayout은 GridLayout처럼 컴포넌트를 셀 그리드에 배치하는 방식이다. 하지만, 한 셀이 여러 셀에 걸쳐 확장될 수 있고, 열과 행의 개수가 모두 같을 필요도 없다. 따라서 GridLayout보다 더 융통성 있게 컴포넌트들을 배치할 수 있다. GridBagLayout 배치 관리자를 이용하여 컴포넌트를 배치할 경우의 전형적인 형태는 다음과 같다.

① 컨테이너 생성

```
JPanel pane = new JPanel(new GridBagLayout());
```

② GridBagConstraints 객체 생성

```
GridBagConstraints c = new GridBagConstraints();
```

③ 컴포넌트 생성

```
JButton button = new JButton("Button 1");
```

④ GridBagConstraints 객체의 필드 지정(여러 제약 사항들 설정)

```
c.gridx=0; c.gridy=0;
...
```

⑤ 제약조건 c에 맞게 컴포넌트를 컨테이너에 추가

```
pane.add(button, c);
```

결국, GridBagLayout 배치 관리자를 잘 사용하기 위해서는 GridBagConstraints의 필드들을 잘 이해하고 있어야 한다. GridBagConstraints의 필드들을 요약하면 아래와 같다.

gridx, gridy

컴포넌트의 좌측 상단이 표시될 열과 행 번호를 지정한다. 가장 좌측 열인 경우 gridx의 값은 0, 가장 윗 행인 경우 gridy의 값은 0이다. 값이 GridBagConstraints.RELATIVE이면 가장 최근에 추가된 컴포넌트의 다음 열이나 다음 행을 의미한다.

gridwidth, gridheight

컴포넌트가 표시될 영역의 열과 행의 수를 지정한다. 값이 GridBagConstraints.REMAINDER이면 추가되는 컴포넌트가 그 열 또는 행의 마지막이 되도록 자동 확장되는 것을 의미한다.

fill

컴포넌트가 표시될 영역이 컴포넌트가 요구한 크기보다 클 경우, 컴포넌트의 크기를 재조정하는 방식을 지정한다. NONE이면 조정하지 않고, HORIZONTAL이면 수평 방향, VERTICAL은 수직 방향, BOTH는 두 방향 모두 크기를 재조정한다.

ipadx, ipady

컴포넌트의 내부 패딩을 설정한다. 컴포넌트의 폭은 2*ipadx의 값을 포함한 값이며, 컴포넌트의 높이는 2*ipady의 값을 포함한 값이다. 기본 내부 패딩 값은 0이다. ipady 값을 주면 정상적인 높이보다 더 높아진다.

insets

컴포넌트의 외부 패딩, 즉 표시 영역의 가장자리와 컴포넌트 사이의 최소 유지 거리를 설정한다. 네 방향에 대한 패딩을 줄 수 있으며, Inset 객체를 이용하여 패딩 값을 지정한다. 기본 외부 패딩 값은 0이다.

anchor

컴포넌트의 크기가 표시 영역보다 작을 경우, 컴포넌트를 그 표시 영역 내 어디에 갖다 둘지를 설정한다. 가능한 값과 그 위치는 아래 그림과 같다.

FIRST_LINE_START	PAGE_START	FIRST_LINE_END
LINE_START	CENTER	LINE_END
LAST_LINE_START	PAGE_END	LAST_LINE_END

weightx, weighty

컴포넌트의 가중치를 설정한다. 컨테이너의 크기가 달라질 경우, 이 가중치에 따라 컴포넌트의 폭과 높이가 결정된다. 값은 보통 0과 1사이의 값을 가지며, 값은 큰 의미가 없고 상대적인 값이 중요하다. 즉, 값이 크면 상대적으로 많은 공간을 차지한다는 의미이다. 다른 행 같은 열에 있는 컴포넌트들의 가중치(weightx)가 각기 다를 수 있는데, 이때 그 열에 있는 컴포넌트들의 가중치 중 최댓값을 그 열의 최종 가중치로 취급한다. 행의 가중치도 동일하다. 즉 같은 행의 다른 열에 있는 컴포넌트들의 가중치(weighty)의 최댓값을 그 행의 가중치로 취급한다. 최댓값을 구할 때, 여러 행 또는 열에 걸쳐 있는 컴포넌트의 가중치는 그 열이나 행의 개수로 나눈 값을 사용한다. weightx가 0인 컴포넌트들은 컨테이너 폭이 넓어지더라도 폭이 넓어지지 않고 그대로 유지되며, weighty가 0인 컴포넌트들은 컨테이너 높이가 높아지더라도 컴포넌트의 높이가 그대로 유지된다. 그리고 모든 컴포넌트의 weightx가 0이면 컨테이너 폭이 넓어질 경우, 컴포넌트가 중앙으로 몰리며 양옆에 공백이 확보된다. 마찬가지로 모든 컴포넌트의 weighty가 0이면, 컨테이너의 높이가 높아질 경우 컴포넌트가 중앙으로 몰리며 위아래 공백이 확보된다.

실습 17.5 GridBagLayout 실습

먼저, gridx, gridy 필드의 의미를 다음의 예를 통해 살펴보자. 아래의 예는 두 필드를 사용하여 세 개의 버튼이 표시될 위치를 지정하여 추가하는 예이다.

```
public class ProgramBasic extends JFrame {

        public static void main(String[] args) {
              ProgramBasic app = new ProgramBasic("test");
        }

        public ProgramBasic(String s)
        {
          super(s);
          initializeComponents();
        }
        private void initializeComponents() {
              Container pane = getContentPane();;

              JButton button;
              pane.setLayout(new GridBagLayout());
              GridBagConstraints c = new GridBagConstraints();

              button = new JButton("버튼 1");
```

```
        c.gridx = 0;
        c.gridy = 0;
        pane.add(button, c);

        button = new JButton("버튼 2");
        c.gridx = 1;
        c.gridy = 0;
        pane.add(button, c);

        button = new JButton("버튼 3");
        c.gridx = 2;
        c.gridy = 0;
        pane.add(button, c);
        setSize(200,200);
        setLocation(300, 300);
        setDefaultCloseOperation(JFrame.EXIT_ON_CLOSE);
        setVisible(true);
    }
}
```

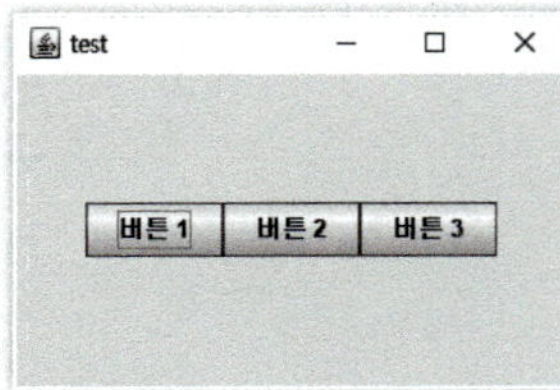

위 코드를 실행하면 옆의 그림처럼 세 개의 버튼이 GridLayout처럼 1행 3열의 형태로 표시되는 것을 볼 수 있을 것이다.

이 상태에서 윈도우의 크기를 재조정해보자. 윈도우 크기를 바꾸더라도 버튼의 크기는 변화되지 않고 양옆 또는 위아래 공백만 확장되는 것을 볼 수 있을 것이다. 이번에는 첫 번째 버튼을 생성하는 코드 다음에 아래의 코드를 추가하여 실행해보자.

```
c.weightx = 0.2;
```

이렇게 하면 세 버튼 모두 weightx의 값이 0.2 상태로 추가된다. 따라서 윈도우 폭이 넓어지면 각 컴포넌트에 할당된 공간, 즉 표시 영역이 커진다. 실행 후 윈도우 크기를 조정해보자. 그러면, 옆의 그림처럼 각 버튼마다 추가 영역이 확보되는 데, 버튼의 크기는 그대로이고 표시 영역만 커진 것을 알 수 있을 것이다.

이번에는 첫 번째 버튼을 생성하는 코드 앞에 다음과 같은 코드를 추가하여 실행해보자. 버튼의 크기가 표시 영역에 꽉 차도록 크기가 재조정된 것을 볼 수 있을 것이다. 이처럼 fill 필드는 컴포넌트의 표시 영역에 맞게 컴포넌트의 크기를 가로나 세로 방향으로 재조정하는 역할을 한다.

```
c.fill = GridBagConstraints.HORIZONTAL;
```

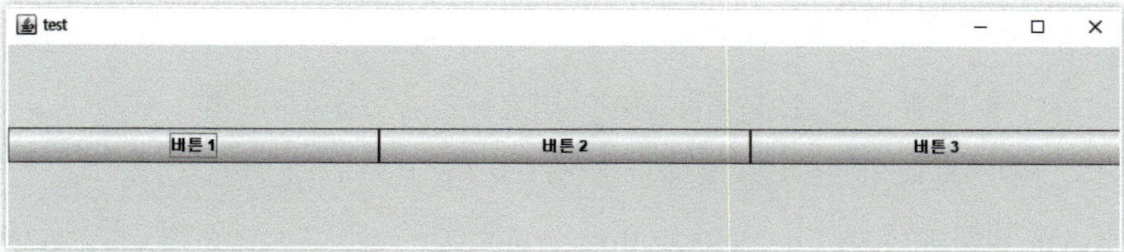

이번에는 gridwidth에 대해 살펴보자. 이를 위해 네 번째 버튼을 위한 코드를 아래와 같이 추가하여 실행해보라. 그러면 다음 행에 3열에 걸친 버튼이 추가된 것을 확인할 수 있다.

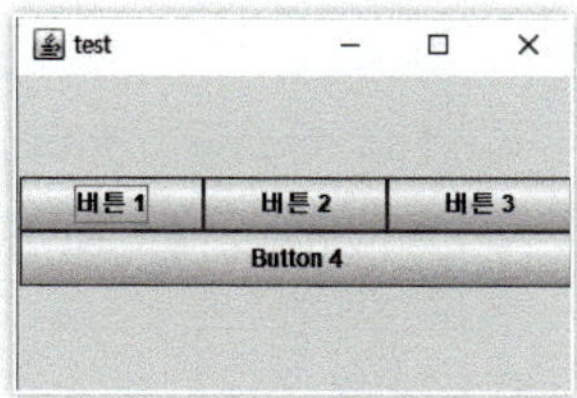


```
button = new JButton("Button 4");
c.gridx = 0;
c.gridy = 1;
c.gridwidth = 3;
pane.add(button, c)
```

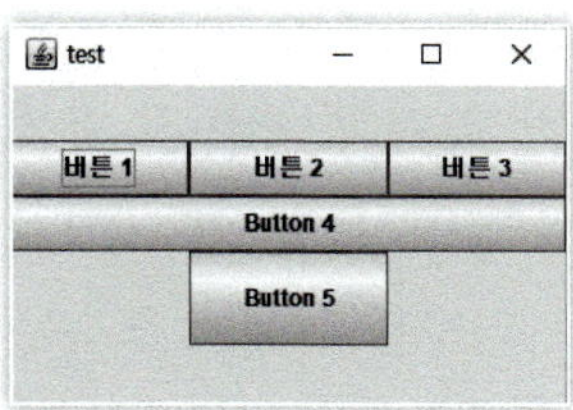

ipady의 의미를 파악하기 위해 아래의 코드를 추가하여 실행해보자. 그림처럼 컴포넌트의 높이가 높아지는 것을 확인할 수 있다. 이는 버튼 내부의 패딩, 즉 컴포넌트 테두리와 캡션이 표시되는 사이의 공간을 줌으로써 마치 컴포넌트의 높이가 길어지게 하는 효과가 생긴다.

```
button = new JButton("Button 5");
c.gridx = 1;
c.gridy = 2;
c.ipady = 20;
c.gridwidth = 1;
pane.add(button, c);
```

마지막으로, insets 필드에 대해 살펴보자. 이 필드는 컴포넌트와 표시 영역 사이의 외부 패딩의 크기를 정해주는 필드이다. 아래의 코드처럼 Insets 객체를 통해 top, left, bottom, right 패딩 값을 지정해주면 된다.

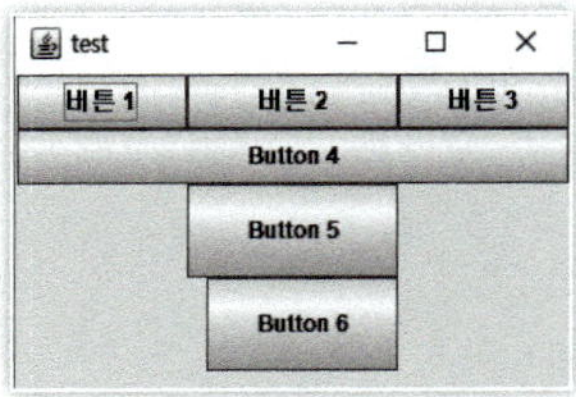


```
button = new JButton("Button 6");
c.insets = new Insets(0, 10, 10, 0);
c.gridx = 1;
c.gridy = 3;
pane.add(button, c);
```

17.6 CardLayout

CardLayout은 카드덱처럼 하나 이상의 컴포넌트를 같은 위치에 배치하는 방식이다. 컴포넌트를 하나의 카드로 취급한다. 따라서 가장 상위의 컴포넌트만 제대로 보이고, 나머지 컴포넌트들은 가려서 보이지 않게 된다. 컴포넌트는 이전 컴포넌트의 밑에 배치된다. 즉, 제일 먼저 추가된 컴포넌트가 최상위 컴포넌트가 된다. 따라서 이 배치 관리자를 사용할 경우는 프로그램에 의해 최상위 컴포넌트를 바꾸면서 원하는 컴포넌트를 표시해야 한다. 특정 컴포넌트를 표시할 때 사용되는 메서드는 다음과 같다.

first(Container c)	c 컨테이너의 첫 번째 카드 표시
next(Container c)	c 컨테이너의 다음 카드 표시. 마지막 카드일 경우는 첫 번째 카드를 표시
previous(Container c)	c 컨테이너의 이전 카드 표시. 첫 번째 카드일 경우는 마지막 카드를 표시
last(Container c)	c 컨테이너의 마지막 카드 표시
show(Container c, String name)	컴포넌트에 이름을 부여하여 컨테이너에 추가할 수 있는데, 바로 이 이름을 갖는 컴포넌트, 즉 카드를 표시

아래의 예제는 5개의 버튼을 카드 배치 관리자를 사용하여 배치한 후, 첫 번째 버튼을 누르면 다음 버튼을, 두 번째 버튼을 누르면 마지막 버튼을, 마지막 버튼을 누르면 이전 버튼을, 네 번째 버튼을 누르면 'btn1'이라는 버튼을 표시하도록 하는 예이다.

```
public class ProgramBasic extends JFrame implements ActionListener{
          JButton[] buttons;
          public static void main(String[] args) {
              ProgramBasic app = new ProgramBasic("test");
          }

          public ProgramBasic(String s) //constructor
          {
              super(s);
              initializeComponents();
          }
          private void initializeComponents() {
              buttons = new JButton[5];

              Container c = getContentPane();
              c.setLayout(new CardLayout() );

              for ( int i = 0; i < buttons.length; i++ ) {
                     buttons[ i ] = new JButton( "Button " + (i + 1) );
                     buttons[i].addActionListener(this);
                     c.add( buttons[ i ], "btn" + (i+1)); // 컴포넌트에 이름
                     부여
              }
              setSize(200,200);
              setLocation(300, 300);
```

```
        setDefaultCloseOperation(JFrame.EXIT_ON_CLOSE);
        setVisible(true);
    }

    public void actionPerformed(ActionEvent e) {
        Container c = getContentPane();
        CardLayout layout = (CardLayout) c.getLayout();
        if (e.getSource() == buttons[1]) {
            layout.last(c);
        }
        else if (e.getSource() == buttons[4]) {
            layout.previous(c);
        }
        else if (e.getSource() == buttons[3]) {
            layout.show(c, "btn1"); // 이름으로 카드 찾아 표시
        }
        else  {
            layout.next(c);
        }
    }
}
```

실습 17.6 CardLayout 실습

위의 코드를 프로젝트로 작성하여 실행해보자. 아래 그림 첫 번째처럼 가장 위의 컴포넌트만 보일 것이다. 이 상태에서 첫 번째 버튼을 눌러보자. 그러면 이벤트 처리에 의해 다음 버튼, 즉 두 번째 버튼이 표시되고, 다시 두 번째 버튼을 누르면 마지막 버튼, 즉 버튼 5가 표시되고, 다시 마지막 버튼을 누르면 이전 버튼, 즉 버튼 4가 표시된다. 그리고 네 번째 버튼을 누르면 버튼 1이 표시된다.

17.7 BoxLayout

BoxLayout은 컴포넌트들을 하나의 열 또는 행에 배치하는 방식으로, 생성 시에 컴포넌트들의 배치 방향을 지정해줄 수 있다. 배치 방향으로는 BoxLayout.X_AXIS, BoxLayout.Y_AXIS, BoxLayout.LINE_AXIS, 그리고 BoxLayout.PAGE_AXIS 값을 가질 수 있다.

BoxLayout(Container, int)

생성 시에 layout을 적용할 컨테이너와 배치 방향을 지정한다.

X_AXIS

왼쪽에서 오른쪽 수평 방향으로 배치한다.

Y_AXIS

위에서 아래 수직 방향으로 배치한다.

LINE_AXIS

컨테이너의 ComponentOrientation 값에 따라 달라지는데, 그 값이 ComponentOrientation.LEFT_TO_RIGHT이면 X_AXIS와 동일하게 배치되며, ComponentOrientation.RIGHT_TO_LEFT이면 오른쪽에서 왼쪽으로 배치된다.

PAGE_AXIS

컨테이너의 ComponentOrientation 값에 따라 달라지는데, 그 값이 ComponentOrientation.LEFT_TO_RIGHT이면 Y_AXIS와 동일하게 배치되며, ComponentOrientation.RIGHT_TO_LEFT이면 위에서 아래로 배치되는데 오른쪽 정렬 형태로 배치된다.

다음 코드는 BoxLayout 배치 관리자의 특성을 보여주는 예제이다. setDefaultCloseOperation 메서드를 사용하여 윈도우가 닫힐 때 프로그램도 종료되게 설정하고 있다. 그리고 BoxLayout 객체를 생성하고 이를 프레임의 배치 관리자로 지정해주고 있다. BoxLayout 객체를 생성할 때 다른 레이아웃과 달리 인수를 두 개나 지정해주고 있는데, 하나는 BoxLayout을 적용할 컨테이너 객체이고, 다른 하나는 레이아웃 방향을 지정해주는 값이다. 예제에서 컨테이너는 프레임의 기본 컨테이너이고 방향은 x 방향, 즉 왼쪽에서부터 오른쪽 방향으로 배치된다. 그리고 예제에서 프레임의 크기를 정할 때, setSize 메서드를 사용하지 않고 pack 메서드를 사용하고 있다. 이 메서드들은 프레임 안에 있는 모든 컴포넌트의 크기를 수용할 수 있는 크기로 프레임의 크기를 조정해준다.

```
public class ProgramBasic extends JFrame {
        JButton[] buttons;
        public static void main(String[] args) {
              ProgramBasic app = new ProgramBasic("test");
        }

        public ProgramBasic(String s) //constructor
        {
          super(s);
          initializeComponents();
        }
        private void initializeComponents() {
            buttons = new JButton[5];

            Container c = getContentPane();

            c.setLayout(new BoxLayout(c, BoxLayout.X_AXIS) );

            for ( int i = 0; i < buttons.length; i++ ) {
                  buttons[ i ] = new JButton( "Button " + (i + 1) );
                  c.add( buttons[ i ], "btn" + (i+1));
            }

            pack();
            setLocation(300, 300);
            setDefaultCloseOperation(JFrame.EXIT_ON_CLOSE);
            setVisible(true);
     }
}
```

실습 17.7 BoxLayout 실습

위의 코드를 프로젝트로 작성하여 실행해보자. 아래 그림처럼 컴포넌트들이 왼쪽에서 오른쪽으로 배치되는 것을 확인할 수 있을 것이다.

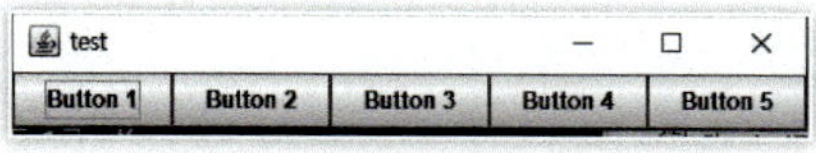

X_AXIS와 LINE_AXIS의 차이점을 살펴보기 위해, BoxLayout 객체를 생성하는 코드에서 배치 방향을 LINE_AXIS로 바꿔보자. 그래도 결과는 동일할 것이다. 대신에 이번에는 아래의 코드를 그 밑에 추가하여 실행해보자. 버튼들이 오른쪽에서 왼쪽으로 배치되는 것을 확인할 수 있을 것이다.

```
c.setComponentOrientation(ComponentOrientation.RIGHT_TO_LEFT);
```

이번에는 LINE_AXIS 대신에 PAGE_AXIS를 사용했을 때의 결과를 살펴보자. 아래 왼쪽은 ComponentOrientation의 값을 LEFT_TO_RIGHT로 설정한 경우의 결과 화면이며, 오른쪽은 RIGHT_TO_LEFT로 설정한 경우의 결과 화면이다.

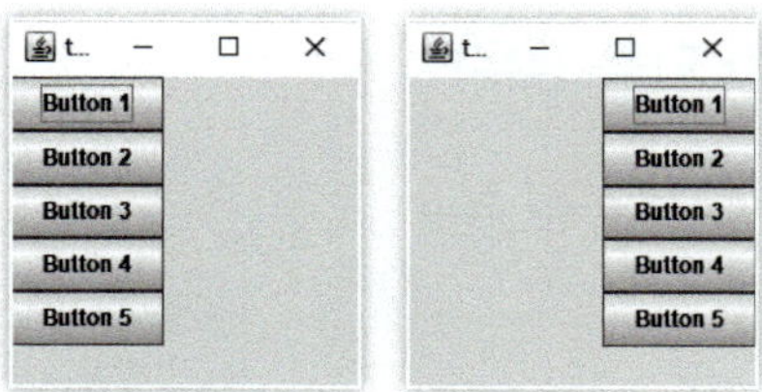

크기가 다른 컴포넌트들을 정렬하고자 하는 경우, setAlignmentX 메서드나 setAlignmentY 메서드를 사용하여 정렬 방식을 지정한다. 아래의 예제는 폭이 각기 다른 세 개의 버튼을 위에서 아래로 배치하면서 버튼들을 중앙에 정렬하는 예이다.

```
private void initializeComponents() {
        buttons = new JButton[3];

        Container c = getContentPane();

        c.setLayout(new BoxLayout(c, BoxLayout.PAGE_AXIS) );

        buttons[0] = new JButton(“Button1”);
        buttons[0].setAlignmentX(Component.CENTER_ALIGNMENT);
        c.add(buttons[0]);
        buttons[1] = new JButton(“  Button2   ”);
        buttons[1].setAlignmentX(Component.CENTER_ALIGNMENT);
        c.add(buttons[1]);
        buttons[2] = new JButton(“    Button3   ”);
        buttons[2].setAlignmentX(Component.CENTER_ALIGNMENT);
        c.add(buttons[2]);

        pack();
        setLocation(300, 300);
        setDefaultCloseOperation(JFrame.EXIT_ON_CLOSE);
        setVisible(true);
}
```

실습 17.8 BoxLayout 실습(컴포넌트의 크기가 다를 경우)

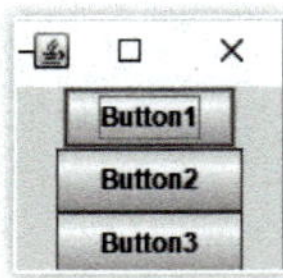

위의 코드를 프로젝트로 작성하여 실행해보자. 각 컴포넌트가 중앙 정렬되어 있기 때문에 옆의 그림처럼 배치될 것이다.

이번에는 CENTER_ALIGNMENT 값을 LEFT_ALIGNMENT나 RIGHT_ALIGNMENT로 바꿔 실행해보자.

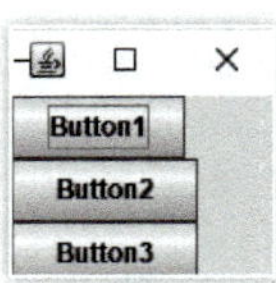

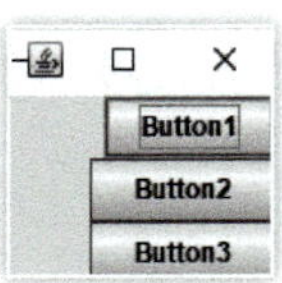

컴포넌트 사이에 공간을 확보하고자 하는 경우, createRigidArea 메서드를 사용해 고정된 크기의 빈 공간을 확보하거나 createHorizontalGlue나 createVerticalGlue 메서드를 사용해 가변 크기의 공간을 확보한다. 아래의 예제는 위의 예에서 첫 번째 버튼과 두 번째 버튼 사이에는 y 방향으로 5픽셀만큼의 공간을 확보하고, 두 번째 버튼과 세 번째 버튼 사이에는 가변 크기의 공간을 확보하는 예이다.

```
private void initializeComponents() {
        buttons = new JButton[3];

        Container c = getContentPane();
        c.setLayout(new BoxLayout(c, BoxLayout.PAGE_AXIS) );

        buttons[0] = new JButton("Button1");
        buttons[0].setAlignmentX(Component.CENTER_ALIGNMENT);
        c.add(buttons[0]);
        c.add(Box.createRigidArea(new Dimension(0,5)));

        buttons[1] = new JButton("  Button2   ");
        buttons[1].setAlignmentX(Component.CENTER_ALIGNMENT);
        c.add(buttons[1]);
        c.add(Box.createVerticalGlue());
        buttons[2] = new JButton("    Button3   ");
        buttons[2].setAlignmentX(Component.CENTER_ALIGNMENT);
        c.add(buttons[2]);

        setSize(200, 200);
        setLocation(300, 300);
        setDefaultCloseOperation(JFrame.EXIT_ON_CLOSE);
        setVisible(true);
}

private void initializeComponents() {
        buttons = new JButton[3];

        Container c = getContentPane();
        c.setLayout(new BoxLayout(c, BoxLayout.PAGE_AXIS) );

        buttons[0] = new JButton("Button1");
```

```
        buttons[0].setAlignmentX(Component.CENTER_ALIGNMENT);
        c.add(buttons[0]);
        c.add(Box.createRigidArea(new Dimension(0,5)));
        buttons[1] = new JButton("  Button2   ");
        buttons[1].setAlignmentX(Component.CENTER_ALIGNMENT);
        c.add(buttons[1]);
        c.add(Box.createVerticalGlue());
        buttons[2] = new JButton("    Button3   ");
        buttons[2].setAlignmentX(Component.CENTER_ALIGNMENT);
        c.add(buttons[2]);

        setSize(200, 200);
        setLocation(300, 300);
        setDefaultCloseOperation(JFrame.EXIT_ON_CLOSE);
        setVisible(true);
}
```

실습 17.9 BoxLayout 실습(공간을 추가할 경우)

앞 실습 예제에서 initializeComponents 메서드만 위의 코드로 바꿔 실행해보자. 처음 실행시키면 왼쪽 그림처럼 보인다. 이 상태에서 윈도우의 사이즈를 늘리면 첫 번째 버튼과 두 번째 버튼 사이의 공간은 그대로이지만, 두 번째 버튼과 세 번째 버튼 사이에는 공간은 윈도우 크기에 맞춰 조정되는 것을 확인할 수 있다.

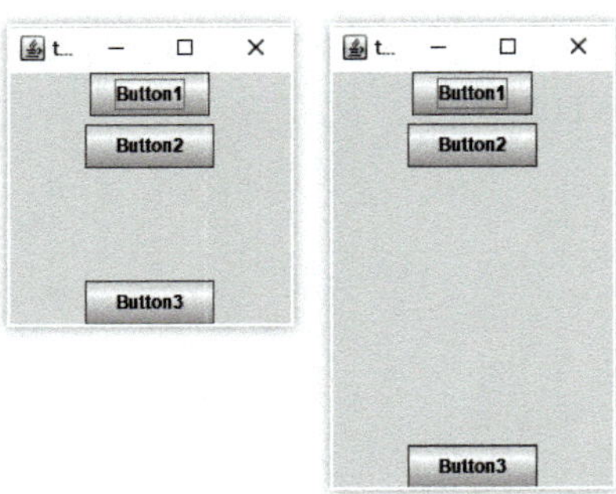

BoxLayout을 사용할 때, 경우에 따라 컴포넌트의 크기를 조정해줄 필요가 있는데, 이때 컴포넌트 클래스의 setMinimumSize 메서드, setPreferredSize 메서드, setMaximumSize 메서드를 사용하여 최소, 희망, 최대 크기를 지정한다. 아래의 예제는 두 번째 버튼의 크기를 이 메서드들을 사용하여 지정한 예이다.

```
private void initializeComponents() {
        buttons = new JButton[3];

        Container c = getContentPane();
        c.setLayout(new BoxLayout(c, BoxLayout.PAGE_AXIS) );

        buttons[0] = new JButton("Button1");
        buttons[0].setAlignmentX(Component.CENTER_ALIGNMENT);
        c.add(buttons[0]);
        c.add(Box.createRigidArea(new Dimension(0,5)));
        buttons[1] = new JButton("Button2");
        buttons[1].setMinimumSize(new Dimension(200, 100));
        buttons[1].setPreferredSize(new Dimension(200, 100));
        buttons[1].setMaximumSize(new Dimension(300, 100));
        buttons[1].setAlignmentX(Component.CENTER_ALIGNMENT);
        c.add(buttons[1]);
        c.add(Box.createVerticalGlue());
        buttons[2] = new JButton("Button3");
        buttons[2].setAlignmentX(Component.CENTER_ALIGNMENT);
        c.add(buttons[2]);

        setSize(200, 200);
        setLocation(300, 300);
        setDefaultCloseOperation(JFrame.EXIT_ON_CLOSE);
        setVisible(true);
}
```

참고로, BoxLayout을 기본 배치 관리자로 하는 컨테이너를 생성할 경우, Box 클래스의 createHorizontalBox 또는 createVerticalBox 메서드를 사용한다.

실습 17.10 BoxLayout 실습(컴포넌트의 크기를 지정한 경우)

앞 실습 예제에서 initializeComponents 메서드만 위의 코드로 바꿔 실행해보자. 처음 실행시키면 왼쪽 그림처럼 보인다. 오른쪽 그림은 왼쪽 그림에서 윈도우의 사이즈를 왼쪽으로 늘린 경우의 그림이다. 두 번째 버튼이 지정한 최대 크기까지 커짐을 알 수 있다.

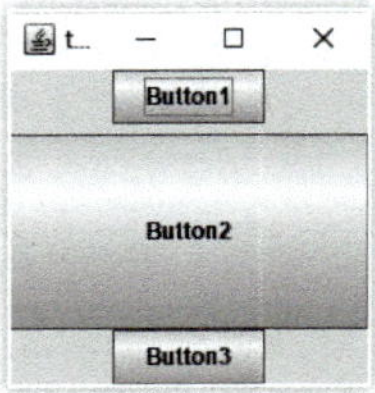

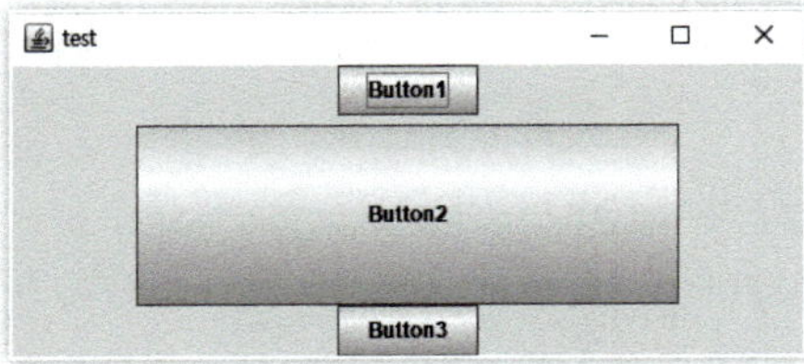

17.8 GroupLayout

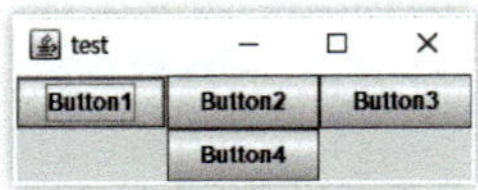

GroupLayout은 GUI 빌더에 의해 사용되는 배치 관리자로 수직과 수평에 대해 별도로 배치가 행해진다. 각 컴포넌트는 한 방향에 의해 그룹지어지고 나서 각 그룹에 대해 다른 방향으로 배치된다. 결국, 각 컴포넌트는 수직과 수평 방향에 대해 각각 적용을 받는다.

예를 통해서 컴포넌트 배치 방법을 살펴보자. 먼저 위 그림과 같이 배치하고자 하는 경우, 수직 방향으로 세 개의 그룹, 즉 button1로 이루어진 그룹, button2와 button4로 이루어진 그룹, 그리고 button3으로 이루어진 그룹으로 나눌 수 있다. 이를 GroupLayout 객체의 setHorizontalGroup 메서드를 사용하여 표시하면 다음과 같다.

```
layout.setHorizontalGroup(
        layout.createSequentialGroup()
                .addComponent(c1) // 첫 번째 그룹
                .addGroup(  // 두 번째 그룹
                        layout.createParallelGroup (GroupLayout.Alignment.
                        LEADING)
                                .addComponent(c2)
                                .addComponent(c4))
                .addComponent(c3) // 세 번째 그룹
        );
```

먼저, createSequentialGroup 메서드를 사용하여 빈 그룹 목록을 만들고 나서, 여기에 그룹들을 하나씩 추가하는 형태로 작업한다. 하나의 컴포넌트로 이루어진 그룹을 추가할 경우는 addComponent 메서드를 통해 추가한다. 여러 컴포넌트로 구성된 그룹인 경우 createParallelGroup 메서드를 사용하여 서브 그룹을 생성한 후, addComponent 메서드로 구성 컴포넌트를 추가하고 addGroup 메서드를 통해 서브 그룹을 추가한다. 수평 방향 그룹 지정이 끝나면 수직 방향 그룹을 지정한다. 위의 예에서 수직 방향으로는 두 개의 그룹이 존재하는 것으로 보이는데, Button1, Button2, Button3으로 구성된 그룹과 Button4로 구성된 그룹이다. 수직 방향의 그룹 지정은 setVerticalGroup 메서드를 사용하여 수평 방향 그룹 지정과 동일한 방법으로 지정한다.

```
layout.setVerticalGroup(
        layout.createSequentialGroup()
        .addGroup(
                layout.createParallelGroup(GroupLayout.Alignment.BASELINE)
                        .addComponent(c1)
                        .addComponent(c2)
                        .addComponent(c3))
        .addComponent(c4)
);
```

GroupLayout에서는 두 가지 공백(gap)을 줄 수 있는데, 하나는 컴포넌트 사이의 갭으로 SequentialGroup의 addPreferredGap 메서드를 사용하여 지정할 수 있으며, 또 다른 하나는 컴포넌트와 컨테이너 테두리 사이의 공백으로 SequentialGroup의 addContainerGap 메서드로 지정할 수 있다. 명시적으로 공백을 지정하지 않고 자동으로 공백을 주고자 하는 경우, GroupLayout의 setAutoCreateGaps 메서드와 setAutoCreateContainerGap 메서드를 true로 설정하면 된다.

```
layout.setAutoCreateGaps(true);
layout.setAutoCreateContainerGaps(true);
```

컴포넌트의 크기를 재조정할 수 있게 하려면 addComponent를 호출할 때 최소, 선호, 최대 크기를 지정한다.

```
addComponent(c1, 0,GroupLayout.DEFAULT_SIZE, Short.MAX_VALUE)
```

실습 17.11 GroupLayout 실습

위의 내용들을 통합하여 하나의 프로그램으로 만들어 실행해보자. 나머지 내용은 이전 예제와 동일하고, initializeComponents 메서드만 아래와 같이 작성하면 된다.

```
private void initializeComponents() {
        buttons = new JButton[3];

        Container c = getContentPane();
        GroupLayout layout = new GroupLayout(c);
        c.setLayout(layout);

        JButton c1 = new JButton("Button1");
        JButton c2 = new JButton("Button2");
        JButton c3 = new JButton("Button3");
        JButton c4 = new JButton("Button4");

        layout.setHorizontalGroup(
           layout.createSequentialGroup()
               .addComponent(c1, 0,GroupLayout.DEFAULT_SIZE, Short.MAX_
               VALUE)
               .addGroup(layout.createParallelGroup(GroupLayout.
               Alignment.LEADING)
                             .addComponent(c2)
                             .addComponent(c4))
               .addComponent(c3) );

        layout.setVerticalGroup(
           layout.createSequentialGroup()
               .addGroup(
                      layout.createParallelGroup
(GroupLayout.Alignment.BASELINE)
                             .addComponent(c1)
                             .addComponent(c2)
                             .addComponent(c3))
               .addComponent(c4));
        layout.setAutoCreateGaps(true);
        layout.setAutoCreateContainerGaps(true);
```

```
        pack();
        setLocation(300, 300);
        setDefaultCloseOperation(JFrame.EXIT_ON_CLOSE);
        setVisible(true);
    }
```

실행하면 아래와 같은 결과 화면을 얻을 수 있다.

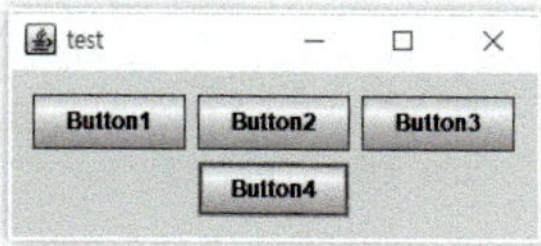

17.9 SpringLayout

SpringLayout도 GroupLayout과 마찬가지로 GUI 빌더에 의해 사용되는 배치 관리자로 매우 융통성이 높다. 두 컴포넌트의 모서리 사이의 관계를 정의함으로써 배치 형태를 정의할 수 있다. 예를 들어, 한 컴포넌트의 왼쪽 모서리가 이웃 컴포넌트의 오른쪽 모서리로부터 일정 거리 떨어지도록 지정할 수 있다. 컨테이너 내의 컴포넌트들을 일련의 제약조건을 부여하여 그 조건에 맞게 컴포넌트들을 배치한다.

다음 코드는 SpringLayout 관리자의 특성을 파악하는 예제이다. SpringLayout에서는 컴포넌트 사이의 관계를 지정함으로써 배치한다. 예에서는 Label과 텍스트 박스 객체와 컨테이너 사이의 관계를 설정해주고 있다. SpringLayout의 putConstraint 메서드가 두 컴포넌트 사이의 관계를 지정해주는데, 5개의 인수로 구성된다. 첫 번째 인수는 첫 번째 컴포넌트의 기준 모서리를, 두 번째 인수에는 첫 번째 컴포넌트를, 세 번째 인수는 두 컴포넌트 사이의 거리를, 네 번째는 두 번째 컴포넌트의 기준 모서리를, 마지막은 두 번째 컴포넌트를 지정한다. 예로, 첫 번째 putConstraint는 레이블 객체 서쪽 방향 모서리, 즉 왼쪽 모서리와 컨테이너의 왼쪽 모서리 사이의 간격을 10픽셀로 하라는 의미이다. 나머지 putConstraint도 비슷하게 해석하면 된다.

```
private void initializeComponents() {
        buttons = new JButton[3];

        Container c = getContentPane();

        SpringLayout layout = new SpringLayout();
        c.setLayout(layout);

        Component left = new JLabel("Left");        c.add(left);
        Component right = new JTextField(15);       c.add(right);
        layout.putConstraint(SpringLayout.WEST, left, 10, SpringLayout.
        WEST, c);
        layout.putConstraint(SpringLayout.NORTH, left, 25, SpringLayout.
        NORTH, c);
        layout.putConstraint(SpringLayout.NORTH, right, 25, SpringLayout.
        NORTH, c);
        layout.putConstraint(SpringLayout.WEST, right, 20, SpringLayout.
        EAST, left);
        layout.putConstraint(SpringLayout.EAST, c, 20, SpringLayout.EAST,
        right);

        setSize(300, 200);
        setLocation(300, 300);
        setDefaultCloseOperation(JFrame.EXIT_ON_CLOSE);
        setVisible(true);
}
```

실습 17.12 SpringLayout 실습

앞 실습 예제에서 initializeComponents 메서드만 위의 코드로 바꿔 실행해보자. 처음 실행시키면 아래 왼쪽 그림처럼 보인다. 아래의 오른쪽 그림은 아래 왼쪽 그림에서 윈도우의 사이즈를 왼쪽으로 늘린 경우의 그림이다. 창의 왼쪽 모서리와 레이블 사이의 간격, 레이블과 텍스트 박스 사이의 간격, 텍스트 박스와 창의 오른쪽 모서리와의 간격이 그대로 유지되는 것을 확인할 수 있다.

17.10 Null Layout과 AbsoluteLayout

앞서 살펴 본 Layout은 배치 관리자가 알아서 또는 주어진 조건에 맞춰 컴포넌트들의 위치와 크기를 지정하는 방식인데, 프로그래머가 직접 위치나 크기를 지정해주는 방식도 있다. 널(null) 배치 관리자와 AbsoluteLayout이 그것이다. 널 배치 관리자는 배치 관리자를 사용하지 않는 것을 의미하고, AbsoluteLayout은 배치 관리자를 사용한다. 두 레이아웃은 거의 비슷하지만 미묘한 차이가 있다. 널 배치 관리자인 경우, 각 컴포넌트에 대해 픽셀 단위로 크기와 위치를 지정해주어야 하지만, AbsoluteLayout인 경우는 위치만 지정하고 크기는 레이아웃 매니저에게 맡길 수 있다. 그러면 각 컴포넌트들이 원하는 크기를 이용하여 크기를 지정한다. AbsoluteLayout은 GUI 빌더에서 비주얼하게 위치를 잡을 수 있도록 하기 위해 사용한다.

널 배치 관리자 사용 시, 즉 배치 관리자를 사용하지 않는 경우 각 컴포넌트의 위치를 지정해주어야 하는데, setLocation으로 위치를 지정하고 setSize로 크기를 지정하거나, setBound로 위치와 크기를 동시에 지정해주어야 한다. 복잡한 레이아웃인 경우, 프로그래머가 직접 각 컴포넌트의 위치와 크기를 잡아주는 일은 쉽지 않다. 이런 경우, 비주얼 빌더(윈도우빌더, 넷빈즈 등)를 사용하여 비주얼하게 컴포넌트들을 배치하면 쉽고 빠르게 배치할 수 있다. 이때 사용되는 배치 관리자가 AbsoluteLayout이다. 이 관리자는 사용자가 비주얼하게 배치한 정보를 이용하여 자동으로 위치와 크기를 정해준다. 널 배치 관리자나 AbsoluteLayout 모두 화면의 크기가 달라질 경우, 화면의 크기에 맞게 컴포넌트의 위치나 크기가 자동으로 조정되지 않는다. 따라서 프로토타입을 개발할 경우는 유용하지만, 상용 제품을 만드는 경우는 추천되지 않는 관리자들이다.

다음 코드는 Null Layout의 특성을 파악하는 예제이다. 프레임의 배치 관리자를 사용하지 않는 것으로 설정한 후, setBound 메서드를 사용하여 각 버튼의 위치와 크기를 지정하고 있다.

```
private void initializeComponents() {
        Container c = getContentPane();

        JButton button1 = new JButton("One");
        JButton button2 = new JButton("Two");
        JButton button3 = new JButton("Three");
        c.setLayout(null);

        c.add(button1);     c.add(button2);     c.add(button3);

        button1.setBounds(30, 50, 100, 20); // (x, y, width, height)
        button2.setBounds(30, 80, 100, 20);
        button3.setBounds(150, 50, 100, 20);

        setSize(300, 200);
        setLocation(300, 300);
        setDefaultCloseOperation(JFrame.EXIT_ON_CLOSE);
        setVisible(true);
}
```

실습 17.13 널 배치 관리자 실습

앞 실습 예제에서 initializeComponents 메서드만 위의 코드로 바꿔 실행해보자. 처음 실행시키면 아래 첫 번째 그림처럼 보인다. 아래 두 번째 그림은 첫 번째 그림의 윈도우 사이즈를 대각선으로 늘린 그림으로 원래의 레이아웃이 유지되지 않는 것을 확인할 수 있다. 널 레이아웃을 사용할 경우는 윈도우의 크기 변화에 맞추어 컴포넌트의 크기와 위치를 다시 잡도록 프로그래밍해야 한다.

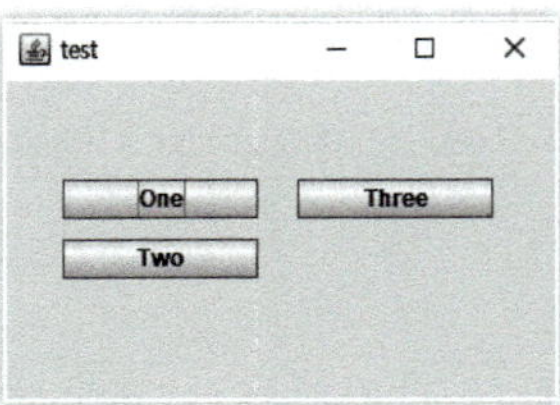

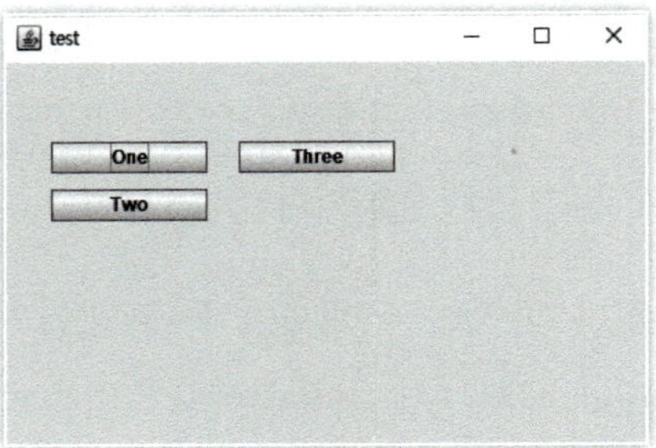

17.11 복잡한 화면 구성

복잡한 화면을 작성할 때는 하나의 레이아웃으로 구성이 불가능하다. 이러한 경우에는 같은 레이아웃을 사용하는 영역으로 구분하고, 각 영역을 별도의 JPanel 컨테이너로 구성하여 컨테이너별로 다른 배치 관리자를 지정한다. 예를 들어, 하단 왼쪽과 같은 화면을 구성할 경우, 오른쪽 그림에 보인 바와 같이 크게 두 개의 패널 p1과 p2로 구성하고, p2는 다시 두 개의 패널 p3과 p4로 구성한다. 프레임의 레이아웃을 y 방향의 박스 레이아웃으로 지정하여 p1과 p2를 프레임에 추가하고, p2의 레이아웃을 x 방향의 박스 레이아웃으로 지정하여 p3과 p4를 p2에 추가한다. p1, p3, p4의 레이아웃은 GridLayout으로 지정한다.

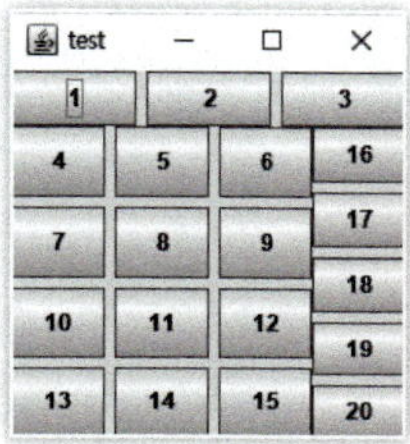

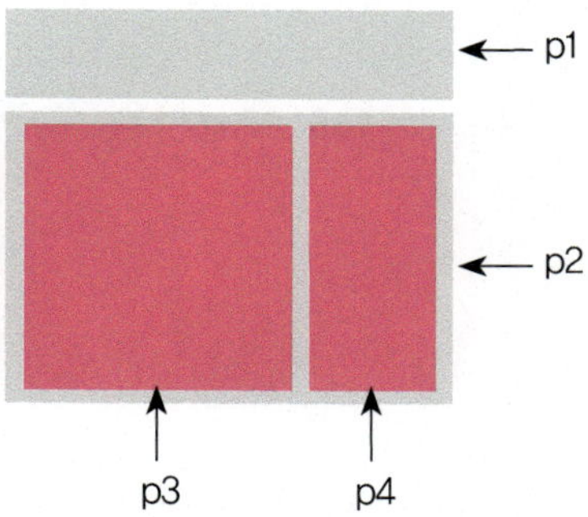

실습 17.14 복잡한 레이아웃 실습

아래의 코드는 앞의 설명에 따른 화면 구성이다. 실행해보자.

```
private void initializeComponents() {
	Container c = getContentPane();

	BoxLayout layout = new BoxLayout(c, BoxLayout.Y_AXIS);
	c.setLayout(layout);

	JPanel p1 = new JPanel();
	JPanel p2 = new JPanel();
	c.add(p1);
	c.add(p2);
	JButton btn;
```

```
        p1.setLayout(new GridLayout(1, 3, 5, 5));
        for(int i=1; i <= 3; i++) {
              btn = new JButton(Integer.toString(i));
              p1.add(btn);
        }
        p2.setLayout(new BoxLayout(p2, BoxLayout.X_AXIS));
        JPanel p3 = new JPanel();
        JPanel p4 = new JPanel();
        p2.add(p3);
        p2.add(p4);

        p3.setLayout(new GridLayout(4, 3, 5, 5));
        for(int i=4; i <= 15; i++) {
                btn = new JButton(Integer.toString(i));
                p3.add(btn);
        }

        p4.setLayout(new GridLayout(5, 1, 5, 5));
        for(int i=16; i <= 20; i++) {
                btn = new JButton(Integer.toString(i));
                p4.add(btn);
        }

        pack();
        setLocation(300, 300);
        setDefaultCloseOperation(JFrame.EXIT_ON_CLOSE);
        setVisible(true);
}
```

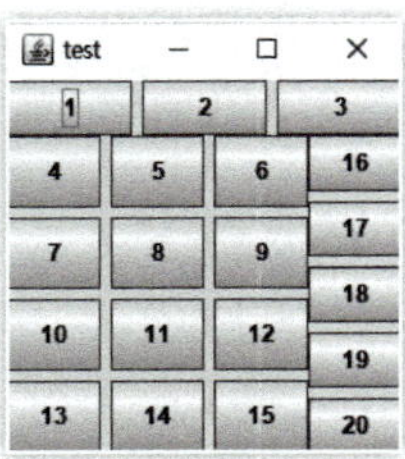

그런데 영역 사이에 공백 없이 붙어 있음을 알 수 있다. p1과 p2가 붙어 있고, p3과 p4가 붙

어 있다. 즉 BoxLayout에 의해 추가된 컴포넌트들이 공백 없이 배치되어 있다. 그리드 레이아웃인 경우 레이아웃 객체 생성 시 컴포넌트 사이의 공백을 주면 공간이 확보되지만 박스 레이아웃 생성자는 공백을 줄 수 있는 생성자가 없다. 따라서 보이지 않는 객체를 생성하여 공간을 확보해야 하는데, 이때 Box 클래스의 정적 메서드인 createRigidArea 메서드를 사용한다. 인수로 Dimension 객체를 주면 되는데, 수평 방향인 경우는 수직 성분의 크기를 0으로, 수직 방향인 경우는 수평 방향의 성분을 0으로 하면 된다. 아래의 예제와 같이 이 부분을 추가하여 실행해보자.

```
private void initializeComponents() {
        Container c = getContentPane();

        BoxLayout layout = new BoxLayout(c, BoxLayout.Y_AXIS);
        c.setLayout(layout);

        JPanel p1 = new JPanel();
        JPanel p2 = new JPanel();
        c.add(p1);
        c.add(Box.createRigidArea(new Dimension(0, 5)));
        c.add(p2);

        JButton btn;

        p1.setLayout(new GridLayout(1, 3, 5, 5));
        for(int i=1; i <= 3; i++) {
                btn = new JButton(Integer.toString(i));
                p1.add(btn);
        }
        p2.setLayout(new BoxLayout(p2, BoxLayout.X_AXIS));
        JPanel p3 = new JPanel();
        JPanel p4 = new JPanel();
        p2.add(p3);
        p2.add(Box.createRigidArea(new Dimension(5, 0)));
        p2.add(p4);

        p3.setLayout(new GridLayout(4, 3, 5, 5));
        for(int i=4; i <= 15; i++) {
```

```
			btn = new JButton(Integer.toString(i));
			p3.add(btn);
		}

		p4.setLayout(new GridLayout(5, 1, 5, 5));
		for(int i=16; i <= 20; i++) {
			btn = new JButton(Integer.toString(i));
			p4.add(btn);
		}

		pack();
		setLocation(300, 300);
		setDefaultCloseOperation(JFrame.EXIT_ON_CLOSE);
		setVisible(true);
	}
```

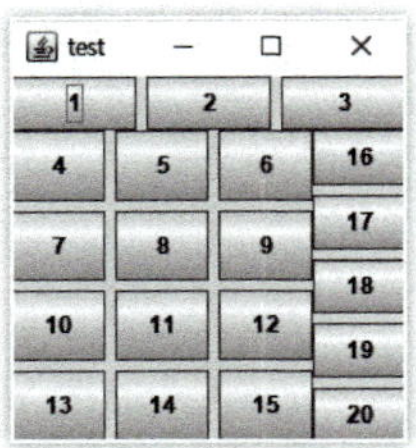

18 GUI 컴포넌트

이번 장에는 앞에서 배운 내용들을 익힐 목적으로 기본 GUI 컴포넌트들과 이를 이용한 간단한 스윙 프로그램들을 살펴보도록 한다.

18.1 JLabel

레이블 컴포넌트로서 클래스명은 JLabel이다. 이 컴포넌트는 GUI상에서 문자 형태의 안내문을 제공하는 데 사용하며, 표시된 문자열은 읽기 전용이므로 수정이 불가능하다. 보여주는 텍스트를 프로그램으로 변경할 수는 있으나 거의 변경하지 않는다. 생성 시에 표시되는 문자열을 지정할 수도 있으며, 나중에 setText 메서드를 사용하여 지정할 수도 있다. 현재 표시되는 문자열을 얻어올 때는 getText 메서드를 사용한다. 툴팁, 즉 마우스를 레이블 위에 위치시킬 경우 표시되는 안내문을 지정할 경우는 setToolTipText를 사용한다. 레이블에 아이콘을 setIcon과 getIcon 메서드를 사용하여 지정할 수 있다. 그리고 setHorizontalTextPosition, setVerticalTextPosition 메서드를 사용하여 표시되는 문자열의 위치를 아이콘을 기준으로 수평 방향과 수직 방향의 상대적 값으로 지정할 수 있다. 위치 값은 SwingConstants 열거형 값을 사용한다.

예제 코드는 두 개의 레이블을 다른 방법으로 생성하는 예를 보여주고 있다. LabelTest 클래스 생성자 안에서 필요한 컴포넌트들을 생성하고 있다. 레이블로만 구성되어 있어 별도의 이벤트 처리는 하지 않고 있다. 컨테이너의 배치 방법은 FlowLayout을 사용하고 있다. 첫 번째 레이블은 캡션 없이 생성한 후 setText 메서드를 이용하여 캡션을 지정하며, 두 번째 레이블은 생성 시에 캡션과 그 왼쪽에 아이콘을 표시하도록 하여 생성하고 있다. 참고로, 아이콘 이미지는 마우스로 끌어 이클립스 해당 프로젝트 폴더 밑으로 가져가면 된다.

```
public class LabelTest extends JFrame{
        private JLabel label1, label2;
        public LabelTest()
        {
            super("test");
            initializeComponents();
        }
        private void initializeComponents() {
                Container c = getContentPane();;

                c.setLayout(new FlowLayout());

                label1 = new JLabel();
                label1.setText( "문자열 캡션이 있는 레이블" );
                label1.setToolTipText( "단순 레이블" );
                c.add( label1 );

                Icon bug = new ImageIcon( "icon1.jpg" );
                label2 = new JLabel( "아이콘과 캡션이 있는 레이블", bug,
                SwingConstants.LEFT );
                //label2.setHorizontalTextPosition(SwingConstants.CENTER );
                //label2.setVerticalTextPosition(SwingConstants.BOTTOM );
                label2.setToolTipText( "아이콘 및 캡션 레이블" );
                c.add( label2 );

                setSize(200,200);
                setLocation(300, 300);
                setDefaultCloseOperation(JFrame.EXIT_ON_CLOSE);
                setVisible(true);
        }

        public static void main( String args[] )
        {
                LabelTest app = new LabelTest();
        }
}
```

실습 18.1 JLabel 실습

위 코드를 프로젝트로 작성하여 실행해보자. 실행에 앞서 임의의 아이콘 이미지를 프로젝트로 복사하여 파일명을 “icon1.jpg”로 바꿔 실행하자. 그러면 아래 왼쪽 그림과 같은 화면을 얻을 수 있다. 이번에는 주석 처리되어 있는 setHorizontalTextPosition 메서드 호출 부분의 주석을 해제하여 실행해보자. 그러면 아래 가운데 그림과 같은 화면을 얻을 수 있다. 이번에는 주석 처리되어 있는 setVerticalTextPosition 메서드 호출 부분을 주석 해제하여 실행해보자. 그러면 아래 오른쪽 그림과 같은 화면을 얻을 수 있다.

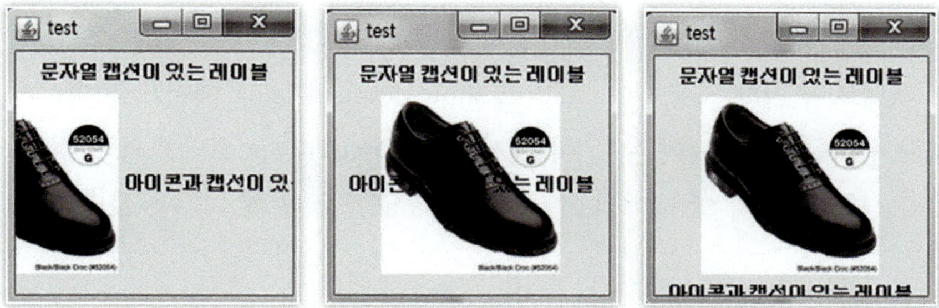

18.2 JTextField와 JPasswordField

JTextField는 사용자로부터 문자열을 입력받는 용도로 사용하는 컴포넌트이다. JPasswordField는 JTextFiel을 상속받으며, 사용자의 입력 내용이 *로 표시되어 패스워드를 입력받는 용도로 사용된다. 대표 이벤트는 엔터키를 입력할 경우 발생하는 ActionEvent이다. 버튼과 마찬가지로 actionPerformed 핸들러를 구현하면 된다. JTextField는 생성 시에 문자열의 크기를 지정할 수도 있고, 초기 값을 지정할 수도 있다.

JTextField에 표시되는 문자열은 기본적으로 편집이 가능한데, 경우에 따라 읽기 전용으로 만들고 싶을 때가 있다. 이 경우에 setEditable 메서드를 이용한다. 사용자가 입력한 값을 읽어올 때는 getText 메서드를 사용한다. JPasswordField에서 사용자가 입력한 패스워드를 읽어올 경우는 getPassword 메서드를 사용한다. 단, 문자 배열로 값이 넘어오므로 스트링 객체로 변환하여 사용한다.

아래의 예제에서는 JFrame을 상속받은 TextFieldTest 클래스의 생성자에서 JTextField 3개와 JPasswordField 하나를 생성하고 이 각각에 대한 ActionEvent 핸들러를 지정하고 있다. 배치 관리자는 FlowLayout 관리자를 사용하고 있다. 이벤트 핸들러는 별도의 클래스로 구현하였으며, 4개의 컴포넌트 이벤트 핸들러 객체로 동일한 객체가 지정되었기 때문에 어느 컴포넌트에서 엔터키를 입력하건 같은 actionPerformed 메서드가 호출된다. 이는 actionPerformed 메서드 안에서 이벤트를 발생시킨 컴포넌트를 파악하여, 그에 따라 작업을 달리하는 식으로 구현되는 것을 의미한다.

앞에서 얘기한 것처럼 이벤트 핸들러 객체는 하나의 메서드, 즉 actionPerformed 메서드만 구현되어 있다. 그리고 그 메서드 안에서 인자로 넘어온 객체를 통해 이벤트를 발생시킨 소스 객체의 레퍼런스를 파악하여 작업을 달리한다. JPasswordField 객체인 경우는 getPassword 메서드를 통해 사용자의 패스워드를 입력받는데, 이 값이 문자 배열이므로 이 값을 인자로 스트링 객체로 변환해 사용한다. 그리고 showMessageDialog 메서드를 이용해 입력한 문자열을 대화 상자를 통해 보여준다. 이 메서드는 JOptionPane 클래스의 정적 메서드로, 첫 번째 인수는 부모 윈도우의 레퍼런스를(없을 시 null), 두 번째 인수는 표시할 문자열을 나타낸다.

```
public class ProgramBasic extends JFrame implements ActionListener{
       private JTextField text1, text2, text3;
       private JPasswordField password;

       public ProgramBasic()
       {
           super("test");
           initializeComponents();
       }

       private void initializeComponents() {
           Container c = getContentPane();

           c.setLayout(new FlowLayout());

           text1 = new JTextField( "문자 입력" );
           c.add( text1 );
           text2 = new JTextField( 20);
           c.add( text2 );
           text3 = new JTextField( "문자 입력 불가능", 15 );
           text3.setEditable( false );
```

```
        c.add( text3 );
        password = new JPasswordField( "패스워드" );
        c.add( password );
        text1.addActionListener( this );
        text2.addActionListener( this );
        text3.addActionListener( this );
        password.addActionListener( this );

        setSize(200,200);
        setLocation(300, 300);
        setDefaultCloseOperation(JFrame.EXIT_ON_CLOSE);
        setVisible(true);
    }

    public void actionPerformed( ActionEvent e )
    {
                String s = "";

                if ( e.getSource() == text1)
                        s = "text1: " + text1.getText();
                else if ( e.getSource() == text2 )
                        s = "text2: " + text2.getText();
                else if ( e.getSource() == text3 )
                        s = "text3: " + text3.getText();
                else if ( e.getSource() == password ){
                JPasswordField pwd = (JPasswordField) e.getSource();
                s = "password: " + new String( pwd.getPassword() );
                }
                JOptionPane.showMessageDialog( null, s );
    }

    public static void main( String args[] )
    {
        ProgramBasic app = new ProgramBasic();
    }
}
```

실습 18.2 JTextField와 JPasswordField 실습

위의 코드를 프로젝트로 만들어 실행해보자. 실행하면 아래 왼쪽과 같은 화면을 얻을 수 있는데, 폭을 좀 더 늘려 아래 오른쪽 그림처럼 만든 후, 텍스트 박스에 값들을 입력해보자. 앞 두 개의 텍스트 박스에는 입력이 가능하지만 세 번째 텍스트 박스는 그렇지 않음을 알 수 있을 것이다. 네 번째 텍스트 박스는 입력은 되지만 입력 내용을 볼 수 없을 것이다. 어떤 텍스트 박스이든지 값을 입력한 후 엔터키를 치면 action 이벤트가 발생하고, 이에 따라 이벤트 처리 객체의 actionPerformed 메서드가 실행되어 그 결과 입력 값이 대화 상자를 통해 출력될 것이다.

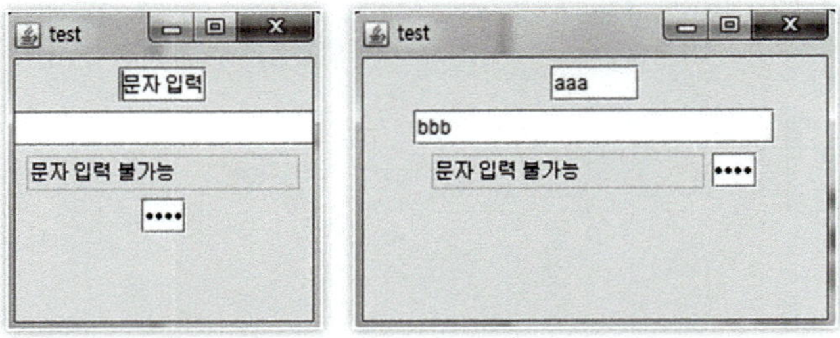

18.3 JTextArea

여러 줄의 문자열을 다루고자 할 경우는 JTextField 대신에 JTextArea를 사용한다. 많은 메서드가 JTextField와 동일하다. JTextArea에 스크롤링 기능을 부여할 경우는 JTextArea 객체를 인자로 JScrollPane 객체를 생성한다. 이때 스크롤바를 항상 부착할지 아니면 필요할 경우만 부착할지, 또는 아예 부착하지 않을지를 지정할 수 있다. 자세한 내용은 온라인 도움말을 참고하라.

다음 예제 코드에서는 컴포넌트들을 박스 형태로 배치하는데, 이를 위해 Box 컨테이너 객체를 생성하여 사용하고 있다. 수직 방향으로 컴포넌트들을 배치하는 박스 컨테이너를 생성할 경우, Box 클래스의 정적 메서드인 createVerticalBox 메서드를 사용한다. 박스 컨테이너를 생성한 후, 그 다음 초기 문자열을 갖는 10행 15열 크기의 텍스트 영역 객체를 생성하고, 이 객체를 인수로 다시 JScrollPane 객체를 생성하여 이를 다시 Box 컨테이너에 추가하고 있다. 이어서 복사 버튼을 생성하고 이의 이벤트 핸들러 객체를 this로 지정하고 있다. 핸들러의 내용은 첫 번째 텍스트 영역에서 사용자가 선택한 내용을 두 번째 텍스트 영역에 복사해주도록 구현하고 있다. 두 번째 복사 버튼도 앞에서 생성한 Box 컨테이너에 추가하고 있다. 이어서 비어 있는 10행 15열 크기의 텍스트 영역 객체를 생성하고, 이를 인수로 JScrollPane 객체를 생성하여 이를 다시 Box 컨테이너에 추가하고 있다. 끝으로 Box 컨테이너를 기본 컨테이너에 추가하여 인터페이스를 마무리하고 있다. 여기서 굳이 Box 컨테이너를 생성할 필요 없이 기본 컨테이너의 배치 관리자만 박스 배치 관리자로 지정해주고 컴포넌트들을 기본 컨테이너에 추가해도 된다. 추후에 Box 컨테이너를 활용할 일을 대비하여 일부러 Box 컨테이너를 활용하였다.

```
public class ProgramBasic extends JFrame implements ActionListener {
        private JTextArea t1, t2;
        private JButton copy, copy2;

        public ProgramBasic()
        {
            super("test");
            initializeComponents();
        }

        private void initializeComponents() {
                Container c = getContentPane();;

                Box b = Box.createVerticalBox();
                String s = "앞에서 얘기한 것처럼 이벤트 핸들러 객체는 하나의 메서드,
                \n" + " 즉 actionPerformed 메서드만 구현이 되어 있다.
                \n" + "" + "그리고 그 메서드 안에서 인자로 넘어온 객체를 통해 이벤트를
                발생시킨\n" + "" + " 소스 객체의 레퍼런스를 파악하여 작업을 달리하고
                있다.";
                t1 = new JTextArea( s, 10, 15 ); // 10, 15 -> 행, 열
                b.add( new JScrollPane( t1, JScrollPane.VERTICAL_SCROLLBAR_
                ALWAYS, JScrollPane.HORIZONTAL_SCROLLBAR_ALWAYS));

                copy = new JButton( "Copy >>>" );
                copy.addActionListener( this);
                JPanel p = new JPanel();
                p.setLayout(new GridLayout(1,2));
                p.add(copy);
```

```
        copy2 = new JButton("<<< Copy");
        copy2.addActionListener( this);
        p.add(copy2);
        b.add( p );

        t2 = new JTextArea( 10, 15 );
        b.add( new JScrollPane( t2, JScrollPane.VERTICAL_SCROLLBAR_
        ALWAYS, JScrollPane.HORIZONTAL_SCROLLBAR_ALWAYS ) );

        c.add(b);
        setSize(200,200);
        setLocation(300, 300);
        setDefaultCloseOperation(JFrame.EXIT_ON_CLOSE);
        setVisible(true);
    }

    public static void main( String args[] )
    {
        ProgramBasic app = new ProgramBasic();
    }

    @Override
    public void actionPerformed(ActionEvent e) {
        // TODO Auto-generated method stub
        String str="";
        if (e.getSource()==copy) {
            str = t2.getText();
            t2.setText( str + t1.getSelectedText() );
        }
        else if (e.getSource()==copy2) {
            str = t1.getText();
            t1.setText( str + t2.getSelectedText() );
        }
    }
}
```

실습 18.3 JTextArea 실습

위의 코드를 프로젝트로 만들어 실행해보자. 실행하면 아래 왼쪽과 같은 화면을 얻을 수 있는데, 위쪽 TextArea 부분을 마우스로 선택하여 하단 왼쪽 버튼을 누르면 선택된 내용이 그 밑에 있는 TextArea로 복사되는 것을 확인할 수 있다. 반대로 밑에 있는 TextArea의 일정 부분을 마우스로 선택하여 상단 오른쪽 버튼을 누르면, 선택된 내용이 그 위에 있는 TextArea로 복사되는 것을 확인할 수 있다.

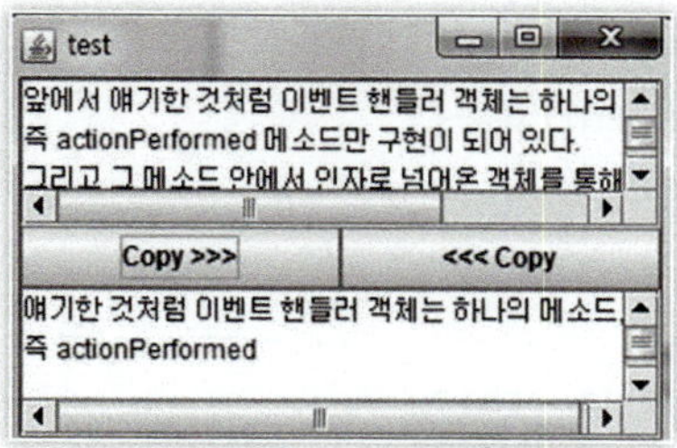

18.4 JButton

버튼은 앞에서 많이 사용해온 컴포넌트이다. 버튼 컴포넌트는 사용자가 컴포넌트를 클릭 시 action 이벤트를 발생시키는 컴포넌트로 커맨드 버튼, 토글 버튼, 체크 박스, 라디오 버튼 등이 있다. 우리가 앞 예제에서 사용했던 버튼은 커맨드 버튼으로 이 버튼은 AbstractButton 추상 클래스를 상속받는다. JButton 위에 표시되는 문자열을 버튼 레이블 또는 버튼 캡션이라고 하는데, 이 레이블은 버튼마다 달라야 하며 버튼 위에 문자열뿐만 아니라 아이콘도 표시할 수 있다.

JButton은 표시될 문자열을 인자로 생성할 수 있고, 문자열과 아이콘을 인자로 하여 생성할 수도 있다. 대표적인 메서드에는 setRolloverIcon 메서드가 있다. 이 메서드는 마우스를 버튼 위에 위치시켰을 때 표시되는 이미지를 지정한다. 아래의 예제는 두 개의 버튼을 생성하는데, 하나는 문자열이 표시되는 버튼이고 다른 하나는 이미지도 같이 표시되는 버튼이다. 이미지가 같이 표시되는 버튼을 생성하고, 이 버튼 위에 마우스를 위치시켰을 때 다른 이미지를 표시하기 위해 setRolloverIcon 메서드를 사용하여 지정한다.

```java
public class ProgramBasic extends JFrame implements ActionListener {
       private JButton button, imageButton;

       public ProgramBasic()
       {
            super("test");
            initializeComponents();
       }

       private void initializeComponents() {
          Container c = getContentPane();
          c.setLayout( new FlowLayout() );

          button = new JButton( "일반 버튼" );
          button.addActionListener(this);
          c.add( button );

          Icon bug1 = new ImageIcon( "icon1.jpg" );
          Icon bug2 = new ImageIcon( "icon2.jpg" );
          imageButton = new JButton( "이미지 버튼", bug1 );
          imageButton.addActionListener(this);
          imageButton.setRolloverIcon( bug2 );
          c.add( imageButton );

          setSize(200,200);
          setLocation(300, 300);
          setDefaultCloseOperation(JFrame.EXIT_ON_CLOSE);
          setVisible(true);
       }

       public static void main( String args[] )
       {
              ProgramBasic app = new ProgramBasic();
       }

       @Override
       public void actionPerformed(ActionEvent e) {
              // TODO Auto-generated method stub
```

```
                JOptionPane.showMessageDialog( null,
                        button.getText() + " 버튼을 눌렀습니다." );
        }
}
```

두 버튼 모두 같은 핸들러에 의해 처리되고 있다. 핸들러는 별도의 대화창을 통해 눌린 버튼의 레이블을 출력하도록 되어 있다. 같은 핸들러에 의해 여러 컴포넌트의 이벤트가 처리될 때 핸들러 안에서 컴포넌트들을 구별하여 처리해야 하는데, 이때 앞의 예제와 같이 인수로 넘어온 ActionEvent 객체의 getSource 메서드를 사용하여 그 값이 어떤 컴포넌트의 참조와 같은지를 판별한다. 버튼의 레이블을 알고자 하는 경우 버튼 객체의 getText 메서드를 이용한다.

실습 18.4 로그인 화면 실습

앞에서 배운 내용을 활용하여 로그인 프로그램을 작성해보자. 화면 폼에 너무 신경을 쓰지 말자. 나중에 시간을 투자해 깔끔하게 할 수 있으므로 여기서는 시간 관계상 전체적인 흐름에 집중하여 진행한다. 먼저, 프로젝트를 생성하고 TextFieldTest라는 이름의 클래스를 생성한다. 클래스 생성 후에 먼저 아래의 코드처럼 화면 폼을 작성하자.

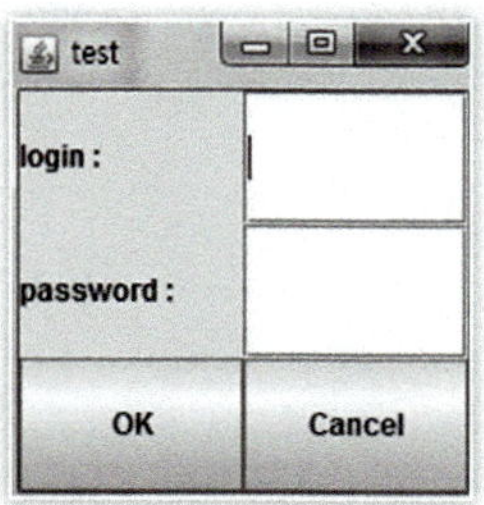


```
public class LoginTest extends JFrame  {
        private JTextField text1;
        private JLabel login, pass;
        private JPasswordField password;
        private JButton ok, cancel;

        public LoginTest()
```

```
	{
		super("test");
		initializeComponents();
	}

	private void initializeComponents() {
	   Container c = getContentPane();
	      c.setLayout( new GridLayout(3,2) );

	      login = new JLabel("login :");
	      pass = new JLabel("password :");
	      text1 = new JTextField( 10 );
	      password = new JPasswordField( );
	      ok = new JButton("OK");
	      cancel = new JButton("Cancel");

	      c.add( login );
	      c.add(text1);
	      c.add( pass );
	      c.add( password );
	      c.add(ok); c.add(cancel);

	      // 핸들러 지정 여기에

	      setSize(200,200);
	      setLocation(300, 300);
	      setDefaultCloseOperation(JFrame.EXIT_ON_CLOSE);
	      setVisible(true);
	}

	public static void main( String args[] )
	{
		LoginTest app = new LoginTest();
	}
}
```

화면 폼이 작성되었으면, 이벤트를 처리하자. 처리할 이벤트는 4가지인데, 하나는 로그인 입력 텍스트 박스에서 엔터키를 칠 경우이고, 두 번째는 패스워드 입력 창에서 엔터키를 칠 경우이며, 세 번째는 ok 버튼을 누를 경우, 마지막으로 cancel 버튼을 누를 경우이다. 이를 위해 위 코드에서 핸들러 지정 부분에 아래의 코드를 추가하자. 앞의 다른 예제처럼 LoginTest 클래스에서 이벤트를 처리할 수도 있지만, 여기서는 별도의 클래스에서 이벤트를 처리한다.

```
TextFieldHandler handler = new TextFieldHandler();
text1.addActionListener(handler);
password.addActionListener( handler );

JButtonHandler jh = new JButtonHandler();
ok.addActionListener(jh);
cancel.addActionListener(jh);
```

우리가 처리할 이벤트 모두 actionPerformed 이벤트가 발생한다. 첫 번째 이벤트가 발생할 경우는 입력 초점을 패스워드 창으로 옮겨주면 되는데, 이는 예제처럼 requestFocus 메서드를 이용하여 쉽게 구현할 수 있다. 그리고 패스워드 입력 창에서 이벤트가 발생할 경우는 마치 ok 버튼을 누른 것과 같은 효과가 생기도록 구현하는데, 이는 버튼 클래스의 doClick 메서드를 호출하면 된다. 세 번째 이벤트에 대해서는 입력한 로그인명과 패스워드가 일치하는지 검사하면 되는데, 아래의 예에서는 둘 모두 "bmkim"으로 가정하여 구현하였다. 마지막으로 네 번째 이벤트에 대해서는 로그인 입력창과 패스워드 창의 내용을 클리어하도록 구현하면 된다. 아래의 두 클래스를 외부 클래스가 아닌 내부 클래스로 추가하자. 즉, 메인 메서드 밑에 두 개의 클래스를 LoginTest 클래스의 멤버로 선언하자. 이벤트 핸들러 안에서 로그인 창과 패스워드 창의 내용을 참조해야 하므로 외부 클래스보다는 내부 클래스로 정의하는 것이 편하다.

```
private class TextFieldHandler implements ActionListener {
        public void actionPerformed( ActionEvent e )
        {
                if ( e.getSource() == text1 )
                   password.requestFocus();
                else if ( e.getSource() == password ) {
                   ok.doClick();
                }
        }
```

```
}

private class JButtonHandler implements ActionListener {
        public void actionPerformed( ActionEvent e )
        {
                String s = "";

                if ( e.getSource() == ok ){
                        if(text1.getText().equals("bmkim") && new
String(password.getPassword()).equals("bmkim"))
                                s = "축하합니다.";
                        else
                                s = "틀렸습니다. 다시 입력하세요.";
                        }
                else if ( e.getSource() == cancel){
                        text1.setText("");
                        password.setText("");
                        return;
                }
                JOptionPane.showMessageDialog( null, s );
        }
}
```

위 코드에서 패스워드를 검사하는 부분의 코드를 유심히 보자. getPassword() 메서드를 통해서 넘어오는 값은 스트링 객체가 아니라 문자 배열이다. 따라서 문자 배열을 String 객체로 변환해야 하는데, 문자 배열은 스트링 타입으로 직접 변환되지 않는다. 다른 방법은 문자 배열 객체가 제공하는 toString() 메서드를 사용하는 방법이다. 하지만, 막상 이 방법을 사용하여 테스트하면 제대로 동작하지 않는다. 그래서 위 코드처럼 문자 배열을 인수로 스트링 객체를 생성하여 사용하였다.

18.5 JCheckBox

앞에서 배운 버튼과 다른 형태의 버튼은 JToggleButton 클래스에 해당하는 토글 버튼으로 버튼을 누를 때 표시가 토글되는 형태의 버튼이다. 보통 이 버튼을 사용하는 대신에 이 클래스에서 파생된 JCheckBox와 JRadioButton을 사용한다. 이 두 컴포넌트의 차이점은 여러 개 선택이 가능한지 그렇지 않은지에 있다. 체크 박스는 JCheckBox 클래스로부터 생성되며 레이블은 생성 시에 인자로 넘겨주면 된다. 체크 박스를 클릭할 때 item 이벤트가 발생하므로, 이 이벤트를 이용하고자 할 경우는 ItemListener 인터페이스의 itemStateChanged 메서드를 구현해주어야 한다. 그리고 이벤트 핸들러 객체를 등록할 경우는 addItemListener 메서드를 사용하여 등록한다.

체크 박스 클릭 시 등록된 이벤트 핸들러 객체의 itemStateChanged 메서드가 호출된다. 이때 인수를 통해 ItemEvent 타입의 객체가 전달되는데, 이 객체에 체크 박스의 현재 상태 정보가 저장되어 있다. 그 정보를 얻어 올 때 사용하는 메서드가 getStateChange 메서드이다. 다음 예제는 텍스트 상자에 있는 글자 스타일을 체크 박스를 통해 지정하는 예이다. FlowLayout 배치 관리자를 사용하며, JTextField 객체를 생성하여 해당 객체의 폰트를 TimesRoman체 12 크기의 보통 스타일로 지정하였다. 그리고 볼드와 이태릭 두 개의 체크 박스를 생성하였다. 체크 박스를 누를 때마다 작업을 해야 하므로 이 체크 박스의 itemStateChanged 이벤트를 이용하였으며, 이 이벤트를 CheckBoxTest 클래스에서 처리하도록 하였다.

```
public class CheckBoxTest extends JFrame implements ItemListener {
       private JTextField text;
       private JCheckBox bold, italic;
       int val1 = Font.PLAIN;
       int val2 = Font.PLAIN;

       public CheckBoxTest()
       {
           super("test");
           initializeComponents();
       }

       private void initializeComponents() {
          Container c = getContentPane();
          c.setLayout(new FlowLayout());

          text = new JTextField( "폰트 스타일 변경 예제", 30 );
          text.setFont( new Font( "TimesRoman", Font.PLAIN, 12 ) );
```

```
        c.add( text );

        bold = new JCheckBox( "굵게" );
        c.add( bold );

        italic = new JCheckBox( "기울이게" );
        c.add( italic );

        bold.addItemListener(this);
        italic.addItemListener(this);

       pack();
       setLocation(300, 300);
       setDefaultCloseOperation(JFrame.EXIT_ON_CLOSE);
       setVisible(true);
    }

    public static void main( String args[] )
    {
           CheckBoxTest app = new CheckBoxTest();
    }


    @Override
    public void itemStateChanged(ItemEvent e) {
           // TODO Auto-generated method stub
           if (e.getSource () == bold) {
                  if (e.getStateChange () == ItemEvent.SELECTED) {
                         val1 = Font.BOLD;
                  }
                  else {
                         val1 = Font.PLAIN;
                  }
           }
           if (e.getSource () == italic) {
                  if (e.getStateChange () == ItemEvent.SELECTED) {
                         val2 = Font.ITALIC;
                  }
```

```
                else {
                        val2 = Font.PLAIN;
                }
        }

        text.setFont ( new Font ( "TimesRoman", val1 + val2, 12 ) );
        text.repaint();
    }
}
```

itemStateChanged 메서드의 구현을 보면 먼저 어떤 체크 박스에서 이벤트를 발생시켰는지를 파악하고 있고, 이어서 체크 박스의 현 상태를 파악하고 있다. 상태 값은 ItemEvent 클래스에 정적 필드로 선언되어 있는데, 선택 상태인 경우는 SLECTED이며 비선택 상태인 경우는 DESLECTED이다. 체크 박스의 선택 여부에 따라 스타일을 달리 해주어야 하는데, 스타일 값은 Font 클래스의 정적 필드로 선언되어 있다. 보통 스타일은 PLAIN으로, 이탤릭 스타일은 ITALIC으로, 볼드 스타일은 BOLD로 정의되어 있다. JTextField의 폰트를 바꿀 경우는 setFont를 사용하는데, 이 메서드를 호출했다고 폰트가 즉시에 바뀌지 않는다. 따라서 즉시 바꾸고자 할 경우는 텍스트의 폰트를 바꾼 후에 repaint 메서드를 호출하여 변경된 내용이 가급적 즉시 반영되도록 해야 한다.

실습 18.5 버튼 클릭 시 체크 박스 상태 파악하기

앞의 체크 박스의 예는 버튼의 상태가 바뀌는 순간에 작업을 하는 형태이다. 그런데, 경우에 따라서는 옵션을 다 선택한 후 확인 버튼을 누른 순간 체크 박스와 라디오 버튼의 상태를 파악하여 그 결과에 따라 달리 작업하는 경우가 있다. 이러한 경우는 버튼의 action 이벤트 핸들러 안에서 각 체크 박스나 라디오 버튼의 상태를 isSelected 메서드를 사용하여 검사해야 한다. 이를 실습하기 위해 아래와 같이 화면 폼을 작성해보자.

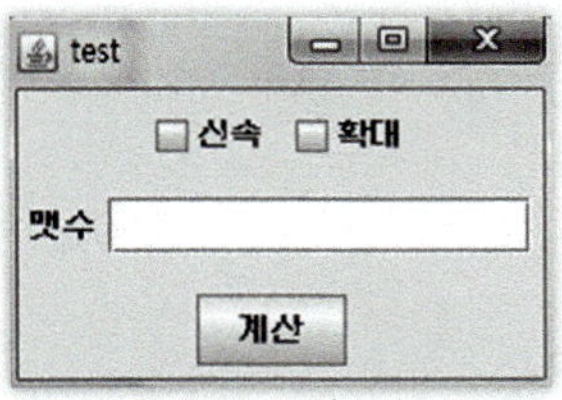

화면 폼 구성은 다음과 같이 작성한다. 여기서는 세 개의 패널을 생성하는데, 첫 번째 패널에는 두 개의 체크 박스를, 두 번째 패널에는 매수 레이블과 텍스트 상자를, 세 번째에는 계산 버튼과 결과를 출력할 레이블을 추가한다.

```
public class ProgramBasic extends JFrame  {
       private JTextField t;
       private JLabel label1, label2;
       private JCheckBox speed, large;
       private JButton button1;
       private double cost = 1000;
       private double sum, page;

       public ProgramBasic()
       {
           super("test");
           initializeComponents();
       }

       private void initializeComponents() {
              Container c = getContentPane();
              c.setLayout(new GridLayout(3,1));

              JPanel p1 = new JPanel();

              speed = new JCheckBox( "신속" );
              p1.add( speed );
              large = new JCheckBox( "확대" );
              p1.add( large );
              c.add(p1);

              JPanel p2 = new JPanel();
              label1 = new JLabel("매수");

              p2.add(label1);
              t = new JTextField( " ", 15 );
              p2.add(t);
              c.add( p2 );
```

```
            JPanel p3 = new JPanel();
            button1 = new JButton("계산");
            p3.add(button1);
            label2 = new JLabel(" ");
            p3.add(label2);
            c.add(p3);
            pack();
            setLocation(300, 300);
            setDefaultCloseOperation(JFrame.EXIT_ON_CLOSE);
            setVisible(true);
      }

      public static void main( String args[] )
      {
            ProgramBasic app = new ProgramBasic();
      }
}
```

이벤트 처리는 다음과 같이 한다. 계산 버튼을 누르는 순간 작업이 이루어져야 하므로 계산 버튼의 actionPerformed 이벤트 핸들러를 작성하며, 이때 체크 박스에 대해 isSelected 메서드를 호출하여 체크 유무를 파악한 후, 이에 따라 계산을 달리 하는 형태로 구현한다.

```
public class ProgramBasic extends JFrame implements ActionListener {
      ...

      private void initializeComponents() {
            ...
            button1 = new JButton("계산");
            p3.add(button1);
            button1.addActionListener(this);
            label2 = new JLabel(" ");
            p3.add(label2);
            ...
      }

      public static void main( String args[] )
      {
```

```
            ProgramBasic app = new ProgramBasic();
    }

    @Override
    public void actionPerformed(ActionEvent e) {
            // TODO Auto-generated method stub
            sum = 0;
            page = Double.parseDouble(t.getText());
            double add1 = 0;
            double add2 = 0;

            if(speed.isSelected() == true) add1 = page*cost*0.5;
            if(large.isSelected() == true) add2 = page*cost*0.3;

            sum = sum+ cost*page + add1 + add2;
            String str = Double.toString(sum);
            label2.setText(str);
    }
}
```

다 작성하여 실행하면 아래 왼쪽 그림과 같은 화면이 출력되는데, 텍스트 박스에 매수를 입력한 후 버튼을 누르면 지불 총액이 표시된다. 이 상태에서 신속 체크 박스를 선택하여 다시 버튼을 눌러 보자. 그러면 아래 가운데 그림과 같이 총액이 바뀌어 출력된다. 이번에는 확대 체크 박스를 선택하여 버튼을 다시 눌러 보자. 아래 오른쪽 그림과 같이 총액이 바뀌어 출력된다.

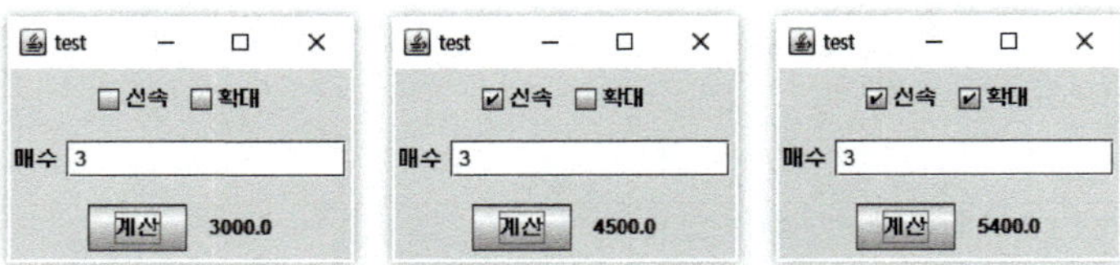

18.6 JRadioButton

라디오 버튼은 체크 박스와 그룹 중에서 하나만 선택할 수 있다는 것만 제외하면 그 사용법이 매우 유사하다. 그룹을 지정하기 위해서는 먼저 ButtonGroup 객체를 생성하고, 이 객체의 add 메서드를 사용하여 그룹에 속할 라디오 버튼들을 추가하면 된다. 단, 그룹은 논리적인 것이므로 그룹 자체를 컨테이너에 추가할 필요는 없다. 버튼 그룹 지정 없이 라디오 버튼을 추가하면 각 라디오 버튼이 하나의 그룹으로 인식되어 마치 체크 박스처럼 동작한다. 아래의 예제는 두 개의 버튼 그룹을 만들고, 각 그룹에 두 개의 라디오 버튼이 소속되도록 하고, 각 라디오 버튼을 누르면 그 버튼이 선택되었음을 출력하는 예이다.

```
public class ProgramBasic extends JFrame implements ItemListener {
       JRadioButton r1, r2, r3, r4 ;

       public ProgramBasic()
       {
           super("test");
           initializeComponents();
       }

       private void initializeComponents() {
              Container c = getContentPane();
              c.setLayout(new FlowLayout());

              ButtonGroup g1 = new ButtonGroup(); // 여기서부터
              r1 = new JRadioButton("라디오 버튼1");
              r1.addItemListener(this);
              g1.add(r1);
              c.add(r1);
              r2 = new JRadioButton("라디오 버튼2");
              r2.addItemListener(this);
              g1.add(r2);
              c.add(r2);

              ButtonGroup g2 = new ButtonGroup();

              r3 = new JRadioButton("라디오 버튼3");
              r3.addItemListener(this);
              g2.add(r3);
              c.add(r3);
              r4 = new JRadioButton("라디오 버튼4");
              r4.addItemListener(this);
              g2.add(r4);
```

```
        c.add(r4);
        r3 = new JRadioButton("라디오 버튼3");
        r3.addItemListener(this);
        g2.add(r3);
        c.add(r3);
        r4 = new JRadioButton("라디오 버튼4");
        r4.addItemListener(this);
        g2.add(r4);
        c.add(r4);

        pack();
        setLocation(300, 300);
        setDefaultCloseOperation(JFrame.EXIT_ON_CLOSE);
        setVisible(true);
    }

    public static void main( String args[] )
    {
        ProgramBasic app = new ProgramBasic();
    }

    @Override
    public void itemStateChanged(ItemEvent e) {
        // TODO Auto-generated method stub
        if(e.getStateChange() == ItemEvent.DESELECTED) {
            System.out.println(((JRadioButton)e.getSource()).
            getText() + "deselected");
        }
        else {
            System.out.println(((JRadioButton)e.getSource()).
            getText() + "selected");
        }
    }
}
```

위 예에서 itemStateChanged 이벤트 핸들러의 구현을 보자. 각 그룹에 두 개의 라디오 버튼이 있기 때문에 각 그룹에서 하나씩 총 두 개를 선택할 수 있다. 그런데 한 그룹에 있는 다른 라디오 버튼을 선택하면 자동으로 원래 선택되었던 라디오 버튼은 선택되지 않게 된다. 따라서 같은 그룹의 다른 라디오 버튼을 선택하면 두 개의 이벤트가 발생한다. 즉, 원래 선택되었던 버튼에 대해서도 itemStateChanged 이벤트가 발생하며, 새로이 선택된 버튼에 대해서도 itemStateChanged 이벤트가 발생한다. 다만 먼저 선택되었던 버튼에 대해서는 상태가 ItemEvent.DESELECTED로 바뀌고, 새로이 선택된 버튼에 대해서는 ItemEvent.SELECTED로 바뀐다.

위 예의 경우 두 개의 그룹이 있지만 시각적으로는 알 수 없다. 만약, 시각적으로 두 개의 그룹을 표시하고 싶다면 각 그룹을 별도의 패널 객체에 추가하고, 각 패널에 타이틀이 있는 테두리를 표시하면 된다. 패널에 테두리를 표시할 경우는 아래의 setBorder 메서드를 사용하면 된다.

```
pane.setBorder(new TitledBorder("TitleBorder"););  //보더를 설정한다.
```

위 코드의 initializeComponents 메서드를 아래의 코드로 대체하여 실행해보자. 그러면 그림에서 보는 바와 같이 그룹별로 테두리가 설정되어 있는 것을 확인할 수 있을 것이다.

```
private void initializeComponents() {
       Container c = getContentPane();
       c.setLayout(new FlowLayout());

       JPanel p1 = new JPanel();
       ButtonGroup g1 = new ButtonGroup();
       r1 = new JRadioButton("라디오 버튼1");
       r1.addItemListener(this);
       g1.add(r1);
       p1.add(r1);
       r2 = new JRadioButton("라디오 버튼2");
       r2.addItemListener(this);
       g1.add(r2);
       p1.add(r2);
       p1.setBorder(new TitledBorder("옵션1"));
       c.add(p1);

       JPanel p2 = new JPanel();
       ButtonGroup g2 = new ButtonGroup();
```

```
        r3 = new JRadioButton("라디오 버튼3");
        r3.addItemListener(this);
        g2.add(r3);
        p2.add(r3);
        r4 = new JRadioButton("라디오 버튼4");
        r4.addItemListener(this);
        g2.add(r4);
        p2.add(r4);
        p2.setBorder(new TitledBorder("옵션2"));
        c.add(p2);

        pack();
        setLocation(300, 300);
        setDefaultCloseOperation(JFrame.EXIT_ON_CLOSE);
        setVisible(true);
}
```

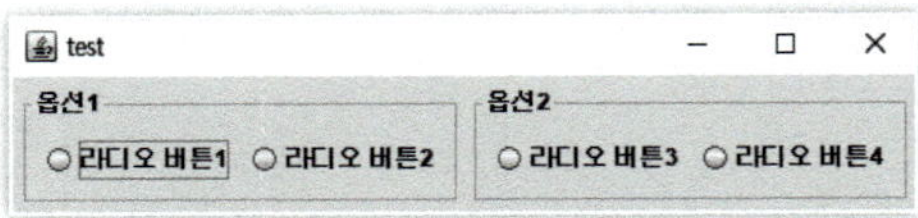

라디오 버튼인 경우는 itemStateChanged뿐만 아니라 actionPerformed 이벤트도 발생한다. 그런데, itemStateChanged 이벤트는 현재 선택된 라디오 버튼과 다른 버튼을 선택할 경우만 발생하지만 actionPerformed는 그렇지 않다. 즉, 현재 선택된 라디오 버튼을 누를 경우에도 발생한다. 그리고 itemStateChanged 이벤트는 이전 선택된 라디오 버튼과 현재 선택된 버튼에 대해서 모두 발생하지만, actionPerformed 이벤트는 현재 선택된 라디오 버튼에 대해서만 발생한다. 또한, 라디오 버튼에서 actionPerformed 이벤트가 발생했다는 것은 해당 라디오 버튼이 선택되었다는 것을 의미하므로 별도로 선택 여부를 검사할 필요가 없다. 그래서 특별한 경우가 아니면 라디오 버튼인 경우, itemStateChanged 이벤트보다 actionPerformed 이벤트를 활용하는 것이 편하다.

실습 18.6 actionPerformed 이벤트를 이용한 라디오 버튼 처리

위의 예를 actionPerformed 이벤트를 이용한 형태로 변경해보자. 먼저 위의 코드에서 ItemListener를 구현하는 대신에 ActionListener를 구현하고, initializeComponents 메서드 안의 addItemListener 메서드 호출 부분을 아래 코드와 같이 addActionListener 호출로 변경한다. 그런 다음 아래와 같이 actionPerformed 이벤트 핸들러를 작성한다.

```
public class ProgramBasic extends JFrame implements ActionListener {
       JRadioButton r1, r2, r3, r4 ;

       public ProgramBasic()
       {
           super("test");
           initializeComponents();
       }

       private void initializeComponents() {
          ...
          //r1.addItemListener(this);
          r1.addActionListener(this);
          ...
          //r2.addItemListener(this);
          r2.addActionListener(this);
          ...
          //r3.addItemListener(this);
          r3.addActionListener(this);
          ...
          //r4.addItemListener(this);
          r4.addActionListener(this);
          ...
       }

       public static void main( String args[] )
       {
          ProgramBasic app = new ProgramBasic();
       }
```

```
        @Override
        public void actionPerformed(ActionEvent e) {
            // TODO Auto-generated method stub
            JRadioButton rb = (JRadioButton) e.getSource();
            JOptionPane.showMessageDialog( null, rb.getText());
        }
}
```

작성이 끝났으면 실행해보자. 아래 그림과 같은 화면이 출력되고, 이 상태에서 라디오 버튼을 클릭하면 대화상자를 통해 어떤 라디오 버튼이 눌렸는지를 알려준다.

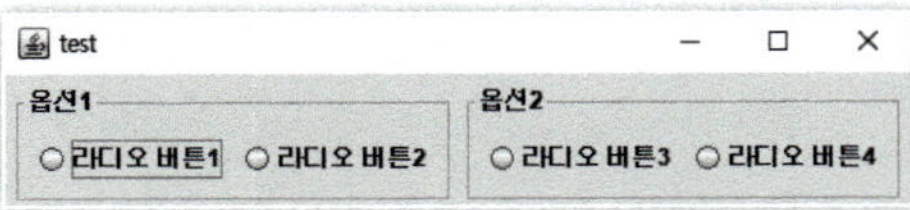

18.7 JComboBox

이번에 살펴볼 컴포넌트는 콤보 박스이다. 항목들을 나열해주고 그중 하나를 선택하게 하는 컴포넌트로 클래스명은 JComboBox이다. 표시되는 항목은 생성 시에 배열로 지정하거나 생성 후 addItem 메서드를 사용하여 하나씩 추가한다. 각 항목은 인덱스를 가지며 첫 번째 항목의 인덱스는 0으로 이 항목이 디폴트 값으로 표시된다.

콤보 박스는 버튼과 마찬가지로 항목을 선택하면 Item 이벤트가 발생한다. 따라서 항목 선택 시 무엇인가를 하려면 itemStateChanged 이벤트 핸들러를 구현하면 된다. 이때 핸들러 안에서 선택된 항목을 파악해야 하는데, getSelectedIndex 메서드를 사용하여 선택된 항목의 인덱스를 파악한다. 선택된 항목 자체를 파악하고자 할 경우 getSelectedItem 메서드를 사용한다. 화살표를 클릭하면 항목들이 펼쳐지는데, 이때 표시되는 항목들의 개수를 setMaximumRowCount 메서드를 사용해 지정할 수 있다. 항목의 개수가 많으면 자동으로 스크롤 기능이 제공된다.

아래 예제는 콤보 박스에서 항목을 선택하면 옆 레이블의 캡션을 선택된 항목으로 바꿔주는 예제이다. 먼저, 콤보 박스 항목들을 names 배열에 저장하고, ComboBoxTest 객체 생성 시 names 배열을 이용하여 콤보 박스를 생성하고, 한 번에 표시되는 항목의 개수를 세 개로 지정하였다. 그리고 콤보 박스에서 항목 선택 시 처리할 일을 ComboBoxTest 클래스에서 처리하게 하였으며, 그래서 이 클래스의 생성자 안에서 this 객체를 이벤트 핸들러 객체로 등록하였다. 핸들러의 구현을 보면 getSelectedIndex 메서드를 통해 선택 항목의 인덱스를 파악하고, 이 인덱스를 이용하여 names 배열에서 해당 항목을 파악한 후, 이를 레이블의 캡션으로 지정하였다. 그리고 레이블 생성 시 초기 캡션으로 첫 번째 항목의 값을 사용하였다.

```
public class ComboBoxTest extends JFrame implements ItemListener {
       private JComboBox combo;
       private String names[] = {"aaa", "bbb", "ccc", "ddd", "eee"};
       private JLabel display;

       public ComboBoxTest()
       {
           super("test");
           initializeComponents();
       }

       private void initializeComponents() {
          Container c = getContentPane();
          c.setLayout(new FlowLayout());

              combo = new JComboBox(names);
              combo.setMaximumRowCount(3);
              c.add(combo);
              combo.addItemListener(this);

              display = new JLabel(names[0]);
              c.add(display);

          pack();
          setLocation(300, 300);
          setDefaultCloseOperation(JFrame.EXIT_ON_CLOSE);
          setVisible(true);
       }

       public static void main( String args[] )
```

```
	{
		ComboBoxTest app = new ComboBoxTest();
	}

	@Override
	public void itemStateChanged(ItemEvent e) {
		// TODO Auto-generated method stub
		display.setText(names[combo.getSelectedIndex()]);
	}
}
```

실습 18.7 콤보 박스를 이용한 구구단 출력

구구단 출력 프로그램을 통하여 앞에서 배운 콤보 박스의 사용법을 익혀보자. 먼저 그림과 같은 화면 폼을 작성한다.

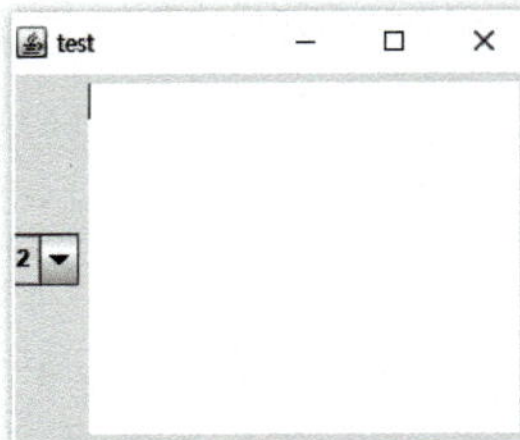


```
public class ProgramBasic extends JFrame {
	private JComboBox combo;
	private String num[] = {“2”, “3”, “4”, “5”, “6”, “7”, “8”, “9”};
	private JTextArea list;

	public ProgramBasic()
	{
	    super(“test”);
	    initializeComponents();
	}

	private void initializeComponents() {
		Container c = getContentPane();
		c.setLayout(new FlowLayout());
		combo = new JComboBox(num);
		combo.setMaximumRowCount(3);
```

```
        c.add(combo);

        list = new JTextArea(10,20);
        c.add(list);

        pack();
        setLocation(300, 300);
        setDefaultCloseOperation(JFrame.EXIT_ON_CLOSE);
        setVisible(true);
    }

    public static void main( String args[] )
    {
        ProgramBasic app = new ProgramBasic();
    }
}
```

콤보 박스의 내용이 바뀌는 순간 구구단이 출력되어야 하므로 콤보 박스의 itemStateChanged 이벤트를 이용한다. 아래와 같이 ItemListener 인터페이스를 구현하고, 콤보 박스의 itemStateChanged 이벤트 핸들러로 this를 지정한다. 그리고 핸들러 안에서 콤보 박스의 getSelectedIndex 메서드를 이용하여 선택한 단을 파악한 후, 그에 해당하는 단을 구성하여 TextArea 컴포넌트에 출력한다. 그리고 처음에 2단이 자동으로 출력되도록 setSelectedIndex(0)을 호출하고 actionPerformed 이벤트 핸들러를 추가한다. actionPerformed 이벤트는 선택된 값이 바뀌지 않더라도, 즉 같은 값을 다시 선택하더라도 발생한다. 그 이벤트 핸들러 안에서 직접 itemStateChanged 이벤트 핸들러를 호출하여 마치 2단으로 변경된 것처럼 처리한다. 참고로, actionPerformed 이벤트 핸들러 안에서 구구단을 출력하도록 하면 굳이 itemStateChanged 이벤트 핸들러를 이용할 필요가 없다.

```
public class ProgramBasic extends JFrame implements ItemListener,
ActionListener {
    ...

    private void initializeComponents() {
        ...
        c.add(combo);
```

```
        combo.addItemListener(this);
        combo.addActionListener(this);
        ...
        c.add(list);
        combo.setSelectedIndex(0);
        ...
    }

    public static void main( String args[] )
    {
        ProgramBasic app = new ProgramBasic();
    }

    @Override
    public void itemStateChanged(ItemEvent e) {
        // TODO Auto-generated method stub
        if (combo.getSelectedIndex() < 0) return;
        int dan = combo.getSelectedIndex() + 2;
        String res = “”;

        for (int i = 1; i<=9 ; i++) {
            res = res + dan + “ * ” + i + “ = ” + dan*i + “\n”;
            list.setText(res);
        }
    }
    public void actionPerformed(ActionEvent e) {

        // TODO Auto-generated method stub
        itemStateChanged(null);
    }
}
```

다 작성하여 실행하면 그림과 같은 화면이 출력될 것이다. 콤보 박스를 통해 단을 변경시키면서 그 결과를 확인해보기 바란다.

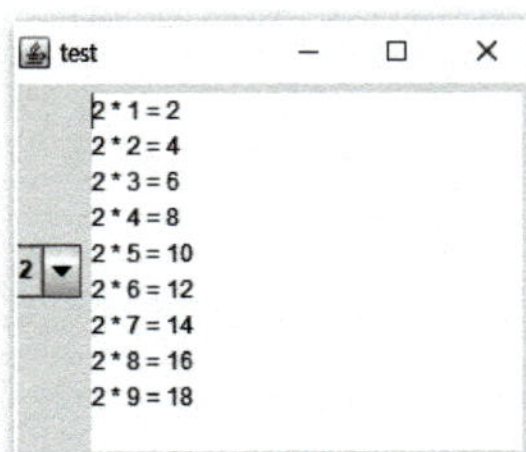

18.8 JList

JList는 항목들을 리스트 형식으로 보여주고 이 중에서 여러 개 선택할 수 있도록 해주는 컴포넌트이다. 항목 추가 방법은 아래의 예처럼 생성 시 문자열 배열을 인수로 해서 JList 객체를 생성한다.

```
String[] ar = {"aaa", "bbb", "ccc"}; // public JList(Object[] listData)
JList list = new JList(ar);
```

하지만, 이렇게 생성된 리스트는 항목들을 추가하거나 삭제할 수 없다. 동적으로 항목들을 수정할 수 있는 리스트를 만들려면 DefaultListModel 객체를 생성한 후, 이 객체에 addElement 메서드를 사용하여 항목들을 추가하고, 이 객체를 인수로 JList 객체를 생성해야 한다. 실행 중 항목 추가도 DefaultListModel 객체에 addElement 메서드를 사용하여 추가하면 된다. 특정 위치에 추가할 경우는 add 메서드를 사용한다. 항목을 삭제할 경우는 remove 메서드를, 전체를 삭제할 경우는 clear 메서드를 사용한다.

```
DefaultListModel listModel = new DefaultListModel();
listModel.addElement("aaa");    // 초기 항목
listModel.addElement("bbb");    // 초기 항목
JList list = new JList(listModel);
listModel.addElement("ccc");    // 수행 중 추가 항목
listModel.add(0, "ddd");        // 수행 중 특정 위치에 추가
listModel.remove(1);            // 두 번째 항목 삭제
listModel.clear();              // 모든 항목 삭제
```

JList 객체를 생성한 후 선택 모드를 지정할 수 있는데, 이때 JList 객체의 setSelectionMode 메서드를 사용한다. 인수로 ListSelectionModel.SINGLE_SELECTION, ListSelectionModel.SINGLE_INTERVAL_SELECTION, ListSelectionModel.MULTIPLE_ INTERVAL_SELECTION 중 하나를 선택할 수 있다. 기본은 세 번째 값이며, 여러 개를 선택할 수 있다. 두 번째 값은 여러 개를 선택할 수 있지만 연속적인 것들만 선택할 수 있으며, 첫 번째 것은 하나만 선택할 수 있는 모드이다. 항목들이 표시되는 방향도 지정할 수 있는데, 이때 setLayoutOrientation 메서드를 사용하면 되며, 인수로는 JList.VERTICAL_WRAP, JList.HORIZONTAL_WRAP, JList.VERTICAL을 사용할 수 있다. 그런데, 이 인수의 차이를 확

인하려면 setVisibleRowCount 메서드를 사용하여 표시할 행의 개수를 지정해주어야 한다. 지정된 행의 개수로 모든 항목을 표시할 수 없을 때는 리스트 객체에 스크롤바를 부착한다. 그리고 초기 선택 항목을 지정할 경우는 setSelectedIndex 또는 setSelectedIndices 메서드를 사용한다. 전자는 하나를 지정할 경우, 후자는 여러 개를 선택 항목으로 지정할 경우 사용한다.

```
list.setSelectionMode(ListSelectionModel.SINGLE_SELECTION);
list.setLayoutOrientation(JList.VERTICAL);
list.setVisibleRowCount(2);
JScrollPane scrollList = new JScrollPane(list);
list.setSelectedIndex(1); // 두 번째 항목을 초기 선택 항목으로 지정
```

JList와 관련된 이벤트는 선택 항목이 바뀌었을 때 발생하는 valueChanged이다. 이 이벤트에 대한 핸들러는 ListSelectionListener에 인터페이스 선언되어 있다. 이 인터페이스에는 이 메서드만 존재한다. 이 이벤트는 항목을 선택하는 중, 즉 항목을 선택하기 위해 마우스를 누르는 순간에도 발생하고 마우스를 뗀 후에도 발생한다. 따라서 이벤트 발생 시 넘어오는 ListSelectionEvent 객체의 getValueIsAdjusting 메서드를 통해 구별한다. 이 메서드는 아직 선택 중이면 true를, 선택 완료이면 false를 넘겨준다.

```
public void valueChanged(ListSelectionEvent e) {
        // TODO Auto-generated method stub
        if (e.getValueIsAdjusting() == false) {
                System.out.println("ss");
        }
}
```

valueChanged 이벤트 핸들러 안에서 선택된 항목을 파악해야 하는데, 이때 getSelectedIndex 또는 getSelectedIndices 메서드를 이용한다. 전자는 선택 항목이 하나일 경우, 후자는 선택 항목이 여러 개일 경우에 사용한다. 항목의 인덱스 값이 아니라 값 자체를 파악하고자 할 경우는 getSelectedValue 또는 getSelectedValuesList 메서드를 사용한다. 이 두 메서드의 차이도 선택 항목이 하나인지 여러 개인지에 있다. 선택된 여러 항목들은 아래처럼 getSelectedValuesList 메서드의 값을 for문을 사용하여 하나씩 파악하거나,

```
for (Object s : list.getSelectedValueList())  System.out.println(s);
```

또는 getSelectedIndices 메서드와 n 번째 항목을 파악하는 getModel().getElementAt(n)을 사용하여 파악하거나,

```
for(int i : list2.getSelectedIndices()) {
        System.out.println(list2.getModel().getElementAt(i));
}
```

또는 아래처럼 for문을 사용하여 각 항목에 대해 isSelectedIndex 메서드를 호출하여 선택 여부를 판단할 수 있다.

```
for(int i=0; i < list2.getModel().getSize(); i++) {
        if(list2.isSelectedIndex(i)) System.out.println(list2.getModel().
        getElementAt(i));
}
```

실습 18.8 리스트 사이의 항목 이동하기

두 개의 단일 선택 JList와 두 개의 버튼–NEXT, PREVIOUS–을 이용한 항목 이동 프로그램을 작성해보자. 좌측 JList에서 항목을 선택한 후 NEXT 버튼을 누르면 선택된 항목이 반대편 JList로 이동한다. 반대로 오른쪽 JList에서 항목을 선택한 후 PREV 버튼을 누르면 왼쪽 JList로 이동한다. 먼저, 아래 그림과 같이 화면 폼을 구성하자. 이때 항목들을 동적으로 추가 및 삭제할 수 있어야 하므로 DefaultListModel 객체를 인수로 해서 JList 객체를 생성한다.

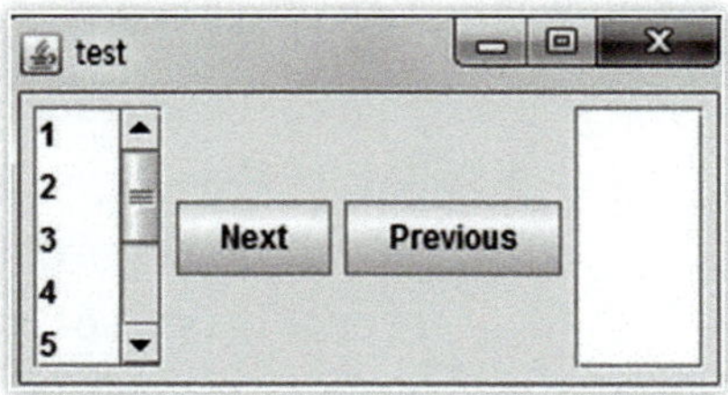


```
public class ProgramBasic extends JFrame {
        JList leftList, rightList;
        DefaultListModel leftListModel, rightListModel;
        JButton next, previous;

        public ProgramBasic()
```

```
    {
        super("test");
        initializeComponents();
    }

    private void initializeComponents() {
       Container c = getContentPane();
       c.setLayout(new FlowLayout());

       leftListModel = new DefaultListModel();
       rightListModel = new DefaultListModel();
       for(int i=1; i < 10; i++) leftListModel.addElement
       (Integer.toString(i));
       leftList = new JList(leftListModel);
       rightList = new JList(rightListModel);

       leftList.setSelectionMode(ListSelectionModel.SINGLE_
       SELECTION);
       rightList.setSelectionMode(ListSelectionModel.SINGLE_
       SELECTION);
       leftList.setLayoutOrientation(JList.VERTICAL);
       rightList.setLayoutOrientation(JList.VERTICAL);
       leftList.setVisibleRowCount(5);

       rightList.setVisibleRowCount(5);
       JScrollPane lscrollList = new JScrollPane(leftList);
       JScrollPane rscrollList = new JScrollPane(rightList);
       lscrollList.setPreferredSize(new Dimension(50,100));
       rscrollList.setPreferredSize(new Dimension(50,100));

       next = new JButton("Next");
       previous = new JButton("Previous");
       c.add(lscrollList);
       c.add(next);
       c.add(previous);
       c.add(rscrollList);

       pack();
```

```
        setLocation(300, 300);
        setDefaultCloseOperation(JFrame.EXIT_ON_CLOSE);
        setVisible(true);
    }

    public static void main( String args[] )
    {
        ProgramBasic app = new ProgramBasic();
    }
}
```

버튼을 누르는 순간에 작업이 일어나야 하므로 버튼의 actionPerformed 이벤트 핸들러를 작성해주어야 한다. 이벤트 처리 객체는 this로 지정하고, 이벤트 핸들러 안에서 버튼의 종류를 파악한 후 선택 항목을 파악하고, 선택 항목을 다른 리스트로 복사한 후 원래 리스트에서 제거한다.

```
public class ProgramBasic extends JFrame implements ActionListener {
    ...

    private void initializeComponents() {
        ...
        c.add(rscrollList);
        next.addActionListener(this);
        previous.addActionListener(this);
        ...
    }

    ...

    @Override
    public void actionPerformed(ActionEvent e) {
        // TODO Auto-generated method stub
        if(e.getSource()== next) {
            if(leftList.isSelectionEmpty()) return;
            int i = leftList.getSelectedIndex();
            rightListModel.addElement(leftListModel.
            getElementAt(i));
```

```
                leftListModel.remove(i);
            }
            else if(e.getSource()==previous) {
                if(rightList.isSelectionEmpty()) return;
                int i = rightList.getSelectedIndex();
                leftListModel.addElement(rightListModel.
                getElementAt(i));
                rightListModel.remove(i);
            }
        }
}
```

다 작성하여 실행하면 옆의 그림과 같은 화면이 출력될 것이다.

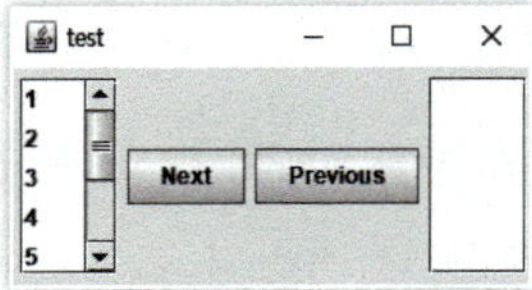

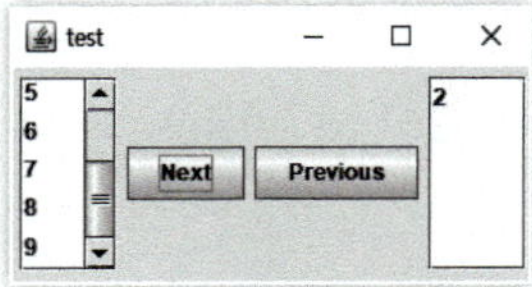

그림 왼쪽의 리스트에서 항목을 선택한 후 Next 버튼을 눌러보자. 그러면 왼쪽 리스트의 선택 항목이 제거되고 그 항목이 오른쪽 리스트에 추가되는 것을 확인할 수 있다. 반대로 오른쪽 리스트의 항목을 선택한 후 Previous 버튼을 누르면 왼쪽으로 이동하는 것을 확인할 수 있다.

18.9 JTabbedPane

JTabbedPane은 수첩의 구분 표나 파일 캐비닛의 폴더 모음에 있는 레이블처럼 여러 개의 탭을 표시한다. 탭은 그림이나 다른 컨트롤을 포함할 수 있으며, 이를 사용하면 윈도우즈 운영체제에서 자주 볼 수 있는 여러 페이지로 구성된 대화 상자(예: 제어판 표시 속성)를 만들 수도 있다.

여러 탭으로 구성된 탭 페인을 만드는 과정은 단순하다. 먼저, JTabbedPane 객체를 생성한 후 탭을 부착한다. 인수 없이 JTabbedPane 객체를 생성하면 탭이 위쪽에 표시된다. 만약, 다른 방향에 탭을 표시하고 싶을 경우는 방향을 지정하는 생성자를 사용하여 JTabbedPane 객체를 생성한다.

```
JTabbedPane pane = new JTabbedPane(JTabbedPane.BOTTOM); // TOP, BOTTOM,
LEFT, RIGHT 중 하나
```

탭 페인에 탭을 부착할 때는 addTab 메서드를 사용한다. 이 메서드는 두 개의 인수를 받아들이는데, 첫 번째 인수는 탭 타이틀이고, 두 번째 인수는 탭에 출력될 컴포넌트이다. 아래의 예는 두 개의 탭을 부착하는 예이다. 첫 번째 탭은 텍스트 상자를, 두 번째 탭은 레이블을 컴포넌트로 형성하고 있다.

```
Container c = getContentPane();

JTabbedPane pane = new JTabbedPane();
pane.addTab("tab1", new JTextField(20));
pane.addTab("tab2", new JLabel("bbb"));

c.add(pane);
```

탭에는 기본적으로 하나의 컴포넌트만 붙일 수 있게 되어 있다. 따라서 여러 개의 컴포넌트를 올릴 때는 JPanel과 같은 컨테이너 객체를 생성하고, 컴포넌트들을 이 컨테이너에 추가한 후 컨테이너를 탭에 부착한다.

```
public class ProgramBasic extends JFrame {
       JLabel imageLabel;

       public ProgramBasic()
       {
           super("test");
           initializeComponents();
       }

       private void initializeComponents() {
         Container c = getContentPane();
         JTabbedPane pane = new JTabbedPane();

         pane.addTab("tab1", new JTextField(20));
         pane.addTab("tab2", new JLabel("bbb"));
```

```
        JPanel panel = new JPanel();
        panel.add(new JTextField(10));
        panel.add(new JCheckBox("aaa"));
        pane.addTab("tab3", panel);
        c.add(pane);

        pack();
        setLocation(300, 300);
        setDefaultCloseOperation(JFrame.EXIT_ON_CLOSE);
        setVisible(true);
    }
}
```

실습 18.9 JTabbedPane 실습

위의 코드를 프로젝트로 만들어 실행해보자. 그러면 아래 그림과 같은 화면이 출력되는데, 탭을 눌러 각 탭에 어떤 컴포넌트들이 배치되어 있는지 확인해보자. 참고로 첫 번째 탭에는 텍스트 박스가 놓여 있어 언뜻 보기에는 아무것도 놓여 있지 않은 것처럼 보인다. 그러나 값을 입력시켜 보면 텍스트 박스가 놓여 있음을 알 수 있을 것이다.

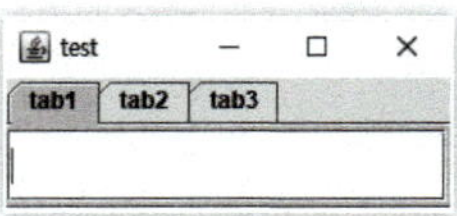

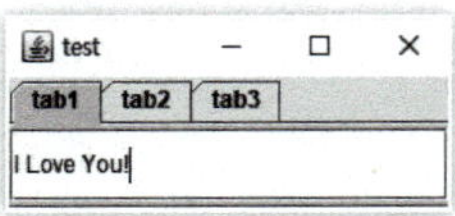

탭 위의 컴포넌트에 대한 이벤트를 처리하고자 할 경우는 앞에서 설명한 각 컴포넌트의 이벤트 처리 방법을 그대로 적용한다. 예를 들어, tab3 위의 체크 박스에 대한 이벤트 핸들러를 작성하는 경우, 즉 체크 박스의 선택 여부를 출력하고 싶다면 아래와 같이 작성한다.

```
public class ProgramBasic extends JFrame implements ItemListener {
    ...

    private void initializeComponents() {
        ...
        //panel.add(new JCheckBox("aaa"));
```

```java
        JCheckBox cbaaa = new JCheckBox("aaa");
        panel.add(cbaaa);
        cbaaa.addItemListener(this);

          ...
      }

      public void itemStateChanged(ItemEvent e) {
              // TODO Auto-generated method stub
              JCheckBox cb = (JCheckBox) e.getSource();

              if (e.getStateChange () == ItemEvent.SELECTED) {
                      System.out.println(cb.getText() + " selected");
              }
              else {
                      System.out.println(cb.getText() + " deselected");
              }
      }
}
```

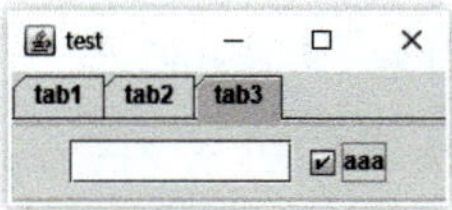

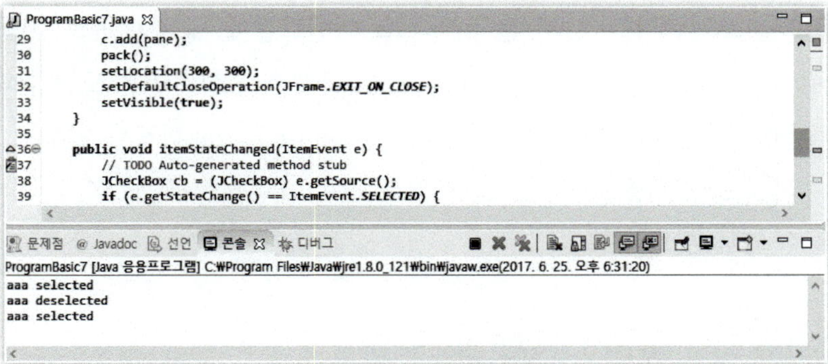

19 마우스, 키보드, 메뉴 및 대화 상자

이 장에서는 마우스와 키 이벤트 관련 내용을 살펴본다. 그리고 메뉴 관련 클래스와 이를 이용한 메뉴 구성 방법, 므네모닉 키와 가속키 지정 방법, 메뉴 이벤트 처리 방법, 그리고 문맥에 따라 메뉴 항목을 달리할 수 있는 팝업 메뉴에 대해서도 살펴본다. 또한 시스템에서 제공하는 대화 상자 사용법과 사용자 정의 대화 상자 제작법에 대해서도 살펴본다.

19.1 마우스 조작하기

마우스를 조작한다는 것은 결국 마우스 이벤트들에 대한 이벤트 핸들러를 작성하는 것이다. 마우스 이벤트는 java.awt.Component 클래스를 상속받은 모든 클래스에서 발생 가능하며, 이벤트 발생 시 호출되는 핸드러들은 MouseEvent 객체를 인수로 넘겨받는다. 이 객체에는 이벤트가 발생한 위치의 x, y 좌표 값을 제공하는데, getX, getY 메서드를 통해 이 값들을 얻을 수 있다.

```
public void mouseClicked( MouseEvent e )
{
   statusBar.setText( "Clicked at [" + e.getX() + ", " + e.getY() + "]" );
}
```

마우스 이벤트 관련 인터페이스에는 MouseListener 인터페이스, MouseMotionListener 인터페이스, MouseWheelListener 인터페이스가 있는데, 여기서는 자주 사용되는 MouseListener 인터페이스, MouseMotionListener 인터페이스만 소개한다. MouseListener 객체를 등록할 때는 addMouseListener 메서드를 사용하며, MouseMotionListener 객체를 등록할 경우는

addMouseMotionListener 메서드를 사용한다.

MouseListener 인터페이스는 마우스 클릭, 마우스 누름과 뗌 등의 이벤트들과 관련된 것이고, MouseMotionListener 인터페이스는 컴포넌트 위에서 마우스의 커서 위치가 바뀔 때 발생하는 이벤트들과 관련된 것이다. 참고로, MouseWheelListener 인터페이스는 컴포넌트 위에서 마우스 휠을 이동했을 때 발생하는 이벤트들과 관련된 것이다.

MouseListener 인터페이스에 5개의 메서드가 선언되어 있는데, 이 중 mousePressed 메서드는 마우스 버튼을 누른 경우에 호출되고, mouseReleased는 마우스 버튼을 눌렀다가 뗄 때 호출되며, mouseClick 매소드는 마우스 커서가 움직이지 않은 상태에서 마우스를 눌렀다 떼는 순간에 호출된다. mouseEntered와 mouseExited 메서드는 마우스 커서가 컴포넌트의 경계 안에 들어갔을 때와 경계 밖으로 빠져 나왔을 때 각각 호출된다.

MouseMotionListener 인터페이스에는 mouseDragged 메서드와 mouseMoved 메서드가 선언되어 있는데, mouseDragged는 마우스 버튼을 누른 상태에서 마우스를 움직일 경우 호출되며, mouseMoved는 마우스 버튼을 누르지 않은 상태에서 마우스를 움직일 경우 호출된다. mouseDragged 이벤트에 앞서 mousePressed 이벤트가 항상 발생한다.

아래 예는 마우스 이벤트가 언제 발생하는지 확인하기 위한 프로그램으로 JFrame을 상속받은 MouseEventDemo 클래스의 생성자에서 이벤트의 내용을 출력할 레이블을 생성하고, 프레임에서 마우스 이벤트가 발생했을 때 처리할 이벤트 핸들러 객체를 등록하고 있다. 이벤트 핸들러는 MouseEventDemo 클래스의 내부 클래스인 MouseEventHandler 클래스에 정의되어 있어, 이 클래스로부터 객체를 생성하여 이를 이벤트 핸들러 객체로 등록하고 있다. 이 클래스에서 MouseListener 인터페이스와 MouseMotionListener 인터페이스를 구현하고 있다.

```
public class MouseEventDemo extends JFrame {
        private JLabel statusBar;

        public MouseEventDemo()
        {
            super("test");
            initializeComponents();
        }
```

```
    private void initializeComponents() {
        Container c = getContentPane();
        c.setLayout(new BorderLayout());

        statusBar = new JLabel();
        c.add( statusBar, BorderLayout.SOUTH );

        MouseEventHandler handlerObj = new MouseEventHandler();
        this.addMouseListener(handlerObj);
        this.addMouseMotionListener(handlerObj);

        setSize(300, 300);
        setLocation(300, 300);
        setDefaultCloseOperation(JFrame.EXIT_ON_CLOSE);
        setVisible(true);
    }

    public static void main(String[] args) {
            // TODO Auto-generated method stub
            MouseEventDemo app = new MouseEventDemo();
    }

    class MouseEventHandler implements MouseListener,
    MouseMotionListener {

            @Override
            public void mouseDragged(MouseEvent e) {
                    // TODO Auto-generated method stub
                    statusBar.setText( “Dragged at [“ + e.getX() +  ”,
                    ” + e.getY() + “]” );
            }

            @Override
            public void mouseMoved(MouseEvent e) {
                    // TODO Auto-generated method stub
                    statusBar.setText( “Moved at [“ + e.getX() +  “, “
                    + e.getY() + “]” );
            }
```

```
            @Override
            public void mouseClicked(MouseEvent e) {
                    // TODO Auto-generated method stub
                    statusBar.setText( "Clicked at [" + e.getX() +  ", "
                    + e.getY() + "]" );
            }

            @Override
            public void mousePressed(MouseEvent e) {
                    // TODO Auto-generated method stub
                    statusBar.setText( "Pressed at [" + e.getX() +  ", "
                    + e.getY() + "]" );
            }

            @Override
            public void mouseReleased(MouseEvent e) {
                    // TODO Auto-generated method stub
                    statusBar.setText( "Release at [" + e.getX() +  ", "
                    + e.getY() + "]" );
            }

            @Override
            public void mouseEntered(MouseEvent e) {
                    // TODO Auto-generated method stub
                    statusBar.setText( "마우스 윈도우 안으로 들어옴" );
            }

            @Override
            public void mouseExited(MouseEvent e) {
                    // TODO Auto-generated method stub
                    statusBar.setText( "마우스 윈도우 밖으로 나감" );
            }
        }
}
```

위 코드는 MouseListener 인터페이스에 선언되어 있는 5개의 이벤트 핸들링 메서드와 MouseMotionListener 인터페이스의 mouseDragged 메서드와 mouseMoved 메서드를 구현한 것이다. mouseClick, mousePressed, mouseReleased 메서드는 이벤트의 종류와 이벤트가 발생된 위치 좌표를 레이블로 출력하며, mouseEntered와 mouseExited 메서드는 이벤트의 종류만 출력하고 있다. mouseDragged 메서드와 mouseMoved 메서드도 이벤트의 종류와 이벤트 발생 위치를 출력하고 있다. 프로그램을 실행하여 언제 어떤 이벤트들이 발생하는지 확인해보자. 마우스 버튼을 누르지 않은 상태로 이동해보고 누른 상태로도 이동해 보자.

실습 19.1 마우스 이벤트 실습

마우스 조작과 관련된 여러 내용을 살펴보기 위해 아래와 같은 화면을 작성하자. 상단에 있는 레이블에는 mouseMoved 이벤트가 발생한 위치의 좌표가 표시되며, 하단의 레이블은 mouseClicked 이벤트를 발생시키고 처리할 목적으로 사용된다. 버튼은 컴포넌트 드래깅(끌어다 놓기) 목적으로 사용된다. 여기서 주의 깊게 볼 점은 레이아웃이다. 기존 예와 다르게 배치 관리자로 null을 지정하였다. 이것은 배치 관리자가 없다는 뜻으로 프로그래머가 일일이 모든 컴포넌트의 크기와 위치 등을 지정해주어야 한다는 것을 의미한다. 그래서 간단한 화면 폼임에도 불구하고 코드가 길어 보인다. 이렇게 null 배치 관리자를 사용한 이유는 컴포넌트 드래깅 때문이다. 배치 관리자가 있을 경우, 사용자가 원하는 위치에 컴포넌트를 끌어다 놓으면 그 자리에 놓이는 것이 아니라 배치 관리자에 의해 위치가 결정되기 때문이다.

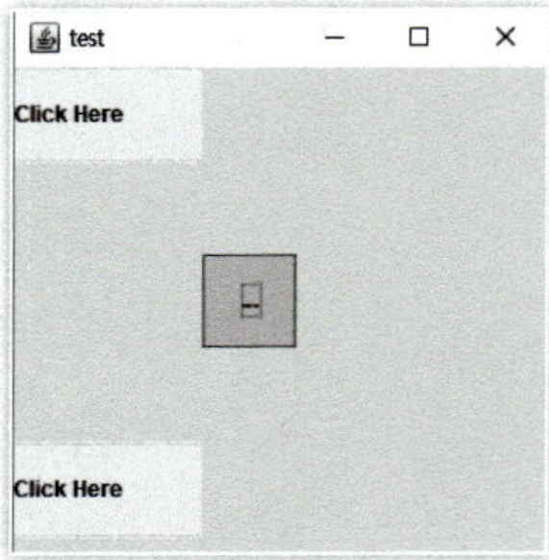


```
public class MouseEventDemo extends JFrame {
        JLabel label1, label2;
        JButton button1;

        public MouseEventDemo()
        {
            super("test");
            initializeComponents();
        }

        private void initializeComponents() {
                Container c = getContentPane();
                c.setLayout( null );
```

```
        label1 = new JLabel( "Click Here" );
        label1.setOpaque( true );
        label1.setBackground( Color.YELLOW );
        label1.setLocation( 0, 0 );
        label1.setSize( 100, 50 );
        c.add( label1 );

        label2 = new JLabel( "Click Here" );
        label2.setOpaque( true );
        label2.setBackground( Color.YELLOW );
        label2.setLocation( 0, 200 );
        label2.setSize( 100, 50 );
        c.add( label2 );

        button1 = new JButton( "Me" );
        button1.setOpaque( true );
        button1.setBackground( Color.GREEN );
        button1.setLocation( 100, 100 );
        button1.setSize( 50, 50 );
        c.add( button1 );

        setSize(300, 300);
        setLocation(300, 300);
        setDefaultCloseOperation(JFrame.EXIT_ON_CLOSE);
        setVisible(true);
    }

    public static void main(String[] args) {
        // TODO Auto-generated method stub
        MouseEventDemo app = new MouseEventDemo();
    }
}
```

위 코드에서 레이블 컴포넌트에 대해 setOpaque(true) 메서드를 호출한 이유는 기본 값으로 레이블 컴포넌트의 불투명도가 false, 즉 투명하게 설정되어 있어 배경색을 지정하더라도 보이지 않으므로 이렇게 처리하였다.

이벤트 핸들러는 내부 클래스로 정의하자. 이 클래스에서 mouseClicked, mouseMoved,

mouseDragged 이벤트를 이용해야 하므로 MouseListener, MouseMotionListener를 구현한다. 그리고 생성자에서 이 클래스로부터 생성된 객체를 이벤트 핸들러 객체로 등록한다.

```
public class MouseEventDemo extends JFrame {
        ...
        private void initializeComponents() {
                ...

                MouseEventHandler handlerObj = new MouseEventHandler();
                label2.addMouseListener( handlerObj );
                button1.addMouseMotionListener( handlerObj );
                this.addMouseListener( handlerObj );
                this.addMouseMotionListener( handlerObj );

                setSize(300, 300);
                ...
        }

        class MouseEventHandler implements MouseListener,
        MouseMotionListener {
                ...
        }
}
```

mouseClicked 이벤트 핸들러는 어디서든지 마우스를 클릭할 경우에 발생하지만, 여기서는 두 번째 레이블에서 발생할 경우만 처리한다. MouseEvent 객체를 통해 눌린 위치의 좌표 값(레이블 객체의 좌측 상단을 기준으로 한 값)을 얻은 후, 이를 첫 번째 레이블에 출력한다.

```
public void mouseClicked(MouseEvent e) {
        // TODO Auto-generated method stub
        if( e.getSource() == label2 ) {
                label1.setText("Clicked : " + e.getX() + ", " + e.getY()
                );
        }
}
```

mouseMoved 이벤트는 마우스 버튼을 누르지 않은 채 움직일 경우 발생한다. 이때 이벤트가 발생한 좌표가 MouseEvent 객체를 통해 전달되는데, mouseClicked 이벤트 핸들러와 같이 getX(), getY() 메서드를 이용하면 이벤트가 발생한 컴포넌트의 좌측 상단을 기준으로 한 값이 반환된다. 만약, 발생 객체와 무관한 스크린 좌표를 원할 경우는 아래처럼 getXOnScreen()와 getYOnScreen() 메서드를 이용한다.

```
public void mouseMoved(MouseEvent e) {
        // TODO Auto-generated method stub
        label1.setText( e.getXOnScreen() + " , " + e.getYOnScreen() );
}
```

mouseDragged 이벤트는 마우스 버튼을 누른 채 이동하면 발생하며, mouseMoved 이벤트와 마찬가지로 일정 시간마다 발생한다. 그리고 이벤트 발생 시 전달되는 MouseEvent 객체에는 이전 위치에서 현 위치까지의 이동거리가 전달되는데, 이 값은 getX()와 getY() 메서드를 통해 얻을 수 있다. 따라서 버튼을 사용자가 원하는 위치에 끌어다 놓으려면 아래와 같이 작성한다.

```
public void mouseDragged(MouseEvent e) {
        // TODO Auto-generated method stub
        label1.setText( "dragged " + e.getXOnScreen() + " , " +
        e.getYOnScreen() );
        Point bx = button1.getLocation();
        button1.setLocation( bx.x+e.getX(), bx.y+e.getY() );
}
```

나머지 MouseListener 인터페이스의 이벤트에 대해서는 아무것도 하지 않는 형태로 구현한다.

```
public void mousePressed(MouseEvent e) {
        // TODO Auto-generated method stub
}
public void mouseReleased(MouseEvent e) {
        // TODO Auto-generated method stub
```

```
}
public void mouseEntered(MouseEvent e) {
        // TODO Auto-generated method stub
}
public void mouseExited(MouseEvent e) {
        // TODO Auto-generated method stub
}
```

다 작성하여 실행한 후 바탕 위에서 마우스를 움직이면 mouseMoved 이벤트가 발생하고, 이를 이벤트 처리기가 처리하여 좌측 상단에 그 이벤트가 발생한 위치의 좌표 값이 표시된다.

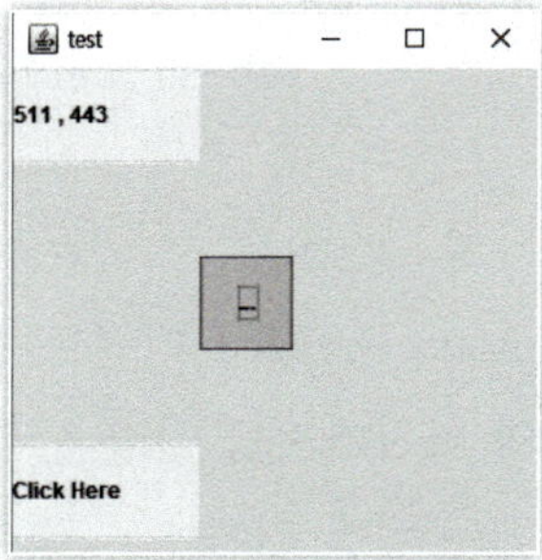

이번에는 마우스를 "Click Here"라고 표시된 영역으로 이동하여 클릭해보자. 그러면 아래 그림처럼 좌측 상단에 mouseClicked 이벤트가 발생한 위치 좌표가 표시된다. 여기서 주의할 점은 이 좌표 값이 "Click Here"라고 표시된 영역 내의 상대 좌표 값이라는 것이다. 한 가지 더 주의할 점은 mouseClicked 이벤트 자체는 화면의 임의 위치를 눌러도 발생하지만, label2 객체만 이 이벤트에 반응하도록 프로그램되어 있어 다른 영역을 누르면 아무런 반응이 일어나지 않는다는 것이다.

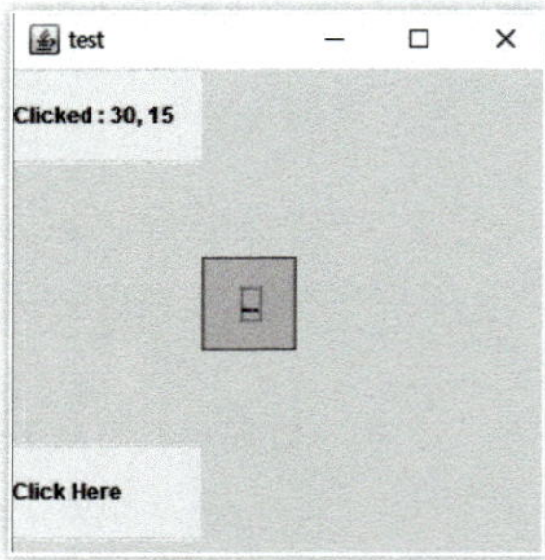

마지막으로 이번에는 노란색 버튼을 선택한 후 끌어서 다른 위치에다 놓아 보기 바란다. 이번에는 좌측 상단에 dragged 이벤트가 발생했다는 정보와 그 위치가 찍힐 것이다.

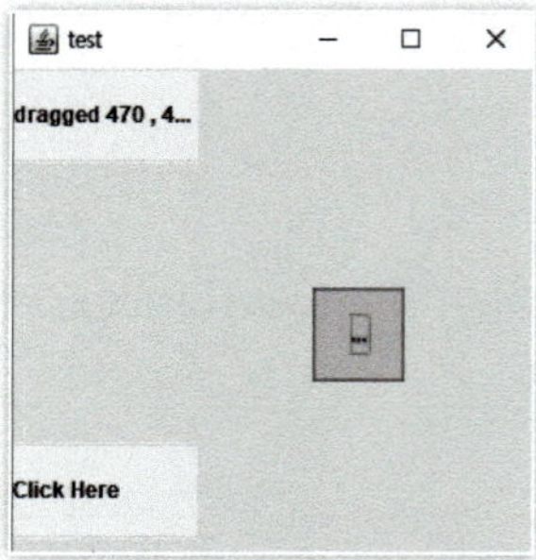

19.2 키 이벤트

키를 조작하는 것은 결국 원하는 키 이벤트에 대한 핸들러를 작성하는 것이다. 이를 위해서는 먼저 키 관련 이벤트들을 살펴볼 필요가 있다. 키 이벤트 인터페이스는 KeyListener이며, 여기에는 keyPressed, keyReleased, keyTyped 이벤트 핸들러가 선언되어 있다. 이 인터페이스에 대한 기본 구현 클래스, 즉 어댑터 클래스는 KeyAdaper이며 키 이벤트 핸들러 객체를 등록하는 메서드는 addKeyListener이다. keyPressed는 키를 누르는 순간, 그리고 keyReleased는 키를 떼는 순간에 발생하며, keyTyped는 키를 눌렀다가 떼는 순간에 발생한다. 이 세 이벤트 모두 KeyEvent 객체를 통하여 눌린 키에 대한 정보와 함께 수정자 키(SHIFT, CTRL, ALT)에 대한 정보를 전달한다.

키 관련 이벤트 핸들러에서는 인수로 넘어온 KeyEvent 객체를 통해 눌린 키를 파악해야 하는데, 이벤트에 따라 그 방법이 다르다. keyTyped인 경우는 getKeyChar 메서드를 통해서 눌린 키에 대한 문자를 얻을 수 있다. keyTyped 이벤트 자체가 모든 키에 대해서 발생하는 것이 아니라 문자에 해당하는 키에 대해서만 발생한다. keyPressed나 keyReleased인 경우는 getKeyCode 메서드를 통해서 눌린 키에 대한 정보를 파악해야 한다. 이 값은 아스키 코드와 같은 문자 코드 값이 아니라, 각 키마다 할당된 정수형 값으로 KeyEvent 클래스에 정적 필드로 정의되어 있다. 예를 들어, 엔터키는 VK_ENTER, F1 키는 VK_F1, a나 A는 VK_A, 아래 방향 화살표 키는 VK_DOWN으로 정의되어 있다. 주의 사항은 문자에 해당하는 키에 대해 대소문자 구분 없이 같은 키 코드 값을 넘겨준다는 것이다. 따라서 이 두 메서드 안에서 대소문자를 구별하려면 같이 눌린 수정자 키를 파악해야 한다. 참고로, 같이 눌린 수정자 키를 파악할 때는 getModifiers 메서드를 사용한다.

```
Class KeyHandler extends KeyAdapter{
   public void keyPressed(KeyEvent e) {
       switch (e.getKeyCode()) {
          case KeyEvent.VK_UP:    label.setText("Up"); break;
          case KeyEvent.VK_DOWN:  label.setText("down"); break;
          case KeyEvent.VK_LEFT:  label.setText("left"); break;
          case KeyEvent.VK_RIGHT: label.setText("right"); break;
       }
   }
}
```

아래의 예는 방향키를 이용하여 버튼을 움직이는 코드로 key 관련 이벤트 중 keyPressed 이벤트를 이용한다. 이를 위해 JFrame을 상속받은 KeyEventDemo 클래스에서 KeyListener를 구현하는 것으로 되어 있다. 그리고 버튼에서 key 관련 이벤트가 발생할 경우, 이를 처리할 객체로 this를 지정하였다. keyPressed 이벤트 핸들러에서는 버튼의 위치를 얻은 후 방향키에 따라 버튼의 위치를 달리 하도록 하였다.

```
public class KeyEventDemo extends JFrame implements KeyListener {
       JButton button1;

       public KeyEventDemo()
       {
           super("test");
           initializeComponents();
       }

       private void initializeComponents() {
              Container c = getContentPane();
              c.setLayout( null );

              button1 = new JButton( "This 1" );
              button1.setOpaque( true );
              button1.setBackground( Color.GREEN );
              button1.setLocation( 100, 200 );
              button1.setSize( 100, 100 );
              c.add( button1 );

              button1.addKeyListener( this );

              setSize(500, 500);
              setLocation(300, 300);
              setDefaultCloseOperation(JFrame.EXIT_ON_CLOSE);
              setVisible(true);
       }

       public static void main(String[] args) {

              // TODO Auto-generated method stub
              KeyEventDemo app = new KeyEventDemo();
       }
```

```
    @Override
    public void keyTyped(KeyEvent e) {
        // TODO Auto-generated method stub

    }

    @Override
    public void keyPressed(KeyEvent e) {
        // TODO Auto-generated method stub
        Point bpoint = new Point();
        JButton bt = (JButton) e.getSource();
        bt.getLocation(bpoint);

        switch( e.getKeyCode() ){
            case KeyEvent.VK_LEFT :
                bpoint.x -= 10;
                break;
            case KeyEvent.VK_RIGHT :
                bpoint.x += 10;
                break;
            case KeyEvent.VK_UP :
                bpoint.y -= 10;
                break;
            case KeyEvent.VK_DOWN :
                bpoint.y += 10;
                break;

        }

        bt.setLocation(bpoint);
    }

    @Override
    public void keyReleased(KeyEvent e) {
        // TODO Auto-generated method stub
    }
}
```

실습 19.2 키보드를 이용한 간단한 게임 제작

key 이벤트와 관련된 내용을 좀 더 익히기 위해 위의 예를 응용하여 간단한 게임 프로그램을 작성해보자. 일정한 간격으로 파란 버튼을 움직이게 하고, 방향키로 빨간 버튼을 이동시켜 잡는 게임이다. 이를 위해 먼저 아래와 같은 화면 폼을 작성하자.

```
public class KeyEventTest extends JFrame {
    JLabel blueLabel, redLabel;
    Point bluePoint, redPoint;
    JLabel positionLabel;

    public KeyEventTest() {
       super("test");
       initializeComponents();
    }

    private void initializeComponents() {
       Container c = getContentPane();
       c.setLayout(null);

       positionLabel = new JLabel();
       blueLabel = new JLabel(" ");
       redLabel = new JLabel(" ");

       blueLabel.setOpaque(true);
```

```
        redLabel.setOpaque(true);

        blueLabel.setSize(10, 10);
        blueLabel.setBackground(Color.BLUE);
        blueLabel.setLocation(0, 0);
        redLabel.setSize(10, 10);
        redLabel.setBackground(Color.RED);
        redLabel.setLocation(0, 10);
        positionLabel.setLocation(200, 200);
        positionLabel.setSize(500,500);
        c.add(blueLabel);
        c.add(redLabel);
        c.add(positionLabel);

        setSize(507, 500);
        setDefaultCloseOperation(JFrame.EXIT_ON_CLOSE);
        setVisible(true);
    }

    public static void main( String[] args )
    {
        KeyEventTest game = new KeyEventTest();
    }
}
```

게임을 초기화하자. 아래와 같이 필드를 추가하고 버튼을 임의의 위치에 배치한다. 주의하여 볼 것은 Swing Timer 객체이다. 이 객체는 일정 간격으로 반복 작업할 경우에 유용할 수 있는데, 생성 시에 첫 번째 인수를 통해 반복 주기를 밀리초 단위로 기술할 수 있으며, 지정된 시간이 되면 actionPerformed 이벤트를 발생시키는데, 이를 처리할 객체를 두 번째 인수로 지정할 수 있다. 한 번 실행하고 말 경우는 타이머 객체에 대해 setRepeats(false)를 호출하면 된다. 기본은 반복적으로 실행된다. 타이머를 구동시키려면 start 메서드를 호출하고, 중지할 경우는 stop 메서드를 호출한다. 참고로, 자바에는 java.util 패키지 밑에도 Timer 클래스가 있는데, 이 클래스가 스케줄링 기능을 제공하는 등 보다 융통성은 있으나, GUI를 직접 갱신하지 못하여 EventQueue.invokeLater 메서드를 통해 이벤트 처리 스레드에 의뢰해야 한다.

```
public class KeyEventTest extends JFrame implements KeyListener,
ActionListener {
    ...
    final int DELTABlue = 100, DELTARed = 10;
    int frameWidth, frameHeight;
    Random rnd = new Random();
    Timer escapeTimer ;
    ...

    private void initializeComponents() {
        Container c = getContentPane();
        c.setLayout(null);

        this.addKeyListener(this);

        ...
        setVisible(true);
        initializeGame();
    }

    private void initializeGame() {
        frameWidth = this.getSize().width;
        frameHeight = this.getSize().height;
        bluePoint = new Point(rnd.nextInt(frameWidth), rnd.
        nextInt(frameHeight));
        redPoint = new Point(rnd.nextInt(frameWidth), rnd.
        nextInt(frameHeight));
        blueLabel.setLocation(bluePoint);
        redLabel.setLocation(redPoint);
        escapeTimer = new Timer(1800, this);
        escapeTimer.start();
    }

    public static void main( String[] args )
    {
          KeyEventTest game = new KeyEventTest();
    }
}
```

이 코드에서 또 주의할 것은 키 이벤트가 발생하는 객체이다. 언뜻 레이블 객체에서 키 이벤트가 발생할 것 같으로 생각할 수 있으나, 레이블에는 초점이 주어지지 않으므로 키 이벤트가 발생할 수 없다. 그러므로 위에서는 레이블을 포함하는 윈도우 객체가 키보드 초점을 갖고 사용자가 키를 눌렀을 때 반응한다. 따라서 윈도우 객체에 대해 addKeyListener 메서드를 호출하였다.

이번에는 Timer 객체에 의해 발생하는 actionPerformed 이벤트 핸들러를 작성하자. 이 핸들러 안에서는 파란색 레이블을 네 방향 중 한 방향으로 무작위 이동하며 고정된 거리만큼 이동하도록 한다.

```
public void actionPerformed(ActionEvent arg0) {
        // TODO Auto-generated method stub
        runAwayBlueLabel();
}

void runAwayBlueLabel()
{
        int dir = rnd.nextInt(4) + 1;
        switch(dir) {
                case 1: // 왼쪽
                  bluePoint.x -= DELTABlue;
                  if(bluePoint.x < 0) bluePoint.x = 0;
                  break;
                case 2: // 오른쪽
                  bluePoint.x += DELTABlue;
                  int xlimit = frameWidth - blueLabel.getSize().width;
                  if(bluePoint.x > xlimit ) bluePoint.x = xlimit;
                  break;
                case 3: // 위쪽
                  bluePoint.y -= DELTABlue;
                  if(bluePoint.y < 0) bluePoint.y = 0;
                  break;
                case 4: // 아래
                  bluePoint.y += DELTABlue;
                  int ylimit = frameHeight - blueLabel.getSize().height;
                  if(bluePoint.x > ylimit ) bluePoint.x = ylimit;
                  break;
```

```
        }

        blueLabel.setLocation(bluePoint);
}
```

사용자가 방향키를 누르면 빨간색 레이블을 이동시켜야 하는데, 여기서는 키 이벤트 중 keyPressed 이벤트를 이용한다. 방향키에 맞추어 그 방향으로 고정된 거리만큼 이동하며, 윈도우 경계를 넘어가지 않도록 위치를 재조정한다. 그리고 이동시킨 후 빨간색 레이블이 푸른색 레이블과 겹치는지 검사하여 겹치면 게임을 종료한다.

```
public void keyPressed(KeyEvent e) {
        // TODO Auto-generated method stub
        switch (e.getKeyCode()) {
             case KeyEvent.VK_UP:
                  if ( redPoint.y == 0 ) break;
                  redPoint.y = redPoint.y-DELTARed;
                  redLabel.setLocation(redPoint);
                  break;
             case KeyEvent.VK_DOWN:
                  if ( redPoint.y == frameHeight ) break;
                  redPoint.y = redPoint.y+DELTARed;
                  redLabel.setLocation(redPoint);
                  break;
             case KeyEvent.VK_LEFT:
                  if ( redPoint.x == 0 ) break;
                  redPoint.x = redPoint.x-DELTARed;
                  redLabel.setLocation(redPoint);
                  break;
             case KeyEvent.VK_RIGHT:
                  if ( redPoint.x == frameWidth ) break;
                  redPoint.x = redPoint.x+DELTARed;
                  redLabel.setLocation(redPoint);
                  break;
        }

        positionLabel.setText( "red X: " + redPoint.x + ", Y : "
        +redPoint.y + "" );
```

```
		if( isCatched() )
		{
			JOptionPane.showMessageDialog(null, "잡았습니다.",
			"잡음!!!", JOptionPane.INFORMATION_MESSAGE);
			escapeTimer.stop();
		}
	}

	boolean isCatched()
	{
		Rectangle r1 = new Rectangle(redLabel.getLocation(), redLabel.
		getSize());
		Rectangle r2 = new Rectangle(blueLabel.getLocation(), blueLabel.
		getSize());

		if (r1.intersects(r2) ) return true;
		else return false;
	}
```

나머지 KeyListener 인터페이스의 이벤트에 대해서는 아무것도 하지 않는 형태로 구현한다. 다 작성하여 실행하면 아래 그림과 같은 화면이 출력된다.

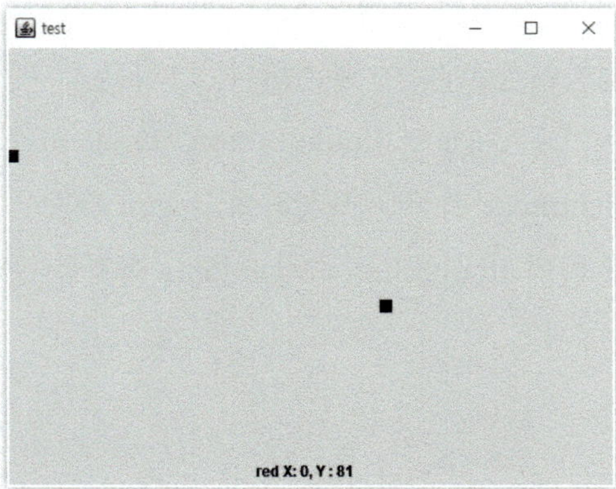

위 화면에서 방향키를 누르면 빨간색 레이블이 방향키에 해당하는 방향으로 이동한다. 빨간색 레이블을 이동하여 파란색 레이블과 겹치도록 해보자. 겹치는 순간 옆의 그림과 같은 메시지 박스가 출력된다.

19.3 메뉴 구성

메뉴는 GUI의 중요한 부분으로 setJMenuBar 메서드를 갖는 클래스, 즉 JFrame이나 JApplet 타입의 객체에 부착할 수 있다. 메뉴 정의와 관련된 클래스에는 JMenuBar, JMenuItem, JMenu, JCheckBoxMenuItem, JRadioButtonMenuItem이 있다. JMenuBar는 메뉴 컨테이너이며, JMenuItem은 서브 메뉴들을 갖지 않는 단순 메뉴 항목이다. 보통 이 JMenuItem 객체에 액션 이벤트 핸들러를 지정한다. 서브 메뉴를 갖는 메뉴 항목을 정의할 경우는 JMenuItem 대신에 JMenu를 사용한다. JMenu는 메뉴 항목들을 포함하며, 메뉴 바에 한 메뉴로 추가될 수 있고 다른 메뉴의 서브 메뉴로 추가될 수도 있다. JMenu 객체를 클릭할 경우 포함하고 있는 메뉴 항목들을 보여준다.

JCheckBoxMenuItem은 토글 형태의 메뉴 항목에 대응되는 클래스로 선택 시 항목 왼쪽에 체크 표시된다. JRadioButtonMenuItem도 또 다른 형태의 토글 메뉴 항목으로 선택 시 항목 왼쪽에 채워진 원이 표시되며, 여러 JRadioButtonMenuItem 중에서 하나만 선택 가능하다. 그리고 메뉴 항목을 프로그램 코드에 의해 선택된 것처럼 하려면 setSelected 메서드를 사용한다.

메뉴를 구성하는 일반적인 절차를 살펴보자. 먼저, JMenuBar 객체를 생성하고 이를 JFrame의 setJmenuBar 메서드를 사용하여 부착한다. 그런 다음 탑 메뉴 항목에 대하여 JMenu 객체를 생성하고 이 메뉴의 므네모닉을 지정한 후, 이 메뉴 안에 들어갈 JmenuItem 객체들을 생성하고 이들의 므네모닉과 이벤트 핸들러를 지정하여 탑 메뉴에 추가한다. 그리고 탑 메뉴들을 메뉴 바에 추가하면 된다. 만약, 일반 메뉴 항목 대신에 JRadioButtonMenuItem을 사용할 경우는 일반 메뉴 항목처럼 JRadioButtonMenuItem 객체를 생성하여 JMenu 객체에 추가하고 ButtonGroup에도 추가해야 한다. 따라서 미리 JRadioButtonMenuItem 객체를 생성하기 전에 ButtonGroup을 생성해야 한다.

```
JMenuBar menuBar = new JMenuBar();
JMenu menu = new JMenu("탑 메뉴");
JMenuItem menuItem1 = new JMenuItem("서브 메뉴1");
menu.add(menuItem1);
JMenuItem menuItem2 = new JMenuItem("서브 메뉴2");
menu.add(menuItem2);
menu.addSeparator();
```

```
ButtonGroup group = new ButtonGroup();
JRadioButtonMenuItem rbMenuItem = new JRadioButtonMenuItem("옵션 메뉴1");
rbMenuItem.setSelected(true);
group.add(rbMenuItem);
menu.add(rbMenuItem);
rbMenuItem = new JRadioButtonMenuItem("옵션 메뉴2");
group.add(rbMenuItem);
menu.add(rbMenuItem);

menu.addSeparator();
JCheckBoxMenuItem cbMenuItem = new JCheckBoxMenuItem("체크 메뉴");
menu.add(cbMenuItem);

menuBar.add(menu);
setJMenuBar(menuBar);
```

19.4 메뉴 이벤트 핸들링

메뉴 항목을 선택할 때 이벤트가 발생하므로 이 이벤트에 대해 처리하면 된다. 그런데 메뉴 항목의 어떤 객체인가에 따라 발생하는 이벤트가 달라진다. JMenuItem 객체인 경우는 action 이벤트가, JRadioButtonMenuItem 객체인 경우는 action 이벤트와 item 이벤트가, JCheckBoxMenuItems 객체인 경우는 item 이벤트가 발생한다. 따라서 메뉴를 처리하기 위해서는 아래처럼 ActionListener 인터페이스나 ItemListener를 구현해야 한다.

```
public class MenuDemo ... implements ActionListener, ItemListener {
    ...
    public MenuDemo() {
      menuItem.addActionListener(this); // JMenuItem 객체인 경우
      ...
      rbMenuItem.addActionListener(this); // JRadioButtonMenuItem
      객체인 경우
      ...
      cbMenuItem.addItemListener(this); // JCheckBoxMenuItem 객체인 경우
      ...
    }
```

```
    public void actionPerformed(ActionEvent e) {
        ...
    }

    public void itemStateChanged(ItemEvent e) {
        ...
    }
    ...
}
```

19.5 므네모닉 키와 가속 키 지정

마우스를 이용하는 방법 외에 메뉴를 선택할 수 있는 다른 방법으로 므네모닉 키와 가속 키를 제공한다. 므네모닉 키는 메뉴를 단계적으로 선택할 수 있는 방법, 즉 탑 메뉴를 선택하여 그중에 서브 메뉴를 선택하고, 다시 서브의 서브 메뉴를 선택하는 방식을 제공한다. 가속 키는 이와 달리 해당 항목을 단계적 선택이 아니라 한 번에 선택할 수 있는 단축키를 제공한다. 보통 자주 사용하는 사용자들을 위해 단축키를 제공한다.

므네모닉 키는 생성 시에 지정할 수도 있고, 생성 후에 setMnemonic 메서드를 통해 지정할 수도 있다. 단, JMenuItem에 한해서 생성 시에 지정할 수 있다. 그리고 므네모닉 키를 지정하면 메뉴 항목 이름 중 그 글자에 해당하는 첫 글자 밑에 밑줄이 표시된다. Alt 키와 함께 므네모닉 키를 누르면 해당 항목이 선택된다.

```
menuItem = new JMenuItem("File", KeyEvent.VK_F); // JMenuItem("File", 'F')
// 또는
menuItem = new JMenuItem("File");
menuItem.setMnemonic(KeyEvent.VK_F); // setMnemonic('F')
```

메뉴 항목 이름이 영문인 경우는 그 이름 안에 므네모닉 키에 해당하는 글자가 있어야 시각적으로 므네모닉 키가 무엇인지 확인할 수 있다. 따라서 한글 메뉴 항목인 경우는 아래처럼 이름에 별도로 므네모닉 키에 해당하는 글자를 추가해야 한다.

```
menuItem = new JMenuItem("파일(F)");
menuItem.setMnemonic(KeyEvent.VK_F);
```

가속 키(accelerator)는 상위 메뉴 항목 선택 없이 바로 해당 메뉴 항목을 선택할 수 있게 해주는 키로, 보통 두 개의 키 조합을 사용한다. 첫 번째 키는 수정자 키(Alt, Ctl, Shift)이며, 두 번째 키는 숫자나 알파벳 키를 사용한다. 가속 키는 메뉴 항목 생성 후 setAccelerator 메서드를 이용하여 지정한다. KeyStroke는 의미 있는 키의 조합을 나타내며, 생성은 new를 통해 KeyStroke 객체를 생성하는 대신에 정적 메서드인 getKeyStroke 메서드를 통해 KeyStroke 객체를 생성해야 한다. getKeyStroke 메서드는 수정자 키를 두 번째 인수로 지정한다는 것을 주의하라.

```
menuItem.setAccelerator(KeyStroke.getKeyStroke(KeyEvent.VK_T,
ActionEvent.ALT_MASK));
```

앞의 내용들을 통합하여 므네모닉 키와 가속 키의 차이점을 살펴볼 수 있는 아래와 같은 예제 프로그램을 작성해보자. "서브 메뉴2"를 므네모닉 키로 선택하려면 Alt+T로 탑 메뉴를 선택하고, 그 상태에서 Alt+B를 누르면 "서브 메뉴2"가 선택되어 메시지 창이 출력된다. 이번에는 탑 메뉴가 표시된 상태에서 CTL+B를 눌러보자. 그러면 곧바로 "서브 메뉴2"가 선택되어 메시지 창이 출력된다.

```
public class MenuDemo extends JFrame implements ActionListener{
    JMenuItem menuItem1, menuItem2;
    public MenuDemo()
    {
        super("test");
        initializeComponents();
    }

    private void initializeComponents() {
        Container c = getContentPane();
        JMenuBar menuBar = new JMenuBar();
        JMenu menu = new JMenu("탑 메뉴(T)");
        menu.setMnemonic('T');
```

```
        menuItem1 = new JMenuItem("서브 메뉴1(A)", 'A');
        menu.add(menuItem1);
        menuItem2 = new JMenuItem("서브 메뉴2(B)", 'B');
        menuItem2.addActionListener(this);

menuItem2.setAccelerator(KeyStroke.getKeyStroke
                    (KeyEvent.VK_B, ActionEvent.CTRL_MASK));
        menu.add(menuItem2);
        menuBar.add(menu);

        setJMenuBar(menuBar);
        setSize(507, 500);
        setVisible(true);
    }

    public static void main(String[] args) {
        // TODO Auto-generated method stub
        MenuDemo app = new MenuDemo();
    }

    @Override
    public void actionPerformed(ActionEvent arg0) {
        // TODO Auto-generated method stub
        if(arg0.getSource() == menuItem2) JOptionPane.
        showMessageDialog(null, "메뉴항목2 선택");
    }
}
```

실습 19.3 메뉴 실습

이번에는 레이블에 있는 텍스트의 컬러, 폰트, 스타일을 메뉴를 통해 변경하는 예를 살펴보자. 메뉴는 4단계로 구성되어 있다. 탑 메뉴는 '파일'과 '포맷'으로 구성되어 있고, '파일' 메뉴는 'About...'과 '종료' 메뉴 항목으로, '포맷' 메뉴는 '컬러'와 '폰트' 메뉴로, '컬러' 메뉴는 '빨강', '녹색', '파랑', '검정' 라디오 버튼 메뉴 항목으로, '폰트' 메뉴는 '궁서체', '맑은 고딕', '바탕' 라디오 버튼 메뉴 항목과 'Bold', 'Italic' 체크 박스 메뉴 항목으로 구성되어 있다. 먼저 아래 그림과 같이 화면 폼을 작성하자.

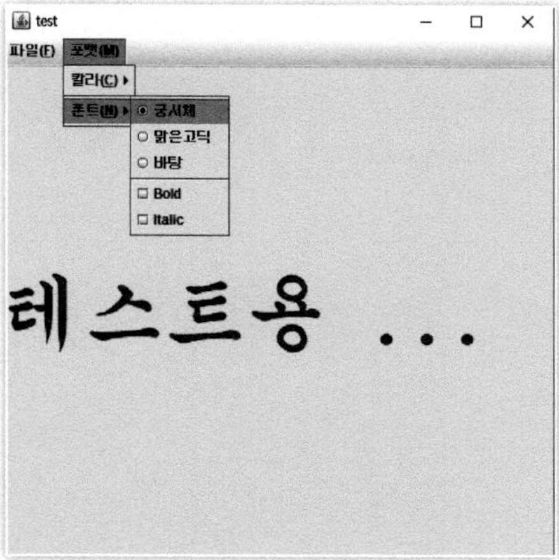

먼저, 메뉴 바를 생성하고 이를 프레임에 부착하자. 그런 다음, '파일' 탑 메뉴를 위한 JMenu 객체를 생성하고 이 메뉴에 'F'키를 므네모닉으로 지정하자. 'About...' 메뉴에 해당하는 JMenuItem 객체를 생성하고, 'A' 키를 이 메뉴의 므네모닉으로 지정하자. 마지막으로 이 객체를 '파일' 메뉴에 추가하자. '종료' 메뉴에 대해서도 비슷하게 작업하자.

레이블의 텍스트의 형식을 바꿀 수 있는 '포맷' 메뉴를 생성하고 므네모닉으로 'M'을 지정하자. '포맷' 메뉴의 항목으로 '컬러' 메뉴를 JMenu를 통해 생성하고, 므네모닉으로 'C'를 지정하자. '컬러' 메뉴 자체가 라디오 버튼 형식의 메뉴 항목들로 구성되므로 JRadioButtonMenuItem 배열을 생성하고, 이들을 하나의 그룹으로 지정하기 위해 ButtonGroup 객체를 생성하자. 라디오 버튼 형식의 메뉴 항목들을 실제로 생성하고 이들을 '컬러' 메뉴에 추가함과 동시에 컬러 그룹에 추가하자. 그리고 컬러 중 첫 번째 값, 즉 빨간색을 디폴트 값으로 지정한 후 '컬러' 메뉴를 '포맷' 메뉴에 추가하자.

'폰트' 메뉴도 JMenu를 통해 생성한 후 므네모닉을 지정하고, 이의 항목으로 폰트체를 나타내는 라디오 버튼 형식의 메뉴 항목들을 생성하고, 이들을 '폰트' 메뉴에 추가하고 폰트 그룹에도 추가해주자. 그런 다음 분리선을 추가하고 스타일 항목들을 '폰트' 메뉴에 추가하자. 그런데 이번에는 스타일을 여러 개 선택할 수 있으므로 라디오 버튼 형식이 아니라 체크 박스 형식의 메뉴 항목으로 생성하자. 체크 박스 형식의 메뉴 항목에 대해서는 별도로 그룹을 지정해줄 필요가 없다. 폰트 메뉴 구성을 완료한 후 이를 '포맷' 메뉴에 추가하고, 이어 '포맷' 메뉴를 메뉴 바에 추가하자.

```
public class MenuTest extends JFrame {
    private JMenuItem aboutItem, exitItem;
    private Color colValues[] = { Color.red, Color.green, Color.
    blue, Color.black };
    private JRadioButtonMenuItem colorItems[], fontItems[];
    private JCheckBoxMenuItem styleItems[];
    private JLabel testMsg;
    private ButtonGroup fontGroup, colorGroup;
    private int style;

    public MenuTest() {
       super("test");
       initializeComponents();
    }

    private void initializeComponents() {
       constructMenu();

       testMsg = new JLabel("테스트용 문자열");
       testMsg .setForeground( colValues[ 0 ] );
       testMsg .setFont(new Font( "궁서체", Font.PLAIN, 72 ) );

       getContentPane().add( testMsg );

       setSize(507, 500);
       setVisible(true);
    }

    private void constructMenu() {
       JMenuBar bar = new JMenuBar();

       JMenu fileMenu = new JMenu( "파일(F)" );
       fileMenu.setMnemonic( 'F' );
       aboutItem = new JMenuItem( "About..." );
       aboutItem.setMnemonic( 'A' );
       fileMenu.add( aboutItem );

       exitItem = new JMenuItem( "종료(X)" );
```

```
exitItem.setMnemonic( 'X' );
fileMenu.add( exitItem );
bar.add( fileMenu );

JMenu formatMenu = new JMenu( "포맷(M)" );
formatMenu.setMnemonic( 'M' );
String colors[] = { "빨강", "녹색", "파랑", "검정" };
JMenu colorMenu = new JMenu( "컬러(C)" );
colorMenu.setMnemonic( 'C' );
colorItems = new JRadioButtonMenuItem[ colors.length ];
colorGroup = new ButtonGroup();

for ( int i = 0; i < colors.length; i++ ) {
       colorItems[ i ] = new JRadioButtonMenuItem( colors[ i ] );
       colorMenu.add( colorItems[ i ] );
       colorGroup.add( colorItems[ i ] );
}
colorItems[ 0 ].setSelected( true );
formatMenu.add( colorMenu );
formatMenu.addSeparator();

String fontNames[] = { "궁서체", "맑은고딕", "바탕" };
JMenu fontMenu = new JMenu( "폰트(N)" );
fontMenu.setMnemonic( 'N' );
fontItems = new JRadioButtonMenuItem[ fontNames.length ];
fontGroup = new ButtonGroup();
for ( int i = 0; i < fontItems.length; i++ ) {
       fontItems[ i ] = new JRadioButtonMenuItem( fontNames[ i ] );
       fontMenu.add( fontItems[ i ] );
       fontGroup.add( fontItems[ i ] );
}

fontItems[ 0 ].setSelected( true );
fontMenu.addSeparator();
String styleNames[] = { "Bold", "Italic" };
styleItems = new JCheckBoxMenuItem[ styleNames.length ];

for ( int i = 0; i < styleNames.length; i++ ) {
```

```
            styleItems[ i ] = new JCheckBoxMenuItem( styleNames[ i ] );
            fontMenu.add( styleItems[ i ] );
        }

        formatMenu.add( fontMenu );
        bar.add( formatMenu );
        setJMenuBar( bar );
    }

    public static void main(String[] args) {
        // TODO Auto-generated method stub
        MenuTest app = new MenuTest();
    }
}
```

이번에는 메뉴 처리를 해보자. JMenuItem 메뉴 항목도 있고, JRadioButtonMenuItem 메뉴 항목도 있고, JCheckBoxMenuItem 메뉴 항목도 있기 때문에 MenuTest 클래스에서 actionPerformed 이벤트와 itemStateChanged 이벤트를 처리해야 한다. 이를 위해 아래와 같이 MenuTest 클래스가 ActionListener 인터페이스와 ItemListener 인터페이스를 구현하자. JMenuItem 메뉴 항목과 JRadioButtonMenuItem 메뉴 항목에 대해서는 action 이벤트를, JCheckBoxMenuItem 메뉴 항목에 대해서는 item 이벤트를 처리하자.

```
public class MenuTest extends JFrame implements ItemListener,
ActionListener {
    ...

    private void constructMenu() {
        ...
        aboutItem.addActionListener( this);
        ...
        exitItem.addActionListener(this);
        ...
        for ( int i = 0; i < colors.length; i++ ) {
            ...
            colorItems[ i ].addActionListener(this);
        }
```

```
        ...
        for ( int i = 0; i < fontNames.length; i++ ) {
                ...
                fontItems[ i ].addActionListener(this);
        }
        ...

        for ( int i = 0; i < styleNames.length; i++ ) {
                ...
                styleItems[ i ].addItemListener( this );
        }
        ...
    }
    ...

    @Override
    public void actionPerformed(ActionEvent arg0) {
        // TODO Auto-generated method stub
    }

    @Override
    public void itemStateChanged(ItemEvent arg0) {
        // TODO Auto-generated method stub
    }
}
```

actionPerformed 이벤트 핸들러를 작성해보자. 이 핸들러 안에서 'About...' 메뉴와 '종료' 메뉴, 그리고 라디오 버튼 형식의 메뉴 항목들을 처리해야 한다. 이를 위해서 if문을 이용하여 세 부분으로 나누어 처리하자. 첫 번째 부분에서는 이벤트를 발생시킨 메뉴가 'About...' 메뉴인지 검사하여 그렇다면 메시지 박스를 통해 간단한 정보를 출력하고, 두 번째 부분에서는 '종료' 메뉴인지 검사하여 그렇다면 프로그램을 종료하게 하자. 마지막으로 세 번째 부분에서는 먼저 컬러 메뉴 항목에서 선택된 항목을 파악한 후, 해당 색깔로 레이블의 글자를 바꾸도록 하고 글자체 항목에서 선택된 글자체로 레이블의 글자를 바꾸도록 하자.

```
public void actionPerformed(ActionEvent arg0) {
        // TODO Auto-generated method stub
        if(arg0.getSource() == aboutItem) JOptionPane.showMessageDialog(
        null, "메뉴 예제 프로그램입니다.");
        else if (arg0.getSource() == exitItem) System.exit(0);
        else {
                for ( int i = 0; i < colorItems.length; i++ )
                        if ( colorItems[ i ].isSelected() ) {
                                testMsg .setForeground( colValues[ i ] );
                                break;
                        }

                for ( int i = 0; i < fontItems.length; i++ )
                        if ( arg0.getSource() == fontItems[ i ] ) {
                                testMsg.setFont( new Font
                                ( fontItems[ i ].getText(), style, 72 ) );
                                break;
                        }

                repaint();
        }
}
```

이번에는 itemStateChanged 이벤트를 처리하자. 이 이벤트 핸들러에서는 레이블의 폰트체와 사이즈는 그대로 유지하면서 스타일만 달리하도록 해야 한다. 이를 위해 현 레이블의 폰트체는 현재와 동일하게 하고 사용자가 선택한 스타일만 지정한 후, 다른 폰트를 생성하여 이를 레이블의 새로운 폰트로 지정하도록 하자.

```
@Override
public void itemStateChanged(ItemEvent arg0) {
        // TODO Auto-generated method stub
        style = 0;

        if ( styleItems[ 0 ].isSelected() ) style += Font.BOLD;
        if ( styleItems[ 1 ].isSelected() ) style += Font.ITALIC;
        String fontName = testMsg.getFont().getName();
        testMsg.setFont( new Font( fontName, style, 72 ) );
```

```
        repaint();
    }
}
```

다 작성하여 실행하면 앞의 설계 화면과 같은 화면이 출력될 것이다. 각 메뉴 항목들을 선택하여 제대로 실행되는지 확인해보자. 아래의 화면은 포맷 >> 컬러 >> 파랑을 선택하고 다시 포맷 >> 폰트 >> 맑은 고딕을 선택했을 시의 출력 화면이다.

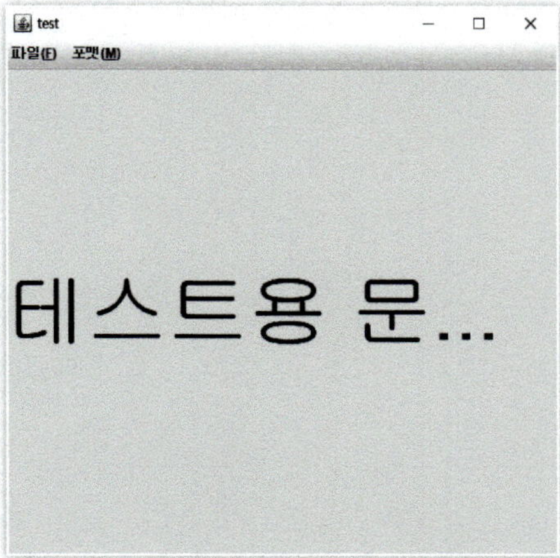

19.6 팝업 메뉴

팝업 메뉴를 제공하기 위해서는 먼저 팝업 메뉴를 구성해야 하는데, 먼저 JPopupMenu 객체를 생성한 후 필요한 메뉴 항목들을 이 객체에 추가한다. 그리고 각 메뉴 항목마다 이벤트 핸들러 객체를 등록하면 된다.

```
popup = new JPopupMenu();
JMenuItem menuItem = new JMenuItem("A popup menu item");
menuItem.addActionListener(this);
popup.add(menuItem);
menuItem = new JMenuItem("Another popup menu item");
menuItem.addActionListener(this);
popup.add(menuItem);
```

팝업 메뉴를 출력하려면 대상 컴포넌트를 정해야 한다. 즉 어떤 컴포넌트에서 오른쪽 마우스를 누르면 출력할지 결정해야 한다. 대상 컴포넌트가 정해지면 그 컴포넌트에 대해서 마우스 이벤트를 등록한다. 이 이벤트 핸들러 안에서 발생한 이벤트가 popup 관련 이벤트인지를 MouseEvent 클래스의 isPopupTrigger() 메서드를 통해 검사하고, 그럴 경우에 팝업 메뉴 객체에 대해 show() 메서드를 호출하여 팝업 메뉴를 출력하면 된다. 그런데, 플랫폼마다 오른쪽 마우스 버튼을 누르는 순간, 또는 마우스 버튼을 떼는 순간에 발생할 수도 있으므로 이 두 이벤트 모두에 대해 isPopupTrigger() 메서드를 통해 검사해주는 것이 좋다.

```
MouseHandler mouseHandler = new MouseHandler();
this.addMouseListener(mouseHandler);
...
class MouseHandler extends MouseAdapter {
    public void mousePressed(MouseEvent e) {
        maybeShowPopup(e);
    }

    public void mouseReleased(MouseEvent e) {
        maybeShowPopup(e);
    }

    private void maybeShowPopup(MouseEvent e) {
        if (e.isPopupTrigger()) {
            popup.show(e.getComponent(), e.getX(), e.getY());
        }
    }
}
```

실습 19.4 팝업 메뉴 실습

앞의 실습 예제에서 레이블의 색깔을 팝업 메뉴로 제공해보자. 윈도우의 바탕을 누르면 팝업 메뉴가 출력되고 색깔을 선택하면 레이블의 글자색이 바뀌도록 해보자. 먼저 팝업 메뉴를 구성해야 하는데, 이미 메뉴 구성 시 필요한 메뉴 항목들이 생성되기 때문에 이를 활용한다. 이를 위해 실습 예제의 메뉴 구성 부분을 아래와 같이 수정하자.

```
public class MenuTest extends JFrame implements ItemListener,
ActionListener {
    ...
    private JPopupMenu popup;

    public MenuTest() {
        ...
    }
    ...
    private void constructMenu() {
        ...
        JMenu formatMenu = new JMenu( "포맷(M)" );
        ...
        JMenu colorMenu = new JMenu( "컬러(C)" );
        popup = new JPopupMenu();
        ...

        for ( int i = 0; i < colors.length; i++ ) {
                ...
                colorMenu.add( colorItems[ i ] );
                popup.add(colorItems[ i ]);
                ...
        }
        ...
    }
}
```

프로그램의 윈도우 바탕을 누르면 팝업이 출력되도록 아래와 같이 코드를 수정하자. 팝업 메뉴 항목을 선택할 때 해야 할 일은 이미 메뉴 구성 시에 다 지정했기 때문에 별도로 지정해 줄 필요가 없다.

```
public class MenuTest extends JFrame {
    ...
    private void constructMenu() {
        ...
        setJMenuBar( bar );
        MouseListener popupListener = new PopupListener();
```

```
        this.addMouseListener(popupListener);
    }

    class PopupListener extends MouseAdapter {
        public void mousePressed(MouseEvent e) {
            maybeShowPopup(e);
        }

        public void mouseReleased(MouseEvent e) {
            maybeShowPopup(e);
        }

        private void maybeShowPopup(MouseEvent e) {
            if (e.isPopupTrigger()) {
                popup.show(e.getComponent(), e.getX(), e.getY());
            }
        }
    }
    ...
}
```

수정이 다 되었으면 실행해보자. 초기 실행 화면에서 바탕을 마우스 우클릭하면 아래 그림과 같이 팝업 메뉴가 뜨고, 이 상태에서 녹색 메뉴 항목을 선택하면 이벤트 처리 객체에 의해 녹색으로 바뀐다.

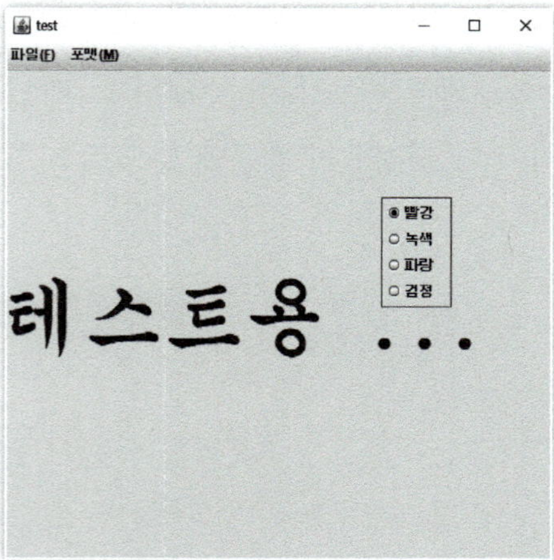

19.7 사용자 대화 상자 구성하기

대화 상자는 사용자로부터 필요한 정보를 입력받거나 복잡한 데이터를 보여줄 때 사용하는 윈도우로 모달(Modal) 대화 상자와 모들리스(Modeless) 대화 상자가 있다. 모달 대화 상자는 응용프로그램이 계속 진행되기 위해서는 사용자가 정보를 제공하든 취소하든 대화 상자를 닫아야만 하는 형태이고, 모들리스 대화 상자는 대화 상자를 생성한 후에는 대화 상자의 닫힘에 상관없이 응용프로그램이 계속 진행되는 형태이다.

대화 상자를 만들려면 JDialog 클래스를 상속받는 클래스를 정의하고, 자신의 화면 폼을 구성하는 데 필요한 컴포넌트들을 추가하고 필요한 이벤트 핸들러들을 작성한다. 아래와 같은 간단한 대화 상자 작성 예를 통하여 사용자 정의 대화 상자를 만드는 법을 배워보도록 하자.

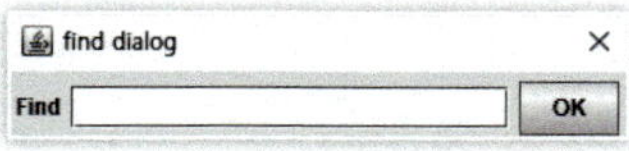

먼저, 대화 상자의 화면 폼을 구성한다.

```
class SearchDialog extends JDialog {
        JLabel label = new JLabel(“Find”);
        JTextField searchTextField = new JTextField(20);
        JButton okButton = new JButton(“OK”);

        public SearchDialog(JFrame frame) {
                super(frame, “find dialog”);
                setLayout(new FlowLayout());
                add(label);
                add(searchTextField);
                add(okButton);

                pack();
        }
}
```

그런 다음 이벤트 핸들러를 작성한다. 이 예에서는 OK 버튼을 누르는 순간 다이얼로그를 보이지 않게 하면 된다. 아래와 같이 이벤트 핸들러를 작성하자.

```
class SearchDialog extends JDialog implements ActionListener{
	JLabel label = new JLabel("Find");
	JTextField searchTextField = new JTextField(20);
	JButton okButton = new JButton("OK");

	public SearchDialog(JFrame frame) {
		super(frame, "find dialog");
		setLayout(new FlowLayout());
		add(label);
		add(searchTextField);
		add(okButton);

		pack();
		okButton.addActionListener(this);
	}
	@Override
	public void actionPerformed(ActionEvent e) {
		// TODO Auto-generated method stub
		setVisible(false);
	}
}
```

19.8 사용자 대화 상자 출력하기

대화 상자를 원하는 순간에 화면에 출력하는 방법을 보자. 앞에서 얘기한 것처럼 대화 상자를 출력하는 방법은 두 가지가 있다. 하나는 모달 형태로 출력하는 것이고, 다른 하나는 모들리스 형태로 출력하는 것이다. 모달 형태는 대화 상자가 닫히기 전까지는 대화 상자를 출력한 윈도우로 제어가 넘어가지 않아 작업을 진행할 수 없는 형태이다. 모들리스는 마우스를 사용하여 대화 상자와 대화 상자를 출력한 윈도우 모두로 제어를 이동하여 작업할 수 있는 형태이다. 모달로 동작할지 모들리스로 동작할지는 대화 상자 구현 시 정해진다. 대화 상자의 생성자 부분에서 JDialog의 생성자를 호출하는데, 이때 세 번째 인수의 값을 true로 주면 모달 형태로, 그렇지 않으면 모들리스 형태로 동작한다.

```
JDialog(Frame frame, String title, boolean modal)
```

위의 SearchDialog 예에서는 JDialog 생성자 호출 시 세 번째 인수 없이 호출하고 있다. 이런 경우는 세 번째 인수의 값이 false로 취급되어 모들리스 대화 상자가 된다. 이를 확인하기 위해 아래와 같이 JFrame 클래스를 정의하자.

```
public class ProgramBasic extends JFrame implements ActionListener {
        JButton test;
        JTextField textbox;

        public ProgramBasic()
        {
             super("test");
             initializeComponents();
        }

        private void initializeComponents() {
           Container c = getContentPane();
           c.setLayout(new FlowLayout());

           test = new JButton("test");
           test.addActionListener(this);
           c.add(test);
           textbox = new JTextField(10);
           c.add(textbox);

           pack();
           setLocation(300, 300);
           setDefaultCloseOperation(JFrame.EXIT_ON_CLOSE);
           setVisible(true);
        }

        public static void main( String args[] )
        {
                ProgramBasic app = new ProgramBasic();
        }
        @Override
        public void actionPerformed(ActionEvent e) {
                // TODO Auto-generated method stub
                SearchDialog d = new SearchDialog(this);
```

```
            d.setVisible(true);
        }
}
```

test 버튼을 누르면 SearchDialog가 출력되는데, 이 상태에서 마우스로 메인 윈도우를 선택하면 제어가 옮겨지고, 윈도우 안에 있는 텍스트 상자 안에 입력할 수 있다. 그리고 다시 SearchDialog를 선택한 후 그 안에 있는 텍스트 상자 안에 입력할 수 있다. 이처럼 대화 상자가 닫히지 않은 상태에서 메인 윈도우에서의 작업을 진행할 수 있는 형태가 모들리스 형태이다. 이번에는 모달 형태로 바꾸어 테스트해보자. 모달 형태의 대화 상자로 만들기 위해서는 SearchDialog 대화 상자의 생성자 부분에 있는 JDialog 생성자 호출 부분을 아래와 같이 바꾸기만 하면 된다.

```
super(frame, “find dialog”, true);
```

다시 컴파일하여 프로그램을 실행시킨 후 test 버튼을 누르면 이전처럼 SearchDialog가 출력된다. 그런데 이번에는 마우스로 메인 윈도우를 선택하려고 해도 선택이 안 되어 메인 윈도우 안의 텍스트 상자에 입력할 수 없다. 먼저, SearchDialog 대화 상자를 닫아야 다시 제어가 메인 윈도우로 넘어가 작업을 할 수 있다.

19.9 사용자 입력 값 전달받기

대화 상자를 만들어 사용하는 이유는 사용자로부터 값을 입력받기 위함이다. 다이얼로그 객체가 살아만 있다면 필요한 순간에 사용자가 입력한 값을 그 객체로부터 읽어오면 된다. 앞의 SearchDialog 예제의 경우, 사용자 입력 값은 JTextField 객체에 저장되어 있다. 따라서 SearchDialog 객체의 JTextField 객체를 직접 접근하면 된다. 하지만, 보통 구성 컴포넌트를 직접 접근하는 대신에 공개된 접근 메서드를 제공하여 값을 넘겨받게 한다. 앞의 예의 경우는 아래 코드처럼 텍스트 상자의 내용을 접근할 수 있는 공개된 메서드를 제공하면 된다.

```
class SearchDialog extends JDialog implements ActionListener {
        JLabel label = new JLabel(“Find”);
        JTextField searchTextField = new JTextField(20);
```

```
        JButton okButton = new JButton("OK");

        public SearchDialog(JFrame frame) {
                super(frame, "find dialog");
                setLayout(new FlowLayout());
                add(label);
                add(searchTextField);
                add(okButton);

                pack();
                okButton.addActionListener(this);
        }
        @Override
        public void actionPerformed(ActionEvent e) {
                // TODO Auto-generated method stub
                setVisible(false);
        }
        public String getInputString() {
                if (searchTextField.getText().lgngth() == 0) return null;
                else return searchTextField.getText();
        }
}
```

그리고 값이 필요한 순간에 대화 상자를 출력하여 사용자로부터 값을 입력받은 후 공개된 메서드를 통해 그 값을 읽어 들여 사용하면 된다. 예를 들어, 앞의 예제에서 사용자에게 대화 상자를 통해 값을 입력받고, 그 값을 메인 윈도우의 텍스트 상자에 출력하게 하려면 위의 actionPerformed 이벤트 핸들러를 아래와 같이 수정하면 된다.

```
public void actionPerformed(ActionEvent e) {
        // TODO Auto-generated method stub
        SearchDialog d = new SearchDialog(this);
        d.setVisible(true);
        String s = d.getInputString();
        textbox.setText(s);
}
```

19.10 팝업 다이얼로그

윈도우즈 운영체제는 파일 열기, 저장, 인쇄 상자 등 응용프로그램 작성 시 자주 사용되는 대화 상자를 제공하는데, 이를 공통 대화 상자라 한다. 대부분의 윈도우즈 응용프로그램들은 이러한 대화 상자들을 이용해 개발되므로 일관된 사용자 인터페이스를 제공한다. 자바에서도 이러한 공통 대화 상자에 대응되는 클래스들을 제공한다. 이 중의 하나가 팝업 창을 통해 사용자에게 메시지를 전달하거나 간단한 문자열을 입력받을 수 있는 JOptionPane 클래스가 있다.

JOptionPane 클래스는 여러 종류의 팝업 창을 출력하는 정적 메서드들을 제공한다. JOptionPane 클래스에서 제공하는 모든 대화 상자는 모달 형태로 동작한다. 그중 ShowInputDialog는 아래와 같은 입력 창을 통해 사용자로부터 메시지를 입력받는 팝업 창을 출력한다.

```
String s = JOptionPane.showInputDialog("주소를 입력하세요");
```

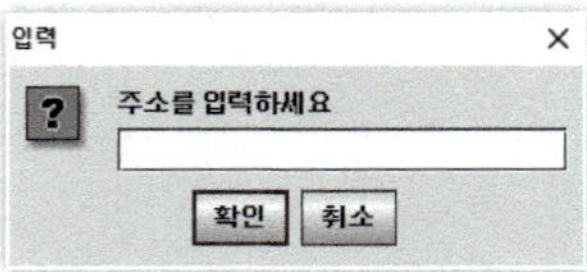

또 다른 메서드는 확인 대화 상자를 출력하는 showConfirmDialog 메서드이다. 이 메서드는 아래에 보인 바와 같이 여러 인수를 받아들이는데, 첫 번째 인수인 parent는 부모 컴포넌트, msg는 확인 메시지, title은 대화 상자의 윈도우 타이틀, optionType은 옵션의 종류를 지정한다. 첫 번째 인수는 대화 상자가 출력될 위치를 지정하는 용도로 사용되는데, 인수로 주어진 부모 컴포넌트의 중앙에 대화 상자가 출력되며, 만약 null로 지정할 경우는 스크린 중앙에 출력된다. 그리고 표시되는 버튼에 따라 optionType이 달라지는데, YES_NO_OPTION, YES_NO_CANCEL_OPTION, OK_CANCEL_OPTION이 있다. showConfirmDialog 메서드의 반환 값으로 YES_OPTION, NO_OPTION, CANCEL_OPTION, OK_OPTION, CLOSED_OPTION이 있다. 여기서 CLOSED_OPTION은 아무 버튼도 누르지 않고 대화 상자를 닫을 경우 반환되는 값이다. 나머지는 이름만 보면 감을 잡을 수 있을 것이다.

```
static int JOptionPane.showConfirmDialog(Component parent, Object msg,
String title, int optionType)
```

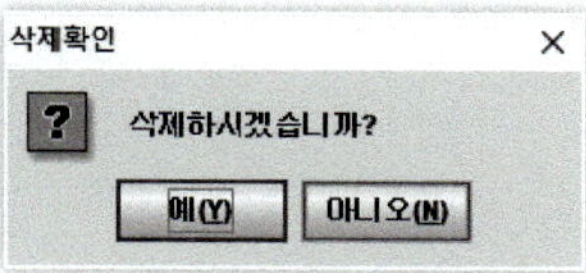

showConfirmDialog 메서드의 전형적인 사용 예는 다음과 같다.

```
int response = JOptionPane.showConfirmDialog(null, "삭제하시겠습니까?", "삭제
확인", JOptionPane.YES_NO_OPTION);

if (response == JOptionPane.YES_OPTION) {
       ...
}
else if ((response == JOptionPane.NO_OPTION) {
       ...
}
else {
       ...
}
```

간단한 문자열 메시지를 전달하기 위한 다이얼로그 출력 시 showMessageDialog 메서드를 사용한다. 네 번째 인수를 제외하고는 showConfirmDialog 메서드의 인수와 동일하다. 네 번째 인수에는 메시지의 종류를 나타내는 값이 오는데, 여기에는 ERROR_MESSAGE, INFORMATION_MESSAGE, WARNING_MESSAGE, QUESTION_MESSAGE, PLAIN_MESSAGE 가 있다.

```
static void JOptionPane.showConfirmDialog(Component parent, Object msg,
String title, int messageType)
```

```
JOptionPane.showMessageDialog(null, "오류가 발생했습니다", "오류 메시지",
JOptionPane.ERROR_MESSAGE );
```

19.11 JFileChooser

파일 열기와 파일 저장 대화 상자를 출력하는 클래스로 FileChooser 클래스를 제공한다. 파일 열기 대화 상자를 출력하는 경우는 showOpenDialog 메서드를, 파일 저장 대화 상자를 출력하는 경우는 showSaveDialog 메서드를 사용한다. 두 메서드 모두 부모 컴포넌트를 인수로 받아 대화 상자가 출력될 위치를 지정하는데, 지정한 부모 컴포넌트의 중앙에 위치한다. null이면 스크린 중앙에 위치한다.

파일 열기 대화 상자를 출력하려면 먼저 FileChooser 객체를 생성하고 필터를 지정한다. 필터는 특정 확장자만 갖는 파일만 보여주고자 할 때 사용하는 것으로, 필터 정보는 FileNameExtensionFilter 클래스를 이용한다. 이 클래스 생성자의 첫 번째 인수는 필터명을, 두 번째부터는 필터명에 해당하는 확장자명을 기술한다. 아래의 예에서 첫 번째 인수 "Audio Interchange File Format (*.aiff, *.aif, *.aifc)"는 필터명이고, 그 다음부터 마지막까지는 이 필터명에 해당하는 실제 확장자들이다.

```
JFileChooser jfc = new JFileChooser();

FileNameExtensionFilter filter = new FileNameExtensionFilter("Audio
Interchange File Format (*.aiff, *.aif, *.aifc)", "aiff", "aif", "aifc")
```

필터를 지정할 경우는 FileChooser 클래스의 setFileFilter를 이용한다.

```
jfc.setFileFilter(filter);
```

여러 개의 필터를 지정할 경우는 각 필터를 생성한 후 addChoosableFileFilter를 사용하여 지정한다.

```
JFileChooser jfc =new JFileChooser();
jfc.setFileSelectionMode(JFileChooser.FILES_ONLY);
jfc.addChoosableFileFilter(new FileNameExtensionFilter("MPEG-I Layer 3
(*.mp3)", "mp3"));
jfc.addChoosableFileFilter(new FileNameExtensionFilter("Waveform Audio
File(*.wav)", "wav"));
jfc.addChoosableFileFilter(new FileNameExtensionFilter("Free Loseless
Audio (*.flac)", "flac"));
jfc.addChoosableFileFilter(new FileNameExtensionFilter("OGG Vorbis
(*.ogg)", "ogg"));
jfc.addChoosableFileFilter(new FileNameExtensionFilter("Audio Interchange
File Format (*.aiff, *.aif, *.aifc)", "aiff", "aif", "aifc"));
```

여러 개의 필터가 있을 경우 디폴트 필터를 지정하고 싶으면 setFileFilter 메서드를 이용하여 지정한다.

```
JFileChooser jfc =new JFileChooser();
FileNameExtensionFilter defaultFilter;

jfc.setFileSelectionMode(JFileChooser.FILES_ONLY);
jfc.addChoosableFileFilter(new FileNameExtensionFilter("MPEG-I Layer 3
(*.mp3)", "mp3"));
jfc.addChoosableFileFilter(defaultFilter = new FileNameExtensionFilter
("Waveform Audio File(*.wav)", "wav"));
jfc.addChoosableFileFilter(new FileNameExtensionFilter("Free Loseless
Audio (*.flac)", "flac"));
jfc.addChoosableFileFilter(new FileNameExtensionFilter("OGG Vorbis
(*.ogg)", "ogg"));
jfc.addChoosableFileFilter(new FileNameExtensionFilter("Audio Interchange
File Format (*.aiff, *.aif, *.aifc)", "aiff", "aif", "aifc"));

jfc.setFileFilter(defaultFilter);
```

필터 지정이 끝나면 showOpenDialog 메서드를 통하여 대화 상자를 출력한다.

```
int response = jfc.showOpenDialog(null);
```

사용자가 선택한 파일명을 알아내기 전에 먼저 showOpenDialog의 반환 값을 검사해야 한다. 반환 값에는 APPROVE_OPTION, CANCEL_OPTION, ERROR_OPTION이 있다. 첫 번째 값은 파일 선택 후 열기 버튼을 누른 경우의 반환 값이며, 두 번째 값은 취소 버튼을 누른 경우의 반환 값, 세 번째는 선택 없이 대화 상자를 닫거나 다른 이유로 오류가 발생할 경우에 반환되는 값이다. 그러므로 반환 값이 APPROVE_OPTION인 경우에 한하여 선택한 파일명을 얻어 작업해야 한다. 선택한 파일을 getSelectedFile 메서드를 이용하는데, 단, 이 메서드의 반환 값은 File 타입이므로 추가의 메서드를 사용하여 경로명이나 파일명을 얻어야 한다.

```
if (response == JFileChooser.APPROVE_OPTION) {
        File f = jfc.getSelectedFile();
        String path = f.getPath();
        String fname = f.getName();
        ...
}
```

파일 저장 대화 상자를 출력할 때는 showSaveDialog 메서드를 사용하며, 나머지 과정은 showOpenDialog와 동일하다.

실습 19.5 JFileChooser 실습

간단한 이미지 뷰어 프로그램을 작성하자. 먼저, 아래와 같이 화면 폼을 작성한다. '파일' 메뉴 안에 '열기' 항목이 있고, 이미지를 표시할 JLabel 객체가 있다.

```
public class ProgramBasic extends JFrame {
       JLabel imageLabel;

       public ProgramBasic()
       {
           super("test");
           initializeComponents();
       }

       private void initializeComponents() {
          Container c = getContentPane();

          createMenu();
          imageLabel = new JLabel();
          c.add(imageLabel);

          setSize(500, 500);
          setLocation(300, 300);
          setDefaultCloseOperation(JFrame.EXIT_ON_CLOSE);
          setVisible(true);
       }

       void createMenu() {
              JMenuBar mb = new JMenuBar();
              JMenu fmenu = new JMenu("파일");
              JMenuItem openItem = new JMenuItem("열기");

              fmenu.add(openItem);
              mb.add(fmenu);
              this.setJMenuBar(mb);
       }

       public static void main( String args[] )
       {
              ProgramBasic app = new ProgramBasic();
       }
}
```

'파일' 메뉴 내의 '열기' 항목을 누른 경우에 파일 열기 대화 상자를 출력하고, 선택한 파일로부터 이미지 객체를 만들어 이를 레이블로 출력해야 하므로 '열기' 메뉴 항목의 actionPerformed 이벤트 핸들러를 작성해야 한다. 이벤트 핸들러는 아래의 코드처럼 작성하자.

```
public class ProgramBasic extends JFrame implements ActionListener {
        ...

        void createMenu() {
                ...
                JMenuItem openItem = new JMenuItem("열기");

                openItem.addActionListener(this);
                ...
        }

        ...
        @Override
        public void actionPerformed(ActionEvent e) {
                // TODO Auto-generated method stub
                JFileChooser jfc =new JFileChooser();
                FileNameExtensionFilter defaultFilter;
                jfc.addChoosableFileFilter(new FileNameExtensionFilter("비
                트맵 파일 (*.bmp)", "bmp"));
                jfc.addChoosableFileFilter(defaultFilter = new
                FileNameExtensionFilter("JPG 파일(*.jpg)", "jpg"));
                jfc.addChoosableFileFilter(new
                FileNameExtensionFilter("GIF 파일 (*.gif)", "gif"));
                jfc.setFileFilter(defaultFilter); // 디폴트 필터 지정
                int response = jfc.showOpenDialog(null);

                if (response != JFileChooser.APPROVE_OPTION) {
                        JOptionPane.showMessageDialog(this, "파일을 선택하지 않
                        았습니다.", "경고", JOptionPane.WARNING_MESSAGE);
                        return;
                }

                File f = jfc.getSelectedFile();
```

```
                imageLabel.setIcon(new ImageIcon(f.getPath()));
                pack();
        }
}
```

다 작성하였으면 실행해보자. 초기 화면에서 파일 〉〉 열기 메뉴를 선택하면 아래와 같은 파일 열기 대화 상자가 뜰 것이다.

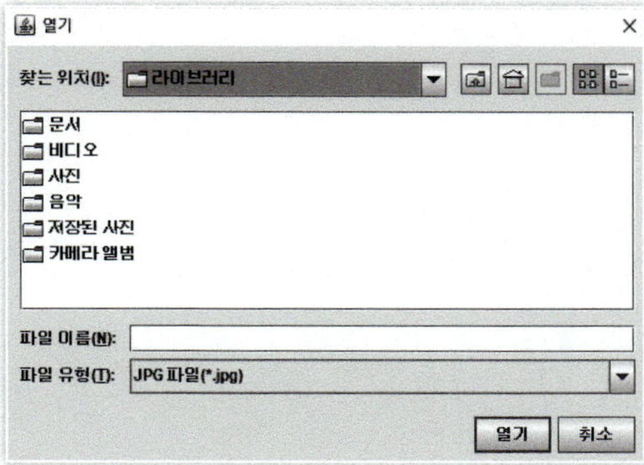

위 대화 상자에서 임의의 이미지 파일을 선택하면 이미지가 아래 그림처럼 레이블에 표시된다.

19.12 JColorChooser

JColorChooser는 사용자가 색상을 선택할 수 있는 대화 상자를 제공한다. 이 클래스에는 컬러 선택 대화 상자를 출력할 수 있는 showDialog 정적 메서드를 제공한다. 이 메서드는 세 개의 인수를 받는데, 첫 번째는 부모 컴포넌트, 두 번째는 컬러 대화 상자의 타이틀, 세 번째는 디폴트 컬러 값이다. 이 컬러 대화 상자는 모달 형태로 동작한다. 아래의 예는 스크린 중앙에 빨간색을 기본으로 컬러 대화 상자를 출력한 예이다.

```
Color c = JColorChooser.showDialog(null, "바탕색 선택 화면", Color.RED);
```

사용자가 선택한 색상은 showDialog의 반환 값으로 넘어온다. 만약, 사용자가 색상을 선택하지 않고 대화 상자를 닫거나 '취소' 버튼을 누른 경우에는 null 값이 반환된다. 따라서 정상적인 작업은 반환 값이 null이 아닌 경우에 하도록 한다.

```
if (c != null) {
        ...
}
```

실습 19.6 JColorChooser 실습

이번에는 레이블의 글자 색을 JColorChooser를 사용하여 변경하는 예를 살펴보자. 먼저 그림과 같은 간단한 화면 폼을 작성하자. 레이블의 영역을 알 수 있도록 레이블의 배경을 노란색으로 지정한다.

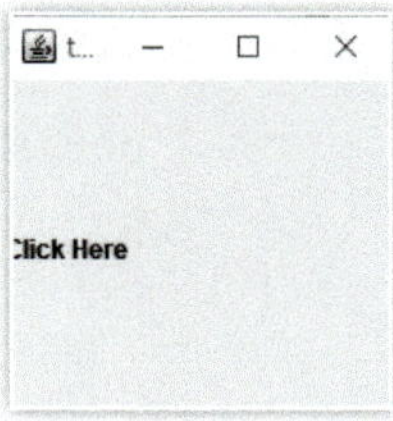


```
public class ColorChooserTest extends JFrame {
        JLabel testLabel;

        public static void main(String[] args){
                ColorChooserTest f = new ColorChooserTest("test");
        }
        public ColorChooserTest(String title) {
                super(title);
                initializeComponents();
        }
        private void initializeComponents() {
                Container c = getContentPane();

                testLabel = new JLabel("Click Here");
                c.add(testLabel);
                testLabel.setBackground(Color.YELLOW);
                testLabel.setOpaque(true);

                setSize(200, 200);
                setLocation(100, 100);
                setDefaultCloseOperation(JFrame.EXIT_ON_CLOSE);
                setVisible(true);
        }
}
```

이번에는 레이블 영역을 마우스로 클릭할 경우 색깔 선택 대화 상자가 출력되도록 mouseClicked 이벤트를 처리하자. 이를 위해 아래와 같이 ColorChooserTest 클래스가 MouseListener 인터페이스를 구현하도록 하자.

```
public class ColorChooserTest extends JFrame implements MouseListener {
	...

	private void initializeComponents() {
		...
		testLabel.setOpaque(true);
		testLabel.addMouseListener(this);

		setSize(200, 200);
		...
	}

	@Override
	public void mouseClicked(MouseEvent e) {
		// TODO Auto-generated method stub
		Color c = JColorChooser.showDialog(null, "글자색 선택 화면",
		Color.RED);
		testLabel.setForeground(c);
	}
	@Override
	public void mousePressed(MouseEvent e) {
		// TODO Auto-generated method stub

	}
	@Override
	public void mouseReleased(MouseEvent e) {
		// TODO Auto-generated method stub

	}

	@Override
	public void mouseExited(MouseEvent e) {
		// TODO Auto-generated method stub
	}
}
```

레이블 영역을 마우스로 클릭하면 실행되는 mouseClicked 이벤트 핸들러를 작성해보자. 이 핸들러 안에서 색깔 선택 대화 상자를 출력하고, 이 대화 상자를 통해 사용자가 원하는 색깔을 파악하고 이 색깔로 레이블의 전경색을 바꿔주면 된다. 이를 코드화하면 아래와 같다.

```
public void mouseClicked(MouseEvent e) {
        // TODO Auto-generated method stub
        Color c = JColorChooser.showDialog(null, "글자색 선택 화면", Color.
        RED);
        if (c != null) {
               testLabel.setForeground(c);
        }
}
```

나머지 MouseListener 인터페이스의 이벤트에 대해서는 아무것도 하지 않는 형태로 구현한다. 다 작성되었으면 실행하여 레이블 영역을 마우스로 클릭해보자. 그러면 아래와 같은 컬러 선택 대화 상자가 출력되고, 이 상태에서 원하는 색깔을 선택하면 레이블의 글자색이 바뀐다.

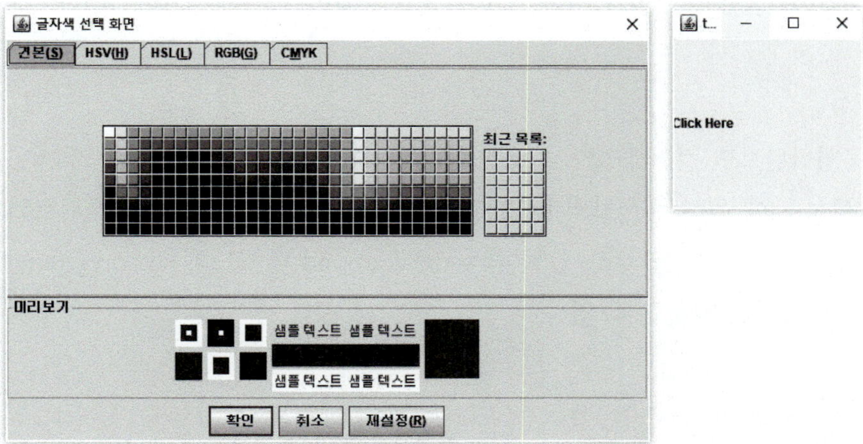

20 그래픽과 이미지

이 장에서는 스윙을 이용한 간단한 그래픽 기능과 관련하여 컬러 표현 방법과 지정 방법, 그리고 다양한 그리기 메서드와 폰트 지정 방법에 대해 살펴본다. 또한, 이미지와 관련하여 이미지 로딩 방법, 이미지 생성 방법, 이미지 출력 방법, 픽셀 조작 방법 등에 대해서도 살펴본다.

20.1 컬러

스윙으로 GUI를 구성하다보면 컬러를 많이 사용하게 된다. 이를 위해 Color 클래스가 제공되며, Color 객체 생성 시에 원하는 색상의 RGB 성분 값을 지정한다. 모든 UI 컴포넌트는 백그라운드와 포어그라운드 필드를 갖고 있으며, setBackground 메서드와 setForeground 메서드를 사용하여 이 값들을 지정할 수 있다.

```
Color color = new Color(128, 0, 0); // 빨간색
JButton button = new JButton();
button.setBackground(color);
button.setForeground(new Color(0, 0, 128)); // 파란색
```

어느 색에도 1.0의 암묵적인 알파 값, 또는 생성자에 의해 제공되는 명시적인 알파 값이 있다. 알파 값은 색의 투명성을 정의하며, 0.0~1.0 범위의 float 값이나 0~255 범위의 정수 값으로 표현할 수 있다. 1.0 혹은 255 알파 값은 색이 완전하게 불투명한 (일)것을 의미하고, 0 혹은 0.0이라는 알파 값은 색이 완전하게 투명한 (일)것을 의미한다.

```
Color (float r, float g, float b, float a) // 네 번째 인수가 알파 값임
Color (int r, int g, int b, int a) // 네 번째 인수가 알파 값임
```

컬러는 RGB 성분 값을 지정하여 만들 수도 있으나 자주 사용되는 색깔에 대해서는 Color 클래스에 상수로 정의해두고 있다. Color 클래스에는 다음의 13가지 색깔이 정적 상수로 정의되어 있다.

```
BLACK, BLUE, CYAN, DARK_GRAY, GRAY, GREEN, LIGHT_GRAY, MAGENTA, ORANGE, PINK, RED,
WHITE, YELLOW
```

```
JButton button = new JButton();
button.setBackground(Color.RED); // 또는 Color.red
button.setForeground(Color.BLUE); // 또는 Color.blue
```

컬러의 RGB 및 알파 성분 값을 얻고자 할 경우, 각 성분에 대응되는 getter(getAlpha(), getBlue(), getGreen(), getRed())를 이용한다. 그리고 네 성분의 값을 한 번에 얻고자 할 경우 getRGB() 메서드를 사용한다. 이 메서드는 32비트 값을 반환하는데, 비트 중 24~31은 알파, 16~23은 빨강, 8~15는 초록, 0~7은 파랑 성분의 값을 나타낸다.

20.2 도형 및 문자열 그리기

스윙에서는 컴포넌트 외관을 그리기 위해 각 컴포넌트에 대해 paintComponent 메서드를 호출한다. 따라서 그래픽 작업의 경우 JPanel을 상속받는 클래스를 정의하고 그 안에 paintComponent를 재정의하여 그리기 코드를 작성한다. 그리기 코드 작성에 앞서 상위 클래스, 즉 JPanel 클래스의 paintComponent 메서드를 먼저 호출한다. 이렇게 하지 않고 뒷부분에 두면 앞에서 그린 것들이 지워진다. 참고로 JFrame이나 JApplet은 JComponent의 서브 클래스가 아니므로 paintComponent를 이용하여 그래픽 작업을 할 수 없다는 것이다. 따라서 JFrame이나 JApplet 위에 직접 그래픽 작업을 할 경우는 paint 메서드를 재정의해야 한다.

```
public void paintComponent( Graphics g ) {
       super.paintComponent( g );
       //additional drawing code
}
```

그래픽 작업은 paintComponent 메서드 안에 작성하는데, 이때 인수로 넘어온 Graphics 객체를 이용한다. 이 객체는 다양한 그래픽 함수들을 제공한다. 문자열을 그리는 drawString 메서드, 라인을 그리는 drawLine 메서드, 사각형을 그리는 drawRect 메서드, 타원을 그리는 drawOval 메서드, 다각형을 그리는 drawPolygon 메서드, 호(arc)를 그리는 drawArc 메서드를 제공한다. 사각형, 타원, 다각형, 호에 대해서는 현재 그래픽스 객체에 지정된 색으로 내부를 채우는 fillRect, fillOval, fillPolygon, fillArc 메서드도 제공한다. 이외에도 곡선을 그리는 메서드와 Image를 출력하는 메서드를 제공한다.

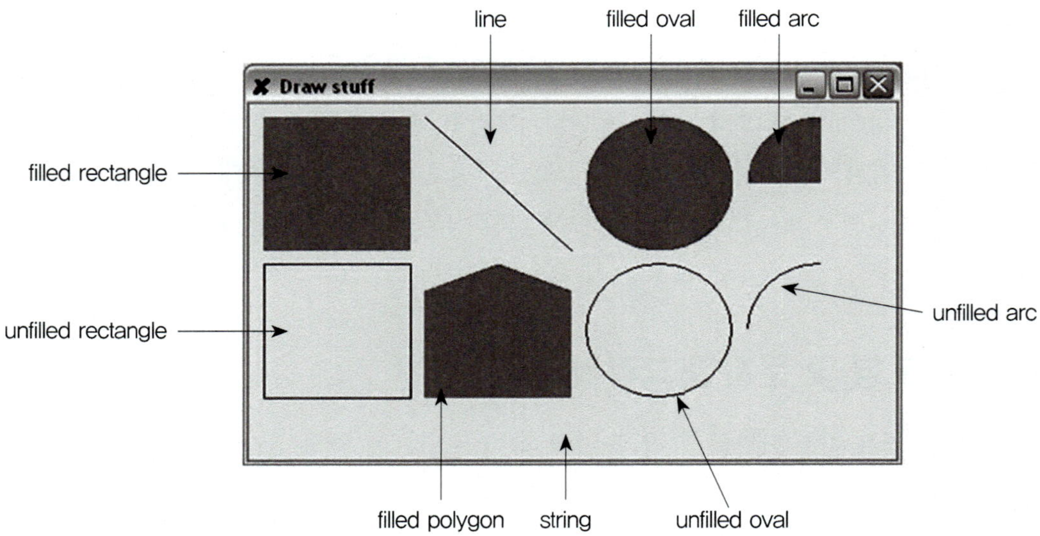


```
drawString(String string, int x, int y);
drawLine(int x1, int y1, int x2, int y2);
drawRect(int x, int y, int w, int h);
drawOval(int x, int y, int w, int h);
drawPolygon(int[] xpoints, int[] ypoints, int npoints);
drawArc(int x, int y, int width, int height, int startAngle, int
arcAngle);
```

```
fillOval(int x, int y, int w, int h);
fillPolygon(int[] x, int[] y, int nPoints);
fillRect(int x, int y, int w, int h);
fillArc(int x, int y, int w, int h, int startAngle, int arcAngle);
```

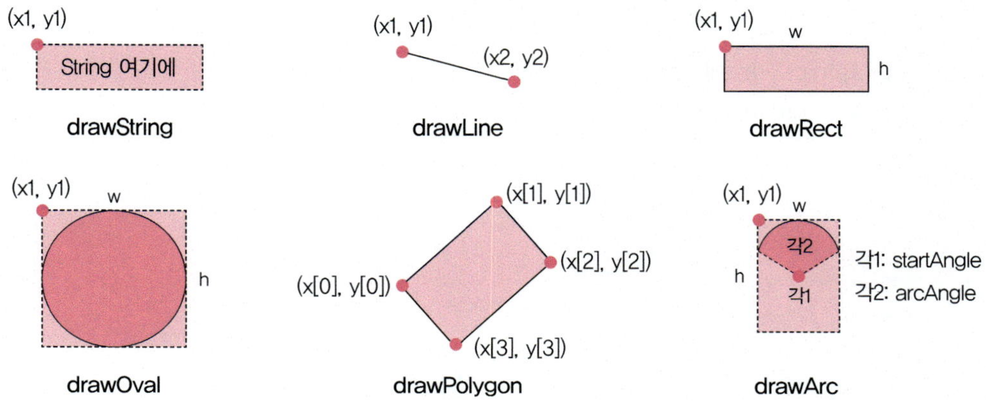

아래의 코드는 윈도우 위에 직선과 사각형을 그리는 예제 코드이다. 윈도우, 즉 JFrame 객체 위에 그리기 때문에 JFrame 클래스의 paint 이벤트를 재정의하고, 이 안에 그리기 코드를 두었다. paint 메서드는 프레임을 다시 그려야 할 경우, 예컨대 처음 실행될 경우나 다른 화면에 가려졌다 다시 전면에 등장할 경우 등에 자동으로 호출된다.

```
public class ColorSettingDemo extends JFrame {

	public ColorSettingDemo() {
		super("test");
		initializeComponents();
	}

	private void initializeComponents() {
		this.setDefaultCloseOperation(JFrame.EXIT_ON_CLOSE);
		this.setSize(500, 500);
		this.setVisible(true);
	}

	public static void main(String[] args) {
```

```
            // TODO Auto-generated method stub
            ColorSettingDemo app = new ColorSettingDemo();
    }

    public void paint(Graphics graphics) {
     super.paint(graphics);

     graphics.drawLine(0, 0, 200, 200);
     graphics.drawRect(200, 200, 50, 50);
    }
}
```

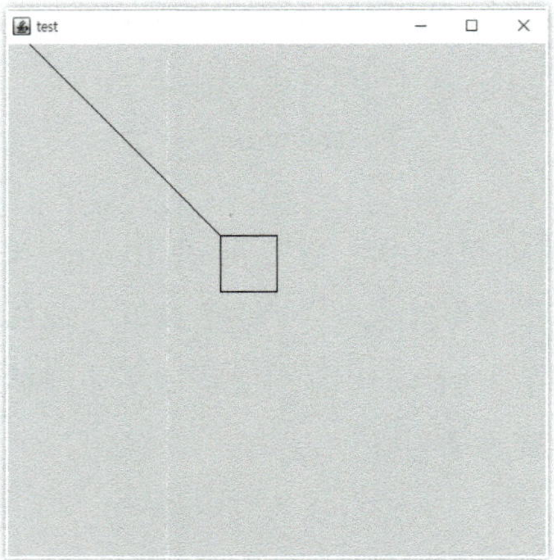

동일한 기능을 패널을 이용하여 구현할 수 있는데, 이때는 먼저 아래 코드와 같이 JPanel을 상속받는 클래스를 정의하고, 이 클래스에서 paintComponent 메서드를 재정의하여 그 메서드 안에 그리기 코드를 둔다. 이 메서드는 컴포넌트를 다시 그려야 할 필요성이 있을 때 자동으로 호출된다.

```
public class ColorSettingDemo extends JFrame {

    public ColorSettingDemo() {
            super("test");
            initializeComponents();
    }
```

```
    private void initializeComponents() {
        Container c = getContentPane();
        c.setLayout( new FlowLayout() );

        MyJPanel panel = new MyJPanel();
        c.add(panel);

        this.setDefaultCloseOperation(JFrame.EXIT_ON_CLOSE);
        this.setSize(500, 500);
        this.setVisible(true);
    }

    public static void main(String[] args) {
        // TODO Auto-generated method stub
        ColorSettingDemo app = new ColorSettingDemo();
    }

    class MyJPanel extends JPanel{
        public void paintComponent(Graphics graphics) {
            super.paintComponent(graphics);

            graphics.drawLine(0, 0, 200, 200);
            graphics.drawRect(200, 200, 50, 50);
        }

        public Dimension getPreferredSize() {
            return new Dimension(490, 490);
        }
    }
}
```

위 코드에서 MyJPanel 클래스를 정의하며 paintComponent 메서드 외에 getPreferredSize 메서드를 재정의하였다. 이는 MyJPanel 객체가 컨테이너 위에 올라갈 때 컨테이너 배치 관리자가 그 크기를 결정하므로 우리가 원하는 크기만큼의 공간을 확보할 수 없어 희망 크기를 배치 관리자에게 알려주기 위한 것이다. getPreferredSize 메서드 부분을 주석 처리한 후 실행해보자. 그러면 그 의미를 파악할 수 있을 것이다.

20.3 색상 및 폰트 지정하기

그리기 작업에서 선의 색깔이나 내부를 채울 색깔을 지정해주어야 하는데, 메서드 호출 시 그 색을 지정해주지 않고 현재 설정되어 있는 색깔을 이용하여 선을 그리거나 내부를 칠하게 된다. 색상 설정은 Graphics 객체의 setColor 메서드를 이용한다. 예를 들어, 빨간 선으로 원을 그린 후, 파란색으로 칠해진 사각형을 그리고 싶다면 아래와 같이 작업한다.

```
class MyJPanel extends JPanel{
       public void paintComponent(Graphics graphics) {
            super.paintComponent(graphics);

            graphics.setColor(Color.RED);
            graphics.drawOval(100, 100, 50, 50);
            graphics.setColor(Color.BLUE);
            graphics.fillRect(200, 200, 50, 50);
       }

       public Dimension getPreferredSize() {
           return new Dimension(490, 490);
       }
}
```

Graphics 객체의 drawString 메서드를 사용하여 문자열을 그리면 Graphics 객체에 설정되어 있는 폰트에 의해 그 모양과 크기가 결정된다. 현재 설정된 폰트는 Graphics 객체의 getFont() 메서드를 통해 얻을 수 있고, 새로이 지정할 경우 원하는 Font 객체를 생성하여 이를 setFont 메서드를 사용해 지정한다. Font 객체는 Font 클래스를 이용하여 생성하는데, 생성 시 첫 번째 인수에는 폰트체를, 두 번째 인수에는 스타일을, 세 번째는 크기를 지정한다.

```
public Font(String name, int style, int size);
```

표준 폰트에는 'SansSerif', 'Serif', 'Monospaced', 'Dialog', 'DialogInput'이 있다. 스타일은 Font 클래스에 상수로 정의되어 있으며, 가능한 스타일은 Font.PLAIN, Font.BOLD, Font.ITALIC, Font.BOLD + Font.ITALIC이다.

```
public class FontDemo {

    public static void main(String[] args) {
        JFrame frame = new JFrame("Font Demo");
        frame.setSize(1000,500);
        myComponent comp = new myComponent();
        frame.add(comp);
        frame.setDefaultCloseOperation(JFrame.EXIT_ON_CLOSE);
        frame.setVisible(true);
    }
}

class myComponent extends JPanel {
    public void paintComponent(Graphics g) {
        Font font = g.getFont();
        String msg = font.getFontName() + ", " + font.getSize();

        g.drawString(msg, 100, 100);

        font = new Font("SansSerif", Font.BOLD, 16);
        g.setFont(font);
        msg = g.getFont().getFontName() + ", " + font.getSize();
        g.drawString(msg, 200, 200);

        font = new Font("Serif", Font.ITALIC, 12);
        g.setFont(font);
        msg = g.getFont().getFontName() + ", " + font.getSize();
        g.drawString(msg, 300, 300);
    }
}
```

20.4 사용자가 원하는 시점에서 그리기

앞에서 예를 든 그래픽 작업들은 프로그램 실행 시점에 이루어지는 형태들이었다. 즉, 시스템에서 프로그램이 처음 시작될 때, JFrame 객체에 대해 paint 메서드를 호출하고, 그 위에 배치되어 있는 컴포넌트들에 대해서 paintComponent 메서드를 호출하도록 되어 있어, 그 메서드 안에 그리기 코드를 넣어두면 자동으로 그 시점에 그리게 된다. 그러나 경우에 따라서는 사용자가 원하는 시점, 예를 들어, 버튼을 클릭하는 순간에 그래픽 작업이 진행되게 하고 싶은 경우가 있다. 이런 경우는 아래와 같이 paintComponent 메서드나 paint 메서드 안에 그리기 코드를 갖다 두고, 해당 객체(JFrame 객체나 JPanel 객체 등 그리기 대상이 되는 객체)에게 repaint 메서드를 실행하도록 호출한다. repaint 메서드가 호출되면 내부에서 다시 그 객체에 대해 paintComponent 메서드나 paint 메서드가 호출되어 그리기 작업이 이루어진다.

```
public class ColorSettingDemo extends JFrame implements ActionListener {
	MyJPanel panel;
	boolean graphicOn=false;

	public ColorSettingDemo() {
		super("test");
		initializeComponents();
	}

	private void initializeComponents() {
		Container c = getContentPane();
		c.setLayout( new FlowLayout() );

		JButton btn = new JButton("그리기");
		btn.addActionListener(this);
		c.add(btn);

		panel = new MyJPanel();
		c.add(panel);

		this.setDefaultCloseOperation(JFrame.EXIT_ON_CLOSE);
		this.setSize(500, 500);
		this.setVisible(true);
	}

	public static void main(String[] args) {
		// TODO Auto-generated method stub
		ColorSettingDemo app = new ColorSettingDemo();
	}
```

```
        class MyJPanel extends JPanel{
                public void paintComponent(Graphics graphics) {
                        if(graphicOn) {
                                super.paintComponent(graphics);

                                graphics.setColor(Color.RED);
                                graphics.drawOval(100, 100, 50, 50);
                                graphics.setColor(Color.BLUE);
                                graphics.fillRect(200, 200, 50, 50);
                        }
                }

                public Dimension getPreferredSize() {
                        return new Dimension(490, 490);
                }
        }

        @Override
        public void actionPerformed(ActionEvent e) {
                // TODO Auto-generated method stub
                graphicOn=true;
                panel.repaint();
        }
}
```

위 코드를 보면 버튼을 클릭한 순간 패널 위에 그리기 위해 버튼의 actionPerformed 이벤트 핸들러를 이용하고 있다. 즉, 이 메서드 안에서 패널 객체에게 repaint 메서드를 실행하도록 하고 paintComponent 메서드 안에 그리기 코드를 작성하고 있다. 패널 객체에게 repaint 메서드를 실행하게 하면, 그 안에서 패널 객체의 paintComponent 메서드를 호출하여 그리기 코드가 실행된다. 그런데, 그리기 코드가 조건문 안에 들어가 있다. 이러한 이유는 프로그램 시작 시 윈도우가 화면에 표시되는 순간에도 패널 객체에 대해 paintComponent 메서드가 그리기 코드를 실행하므로 이를 방지하기 위함이다. 불리안 변수 graphicOn의 초기 값을 false로 설정하고, 버튼의 actionPerformed 이벤트 핸들러 안에서 이 변수가 true로 설정되는 순간에 그리기 코드를 실행하게 하는 것이다.

이러한 방법 외에 프로그래머가 원하는 시점에 그리기 코드를 실행시키는 방법은 아래의 코드처럼 원하는 시점에 직접 그리고자 하는 대상 객체의 Graphics 객체를 얻어 이용하는 것이다. Graphics 객체는 getGraphics() 메서드를 통해 얻을 수 있다. 앞의 방법과의 큰 차이점은 버튼의 actionPerformed 이벤트 핸들러 안에서 직접 그리기 코드를 실행한다는 점이다. 앞의 예에서는 그리기 코드가 패널 객체의 paintComponent 메서드 안에 있고, 이를 실행하기 위해 actionPerformed 이벤트 핸들러 안에서 패널 객체에게 repaint 메서드를 호출하는 방법을 사용했다. actionPerformed 이벤트 핸들러 안에서 직접 그리면, 굳이 paintComponent 메서드를 재정의할 필요가 없고, 이로 인해 JPanel을 상속받는 클래스를 정의할 필요가 없어진다. 그리고 패널 객체의 크기를 확보하기 위해 getPreferredSize()를 재정의하는 대신 JPanel 클래스의 setPreferredSize() 메서드를 사용한다. 또한, actionPerformed 이벤트 핸들러 안에서 직접 그리면, 프로그램 시작 시 자동 실행이 안 되므로 굳이 graphicOn 같은 불리안 변수를 선언하여 사용할 필요가 없다. 그러나 앞 예의 방식인 경우는 윈도우를 다시 그려야 하는 경우 시스템에서 자동으로 패널 객체에 대해 paintComponent 메서드를 호출하지만, 이 방법은 그렇지 못하다. 즉, 후자의 방법은 작업된 이미지가 어떠한 이유로 사라지면 이를 자동으로 복원해주지 못한다.

```
public class ColorSettingDemo extends JFrame implements ActionListener {
	JPanel panel;

	public ColorSettingDemo() {
		super("test");
		initializeComponents();
	}

	private void initializeComponents() {
		Container c = getContentPane();
		c.setLayout( new FlowLayout() );

		JButton btn = new JButton("그리기");
		btn.addActionListener(this);
		c.add(btn);

		panel = new JPanel();
		panel.setPreferredSize(new Dimension(490, 490));
		c.add(panel);
```

```
		this.setDefaultCloseOperation(JFrame.EXIT_ON_CLOSE);
		this.setSize(500, 500);
		this.setVisible(true);
	}

	public static void main(String[] args) {
		// TODO Auto-generated method stub
		ColorSettingDemo app = new ColorSettingDemo();
	}

	@Override
	public void actionPerformed(ActionEvent e) {
		// TODO Auto-generated method stub
		Graphics graphics = panel.getGraphics();
		graphics.setColor(Color.RED);
		graphics.drawOval(100, 100, 50, 50);
		graphics.setColor(Color.BLUE);
		graphics.fillRect(200, 200, 50, 50);
	}
}
```

실습 20.1 다양한 도형 그리기

프로그램이 실행되자마자 아래와 같이 출력되는 프로그램을 작성하자. 윈도우 위에 직접 출력하지 말고 윈도우 위에 패널을 배치하여 그 위에 출력되도록 한다.

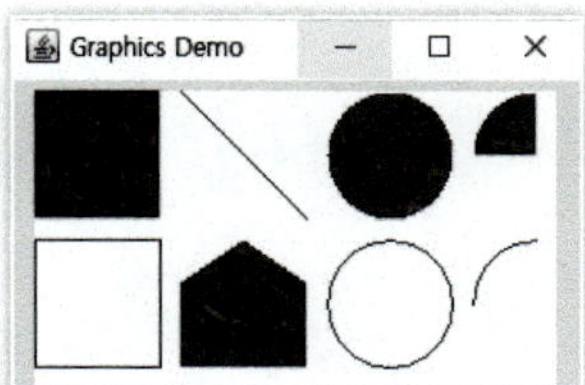

먼저, 패널 위에 출력하기 위해 JPanel을 상속받는 MyJPanel 클래스를 선언하고, GraphicsDemo 클래스의 생성자 안에 이 클래스로부터 객체를 생성하여 컨테이너에 추가한다.

```
public class GraphicsDemo extends JFrame {
       MyJPanel panel;

       public GraphicsDemo() {
              super("Graphics Demo");
              initializeComponents();
       }

       private void initializeComponents() {
              Container c = this.getContentPane();

              panel = new MyJPanel();
              panel.setBackground(Color.YELLOW);
              c.setLayout(new FlowLayout());
              c.add(panel);

              this.setSize(200, 200);
              this.setLocation(100, 100);
              this.setVisible(true);
       }

       public static void main(String[] args) {
              GraphicsDemo app = new GraphicsDemo();

       } // end method main


       class MyJPanel extends JPanel {
              public void paintComponent(Graphics graphics) {
              }
              public Dimension getPreferredSize() {
              }
       }
}
```

그런 다음, MyJPanel 클래스 안에 paintComponent() 메서드와 getPreferredSize() 메서드를 재정의한다. paintComponent() 메서드 안에는 그리기 코드를, getPreferredSize() 메서드 안에는 패널 크기를 지정하는 코드를 추가한다. 그리기 코드는 내부를 빨간색으로 칠하는 그리기 코드와 그렇지 않은 코드로 크게 나누어 작성한다.

```
public void paintComponent(Graphics graphics) {
        // 원함수에서의 기능
        super.paintComponent(graphics);

        // polygon 좌표값
        int[] xPoints = new int[5];
        int[] yPoints = new int[5];

        xPoints[0] = 70; yPoints[0] = 90;
        xPoints[1] = 100; yPoints[1] = 70;
        xPoints[2] = 130; yPoints[2] = 90;
        xPoints[3] = 130; yPoints[3] = 130;
        xPoints[4] = 70; yPoints[4] = 130;

        Color fillColor = new Color(255, 0, 0, 255);
        graphics.setColor(fillColor);
        graphics.fillRect(0, 0, 60, 60);
        graphics.fillPolygon(xPoints, yPoints, 5);
        graphics.fillOval(140, 0, 60, 60);
        graphics.fillArc(210, 0, 60, 60, 90, 90);

        graphics.setColor(new Color(0, 0, 255, 255));
        graphics.drawRect(0, 70, 60, 60);
        graphics.drawLine(70, 0, 130, 60);
        graphics.drawOval(140, 70, 60, 60);
        graphics.drawArc(210, 70, 60, 60, 90, 90);
}

public Dimension getPreferredSize() {
        return new Dimension(250, 200);
}
```

실습 20.2 마우스 이벤트를 이용한 그래픽

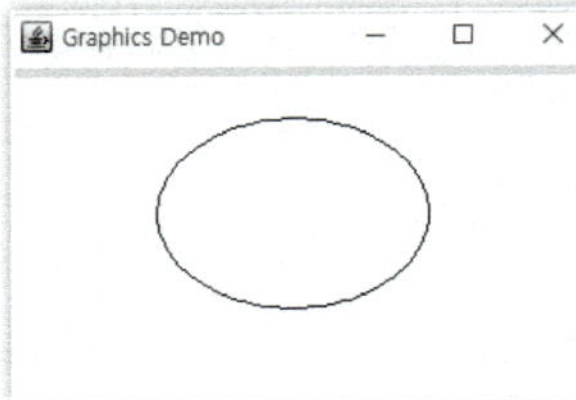

이번에는 마우스 이벤트를 이용한 그래픽 프로그램을 작성해보자. 사용자가 패널 위에서 마우스 버튼을 누른 채 움직이다가 버튼을 떼면 마우스 버튼이 눌린 시작 위치에서부터 타원이 그려지는 프로그램을 작성해보자. 먼저, GraphicsDemo 클래스를 다음과 같이 작성한다.

```
public class GraphicsDemo extends JFrame {

	public GraphicsDemo() {
		super("Graphics Demo");
		initializeComponents();
	}

	private void initializeComponents() {
		Container c = this.getContentPane();

		MyJPanel panel = new MyJPanel();
		panel.setBackground(Color.YELLOW);

		c.setLayout(new FlowLayout());
		c.add(panel);

		this.setSize(200, 200);
		this.setLocation(100, 100);
		this.setVisible(true);
	}

	public static void main(String[] args) {
		GraphicsDemo app = new GraphicsDemo();
	} // end method main
}
```

그런 다음, MyJPanel 클래스를 내부 클래스로 정의한다. 마우스 버튼 처리를 위해 MouseListener를 구현하며, 버튼의 눌린 위치를 위한 필드 x1과 y1, 그리고 버튼이 떼인 위치를 위한 x2, y2를 필드로 선언한다. 눌린 위치는 마우스 버튼이 눌릴 때 발생하는 mousePressed 이벤트 안에 기록하고, 떼인 위치는 마우스 버튼이 떼일 때 발생하는 mouseReleased 이벤트 안에 기록한다. 그리고 타원을 그리기 위해 mouseReleased 이벤트 안에서 패널 객체에 대해서 repaint 메서드를 실행한다. 그리고 패널의 paintComponent 메서드 안에서는 기록된 시작점과 끝점을 이용하여 타원을 그리도록 한다.

```
class MyJPanel extends JPanel implements MouseListener{
	private int x1, y1, x2, y2;

	public MyJPanel() {
		addMouseListener(this);
	}
	// MyJPanel의 크기 설정
	public Dimension getPreferredSize() {
		return new Dimension(150, 100);
	}

	// Graphic을 그리는 함수
	public void paintComponent(Graphics graphics) {
		// 원함수에서의 기능
		super.paintComponent(graphics);

		graphics.drawOval(x1,  y1, x2-x1, y2-y1);
	}

	@Override
	public void mouseClicked(MouseEvent arg0) {
		// TODO Auto-generated method stub
	}

	@Override
	public void mouseEntered(MouseEvent e) {
		// TODO Auto-generated method stub
	}

	@Override
	public void mouseExited(MouseEvent e) {
		// TODO Auto-generated method stub
	}
```

```
        @Override
        public void mousePressed(MouseEvent e) {
                x1 = e.getX();
                y1 = e.getY();
        }

        @Override
        public void mouseReleased(MouseEvent e) {
                x2 = e.getX();
                y2 = e.getY();
                repaint();
        }
}
```

실습 20.3 버튼 위에 그리기

그리기 작업은 윈도우나 패널 위에서만 할 수 있는 것은 아니다. JComponent 클래스로부터 파생된 컴포넌트 위에는 어디든지 그릴 수 있다. 이를 확인해보기 위해 버튼을 클릭하면, 그 버튼 위에 빨간색으로 타원을 그리는 예를 실습해보자.

```
public class GraphicsDemo2 extends JFrame{

        public GraphicsDemo2() {
                super("Graphics Demo");
                initializeComponents();
        }
        private void initializeComponents() {
                Container c = this.getContentPane();
                c.setLayout(new FlowLayout());

                MyButton b = new MyButton();
                c.add(b);

                this.setSize(200, 200);
```

```
                this.setLocation(200, 200);
                this.setVisible(true);

        }
        public static void main(String[] args) {
                GraphicsDemo2 app = new GraphicsDemo2();
        } // end method main
}

class MyButton extends JButton implements ActionListener{
        boolean btnClicked = false;
        public MyButton() {
                addActionListener(this);
        }

        public Dimension getPreferredSize() {
                return new Dimension(50, 50);
        }

        public void paintComponent(Graphics graphics) {

                if(btnClicked == true) {
                        super.paintComponent(graphics);

                        graphics.setColor(new Color(255, 0, 0, 255));
                        graphics.fillOval((this.getWidth()/2)-10, (this.
                        getHeight()/2)-10, 20, 20);
                }
        }
        @Override
        public void actionPerformed(ActionEvent arg0) {
                btnClicked = true;
                repaint();
        }
}
```

20.5 이미지 로딩 및 출력

이미지를 조작하기 위해서는 먼저 이미지를 메모리로 로딩해야 하는데, 이때 ImageIO 클래스의 정적 메서드 read를 이용한다. read 메서드의 인수로 예제와 같이 File 객체를 지정하면 된다.

```
BufferedImage img = ImageIO.read(new File("strawberry.jpg"));
```

메모리에 있는 이미지를 화면에 뿌리고자 할 경우는 Graphics 클래스의 drawImage 메서드를 이용한다. drawImage 메서드는 여러 형태가 있는데, 이 중 대표적인 두 가지만 소개한다. 첫 번째는 이미지와 뿌릴 x, y 좌표, 그리고 이미지 옵저버를 지정하는 메서드인데, 이 메서드는 이미지 전체를 x, y 위치에 뿌리는 메서드이다. 두 번째 형태는 이미지의 일부분을 원하는 위치에 원하는 크기로 확대 축소하면서 표시할 수 있는 메서드이다.

```
boolean Graphics.drawImage(Image img,int x, int y, ImageObserver
observer);
boolean Graphics.drawImage(Image img,int dstx1, int dsty1, int dstx2,
int dsty2, int srcx1, int srcy1, int srcx2, int srcy2, ImageObserver
observer);
```

두 메서드 모두 마지막 인자는 이미지 옵저버인데, 이는 로딩되고 있는 상태를 알려줄 대상으로 이미지가 모두 메모리에 로드되어 있는 경우에는 null로 지정한다. 이미지를 읽어오는 메서드가 동기적일 경우(예: ImageIO.read) 이미지가 완전히 로드되고 난 후에 drawImage가 실행되고, 이런 경우는 옵저버를 별도로 지정할 필요가 없다. 하지만, 네트워크를 통해 이미지를 읽어올 경우는 시간이 오래 걸리는 이유로 읽어오는 것을 비동기적으로 작성하는데, 이때 이미지가 완전히 로드되지 않은 상태에서 drawImage가 호출된다. 이런 경우에 이미지 옵저버를 지정하여 이미지 처리를 그 객체에게 맡길 수 있다.

이미지가 완전히 로드되지 않은 상태에서 drawImage가 호출되면, 현재까지의 이미지 데이터를 이용하여 최대한 그릴 수 있는 데까지 그리고, 나중에 추가로 데이터가 생기면 이를 옵저버에게 알린다. 옵저버에게 알릴 때 옵저버의 imageUpdate 메서드 호출을 통해서 한다. 그런데 자바 컴포넌트들은 기본적으로 ImageObserver 인터페이스를 구현하며, 여기서 imageUpdate 메서드를 재정의하고 해당 메서드 안에서 repaint 호출하도록 되어 있다. 따라서 그리기 대상이 되는 컴포넌트의 paintComponent 메서드에서 drawImage를 호출하고, 이때 이미지가 완전히 구성되어 있지 않을 수도 있으므로 옵저버를 this로 설정하면 나중에 이미지가 완전히 구성되는 순간에 이 컴포넌트의 imageUpdate 메서드가 호출되고, 여기서 다시 repaint 메서드에 의해 paintComponent 메서드가 호출되어 완전한 이미지를 이용해 그릴 수 있다.

실습 20.4 원본 크기 그대로 이미지 출력하기

원본 크기 그대로 이미지를 출력하는 예를 살펴보자. 그림과 같이 버튼과 패널을 배치하고, 버튼을 누르는 순간 이미지를 원본 크기대로 패널에 출력하자. 아래 코드에서 보는 바와 같이 버튼 객체와 패널 객체를 생성하고, 이를 컨테이너에 배치한다. 그리고 버튼의 actionPerformed 이벤트 핸들러 안에서 ImageIO 클래스의 read 메서드를 통하여 출력하고자 하는 이미지 파일에서 이미지를 메모리로 읽어와 BufferedImage 객체를 생성하고, 이 이미지 객체를 직접 패널 위에 출력하도록 한다. 원본 크기 그대로 출력해야 하므로 위의 drawImage 메서드 중 첫 번째 것을 사용한다.

```
public class ImageTest extends JFrame implements ActionListener {
	JPanel panel;
	public ImageTest () {
		super("Graphics Demo");
		initializeComponents();
	}

	private void initializeComponents() {
		Container c = getContentPane();
		c.setLayout( new FlowLayout() );

		JButton btn = new JButton("그리기");
		btn.addActionListener(this);
		c.add(btn);
```

```
        panel = new JPanel();
        panel.setPreferredSize(new Dimension(490, 490));
        c.add(panel);

        this.setSize(500, 500);
        this.setVisible(true);
    }

    public static void main( String args[] )
    {
        ImageTest app = new ImageTest();
        app.setDefaultCloseOperation(JFrame.EXIT_ON_CLOSE);
    }

    @Override
    public void actionPerformed(ActionEvent e) {
        // TODO Auto-generated method stub
        try {
            BufferedImage img = ImageIO.read(new File("C:\\
            Users\\Public\\Pictures\\Sample Pictures\\aaa.
            jpg"));
            Graphics graphics = panel.getGraphics();
            graphics.drawImage(img, 0, 0, null);

        } catch (IOException e1) {
            // TODO Auto-generated catch block
            e1.printStackTrace();
        }
    }
}
```

실습 20.5 이미지를 확대 및 축소하여 출력하기

앞의 예를 조금 수정해보자. 이미지 원본 그대로 출력하는 것이 아니라 패널의 크기에 맞게 축소해서 출력하도록 해보자. 이미지를 축소하여 출력할 경우는 위의 두 번째 drawImage

메서드를 이용한다. 이 메서드에는 소스의 영역(좌측 상단과 우측 하단 좌표)과 타겟 영역을 주게 되어 있는데, 소스 영역의 크기가 타겟 영역 크기보다 크면 축소된다. 위 코드에서 drawImage 메서드를 호출하는 부분을 아래와 같이 수정하자. 소스의 좌측 상단은 (0, 0)으로, 우측 하단은 (이미지 폭, 이미지 높이)로 지정하였으며, 타겟 영역은 패널의 (0,0)을 좌측 상단으로, (패널 폭, 패널 높이)를 우측 하단으로 지정하였다.

```
public class ImageTest extends JFrame implements ActionListener {
	JPanel panel;
	public ImageTest () {
		super("Graphics Demo");
		initializeComponents();
	}

	private void initializeComponents() {
		Container c = getContentPane();
		c.setLayout( new FlowLayout() );

		JButton btn = new JButton("그리기");
		btn.addActionListener(this);
		c.add(btn);

		panel = new JPanel();
		panel.setPreferredSize(new Dimension(490, 490));
		c.add(panel);

		this.setSize(500, 500);
		this.setVisible(true);
	}

	public static void main( String args[] )
	{
		ImageTest app = new ImageTest();
```

```
            app.setDefaultCloseOperation(JFrame.EXIT_ON_CLOSE);
    }

    @Override
    public void actionPerformed(ActionEvent e) {
            // TODO Auto-generated method stub
            try {
                    BufferedImage img = ImageIO.read(new File("C:\\
                    Users\\Public\\Pictures\\Sample Pictures\\aaa.
                    jpg"));
                    Graphics graphics = panel.getGraphics();
                    int dx1 = 0; int dy1 = 0;
                    int dx2 = panel.getWidth(); int dy2 = panel.
                    getHeight();
                    int sx1 = 0; int sy1 =0;
                    int sx2 = img.getWidth(); int sy2 =img.getHeight();
                    graphics.drawImage(img, dx1, dy1, dx2, dy2, sx1,
                    sy1, sx2, sy2, null);
            } catch (IOException e1) {
                    // TODO Auto-generated catch block
                    e1.printStackTrace();
            }
    }
}
```

20.6 이미지 생성 및 저장

다른 이미지 객체를 복사하여 사용할 경우는 빈 이미지 객체를 생성하고 이 객체의 Graphics 객체를 얻어 drawImage 메서드를 통하여 복사하고자 하는 이미지를 그려주면 된다. 빈 이미지 객체를 생성할 경우 BufferedImage 객체를 생성하면 된다.

```
new BufferedImage(width, height, type)
new BufferedImage(width, height, type, colorModel)
```

```
BufferedImage off_Image = new BufferedImage  (100, 50, BufferedImage.
TYPE_INT_ARGB);
Graphics g = off_Image.getGraphics();
```

이미지를 파일에 저장할 경우는 File 객체를 생성한 후 ImageIO 클래스의 write 메서드를 사용하여 그 파일에 쓰면 된다. 이때 이미지 파일의 형식을 지정해준다.

```
BufferedImage bi = getMyImage();
File outputfile = new File("saved.png");
ImageIO.write(bi, "png", outputfile);
```

아래 예제는 파일로부터 이미지를 이미지 객체로 읽어 들인 후 빈 이미지 객체에 복사해주는 예이다. 빈 이미지 객체에 복사하기 위해, 먼저 해당 객체의 그래픽스 객체를 얻은 후 drawImage 메서드를 통해 첫 번째 이미지 객체를 그려주고 있다. 이미지를 화면이 아닌 메모리상에 출력해 주는데, 이렇게 하면 이미지를 복사하는 효과가 생긴다.

```
bi = ImageIO.read(new File("bld.jpg"));
w = bi.getWidth();
h = bi.getHeight();
if (bi.getType() != BufferedImage.TYPE_INT_RGB) {
       BufferedImage bi2 = new BufferedImage(w, h, BufferedImage.TYPE_
       INT_RGB);
       Graphics big = bi2.getGraphics();
       big.drawImage(bi, 0, 0, null);
}
```

실습 20.6 이미지 합성하기

이미지 위에 그래픽하여 합성 이미지를 얻는 예를 실습해보자. 먼저, 이미지 생성 버튼과 출력 버튼, 그리고 패널을 컨테이너에 추가한다. 그리고 버튼의 actionPerformed 이벤트를 처리할 객체로 this를 등록한다.

```
public class ImageTest extends JFrame implements ActionListener {
        JPanel panel;
        JButton btn1, btn2;
        BufferedImage memImg;

        public ImageTest () {
                super("Paint Test");
                initializeComponents();
        }

        private void initializeComponents() {
                Container c = getContentPane();
                c.setLayout( new FlowLayout() );

                btn1 = new JButton("이미지 생성");
                btn1.addActionListener(this);
                c.add(btn1);
                btn2 = new JButton("출력");
                btn2.addActionListener(this);
                c.add(btn2);

                panel = new JPanel();
                panel.setPreferredSize(new Dimension(490, 490));
                c.add(panel);
                this.setSize(700, 700);
                this.setVisible(true);
```

```
        }

        public static void main( String args[] )
        {
                ImageTest app = new ImageTest ();
                app.setDefaultCloseOperation(JFrame.EXIT_ON_CLOSE);
        }

        @Override
        public void actionPerformed(ActionEvent e) {
        }
}
```

이미지 생성 버튼을 클릭할 경우, 원본 이미지를 읽어온 후 빈 이미지 객체에 복사한다. 그 이미지 위에 간단한 그래픽 작업을 통해 이미지를 합성한 후 이를 화면에 출력한다. 출력 버튼을 클릭할 경우는 합성된 이미지를 파일로 저장한다.

```
public void actionPerformed(ActionEvent e) {
   // TODO Auto-generated method stub
   if (e.getSource() == btn1) {
        try {
                // 원본 이미지 생성
                BufferedImage img = ImageIO.read(new File("C:\\Users\\
                Public\\Pictures\\Sample Pictures\\aaa.jpg"));

                // 빈 이미지 생성
                memImg = new BufferedImage(1024, 648, BufferedImage.TYPE_
                INT_RGB);

                // 빈 이미지로 이미지 복사
                Graphics graphics = memImg.createGraphics();
                int dx1 = 0; int dy1 = 0;
                int dx2 = memImg.getWidth();
                int dy2 = memImg.getHeight();
                int sx1 = 0; int sy1 =0;
                int sx2 = img.getWidth(); int sy2 =img.getHeight();
```

```
                graphics.drawImage(img, dx1, dy1, dx2, dy2, sx1, sy1, sx2,
                sy2, null);
                // 이미지 위에 그래픽 작업 실행
                graphics.drawRect(100, 100, 200, 200);
                graphics.fillRect(300, 300, 200, 200);

                // 합성 이미지를 화면으로 출력
                Graphics graphics2 = panel.getGraphics();
                dx1 = 0; dy1 = 0;
                dx2 = panel.getWidth(); dy2 = panel.getHeight();
                sx1 = 0; sy1 =0;
                sx2 = img.getWidth(); sy2 =img.getHeight();
                graphics2.drawImage(memImg, dx1, dy1, dx2, dy2, sx1, sy1,
                sx2, sy2, null);
            } catch (IOException e1) {
                // TODO Auto-generated catch block
                e1.printStackTrace();
            }
        }
        else if (e.getSource() == btn2) {
            // 이미지 파일로 저장
            File outFile = new File("myImage.jpg");
            try {
                ImageIO.write(memImg, "jpg", outFile);
            } catch (IOException e1) {
                // TODO Auto-generated catch block
                e1.printStackTrace();
            }
        }
}
```

20.7 픽셀 조작

이미지를 조작하려면 특정 위치의 픽셀 값을 알아야 하는데, 이때 BufferedImage 클래스의 getRGB 메서드를 이용한다. 그런데 이 메서드의 첫 번째 인수는 행 번호가 아니라 x 값, 그러니까 열 번호라는 점이다. 이미지를 조작할 경우 보통 행과 열을 이용하여 원하는 픽셀을 지정하는데, 반대로 지정해주어야 한다는 점을 명심하자.

```
int getRGB(int x, int y)
```

따라서 이미지 전체에 대해서 픽셀을 조작할 경우는 아래와 같이 코딩해야 한다.

```
int w = image.getWidth();
int h = image.getHeight();
for (int r = 0; r < h; r++) {
   for (int c = 0; c < w; c++) {
       int pixel = image.getRGB(c, r);
       ...
   }
}
```

getRGB 메서드의 결과로 정수 값이 넘어오므로 RGB 성분의 값을 파악하기 위해서는 비트 연산을 수행해야 한다. 만약, 속도가 문제가 되지 않는다면 아래와 같은 방법을 통해 비트 연산을 피할 수 있다.

```
Color c = new Color(image.getRGB(j, i));
int alpha = c.getAlpha();
int red = c.getRed();
int green = c.getGreen();
int blue = c.getBlue();
```

픽셀 값에서 비트 연산을 통해 RGB 성분을 파악하는 방법은 컬러 타입에 따라 달라지는데, 만약 BufferedImage.TYPE_INT_ARGB이면 코드에서 보는 것처럼 최상위 8비트는 알파 값, 그 다음 8비트는 R 성분 값, 그 다음 8비트는 G 성분 값, 그 다음 8비트는 B 성분 값이므로 여기에 맞춰 비트 시프트 연산을 한다.

```
int pixel = image.getRGB(j, i);
int alpha = (pixel >> 24) & 0xff;
int red = (pixel >> 16) & 0xff;
int green = (pixel >> 8) & 0xff;
int blue = (pixel) & 0xff;
```

특정 위치의 픽셀 값을 변경할 경우는 BufferedImage 클래스의 setRGB 메서드를 이용한다. 인수로 x, y 좌표 값과 정수 형태의 픽셀 값을 지정한다. 원하는 색상의 픽셀 값은 rgba 성분 값을 이용하여 Color 객체를 생성한 후, 이 객체의 getRGB 메서드를 통해 얻어도 되고, 아니면 Color 클래스의 정적 메서드인 argb 메서드를 통해 얻어도 된다.

```
Color c = new Color(r, g, b, a);
image.setRGB(50, 50, c.getRGB());
// 또는
image.setRGB(50, 50, Color.argb(a,r,g,b));
```

또 다른 방법은 여러분이 직접 argb 성분 값을 비트 연산을 통해 하나의 정수형 값으로 만들어 주는 것이다.

```
int r = // red component 0...255
int g = // green component 0...255
int b = // blue component 0...255
int a = // alpha (transparency) component 0...255
int col = (a << 24) | (r << 16) | (g << 8) | b;
img.setRGB(x, y, col);
```

20.8 픽셀 배열 얻기

모든 픽셀에 대해서 작업할 경우, 앞에서 설명한 픽셀별로 getRGB 메서드와 setRGB 메서드를 사용하는 방법은 속도 측면에서 그리 효율적인 방법이 아니다. 속도를 좀 더 빨리 하고자 할 경우는 픽셀 배열을 얻은 후 이를 조작하는 것이 좋다. 픽셀 배열을 얻는 방법으로 BufferedImage 클래스의 픽셀 배열을 얻는 getRGB 메서드 이용하는 것도 한 방법이다. 한 픽셀의 픽셀 값을 얻는 getRGB 메서드가 아닌 여러 픽셀의 픽셀 값을 얻는 같은 이름의 메서드가 있다. setRGB 메서드에도 한 픽셀의 픽셀 값을 지정하는 메서드가 아닌 여러 픽셀의 픽셀 값을 지정하는 같은 이름의 메서드가 있다. 또 다른 방법은 PixelGrabber 클래스의 grabPixels 메서드를 이용하는 것이다. 이 두 방법 모두 정수형 형태의 픽셀 값을 넘겨준다.

```
int w = image.getWidth();
int h = image.getHeight();
int[] rgbArray=new int[w*h];      // 픽셀 배열을 저장할 배열

image.getRGB(0, 0, w, h, rgbArray, 0, w );
for(int i=0;i<w*h;i++)
 {
  System.out.println("rgbArray["+i+"] = "+ rgbArray[i]);
 }
```

바이트 배열 형태로 픽셀 값을 얻을 수 있는 방법도 있는데, bufferedImage.getRaster().getDataBuffer().getData() 메서드를 이용한다. 픽셀에 대한 바이트 배열을 얻은 후 이미지 타입에 따라 각 성분의 값을 선택하여 사용한다. 아래의 코드는 이미지가 알파 값을 갖는 타입인지에 따라 바이트 배열을 해석하는 예이다. 알파 값을 갖는 경우, 첫 바이트가 알파 값을, 그 다음 바이트는 B 성분 값을, 그 다음 바이트는 G 성분 값을, 그 다음 바이트는 R 성분 값을 나타낸다. 알파 값을 갖지 않는 이미지일 경우, 첫 바이트가 B 성분 값을, 그 다음 바이트는 G 성분 값을, 그 다음 바이트는 R 성분 값을 나타낸다.

```
final byte[] pixels = ((DataBufferByte) image.getRaster().
getDataBuffer()).getData();
final int width = image.getWidth();
final int height = image.getHeight();
final boolean hasAlphaChannel = image.getAlphaRaster() !=      null;

int[][] result = new int[height][width];
if (hasAlphaChannel) {
       final int pixelLength = 4;
        for (int pixel = 0, row = 0, col = 0; pixel < pixels.length;
        pixel += pixelLength)
        {
            int argb = 0;
            argb += (((int) pixels[pixel] & 0xff) << 24); // alpha
            argb += ((int) pixels[pixel + 1] & 0xff); // blue
            argb += (((int) pixels[pixel + 2] & 0xff) << 8); // green
            argb += (((int) pixels[pixel + 3] & 0xff) << 16); // red
            result[row][col] = argb;
```

```
            col++;
            if (col == width) {
                col = 0;
                row++;
            }
        }
}
else {
        final int pixelLength = 3;
        for (int pixel = 0, row = 0, col = 0; pixel < pixels.length;
        pixel += pixelLength)
        {
            int argb = 0;
            argb += -16777216; // 255 alpha
            argb += ((int) pixels[pixel] & 0xff); // blue
            argb += (((int) pixels[pixel + 1] & 0xff) << 8); // green
            argb += (((int) pixels[pixel + 2] & 0xff) << 16); // red
            result[row][col] = argb;
            col++;
            if (col == width) {
                col = 0;
                row++;
            }
        }
}
```

실습 20.7 컬러 이미지를 회색 또는 흑백 이미지로 변환하기

컬러 이미지를 회색 이미지와 흑백 이미지로 변환하는 프로그램을 통해 픽셀 조작을 실습해 보자. 먼저 화면처럼 '회색 이미지로' 버튼과 '이진 이미지로' 버튼, 그리고 이미지를 출력할 패널을 배치하고 버튼에 대한 이벤트 핸들러 객체를 자신으로 등록한다.

```
public class PixelDemo extends JFrame implements ActionListener {
	JPanel panel;
	JButton btn1, btn2;
	public PixelDemo() {
		super("Graphics Demo");
		initializeComponents();
	}

	private void initializeComponents() {
		Container c = getContentPane();
		c.setLayout( new FlowLayout() );

		btn1 = new JButton("회색 이미지로");
		btn1.addActionListener(this);
		c.add(btn1);
		btn2 = new JButton("이진 이미지로");
		btn2.addActionListener(this);
		c.add(btn2);

		panel = new JPanel();
		panel.setPreferredSize(new Dimension(490, 490));
		c.add(panel);

		this.setSize(700, 700);
		this.setVisible(true);
	}

	public static void main( String args[] )
	{
		PixelDemo app = new PixelDemo();
		app.setDefaultCloseOperation(JFrame.EXIT_ON_CLOSE);
	}

	@Override
	public void actionPerformed(ActionEvent e) {

	}
}
```

버튼의 action 이벤트를 처리하기 위해, 즉 이미지를 회색 이미지나 흑백 이미지로 바꾸고 이를 화면에 표시하기 위해 MyImage 클래스를 별도로 정의하자. 이미지 변환 기능은 다른 프로그램 작성 시에도 활용 가능하므로 별도의 클래스로 작성하기로 한다. 이 클래스에는 이미지를 회색 이미지나 흑백 이미지로 바꾸는 기능, 화면에 뿌리는 기능 외에 기타 필요한 기능들을 같이 정의한다. 회색 이미지는 회색(red, green blue 성분이 모두 같은 색)으로 구성된 이미지로, 이 예제에서는 컬러를 아래의 공식을 이용해 회색으로 바꾸도록 한다. 그리고 흑백 이미지는 회색 이미지의 특수한 형태로 픽셀 값이 (255, 255, 255)와 (0, 0, 0) 두 가지로만 구성된 이미지로, 이 예제에서는 회색 이미지의 평균 픽셀 값을 구한 후, 이보다 크면 흰색(픽셀 값이 (255, 255, 255))으로, 그렇지 않으면 검은색(픽셀 값이 (0, 0, 0))으로 변환한다. 또한, MyImage 클래스에서 이미지를 화면에 출력하는 displayImage 메서드를 제공하되, 표시되는 JPanel를 인수로 받아들여 원하는 패널 객체에 표시할 수 있도록 한다.

$$gray = \sqrt{\frac{r^2 + g^2 + b^2}{3}}$$

```
class MyImage {
        BufferedImage img;
        int imageType = 1; // 1 : original, 2 : gray, 3 : binary

        public MyImage(File file) {
                try {
                        img = ImageIO.read(file);
                } catch (IOException e) {
                        // TODO Auto-generated catch block
                        e.printStackTrace();
                }
        }

        public void convert2Gray() {
                imageType = 2;

                int w = img.getWidth();
                int h = img.getHeight();

                int pixel, glevel;
```

```
        Color color, grayColor;
        int red, green, blue;
        for(int r=0; r< h; r++) {
            for(int c=0; c < w; c++){
                color = new Color(img.getRGB(c, r));
                red = color.getRed();
                green = color.getGreen();
                blue = color.getBlue();
                glevel = (int) Math.sqrt((red*red +
                green*green + blue*blue)/3.0);
                grayColor = new Color(glevel, glevel,
                glevel);
                img.setRGB(c,  r, grayColor.getRGB());
            }
        }
    }

    public void convert2Binary() {
        imageType = 3;

        convert2Gray();

        int w = img.getWidth();
        int h = img.getHeight();

        int pixel, glevel;
        double sum=0.0;
        for(int r=0; r< h; r++) {
            for(int c=0; c < w; c++){
                pixel = img.getRGB(c, r);
                glevel = pixel & 0xff;
                sum += glevel;
            }
        }

        int avg = (int) sum / (h*w);
        for(int r=0; r< h; r++) {
            for(int c=0; c < w; c++){
```

```
                pixel = img.getRGB(c, r);
                glevel = pixel & 0xff;
                if(glevel > avg) img.setRGB(c,  r, Color.
                WHITE.getRGB());
                else img.setRGB(c,  r, Color.BLACK.getRGB());
            }
        }
    }

    public int getImageType() {return imageType;}
    public BufferedImage getImage() {return  img;}

    public void displayImage(JPanel panel) {
        Graphics graphics = panel.getGraphics();
        int dx1 = 0; int dy1 = 0;
        int dx2 = panel.getWidth(); int dy2 = panel.getHeight();
        int sx1 = 0; int sy1 =0;
        int sx2 = img.getWidth(); int sy2 =img.getHeight();
        graphics.drawImage(img, dx1, dy1, dx2, dy2, sx1, sy1, sx2,
        sy2, null);
    }
}
```

프로그램이 시작되자마자 컬러 이미지가 패널 위에 표시되도록 PixelDemo 클래스의 생성자 부분에 MyImage 객체를 생성하고, displayImage 메서드 호출을 통해 화면에 뿌리도록 하자. 그리고 버튼에 대한 action 이벤트를 아래와 같이 처리하자.

```
public class PixelDemo extends JFrame implements ActionListener {
    JPanel panel;
    JButton btn1, btn2;
    MyImage img;

    public PixelDemo() {
        super("Graphics Demo");
        initializeComponents();
        img = new MyImage(new File("C:\\Users\\Public\\Pictures\\
        Sample Pictures\\aaa.jpg"));
```

```
            img.displayImage(panel);
        }

        ...

        @Override
        public void actionPerformed(ActionEvent e) {
            // TODO Auto-generated method stub
            if (e.getSource() == btn1) {
                img.convert2Gray();
                img.displayImage(panel);
            }
            else if (e.getSource() == btn2) {
                img.convert2Binary();
                img.displayImage(panel);
            }
        }

}
```

21 윈도우빌더

이 장에서는 GUI 빌더를 사용하여 비주얼하게 GUI 프로그래밍하는 방법을 살펴보자. 이전까지는 컴포넌트 생성부터 이벤트 핸들러 부착까지 모두 프로그래머가 직접 코드에 의해 작성하였다. 빌더를 사용하며 화면 구성과 이벤트 핸들러 부착이 훨씬 직관적이고 작성이 쉽다. 자바 GUI 빌더로는 윈도우빌더와 넷빈즈 등이 널리 쓰이는데, 어느 것이 더 좋다고 얘기하기는 곤란하고 각각 나름의 장점을 갖는다. 여기서는 이클립스에서 플러그인 형태로 추가하여 이클립스 환경에서 사용할 수 있는 윈도우빌더를 사용한다.

21.1 윈도우빌더 설치 준비

윈도우빌더를 사용하려면 먼저 이클립스 플러그인으로 추가해야 한다. 이를 위해 이클립스 홈페이지(www.eclipse.org)에 접속하면 슬라이드 그림과 같은 화면이 뜬다. 이 화면에서 굵은 박스 표시된 부분에 windowbuilder를 입력하여 검색한다.

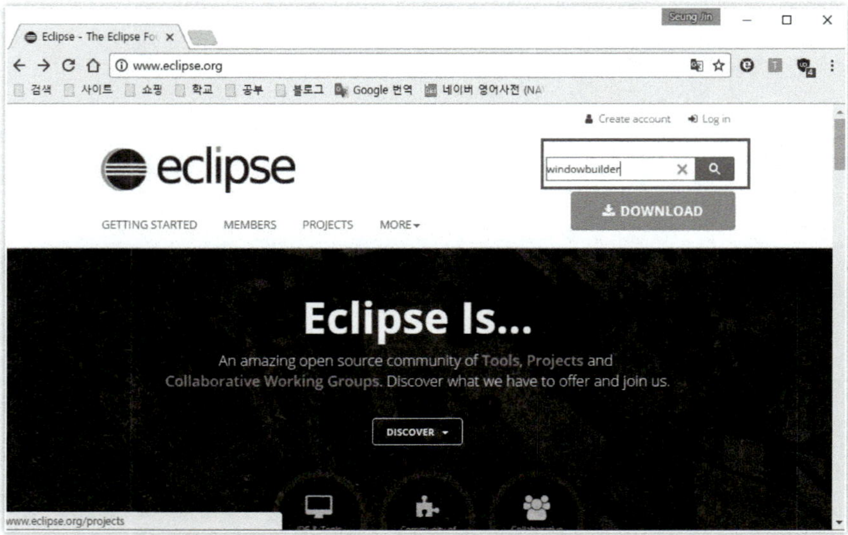

아래와 같은 검색 결과 화면이 출력되면 굵은 박스로 표시된 부분을 클릭한다.

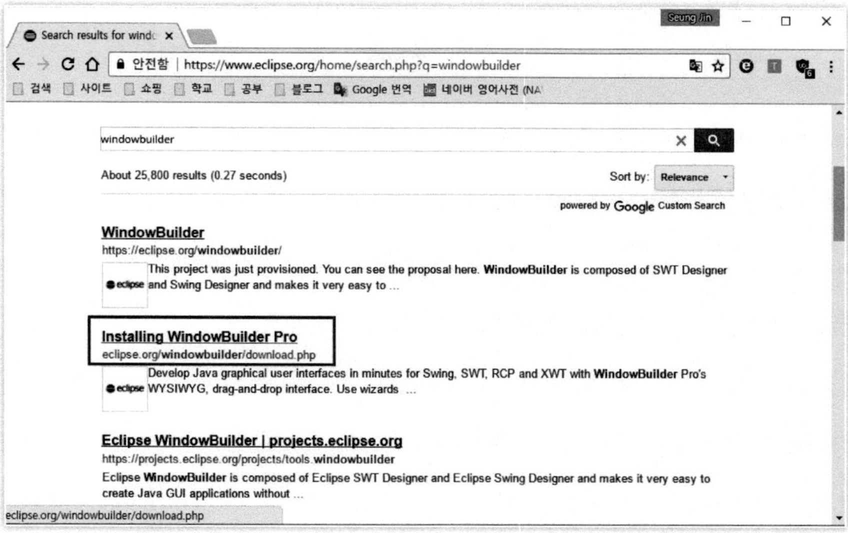

윈도우빌더 프로 설치 화면에서 여러분의 이클립스 버전에 맞는 버전의 link를 클릭한다.

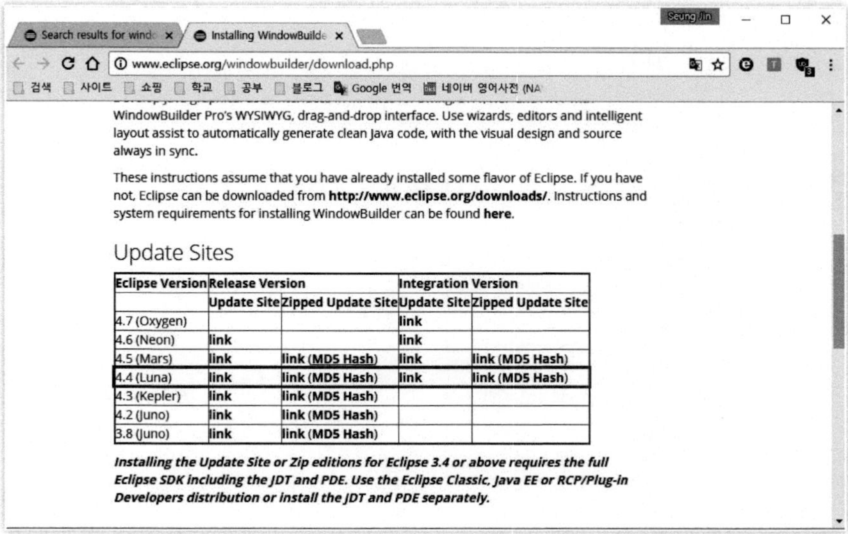

아래 화면의 박스 표시 부분의 주소를 복사해 두었다 나중에 윈도우빌더를 이클립스에 추가할 때 붙여 넣어 입력한다.

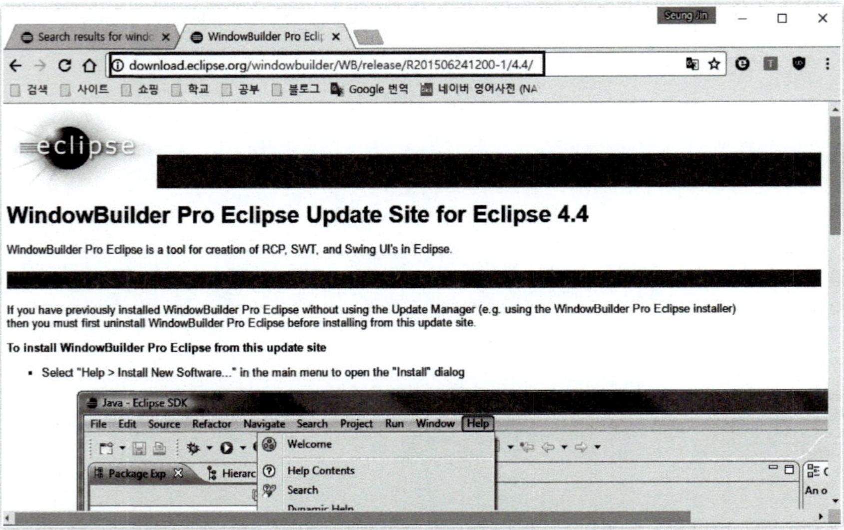

21.2 윈도우빌더 플러그인으로 설치

이클립스에서 윈도우빌더를 플러그인으로 추가하기 위해 이클립스를 실행시킨 후, Help 〉 Install New Software 메뉴를 선택한다.

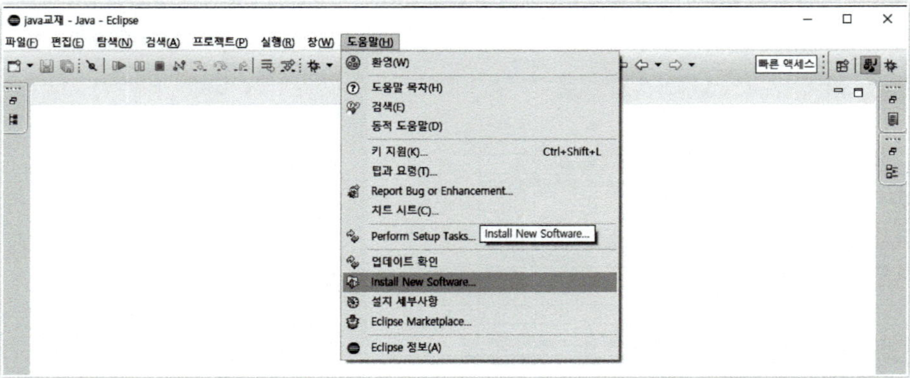

Install 대화 상자의 'Work with' 입력란에 앞서 복사해 둔 URL 주소를 입력한다.

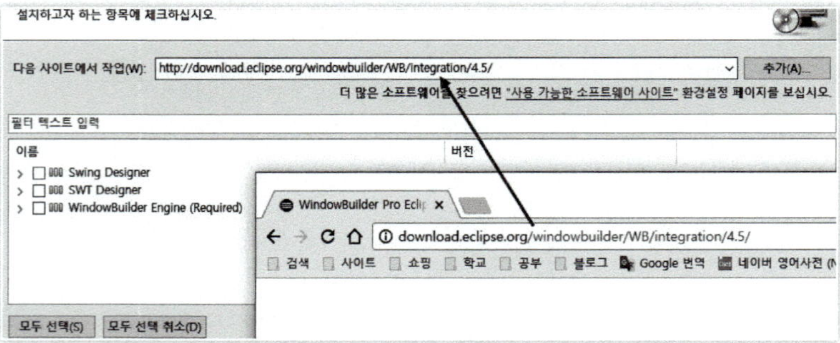

아래 그림의 소프트웨어 선택 부분에서 필요한 소프트웨어를 선택하는데, 일단은 모두 선택 후 Finish 버튼을 누른다.

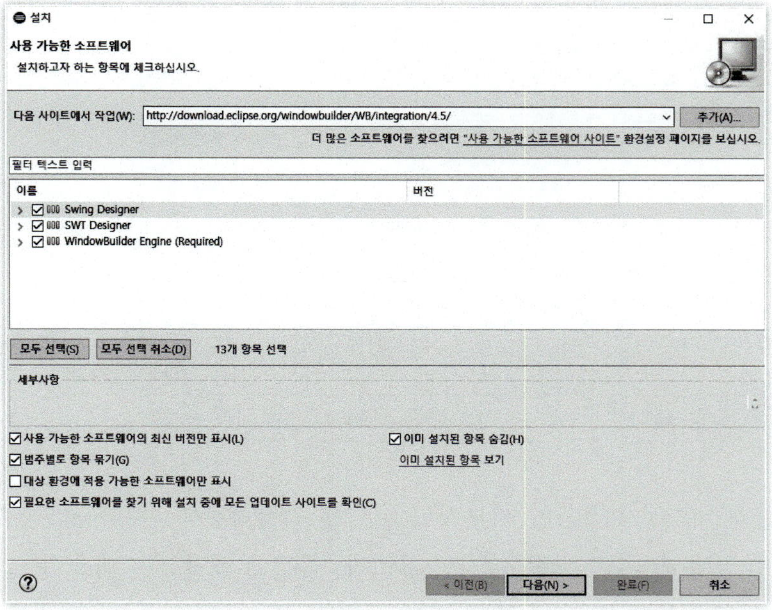

21.3 윈도우빌더를 이용한 프로그램 작성

윈도우빌더를 설치한 후 이를 이용하여 스윙 프로그램을 작성하는 법을 살펴보자. 먼저, 자바 프로젝트를 기존과 동일하게 생성한다. 그런 후 File > New > Other를 선택한다.

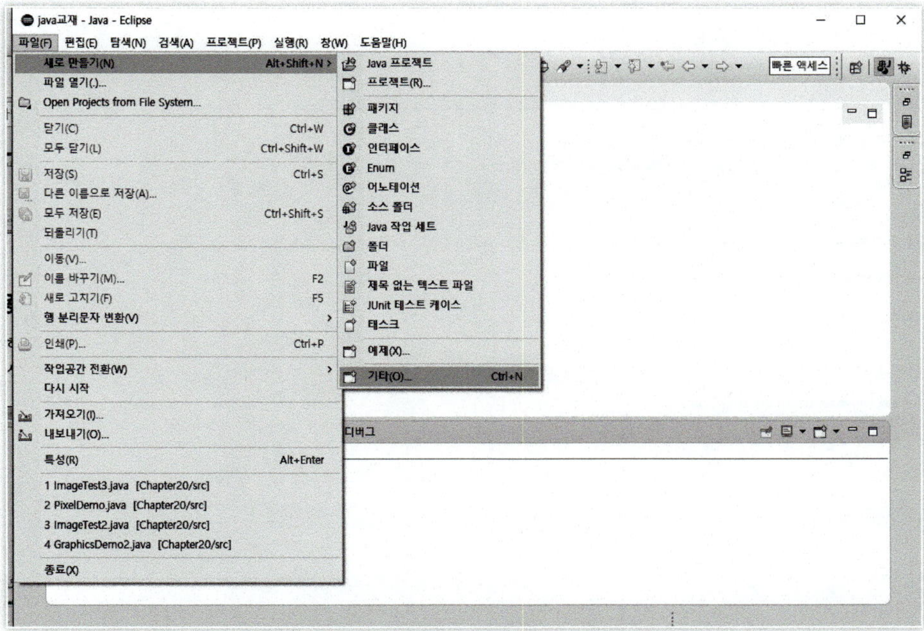

위저드 선택 화면에서 WindowBuilder 〉 Swing Designer 〉 Jframe 선택한다. 오른쪽과 같이 클래스를 정의하는 대화 상자가 뜨면 패키지명과 클래스명을 입력하여 Finish 버튼을 누른다.

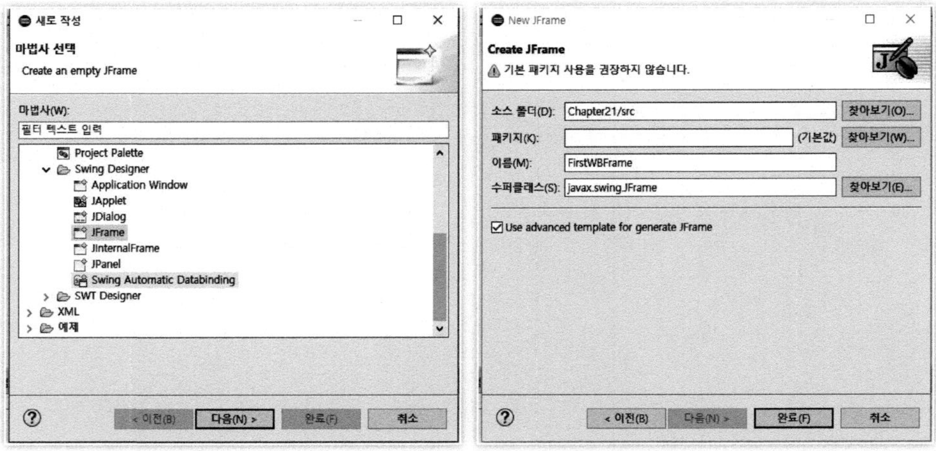

윈도우빌더를 사용하여 클래스명을 입력하면 기본적인 코드를 작성해준다. 자바 코드는 두 가지 모드에서 작업할 수 있는데, 소스 뷰와 디자인 뷰이다. 각각에 해당하는 탭을 누르면 된다. 소스 탭을 누르면 윈도우빌더가 작성해준 기본 코드를 볼 수 있다. 그런데 메인이 평소 우리가 작성하는 형태와 다르게 작성되어 있는데 신경 쓰지 않아도 된다. 이에 대한 내용은 22장 스레드와 GUI 부분에서 자세히 다룬다. 어찌되었든 메인에서 하는 일은 여러분이 작성할 클래스로부터 객체를 생성하고 이를 화면에 보여주도록 되어 있다. 따라서 여러분은 이런 기능을 별도로 코딩할 필요가 없다. 그리고 기본 생성자에 대한 기본 뼈대를 작성해준다. 기본 생성자를 보면 JPanel 객체를 생성하고 이의 테두리와 배치 관리자로 BorderLayout을 지정해 주고 있다. 나중에 화면 폼을 시각적으로 작성할 수 있으니 이 부분은 지금 신경을 쓰지 않아도 된다.

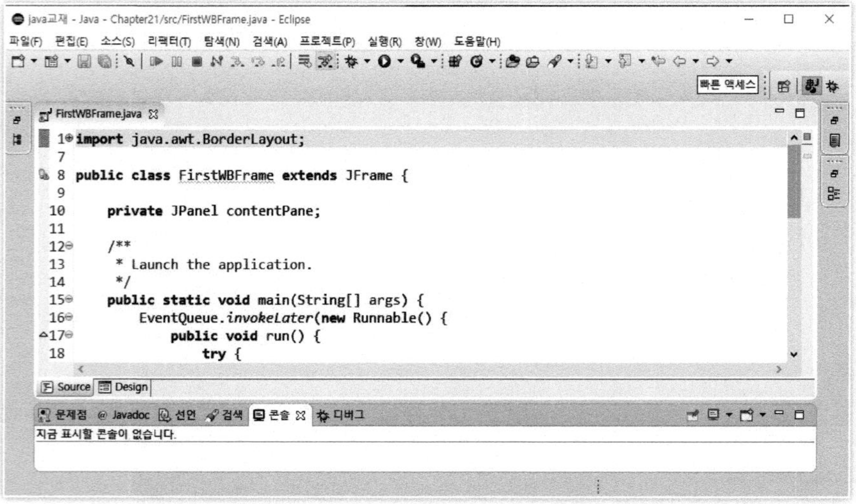

디자인 뷰는 화면 폼을 시각적으로 보면서 편집할 수 있는 뷰로 디자인 탭을 누르면 이 뷰로 전환된다. 디자인 뷰는 여러 개의 작은 창들로 구성되는데, 컴포넌트(Component) 창은 화면 폼을 구성하는 컴포넌트들을 계층적으로 보여주는 창으로 특정 컴포넌트를 선택하거나 화면 폼의 구성을 확인하고자 할 때 사용한다. 컴포넌트 창 아래의 프로퍼티(Properties) 창은 선택된 컴포넌트가 갖고 있는 속성과 그 값을 보여주며, 속성의 값을 확인하거나 수정할 경우 사용한다. 속성 값이 객체일 경우는 속성 옆에 "+"가 붙으며, 이를 누르면 해당 객체의 세부 속성을 확인할 수 있다. 팔레트(palette) 창은 컴포넌트를 생성할 수 있는 아이콘(클래스)을 제공하며, 팔레트에서 원하는 컴포넌트에 해당하는 아이콘을 누른 후, 옆에 있는 디자인 페이지에서 배치하고자 하는 위치를 클릭하면 컴포넌트 객체가 생성되고 배치 관리자에 의해 배치된다. 그리고 프로퍼티 창이나 화면 폼에 변화가 생기면 그에 대응되는 코드가 자동으로 프로그램에 반영된다.

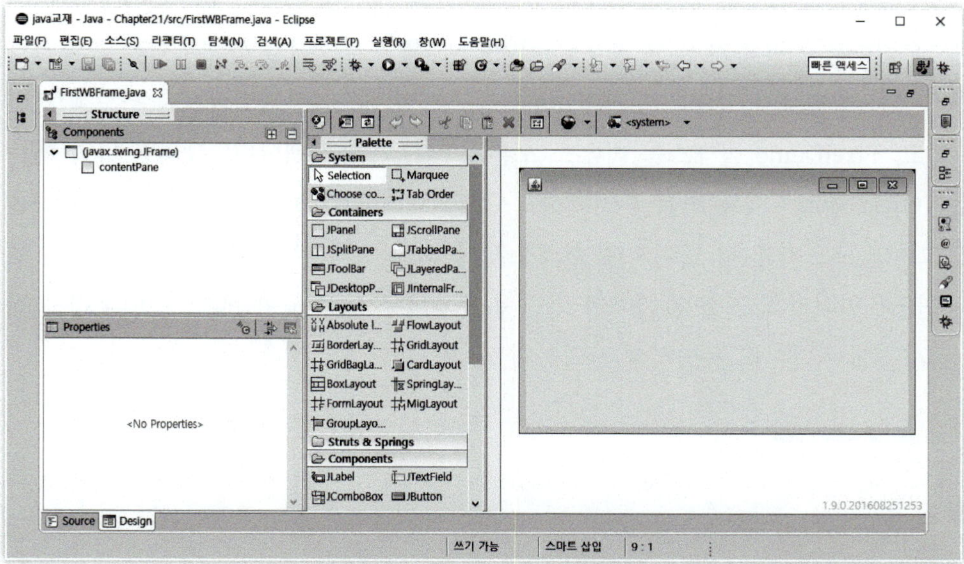

21.4 스윙 프로그램을 윈도우빌더로 불러오기

본격적으로 윈도우빌더를 사용하여 화면 폼을 작성하기 전에 윈도우빌더를 사용하지 않고 작성된 스윙 프로그램을 윈도우빌더에서 작업하는 방법을 살펴보기로 한다. 간단하다. 이클립스 프로젝트 탐색기에서 해당 파일을 오른쪽 마우스 버튼 클릭하여 Open With 〉 WindowBuilder Editor를 선택한다

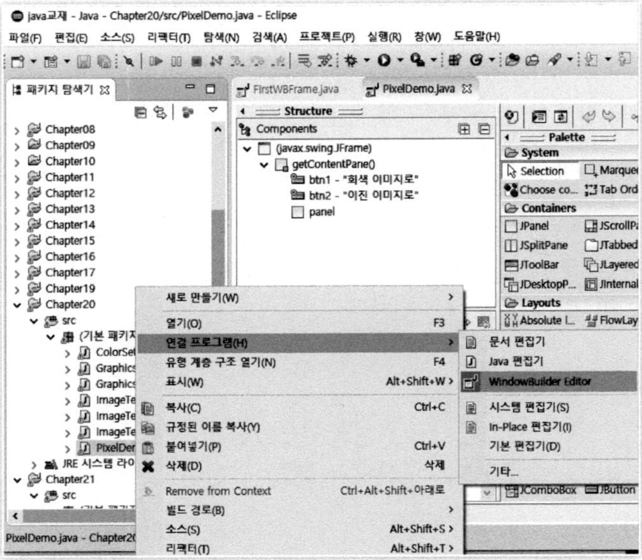

최근에 윈도우빌더를 사용하지 않고 작성한 이미지 변환 프로그램을 윈도우빌더로 불러와서 작업하는 예를 살펴보자. 먼저, PixelDemo 클래스가 속해 있는 프로젝트를 프로젝트 탐색기에서 열고, PixelDemo 클래스를 마우스 오른쪽 버튼으로 선택한다. 그러면 팝업 메뉴가 뜨는데, "Open With" 메뉴 항목을 선택하고 이어 "WindowBuilder Editor" 메뉴 항목을 선택한다. 그러면 코드가 읽어 들여지며 소스창 밑에 소스 탭과 뷰 탭이 보인다. 디자인 탭을 누르면 윈도우빌더가 코드를 분석하여 화면 폼을 시각적으로 보여준다. 그 이후에는 윈도우빌더를 사용해 처음부터 동일하게 작업하면 된다.

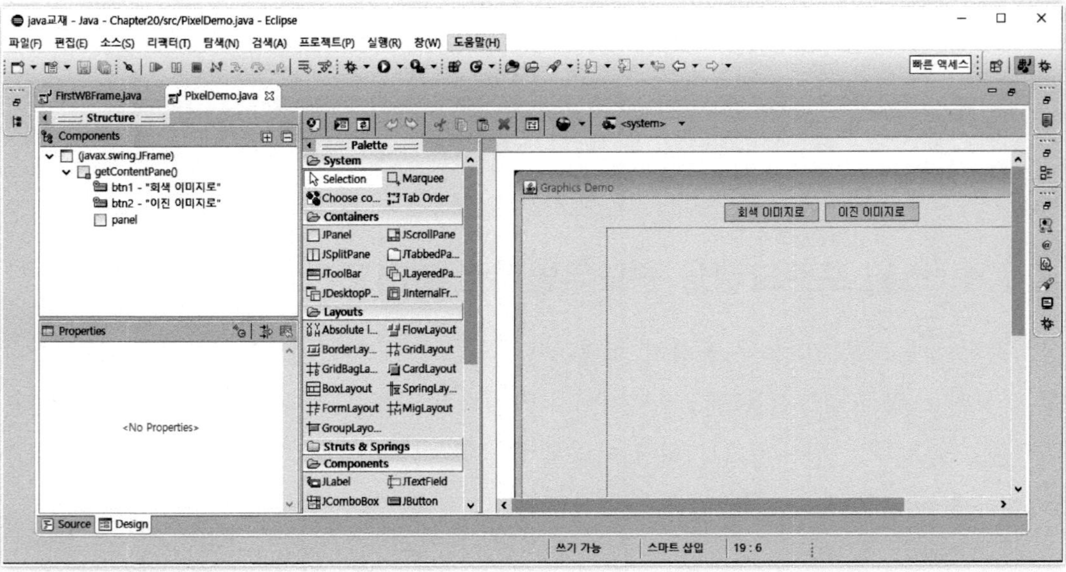

21.5 배치 관리자 바꾸기

기본 컨테이너의 배치 관리자를 변경하는 법을 살펴보자. 직접 소스코드에서 원하는 배치 관리자로 지정해주어도 되고, 비주얼하게 지정해주어도 된다. 비주얼하게 할 경우는 Palette에서 원하는 Layout Manager를 선택하여 마우스를 디자인 페이지로 이동한 후 클릭한다. 끌어다 놓는 것이 아니다. 바뀐 것은 프로퍼티 창을 보면 알 수 있다. 프로퍼티 창은 현재 선택된 GUI 객체에 대한 속성 정보를 제공한다.

앞의 이미지 변환 프로그램을 윈도우빌더를 통해 읽어 들이면 위의 화면 그림처럼 보인다. 이 화면의 디자인 창에서 바탕을 마우스로 클릭하여 프로퍼티 창의 Layout 속성을 보자. 그러면 현재 기본 컨테이너의 배치 관리자를 알 수 있다. 현재는 FlowLayout으로 되어 있을 텐데 이를 GridLayout으로 바꿔보자. 먼저, Palette의 Layouts 카테고리에서 GridLayout을 클릭하여 선택한 후, 마우스를 디자인 페이지로 이동하여 바탕을 클릭해보자. 그러면 화면 폼이 다음과 같이 바뀌는 것을 확인할 수 있을 것이다.

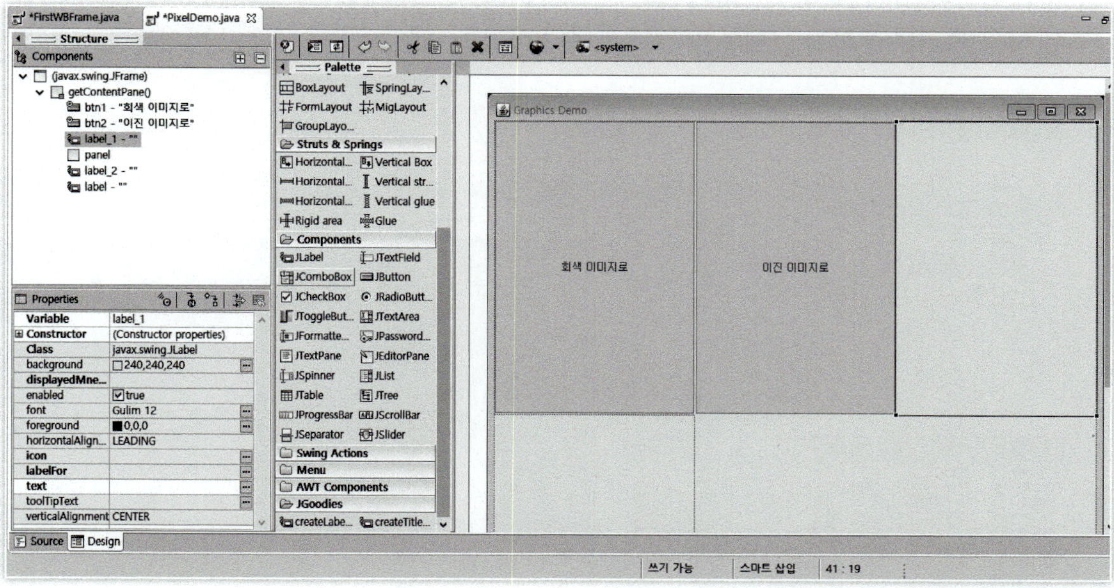

기본 컨테이너를 선택한 후 프로퍼티 창에서 Layout 속성을 확인해보자. 지정한 대로 배치 관리자가 바뀌었는가? 기본 컨테이너의 배치 관리자가 GridLayout으로 변하면서 각 그리드에 컴포넌트들이 배치되어 기본 컨테이너를 마우스로 선택할 수 없을 것이다. 이러한 경우에는 컴포넌트 창에서 기본 컨테이너(getContentPane())를 선택하면 된다. 선택되었으면 프로퍼티 창의 Layout 속성을 확장하는 '+' 기호를 눌러 GridLayout 객체의 세부 속성들을 살펴보자.

21.6 소스 변경 후 디자인에 반영하기

이번에는 소스 탭을 눌러 소스 코드가 어떻게 바뀌었는지도 살펴보자. 분명히 처음 작성했을 때는 FlowLayout으로 지정했는데 그 부분이 없어지고 대신에 GridLayout으로 바뀌고, 각 셀에 JLabel을 생성하여 추가하는 코드가 추가된 것을 볼 수 있을 것이다. 필요하면 이 소스코드를 직접 편집하여 작업해도 된다. 지금은 그리드의 행의 크기는 0, 열의 크기는 7로 설정되어 있는데, 이를 2행 2열로 바꾸고, 여러분이 직접 생성하지 않은 JLabel 생성 및 추가 코드를 제거한 후 소스를 저장하여 실행해보자. 원하는 대로 동작하는 것을 확인할 수 있을 것이다. 프로그램을 종료한 후 디자인 탭을 눌러 디자인 뷰로 전환해보자. 그런데 디자인 페이지의 화면 폼은 변경되지 않고 이전 형태로 보일 것이다. 소스 코드의 변화가 디자인 쪽으로 즉시 반영되지 않고 있다. 이런 경우, 소스 코드를 재파싱한 후 디자인 페이지를 다시 뿌리도록 하는 아이콘을 누르면 아래 그림과 같이 변경된 내용이 반영된다.

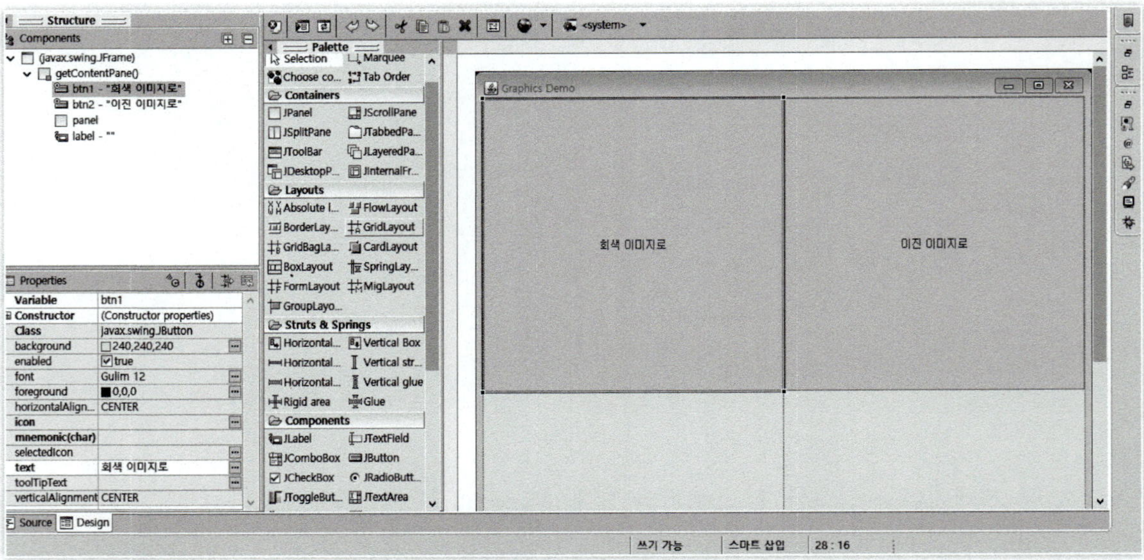

21.7 컴포넌트 생성, 편집 및 배치하기

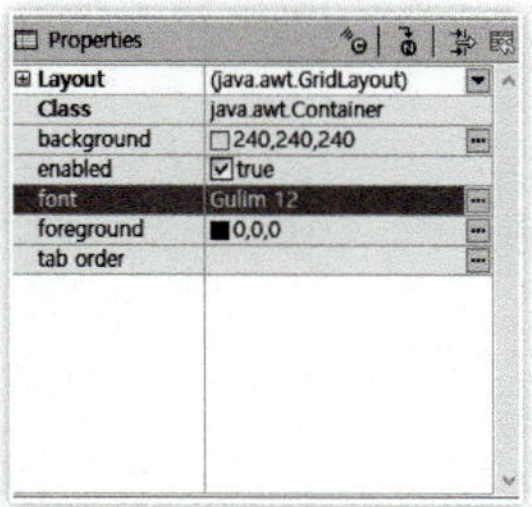

컴포넌트들을 화면에 배치하는 방법은 간단하다. 원하는 컴포넌트를 Palette에서 선택한 후, 디자인 뷰 화면이나 Component Tree에 떨구면 된다. 참고로, Palette에 컴포넌트들이 카테고리화되어 있으며 카테고리는 확장하거나 축소 및 숨길 수 있도록 되어 있다. 그리고 컴포넌트의 속성을 변경하고자 할 경우는 디자인 뷰에서 해당 컴포넌트를 선택한 후, 프로퍼티 창에서 원하는 속성의 값을 편집하면 된다.

위의 화면에서 Palette에서 JButton을 선택한 후, 디자인 페이지에서 '이전 이미지' 버튼 밑 그리드 셀을 클릭하면 아래 화면처럼 JButton 객체가 생성되어 그 위치에 배치된다. 그리고 새로이 추가된 버튼의 속성을 바꾸고 싶다면 프로퍼티 창에서 해당 속성들을 수정하면 된다. 예를 들어, 새로 추가된 버튼의 캡션을 바꾸고 싶다면 버튼을 선택하고 text 속성을 '컬러 이미지로'로 바꾸면 된다.

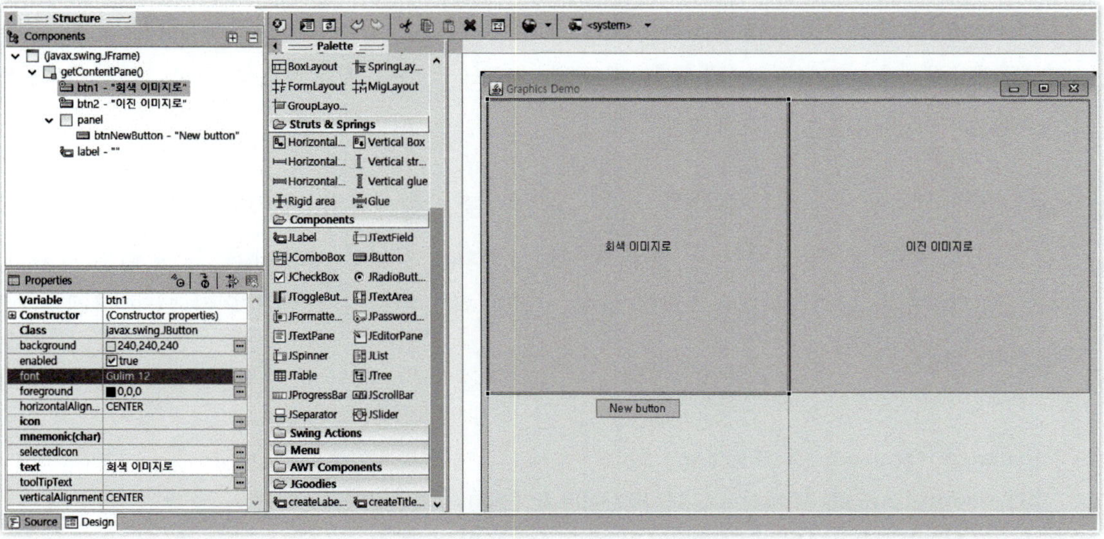

그리고 이 상태에서 소스 탭을 누르면 방금 전 추가한 JButton 객체를 생성하고, 이를 기본 컨테이너에 추가하는 코드를 볼 수 있을 것이다.

```
btnNewButton = new JButton("\uCE7C\uB77C \uC774\uBBF8\uC9C0\uB85C");
getContentPane().add(btnNewButton);
```

21.8 이벤트 핸들러 작성, 수정 및 제거

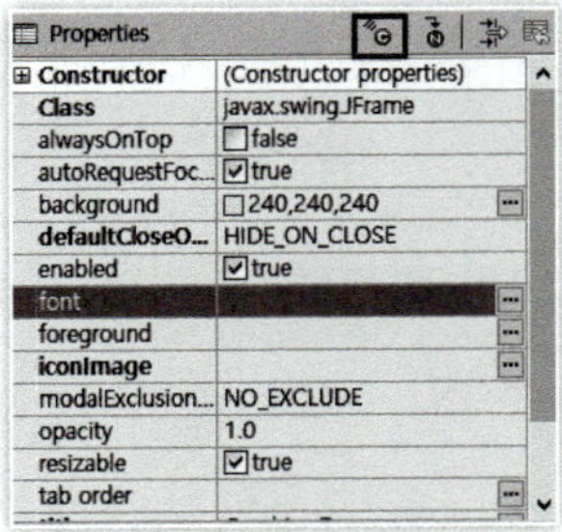

컴포넌트의 이벤트 핸들러를 작성하는 방법에는 두 가지가 있다. 그 첫 번째는 Component Tree나 디자인 뷰에서 컴포넌트를 선택한 후, Properties 창에서 Show Event 버튼을 클릭하여 관련 이벤트들을 나열하고 그중에서 구현하고자 하는 이벤트를 선택한다. 그 이벤트를 확장한 후 원하는 핸들러를 더블 클릭하면 된다. 그러면 소스 뷰로 전환되면서 이벤트 핸들러 클래스를 무명 클래스 형식으로 정의할 수 있게 된다. 참고로, 프로퍼티 창에서 이벤트가 아니라 속성을 다시 보고자 한다면, Show Event 버튼을 다시 클릭하면 된다.

두 번째 방법은 Component Tree나 디자인 뷰에서 컴포넌트를 마우스 우클릭으로 선택하여 Add event handler 〉 [name of the event] 〉 [name of the event handler to implement] 순으로 선택한다. 참고로, 버튼이나 메뉴 항목에 대해서는 해당 컴포넌트를 더블클릭하면 이벤트 핸들러 작성 화면으로 전환된다.

앞에서 새로이 추가한 버튼에 대한 이벤트 핸들러를 작성해보자. 두 번째 방법에 따라 버튼을 마우스 우클릭하여 선택한 후 팝업 메뉴에서 action 항목을 선택하고, 다시 팝업 메뉴에서 actionPerformed 선택하면 아래와 같이 이벤트 핸들러를 작성하기 위한 익명 클래스 뼈대가 작성된다.

```
btnNewButton = new JButton("\uCE7C\uB77C \uC774\uBBF8\uC9C0\uB85C");
btnNewButton.addActionListener(new ActionListener() {
        public void actionPerformed(ActionEvent e) {
        }
});
getContentPane().add(btnNewButton);
```

이벤트 핸들러를 수정하는 방법은 이벤트 핸들러를 지정하는 방법과 거의 동일한데, 첫 번째 방법을 쓸 경우, 해당 이벤트를 프로퍼티 창에서 더블 클릭하여 해당 위치로 이동하여 수정한다. 두 번째 방법을 사용할 경우는 해당 컴포넌트를 마우스 우클릭하면 현재 구현된 이벤트 핸들러명과 라인 번호가 같이 표시된다. 이 중에서 원하는 핸들러를 선택한다.

이벤트 핸들러를 제거하는 방법은 Component Tree나 디자인 뷰에서 컴포넌트를 선택한 후, Properties 창에서 Show Event 버튼을 클릭하여 제거하고자 하는 이벤트 핸들러를 선택하고 Delete 키를 누른다.

실습 21.1 간단한 계산기 프로그램

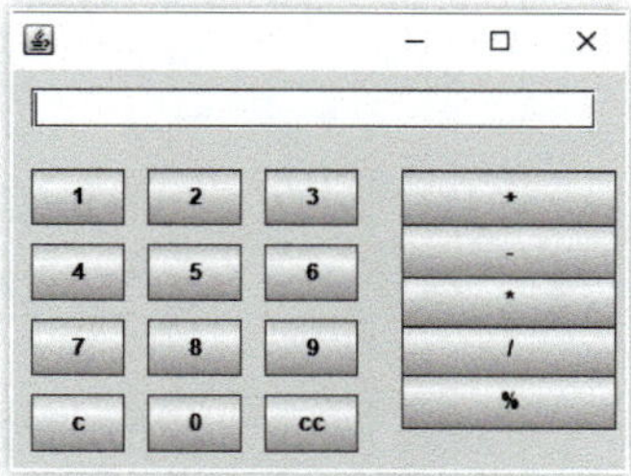

간단한 계산기 프로그램 작성을 통해 윈도우빌더의 사용법을 익혀보자. 먼저 프로젝트를 기존처럼 생성한다. 생성되었으면 그 프로젝트를 마우스 우클릭하여 'New' 항목을 선택하고 다시 WindowBuilder 〉 Swing Designer 〉 Jframe 순으로 선택한다. 그런 후 클래스를 정의하는 대화 상자에서 클래스명을 Calculator로 입력하고 Finish 버튼을 누른다. 화면 폼을 설계하기 위해 클래스 소스 뷰에서 디자인 뷰로 전환한다.

자, 지금부터 계산기 화면을 구성하고 간단히 이벤트를 부착해보도록 하자. 빌더를 사용하면 AbosluteLayout을 사용하여 원하는 화면 폼을 쉽게 작성할 수 있다. 먼저 프레임을 적당한 크기로 조정한다. 그런 다음 AbosluteLayout 배치 관리자를 지정하여 위 그림에서 보는 바와 같이 컴포넌트들을 배치한다. 텍스트 필드를 원하는 위치에 가져다놓고 크기를 조절한다. 버튼을 원하는 위치에 가져다놓고 크기를 조절한다. 버튼을 복사하여 원하는 위치에 배치한다.

각 버튼의 이벤트를 부착하도록 하자. 먼저, 숫자 버튼에 대한 이벤트 핸들러를 작성한다. 숫자 버튼을 더블 클릭하면 이벤트 핸들러 작성 화면이 떠서 핸들러를 작성할 수는 있는데, 이 경우에는 버튼마다 이벤트 핸들러를 따로 작성해주어야 한다. 숫자 버튼을 누른 경우는 모두 textField.setText(textField.getText() + e.getActionCommand()) 명령을 수행하도록 한다. 즉 동일한 핸들러를 수행하도록 한다. 이런 경우는 직접 소스 코드를 편집하는 것이 좋다. 따라서 만약, 핸들러를 하나 정의하고 이를 공유하고자 할 경우는 소스코드를 직접 수정해야 한다. 이를 위해 소스 탭을 눌러 소스 뷰로 전환하고 아래와 같이 코드를 작성하자.

```
public class Calculator extends JFrame implements ActionListener {
        ...
        int operand1, operand2; // 피연산자 저장용
        String op; // 연산자 저장용
        ...

        public Calculator() {
                ...
                contentPane.add(btnNewButton);
                btnNewButton.addActionListener(this);
                ...
                contentPane.add(button);
                button.addActionListener(this);
                ...
                contentPane.add(button_1);
                button_1.addActionListener(this);
                ...
                contentPane.add(button_2);
                button_2.addActionListener(this);
                ...
                contentPane.add(button_3);
                button_3.addActionListener(this);
                ...
                contentPane.add(button_4);
                button_4.addActionListener(this);
                ...
                contentPane.add(button_5);
                button_5.addActionListener(this);
                ...
                contentPane.add(button_6);
                button_6.addActionListener(this);
                ...
                contentPane.add(button_7);
                button_7.addActionListener(this);
```

```
        ...
        JButton button_9 = new JButton("0");
        button_9.setBounds(129, 176, 97, 41);
        contentPane.add(button_9);
        button_9.addActionListener(this);
        ...
    }

    @Override
    public void actionPerformed(ActionEvent e) {
        // TODO Auto-generated method stub
        textField.setText(textField.getText() +
        e.getActionCommand());
    }
}
```

나머지 버튼에 대한 이벤트 핸들러는 숫자 버튼에 대한 이벤트 핸들러(Calculator 클래스 내의 actionPerformed 이벤트 핸들러)를 확장하여 사용할 수 있으나, 이벤트 핸들러를 다양한 방법으로 작성한다는 측면에서 윈도우빌더가 제공하는 형태를 따라 작성하기로 한다. 먼저, C 버튼과 CC 버튼 처리를 하자. C는 지금까지 표시된 텍스트 상자 내용 전체를 지우며, CC는 가장 최근에 입력된 한 글자를 지운다. C 버튼을 오른쪽 마우스 우클릭하여 'Add event handler'를 선택하고 최종적으로 actionPerformed 이벤트를 선택한다. 그런 후 아래와 같이 이벤트 핸들러를 작성한다.

```
btnC.addActionListener(new ActionListener() {
    public void actionPerformed(ActionEvent e) {
        textField.setText("");
    }
});
```

CC 버튼에 대한 핸들러는 C 버튼과 동일한 방법으로 이벤트 핸들러를 부착한 후 아래와 같이 작성한다.

```
btnCc.addActionListener(new ActionListener() {
	public void actionPerformed(ActionEvent e) {
		String s = textField.getText();
		textField.setText(s.substring(0, s.length() - 1));
	}
});
```

사칙 연산 버튼들은 처리해야 할 기능이 거의 동일한데, 현재까지 입력된 숫자를 operand1에 저장하고, op에 버튼의 해당 연산자를 저장한 후, textField의 값을 클리어시켜야 한다. 따라서 각각 별도로 구현하지 않고 숫자 버튼에 대한 이벤트 핸들러(Calculator 클래스 내의 actionPerformed 이벤트 핸들러)를 확장하여 사용한다. 각 사칙연산 버튼에 대한 actionPerformed 이벤트 핸들러 객체를 this로 설정한 후, 다음과 같이 기존 핸들러를 수정한다.

```
public void actionPerformed(ActionEvent e) {
	// TODO Auto-generated method stub
	String cmd = e.getActionCommand();
	if (cmd == "+" || cmd == "-" || cmd == "*" || cmd == "/") {
		operand1 = Integer.parseInt(textField.getText());
		op = cmd;
		textField.setText("");
	}
	else textField.setText(textField.getText() +
e.getActionCommand());
}
```

'=' 버튼을 누르면 텍스트 상자에 입력된 값을 operand2에 저장한 후, 이전에 눌리어진 연산자에 따라 두 피연산자를 이용하여 계산하고 그 결과를 텍스트 상자에 뿌려준다. Calculator 클래스 내의 actionPerformed 이벤트 핸들러를 확장하여 작성해보자. 이 버튼에 대한 actionPerformed 이벤트 핸들러 객체를 this로 설정한 후 다음과 같이 기존 핸들러를 수정한다.

```
public void actionPerformed(ActionEvent e) {
        // TODO Auto-generated method stub
        ...
        else if (cmd == "=") {
                double result=0;

                operand2 = Integer.parseInt(textField.getText());
                switch(op) {
                case "+" : result = operand1 + operand2; break;
                case "-" : result = operand1 - operand2; break;
                case "*" : result = operand1 * operand2; break;
                case "/" : result = operand1 / operand2; break;
                }
                textField.setText(Double.toString(result));
        }
        ...
}
```

다 작성되었으면 실행하여 원하는 대로 동작하는지 확인해자.

21.9 메뉴 생성

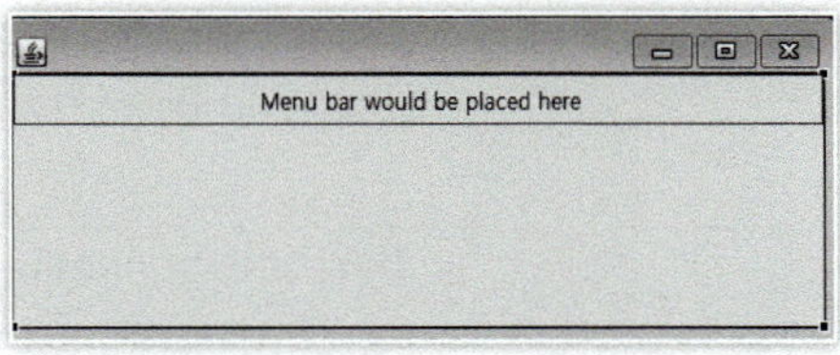

메뉴를 생성하는 방법은 먼저 Palette에서 Menu Bar를 선택한 후, 디자인 페이지에 갖다 놓는다.

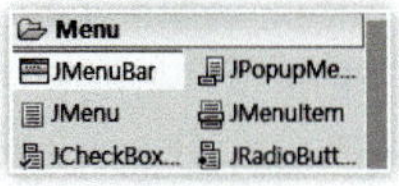

그런 다음 원하는 메뉴 항목을 Palette에서 선택하여 Menu Bar에 갖다 놓는다. 서브 메뉴가 있는 메뉴 항목일 경우는 'JMenu'를, 그렇지 않을 경우는 'JMenuItem', 'JRadioButtonMenuItem', 'JCheckBoxMenuItem' 중 하나를 선택하면 된다.

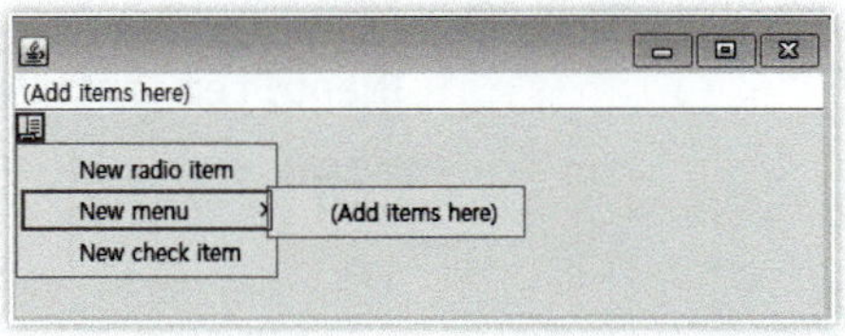

서브 메뉴의 서브 메뉴를 작성할 경우도 'JMenu' 선택한다. 서브 메뉴 항목으로 'JMenu'를 두면 서브 메뉴의 서브 메뉴를 작성할 수 있다. 이렇게 반복 적용함으로써 여러 단계의 서브 메뉴도 작성할 수 있다.

팝업 메뉴는 컴포넌트마다 생성할 수 있으므로, 먼저 팔레트의 Menu 카테고리에서 'JPopupMenu'를 선택한 후, 마우스를 디자인 페이지로 이동하여 팝업 메뉴를 부착할 컴포넌트를 선택한다. 그러면 해당 컴포넌트의 팝업 메뉴를 설계할 수 있는 자그마한 창이 보이는데 여기에 필요한 메뉴 항목들을 추가하면 된다. 옆의 그림은 버튼에 대한 팝업 메뉴를 설계하는 화면이다.

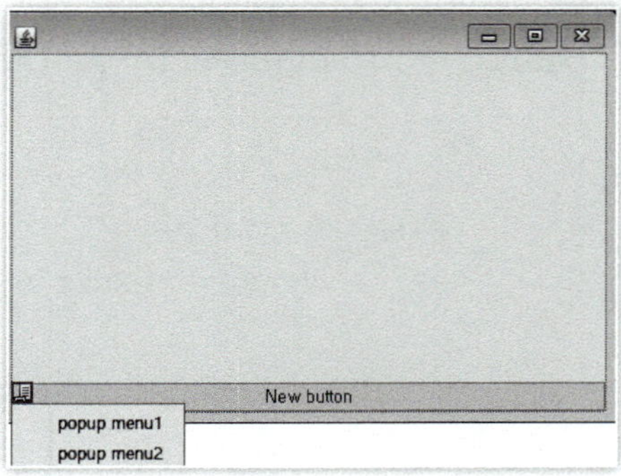

팝업 메뉴를 설계한 후에 소스 탭을 눌러 소스 뷰로 전환해보자. 그러면 아래와 같은 소스 코드가 추가되어 있는 것을 확인할 수 있을 것이다.

```
public class PopoUpTest extends JFrame {
	public PopoUpTest() {

		JMenuBar menuBar = new JMenuBar();
		setJMenuBar(menuBar);

		JMenu mnNewMenu = new JMenu("New menu");
		menuBar.add(mnNewMenu);

		JMenuItem mntmAaa = new JMenuItem("aaa");
		mnNewMenu.add(mntmAaa);

		JButton btnNewButton = new JButton("New button");
		getContentPane().add(btnNewButton, BorderLayout.SOUTH);

		JPopupMenu popupMenu = new JPopupMenu();
		addPopup(btnNewButton, popupMenu);

		JMenuItem mntmPopupMenu = new JMenuItem("popup menu1");
		popupMenu.add(mntmPopupMenu);

		JMenuItem mntmPopupMenu_1 = new JMenuItem("popup menu2");
		popupMenu.add(mntmPopupMenu_1);
	}
```

```
        private static void addPopup(Component component, final JPopupMenu
        popup) {
                component.addMouseListener(new MouseAdapter() {
                        public void mousePressed(MouseEvent e) {
                                if (e.isPopupTrigger()) {
                                        showMenu(e);
                                }
                        }
                        public void mouseReleased(MouseEvent e) {
                                if (e.isPopupTrigger()) {
                                        showMenu(e);
                                }
                        }
                        private void showMenu(MouseEvent e) {
                                popup.show(e.getComponent(), e.getX(),
                                e.getY());
                        }
                });
        }
}
```

코드에서 보는 바와 같이 단순히 메뉴만 작성해주는 것이 아니라, 사용자가 해당 컴포넌트에서 팝업 메뉴를 출력하기 위해 우측 마우스 버튼을 누르는 경우, 팝업 메뉴를 출력하는 코드(addPopup)까지 같이 작성되어 있음을 확인할 수 있다.

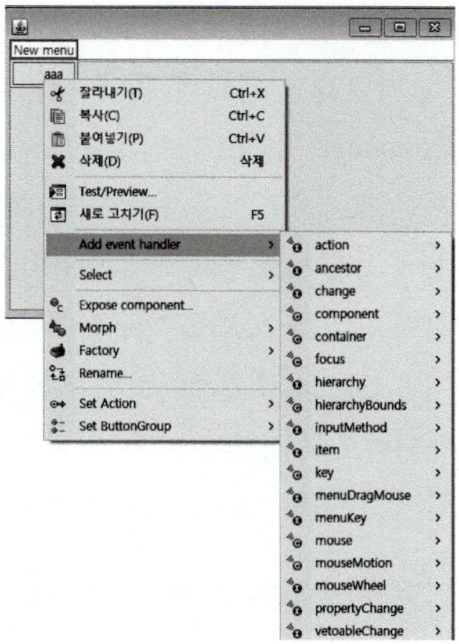

21.10 메뉴 이벤트 처리

메뉴 항목에 이벤트 핸들러 부착하는 방법은 컴포넌트에 이벤트 핸들러를 부착하는 방법과 동일하다. 그림처럼 처리하고자 하는 메뉴 항목을 마우스 우클릭하여 원하는 이벤트를 선택한다. 그러면 이벤트 핸들러를 작성할 수 있는 화면으로 전환된다. 단, 이벤트 핸들러는 익명 클래스 형태로 작성된다.

실습 21.2 이미지 변환

이미지 관련 예에서 이미지 변환 기능을 버튼을 사용하여 제공하였는데, 이의 메뉴 버전을 구현해보자. 먼저 프로젝트를 생성한 후, 그 프로젝트를 마우스 우클릭하여 'New' 항목을 선택하고, 다시 Other 〉 WindowBuilder 〉 Swing Designer 〉 Jframe 순으로 선택한다. 그런 후 클래스를 정의하는 대화 상자에서 클래스명을 MenuDemo로 입력한 후, Finish 버튼을 누른다. 화면 폼을 설계하기 위해 클래스 소스 뷰에서 디자인 뷰로 전환한다. 먼저, Pallete의 메뉴 카테고리에서 'JMenuBar'를 선택하여 디자인 페이지에 부착한다. 이어 'JMenu'를 선택하여 메뉴 이름을 '보기'로 바꾸도록 하자.

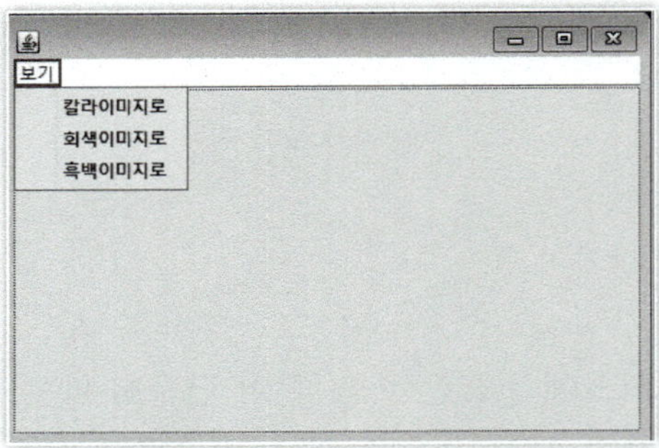

서브 메뉴 설계를 위해 Pallete의 메뉴 카테고리에서 'JMenuItem'을 선택하여 서브 메뉴 창으로 갖다 놓자. 메뉴 항목의 text 속성을 편집하여 '컬러 이미지로'로 변경하자. 같은 방법으로 '회색 이미지로' 항목과 '흑백 이미지로' 항목을 추가한다. 'JMenuItem' 항목을 갖다 놓을 경우, 빨간색 안내선이 나오면 마우스를 클릭하도록 한다.

메뉴 설계가 끝났으니 메뉴에 대한 이벤트 처리를 하자. 이벤트 처리에 앞서 이미지를 표시할 패널을 컨테이너 위에 배치한다. Pallete의 Container 카테고리 안의 JPanel을 선택하여 디자인 페이지로 이동하면, 아래 화면처럼 어느 위치에 놓을지를 안내하는 모양이 나온다. 센터를 선택하자. 소스 탭을 이용하여 코드를 보면 알겠지만 JFrame의 컨테이너로 기본 컨테이너를 사용하지 않고 JPanel 객체를 생성하여 이를 컨테이너로 지정하고 있다. 알다시피 JPanel 객체의 기본 레이아웃은 GridLayout이므로 아래와 같은 위치 지정 모양이 나타난다.

이벤트 처리는 버튼에 대한 이벤트 처리와 동일하다. 만약, '컬러 이미지로' 메뉴에 대한 이벤트를 처리하려면 해당 메뉴를 마우스 우클릭하여 'Add event handler'를 선택하고 최종적으로 actionPerformed 이벤트를 선택한다. 그런 후 아래와 같이 이벤트 핸들러를 작성한다. '회색 이미지로' 항목과 '흑백 이미지로' 항목에 대해 동일하게 작업한 뒤, 아래와 같이 핸들러를 작성해주면 된다. 단, MyImage 클래스는 이미지 관련 부분에서 작성한 그 클래스를 그대로 갖다가 사용한다.

```
public class MenuDemo extends JFrame {

        private JPanel contentPane;
        MyImage img;
        JPanel panel;

        ...

        public MenuDemo() {
                setDefaultCloseOperation(JFrame.EXIT_ON_CLOSE);
                setBounds(100, 100, 450, 300);
                JMenuBar menuBar = new JMenuBar();
                setJMenuBar(menuBar);

                JMenu menu = new JMenu("\uBCF4\uAE30");
                menuBar.add(menu);

                JMenuItem menuItem = new JMenuItem("\uCE7C\uB77C \uC774\
                uBBF8\uC9C0\uB85C");
                menuItem.addActionListener(new ActionListener() {
                        public void actionPerformed(ActionEvent e) {
                                img = new MyImage(new File("C:\\Users\\
                                Public\\Pictures\\Sample Pictures\\aaa.
                                jpg"));
                                img.displayImage(panel);
                        }
                });
                menu.add(menuItem);

                JMenuItem menuItem_1 = new JMenuItem("\uD68C\uC0C9 \uC774\
                uBBF8\uC9C0\uB85C");
                menuItem_1.addActionListener(new ActionListener() {
```

```
                public void actionPerformed(ActionEvent e) {
                        img.convert2Gray();
                        img.displayImage(panel);
                }
        });
        menu.add(menuItem_1);

        JMenuItem mntmNewMenuItem = new JMenuItem("\uD751\uBC31
        \uC774\uBBF8\uC9C0\uB85C");
        mntmNewMenuItem.addActionListener(new ActionListener() {
                public void actionPerformed(ActionEvent e) {
                        img.convert2Binary();
                        img.displayImage(panel);
                }
        });
        menu.add(mntmNewMenuItem);
        contentPane = new JPanel();
        contentPane.setBorder(new EmptyBorder(5, 5, 5, 5));
        contentPane.setLayout(new BorderLayout(0, 0));
        setContentPane(contentPane);

        panel = new JPanel();
        contentPane.add(panel, BorderLayout.CENTER);
    }
}
```

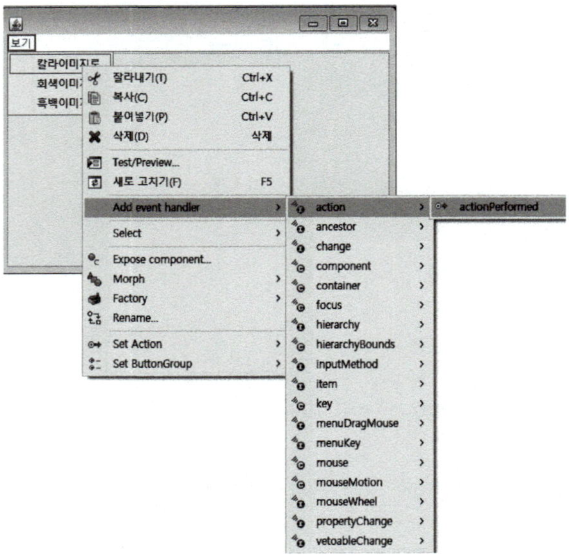

22 스윙과 스레드

지금까지 스윙 프로그램을 작성하면서 스레드를 고려하지 않고 작성하였다. 모든 작업들은 버튼 클릭이나 키보드 이벤트와 같은 스윙 이벤트에 반응하여 이루어졌을 것이며, 그처리 과정 중에 잠들거나, 새로운 스레드를 생성하거나 백그라운드로 작업을 처리하지 않았을 것이다. 많은 경우, 스레드를 고려하지 않아도 GUI 프로그램을 작성하는 데는 별 문제가 없다. 하지만, 몇몇 특별한 경우는 스레드를 고려해야 할 필요성이 있다. 이 장에서는 이와 관련된 내용을 살펴본다.

22.1 EDT

스윙을 이용한 GUI 프로그래밍은 기본적으로 이벤트 중심(event–driven)의 프로그래밍을 하기 때문에 어떤 GUI 컴포넌트에서 어떤 이벤트를 이용할 것인지를 결정하고, 그 이벤트가 발생할 경우 처리할 이벤트 핸들러를 작성하게 된다. 예를 들어, 버튼을 클릭할 경우, 어떤 작업을 진행하려면 다음과 같이 코딩할 것이다.

```
JButton b = new JButton("Click me");
b.addActionListener(new ActionListener() {
  public void actionPerformed(ActionEvent e) {
    // Code will be performed when button clicked
  }
});
```

그런데 여러분은 아마도 이 이벤트 핸들러를 실행시키는 스레드를 주 스레드라고 생각하기 쉬울 것이다. 하지만 그렇지 않다. 이벤트 핸들러는 UI(User Interface) 업무를 처리하기 위해 GUI 시스템에서 마련한 EDT(Event Dispatch Thread)라 불리는 특수 스레드에 의해 실행된다. 스윙 클래스들이 스레드 안전(safe)하지 않기 때문에, 즉 작성 당시 다중 스레드 환경을 고려해 작성된 것이 아니므로 하나의 스레드에서만 스윙 객체들을 조작하게 해 놓았다. 모든 사용자 인터페이스 관련 코드들은 이 특수한 스레드에 의해 처리하게 함으로써 임의의 스레드에서 이벤트 핸들러를 처리할 경우의 여러 문제들을 회피할 수 있게 된다.

실습 22.1 이벤트 핸들러가 EDT에 의해 처리되는지를 확인

이벤트 핸들러가 EDT에 의해 처리되는지 확인하기 위해 아래와 같이 실행 스레드의 이름을 찍는 코드를 main 메서드와 클래스 생성자 그리고 이벤트 핸들러 안에 추가하자.

```
public class UIThreadTest extends JFrame implements ActionListener {
        JButton btn;
        public UIThreadTest() {
                super(“UI Thread Demo”);
                System.out.println(Thread.currentThread().getName());
                initializeComponents();
        }

        private void initializeComponents() {
                Container c = getContentPane();
                c.setLayout( new FlowLayout() );

                btn = new JButton(“여기 클릭 ...”);
                btn.addActionListener(this);
                c.add(btn);

                this.setSize(300, 300);
                setDefaultCloseOperation(JFrame.EXIT_ON_CLOSE);
                this.setVisible(true);
        }

        public void actionPerformed(ActionEvent e) {
                System.out.println(Thread.currentThread().getName());
```

```
            JOptionPane.showMessageDialog(null, "버튼 클릭 됨");
        }

        public static void main(String[] args) {
            // TODO Auto-generated method stub
            System.out.println(Thread.currentThread().getName());
            UIThreadTest app = new UIThreadTest();
        }
}
```

위 코드를 실행하면 아래와 같이 모두 main이 출력된다. 이는 main 메서드도 주 스레드에 의해 실행되며, 생성자도 주 스레드에 의해 실행됨을 의미한다.

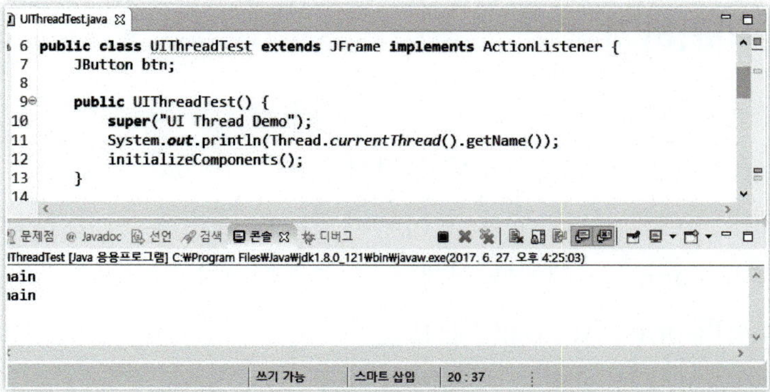

그런데 버튼을 누르면 이 순간에 이벤트 핸들러가 실행되는데, 그 안에서 스레드 이름을 찍으면 main이 아니라 AWT-EventQueue-0이 찍힌다. AWT-EventQueue-0이 EDT의 이름인 것이다.

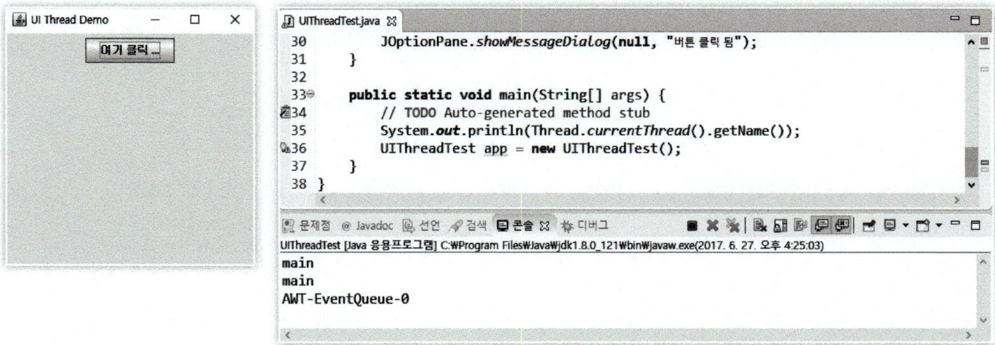

대부분의 스윙 프로그램 작성 시 EDT를 특별히 고려하지도 않아도 여러분이 작성한 코드들 대부분이 EDT에 의해 처리된다. 따라서 이벤트 핸들러 작성 시 다음과 같은 사항들을 유의하여야 한다.

① 이벤트 핸들러 안의 코드들은 즉시 끝나는(instantaneous) 코드들이어야 한다. 즉, 데이터베이스 질의 등 시간이 오래 걸리는 작업이나 Thread.sleep() 또는 Object.wait()와 같은 스레드를 조작하는 코드들을 이벤트 핸들러 안에 추가해서는 안 된다. 시간이 오래 걸리는 작업인 경우는 별도의 스레드를 생성하여 실행하도록 한다.

② 그리고 EDT가 아닌 다른 스레드에서 UI 업데이트, 즉 GUI 컴포넌트들의 상태를 변경할 경우는 그 스레드에서 하지 말고 EDT에게 의뢰하도록 한다.

22.2 EDT에게 작업 의뢰하기

다른 스레드에서 EDT로 작업을 의뢰하려면 어떻게 해야 할까? 답은 SwingUtilities.invokeLater() 메서드와 SwingUtilities.invokeAndWait 메서드이다. invokeLater 메서드는 Runnable 객체를 EDT가 처리할 수 있도록 큐(queue)한 후 곧바로 리턴하며, invokeAndWait 메서드는 EDT가 Runnable 객체를 실행한 후 종료되어야 리턴한다. 즉, invokeLater 메서드는 비동기적이며 invokeAndWait 메서드는 동기적이다. invokeLater 메서드가 많이 사용되기 때문에, 간단한 예를 통해 그 사용법을 살펴보기로 하자.

아래의 예는 윈도우 위의 버튼을 누르는 순간에 "처리 중 ... 잠시 기다려 주세요."라는 메시지를 출력하고 별도의 스레드를 생성하여, 시간이 오래 걸리는 작업을 수행한 후 완료 메시지를 다시 레이블에 출력하는 예이다. 이 예는 EDT를 전혀 고려하지 않고 작성된 코드임에도 불구하고 별 문제없이 실행된다. 하지만, EDT가 아닌 스레드에서 GUI 컴포넌트를 직접 수정하고 있기 때문에 안정성을 보장할 수 없다. 지금은 별 문제없이 실행되지만 특수한 상황에서는 제대로 동작하지 않을 수도 있다.

```
public class UIThreadTest extends JFrame implements ActionListener{
        JButton btn;
        JLabel label;
        public UIThreadTest() {
                super("UI Thread Demo");
                initializeComponents();
```

```
    }

    private void initializeComponents() {
            Container c = getContentPane();
            c.setLayout( new FlowLayout() );

            label = new JLabel();
            c.add(label);

            btn = new JButton("여기 클릭 ...");
            btn.addActionListener(this);
            c.add(btn);

            this.setSize(300, 300);
            setDefaultCloseOperation(JFrame.EXIT_ON_CLOSE);
            this.setVisible(true);
    }

    public void actionPerformed(ActionEvent e) {
            JOptionPane.showMessageDialog(null, "버튼 클릭 됨");
            label.setText("처리 중 ... 잠시 기다려 주세요.");
            ThreadB newThread = new ThreadB(label);
            newThread.start();
    }

    public static void main(String[] args) {
            // TODO Auto-generated method stub
            UIThreadTest app = new UIThreadTest();
    }
}

class ThreadB extends Thread{
    JLabel label;
    public ThreadB(JLabel label) {
        this.label = label;
    }

    public void run(){
        try {
```

```
            sleep(1000);
            label.setText("처리 완료 됨");
        } catch (Exception e) {
            // TODO Auto-generated catch block
            e.printStackTrace();
        }
    }
}
```

자, 그러면 레이블을 수정하는 코드를 EDT에게 의뢰하려면 어떻게 하면 될까? Runnable 인터페이스를 구현하는 클래스를 정의하고, 그 클래스의 run 메서드 안에 UI를 업데이트하는 코드를 집어넣으면 된다. 아래의 코드는 레이블을 수정하는 코드를 무명 클래스 형태로 작성한 것이다. 주의할 것은 같은 레이블의 내용을 수정하는 actionPerformed 내의 "label.setText("처리 중 ... 잠시 기다려 주세요.");" 코드는 EDT에게 별도로 의뢰할 필요가 없다는 것이다. 왜냐하면 이 코드 자체가 이벤트 핸들러 안에서 실행되어 기본적으로 EDT에 의해 실행되기 때문이다.

```
class ThreadB extends Thread{
       JLabel label;
    public ThreadB(JLabel label) {
       this.label = label;
    }

    public void run(){
       try {
            sleep(10000);
            SwingUtilities.invokeLater(new Runnable() {
               public void run() {
                   label.setText("처리 완료 됨");
               }});
            } catch (Exception e) {
                 // TODO Auto-generated catch block
                 e.printStackTrace();
            }
    }
}
```

실습 22.2 EDT에게 작업 의뢰하기

EDT에게 작업 의뢰하는 방법을 익히기 위해 먼저 EDT에게 레이블의 텍스트 갱신을 의뢰하지 않는 첫 번째 형태의 코드를 프로젝트로 작성하여 실행해보자. 그러면 아래 왼쪽과 같은 화면이 출력될 텐데, 이 상태에서 버튼을 클릭하면 메시지 박스가 출력되고 그 후에 스레드가 생성된다. 그리고 이 스레드에서 일정 시간 후에 아래 오른쪽 화면처럼 레이블의 텍스트를 갱신한다.

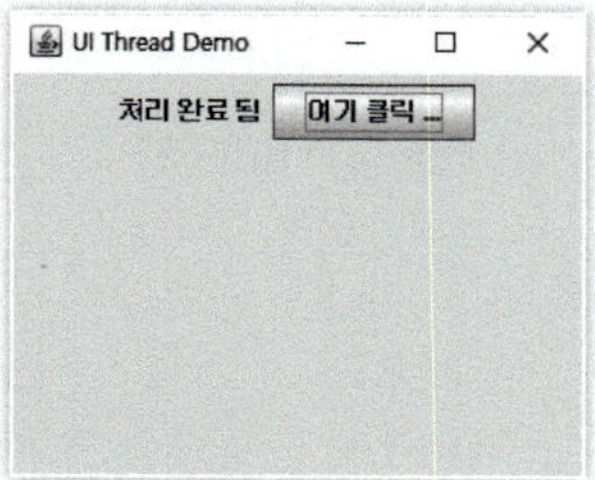

이번에는 레이블의 텍스트를 갱신하는 코드를 EDT에게 의뢰하는 형태로 바꿔 실행해보자. 위와 동일하게 동작하는 것을 확인할 수 있을 것이다. 겉으로는 동일하게 보이지만 앞의 경우는 일반 스레드에서 레이블의 텍스트를 갱신하고, 후자의 경우는 EDT라는 스레드를 통해 레이블의 내용을 갱신한다. 만약 여러 스레드에서 같은 레이블의 내용을 동시에 갱신하는 상황이라면 이 두 방법은 다르게 반응할 것이다. 첫 번째 방법은 여러 스레드가 동기화 없이 레이블의 텍스트를 변경함으로써 뜻하지 않게 동작할 수 있는 반면, 후자의 경우는 EDT라는 동일 스레드에서 레이블의 텍스트를 접근하기 때문에 별 문제없이 동작한다.

22.3 GUI 프로그램 EDT에서 시작하기

아래처럼 main에서 GUI 코드를 실행시키면 생성자는 주(main) 스레드 안에서 실행되고, 이벤트 핸들러만 EDT에서 실행된다.

```
public static void main(String[] args) {
        // TODO Auto-generated method stub
        UIThreadTest app = new UIThreadTest();
}
```

만약, 생성자도 EDT에서 실행되게 하려면 아래와 같이 UIThreadTest 객체를 생성하는 코드를 Runnable 클래스의 Run 메서드 안에 집어넣어 주면 된다.

```
public static void main(String[] args) {
        // TODO Auto-generated method stub
        SwingUtilities.invokeLater(new Runnable() {
                public void run() {
                        try {
                                UIThreadTest app = new UIThreadTest();
                        } catch (Exception e) {
                                e.printStackTrace();
                        }
                }
        });
}
```

간혹, SwingUtilities 클래스의 invokeLater 메서드 대신에 EventQueue의 invokeLater 메서드를 사용하는 경우가 있는데, SwingUtilities 클래스의 invokeLater 메서드 안에서 EventQueue의 invokeLater 메서드를 호출하도록 되어 있다. 즉, SwingUtilities 클래스의 invokeLater 메서드의 구현은 아래와 같다.

```
public static void invokeLater(Runnable doRun) {
    EventQueue.invokeLater(doRun);
}
```

실습 22.3 생성자도 EDT에서 실행하기

아래의 코드를 실행하여 주 윈도우 객체 생성이 주 스레드가 아니라 EDT에 의해 이루어지는지를 확인해보자.

```
public class UIThreadTest extends JFrame implements ActionListener{
        JButton btn;
        JLabel label;
        public UIThreadTest() {
```

```
        super("UI Thread Demo");
        System.out.println(Thread.currentThread().getName());
        initializeComponents();
    }

    private void initializeComponents() {
        Container c = getContentPane();
        c.setLayout( new FlowLayout() );

        label = new JLabel();
        c.add(label);

        btn = new JButton("여기 클릭 ...");
        btn.addActionListener(this);
        c.add(btn);

        this.setSize(300, 300);
        setDefaultCloseOperation(JFrame.EXIT_ON_CLOSE);
        this.setVisible(true);
    }

    public void actionPerformed(ActionEvent e) {
        System.out.println(Thread.currentThread().getName());
        JOptionPane.showMessageDialog(null, "버튼 클릭 됨");
        label.setText("처리 중 ... 잠시 기다려 주세요.");
        ThreadB newThread = new ThreadB(label);
        newThread.start();
    }

    public static void main(String[] args) {
        // TODO Auto-generated method stub
        System.out.println(Thread.currentThread().getName());
        SwingUtilities.invokeLater(new Runnable() {
            public void run() {
                try {
                    System.out.println(Thread.
                    currentThread().getName());
                    UIThreadTest app = new UIThreadTest();
```

```
                    } catch (Exception e) {
                        e.printStackTrace();
                    }
                }
            });
        }
}

class ThreadB extends Thread{
        JLabel label;
    public ThreadB(JLabel label) {
        this.label = label;
    }

    public void run(){
        try {
                System.out.println(Thread.currentThread().getName());
                sleep(1000);
                SwingUtilities.invokeLater(new Runnable() {
                        public void run() {
                            System.out.println(Thread.currentThread().
                            getName());
                            label.setText("처리 완료 됨");
                        }
                        });
                } catch (Exception e) {
                        // TODO Auto-generated catch block
                        e.printStackTrace();
                }
    }
}
```

실행하면 아래와 같이 출력되는 것을 확인할 수 있을 것이다. 프로그램은 자동으로 주 스레드에서 시작하기 때문에 "main"이 출력되고, 첫 번째 "AWT-EventQueue-0"은 invokeLater 호출 시 생성된 익명 객체의 run 메서드에서 출력한 것이고, 두 번째 "AWT-EventQueue-0"은 run 메서드 안에서 UIThreadTest 객체를 생성할 때 생성자에서 출력한 것이다.

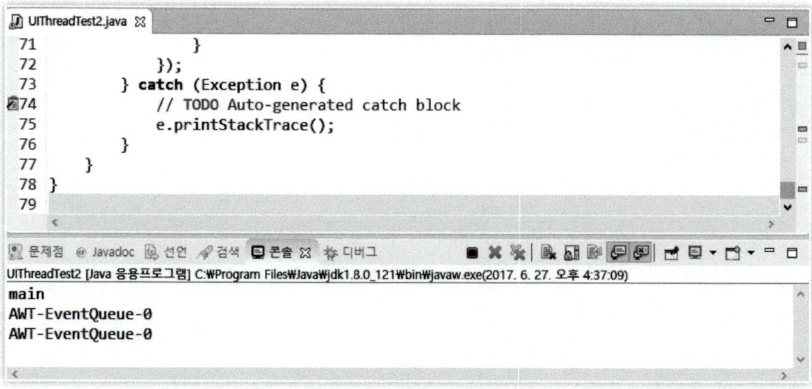

이 상태에서 버튼을 클릭하면 "AWT−EventQueue−0"이 출력되는데, 이는 actionPerformed 이벤트 핸들러 안의 출력문에 의한 것이다. 그리고 조금 있다가 "Thread−2"가 출력되는데, 이는 새로이 생성된 스레드의 run 메서드 안에서 출력된 것이다. 그리고 나서 조금 후에 다시 "AWT−EventQueue−0"이 출력되는데, 이는 새로이 생성된 스레드에서 의뢰한 작업을 EDT가 실행하면서 출력한 것이다.

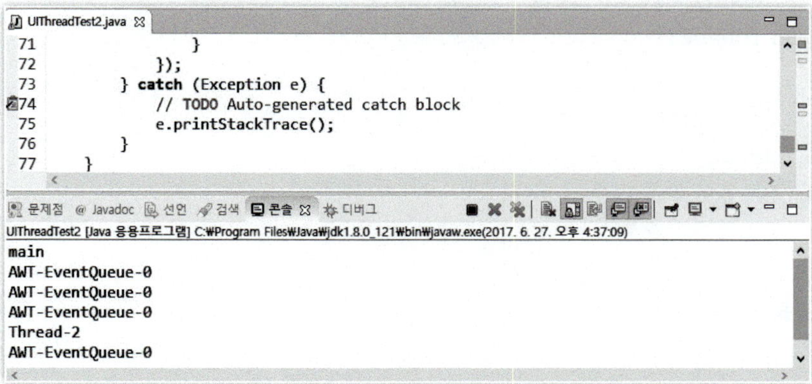

그런데, 위 예제의 main 메서드의 구현 코드는 어디서 많이 본 형태이다. 윈도우빌더가 자동으로 생성해 준 코드와 많이 흡사하다. 이를 확인하기 위해 아래와 같이 윈도우빌더를 사용하여 간단한 프로그램을 작성해보자.

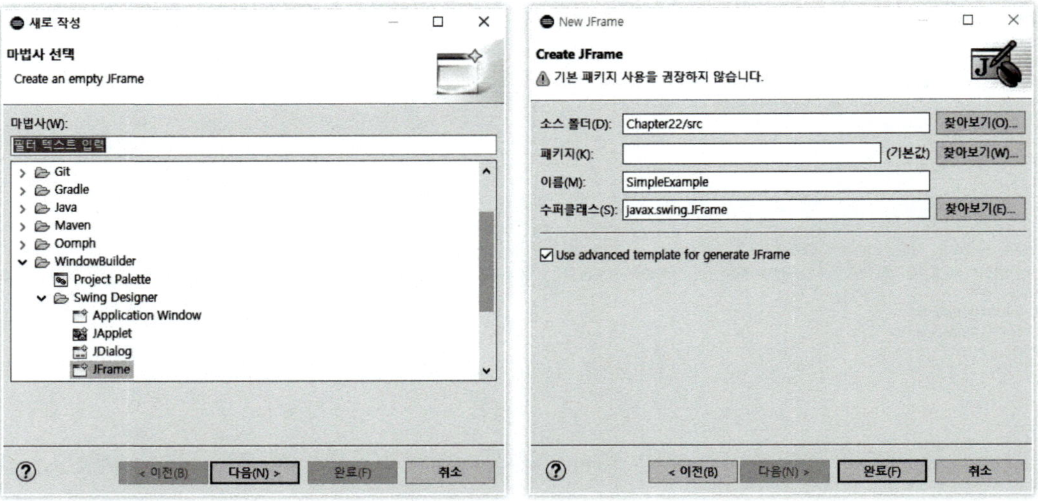

소스 탭을 눌러 윈도우빌더가 작성해준 코드를 보자. main 메서드의 구현을 보면 우리가 앞에서 작성한 코드와 많이 유사하다는 것을 알 수 있을 것이다.

```
import java.awt.BorderLayout;
import java.awt.EventQueue;

import javax.swing.JFrame;
import javax.swing.JPanel;
import javax.swing.border.EmptyBorder;


public class SimpleExample extends JFrame {

	private JPanel contentPane;

	/**
	 * Launch the application.
	 */
	public static void main(String[] args) {
		EventQueue.invokeLater(new Runnable() {
			public void run() {
				try {
					SimpleExample frame = new
					SimpleExample();
					frame.setVisible(true);
```

```
                        } catch (Exception e) {
                            e.printStackTrace();
                        }
                    }
                });
            }

            /**
             * Create the frame.
             */
            public SimpleExample() {
                setDefaultCloseOperation(JFrame.EXIT_ON_CLOSE);
                setBounds(100, 100, 450, 300);
                contentPane = new JPanel();
                contentPane.setBorder(new EmptyBorder(5, 5, 5, 5));
                contentPane.setLayout(new BorderLayout(0, 0));
                setContentPane(contentPane);
            }
        }
```

22.4 작업자 스레드

이벤트 핸들러에서 시간이 오래 걸리는 작업을 수행하면, EDT가 이 이벤트 핸들러를 수행하느라 다른 이벤트 처리가 늦어진다. 따라서 시간이 오래 걸리는 작업은 별도의 스레드를 생성하여 처리하는 것이 좋다. 이러한 유형의 스레드를 **작업자 스레드**(worker thread), 또는 **백그라운드 스레드**라 한다. 앞서 배운 내용을 기초로 직접 별도의 스레드를 생성하여 그 스레드에서 시간이 오래 걸리는 작업을 진행하고, 그 결과를 다시 EDT에게 출력해줄 것을 의뢰하면 된다. 그런데, 자바에서는 이러한 일들을 보다 쉽게 할 수 있도록 SwingWorker 클래스를 제공한다. 작업자 스레드가 처리할 일들은 javax.swing.SwingWorker의 인스턴스(객체)로 표현하면 되는데, SwingWorker 자체가 추상 클래스라 이 클래스의 서브 클래스를 정의하고 이 클래스로부터 객체를 생성하여야 한다. 간단한 SwingWorker 객체를 생성할 경우는 종종 익명 클래스를 사용한다. SwingWorker 객체를 생성한 후에 execute 메서드를 호출하면 백그라운드 작업이 진행된다.

간단한 백그라운드 작업 작성하기

시간이 오래 걸리는 작업은 SwingWorker 클래스의 doInBackground 메서드를 재정의하면 된다. 즉 SwingWorker 클래스의 서브 클래스를 정의하여 그 안에서 doInBackground 메서드를 선언하고, 그 메서드 안에 실행할 작업을 기술하면 된다. 단, 그 안에는 작업 결과를 UI에 표시할 코드는 작성하지 않도록 한다.

백그라운드 작업이 종료될 경우, 그 결과를 사용자에게 UI를 통해 알려줄 필요가 있다. 그런데 앞에서 살펴본 것처럼 UI 관련 코드는 EDT에게 실행을 의뢰하여야 한다. 이러한 작업을 여러분이 직접 코딩할 수도 있으나, SwingWorker 클래스에는 백그라운드 작업이 끝났을 때 자동으로 EDT에서 실행되는 done 메서드를 제공한다. 따라서 여러분은 작성 중인 SwingWorker 서브 클래스에서 done 메서드를 재정의해주면 된다. 참고로, doInBackground 메서드는 SwingWorker 서브 클래스에서 반드시 재정의되어야 하지만, done 메서드는 옵션으로 필요한 경우에만 재정의하면 된다.

그리고 done 메서드 안에서 doInBackground 메서드 안에서 작업한 결과를 접근해야 하는데, 이때 get 메서드를 사용한다. 이 메서드는 doInBackground 메서드의 반환 결과를 그대로 갖고 와 이를 그대로 다시 반환한다. 그래서 doInBackground 메서드와 get 메서드의 반환 결과는 같다. get 메서드는 인수가 없는 형태가 있고, 하나의 인수를 갖는 형태가 있다. 첫 번째 것은 get 메서드를 호출하는 순간에 백그라운드 작업이 완료되지 않았으면 그 작업이 끝날 때까지 기다리는 메서드이고, 두 번째 것은 인수로 타임아웃을 지정하여 호출하는 순간에 백그라운드 작업이 완료되지 않았으면 최대 지정된 시간만큼 기다렸다가 java.util.concurrent.TimeoutException을 발생시키며 빠져나오는 메서드이다.

그런데 왜 굳이 get 메서드를 사용해야 하는지 의문이 들 수 있다. 'doInBackground 메서드나 done 메서드 모두 같은 클래스에 정의되는데, 클래스의 필드로 선언하고 그 필드를 직접 접근하면 되지 않나?'라고 생각할 수 있다. 답은 이 두 메서드를 실행시키는 스레드가 다르다는 것이다. doInBackground 메서드는 작업자 스레드에 의해 실행되고, done 메서드는 EDT에 의해 실행된다는 것이다. 그래서 get이라는 메서드를 이용한다.

앞에서 get 메서드에 두 가지 형태가 있다고 했는데, 이 중에 인수가 없는 형태는 done 메서드가 EDT에 의해 실행된다는 점 때문에 사용 시 주의해야 한다. get 메서드 호출 시 작업이 완료되어 있지 않으면 끝날 때까지 기다리기 때문에, 최악의 경우 작업자 스레드가 작업을 마치지 못하고 무한정 기다리게 되고, 이로 인해 사용자의 이벤트를 전혀 처리하지 못하는 문제가 있을 수 있다. 무한정 기다리지 않더라도 긴 시간 동안 기다려야 함으로 이벤트 처리가 지연될 수 있다.

SwingWorker 클래스는 두 개의 인수를 갖는 지네릭 클래스이다. 첫 번째 인수는 doInBackground 메서드의 반환형이며, 두 번째 인수는 백그라운드 작업 중 중간 결과물을 반환할 수 있는데, 그 반환 값의 자료형이다. 두 인수 모두 Object 유형이어야 한다. 예를 들어, 정수 값을 반환할 경우 int가 아니라 Integer를 사용하여야 한다. 아래의 예는 SwingWorker 서브 클래스를 익명 클래스로 정의한 형태로서, 시간이 걸리는 작업을 doInBackground 메서드에서 수행하여 그 결과로 정수 값을 넘겨주며, 그 결과를 done 메서드에서 넘겨받아 처리하는 대략적 코드이다. SwingWorker의 첫 번째 인수는 doInBackground 메서드의 반환형이기 때문에 Integer이고, 중간 결과를 넘기지 않기 때문에 두 번째 인수는 Void이다. 중간 결과를 넘기는 방법은 뒤에서 별도로 설명하기로 한다.

```
SwingWorker worker = new SwingWorker<Integer, Void>() {
    @Override
    public Integer doInBackground() {
       int result;
        ...
        return Integer(result);
    }

    @Override
    public void done() {
        try {
            int result = get();
            ...
        } catch (InterruptedException ignore) {...}
        catch (java.util.concurrent.ExecutionException e) {...}
};
```

실습 22.4 SwingWorker를 이용한 백그라운드 작업 처리

간단한 예를 통해 앞의 내용들을 확인해보자. 살펴볼 예는 주 윈도우의 버튼을 클릭하는 순간에 백그라운드 스레드를 생성하여 처리하고, 그 결과를 다시 주 윈도우의 레이블에 표시하는 예이다. 백그라운드 작업은 SwingWorker를 상속받는 BackgroundThread 클래스로 정의하였으며, 백그라운드 작업을 마친 후에 주 윈도우의 레이블 객체에 결과를 표시하기 위해 BackgroundThread 객체 생성 시 인수로 레이블 객체를 넘겨받도록 하였다. 그리고 BackgroundThread 클래스의 doInBackground 메서드에는 원래 시간이 오래 걸리는 작업을 기술해야 하는데, 여기서는 sleep으로 대체하였다.

```
public class WorkThreadTest extends JFrame implements ActionListener {
        JButton btn;
        JLabel label;

        public WorkThreadTest() {
                super("BAckground Thread Demo");
                initializeComponents();
        }

        private void initializeComponents() {
                Container c = getContentPane();
                c.setLayout( new FlowLayout() );

                label = new JLabel();
                c.add(label);

                btn = new JButton("여기 클릭 ...");
                btn.addActionListener(this);
                c.add(btn);

                this.setSize(300, 300);
                setDefaultCloseOperation(JFrame.EXIT_ON_CLOSE);
                this.setVisible(true);
        }

        public void actionPerformed(ActionEvent e) {
                label.setText("백그라운드로 처리 중입니다...");
```

```
            BackgroundThread worker = new BackgroundThread(label);
            worker.execute();
        }

        public static void main(String[] args) {
            // TODO Auto-generated method stub
            SwingUtilities.invokeLater(new Runnable() {
                public void run() {
                    try {
                        WorkThreadTest app = new
                        WorkThreadTest();
                    } catch (Exception e) {
                        e.printStackTrace();
                    }
                }
            });
        }
}

class BackgroundThread extends SwingWorker<Integer, Void> {
        JLabel label;
        public BackgroundThread(JLabel label) {this.label = label;}

        @Override
        protected Integer doInBackground() throws Exception {
            // TODO Auto-generated method stub
            Thread.sleep(5000);  // 긴 작업
            return new Integer(30);
        }

    @Override
    public void done() {
        try {
            int result = get();
            label.setText("결과 : " + result);
        } catch (InterruptedException ignore) {}
        catch (java.util.concurrent.ExecutionException e) {
            String why = null;
```

```
            Throwable cause = e.getCause();
            if (cause != null) {
                why = cause.getMessage();
            } else {
                why = e.getMessage();
            }
            System.err.println("Error retrieving file: " + why);
        }
    }
}
```

위 코드에서 주의 깊게 살펴볼 부분은 BackgroundThread 클래스의 done 메서드이다. 이 메서드 안에서 GUI 컴포넌트의 값을 수정하고 있다. EDT를 설명할 때에 다른 스레드에서 GUI 컴포넌트의 값을 수정하고자 하면 EDT에게 의뢰하라고 하였으나, 백그라운드 스레드도 EDT가 아닌 다른 스레드임에도 불구하고 의뢰하지 않고 직접 접근하는 것처럼 코드를 작성하였다. 이는 done 메서드 자체가 EDT에서 실행되기 때문에 그런 것이므로 오해하지 않아야 한다.

위 코드를 실행하면 아래 오른쪽 그림과 같은 화면이 출력되고, 이 상태에서 버튼을 누르면 백그라운드 스레드가 생성되어 doInBackground() 안의 작업을 실행한다.

그리고 백그라운드 스레드가 doInBackground() 안의 작업을 마치면 done() 메서드가 EDT 스레드에 의해 실행되어 아래와 같은 결과를 출력한다.

중간 결과 반환하기

SwingWorker 객체는 SwingWorker.publish 메서드를 사용하여 백그라운드 작업의 중간 결과들을 반환할 수 있다. 이 메서드가 실행되면 자동적으로 SwingWorker.process 메서드가 EDT에 의해 실행되어 그 결과를 UI에 반영할 수 있게 해준다. publish 메서드는 SwingWorker의 두 번째 인수에 기술된 자료형의 데이터 여러 개를 한 번에 반환할 수 있다. publish 메서드가 호출될 때마다 즉시 process 메서드가 EDT에 의해 실행되지는 않고, 보통 여러 번의 publish 메서드가 호출된 후에 한 번의 process 메서드가 실행된다. 그리고 process 메서드에서는 쌓여 있는 모든 데이터를 처리하지 않고 보통 가장 최근에 반환된 값만을 취하여 UI에 반영한다.

작업자 스레드에서 무한히 0과 1 중 하나를 무작위로 생성한 후, 1의 횟수와 전체 횟수를 넘기고 이를 넘겨받아 윈도우의 레이블에 출력하는 예를 통해 publish와 process의 사용법을 익혀보자. 먼저 항상 두 개의 값이 쌍으로 반환되어야 하므로 이를 위한 클래스를 먼저 아래와 같이 정의하자.

```
class IntermediateResult {
    final long ones, total;
    IntermediateResult(long ones, long total) {
        this.ones = ones;
        this.total = total;
    }
}
```

백그라운드 작업에 대응되는 클래스를 정의하자. 이름은 BackgroundThread로 하고 상속받는 SwingWorker의 두 인수는 각각 Void와 IntermediateResult로 한다. 이는 중간 결과만 반환하고 최종 결과는 반환하지 않음을 의미한다.

```
private class BackgroundThread extends SwingWorker<Void,
IntermediateResult> {
        ...
}
```

먼저, doInBackground 메서드를 아래와 같이 정의한다.

```java
@Override
protected Void doInBackground() {
    long ones = 0;
    long total = 0;
    Random random = new Random();
    while (true) {
        total++;
        if (random.nextBoolean()) {
            ones++;
        }
        publish(new IntermediateResult(ones, total));
    }
}
```

publish 메서드가 process 메서드보다 더 자주 호출되므로 데이터들이 쌓여 있게 되는데, 앞에서 설명했듯이 모든 중간 값들을 사용하기보다는 가장 최근 중간 결과만 취하여 UI를 업데이트하는 데 사용한다. 따라서 process 메서드는 아래와 같이 정의한다.

```java
protected void process(List<IntermediateResult> results) {
    IntermediateResult result = results.get(results.size() - 1);
    label.setText(String.format("%.10g", ((double) result.ones)/
    result.total));
}
```

실습 22.5 중간 결과 반환하기

위의 코드들을 이용해서 실제로 동작하는 코드를 완성해보자. "SwingWorker를 이용한 백그라운드 작업 처리" 실습의 BackgroundThread 부분을 아래와 같이 작성하고, 위의 IntermediateResult 클래스를 추가하면 된다.

```java
import java.util.List;

private class BackgroundThread extends SwingWorker<Void,
IntermediateResult> {
```

```
	JLabel label;
	public BackgroundThread(JLabel label) {this.label = label;}

	@Override
	protected Void doInBackground() {
	   long ones = 0;
	   long total = 0;
	   Random random = new Random();
	   while (true) {
	       total++;
	       if (random.nextBoolean()) {
	            ones++;
	       }
	       publish(new IntermediateResult(ones, total));
	   }
	   return null;
	}

	@Override
	protected void process(List<IntermediateResult> results) {
	   IntermediateResult result = results.get(results.size() - 1);
	   label.setText(String.format("%.10g", ((double) result.ones)/
	   result.total));
	}
}
```

다 작성했으면 실행하여 버튼을 눌러보자. 그러면 백그라운드 스레드에서 publish 메서드를 통해 계속적으로 중간 결과를 반환하고, EDT 스레드가 process 메서드 수행을 통해 그 결과를 레이블로 출력한다.

백그라운드 작업 취소하기

SwingWorker 클래스는 java.util.concurrent.Future 인터페이스를 구현하고 있기 때문에 그 인터페이스 메서드 중 하나인 get 메서드를 통해 백그라운드 작업 결과를 다른 스레드에게 제공할 수 있다. 이 부분에 대한 것은 앞에서 설명하였다. 이 인터페이스에 있는 또 다른 메서드를 사용하여 백그라운드 작업을 취소할 수도 있다. 보통 SwingWorker 객체를 생성한 스레드에서 백그라운드 작업을 취소하게 되는데, 원하는 시점에 SwingWorker 객체에 대해 cancel 메서드를 호출하면 된다.

cancel 메서드는 불리안 타입의 인수를 받아들이는데, 이 값이 true이면 cancel 메서드 실행 시 백그라운드 작업에 대해 인터럽트를 발생시킴을 의미하며, false일 경우는 그렇지 않음을 의미한다. cancel 메서드가 호출되면 인수의 값이 true이든 false이든 상관없이 SwingWorker 객체의 cancellation 상태는 true로 설정된다. 그리고 SwingWorker 객체의 cancellation 상태는 isCancelled 메서드를 통해 확인할 수 있으며, 한 번 cancel된 백그라운드 작업은 다시 원상으로 복구할 수 없다.

SwingWorker 객체는 cancel 메서드 호출 시 수행할 작업을 기술해주어야 하는데, 이때 두 가지 방법 중 하나를 사용한다. 첫 번째 방법은 일반적인 인터럽트 처리 절차대로 처리하는 것이다. 그런데 이 방법은 cancel 호출 시 인수로 true를 줄 경우만 사용 가능한 방법이다. 두 번째 방법은 빠른 주기로 isCancelled 메서드를 호출하여 cancel 여부를 파악하고, 이에 맞는 조치를 취하는 방법이다. 이 방법은 cancel 호출 시 인수의 값에 상관없이 사용할 수 있는 방법이다.

참고로, SwingWorker 클래스는 두 개의 상태 메서드를 제공하는데, 하나는 앞에서 설명했던 isCancelled 메서드이며, 다른 하나는 isDone 메서드이다. isDone 메서드는 백그라운드 작업이 정상적으로든 아니면 취소로 인해 종료되었든 종료될 경우에 true를 반환한다.

실습 22.6 백그라운드 작업 취소하기

실습 22.5 "중간 결과 반환하기" 실습에서 사용하였던 예제를 가지고 cancel 메서드 호출 시 어떻게 처리해야 하는지 살펴보자. 여기서는 두 번째 방법을 사용하자. cancel 메서드가 EDT 스레드에서 호출되면, 작업 스레드에서는 isCancelled 메서드를 통해 그 발생 여부를 파악할 수 있다. 앞의 예에서 보면 doInBackground 메서드에서 무한 반복하도록 되어 있는데, EDT에서 cancel 메서드를 호출하는 순간 반복을 빠져 나오도록 수정하면 아래와 같다.

```
public class WorkThreadTest extends JFrame implements ActionListener {

        JButton btn, cancelBtn;
        JLabel label;
        BackgroundThread worker;

        public WorkThreadTest() {
                super("Background Thread Demo");
                initializeComponents();
        }

        private void initializeComponents() {
                Container c = getContentPane();
                c.setLayout( new FlowLayout() );

                label = new JLabel();
                c.add(label);

                btn = new JButton("백그라운드 작업 시작 ...");
                btn.addActionListener(this);
                c.add(btn);

                cancelBtn = new JButton("백그라운드 작업 취소 ...");
                cancelBtn.addActionListener(this);
                c.add(cancelBtn);

                this.setSize(300, 300);
                this.setVisible(true);
        }

        public void actionPerformed(ActionEvent e) {
                if (e.getSource() == btn) {
                   label.setText("백그라운드로 처리 중입니다...");
                   //BackgroundThread worker = new
                   BackgroundThread(label);
                   worker = new BackgroundThread(label);
                   worker.execute();
```

```
        }
        else {
            label.setText("백그라운드 작업 취소 중입니다...");
            worker.cancel(true);
        }
    }

    public static void main(String[] args) {
        // TODO Auto-generated method stub
        SwingUtilities.invokeLater(new Runnable() {
            public void run() {
                try {
                    WorkThreadTest app = new
                    WorkThreadTest();
                } catch (Exception e) {
                    e.printStackTrace();
                }
            }
        });
    }
}

private class BackgroundThread extends SwingWorker<Void,
IntermediateResult> {
    JLabel label;
    public BackgroundThread(JLabel label) {this.label = label;}

    @Override
    protected Void doInBackground() {
        long ones = 0;
        long total = 0;
        Random random = new Random();
        while (!isCancelled()) {
            total++;
            if (random.nextBoolean()) {
                ones++;
            }
            publish(new IntermediateResult(ones, total));
```

```
        }
        return null;
    }

    @Override
    protected void process(List<IntermediateResult> results) {
        IntermediateResult result = results.get(results.size() - 1);
        label.setText(String.format("%.10g", ((double) result.ones)/
        result.total));
    }

    public void done() {
            label.setText("백그라운드 작업이 취소됨");
    }
}
```

다 작성했으면 실행해보자. 그러면 아래 첫 번째 화면처럼 출력될 것이고, 이 상태에서 첫 번째 버튼을 누르면 두 번째 화면처럼 백그라운드 스레드가 실행되어 값을 계속적으로 출력한다. 이 상태에서 두 번째 버튼을 누르면 백그라운드 스레드에 대해서 cancel 메서드가 호출되어 백그라운드 작업을 멈춘다.

22.5 바운드 속성

프로퍼티는 필드 중 공개된 getter와 setter, 즉 "get필드명"과 "set필드명" 형태의 메서드를 제공하는 필드를 의미하며, 바운드 프로퍼티(bound property)는 내용에 변화가 생겼을 때 자동으로 통지되어 그와 관련된 이벤트 핸들러가 자동으로 실행되는 속성을 의미한다. 자바 스윙 컴포넌트들은 이러한 바운드 프로퍼티들을 제공한다. 예를 들어, JComponen의 font 프로퍼티가 그중 하나인데, 이 프로퍼티는 getFont 메서드와 setFont 메서드를 제공하며 내용 변화 시 이벤트 핸들러 객체에게 통지한다. 바운드 프로퍼티의 변화 시 작업을 하려면 PropertyChangeListener를 이용해야 하는데, 그 절차는 다음과 같다.

- 먼저 PropertyChangeListener를 구현하는 클래스를 선언한다.
- 그 클래스 안에서 propertyChange 이벤트 핸들러를 작성한다.
- 이 이벤트 핸들러 안에 필요한 작업들을 기술한다. 이때 인수로 넘어온 객체에 대해 getPropertyName() 메서드를 호출하여 이벤트를 야기한 프로퍼티명을 얻어 처리하고자 하는 프로퍼티인지 아닌지를 판별한다.
- 처리하고자 하는 프로퍼티에 의해 발생한 경우, 추가로 getNewValue() 메서드를 이용하여 프로퍼티의 변경된 값을 파악한다.
- PropertyChangeListener를 구현하는 클래스로부터 객체를 생성하고, 이 객체를 addPropertyChangeListener 메서드를 사용하여 원하는 GUI 컴포넌트의 PropertyChangeListener로 등록한다.

아래의 예는 위의 절차에 따라 버튼 button1의 background 바운드 프로퍼티의 변경 시 button2의 background의 값을 자동으로 button1의 background 값과 동일한 값으로 바꾸는 프로그램이다. 이를 위해 button1 객체의 PropertyChangeListener 객체를 등록하고, 그 객체의 propertyChange 이벤트 핸들러 안에서 button2의 background 값을 setBackground 메서드를 통해 button1의 background 프로퍼티의 변경된 값으로 지정하고 있다.

```
public class PropertyTest extends JFrame implements ActionListener,
PropertyChangeListener {

      JButton button1;
      JButton button2;

      public PropertyTest() {
            super("Progess Bound Property Demo");
            initializeComponents();
      }

      private void initializeComponents() {
```

```
        Container c = getContentPane();
        c.setLayout( new BorderLayout() );

        button1 = new JButton("여기에...");
        button2 = new JButton("저기에...");
        button1.addActionListener(this);
        button1.addPropertyChangeListener(this);
        button2.addActionListener(this);

        add(button1, BorderLayout.NORTH);
        add(button2, BorderLayout.SOUTH);

        this.setSize(300, 300);
        setDefaultCloseOperation(JFrame.EXIT_ON_CLOSE);
        this.setVisible(true);
    }

    public void actionPerformed(ActionEvent e) {
        JButton jButton = (JButton) e.getSource();
        int r = (int) (Math.random() * 100);
        int g = (int) (Math.random() * 100);
        int b = (int) (Math.random() * 100);
        jButton.setBackground(new Color(r, g, b));
    }

    public static void main(String[] args) {
        // TODO Auto-generated method stub
        SwingUtilities.invokeLater(new Runnable() {
            public void run() {
                try {
                    PropertyTest app = new PropertyTest();
                } catch (Exception e) {
                    e.printStackTrace();
                }
            }
        });
    }
```

```
        @Override
        public void propertyChange(PropertyChangeEvent evt) {
                String property = evt.getPropertyName();
                if ("background".equals(property)) {
                                button2.setBackground((Color) evt.
                                getNewValue());
                }
        }
}
```

참고로, 위의 코드는 button1의 모든 바운드 프로퍼티 중 어느 하나에서 변화가 생기면 propertyChange 이벤트가 발생하도록 되어 있고, 이벤트 핸들러 안에서 그 이벤트를 발생시킨 프로퍼티를 파악하여 작업하는 형태로 되어 있다. 만약, 아래와 같이 이벤트 핸들러 객체 등록 시 원하는 프로퍼티를 지정해 주면, 그 프로퍼티가 변경될 때만 propertyChange 이벤트가 발생한다.

```
button1.addPropertyChangeListener("background", propChangeListn);
```

실습 22.7 바운드 속성 변경 처리하기

위의 코드를 프로젝트로 만들어 실행해보자. 아래 왼쪽 실행 화면에서 '여기에' 버튼을 누르면 버튼의 배경색이 바뀌고, 이에 따라 propertyChange 이벤트가 발생하여 '저기에' 버튼의 배경색도 동일하게 바뀌게 되는 것을 볼 수 있을 것이다. 반대로, '저기에' 버튼에 대해서는 propertyChange 이벤트 핸들러를 지정하지 않아 이 버튼을 눌러도 아래 마지막 화면처럼 자신의 배경색만 바뀌고 '여기에' 버튼의 배경색은 변경되지 않는다.

사용자 정의 컴포넌트에 대해서도 바운드 프로퍼티를 정의하면, 위와 똑 같은 방법으로 그 프로퍼티의 변화 시에 이벤트를 발생시켜 그에 따른 작업을 진행하게 할 수 있다. 바운드 프로퍼티의 기능을 지원하는 java.beans.PropertyChangeSupport 클래스를 이용하여 특정 프로퍼티를 쉽게 바운드 프로퍼티로 변경할 수 있다.

아래의 예제처럼 기존 title, lines 프로퍼티를 바운드 프로퍼티로 만들고 싶다면, 먼저 PropertyChangeSupport 객체를 생성하여 필드로 저장한 후, 바운드 프로퍼티로 지정하고 싶은 프로퍼티의 setter 안에서 Property ChangeSupport 객체의 firePropertyChange 메서드를 호출하여, 이전 값과 새로운 값을 등록된 이벤트 핸들러 객체에게 전달하도록 한다. 그리고 이벤트 핸들러를 등록하는 addPropertyChangeListener 메서드와 등록을 해지하는 removePropertyChangeListener 메서드를 구현해주면 된다. 이때 PropertyChangeSupport 객체의 addPropertyChangeListener 메서드와 removePropertyChangeListener 메서드를 이용하여 구현한다.

```
public class MyBean
{
    private String title;
    private String[] lines = new String[10];

    private final PropertyChangeSupport pcs = new PropertyChangeSupport(
this );

    public String getTitle()
    {
        return this.title;
    }

    public void setTitle( String title )
    {
        String old = this.title;
        this.title = title;
        this.pcs.firePropertyChange( “title”, old, title );
    }

    public String[] getLines()
    {
```

```
        return this.lines.clone();
    }

    public String getLines( int index )
    {
        return this.lines[index];
    }

    public void setLines( String[] lines )
    {
        String[] old = this.lines;
        this.lines = lines;
        this.pcs.firePropertyChange( "lines", old, lines );
    }

    public void setLines( int index, String line )
    {
        String old = this.lines[index];
        this.lines[index] = line;
        this.pcs.fireIndexedPropertyChange( "lines", index, old,
        lines );
    }

    public void addPropertyChangeListener( PropertyChangeListener
    listener )
    {
        this.pcs.addPropertyChangeListener( listener );
    }

    public void removePropertyChangeListener( PropertyChangeListener
    listener )
    {
        this.pcs.removePropertyChangeListener( listener );
    }
}
```

실습 22.8 바운드 속성 정의하기

위의 MyBean 클래스의 title과 lines 바운드 속성이 제대로 동작하는지 확인을 위해 아래와 같은 클래스를 작성하자.

```
import java.awt.*;
import java.awt.event.*;
import java.beans.*;
import javax.swing.*;

public class UserDefinedBoundTest extends JFrame implements
ActionListener, PropertyChangeListener  {
        JButton button1;
        JLabel msgLabel;
        MyBean bean;

        public static void main(String[] args){
                SwingUtilities.invokeLater(new Runnable() {
                        public void run() {
                                try {
                                        UserDefinedBoundTest app = new
                                        UserDefinedBoundTest();
                                } catch (Exception e) {
                                        e.printStackTrace();
                                }
                        }
                });
        }
        public UserDefinedBoundTest() {
                super("Bound Property Demo");
                initializeComponents();
        }
        private void initializeComponents() {
                Container c = getContentPane();
                c.setLayout( new BorderLayout() );

                msgLabel = new JLabel("test");
                button1 = new JButton("Click here ...");
```

```
        button1.addActionListener(this);

        bean = new MyBean();
        bean.addPropertyChangeListener(this);

        add(button1, BorderLayout.NORTH);
        add(msgLabel, BorderLayout.SOUTH);

        this.setSize(300, 300);
        setDefaultCloseOperation(JFrame.EXIT_ON_CLOSE);
        this.setVisible(true);
    }
    @Override
    public void actionPerformed(ActionEvent e) {
        // TODO Auto-generated method stub
        bean.setTitle("bound property test");
        //String [] lines = {"I love you", "You love me"};
        //bean.setLines(lines);
    }
    @Override
    public void propertyChange(PropertyChangeEvent evt) {
        // TODO Auto-generated method stub
        if ("title" == evt.getPropertyName()) {
            String newTitle = (String) evt.getNewValue();
            msgLabel.setText("title : " + newTitle);
        }
        else if ("lines" == evt.getPropertyName()) {
            String[] newLines = (String[]) evt.getNewValue();
            String lines= "";
            for(String line : newLines) lines += line;
            msgLabel.setText("lines : " + lines);
        }
    }
}
```

위의 코드의 propertyChange 이벤트 핸들러를 보면, MyBean 객체의 title과 lines 속성에 변화가 생기면 변경된 내용을 레이블로 출력하도록 되어 있다. 그리고 버튼의 actionPerformed 이벤트 핸들러에서는 MyBean 객체의 title 속성을 변경하도록 되어 있다.

따라서 위 코드를 수행시키면 아래 왼쪽과 같은 초기 화면이 출력되고, 이 상태에서 버튼을 누르면 MyBean 객체의 title 속성이 변경되고 이어 레이블이 내용이 변경된다.

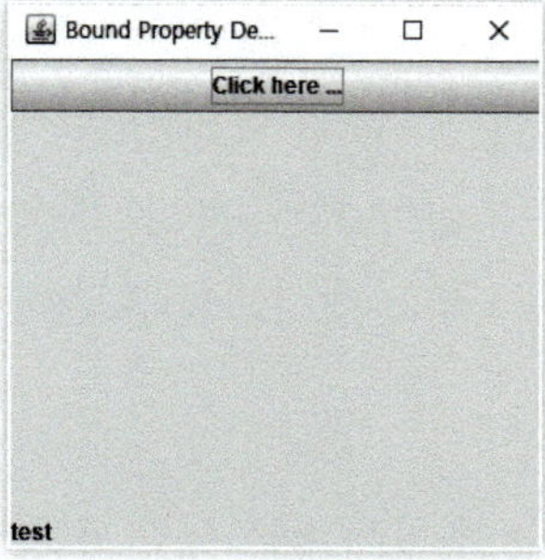

이번에는 actionPerformed 이벤트 핸들러 안의 setTitle 메서드 호출을 주석 처리한 후, 그 밑에 있는 두 줄을 주석 해지하여 실행해보자. 실행 후 초기 화면에서 버튼을 누르면 이번에는 MyBean 객체의 lines 속성이 변경되고 이어 레이블의 내용이 변경된다.

22.6 SwingWorker 클래스의 바운드 속성

SwingWorker 클래스도 다른 스레드와의 통신을 위한 바운드 프로퍼티들을 제공하는데, 두 개의 기본 바운드 프로퍼티 – progress와 state – 를 제공한다. 이 두 바운드 프로퍼티에 대해 PropertyChangeListener를 등록하여, 이 프로퍼티에 변화가 생기면 특정 작업을 진행하도록 할 수 있다. 당연히 이 프로퍼티에 대한 PropertyChange 이벤트에 대한 핸들러는 EDT에서 실행된다.

progress 바운드 프로퍼티

progress 바운드 프로퍼티는 0에서 100 사이의 정수 값을 가지는 필드로 setter(SwingWorker.setProgress)와 getter(SwingWorker.getProgress)를 제공하며, 다음과 같이 사용한다. SwingWorker 객체의 doInBackground 메서드 안에서 setProgress 메서드를 사용하여 현재의 작업 진행 정도를 지정해주면 된다. 그리고 이벤트 핸들러 객체의 propertyChange 메서드 안에서 인수로 넘어온 PropertyChangeEvent 객체에 대해 getNewValue 메서드를 호출하여 최근의 변경된 값을 읽어 들여 처리하면 된다.

아래의 예는 백그라운드에서 계속적으로 작업 진행 정도를 progress 프로퍼티를 통해 전달하고, 이의 변화를 이벤트 핸들러에서 파악하여 그 진행 정도를 PogressBar 컴포넌트를 통해 표시해 주는 예이다.

```
public class ProgressTest extends JFrame implements ActionListener,
PropertyChangeListener {

       private BackgroundTask task;
       private JProgressBar progressBar;
       private JButton startButton;
       private JTextArea taskOutput;

       class BackgroundTask extends SwingWorker<Void, Void> {
           @Override
           public Void doInBackground() {
              Random random = new Random();
              int progress = 0;

              setProgress(0);
              // 준비 작업 시간 Random 이용하여 흉내 내기
              try {
                     Thread.sleep(1000 + random.nextInt(2000));
              } catch (InterruptedException ignore) {}

              // 실제 작업 시간 및 진행률 Random 이용하여 흉내 내기
              while (progress < 100) {
                     //Sleep for up to one second.
                     try {
```

```
                Thread.sleep(random.nextInt(1000));
            } catch (InterruptedException ignore) {}
            //Make random progress.
            progress += random.nextInt(10);
            setProgress(Math.min(progress, 100));
        }
        return null;
    }
    public void done() {
        startButton.setEnabled(true);
        taskOutput.append("Done!\n");
    }
}
public ProgressTest() {
        super("Progess Bound Property Demo");
        initializeComponents();
}

private void initializeComponents() {
        Container c = getContentPane();
        c.setLayout( new BorderLayout() );

        startButton = new JButton("Start");
        startButton.addActionListener(this);

                progressBar = new JProgressBar(0, 100);
        progressBar.setValue(0);

        progressBar.setStringPainted(true);

        taskOutput = new JTextArea(5, 20);
        taskOutput.setMargin(new Insets(5,5,5,5));
        taskOutput.setEditable(false);

        JPanel panel = new JPanel();
        panel.add(startButton);
        panel.add(progressBar);
```

```
        add(panel, BorderLayout.PAGE_START);
        add(new JScrollPane(taskOutput), BorderLayout.CENTER);

        this.setSize(300, 300);
        setDefaultCloseOperation(JFrame.EXIT_ON_CLOSE);
        this.setVisible(true);
    }

    public void actionPerformed(ActionEvent e) {
        startButton.setEnabled(false);
        task = new BackgroundTask();
        task.addPropertyChangeListener(this);
        task.execute();
    }

    public static void main(String[] args) {
        // TODO Auto-generated method stub
        SwingUtilities.invokeLater(new Runnable() {
            public void run() {
                try {
                    ProgressTest app = new ProgressTest();
                } catch (Exception e) {
                    e.printStackTrace();
                }
            }
        });
    }

    @Override
    public void propertyChange(PropertyChangeEvent evt) {
      // TODO Auto-generated method stub
      if ("progress" == evt.getPropertyName()) {
        int progress = (Integer) evt.getNewValue();
        progressBar.setValue(progress);
        taskOutput.append(String.format(
                "Completed %d%% of task.\n", progress));
      }
    }
}
```

state 바운드 프로퍼티

state 바운드 프로퍼티는 SwingWorker 객체의 현 상태를 나타내는 프로퍼티로, SwingWorker.StateValue 열거형에 정의된 값을 갖는다. 그 값은 PENDING, STARTED, DONE으로 PENDING은 SwingWorker 객체의 생성에서부터 doInBackground 메서드가 호출되기 전까지의 상태를 나타내는 값, STARTED는 doInBackground 호출부터 done 메서드가 호출되기 전까지의 상태를 나타내는 값, DONE은 done 메서드 호출 이후의 상태를 나타낸다.

실습 22.9 SwingWorker의 progress 바운드 속성 이용하기

위의 Progress 바운드 프로퍼티 예제 코드를 프로젝트로 작성하여 실행해보자. 아래 첫 번째 초기 실행 화면에서 Start 버튼을 누르면 두 번째 화면과 같이 백그라운드 작업 진행률이 ProgressBar를 통해 표시되는 것을 볼 수 있다. 이는 백그라운드 스레드에서 자신의 진행 정도를 progress 속성에 지정하면 이에 따라 propertyChange 이벤트가 발생하고, 이를 이벤트 처리 객체가 받아 ProgressBar의 값을 변경시키기 때문이다.

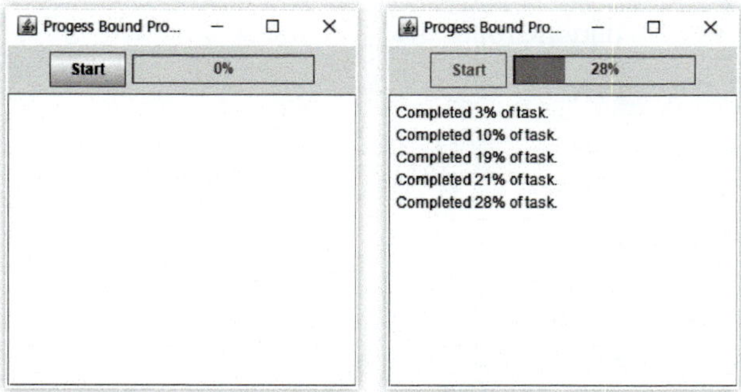

찾아보기

영문

A

B

C

D

E

F

G

H

I

J

K

L

M

N

S

한글

ㅂ

ㅅ

ㅇ

ㅈ

ㅎ